国家出版基金項目
NATIONAL PUBLICATION FOUNDATION

陝西出版資金資助項目

「十二五」國家重點圖書出版規劃項目

關學文庫·關學文獻整理系列

總主編 劉學智 方光華

馮從吾集

[明]馮從吾 著
劉學智 孫學功 點校整理

西北大學出版社

明·馮從吾像

（一五五七——一六二七）

先祖馮從吾為其兄所撰書之墓志銘

馮從吾手跡

馮從吾墓(原址在西安市西門外西南)

總序

張載（一〇二〇—一〇七七），字子厚，宋鳳翔府郿縣（今陝西眉縣）人，祖籍大梁，宋仁宗嘉祐二年（一〇五七）進士。張載出身於官宦之家。祖父張復在宋真宗時官至給事中、集賢院學士，死後贈司空。父親張迪在宋仁宗時官至殿中丞、知涪州事，贈尚書都官郎中。張迪死後，張載與全家遂僑居於鳳翔府郿縣橫渠鎮之南。因他曾在此聚徒講學，世稱「橫渠先生」。他的學術思想在學術史上被稱爲「橫渠之學」，他所代表的學派被後人稱爲「關學」。張載與程顥、程頤同爲北宋理學的創始人。可以説，關學是由張載創立并於宋元明清以至民國初年，一直在關中地區傳衍的地域性理學學派，亦稱「關中理學」。

關學基本文獻整理與相關研究不僅是中國思想學術史的重要課題，也是體現中國思想文化傳承與創新的重要舉措。關學文庫關學文獻整理系列以繼承、弘揚和創新中華文化爲宗旨，以文獻整理的系統性、全面性爲特點，是我國第一部對上起於北宋、下迄於清末民初，綿延八百餘年的關中理學的基本文獻資料進行整理的大型叢書。這項重點文化工程的完成，對於完整呈現關學的歷史面貌、發展脈絡和鮮明特色，彰顯關學精神，推動傳統文化創造性轉化、創新性發展無疑具有重要意義。因爲文庫關學文獻整理系列的各部分均有整理者具體的前言介紹和點校説明，我這裏僅就關學、關學與程朱理學的關係、關學的思想特質、關學文庫關學文獻整理系列的整體構成與學術價值等談幾點意見，以供讀者參考。

一、作爲理學重要構成部分的關學

衆所周知，宋明理學是中國儒學發展的新形態與新階段，一般被稱爲新儒學。但在新儒學中，構成較爲複雜。比較典型的則是程朱理學與陸王心學。南宋學者呂本中較早提到「關學」這一概念。南宋朱熹、呂祖謙編選的近思録較早地梳理了北宋理學發展的統緒，關學是作爲理學的重要一支來作介紹的。朱熹在伊洛淵源録中，將張載的「關學」與周敦頤的「濂學」、二程（程顥、程頤）的「洛學」并列加以考察。明初宋濂、王禕等人纂修元史，將宋代理學概括爲「濂洛關閩」四大派別，其中雖有地域文化的特色，但它們的思想内涵及其影響并不限於某個地域，而成爲中國思想文化史上重要的一頁，即宋代理學。

根據洛學代表人物程顥、程頤以及閩學代表人物朱熹對張載關學思想的理解、評價和吸收，張載創始的關學本質上當是理學，而且是影響全國的思想文化學派。過去，我們在編寫中國思想通史第四卷、宋明理學史上册的時候，在關學學術旨歸和歷史作用上曾作過探討，但是也不能不顧及古代學術史考鏡源流的基本看法。

需要注意的是，張載後學，如藍田吕氏等，在張載去世後多歸二程門下，如果拘泥門戶之見，似乎張載關學發展有所中斷，但學術思想的傳承往往較學者的理解和判斷複雜得多。關學，如同其他學術形態一樣，也是一個源遠流長、不斷推陳出新的形態。關學沒有中斷過，它不斷與程朱理學、陸王心學融合。明清時期以至民初，關學的學術基本是朱子學、陽明學的傳入及與張載關學的融會過程。因此，由宋至清末民初的關學，實際是中國理學的重要組成部分，它是一個動態的且具有包容性和創新性的概念，它開啓了清初王船山學術的先河。

關學文庫關學文獻整理系列所遴選的作品，結合學術史已有研究成果，如宋元學案、明儒學案、關學編及關學續編、關學宗傳等，均是關中理學的典型代表，上起北宋張載，下至晚清的劉光蕡、民國初期的牛兆濂，能够反映關中理學的發展源流及其學術内容的豐富性、深刻性。與歷史上的關中叢書相比，這套文庫文獻整理更加豐富醇純，是對前賢整理文獻思想與實踐的進一步繼承與發展，其學術意義不言而喻。

二、張載關學與程朱理學的關係

佛教傳入中土後，有所謂「三教合一」説，主張儒、道、釋融合滲透，或稱三教「會通」。唐朝初期可以看到三教并舉的文化現象。當歷史演進到北宋時期，由於書院建立，學術思想有了更多自由交流的場所，從而促進了學人的獨立思考，使他們對儒家經學箋注主義提出了懷疑，呼喚新思想的出現，於是理學應時而生。理學主體是儒學，兼采佛、道思想，研究如何將它們融合爲一個整體，這是一個重要的課題。從理學產生時起，不同時代有不同的理學學派。譬如，在「三教融合」過程中，如何理解「氣」與「理」（「理」的問題是迴避不開的，華嚴宗的「理事説」早在唐代就有很大影響）的關係？理學如何捍衛儒學早期關於人性善惡的基本觀點，又不致只在「善」與「惡」的對立中打圈子？如何理解宇宙？宇宙與社會及個人有何關係？君子、士大夫怎麽做才能維護自身的價值和尊嚴，又能堅持修齊治平的準則？這些都是中國思想史中宇宙觀與人生觀的大問題。對這些問題的研究和認識，不可能一開始就有一個統一的看法，需要在思想文化演進的歷史進程中逐步加以解決。宋代理學的產生及不同學派的存在，就是上述思想文化發展歷史的寫照，因而理學在實質上是中國思想文化的傳承創新，具有重要的歷史意義。

張載關學、二程洛學、南宋時朱熹閩學各有自己的特色。作爲理學的創建者之一，張載胸懷「爲天地立心，爲生民立命，爲往聖繼絶學，爲萬世開太平」的學術抱負，在對儒學學説進行傳承發展中做出了重要的理論貢獻。北宋時期，學者們重視對易的研究。易富於哲理性，張載通過對易的解説，闡述對宇宙和人生的見解，積極發揮禮記、論語、孟子等書中的義理，并融合佛、道，將儒家的思想提升到一個新的高度。

張載與洛學的代表人物程顥、程頤等人曾有過密切的學術交往，彼此或多或少在學術思想上相互產生過一定的影響。宋仁宗嘉祐元年（一〇五六），張載來到京師汴京，講授易學，曾與程顥一起終日切磋學術，探討學問（參見二程集河南程氏遺書卷二上）。張載是二程之父程珦的表弟，爲二程表叔，二程對張載的人品和學術非常敬重。通過與二程的切磋與交流，張載對自成一家之言的學術思想充滿自信：「吾道自足，何事旁求！」（呂大臨横渠先生行狀）

因爲張載與程顥、程頤之間爲親屬關係，在學術上有密切的交往，關學後傳不拘門戶，如呂氏三兄弟呂大忠、呂大鈞、呂大臨，蘇昞、范育、薛昌朝以及种師道、游師雄、潘拯、李復、田腴、邵彦明、張舜民等，在張載去世後一些人投到二程門下，繼續研究學術，也因此關學的學術地位在學術史上常常有意無意地受到貶低甚至質疑（包括程門弟子的貶低和質疑）。事實上，在理學發展史上，張載以其關學卓然成家，具有鮮明的特點和理論建樹，這是不能否定的。反過來，張載的一些觀點和思想也影響了二程的思想體系，對後來的程朱學說及閩學的形成也有重要的啓迪意義，這也是客觀的事實。

張載依據易建立自己的思想體系，但是，在基本點上和易的原有內容并不完全相同。他提出「太虛即氣」的觀點，認爲沒有超越「氣」之上的「太極」或「理」世界，換言之，「氣」不是被人創造出的產物。又由此推論出天下萬物由「氣」聚而成；物毀氣散，復歸於虛空（或「太虛」）。在氣聚、氣散即物成物毀的運行過程中，纔顯示出事物的條理性。張載說：「太虛不能無氣，氣不能不聚而爲萬物，萬物不能不散而爲太虛，循是出入，是皆不得已而然也。」（正蒙卷一）他用這個觀點去看萬物的成毀。這些觀點極大地影響了清初大思想家王船山。

張載在西銘中說：「乾稱父，坤稱母。予茲藐焉，乃混然中處。故天地之塞，吾其體；天地之帥，吾其性。民，吾同胞；物，吾與也。」天地是萬物和人的父母，人是天地間藐小的一物。天、地、人三者共處於宇宙之中。由於三者都是氣聚之物，天地之性就是人之性，所以人類是我的同胞，萬物是我的朋友，歸根到底，萬物與人類的本性是一致的。進而認爲，人們「尊高年，所以長其長；慈孤弱，所以幼其幼。聖，其合德；賢，其秀也。凡天下疲癃殘疾、煢獨鰥寡，皆吾兄弟之顛連而無告者也」。這裏所表述的是一種高尚的人道主義精神境界。

二程思想與張載有別，他們通過對張載氣本論的取捨和改造，又吸收佛教的有關思想，建構了「萬理歸於一理」的理論體系。在人性論方面，二程在張載人性論的基礎上進一步深化了孟子的性善論。二程贊同張載將人性分爲「天地之性」和「氣質之性」。但二程認爲「天地之性」是天理在人性中的體現，未受任何損害和扭曲，因而是至善無瑕的；「氣質之性」是氣化而生的，也叫「才」，它由氣禀決定，禀清氣則爲善，禀濁氣則爲惡，正因爲氣質之性不可避免地受到了「氣」的侵蝕而出現「氣之偏」，因而具有惡的因素。在二程看來，善與惡的對立，實際上是「天理」與「人欲」的對立。

朱熹將張載氣本論進行改造，把有關「氣」的學說納入他的天理論體系中。朱熹接受「氣」生萬物的思想，但與張載的就讀于沈豸，受毛詩。弱冠，以蔭父恩而入選太學。回鄉後，適逢許孚遠（號敬菴）督學關中，開正學書院，並選拔鄉間才俊和力求上進之士入書院講明正學，從吾被選入，遂與藍田王之士（秦關）一起「講切關、洛宗旨」（關學續編），頗爲敬菴所重。

萬曆十六年（一五八八），從吾舉於鄉，次年進士及第，被選爲翰林院庶吉士，應館課，由此步入仕途。從吾爲人俊毅嚴肅，參加宴席也坐得端端正正，從不參與酒令，在同事的眼裏，他是一位不太隨和的人。入仕後初在禮部任職，時「入朝者多飯中貴家，先生獨攜茶餅往。所到必以理學書一二冊自隨。」（行實）其特立獨行的超邁氣象，可見一斑。

萬曆十九年（一五九一）八月，從吾由庶吉士改任山西道御史。明萬曆朝，宦官專權跋扈，許多朝臣都以逢迎巴結爲能事，而從吾則一身正氣，不徇私情，與朋友往來，常以書卷相送，被譽爲「御史秀才」。他嫉惡如仇，看到朝廷一些官吏上下勾結，違法亂紀，頗爲憤恨，曾成功地彈劾了貪官胡汝甯，威振朝野。時明神宗常年深居宮中，沉湎酒色，荒于朝政，從吾遂于萬曆二十年（一五九二）正月，憤然上請修朝政疏，謂神宗「每晚必飲，每飲必醉，每醉必怒。酒酣之後，左右近侍一言稍違，即斃杖下」；指斥神宗「困麴糵而歡飲長夜，娛窈窕而晏眠終日」。神宗大怒，傳旨欲廷杖之，幸逢仁聖太后壽辰（長秋節），加之大臣們的再三苦求，方得以倖免，其冒死直諫之聲震於天下。此事遂使從吾於仕途一再受挫，迫使他轉變人生路向。不久即回歸鄉里，閉戶三年，嘗以與友人論學爲其樂事。

萬曆二十三年（一五九五），馮從吾又被起用，出任河南道監察御史。在任上他盡力革除積弊，清理國稅，打擊貪贓舞弊之徒。不久，卻遇神宗黜放兩京言官，從吾因前所上疏觸及皇帝過失，亦在削籍歸里之列，復還關中。此後，他林居二十六年，不談時事，專事讀書、講學、著書。

天啟元年（一六二一）秋，馮從吾六十五歲時再次應詔赴京，任左副都御史。此次他赴京的真實目的，是與同志復振京師講學之風。天啟二年（一六二二）秋，在他與鄒元標（南皋）的努力下，于京城宣武門外建成首善書院。其間，他與鄒

前言

馮從吾是明代關學的集大成者，一生「艱於仕進，生平篤志聖賢之學，四方從學者千餘，人稱『關西夫子』。」（劉得炯關學編序）其學時「與鄒元標、高攀龍鼎足相映」（少墟先生行實，馮少墟續集卷五，下引少墟集或馮恭定公全書只注篇名）。李二曲說：「關學一派，張子開先，涇野接武，至先生（少墟）而集其成，宗風賴以大振。」（答董郡伯，二曲集，卷一七）從吾幼從陽明「個個人心有仲尼」詩入門，又強調「考亭嚴主敬，姚江致良知」，並受學于許孚遠（敬菴），由此則見其血脈乃「統程、朱、陸、王而一之」（柏景偉小識，關學續編），遂走出自己的學術之路。黄宗羲雖將馮列入「甘泉學案」，但張載所開躬行實踐、崇真務實、崇尚氣節的關學宗風，則在從吾身上有着鮮明的體現。張載曾面對的是要抵擋唐末五代以來佛教、道教的空虛之風對儒學的衝擊，並清算漢唐儒學「天人二本」之蔽，而從吾所面對的則是儒學自身空疏學風日漸氾濫對儒學作用的極大消弱，遂欲以救時弊爲己任，在此基礎上形成了自己獨特的學術理路和風格，開明末西部學術向心性實學轉向之先，這是宋明理學到明末之時發展到自我總結和自我批判階段的特徵的反映。

一、馮從吾的生平與著述

馮從吾，字仲好，號少墟，謚曰「恭定」。陝西省長安（今西安市）人，嘉靖三十六年（一五五七）十一月二十三日生於陝西長安，卒於天啟七年（一六二七）二月十二日，享年七十一歲。其父名友，字益卿，別號兑泉。曾官保定郡丞，贈通議大夫。從吾早年喪父，十一歲喪母，但他沒有爲命運所屈服，而發憤讀書，立志于聖賢之學。少拜長安蕭九卿爲師，十四歲時作在編輯出版委員會領導下進行，日常工作由陝西省人民政府參事室（陝西省文史研究館）和西北大學出版社負責。本文庫歷時五年編纂完成，凝結着全體參與者的智慧和心血。總主編劉學智、方光華教授，項目總負責徐曄、馬來同志統籌全書，精心組織，陝西師範大學、西北大學、西北政法大學、中國人民大學、華東師範大學、鄭州大學等十餘所院校的數十位專家學者協力攻關，精益求精，體現出深沉厚重的歷史使命感和復興民族文化的責任感；他們孜孜矻矻，持之以恒，任勞任怨，樂於奉獻，以古人爲己之學相互勉勵，在整理研究古代文獻的同時，不斷錘煉學識，砥礪德行，努力追求樸實的學風和嚴謹的學術品格。出版社組織專業編輯、外審專家通力合作，希望盡最大可能提高本文庫的學術品質。作爲文庫編輯出版委員會主任，我謹向大家卓有成效的工作表示衷心的感謝。由於時間緊迫、經驗不足等原因，文獻整理中存在的疏漏差錯難以完全避免。希望讀者朋友們在閱讀使用時加以批評指正，以便日後進一步修訂，努力使文庫文獻整理更加完善。

張豈之

二〇一五年一月八日

于西北大學中國思想文化研究所

藍田呂氏集、李復集、元代關學三家集、王恕集、薛敬之張舜典集、馬理集、呂柟集涇野子內篇、呂柟集涇野先生文集、韓邦奇集、南大吉集、楊爵集、馮從吾集、王徵集、王建常集、王弘撰集、李顒集、李柏集、李因篤集、王心敬集、李元春集、賀瑞麟集、劉光蕡集、牛兆濂集以及關學史文獻輯校等。其中的韓邦奇集、南大吉集、李柏集、李因篤集、牛兆濂集屬于搶救性整理；李復、王恕、薛敬之、呂柟、馬理、楊爵、王建常、王弘撰、王心敬、李元春、賀瑞麟等學人文獻屬于首次系統整理出版；張子全書、藍田呂氏集、李顒集、劉光蕡集、關學史文獻輯校是在進一步輯佚完善的基礎上整理出版的。總之，關學文獻整理的系統性和全面性得到了體現。

關學文庫文獻整理力圖突出全面性、系統性和深度整理的特點。就全面性和系統性而言，就是保證關學史上重要學人的文獻資料不被遺漏，這裏所選的二十九位學人，都是關學史上較爲重要的和代表了關學發展某一環節的學人。其中如張載、藍田「三呂」、馬理、呂柟、楊爵、馮從吾、王弘撰、李顒、李柏等人的著作集，是迄今文獻收集最爲齊全的。同時對於有關關學史的文獻也進行了全面系統的搜集和整理，如關學史文獻輯校，不僅重新點校整理了馮從吾的關學編，收録和點校整理了王心敬、李元春、賀瑞麟以及由劉光蕡、柏景偉重加整理校勘的關學續編，還首次點校整理了清末民初張驥的關學宗傳，并從諸多史書中輯録了一些零散的關學史資料，使之成爲目前能全面反映關學史面貌的文獻輯校本。關學文庫關學文獻整理系列，以豐富的關學史文獻，證明了「關學之源流初終，條貫秩然」，關學有其自身發展演變的歷史。就深度整理來説，關學文獻整理系列遵循古籍整理的傳統做法，采用繁體字、竪排版，標點、校勘，并對專用名詞做下劃綫處理。其目的不僅在於使整理與編纂者在文獻整理中提高自身的學術素養，同時也爲以後文獻研究者提供方便，推動關學研究深入開展，這也是關學文庫關學文獻整理系列圖書出版的重要目的。

關學文庫係「十二五」國家重點圖書出版規劃項目，國家出版基金項目，陝西出版資金資助項目，得到了中共陝西省委、陝西省人民政府、國家新聞出版廣電總局以及陝西省新聞出版廣電局的大力支持。文庫的組織、編輯、審定和出版工最後，求真求實，開放會通。關學學者大多不主一家，具有比較寬廣的學術胸懷。張載善於吸收新的自然科學成果，不斷充實豐富自己的儒學理論。他注意對物理、氣象、生物等自然現象做客觀的觀察和合理的解釋，具有科學精神。後世關學學者韓邦奇、王徵等都重視自然科學。三原學派的代表人物王恕以治易入仕，晚年精研儒家經典，強調用心求學，用心考證，求疏通之解，形成了有獨立主見的治國理政觀念。關學學者堅持傳統，但并不拘泥於傳統，能够因時而化，不斷地融合會通學術思想，具有鮮明的開放性和包容性特徵。由張載到「三呂」、呂柟、馮從吾、李顒等，這種融會貫通的學術精神得到不斷承傳和弘揚。

四、關學文庫關學文獻整理系列的整體構成與學術價值

關學文獻遺存豐厚，但是長期以來沒有得到應有的保護和整理，除少量著作如正蒙、涇野先生五經說、少墟集、元儒考略等在清代收入四庫全書之外，大量的著作仍以綫裝書或手抄本的形式散存於陝西、北京、上海等地的圖書館或民間，其中有的已成孤本（如韓邦奇的禹貢詳略、李因篤的受祺堂文集家藏抄本），有的已殘缺不全（如南大吉集收入的瑞泉集殘本，現重慶圖書館存有原書，國家圖書館僅存膠片；收入的南大吉詩文，搜自西北大學圖書館藏周雅續）。即使晚近的劉光蕡、牛兆濂等人的著述，其流傳亦稀世罕見。二十世紀七十年代以來，中華書局出版了張載集，并將藍田呂氏遺著輯校、關學編、正蒙合校集釋、涇野子內篇、二曲集等收入理學叢書陸續出版，這些僅是關學文獻的很少一部分。全方位系統梳理關學學術文獻仍係空白。

關學典籍的收集與整理，是關學學術研究的重要基礎。這次關學文庫文獻的整理與編纂者在全國范圍的圖書館和民間廣泛搜集資料，一是搶救性發掘整理了一批關學文獻，二是對一些文獻以新發現的版本進行比對校勘、輯佚補充，從而使關學文庫關學文獻整理系列成爲目前最能反映關學學術史面貌，對關學研究具有基礎性作用的文獻集成。關學文獻整理系列圖書共涉及關學重要學人二十九人，編訂文獻二十六部，計一千八百六十餘萬字。這些文獻分別是：張子全書、

氣本論不同，朱熹不再將「理」看成是「氣」的屬性，而是「氣」的本原。天理與萬事萬物是一種怎樣的關係？朱熹關於「理一分殊」的理論回答了這一問題。他認爲：「太極只是個極好至善的道理。人人有一太極，物物有一太極。」又說：「太極非是別爲一物，即陰陽而在陰陽，即五行而在五行，即萬物而在萬物，只是一個理而已。」（朱子語類卷九四）「理一分殊」理論包括一理攝萬理與萬理歸一理兩個方面，這與張載思想有別。

總之，宋明理學反映出儒、道、釋三者融合所達到的理論高度。這一思想的融合完成於兩宋時期。張載開創的關學爲此做出了重要的學術貢獻。正如清初思想家王船山所說：「張子之學，上承孔孟之志，下救來茲之失，如皎日麗天，無幽不燭，聖人復起，未有能易焉者也。」（張子正蒙注序論）船山之學繼承發揚了張載學說，又有新的創造。

三、關學的特色

關學既有深邃的理論，又重視經世致用。這可以概括爲以下幾個方面：

首先，學風篤實，注重踐履。黃宗羲指出：「關學世有淵源，皆以躬行禮教爲本。」（明儒學案師說）躬行禮教、學風樸質是關學的顯著特徵。受張載的影響，其弟子藍田「三呂」也「務爲實踐之學，取古禮，繹其義，陳其數，而力行之」（宋元學案呂范諸儒學案），特別是呂大臨。明代呂柟其行亦「一準之以禮」（關學編）。清代的關學學者王心敬、李元春、賀瑞麟等人，依然守禮不輟。

其次，崇尚氣節，敦善厚行。關學學者大都注意砥礪操行，敦厚士風，具有不阿權貴、不苟於世的特點。張載曾兩次被薦入京，但當發現自己的政治理想難以實現時，毅然辭官，回歸鄉里，教授弟子。明代楊爵、呂柟、馮從吾等均敢於仗義執言，即使觸犯龍顏，被判入獄，依舊不改初衷，體現了大義凜然的獨立人格和卓異的精神風貌。清代關學大儒李顒，在皇權面前錚錚鐵骨，操志高潔。這些關學學者「窮則獨善其身，達則兼善天下」，體現出「富貴不能淫，貧賤不能移，威武不能屈」的「大丈夫」氣節。

南皋結下深厚情誼，鄒氏說：「馮子以學行其道者也，毀譽禍福，老夫願與共之！」（王心敬關學續編卷一）世推「南鄒北馮」（行實）。不過其講學活動極不順利，多次受到朝廷閹黨的反對和詆毁。給事中朱童蒙等人不遺餘力地請求朝廷禁學，於是馮從吾上辨講學疏，力陳講學之必要與重要，然卻並未得到明熹宗的支持。天啟二年（一六二二）十月，經五次請疏辭職，帝「准暫回籍」。

天啟三年（一六二三），馮從吾回到故里，終日杜門著書，然不廢講學。雖于天啟四年曾起用工部尚書，但未赴任。天啟六年（一六二六）馮從吾題七十自壽詩，曰：「萬事縱灰冷，一念毋陵夷。太華有青松，商山有紫芝。物且耐歲寒，人肯爲時移。點檢生平事，一步未敢虧。」（馮恭定公全書，續集卷三）從吾總是心繫國家，從不考慮個人之安危。是年，魏忠賢下令毁天下書院，大肆屠殺東林黨人。魏黨選親信喬應甲撫關中，他對馮從吾日夜窘辱，書院遂被毁，且拽先師孔子像置於城隅，「以洩其憤」。時「先生痛如切膚」，自此「寢食俱廢，晝夜趺坐百餘日，竟以不起」（王心敬關學續編）。天啟七年（一六二七）二月十二日，馮從吾在憂憤中逝世。

馮從吾作爲促成關學在明季復興的重要學人，一生「不營産業，不蓄妾媵，不赴宴會，不博弈飲酒，自讀書講學外勿論，無池臺亭榭之娱。」（少墟馮先生行實）在他身上體現出鮮明的關中學者特有的氣質：生活簡樸，行事嚴謹，性格率真，剛直不阿。他不喜交遊，心境淡定從容。家中除了書，空徒四壁。姜士昌曾目睹過馮從吾的生活情形，感慨地說：「嘗詣公齋中，圖書四壁，泊如也，予慨焉。」（馮恭定全書首卷）然其篤志聖賢之學，卻從不動摇。林下之居，誠實謙恭，崇真尚簡，救正心學，仍以講學行其道。在朝，他是聲震天下的諍臣；在野，他是聲蜚鄉省的「關西夫子」。

馮從吾爲官短暫，一生更多致力於講學、著述。據行實載，其著述「甚富」，清長安縣志著録有：關學編四卷，元儒考略四卷，馮氏族譜一卷，馮氏家乘一卷，陝西通志三十五卷，關中四先生要語四卷，學翼二卷，疑思録二卷，馮恭定公集二十二卷，續集四卷。另有一些著作已佚。現存著作多被收入馮恭定公全書。

需要提及的是，馮從吾所撰關學編，在關學史上具有重要的意義。有關關學的歷史文獻，此前尚沒有被專門整理過。元駱天驤所修類編長安志亦沒有有關關學的專門文獻記載。明呂柟、馬理所纂陝西通志，只是把有關關學學人分散地列入鄉賢傳中。可見，「關學」雖然早已創立，但其學脈在其卒後並不甚明瞭，其所標識的或爲學派特色抑或地域性特徵，都沒有被明晰地加以彰顯。馮從吾所撰關學編，則以宋、元、明的關中理學爲道脈，建立了一個自宋張載到明王之士（秦關）的較爲清晰的系譜，既注意了以張載作爲關學創立者的學術史地位，也突出了張載之後（宋、元、明時期）關學在關中發展和演變的地域性學術史特徵。此對於保存、彰顯、開拓該時期「關中理學」這一地域性學術傳統有着重要的意義。

二、馮從吾的學術思想及其特徵

（一）馮從吾的學術思想傾向

明正德、嘉靖以來，陽明心學興起，天下靡然向風，幾有取代朱子學之勢。然而，王門後學卻把心學引向浮虛空談一路。爲了矯正王學末流之弊，以顧憲成、高攀龍等爲代表的東林學派，在朱子學衰微的情況下，積極復興朱學，反對陽明後學只在先天良知上用功，背離王學篤實工夫的傾向，開啟了王學向朱學轉向的趨勢。馮從吾與東林諸友處於同一時代，與之有着較爲密切的學術交往和共通的問題意識，於是他以弘揚「聖學」爲己任，自覺地擔當起校正學術之偏的使命。這從其七十自壽詩所說「誰哉我之師？人心有仲尼。考亭嚴主敬，姚江致良知。惺惺葆此念，勿復惑多岐」（馮恭定公全書，續集卷三），即可看出其會通朱王的特點和思想歷程，他對朱熹的「窮理盡性」「涵養主敬」和王陽明的「致良知」都給予了肯定，並以「惺惺葆此念」的謙恭態度，牢記在心。明清之際關中學者王弘撰在山史初集卷二馮恭定中說：「馮恭定之學，恪守程、朱之訓，可謂純而正矣。」同時又引證從吾自己的的話說：「陽明先生『致良知』三字，洩千載聖學之秘，有功於吾道甚大」（山史，初集卷二，馮恭定）。可以說，他是由「個個人心有仲尼」確立入德之路，後轉向朱子理學，再接受陽明心學的。不過他對陽明學說又有諸多指正，如他肯定了「陽明四句教」中的「有善有惡意之動」等三句，卻批評其首句「無善無惡心之體」之說，謂：「惟無善無惡一句，關係學脈不小，此不可不辨，何也？心一耳，自其發動處謂之意，自其靈明處謂之知。既『知善知惡是良知』，可見有善有惡是心之體。」（山史，初集卷二）入鄉賢祠傳評價馮從吾：「其學雖自王氏入，終亦微救無善無惡之病。」（馮恭定公全書，續集卷五行實）他堅信陽明的良知說，但對王門後學提出的良知現在、良知現成諸說使心學或流於玄虛、或流於狂禪而不能匡正世道人心的情況深爲痛切。於是，「一稟孔孟，以心性爲本體，以誠敬爲功夫」（馮恭定公全書，續集卷五行實），自覺擔當起糾心學之偏的學術責任。

（二）馮從吾的講學活動及其思想

「先生一生著述皆講學之言，自少至老皆講學之事。」（洪琮重刻馮恭定公全書序）從吾對講學推崇備至，認爲人生天地間，惟有講學一事固矣，「開天闢地，在此講學；旋乾轉坤，在此講學。致君澤民，在此講學；撥亂返治，在此講學；用正變邪，在此講學，學者不可作屑小事看」（都門語録）。他曾在關中書院親任主講，從學者多達五千餘人，盛況空前。晚年和鄒元標在京師共建首善書院，邀集諸同志倡明理學。他的許多著述如寶慶語録、太華書院會語、池陽語録、關中書院語録、都門語録、聞斯録、川上會紀等，都是當時講學的記録。其關於講學的思想主要有：

「以學明道」。講學是儒家一貫的傳統，馮從吾一生無論爲官還是林居，都對講學矢志不渝。他認爲講學的基本功能，從大處講，可以明道、提醒世道人心，可以通過「衍道脈」「維道運」以傳承儒家道統；從小處講，可促使人學問長進，可以修養身心、涵養氣節、改變風氣。因此，馮從吾主張上自天子，下至庶人，人人都應當講學。

「以學行道」。馮從吾認爲，講學是士人獨立於仕途政治而行道的可行的生存方式。他說：「與人講學，是亦行其道也，不專在仕途才行得道。」（都門語録）在他看來，講學可以使士人形成獨立的思想、獨立的批判意識，也會找到獨立的生存空間，從而爲士人指出一條相對獨立的安身立命之道。他同時主張，講學不得「議及他事」，「論及他人」，否則便是「越俎」之學，強調講學不可沾染世俗味，要體現出儒學的真精神。值得注意的是，馮從吾在講學中已形成「學」應獨立於「政」的理念，即要有獨立的人格，有自立于社會的自由精神，而不做「政」的附庸，這叫「獨行其道」。

「以學做人」。馮從吾在論及講學内容時說：「千言萬語，總不出父子有親、君臣有義、夫婦有別、長幼有序、朋友有信五句，及孝順父母、尊敬長上、和睦鄉里、教訓子孫、各安生理、毋作非爲六言。」（都門語録序）他強調講學的内容主要是儒家的綱常倫理。主張通過講學以在民間形成「孝順父母、尊敬長上、和睦鄉里、教訓子孫」的風氣，而通過心性修養而修明道德，對於如何做人，更爲重要。

（三）馮從吾的「儒佛之辨」

馮從吾所以重視儒佛之辨，有其歷史的和現實的原因。在晚明虚浮風氣氾濫之時，馮從吾極力「倡明正學，提醒人心，激發忠義，指示迷途」（都門語録）。他認爲將人們導致「迷途」的主要是因「異端之學」而起。「何謂異端之學？佛老是也，而佛氏爲甚。」（辨學録跋）故從吾爲學，首先要力辯儒佛，「排距二氏」。

從吾的反佛有其歷史的背景。從總體上說，理學一直視佛老（特別是佛教）爲異端，這是自唐代韓愈以來儒學的基本態度。朱熹曾說：「唐之韓文公，本朝之歐陽公，以及閩洛諸公，既皆闡明正道以排釋氏。」（朱子語類卷一二六）所以在朱子學興盛時期，理學家多對「佛老之教」，持批評態度，即使在思想上吸收佛禪的王陽明，也沒有放棄理學以佛道兩家爲異端這一基本立場。這是馮從吾反佛老的思想背景。

從吾反佛其具體的原因在於，至從吾之時，在王學末流虚浮風氣的影響下，佛禪甚爲流行。如馮從吾所説：「吾道之衰」，乃使「異端之盛，此時既已猖獗」。儒學「元氣既虚，邪氣安得不侵？」（都門語録）可見，排距「異端」是昌明正學之所必須。其次，他認爲，佛老正是王學末流的思想根源，要昌明「正道」，就要糾王學末流玄虚之偏。劉宗周在談及王陽明後學頓入禪門的情況時說：「自文成而後，學者盛談玄虚，遍天下皆禪學。」（蕺山先生年譜）心學頓入禪門，出現「盛談玄虚」，空談心性的狀況，于是道德踐履的工夫遂日漸弱化，甚至置傳統倫理於不顧。可見，清除王學末流之玄虚，力求昌明「吾儒之正道」，是馮從吾力辨佛儒的重要原因。從吾所以反佛，還與當時學術思想上出現儒佛相雜、彼此混淆的情況有關。故要振興「吾儒正道」，則「莫先於儒佛之辯」（辨學録）。總之，從吾是以極强的學術和社會擔當意識，來展開儒佛之辨的。

馮從吾認爲，學者所以混儒佛而爲一，其原因在於對二者的宗旨不明。他說：「佛氏差處全在宗旨，宗旨一差，無所不差。」（辨學録）所以他首先從辨析二教宗旨開始。他認爲，儒佛根本旨趣，全在心性論之不同，於是陷入一種誤區，往往「以上達歸佛，以下學歸儒；以頓悟歸佛，以漸修歸儒；以明心見性歸佛，以經世宰物歸儒」（辨學録）。好像「佛氏得上一截，少下一截功夫」，而儒學則只有「下學」的工夫，而沒有「上一截」的本體體悟，似乎「佛氏居其精，而吾儒居其粗」（辨學録）。從吾指出，這是極其錯誤的。對此馮從吾先從道體方面加以辨析，指出儒佛「其發端處與吾儒異也」（同上）。他認爲，儒家所說的道體是太極，是理，而「佛氏說空說無」，則以空無爲其本體，二者在本體論上是儼然有別的。再从心性論上看，他認爲：「吾儒曰盡心知性，釋亦曰明心見性，若相同而實相遠。」孟子講「盡心知性」，所盡之心，乃道德本心；

所知之性，乃人善的本性，即天德良知。而佛教所說的性，則是從「氣質之性」上說，是「專以能知覺運動」而言的，即就「人欲」而言的。在馮從吾看來，此說與告子的「生之謂性之性」相通，而丟了理這個本體。故其所明之心，乃是「人心」，所盡之「性」乃是丟掉了「理」的「知覺」之性。这就「與吾儒論心性處全不相干」了。可知「佛氏之言性與吾儒之言性」，其差「毫釐而千里也」。

在儒佛善惡之辨中，人性善惡也是一個重要方面。馮從吾堅守孟子以迄宋儒的人性本善說，認爲「吾儒之旨只在善之一字，佛氏之旨卻在無善二字」。雖然馮從吾也承認天地之性和氣質之性，但他很明確的指出：「吾儒之所謂善就指太虛本體而言」，「人得天地之理以爲生，此所謂義理之性也」。也就是說，性就是得之於本體的「善」。至於氣質之性，是「乃所以載此理」，不能離理而言氣質之性。馮從吾說佛教「無善」，一是因爲其「舍心言性，舍理言心」，亦即離理而言性，这样舍了本體則「無善」；二是其也舍了功夫。在馮從吾看來，儒家的「止於至善」，「是直從本體做功夫，直以功夫合本體者」，是體用不二的，如果割裂體用，就屬「異端虛無寂滅之學」。

馮從吾力辨儒佛，試圖以此探尋王學末流空疏學風之思想根源，這一努力在當時確有固本塞源的意義。故後人對此有高度地評價。明李維楨在辨學録序中說，「宋時辨釋學者，惟周、程、張、朱」，「本朝惟羅文莊困知記」，而「今得仲好羽翼之，幸甚」，將其視爲宋儒周、程、張、朱以及明儒羅欽順（文莊）之後闢佛老者之旗幟性人物。其辨儒佛的一個突出特點，就是始終抓住其根本和宗旨，不在枝節上糾纏，這是應該充分肯定的。不過從吾的缺陷和不足也是顯而易見的：其一，既忽視宋明時期三教合一是其基本潮流，也對理學是三教合一的產物缺乏基本的認識，故脫離了宋明時期思想的基本態勢而一味地拒斥佛教。馮從吾甚至稱「佛法」「皆邪教也」，是有失公允的。其二，馮從吾之所以對佛教採取如此偏頗的態度，與其對佛教精神缺乏準確把握有關。作爲在批判佛老的學術氛圍中成長起來的馮從吾，不像周、程、張、朱等人那樣有過「出入佛老而後歸之六經」的心路歷程，所以對佛教精神的把握就難免有偏差。如馮從吾把佛教的心說成只是與「道心」相對立的「人心」即人欲，這就有失簡單和籠統。其实佛教也是反對「欲」的，包括貪欲、淫欲等種種物質之欲，並將其說成是「障」或「礙」。馮從吾卻說佛教與儒學之差別在於崇「欲」，這就有失偏頗。他也不太瞭解理學所說的「理」本來就出自華嚴宗所說的「理法界」或「一真法界」，佛教並未完全離開「理」（本體）而言心言性。所以，馮從吾的儒佛之辨在一定的程度上缺乏理論的針對性。之所以導致這些偏頗，主要在於他救世心切，正如黃宗羲在明儒學案中評價其關於「氣質之性」的說法時說：「先生救世苦心，太將氣質說壞耳。」（甘泉學案，明儒學案卷四一）這是一針見血之論。不過，總體上說，馮從吾的儒佛之辨，是宋以後站在理學正統立場對佛教進行的一場較爲徹底的清算。其目的在於辨明儒佛宗旨而端正是非，抑制佛教對儒家學術可能造成的扭曲，在於匡正人心，端正學風。至於其理論之失，則與晚明時代的特定學術環境及其個人的特殊心路歷程有關，不可苛求于古人。

（四）本體即工夫，工夫即本體

馮從吾強調「要之以體爲主」，強調「本體」的重要性。他所說的本體就是與天相通的心性本體，亦即「至善性體」。他堅持孟子的性善論，認爲「至善的性體」是人生來本有的，說：「夫性學難言久矣，如知愛知敬此良知也，然必有所以能知愛知敬者，此性體也。至善之性體，蓋自父母初生時天已命之，豈待孩提稍長而後有知愛知敬？」（答涂鏡源中丞）肯定善之良知即爲性體。

針對王學末流講良知現成而不尚功夫的傾向，他說「知本體之難諉，自知功夫之當盡」（關中書院記）。在他看來，本體與工夫是統一的，本體存在於工夫之中，離工夫無本體。只言本體而不尚工夫，其所說仍然是無用之學。由此他強調：首先，「以心性爲本體，以學問爲功夫」。馮從吾肯定王陽明的「致良知」說，認爲此說體現了儒家心性修養之功的實質，極有功於聖門。他在學會約中說：「陽明先生揭以致良知一言，真大有功於聖學」，「識得本體，自然好做工夫。」所以，聖門之學的致思路向就是要在「心性」上用功。如果不識心性之本體，僅僅強調學問，就會「失之氾濫」；如果只知心性本體而排斥聞見之博、學問之功，則有可能「失之空寂」，兩者都是不利於道德修養的，正確的做法是將二者統一起來。

其次，在修養工夫上，從吾亦贊同朱子的「居敬窮理」與「主靜」。針對王門後學泰州一系「赤手以搏龍蛇」（泰州学案，明儒学案卷三二）的那種脫離名教、狂蕩而肆的態度，馮從吾強調學問功夫要落實於一個「敬」字。他在慶善寺講語中指出，儒學修養的宗旨，乃以「敬」爲要。他說：「學問功夫又總之歸於一敬。」以涵養、主敬爲修養的工夫，這是程朱一直強調的，馮從吾則將其與陽明的心性本體聯繫起來，認爲此是心性本體之用。他說：「敬者，心之本體。如見大賓、承大祭，此心不覺收斂，豈納交要譽惡聲哉？」（池陽語録）同時，作爲甘泉學派的弟子，馮從吾也受到陳白沙的影響，推崇靜坐的功夫。馮從吾說：「靜坐原是吾儒養心要訣，故程子每見人靜坐，便歎其善學。」（答楊原忠運長）他还吸收了孟子的「夜氣」说，認爲「靜坐二字便是息之之一法」，靜坐二字可以「補夜息一段工夫」。

重要的是，馮從吾強調工夫與本體的合一。他在會通諸家的基礎上，強調要走「本體」與「工夫」合一並重的學術之路。他指出，若將本體與工夫分離開來，就可能出現「支離纏繞」或「捷徑猖狂」兩個極端。他說：「若論功夫而不合本體，則泛然用功，必失之支離纏繞；論本體而不用功夫，則懸空談體，必失之捷徑猖狂。」（答楊原忠運長）強調必須把本體與工夫統一起來，說：「識得本體自然可做工夫，做得工夫自然可復本體，當下便是聖人。」（訂士篇）同時，又對陽明後學有的認本體原自現成而捨棄工夫的傾向提出了批評。

三、馮從吾的學風

從吾之學風，概言之，即主張敦本尚實、崇真尚簡，反對追末務虛、飾僞空談；主張崇正闢邪，力斥異端邪說；主張學術有「主」，貴有「自得」，反對支離與空泛；尚不苟之節操，重躬行之實踐等等。

（一）「敦本尚實」，斥浮虛以倡實學

明代中葉，心學極盛。然言心學者，浙東一系，以王龍溪爲代表，倡先天正心說，力闡良知現成，因其重本體而略工夫，遂漸蹈於「猖狂無忌憚」之浮虛一偏；江右一系，以鄒守益、羅洪先等爲代表，糾正龍溪之偏，主體用不二，遂以歸寂主靜之修養功夫補其說。至晚明，王學末流直向猖狂無忌憚一路發展，使朱子格物窮理之學日漸遮蔽。于是有顧憲成、高攀龍等東林一系，反對陽明後學只在先天良知上用力，背離王門篤實功夫的傾向。馮從吾與東林學派有着共通的問題意識，他以弘揚「聖學」爲己任，自覺地擔當起挽救晚明學術之偏的時代責任，成爲晚明中國西部「痛懲末世廢修言悟，課虛妨實之病」（姜仲文少虛集序）的代表。

從吾一面指出王學末流墮於猖狂無忌憚之偏，同時也指出其弱於本體而泛論工夫之失。認爲「若論工夫而不合本體，則泛然用功，必失之支離纏繞；論本體而不論工夫，則懸空談體，必失之猖狂」（論學書，明儒學案甘泉學案）。此說拈出陽明後學純任本體而忽略工夫之空疏病根，遂將朱子學的「格物窮理」與陽明的「致良知」結合起來，以朱子「格物」矯正陽明後學之先天良知說，表現從吾有出虛返實之思想走向。

爲了端正學術風氣，從吾先從正鄉學開始。從吾與諸君子曾立會講學于長安寶慶寺，并制訂了後來在關中影響深遠

的學會約、關中士夫會約。值得注意的是，在學會約中不僅明確規定了「其言當以綱常倫理爲主」的講學内容，並特別提出了樹立「崇真尚簡爲主，務戒空譚，敦實行」的實學學風的問題。主张只有「敦實行」，方可「戒空譚」。戒虚華，不浮躁，戒空譚，敦實行，是從吾學會約中最切實處，他自己亦能以身作則。

（二）學「有主」、貴「自得」，方能「深造以道」

從吾在講學中發現，「近世學者」所以陷於「空虛」，墜於「猖狂」，或「逐末而迷本」，陷於「支離」，或以「似是而非」之論亂人之心，或人云亦云等等，其源蓋起於本原處不明。而本原不明，又與學無自主、不貴「自得」、不勇於「造道」的虛浮風氣有關。反對「空虛」和「支離」，強調「自得」「造道」，是從吾最用力處。

首先，從吾強調學貴「有主」。他說：「學問功夫全要曉得頭腦主意。」（關中書院語録）所謂有「主意」，一是要有「主見」即堅持主見，不爲外在的因素所左右。二是要知「本」，「本」不明而徒用功夫，則終無所成，從吾說「學問曉得主意，才好用功夫。……不曉得主意，則功夫亦徒用矣」（關中書院語録）。學「有主」，方可杜心學末流之「空疏」，絕徒用功夫之「支離」；三是强调學問要明確「宗旨」，抓住核心。

其次，學「有主」是要建立在「自得」和「深於造道」的基礎上。強調學「有主」不是要固執己見，而是通過「自得」而「造道」。從吾始終將「有主」作爲自己學術的自覺意識。「自得」是從吾在對孟子思想發揮的基礎上，針對當時學風之弊而提出來的。孟子說：「君子深造之以道，欲其自得之也。」（孟子離婁下）此「自得」，是指經過自己深入學習理解所得的獨到體悟。從吾認爲：「學不到自得，終是支離，終不能取之左右逢其原。」（關中書院語録）關於「自得」「有主」與「造道」的關係，從吾說：「學問功夫全要曉得頭腦主意，深造以道，主意全爲自得。」（關中書院語録）即「深造以道」才會有「自得」，「自得」方可有「主意」，故曰「主意全在自得」。

對於學問，不爲異端邪說所迫挾，敢於堅持正義正見，是每一位學者應有的學術良心； 面對不良的學風、士風、鄉風，敢於抵禦與抗爭，是每一位學者應有的道德責任。 可以說，在這方面從吾堪爲晚明關中之楷模，極有功於「聖學」。 故行實謂：「崇正辟邪，秦風丕變，海内道學一振。」

（三）崇正辟邪，力變風氣

「崇正辟邪」是從吾在道德責任心趨使下認定的學術態度。 他在爲自己所作的自贊中，明確表白「佛老是距，鄒魯吾師」。 其所崇之「正」，核心是「以心性爲本體，以誠敬爲功夫」的「孔、曾、思、孟、周、程、張、朱」之儒學。 所闢之「邪」，有「二氏」異端之說，有時儒「淪於空談說寂」之「流弊」，有學界不端之風氣等，「其於巖端是非之界，則辨之不遺餘力」（王心敬關學續編少墟馮先生）。 然此並非從吾「好辨」，實出於「不得已」。 在當時「淫辭邪說，熒惑天下」的情況下，從吾「欲正人心」，必須「就其蔽錮關切之所在而剖決挽回之」（李維楨辨學録序）。 其所著辨學録，所辨多爲儒學與釋道之異，其目的在於明「吾儒之正傳」。 值得注意的是，「力闢二氏」雖然是自張載以來宋代關學乃至理學學者的共同所向，然張載所破斥者乃佛氏「以心法起滅天地」「以山河大地爲見病」之「虚無」說，以確立「太虚即氣」的宇宙本體論。 從吾所距斥者，則是佛氏的心性論。 他認爲，當時人心種種之迷惑，「皆起於學之不明，學之不明，起於心性之不明」。 這也許是從吾於晚明力辨佛儒的重要原因之一。

「崇儉德以敦素風」，也是從吾所致力的重要方面，故他嘗把講學與端正士風民俗聯繫起來，多爲秦地士風之日下而慨嘆。 其與學風相關的鄉風之最典型者，如相互「爭譏」「詆毁」，不能「成人之美」； 「怕人責備」，是非不分，不能堅持正義；喜議論他人之非；討論學術，或自以爲是，或自足自滿，或不能「虚己下人」，「過於激辨」等等。對於秦人不能成人之美，從吾深有感觸，他説：「世間最有功德事，莫大於成人之美。南人每見人行一好事，大家必稱讚之，羽翼之務底于成。秦俗則爭譏笑之詆毁之，務底於敗，如此則師復受其益，而弟子多受其損。」（正俗俗言（乙丑））師弟之間，要相互尊重，成人之美，而不要相互詆毁，否則只能兩敗俱傷。從吾深爲秦地此種士風之弊所患，遂在關中士夫會約中規定：「彼此爭構，吾輩所無儻。萬一有之，大家務要盡心勸和，勿令因小忿以傷大體。」並希望大家「出入相友，守望相助，疾病相扶」，以形成良好的士風鄉俗。

踐履嚴明，不易節操。躬行實踐，崇尚氣節，是關學的宗風。馮從吾繼承張載關學躬行實踐、經世致用之傳統，「以出處辭受一介不易爲風節」。從吾嘗謂「爲學不在多言，顧力行如何耳」（學會約附答問二則），從馮從吾身上，我們不難看出關學一脈相承之躬行實踐、經世致用的實學傳統和學風，亦可窺見從吾堅持正義、剛直不阿之節操。正如從吾自己所説：「學者須是有一介不苟的節操，才得有萬仞壁立的氣象。」（疑思録）陳繼儒評價説：從吾「終日講學，而若未嘗講學；終日聚徒，而若未嘗聚徒。不分門別户，不插標樹羽，不走時局，不握朝權，不招射的，逍遥環牆之中，超然免於言論之外，非踐履嚴明，涵養精潔，何以有此」（馮少墟先生集敘）。確實，沒有嚴明的道德節操，沒有「精潔」的涵養功夫，是誠難達此學術境界的。從馮從吾的學術之路，可以窺見晚明關學的實學特徵以及中國學術向實學轉化的動向。

劉學智　孫學功

二〇一四年八月

點校說明

馮從吾，字仲好，號少墟，陝西西安府長安縣人，學者稱少墟先生。生於明世宗嘉靖三十六年（一五五七），卒于明熹宗天啟七年（一六二七），享年七十一。馮從吾是明代自吕柟之後一位對關學發展有重要影響的理学家，更是一位以道德氣節著稱的官員。他一生雖仕途多舛，但卻「志於聖人之學」而不移，不僅筆耕不輟，著述豐碩，且能精思力踐，操修卓然，更孜孜於「衡量往哲，辨難同儕，指點後學」（姜士昌馮少墟先生集序），被譽爲「關西夫子」。平生多事講學，所著疑思録、辨學録、善利圖說、語録等，许多都與他的講學活動聯繫在一起，也頗能反映其思想的梗概。其學风既與张載關學學脉相承，其立朝又與東林諸子聲氣相應，思想上则既宗程朱，亦服膺王陽明的「致良知」之說，蓋能「統張、程、朱、陸、王而一之」（柏景偉關學編前序），遂成爲明季集關學之大成的學者。其生平事蹟，見於明史、明儒學案、關學續編等書中。

馮從吾的著述，據清雍正陝西通志卷七四、卷七五及經籍志記載，史類有：關學編四卷、元儒考略、馮氏族譜、馮氏家乘、陝西通志等；子類有：關中四先生要語四卷、學翼，還有稱馮從吾所編秦關全書。其著作後人編爲馮恭定公集二十二卷，續集四卷。

一九九八年版陝西省志卷七十九人物志記載馮從吾的著作有：元儒考略四卷、馮少墟集二十二卷、古文輯選、陝西通志三十五卷。二〇〇〇年版陝西省志卷七十一著述志記載：馮少墟集二十二卷，關學編四卷、元儒考略四卷、馮氏族譜一卷、馮氏家乘一卷、學翼二卷、關中四先生要語四卷、古文輯選、太華書院會語、孝經義疏、少墟語録六卷。上述著作大多存世，亦有部分著作已佚或僅存書序，如學翼等。

馮恭定公全書續集卷五行實載："先生著述甚富，疑思録、宋元諸儒考略、明儒小傳、關學編皆傳世。"據馮恭定公全書卷十六所記，還有理學詩選（有跋無文）。據馮恭定公全書卷十三所記，馮從吾著有東遊稿，編有長安縣志，輯有呂涇野先生語録和秦關先生全書。另有馮子節要十四卷，此書爲後人彙編馮從吾在各地講學的語録，四庫全書總目於存目有著録，四庫存目叢書中無著録。

關於馮從吾存世文集的刻本，有明代萬曆四十年（一六一二）巡按陝西的畢懋康所刻馮少墟集二十二卷本，此本可稱萬曆壬子陝西本，简称萬曆本。此书後又由其次子馮嘉年增益，於次年至天啟元年（一六二一）類序重刻，筆者見於國家圖書館善本室。上海圖書館著録爲天啟本，故此稱爲天啟本。天啟本正集部分較之萬曆各本要齊全一些，又少後人竄改，較爲精良。以上爲明代陝西刻本的概況。陝西之外還有明萬曆四十五年（一六一七）刻本，有張維任刻本，稱萬曆丁巳浙江本，筆者見於上海圖書館和中國社會科學院歷史研究所資料室。復旦大學圖書館所藏明人文集書目著録爲正集二十二卷，續集一卷。筆者在中國社會科學院歷史研究所資料室所見爲萬曆四十五年刻本，且只有正集二十二卷，未見續集。上海圖書館正集與歷史所正集相較，有多處遺漏。上海圖書館的續集主要爲歷史所本與天啟本所缺少的部分，雖亦不齊全，其中卻有一些其他諸本所不曾有的内容。北京大學圖書館亦著録有萬曆四十五年刻本。復旦大學圖書館所藏明人文集書目還有萬曆四十七年（一六一九）馮少墟集二十卷，爲劉必達刻本。因存書破損严重，難以查看。上海圖書館著録爲萬曆四十四年（一六一六），與復旦大學藏本著録時間有異。

馮從吾著作清刻本有：馮恭定公全書，初刊由巡按陝西的洪琮於康熙十二年（一六七三）伙同馮氏世孫重校重印，内含馮少墟集二十二卷，續集四卷，可稱爲康熙本。該本見於國家圖書館善本室、北京大學圖書館。有學者認爲其"訛脱最少，較爲精良」，其實這一說法似不够真實。筆者看到的康熙本，其總序缺多篇，不知何原因，竟缺少康熙年间重刻時洪琮的序。正集也因時代不同，多有竄改和遺漏。續集目録與實際内容有一定的出入，順序差異亦較大，是筆者所看到的較差的一种刻本。另一版本爲光緒二十二年（一八九六）刻出，内含馮少墟集二十二卷，續集五卷，可稱爲光緒本。該本刊刻較晚，故其内容較爲齊全，筆者見於國家圖書館普通古籍閲覽室、首都圖書館、陝西師範大學圖書館及馮從吾後代家藏本。此爲清代陝西刻本的概況。陝西之外尚有四庫文淵閣本簡稱四庫本。需要說明的是，四庫本前面的内容提要著録的少墟集是二十二卷，但實際内容少二卷，四庫本没有續集。據陳俊民先生關學編點校說明，清乾隆丙子（一七五六）有中衛劉得炯、趙蒲重刻的馮少墟集，稱爲劉得炯本或乾隆本。此外，清道光五年（一八二五）范鄗鼎輯録的明儒廣理學備考收録馮少墟集一卷，國家圖書館普通古籍閲覽室存有。

現代影印的版本有臺灣商務印書館和上海古籍出版社出版的文淵閣四庫本，上海古籍出版社的明人文集叢書本，臺灣新文豐出版公司出版的叢書集成本。叢書集成本前有馮少墟語録十二卷，後有續集四卷（此依據康熙本續集）。此外，還有蘭州古籍出版社出版的中國西北文獻叢書，亦影印有光緒本正集二十二卷。

從諸種版本的具體内容來看，馮從吾的正集最初的刻本已不可見，筆者搜集到的最早刻本是萬曆丁巳浙江本。此本與天啟本相比，天啟本多出他人爲馮從吾語録所寫序等内容，而删掉了文集的部分内容。清康熙本、四庫本、光緒本的正集内容大體相同，只有四庫本爲重抄本，内容與其他兩種刻本差異較大。清代的刻本與明天啟本相比，正集部分有較大的竄改和遺漏，内容有增有減。有學者認爲康熙本是「重校重刻本」，看來事實不盡如此，正集從萬曆丁巳浙江本到光緒本爲同一刻本，只是有所增減罷了。

現存續集卷三末有「先君文集傳世已久，自癸亥（一六二三）以迄丙寅（一六二六），類成六卷，因付梓人，名曰續集」。可見，續集的內容是馮從吾在天啟本刊刻之後所著述，明刻本皆未收入。續集的流傳也有一個發展過程，從清刻本看，明已有了六卷刻本，今不可見。到康熙本出時，續集目録爲四卷，但實際內容仍沿用明六卷刻本，與目録並不相符，順序亦較雜亂。自光緒本出，續集編爲五卷，目録與實際內容方統一起來。需要說明的是，清續集是明六卷刻本的縮略本，從今存刻本看，缺少原六卷中的卷一。

總之，馮從吾的總集每次刊刻都有所增有所刪，各本幾乎都有其他版本所沒有的內容。即使同一版本，從書名、內容、裝訂順序看，各刻本也有一定的差異，這也增加了整理的難度。

本次點校，正集以清光緒本爲底本，以明天啟本爲校本，同時參校萬曆丁巳浙江本以及清四庫全書文淵閣本、康熙本等，其中關學編以清康熙癸丑重校重刻的明萬曆癸丑馮少墟集本爲底本，以天啟本、光緒辛卯灃西草堂本爲校本，同時參考了陈俊民、徐興海先生點校，中華書局一九八八年印本。續集亦以光緒本爲底本，以康熙本爲校本。元儒考略以四庫全書文淵閣本爲底本，以萬曆本、清道光十八年（一八三八）知服齋叢書本爲校本。四庫禁毀書叢刊史部有萬曆三十七年（一六〇九）刻萬曆疏鈔，存有馮從吾在萬曆朝的兩篇奏疏，並以此對正集中兩篇奏疏進行了校勘。

本次整理时，凡底本缺少的內容，均依據校本補入，並出校說明；凡不同於底本的內容，亦盡可能地出校說明；有些屬筆者依文義認爲誤的字逕改，其他改動都出校說明；對各版本互見的文字也進行了互校。对底本中引用他人、他書的文字，也盡可能依照有關書籍進行對校。底本出現的避諱字，逕改不出校。此外，卷一辨學録按照傳統方法分爲八十一章，本次整理筆者對正文部分內容進行了新的排序，這樣，既保持了體例的統一，又把古人與今人在段落劃分上區別開來，以便讀者查閱和全面了解相關内容。續集卷三目録有書信十篇，實際内容缺失，对此亦存其目。此外，續集卷二論仲尼一篇，有題目而無原文；馮從吾與兩位道長的書信亦缺失，此次校勘時都予以增補。

此次整理時，在原集、續集基礎上，增加了續编、附録部分。續编主要收入關中四先生要語録、元儒考略及古文輯選（目録）等。關中四先生要語録見于清李元春關中道脈四種書。元儒考略與關學編屬同一類著作，前者爲斷代學術史，後者爲地域性學術史。因元儒考略其「體例頗爲叢碎，又名姓往往乖舛」〔一〕，或者還有别的原因，馮恭定公全書没有收録。據續集卷三答余少原冢宰記，馮氏自謂：「山中無事，益理舊業，遠承翰教，如獲指南，元儒考略猥辱佳弁，重付殺青，諸儒可以不朽。」四庫全書收録元儒考略，知元儒考略乃馮從吾的著作無疑。上海圖書館存有馮從吾的古文輯選六卷，十二册。因古文輯選所選文字多爲比較常見的古代名篇，故本書只將其目録編入。本書最後編有附録，附録諸史中有關馮從吾的傳記、後人爲馮從吾著作所寫的序、贊及辑佚的有關馮從吾的其他文獻，還特别收録了輯佚的馮氏所撰關於伊斯蘭教的兩篇碑文及廷試進士策問等。總之，筆者力求使本書成爲有關馮從吾研究文獻的較爲齊全的辑本。

一直以来，整理馮從吾集是馮從吾十二代孫馮致遠先生的最大心願。在此次點校整理過程中，得到了馮先生多方面的支持和幫助，在此表示衷心感謝！

同時，在本書點校整理過程中，米文科、王美鳳、張波、張瑞元、高華夏、劉泉、陳華艷、楊佳、包國慧以及王孜、王樂等曾幫助認真核對過文獻，米文科、王美鳳和陳華艷等還提出過一些重要的修改意見，爲本書的完稿給予了有力的幫助。在此亦對他們的努力表示衷心感謝！

〔一〕語見四庫全書總目元儒考略提要。

特别要指出的是，西北大學出版社馬來社長對本書的完稿和出版提供了極大幫助！馬平編審更以極其負責的態度、非常敬業的精神和專精的編輯業務審閲和處理了稿件，提出了許多寶貴的意見和建議，這爲提高本書的質量做了重要的保證。在此對他們爲本書所付出的辛勞表示誠摯地感謝！符均先生也在百忙中審閲了全稿，并提出了諸多中肯的修改意見。在此亦對他的認真態度和辛勤勞動表示衷心地感謝！

目録

馮少墟集

卷十一

語録

卷十二

語録

卷十三

序

卷十八 …… 三五八

奏疏

公移

馮少墟續集

馮少墟集續編

附録

附録二……六八六

評

附録三……六九四

序

附録四……七〇四

雜記

馮少墟集

卷首

重刻馮恭定先生全書序

洪琮

講學之説，起自論語，子曰：「學之不講，是吾憂也。」夫子所謂講學，即講德是如何修，義如何徙，過如何改，只是一事，非有四段工夫，此孔門講學家法也。孟子願學孔子，正人心、距邪説，曰：「予豈好辨哉？予不得已也。」及孟子歿，而其傳泯焉，後世遂有以學術殺天下者矣。二程夫子不恤浮議，毅然以講學自任。紫陽朱子始條列白鹿洞書院講規，嘗謂「河南程氏兩夫子出，而始有以接孟氏之傳。」夫二程之學得之濂溪，然濂溪精於學而不大講。至聚徒講學，自二程始。向非程、朱之講，則濂溪之學其孰從而傳之！

關中講學肇自張横渠先生，當其勇撤皋比，以及屏居横渠，無在不講「知禮成性、變化氣質」之道，學必如聖人而後已，其言曰：「爲天地立心，爲生民立命，爲往聖繼絶學，爲萬世開太平。」皆講學也。傳稱先生爲學，初不欲講，曰：「學者不務蓄德，只益口耳。」程伯淳開之曰：「道之不明久矣，人善其所習，自謂至足，如必孔門不憤不啟，不悱不發，則師資勢隔，而先王之道或幾乎熄。趨今之時，且當隨其資而誘之，雖識有明暗，志有淺深，亦各有得。堯舜之道，庶可馴至。」横渠用其言，故關中學者躬行之，多與洛下並是。其爲世道人心計者，蓋深且切也。

馮少墟先生弱冠入正學書院，從許敬菴講學。在翰院與同志立會講學，著做人説。出爲御史，按部進諸生講學，著訂士篇。罷歸，講學寶慶寺，著學會約、善利圖、辨學録。問業甚衆，關中爲立書院，著關學編諸書。召入副憲，與鄒南皋會講都城隍廟，環聽如堵牆，十三道奏建首善書院。歸疾作易簀，猶惓惓以講學做人爲遺訓。

先生一生著述皆講學之言，自少至老皆講學之事。嗚呼！何其勤也。每言異端，是發端處與吾儒異，辨學不可不精。大學格物，即是講學。「難與並爲仁」，即是曾子仁處，故曰：「勘過並字，當下識仁；勘過忌字，當下識人。」「鴛鴦繡出憑君看，莫把金針度與人。」壞人心術不小。善字從羊從言，善不言不明，物之善群莫如羊，君子樂與人群，故莫大乎與人爲善。又論末世講學，有異端、越俎、操戈三大弊以爲戒。故聽其講者如呼人之寐，而使之覺如叩鐘，大以大鳴，小以小鳴，如睟盤示兒，無所不具，聽其自取；如白日當天，遠近皆照；如時雨潤澤，處處霑足。是真有八荒我闥，一息萬年，天地爲心，萬物一體之懷焉。昔孔子不得位，知者爲賢於堯舜。孟子闢邪說，昌黎以爲其功不在禹下。先生有詩：「救得人心千古在，勳名直與泰山高。」則謂先生勳名直與華山高，可也。

家光禄請勒先生善利圖於書院，與白鹿洞教規相發明。余生也晚，承家光禄遺訓，不及遊先生之門。今從中孚李子得先生全集，梓而傳之，以竊附於私淑之義。

至先生人品學問，諸先輩論敘甚詳，余又何贅焉！唯是敘其終始講學之誠，直接乎孔孟以來相傳之意，則先生之書真聖道中天矣。雖然講不在口耳，先生有曰：「講到無言處，方知道在心。」曾子一「唯」，何消多說。論語「默識」，政從次章「講」字來。關學一編，曰：「堯舜一心至今在，諸君子其心至今在也。若不自見其心，雖起橫渠諸君子，共晤一堂，庸曉口耳。」此又講學微言也。今其書俱在，學者當自得之，又豈游、夏所能贊一詞哉！

康熙癸丑嘉平冬月，新安後學洪琮拜題

馮恭定先生全書識言

李顒

余生平徧閲諸儒先理學書，自洛、閩而後，唯馮恭定公少墟先生集言純正，字字切實，與薛文清讀書録相表裏，而辨學録、善利圖、講學說、做人說、開關啟鑰，尤發昔儒所未發，尤大有關於世教人心。張南軒嘗言：「居恒讀諸先生之書，惟覺二程先生書完全精粹，愈讀愈無窮。」余於先生之集亦云。第集板經明末之變，毁于兵燹，讀者苦無從得。余久欲覓有力者重壽諸梓，而機緣未遇，私竊耿耿。頃學憲洪公訪余，論學因言及斯集，遂慨付剞劂以廣其傳。

惟是先生至今尚未從祀，識者以爲缺典。昔東林吳覲華真儒一脈序謂：「西北有關中之恭定、山右之文清，東南有梁溪之端文、忠憲，皆欣然爲天柱地維。後有具隻眼、議大廷之典者，知儒宗一脈的有其派而千古真常，蓋決不容澌滅也。」余嘗以爲知言。世不乏主持名教、表章先賢之大君子，敬拭目以望。

馮少墟先生小像自贊

謂汝學邪？何垂老之無知。謂汝不學邪？何自幼之孳孳。佛老是距，鄒魯吾師。平生所學，惟毋自欺。尚揮戈於末路，庶不愧此鬚眉。從吾

馮少墟先生像贊

董其昌

亭亭鶴骨，巇巇鳳鳴。德符春藹，正氣秋澄。萬物同體，一介必矜。白玉絶纇，朱絲爲繩。茂叔之胸中灑落，子輿之壁立崚嶒。聖脈獨契，關學大興，自南自北，如車指路，横說豎說，如水建瓴。其隱也，太華增而重其出也。黄河忽而清，豈待形求於巖野？固將金鑄於帝廷者邪！

年弟董其昌　禮部右侍郎

又

天清氣和，杲日淩空。陽春鼓暢，萬彙敷榮。中朝蓍蔡，四方儀刑。訂頑一脈，千古斯文。

安成鄒德泳　太常寺卿

又

先生之氣，淩華嶽而直上；先生之度，納黃河而有餘。雄壓文壇，鸞停鵠峙。妙參道閫，魚躍鳶飛。游詞林，恥學墨卿之章句；拜柱史，抗言人主之是非。萬夫莫挽，廿載閒居。公庭削跡，衡門晏如。窮性至命，訂頑及愚，辨釋老之千里，析義利之毫釐。道學歸于有用，聖真不落空虛。弟子執經而從者，臣教忠，子教孝；朋友聞風而請者，德相勸，過相規。舉動慎平居，顰笑出處係世道安危。濟川之舟向久横於渡口，擎天之柱終借重於關西。大理特召總憲，旋除，善類依以推轂君子，慶其得輿，展掌上之經綸，共謂可將可相。揭區中之山斗，豈止異人異書？直承正脈，無忝大儒。前有横渠，後有少墟。舍先生，吾誰與歸？

華亭陳繼儒　布衣

又

穆如春風，瞻有道之儀容。淵然太沖，窺含德之心胸。澹泊無營者，其純素之衷。慷慨發蒙者，其啟牖之公。同志景從，鬱起一代之儒宗。邁往立隆，身維百世之頹風。疏水鼎鐘，浮雲舒卷於太空。霧豹雲龍，虛游渾合於鴻濛。若少墟翁者，殆間氣之所鍾，而障狂瀾於注東者歟！

金陵朱之蕃　吏部右侍郎

又

望之嶽立，嶙嶙峋峋；即之玉映，栗栗溫溫。匪道不談，匪禮不行。在學爲才，於世爲繩。德崇業富，十九田居。天欲平治，誰其舍諸？

安邑曹于汴　南京掌院右都御史

恭定馮少墟先生傳

翟鳳翥

先生諱從吾，字仲好，號少墟，長安人也。父諱友，保定郡丞，以先生貴，贈通議大夫。先生九歲，通議公手書陽明「個個人心有仲尼」詩，命習字，即命學其爲人，先生身體之。弱冠以恩選入太學。比歸，許敬菴督學關中，延正學書院，與藍田王秦關講性理之學。

萬曆戊子舉於鄉，明年，成進士。觀禮部政，謂「士君子即釋褐，不可忘做秀才時」，書壁自警。朝會多飰中貴家，獨攜茶餅，不與往也。以庶吉士應館課，不規規詞章，曰「文人何如聖人」？著做人說二篇，惟與焦漪園、涂鏡源、徐匡嶽諸公立會講學。既而改御史，巡視中城，司城者結首，揆紀綱，爲厲疏斥之，權貴斂跡，天下入覲者不敢通苞苴。都掌科胡某爲政府私人，凡疏參神廟俱留中。先生列其狀，得旨摘調。神廟中年[二]倦朝講，酒後多斃侍者。先生疏諫切激，下廷杖也。以長秋節輔臣趙志皋救免，一時直聲震天下。命巡按宣大，不拜，請告歸。與故友蕭茂才諸人講學寶慶寺，著疑思録六卷。

[二] 光緒本原缺「年」，依文意補。

起河南道，巡鹽長蘆，清國課，禽積書。〔一〕行部所至，必進講諸生，著訂士篇。新建用事，臺省削籍者強半，先生與焉。策蹇西歸，道宿村寺，屬吏供帳以候者，不處也。抵里，日事講學，著學會約、善利圖說。以忡怔處一斗室，足不至閾，雖親友罕見者，歷九年始出，仍講寶慶，執經問業者日以衆，當道於寺東創關中書院以居之。莊居二十年，非會講不入城市，一字不于公府。疏薦百十上，不報。

庚申，光廟即位，以少卿起。次年，熹廟改元，始應詔，歷遷左副都御史。邊左陷，疏參經撫置之法，以「紅丸」論李可灼，又論「梃擊」之獄，與發奸諸臣爲難者，皆奸黨也，黨人齒擊矣。凡大獄，力任之。與同官鄒南皋、鍾龍源、曹真予會講都城隍廟，縉紳士庶環聽者至廟院不能容。或曰：「輦轂講壇，謠諑之囮也。國家多事，宜講者非一端，學其已乎？」先生曰：「正以國家多事，士大夫不知學，抱頭鼠竄者踵相接也。親上死長之義非講奚明？」鄒忠介曰：「馮子以學行其道者也，毀譽〔二〕禍福，老夫願與共之。」十三道奏建首善書院。院甫成，而人言至矣，先生與南皋後先去，溫旨慰留，五請乃報。修撰文震孟、御史劉廷宣請留，同官鍾龍源、高景逸請同去。時權璫猶收人望，明年起少宰，又明季，陞右副，都掌南都察院事，以疾辭。尋改工部尚書，推吏部，又以疾辭。致仕家居，杜門著書。

忽降中旨，褫其官。璫黨柄鈞者又使其黨撫關中，毀書院，窘辱備至。先生雖在病間，正襟危坐，屹如也。丁卯二月，以正寢終，年七十二歲。〔三〕易簀猶以講學做人囑其子若孫，不及身後一語也。是歲逆璫誅，詔復原官，贈太子太保，賜祭葬，謚曰恭定，廕其後人，復關中書院，祀之。

嗚呼，先生之學以心性爲本體，以誠敬爲工夫，以天地萬物一體爲度量，以出處辭受一介不易爲風節。生平自讀書講

〔一〕「禽積書」疑當爲「除積弊」。

〔二〕光緒本原作「與」，依文意改。

〔三〕「七十二」當爲「七十一」。

學而外，唯工書法。不營產業，不畜妾媵，不赴宴會，不喜飲弈，即園亭圖畫之玩，亦弗涉也。四方從學至五千餘人。尚論者謂：「楊伯起、張橫渠、呂涇野諸夫子而後，一人而已。」余束髮知先生名，且聞書院興廢狀，慨慕久之。今得拜先生於其里，識其後人，議復書院，以祀以教，讀先生全集，爲先生傳。

聞喜後學翟鳳翥頓首撰

馮少墟先生集序

畢懋康

少墟馮先生讀中秘書，拜西臺，風節文章有聲宇內。亡何，言伸而身退，里居掩關九載，精研契悟，講明聖人之學，從者如歸，門下士多至千餘人，一時稱「關西夫子」云。余適奉命按秦，得卒業。所著辨學録、疑思録、善利圖說、學會約諸書十數種，抉關啟鑰，多發前人所未發。辨學録參勘源頭，最爲得力，大要排距二氏似是之教，尤謂釋家言竄蝕吾道，變幻其說，舍筏超津，即宿儒慧士，間不覺墮彼法中，是可患也。故茲録其言，甚辨其理入微不直，剗滌末流所由失直，力剖本始所由分。

昔人云：「儒、釋差之毫釐，謬以千里。」此直云儒、釋宗旨原隔千里，絕無毫釐之似。至其言心，則曰：「丟過理說心，便是『人心惟危』之心。即有知覺，是告子知覺運動之覺，佛氏圓覺大覺之覺。」其言尤爲痛切。當幾覿體直下，信及直下，就性命落根。真爲數百季間聚訟之庭，判未了公案。嗚呼渺論哉！竊觀先生學貴有主，不貳以二，不參以三，用貴實踐，摻貴祗敕，不爲虛恢婾縱者所借託。夫有主則歷千變而不可惑，實踐則究必到而不可欺，祗敕則神常惕而不可懈。屹砥柱以遏洪流，堅鍵關以搤眾會，其風竅然，惡可而言，不以觭見之也。其于本也，弘大而闢深；其于宗也，調適而上遂矣。儻所謂承前啟後，非聖弗遵，非經弗由，好修篤至身任先覺者非邪！

蓋道學肇自虞廷，講學創自洙泗，至宋諸君子始紬繹章明之。紫陽集諸儒大成，推宗河、洛，然於呂、游、楊、謝，猶斥其浸淫佛老，不少假相。友善者如陸、呂兄弟，亦詆子靜、子約學，傍近似而涉異端。嗟夫，洞宗獲真，憑虛失據，學術小褋，濫觴靡止，意念深矣。國朝薛文清獨尊紫陽，云「多聞見而後卓約，弗爲荒幻徑獵」。讀書録令人穆乎有餘思。關以西稱呂文簡，誠敬真篤，正經息邪，具載所著内篇中，卓然醇儒。

先生其瀠洄呂、薛，合派紫陽，而溯源洙泗乎？是故其辨學也，脈然若獨繭之絲，凜然若春水之冰，厚其防若千丈隄之不可潰，遠其界若風馬牛之不相及。庶援彼入此，推此附彼，惚恍連犴，詖詭自恣之言，無所假途而寄其譎。今日者賴先生濬心敏行，煜然使學者耳目再一新已。關中數十季來道脈大暢，文簡得輿，先生超乘，俾横渠之緒，迄今布濩流衍，而不韞韣，炳炳麟麟，豈不懿哉！先生家食久，主上行且賜環虛，孤卿三事待之行，將以道德爲事功，是其土苴將猶陶鑄宇宙者也。若夫集中諸摛撰，歌詠自爾，有德之言，質有其文，行之必遠，故合刻而爲之序，使學者知所嚮，方其頤可探也。

萬曆壬子仲冬長至日，賜進士第、巡按陝西監察御史、前奉敕巡按直隸等處兵部員外郎、中書舍人新安畢懋康撰

附柬

嘗聞先儒之言曰：「見到孟子道性善處，方是見得盡。」不佞亦曰：「見到先生説心説理處，方是見得盡。」真令人心悦意懇，莫可云喻者。且大集中，即單詞隻語，往往使人乍泳而躍然，湛思而未罄，枝葉華萼無不歸根，江河盆盎皆可得月，惟是樸樕之筆又何能贊一詞？兼以日來諸務蝟集，昕夕拮据，所不能視飱者，若而旰，所自甲而達戊，睫不交者，若而宵，又無遑問文墨之事。愈覺腸枯筆澀，小序率率塞白，譬若從埜敦而度高乎！泰山懷氾濫而測深乎！重淵亦未至也，惟大加郢斤，幸甚。

馮少墟先生集序

高攀龍

少墟先生，余同年，馮仲好也。仲好少即志聖人之學，由庶常吉士爲侍御史，言事罷歸。閉關九年，精思力踐，而於聖人之道始沛如也。所在講學論道爲集，凡二十二卷，余受而卒業焉，作而歎曰「此真聖人之學也」。聖人之學之難明也，蓋似是而非者亂之，其差在針芒渺忽間，不可不辨也。

今夫人目則能視，耳則能聽，手則能持，足則能行。視聽持行者，耳目手足也，所以視聽持行者，何物也？凡世之不知學者，皆覿面而失之於是也。然而目之視貴其明，耳之聽貴其聰，手之持貴其恭，足之行貴其重。所以聰明恭重者，何物也？凡世之知學者，又往往覿面而失之於是也。然而目之明，非我能使之明，目本自明；耳之聰，非我能使之聰，耳本自聰；手足持行之恭重也，亦然。其本來者又何物也？世之知正學者，又往往覿面而失之於是也。耳目手足者，形也；視聽持行者，色也；聰明恭重者，性也；本來如是，莫知其然而然者，天也，此所謂本體也。本體如是，復還其如是之謂工夫也。修而不悟者，狥末而迷本；悟而不徹者，認物以爲則。故善言工夫者，惟恐言本體者之妨其修；善言本體者，惟恐言工夫者之妨其悟。不知欲修者正須求之本體，欲悟者正須求之工夫。無本體，無工夫；無工夫，無本體也。

仲好之集至明至備、至正至中，非修而悟、悟而徹者不能，真聖人之學也。吾特于其集中示人最切者揭而出之，以見似是而非者亂吾聖人之學，其端蓋異於此也。

萬曆癸丑秋七月，錫山年弟高攀龍書

少墟馮先生集序

鄒元標

予平生所藉以切砥者，北地自吾師青州朱鑒塘先生外，則有我疆孟公、洪陽王公，中州心吾呂公、雲浦孟公，此五君子者，大儒也。我疆常挾被過舍中，人皆迂之，孟先生曰：「予不知鄒君爲吏部郎也。」吾師友「兩孟」、王公俱爲泉下人，常念之潸然不禁，歸而離索日久，曰：「安得此師友以摩切？」予朝夕聞秦中少墟馮公繼五先生，力肩正學，心嘗儀之。會友人周鶴峋觀察貺元標集曰：「子不可無一言以諗同志」，予拜而卒業。

大都謂學必有宗，吾儒學以理爲宗，理必操而存，孳孳矻矻如寒求衣、飢求食。其誘人也，如春風熙物。其拒諸説不使闌入也，若操戈禦巨寇。夫使關、閩學晦而復朗者，公也。此世儒皆能知之，然公之入微，人未易知也。公示曲阜諸生曰：「舉躅盈眸皆是鳶飛魚躍現前，篤信聖人，能無出入。篤信自家，始爲不離卓乎淵矣。」以詹詹一家學名者，非所以觀公也，道非一人之道也，必六通四辟，始無所不入，無所不受。公學雖有宗，然於新建亦極篤信，曰：「『致良知』三字，洩千載聖學之秘，有功吾道甚大。」雖不能疑「無善無惡」一語，又曰：「非無善無惡之説，並非『致良知』之説者，俱不是。」蓋公不欲以虛無寂滅令後學步趨無據，非虛而公、明而溥者安能之？彼世儒入主出奴，妄築垣塹者，視公何如哉？易之上爻，潛見惕功亦密矣。四曰「或躍在淵」者，「或」之者，疑之也，疑則淵之與天上下懸殊，不疑則位乎天德。天德不可爲，首惟吾夫子足以當之，其餘即顏子猶一間未達。

元標束髮問學，九折羊腸褰裳，凡幾而孜孜疑情未斷。夫一絲未斷，對面河山，敢自以爲質，往詔來無疑，公疑思録曰：「吾斯之未能疑。」即夫子啟漆雕開亦何以過此，夫吾儒患不能疑耳。一息尚存，此疑不懈。九天九地，何之不入！願與公終身請事焉。

嗟乎！華嶽崒嵂造天，黃河澒洞無涯。代有巨儒，橫渠之後，明有仲木，今有仲好，可稱鼎足，可以張秦，亦可以張明矣。予與公天假之緣，得一合並其所，請事者有在顧予老矣，莫往莫來，悠悠我思，知公有同然也。

時萬曆癸丑仲冬，侍生吉水鄒元標爾瞻父頓首拜撰

馮少墟先生集序

姜士昌

聖門之學，至中正至平實，而天下之鶩高奇者，無當也。濂、洛、紫陽諸君子，當漢唐寥寥後，相與章明經術，力排似是而非之謬，而聖學始揭日月而行，中間若象山、陽明兩先生，其悟道蚤，其見地高，其平生操修固卓然靡間，而獨其所爲，衡量往哲，辨難同儕，指點後學者，或微涉頓造徑詣。夫世或有頓造徑詣之人，而無頓造徑詣之教，二先生以見地爲教，故其門人得二先生精意者，往往振拔于問學名節，一時稱極盛；而失二先生立言本指者，或藉解悟廢躬行，或喜圓融開方便，其流之弊，衛道之士不能無隱憂焉，而況沿波流而彌下焉者乎？

秦中少墟馮公，予自辛卯歲視秦學，曾識公都門，比予垂去秦，而公以按宣大，移疾還里。嘗詣公齋中，圖書四壁，泊如也，予慨焉。悵公歸之晚而予行之遽，而嗣是公再入都，更以直道絀歸，而下帷林臥，與秦人士講明聖賢之學者二十餘年，而公之集始成。侍御東郊畢公按秦中，亟梓行之，而予門人鄢陵令張君舜典，公同志友也，持公集暨公書來屬予序，予受而卒業。

若關中書院記，韓昌黎原道之篇之所不能言，當與定性等書並。若辨學録、疑思録及它論學語，嚴正學之防，謂異端本非是，不得謂之似是，而于以痛懲末世廢修言悟、課虚妨實之病，中間至言精義，多程、朱諸君子所欲剖析而未盡者，如云或問：「天命之性無聲無臭，原著不得善字。」曰：「天命之性就是命之以善，何消著？孟子道性善，政直指天命之初而言耳。」

又云：「吾儒所謂善，就指太虚本體而言，就指目中之不容一屑而言，非指景星慶雲、金玉屑而言也。」

又云：「人之病正在無善，乃反以無藥無，豈不益重其病而速之亡乎？」

又云：「人心原是活的，如無一分善心，便有一分惡心。」

又云：「易有太極，乃天地自然的，故無思爲。有太極而無思爲，有物則而無聲臭，乃吾儒正大道理。若舍太極專講無思爲，捨物則專講無聲臭，有是理乎？」

又云：「孔子『七十而從心所欲，不踰矩』，文王『純亦不已』。若孔子謂我得矣，便放開，便是踰矩。文王謂我得矣，便放開，便是已。其何以爲聖人！後世學者只是越過守浮慕化，所以敢于放開，卒至於流弊不可言。」

又云：「謂之曰理，自是無障；謂之曰障，還不是理。」

又云：「世之砥節礪行、循規蹈矩而不聞道者，誠有之矣。未有真能聞道而不砥節礪行、循規蹈矩者也。」

又云：「不質鬼神不可以言學，不慎獨不可以質鬼神。」

又云：「一本大學都是釋『格物』，不必另補格物傳。」

又云：「『述而不作』不是聖人謙辭，後世天下不治，道理不明，正坐一『作』字。」

又云：「只爲志穀一念，不知壞古今多少人。」

又云：「『克己』有當下斬釘截鐵意，不行頗費工夫，不能遽拔病根，然亦『克己』之一法也。」

又云：「問『豫立』之意？」曰：「『豫』字即下文擇善固執、博學審問慎思明辨篤行。」

又云：「近世學者不論心之懈不懈，理之明不明，而動稱不須防檢，不須窮索，以爲玄妙，是中佛氏之毒，而借明道先生以自解者也。」

又云：「隨時變易而不從道，則小人而無忌憚，是故君子無輕言時。」

公論辨若此等類，翼往哲，詔來者，砥頹波，衛世道，即令聖人復起，宜無以易斯言，真洙泗之耳孫，濂、洛、紫陽之嫡胤也。

蓋予二年前，聞公著有善利圖說，心疑之，舜跖善利乃孟子提醒人心最剴至語，安所煩圖說爲？已而讀公圖說，曰：「中間無路。」曰：「聖狂分足處，善念是吾真。若要中間立，終爲跖路人。」嗟乎，此仲好先生所以爲仲好者也。視象山先生鵝湖辨論，晦翁聞而心折，一時聽講人士相與感動流涕者，不尤直截痛切哉！公又數舉高陵呂文簡公，時時以「改過安貧」四字勸學人，爲同遊告。夫改過、安貧二義，論語六藝諸篇中，蓋珍重言之，末世視爲卑淺語。若無甚高論者，非文簡公暨仲好先生，安能爲此言？予居恒謂講學非難，本之身心真有、以自得爲難，其撰著論駁真足以正虛幻之人心、障茅靡之世教爲難，否則雖言高于秋旻，藻于春華，奈何言學也？公于象山、陽明二家言，若相辨難，實相成，真二先生益友矣！

東郊畢公持節省方，特崇經術，表章公集，功在天下與後世，真紫陽先生同里。若張君舜典與公下上問辨最深，研又最精詣，措之鄢陵，[一]以政爲學，蔚有三代以上吏道風，其得於公之劘切者遠矣，可謂有志者也。

萬曆癸丑嘉平月，丹陽姜士昌仲文撰

馮少墟先生集序

洪翼聖

天地之性人爲貴，人而不欲虛其貴也，則學爲先。學以聖人爲的，而聖人之道原在吾心。苟非見之徹，踐之實，而孳孳弗能已，即欲盡性至命，何由焉？翼聖夙聞馮先生游神洙泗，潛心聖學。茲奉命督學秦中，得先生諸録讀之，輒豁然曰：「如先生之於學也，所謂見之徹，踐之實，而孳孳弗能已者，非耶？」

蓋余嘗讀易，至於「天下雷行，物與无妄」，而知天之與人體自无妄，所謂「繼之者善也」。唐、虞之「精一」，禹、湯之「祗懋」，文、周之「敬止思兼」，無非盡此性，完此善也。仲尼遠宗近述，真萬古一聖矣。然其志學也，所志何物？其從心不踰

[一]「研又最精詣，措之鄢陵」，天啟本作「研厝之鄢陵」。

矩也，矩爲何物？統之此性此善也。而孟氏則直指本體曰：「性善。」

自釋氏出，創爲「理欲雙遣」之論，曰：「不思善，不思惡，是本來面目。」而世且紛然好之，遂使楞嚴、圓覺諸書與六經爭道而馳，而妙明真空等諦反俎豆于吾儒之上，其欲渾而一之者，曰：「吾儒之無聲無臭，何別於佛？」其欲兼而收之者，曰：「吾道廣大，何所不容？」然而世之崇釋者夥矣！豈惟寂滅枯槁無用於世，而猖狂自恣者卒至縱欲敗度、潰法亂紀，及詰之，則曰：「萬法本空，如夢如幻，安用束縛？」爲清談亂晉，浮屠亡梁，禍實本此，而闢之者且曰：「儒與釋，差之毫釐。」嗟乎！惟其有毫釐之説，此異端益得操戈也。而先生推窮其本，直斷之曰：「善惡俱無與性善之旨，迥然不同，則其千里懸隔也，不在末流，已在發端。」此何等痛快直截也！且曰：「人心原是活的，無善心，便有惡心，原無一切俱無之理。」反覆發明，無餘蘊焉。「儒、佛、老、莊混爲一塗」之弊可不攻而破矣。豈非發前賢所未發，而揭聖學於中天乎？

夫學患不得其源耳，惟於性也而見其善，則溯觀於天而認所爲於穆矣，還觀於身而認所爲降衷矣。認善既真，則不善之萌也不遏不已，善之萌也不擴不已，發於事親則爲孝，發於事君則爲忠，愛則爲仁，宜則爲義，通則爲智，貞於視聽言動則爲禮，一於常變順逆則爲信，其寂然不動也則未發爲中，其感而遂通也則中節爲和，闡於文章則非虚車，顯於功名則非權術，徹於廉介則非矜激，衆理萬善沛然洋溢於天地萬物之間，而燦然宣著於綱常倫理日用。云爲之際，譬之源頭活水生於天，一出於山下，漾而爲江河，漫而爲湖海，機容已乎？不容已乎？先生之於聖學也，思而疑，疑而復思，辨之必欲其明，而講之必欲其透，日兢兢於慎獨崇禮，凜凜於利善聖狂，一稟諸規矩準繩，而有所弗能已，豈惟踐之實，由其見之徹也？然則先生之洞見性善也，闢異端在此，修聖學在此，成己在此，成物在此，教天下後世在此，豈非一以貫之者耶！

或謂翼聖曰：「君何信先生之篤也？」翼聖曰：「余觀先生立朝以直聲著，居鄉以恂恂著，環堵之室，蕭然寒素，杜門著述，足不履公庭。門人耳其教則瞿然顧化，其出而任官者輒以廉吏顯。」翼聖謁先生請益，則瞻之儼然，就之溫然。其詞之婉也，曲而中，引人於善，令人樂從而弗覺其詞之確也，則雖孟賁之勇、萬夫之雄，弗能奪焉。主上方虚公孤以待先生，而先生囂囂然，可以達道，可以求志，一切世念毫不以動乎其中？周、程、張、朱之蘊，身體而言闡之矣。世之庸人與鄉願，既同流合污、鮮所振拔，而異端之害道又滋甚，向非先生篤志聖學，淑身以淑世，起流俗而闢異端，則洙泗一脈將安賴哉！翼聖雖不敢暴棄，而賦質昏愚，何幸遇先生得一發蒙也。茲録也殆將不朽，信先生者直録乎哉！有先於録者矣。

萬曆癸丑季冬，賜進士出身欽差陝西提督學校按察司副使[一]新安洪翼聖撰

馮少墟侍御集序

焦竑

道未始有敝也，而任之者人人殊焉。記曰：「君子之中庸也，君子而時中；小人之中庸也，小人而無忌憚也。」君子、小人之中庸豈有異哉？然一得之以時其中，一以恣其無忌憚之爲，至其無忌憚也，則亦不得爲中庸已矣。孔子倡學洙泗，蓋逆知後世之學有出於此者矣，故綢繆於仁義禮樂之文，諄復於天人理欲之辨，而未嘗輒及於道，豈聖人不欲人之早有知乎？晚宋諸儒不得夫子之意，保殘守陋至於晦塞而不明，自白沙、陽明二子出，知其模倣似而非真，誦説多而迷始也，直揭本體以示之，乾坤載闢而日月重朗，學者當事逸功倍，以直躋聖人之域而無難。徐而察之，乃有不然者，何歟？

少墟侍御與余同館閣之遊，余不自量，以學相切劘者三載乃散去，諸君子率過信余，而侍御之嚮余尤篤。今别十有九年，聞方聚徒講學，任道甚力，頃得其論著，所爲追琢於念慮，檢束於躬行者詳哉！其言之也，而於性與天道有不數數然者，豈侍御之學而有未至歟？將别有説歟？迨内覈於身心，而外驗之朋輩，乃霍然而寤，始知侍御之自有主謂，而余之所窺有未盡也。聖人者有道有器，守於器者階循等歷，猶有所執而不踰。蓋潛心者可繇是爲上達之階，而不能者亦可以寡過。乃道之未明而務擺落古人之形跡，將蕩然無復可守之矩度，而移遊茫昧，反易爲浮誕惰縱者之所托。以余觀於世，蓋往往然矣。君愛身潔己，不稍以非禮自點，前圖史而後珩璜，如處子之在閨。其以先儒之矩矱導揚闡繹，瀝腸敷臂，語盡而

[一]「欽差陝西提督學校、按察司副使」天啟本作「中憲大夫、陝西按察司副使、奉敕提督學校」。

情忠，惟恐彼之不喻於我，而我不悉於彼也，豈將以是爲閑先聖之道之具，而防學者之末放也歟！雖然言所可及，思所可至者，非至也；言不能及，思不能至，而豁然還其本心，孟子之所謂自得之也。自得之則居安資深，取之逢其原，朱子所言不費推移而中流自在者，庶幾近之矣。在侍御勉之而已，余與侍御相期者遠，既以侍御之誨自勖，而復以此語進觀者，將無以爲孟浪之言也夫。

萬曆甲寅新春，瑯琊年弟焦竑書

馮少墟先生集序

趙南星

昔吾夫子嘆天下無聖人君子，而思善人有恒，非以聖人君子爲絕德也。善人者，生而善者也；有恒者，忠信之人也，故曰：無而爲有，虛而爲盈，約而爲泰，非有恒也。自古無不學之聖人，亦無不學之君子。善人、有恒可以爲君子以至於聖人，而皆不好學。何則彼固生而善，生而有恒也？且其列於士人之林，則亦嘗從事於學矣。以爲吾自不爲不善，何必更學？夫資質之美者既不好學，而二人者之外，又皆困而不學，天下安得有聖人君子也？

聖人尚矣，世有君子必講學以明道，使彼二人者皆能爲君子，與之持宇宙而康民物，然所講者必聖人之學乃可耳。若馮少墟先生者，則可謂明於聖人之學者也。夫明於聖人之學，然後能行，行之與明，固非有二也。今夫學射者不操弓矢而談射，非惟必不能射，其所談者必無當於后羿。學奕者不涉棋局而談奕，非惟必不能奕，其所談者必無當於秋儲。行之生熟而明之淺深隨之，不能行而徒以其意想測度談道，未有不差之毫釐，謬以千里者。若少墟先生之於道，則可謂允能行之者也。何以知之？其所講者平淡而融徹。平淡者，聖人之正學也；融徹者，其體會真也。今論語、孟子之書俱在，論語所載，夫子之言有一語不平淡者乎？然至玄至妙在其中矣，此所以爲聖人之言也。孟子則闡明論語之言，而時露其玄妙，固聖賢氣象之殊，要亦覺悟後學，有不得不然者。夫語聖學之要，則一「敬」盡之矣。即「致良知」之說，未若敬之一言正大而無弊也。後之講學者又過爲玄妙，舍所戴之天而言九天之上，又言無天之天；舍所履之地而言九地之下，又言無地之地，此與「白馬非馬」之辯何異？愚者不必言矣，忠信之人必聞而駭之，以爲妖言。夫吾之所望，以共爲君子者，在忠信之人而先令其駭，則天下無復可與言，學者適足以號召憍詭妄誕之徒爲斯道蠹。是以少墟先生之言，是真能學聖人者也，是真能爲君子者也，是真能使天下人爲君子者也。

先生進則直諫以匡時，退則修身以正人。是謂知行合一，天下之真知也，言行相顧，天下之至言也。余反覆先生之集，想見其心極虛，其量極廣，其救世之念極切。如是而有言，安得不洋洋秩秩也！瓏瓓其音者，其質玉乎？豈不然哉！余受先生之益多矣，先生不鄙而命爲之序，余欣然命筆而以請正於先生焉。

萬曆甲寅秋七月，高邑趙南星頓首撰

馮少墟先生集序

鄒德泳

聖賢之學，學爲人而已。而人之所以有生者，獨軀殼也乎哉！「天生蒸民，有物有則。」「孩提之童，無不知愛其親也。及其長也，無不知敬其兄也」，此豈煩教戒束攝乎？唯是情滋智鑿，日失其所以爲人之理，故名爲人而實鄰禽獸。故孟子常就其發動端倪拈出，以詔天下，曰「乍見怵惕」，曰「呼蹴弗受」，皆卒然觸之，而本心便不容不如是，應者故知即心即理，物外無則，而踐形順則存乎其人。是以大學首揭止善，中庸究歸明善，蓋皆實實見有此理，爲人之不可須臾離者。夫然故緝熙非寂照，恂慄非苦空，而戒慎恐懼非從事於虛無斷滅之歸者。夫然故吾儒之學爲廣大而精微，爲高明而中庸，爲費而隱，爲微而顯，爲下學而上達，而始終本末一以貫之。輓近學子不得聖賢以爲依歸，而一二好奇弔詭者影證覺體，遂以爲心無善惡，無事修持，偈偈焉鼓天下而趨之，則性杞柳、性湍水而仁義果必戕賊爲矣，幾何不率天下而遍滿無忌憚哉！

仲好侍御力持正學，刊落詖淫。自昔辛卯，不敏於都下領承心折，久之，繼先後以言事罷去。而仲好造日益深，所著有疑思、辨學諸録及善利圖説諸書院講語，娓娓若干卷，直從「危微」「精一」闡發理會，如朗日中天，而近世談空説無、熒惑人耳目者，掃之不遺餘力。烈矣哉，仲好之功豈在孟氏下乎！而予且瞠乎後矣。然仲好猶沖然不自信，屬有起予之望，予何能贊一詞。憶昔有問於先文莊者，曰：「程子謂在物爲理，將理外乎？」先文莊曰：「且看大字云何？」夫程子亦曰：「心之在物爲理，心之處物爲義，故曰體用之謂也。」予恐天下或外心覓理，而不深察於仲好「惟一」之旨，故附此爲請益地，要於知言亦剩語耳。

萬曆甲寅歲孟冬月旦，安成年弟鄒德泳汝聖父拜撰

馮少墟先生集序

曹于汴

夫道生人，失其所以爲道，則失其所以爲人矣。誰甘於失其人，而每失其道弗思耳。道貫於血氣之質，弗相離也，離道而抱空質焉，與土梗何殊乎！是道也，其大無外，或狹而小之；其密無間，或輟而斷之；其粹無滓，或點而幭之，是故學爲急焉。學也者，恢廓而使之大，綿聯而使之密，滌蕩而使之粹也。

道不待學而有，而非學無以保其有，非學無以復其有，非共學無以共其有，故孔子蚤歲志學，沒齒不厭也。然學亦難言矣。性天之奧，本中有本，胡以徹之？知見之紛，歧中有歧，胡以析之？習情之錮，忽醒忽迷，胡以覺之？是用連朋講究，互參證以求至當，相夾持而防墮落，故孔子以不講爲憂也。夫道需學，學需講，有不啻飢之食、寒之衣者，而講學罹世訾非，盡世之尤也。不學之士患在不講，講學之士患在不副，或亦豔爲美稱，擔簦聊聚，朝朝問路，歲歲不越閾，辟露背而談九容，揮至塵而稱儉素，於我乎何有？故孔門之訓無行不與。夫惟相與以行，則學爲真學，講爲真講，而萬世宗之無斁也。

少墟馮先生沉潛聖學，踐履篤至，問業之士如雲，而先生惟有故似闡揚剴實，衛道謹嚴，蓋亦以行爲講，以行爲學者也。道不在茲哉！昔有問楚侗先生以天命之性者，先生方欲訓解，其人曰：「噫，公自言其性耳。」先生爲之矍然。慕岡先生

會友於白下，凝然相對，或曰：「馮公何無講座上？」曰：「此人渾身是講，其亦旨於論講矣。」汴不肖，仰先生之行有年，茲誦其講道之集，若而卷而窺君子之慥慥也。敬綴數語，志嚮往焉。

萬曆乙卯秋八月朔日，安邑曹于汴謹撰

馮少墟先生集後序

賀時泰

蓋橫渠先生之言曰：「爲天地立心，爲生民立命，爲往聖繼絕學，爲萬世開太平」之數言者，古未嘗有是言之。自橫渠先生始，生乎先生之後者，無論聰明俊傑之士，即微有知識、少能嚮往者，靡不艷慕之亟，稱之以爲人生斯世必如是。必如是，蓋憾不于其身親見之者，是人之情，大抵然也。審若是宜，其率吾之性，盡吾之才，舉一世置之清甯安阜之域，又揭斯道于中天，令世世成永賴之體。俾先生之言，一一皆有明驗成效焉，斯爲不負先生者，顧迨其一時意氣之感激。雖如此，迨考其生平之謬戾，竟如彼始，未嘗不欲立心，究也反傷其心。初未嘗不欲立命，卒也反戕其命。往聖之絕學，匪惟不繼，大亂其真者比比皆然。萬世之太平，匪惟不開，釀世之亂者歷歷可數。豈橫渠先生言之必不可行，失之大而誇者耶？而非然也。行基之言，言肖之心，其心辨者其詞確，其詞確者其績著。蓋若影之從形，聲之應響，無一不脗合焉者，胡以徵之？則今關中少墟馮先生所著之書是也。

先生生同橫渠之鄉，中和之氣獨稟其全，純粹之精尤擅其美。曰道曰德，和矣順矣；義之縷析處，各各條理。曰理曰性，窮矣盡矣；命之根極處，一一徹至，質之千聖，合若符節，通之萬靈，毫無遺憾。見地真不可階升，縱使吾先聖再起，必無間然也矣。

時泰夙膺天罰，兩耳聵聵幾五十年，藉前修遺訓，開覺耄愚，蒙其于先生雖私淑之勤，終秦、楚之限，頃邀天幸，祝鶴、修年、犬惠以全書，朝夕研窮，竊謂先生之言質之橫渠之「四爲」，蓋已見之行事深切著明，殆匪載之空言者比，何者？

天地之心，亟互立矣。顧天地之心何在？人心是也。人心必有理以主張之，而後不至於顛倒錯亂。太極默運，覆載生成，其顯證也。先生之言曰：「佛氏以理爲障，一切總歸于空，所以無感時，似與吾儒同，一有所感，便顛倒錯亂，依舊落于世味中而不可救藥。夫人心至是，幾不立矣，知人心便知天地心。」自先生斯言出，舉凡人心皆有以自持，其不至于高卑易位，東西易面者，胥由之矣。是天地之心無能自立，先生爲之立之也。

生民之命，亦宜亟立矣。命附人之身心，天覆之，地載之，鬼神鑒之，魂夢驗之。命不立者，心不屬身，魂不附體，神褫其魄，鬼叢其祟，而大命傾矣。先生池陽之講，不惟士人興起，即里巷小民，咸擁輿聚觀，候門竊聽，欲得一二語終身誦之，先生因出所刻「做個好人，心正身安魂夢穩；行些善事，天知地鑒鬼神欽」舊對一聯示之，于是衆共朗念，歡然稽首而去。此段光景，立之斯立，詎不親見，即一邑寰宇可推。是生民之命，向胡偃仆顛頓，今胡振奮激昂，先生爲之立之也。

往聖之學，湮殘如綫，誰與繼之？唯不知學之當講，夫是以學絕不繼。先生曰：「天下事各有職分，一毫越俎不得。只是講學一事，無論窮達，人人都是當講的，人人都是有分的，說不得越俎，故曰『自天子以至于庶人，壹是皆以修身爲本』。」斯言也一細味之，誰不猛省奮發，舉往聖之學既絕而復續者，皆自先生之一言始，非先生爲之繼之，而誰爲也？

太平非小補之勳，萬世非旦暮之近，若之何以開之？先生集中載王安石一段，正與開太平相反者，其言曰：「世之論安石者曰執拗，曰自是，此皆是病症，非是病根。安石志大才高，學博目空，將古今聖賢都看不上，以爲堯舜雖是聖帝，而疆域甚隘；禹、湯、文、武雖是聖王，而享國不過數百年；孔孟雖是大聖大賢，而亦不能使春秋、戰國爲唐虞三代，都是迂闊了，須是富國強兵，開疆拓土，名利兼收，做古今第一個有用的聖人，幹古今第一件有用的功業。且宋室國弱兵寡，全被韓、范、富、歐及趙抃、程、張諸迂闊人把國家事耽閣了，須是得這等敢做敢爲，不怕人議論，不說迂濶話人，如呂惠卿、章惇、蔡京輩纔幹得實事，纔做得出大功業。」「其心以爲待我事功成時，方且格天地光祖宗，使人人稱頌，一時天變何足畏，祖宗何足法，人言何足恤哉！安石不是有心禍天下，只是學術主意差了，所以自誤誤人，國家〔至此〕〔二〕耳。」夫安石神髓盡在此處，先生搜之抉之如視諸掌，然則安石之學一世不用，一世之太平開，萬世不用，萬世之太平開，是先生爲萬世開太平又如此者。

由斯以談橫渠先生之「四爲」，快論也！先生各指其所自出，如水之有原，如病之有因，身斯世斯道之責者，率而由之，太和自在宇宙間矣。

昔之稱揚橫渠先生者，曰：「一變至道」若先生，夫固從容中之者也，其書豈非國朝之元龜，斯文之正印耶！抑又因是而竊有感焉。先生報一友人書簡末云：「昨因賤恙不能盡談，別來體驗，此心覺過不去。然不爲門下一言，此心亦覺過不去，即此是良知也。門下以爲何如？」引而伸之全集中，凡體天地之撰，通神明之德，順性命之理，類萬物之情，並種種與人爲善處，不啻數百萬言，諸名公前序洋洋灑灑，昭揭闡揚備矣。泰伏而思之，是皆先生此心過得去者。殘廢人七十有二，筆研久荒，不揣而強綴繁言，非騰口也，要必如是方于此心過得去，敢僭筆之用以告。夫凡讀先生之集者，亟宜知先生之心也。

時萬曆四十五年歲次丁巳夏五月，望楚江夏聲老人賀時泰頓首拜書

序少墟馮先生集

董其昌

在昔己丑之歲，庶吉士二十有二人，天子命少宗伯田公爲之師，而金陵焦弱侯以理學顯門爲領袖。是時同儕多壯年盛氣，不甚省弱侯語，惟會稽陶周望好禪理，長安馮仲好好聖學，時與弱侯相激揚。仲好冷面骨人也，嘗端居晏坐，茹淡寘營

〔二〕依太華書院語録補「至此」二字。

文字之飲，鮮所征逐。吾黨愛周望之簡易，而憚仲好之矜莊，不敢以狎進，私戲之曰「此食生豬肉者」。謂其有意於兩廡之間也。余既以請急歸，越歲還朝，遇南昌劉幼安於淮陰，爲仲好五嶽起方寸也，曰：「三秦大邦，仲好修士且闈試之甲乙，不在人後，而有上下其手者，竟得西臺，何也？」余曰：「子休矣，謂承明著作之廷，足以滿仲好志耶。」居久之，有詔屏逐諸言者，而仲好應坐廢，且二十一年矣。仲好無幾微牢騷不平之氣，而益湛思於學脈。蓋寤寐洙泗，折衷濂、洛，雖一稟承於先覺，而獨證獨創，自爲一家之書。今所刻語録、紀、序、詩歌、尺牘、雜著十餘萬言，是己異時講學，先生微言不乏而徵信。或希仲好獨以躬行爲勸學者，觀其酬應取予細微造次之際，無不心折意消，故翕然宗之曰：「關西夫子」。而朝士想聞其風，時以入告奠備細旃之聽。夫康齋以布衣召見，文清以陳臯爰立，坐論之任，豈復借資於官秩，而況仲好固文學侍從之臣乎哉？吾以仲好卜世運矣。余回環參究全集宗旨，若有悟入，而諸序者業先之，不復龐贅，獨以諸君子所見者江漢吞天浴日之後，而余所見者，岷嶓發源、泛觴之初。蓋仲好學爲聖人之志，定於庶常時，而今之充實光輝，不離本來骨相也。崔侍御六千里外屬余爲序，余既幸附不朽，又以慨罔望仞安皆不及睹也。嗟乎！士固有百不爲多，一不爲少。吾己丑同館得仲好，足稱盛矣。

歲在戊午，華亭年弟董其昌撰並書

馮少墟先生集敘[一]

陳繼儒

儒束髮，竊有意于性命天人之間，每謂訓詁詞章非學也，而制舉義尤甚。自少迄老，沉酣於患得患失之途而不得出，于是吐青衿去之差，覺耳目肝膽始爲我有，而所謂性命天人之學，亦輟不談。或詢之，予曰：吾有會于群龍無首之旨也。今

[一] 萬曆丁巳浙江本缺此文。

夫龍旱者欲得其霖，渴者欲得其珠，乘風雲而上下者欲得其騰擲變化之勢，則余姚而後龍溪已然矣。數年來談理學者，獨關西少墟馮公聲跡俱闃，北面而事者嘗數千人，而莫敢有訾議，則何故？余嘗卒業全集，而後知公之無間然也。

公之學戒空談，敦實行，即有商略，毋及朝廷利害邊報差除，毋及官長賢否政事得失，毋及家門私事，毋及詞訟請託，毋譏彈前輩，毋傾陷同袍。崇儉德以敦素風，酌往來以通交際，嚴稱謂以尊古誼，絕告訐以警薄俗，周窮約以厚廉靖，恤後裔以慰先德。種種會約，一見于寶慶，再見於關中，非特發蔀擊蒙，移風易俗，凡向來講學之流弊，士大夫積習之膏肓，悉從公道眼覷破，親手拈出，病根已淨，然後與之粱肉，又然後與之上藥禁臠，則公疑思有録，訂士有編，善利有圖，太華諸會語是也。峻二氏之隄防，抽六經之扃鑰，聖賢爲神，豪傑爲膽，華嶽爲骨，黃河爲舌，讀其書可以望而知其人矣。儒也鄙，無能蠡測管窺，即有揣摹度不出諸名公弁語。上獨喜公終日講學，而若未嘗講學；終日聚徒，而若未嘗聚徒；不分門別戶，不插標樹羽，不走時局，不握朝權，不招射的，逍遥環堵之中，超然免于言論之外。非踐履嚴明，涵養精潔，何以有此？出則名真御史，退則名真大儒，是本朝孔廡間第一流人物也。詎止與張横渠、呂涇野鼎足關西而已哉！不佞儒懷中一瓣香，今請爲少墟公禮卻矣。

華亭陳繼儒撰

馮少墟先生全書序〔一〕

錢時

先儒云：「性者，心之生理。」此一語已括盡千古之學問矣。只此「生、心、性、理」四字，標門宗旨，添出支離。余生也闇，不足印正之，但每讀吾鄉文成先生遺書及曾叔祖緒山先生緒言，詳哉！其言之也。

〔一〕光緒本無此序，現依萬曆丁巳浙江本、天啟本補。

平生聞海内有馮少墟先生，恨未即見。壬子歲，謫官秦中，得謁先生，聆先生之教者兩月。臨歧，出理學書十餘帙。謬語余謙謂多疑，必屬余訂之。蓋歷途中數千里，不忍釋手。大都先生之學，真正孔孟之脈、程朱之派也。夫得力在直透宗教見儒、釋所以分處。夫辨學録則其最著者也，間嘗撮舉之，如謂：「人丟過理説心，便是人心。」「吾儒之旨只在『善』之一字，佛氏之旨卻在『無善』二字。」「理欲之辯真不啻中國夷狄君子小人，彼謂無理無欲，無無亦無，是大亂之道也。」「蓋佛氏之失正在論心論性處與吾儒異。吾儒之所謂生指生理，告子之所謂生指生死。」娓娓諸言，直指中扃，河源鼻祖，斯已見矣。從此參透，則録疑思，圖善利，編訂士，語關中、太華，大都安頓。

「理」字、虞廷之「道心」、孔子之「至善」，皆是物也。蓋先生「以性即理也」一語爲破天荒。噫，即此了心性，即此了生矣。以先生淡薄清真，躬行君子，造理之深，言之深切著明，真未易草草看過。

蓋余歸越，别先生講院中，諸生環者如堵，一生問：「君子上達。」先生曰：「希賢希聖希天，可不是上達？」生再問，余曰：「這恰是理欲本色。『上達』，先生説明。且説『下達』，大都『達』字義，不但究竟極頂的話，是徹表徹裏，做得一通百透，纔是他成就結果的地位。嘗試與爾體認，自家可曾有好貨好色，甚者有機變的念頭否？此念發時，可也曾獨知自愧悶否？慮清議否？懼鬼神否？怕王法否？夫此有愧慮，有懼怕者，是我與爾之所不達也。若小人便都一筆勾消，全然無礙，此如何等心？如何等性？如何等生？知小人所達於下處，就可反見君子所達于上處。」諸生爲之渙然，余因語先生曰：「學問原了在一『理』字。」比歸，反覆紬繹，是書説宗説教，不啻列眉，是理譜也。求心覔性，我生若何？當人人自得之矣。

余少從父師佩先訓，生文成先生之鄉，愧未聞道，得先生面命，且手授諸書，若灑然發覆焉者。敬復先生請以是書，大頒佈之，何疑何訂？即曰少墟先生全書可也。余固非能佞先生，直不能晦理耳。

萬曆甲寅歲六月，諸暨後學錢時頓首謹題

卷一

語録

辨學録序

涂宗濬

心學之傳，始自虞廷，而其言曰：「人心惟危，道心惟微，惟精惟一，允執厥中。」十六字言本體，辨析至精；言工夫，條理極密，萬世道學之宗統於是矣。後世學者寖失其宗，不知中之所在，而概以心當之，於是以覺言道，而不以所覺之理言道，其原[一]蓋淫於佛氏空覺極圓之說。以無善爲心體，以天生蒸民本有之性悉掃而空之，其弊至於率天下之人恣情縱欲，流於小人之無忌憚，而尤自以爲無礙也。聖學之蓁蕪，可勝慨哉！

少墟馮公潛心理學，積有歲年，精一之功入於無間。近得其所與諸門人辨學録讀之，直指心之理爲道心，以心之覺爲人心，道心非無覺，以覺之正當處言也。爲書八十一章，闡性命之秘，辨似是之非，如所云：「吾儒之旨只在『善』之一字，佛氏之旨只在『無善』二字。」又曰：「儒學只有一個『善』字，直從源頭，説到究竟，更無兩樣，故易曰『繼善』，顔曰『一善』，曾曰『至善』，思曰『明善』，孟曰『性善』，又曰『孳孳爲善』。善總是一個善，爲總是一個爲，非善與利之間，復有無善之善。」

[一]「原」四庫本作「言」。

嗚呼，盡之矣！善即理也，即道也，即中也。精乎此，謂之「惟精」；一乎此，謂之「惟一」；執乎此，謂之「執中」；以之爲君，謂之仁；以之爲臣，謂之敬；以之爲子，謂之孝；以之爲父，謂之慈；以之交朋友，謂之信；以之視聽言動，謂之禮；以之臨大節而不奪，謂之節。皆理也，道也，中也，此吾儒之正傳，孔孟相與講求切磋以教天下萬世，只此一脉，以維持宇宙，更無餘藴矣。少墟辨析於毫髮之間，凡世儒所易惑處，輒爲道破。吾儒之家寶始復其舊，佛氏之流弊始塞其源，虞廷心法於是乎曉然復明於天下矣，其功不亦偉歟？不敏與少墟共參此學於十餘年之前，己亥以後，不相聞者幾十年，而少墟究理愈深，辨學愈晳。頃者不敏叨撫榆陽，得以所學「知止」一宗，遠求印正，少墟以爲有當也，所以相期於必至之域，固有不言而信者矣。若夫少墟立朝大節，居鄉儒行，卓然於一時，固薦紳士大夫所共服也。篤實輝光之應，豈偶然哉？豈偶然哉？

萬曆三十五年，歲在丁未春仲之吉，賜進士第、中憲大夫、欽差巡撫延綏等處地方贊理軍務、都察院右僉都御史豫章涂宗濬書

辨學録序

李維楨

王文成揭「良知」之學，新天下耳目，其論自正，而其徒賢知之過者寖淫竄入于禪，今且百年，而弊滋甚，于是格物、修身兩家之説復起，或矯枉救失，或標宗分門，紛若聚訟矣。不佞竊謂道本一貫，求之言語文字則支離蔓延，愈益晦塞。夫格物致知修身，何可偏廢也！

長安馮仲好辨學録，凡八十一章，其首章云：「聖賢學問總在心上用功，不然即終日孳孳，屬枝葉耳。」所以辨心學甚詳。或言仲好之學又似專以「正心」立教者，非也。身外無心，心外無意，知物道一而已，惟以言語文字自爲一家，而後衆言淆亂，聽其説可喜，而覈其實則乖。仲好爲析是非，決嫌疑，使大道不迷於他歧，則修身正心誠意致知格物一以貫之矣。

昔孔子論「性相近」，而孟子獨稱「性善」；孔子多言仁，而孟子每言義，彼願學孔子者，豈顧倍之？要以是時，淫辭邪說熒惑天下，欲正人心，必就其蔽錮關切之所在，而剖決挽回之，故曰：「予豈好辯哉？予不得已也。」

不佞未見仲好全録，而第據前數章所論辨意當如此。與仲好談者張孝廉心虞，傳其録者張右丞憲周。仲好有訂士編、善利圖說、士戒、關學編諸書，與此互相發明，蓋自得之見、不易之論，合而觀之，知學不可無辨，辨不可無録，録不可無傳矣。

又

余自秦入晉，張右丞以馮仲好辨學録，迫余序之。余所見才〔一〕數章，皆論心語，倚馬成草，姑以塞諾耳。久之得全録，而知仲好所辨在儒學、釋學，其論極爲精微也。

釋初入中國，所傳經語義猶淺，其後乃有禪。或不立文字，淨知妙圓，體自空寂；或以不思善不思惡本來面目；或不看經念佛，無事省緣，靜坐體究，所謂彌近理而大亂真者，其源皆自不辨心性始。

吾儒曰「盡心知性」，釋亦曰「明心見性」，若相同而實相遠，蓋本之告子。告子非不言心，而曰「不得于言，勿求諸心」。惻隱之心，仁也；羞惡之心，義也，而曰「仁内義外」。非不言性，而曰「猶杞柳，猶湍水」，曰「生之謂性」。孟子辨之不遺餘力。世無孟子，而釋氏以告子之說簧鼓天下，論性曰：「在目爲見，在耳爲聽，在口爲議論，在手能持，在足能運。」又曰：「衆生皆有佛性，噬人之獸可爲瞿夷，比丘十千之魚盡爲忉利天子。」曰：「離一切心，即汝真性。」曰：「禪學悟入乃是心思路絶，天理盡見。」曰：「心法起滅天地。」朱子惜其明心而曾不得心爲之用，見性而曾不得性爲之用，則以知覺運動之性爲性，而非義理之性；以惟危之人心爲心，而非惟微之道心也。人之所以異于禽獸者幾希耳，心性一謬，人與禽

〔一〕光緒本作「財」，據四庫本改「才」。

獸何殊？此其學術視吾儒本原若緇素然，又安往而不謬哉？

吾儒「萬物皆備于我」，而釋惡外物；吾儒循理，心虚而理實，而釋以理爲障；吾儒學不躐等，而釋病其迂，一超直上，好奇吊詭之士墮其雲霧中，于是攘莊、列之言，以佐其高，如宋景文所云：「抑自覺其陋，而更出己意，益求前人所不及者。」人之而諱其怪幻鄙俚之談，如朱紫陽所云而禍始烈，有謂盜賊念佛免罪爲聖人，大改過者，有謂造無限罪惡，而遷謫時剗地説禪者，有謂識透即罪惡都無者。禪自禪，罪惡自罪惡，是禪學且爲亂賊三窟矣。

愚不肖者復惑于輪回因果之説〔二〕而皈依之，而彼且曰：「度盡衆生，方了菩提。」衆生度盡，又惡用世界爲也？昔鵝湖之學墮于禪，朱子辨之不啻孟子之於告子，至今日乃有舍「喜怒哀樂未發之中」，而談「無善無惡心之體」。又曰：「無求同異于儒、釋，求其是者而學焉可矣。」無求是非於講説，求諸心而安焉是矣。」遂使儒門頓有三釋，以雪峰、雲門過孔子上，儼然爲釋傳法、沙門建幡。告四遠，則逢蒙殺羿者也。左右採獲，自負集儒、釋大成，而所崇信惟釋，則遊説反間「渠成而利秦者」也，陰宗其指，陽避其名，既得把柄，入手開導之際，改頭換面，隨宜説法，則暮夜詩禮發塚之盜，恐東方明者也。

凡此皆起于學之不明，學之不明起于心性之不明，而仲好之所爲力辨也。辨者亦有之，曰：「釋見聖人之上一截，儒得聖人之下一截。是以下學上達爲二學也。」曰：「儒、釋本同而末異。是以物有本末，爲二物也。無爲貴辨矣。」仲好直窮其本之不同，而其學之不可以達明鏡之照，利斧之斷芟夷，藴崇之加蔓草，何以過兹？明道先生言：「會者大率談禪，天下成風，設有數孟子，無如之何？」故宋時辨釋學者，惟周、程、張、朱，其詳具遺書、語録、文集中，而本朝惟羅文莊困知記，今得仲好羽翼之，幸甚。猶恨無羽翼仲好其人者，而何得以好辨疑仲好也。

大泌山人李維楨本甯父

〔二〕「説」，光緒二十二年本（以下簡稱光緒本）原作「事」，據四庫本改。

辨學録序

楊鶴

吾鄉先正道林先生少嬰羸疾，入山習靜，不言默識者三年，自是洞然於性命之學，古人學問多從病中生也。少墟先生生而善病，弱不好弄，甫就外傳，即鋭然志於聖學，先後從敬菴、魯源兩先生遊。及官中秘柱史，未嘗一日輟講，歸而卧病，閉關九年，精思力踐，遂入聖人之室，所著疑思録、學會約、善利圖説，多先生病言，而辨學録一書尤先生靜中妙悟，見儒、釋所以分别處，皆昔賢所未發也。

陽明先生謂：「釋氏與吾儒只是毫釐之隔。」先生獨辨其宗旨不同，如薰蕕冰炭之不相入。余嘗撮舉一二，如曰：「吾儒之學以理爲宗，佛氏之學以了死生爲宗。仙家自有仙家宗旨，佛氏自有佛氏宗旨，與吾儒全不相干。」曰：「吾儒論學只有一個『善』字。」曰：「天命之性就是命之以善，善何曾有聲有臭？」曰：「『操則存，舍則亡，出入無時，莫知其鄉。』僅僅十四字，解『人心惟危，道心惟微』，曲盡其妙。」曰：「佛自佛，儒自儒，不混而爲一。」曰：「吾道本大，何必兼二氏而後見其大。邪固不能兼正，正豈可以兼邪？」皆先生獨得之見，千言萬語惟恐學者墮入罟擭陷阱之中。蓋吾儒之道如渡江河之有維楫，揚帆鼓柁，中流自在而行，彼真空妙有，把柄何在？如以飄飄不繫之舟試於黑風白浪，何嗟及矣！此先生惓惓欲人求之實地也。

先生清明在躬，志氣如神，然終日正襟危坐，儼乎若思，應事接物如執玉如捧盈，此心未嘗一刻放下，先生有主之學於是可見。昔横渠學凡數變，陽明亦悔二十年錯用其心，先生過人遠矣。

余生於闇齋、道林二先生理學之鄉，愧不聞道，賴先生時時教之，若將興起焉者，爲妄綴數語，以志依歸之意。若先生微言妙論，余固不足以知之也。

武陵後學楊鶴頓首書

辨學録自序

孔子曰：「有弗辨，辨之弗明，弗措也。」夫學問思行，學已晐是矣，猶必明辨云者，謂不如此，譬之適越而北其轅，彌學彌遠，彌行彌差矣。乙巳秋，鳳翔張心虞孝廉訪余山房，而二三門人聞心虞至，亦多朝夕過從，共談心性之學。秋涼夜靜，語話偏長，別後因録其相與發明者得八十一章，雖下學上達之旨不敢謂得一貫真傳，而吾儒、異端之辨或亦可以俟後聖于不惑耳。夫以余之闇汶，曾何足與聞斯道而一得之，愚得之朋友講習者爲多，于是益信明辨之功其益果大，而曩所稱「弗明、弗措」，原非有心弗措。辨至此，雖欲措焉，不能也，于是題其篇曰辨學録。

長安馮從吾識

辨學録

自古聖賢學問，總只在心上用功，不然即終日孳孳，總屬枝葉。

右一章

聖賢之學，心學也。然心亦有不可不辨者，故曰：「人心惟危，道心惟微，惟精惟一，允執厥中。」若不辨「人心」「道心」，而第曰只在心上用功，則遍周法界之説，當與「精一」「執中」並傳矣。

右二章

孔門不輕言心，其自敘曰：「從心所欲不踰矩。」其稱回曰：「其心三月不違仁。」其警人曰：「無所用心。」難矣哉！言心便言矩，便言仁，此「道心」之説也。言心便言用，此「精一」之説也。以道心爲主，則心有所用而不落于空，人心悉化爲道心。即心即矩，即仁即心，是言仁即所以言心也，又何必數言心哉？不然，舍矩言心，舍仁言心，又舍用言心，則此心了不可得，而左袒人心者得藉口矣。

右三章

孟子論心之本體，歸之理義，故曰：「心之所同然者，何也？謂理也，義也。」論心之工夫歸之操存，故曰：「操則存，舍則亡。」此正孟子得統于孔子處。若言心不言理義，則本體涉于虛；言理義不言操存，則工夫流于泛，便非孔門惓惓論仁之旨。

右四章

人心至虛，衆理咸備。丟過理說心，便是「人心惟危」之心，即有知覺，是告子知覺運動之覺，佛氏圓覺大覺之覺，非吾儒先知先覺之覺也。「覺」之一字，亦不可不辨，知覺的是天理，便是「道心」，知覺的是人欲，便是「人心」，非概以知覺爲天理，爲「道心」也。若丟過「理」字說心，說知覺，便是異端。

右五章

程子曰：「理與心一，而人不能會之爲一。」朱晦翁曰：「此心虛明，萬理具足。外面理會者，即是裏面本來有的。」陸象山曰：「人心至靈，此理至明，人皆有是心，心皆具是理。」又曰：「此心同也，此理同也。」薛文清亦曰：「心所具之理爲太極，心之動靜爲陰陽。」而王陽明亦曰：「人心一刻純乎天理，便是一刻的聖人；終身純乎天理，便是終身的聖人。」此理自是實，自來吾儒論心，都不曾丟過「理」字。若丟過「理」字可以言心，則先儒之說皆誣，而象山「心皆具是理，此理同也」二句皆剩語矣。

右六章

問：「心可有乎？」曰：「不可有。」問：「心可無乎？」曰：「不可無。」或又問：「心可有乎？」曰：「可有。」「心可無乎？」曰：「可無。」或者未達，曰：「人心可有乎？」曰：「不可有。」「道心可無乎？」曰：「不可無。」「道心可有乎？」曰：「可有。」「人心可無乎？」曰：「可無。」曰：「如此，則又何未達之有。」或者憮然，曰：「而今而後，始知心果具是理，而堯舜其心果至今在也。」

右七章

世俗之所謂有心，有的是「人心」。吾儒之所謂有心，有的是「道心」。異端之所謂「無心」，無的是「道心」。吾儒之所謂「無心」，無的是「人心」。這等去處，辨之不可不精，故曰「惟精」；守之不可不一，故曰「惟一」。一則純是「道心」，無復有「人心」之雜矣。故曰「允執厥中」。必如此，方不墮世俗之弊，流異端之非。

右八章

楊龜山曰：「六經不言無心，惟佛氏言之。」有人說無心，伊川曰：「說『無心』，便不是，只當說無私心。」「無私心」三字，可爲千古名言。程門之所謂「私心」，即虞廷之所謂「人心」也，此不可不無者也。

右九章

問：「私心，私也。有求公之心，亦私也，何如？」曰：「有求公之心，便是公，如何說亦是私？」

右十章

「人心」一概說不得有，亦一概說不得無。如均喻也，喻利之心不可有，喻義之心不可無。均爲也，爲惡之心不可有，爲善之心不可無。均報也，報怨之心不可有，報德之心不可無。均憂也，憂貧之心不可有，憂道之心不可無。可見「人心」原一概說不得有無，只當論其所有所無之心爲何心，可耳。

右十一章

吾儒曰：「喻利之心不可有。」異端曰：「喻義之心不可有。」吾儒曰：「爲惡之心不可有。」異端曰：「爲善之心不可有。」或詰之曰：「喻義之心不可有，喻利之心可有乎？爲善之心不可有，爲惡之心可有乎？」彼則曰：「喻義之心且不可有，況喻利乎？爲善之心且不可有，況爲惡乎？」夫喻利之心、爲惡之心，固不可有；喻義之心、爲善之心，豈可無？

而彼亦以爲不可有。如此爲言，雖中人亦知其非。彼又恐人之非之也，復倡爲一切總歸于無心之説，以爲人之心體本空，無利無義、無善無惡者，其本體也。必也無喻利心，並無喻義心，並無無喻義心；無爲惡心，並無爲善心，並無無爲善心，一切總歸于無心，方合本體耳。説至此，雖高明亦莫知其非矣。不知説至此，正是發明喻義之心不可有，爲善之心不可有處，奈何不察而誤信之邪？且義原非外，性原是善，心之本體原是有善無惡的，可見必有喻義爲善之心，而後爲合本體也。今欲一切總歸于無心，安在其爲合本體邪？況人心易放而難收，盡去喻義，猶恐喻利；盡去爲善，猶恐爲惡。今欲一切總歸于無心，竊恐義無而利未必無，善無而惡未必無，反爲本體之累不小也，又安在其爲合本體邪？又況義利只有兩塗，人心原無二用，出于義即入于利，出于善即入于惡，豈有無義無利、無善無惡，一切總歸于無心之理乎？大抵義原非外，特自有其義之心不可有，而喻義之心必不可無；性原是善，特自有其善之心不可有，而爲善之心必不可無。縱是喻之又喻，以至于化，爲之又爲，以至于忘，造到上天之載無聲無臭處，只好説有喻義之心而至于化，有爲善之心而至于忘，有喻義爲善之心而無聲臭之可擬，亦説不得喻義之心不可有，爲善之心不可有。今曰「喻義之心不可有」「爲善之心不可有」，此孔子所謂「小人而無忌憚者」之言，不待辨而知其非者也。

右十二章

問：「天命之性，無聲無臭，原著不得善字。」曰：「天命之性就是命之以善，何消著？故曰性善。孟子『道性善』，正直指天命之初而言耳。」又問：「無聲無臭，何也？」曰：「善曾有聲有臭耶？」

右十三章

天命之性，如一陽來復，造化生意，雖未宣洩，而凡宇宙間形形色色，萬紫千紅，無一不胚胎完具于其内，故曰：「天命之謂性。」此自是實在道理，原不落空。若曰：「天命之性，渺渺冥冥，一切俱無。」如此不知天命的是個甚麼，便于天命二字説不去矣。

右十四章

無適莫心而有比義心者，君子也。有適莫心而無比義心者，衆人也。無適莫心而並無比義心者，異端也。異端之說恰似高于吾儒，不知心無二用，一無比義心，便有適莫心。既有適莫心，而又無比義心，此異端之學依舊落于衆人。可見道理本自明白，特人不察耳。

右十五章

問：「人心一概說不得有無，此是論工夫。若論本體，則無善無惡全說不得有矣。異端『無心』之說，蓋指本體也，似亦有理。」曰：「不然。論工夫，心原一概說不得有無，還有不可不有者，不可不無者。若論本體，則全說不得無矣。故孟子曰：『無惻隱之心，非人也；無羞惡之心，非人也；無辭讓之心，非人也；無是非之心，非人也。』曰無曰非，何等明白！又曰：『惻隱之心，人皆有之；羞惡之心，人皆有之；辭讓之心，人皆有之；是非之心，人皆有之。惻隱之心，仁也；羞惡之心，義也；辭讓之心，禮也；是非之心，知也。仁義禮知，非由外鑠我也，我固有之也。』曰『皆有』，曰『固有』，又何等明白！而曰本體『無善無惡』、異端『無心』之說，專指本體而言，誤矣。」

右十六章

問：「近日學者亦知無善無惡之說之誤，又講起有善之善、有無善之善之說。若謂善之善，對惡而言也；無善之善，指繼善之初，不對惡而言也。惡如彗孛妖氛，善如景星卿雲，無善之善如太虛；惡如木石屑，善如金玉屑，無善之善如目中不容一屑，何如？」曰：「吾儒之旨只在『善』之一字，佛氏之旨卻在『無善』二字。近日學者既惑于佛氏無善之說，而又不敢抹殺吾儒『善』字，于是不得已又有無善之善之說耳。不知吾儒之所謂善就指太虛本體而言，就指目中之不容一屑而言，非專指景星卿雲、金玉屑而言也。『善』字就是太虛，非太虛爲無善之善也。『乃若其情，則可以爲善矣，乃所謂善也。』由『可以爲善』之善纔見得『乃所謂善』之善，兩個『善』字原只是一個，豈有『可以爲善』之善，乃與惡對之善，『乃所謂善』之善，乃無善之善之理哉？」

右十七章

問：「『有其善，喪厥善。』『有意爲善，雖善亦私。』可見善原是不可有的，彼無善無惡之說、有無善之善之說，或亦未可盡非也？」曰：「『有其善，喪厥善』，『有意爲善，雖善亦私』，是謂工夫不可自有其善，不可有意爲善耳，非謂善不可有，亦非謂本體無善無惡，善有善之善、有無善之善也。」

右十八章

問：「無善無惡、有無善之善之說，彼欲以『無』字藥有其善、有意爲善？『有』字之病，非不得已也？」曰：「『有』之一字，病痛誠無窮，如有詩文者，以詩文自高；有功名者，以功名自高；有氣節者，又以氣節自高，傲世淩物，令人難近。或以爲名之心爲善，或以爲利之心爲善，或又以以善服人之心爲善，假公濟私，令人難測。如此是皆有其善、有意爲善之病。不知一有其善，便不是善，故曰『喪厥善』。一有意爲善，便不是爲善，故曰『雖善亦私』。至于喪，至于私，則善于何有如此？是其病正在無善也，而又誤以無藥無，豈不益助其病而速之亡乎？且心之本體原有善無惡，而誤爲無善以藥人之病。夫醫先自誤也，其如藥人何？」

右十九章

山下出泉，本源原清，漸流漸遠，有清有濁，謂有濁而清名始立則可，謂流之清對濁而言則可，謂水之源無清無濁則不可，謂流之清爲清之清，源之清爲無清之清則不可，知此則本體無善無惡之說，有善之善、有無善之善之說，是非不待辨而決矣。

右二十章

山下出泉，本源原清，此性之說也。漸流漸遠，有清有濁，清者勿使之濁，濁者復澄之清，此學之說也。三品之說是徒知漸流漸遠，有清有濁，未嘗不是，而不知山下出泉，本源原清，澄濁求清，非義外也。慈湖之說是徒知山下出泉，本源原清，亦未嘗不是，而不知漸流漸遠，有清有濁，則澄濁求清，非揠苗也。嗚呼！不知本體者，疑性之或惡，而既以學爲義外；知本體者，信心之即道，而又以學爲揠苗，學果何日而明哉？

右二十一章

天地間道理有奇便有偶，如有陽必有陰，有晝必有夜，有中國必有外國，有君子必有小人，至于天人、理欲、公私、善惡之類皆是。若不扶陽抑陰，不尊中國攘外患，不進君子退小人，不存天理遏人欲，而曰無陰無陽、無內無外、無君子無小人、無理無欲、無無亦無，「與其譽堯而非桀，不如兩忘而化其道」，此大亂之道也。

右二十二章

「與其譽堯而非桀，不如兩忘而化其道。」「譽」字下得有毒，「道」字占得地步。堯，千古大聖人也，稱之原非譽而曰譽，令人不敢開口矣，故曰「毒」。堯桀兩忘，原非道而曰「道」，雖自己占地步，其如害道何？孔子祖述堯舜，孟子「言必稱堯舜」，使人人以堯爲法，以桀爲戒，纔是大公至正，纔是相忘而化其道。今曰不必堯之是而桀之非，則是舜、跖不分，善利不辨，令人何所法戒，何所適從，而曰「道」，「道」豈如是耶？後世以君子小人參用爲大公至正，而曰建中靖國，病正坐此。不知以君子小人參用爲中，中豈如是耶？「道」字、「中」字不明，關係不小，不可不辨。

右二十三章

吾儒之所謂道，正指其可道者而名之也，而異端則曰「道可道，非常道」。是明以不可道者爲道矣。又曰「上德不德，是以有德」。是明以不德爲德矣。無善之善，其説蓋本之此。嗚呼！以不可道爲道，以不德爲德，以無善爲善，則善者爲有善之善，惡者爲無善之善，君子絀而小人肆矣。

右二十四章

「無無亦無」之説，人爭談之，不知使人心而果能無無亦無也。在吾儒固非中道，在異端猶成一家。不知人心原是活的，心之神明原不可測，如無一分公心，便有一分私心；無一分善心，便有一分惡心。公私理欲，原相爲貞勝，原不容並立，原無一切俱無之理。今卻欲無無亦無，不知公心一無，私心便有；善心一無，惡心便有。無者，真自信其無有者，又不覺其有。一不覺其有，雖流禍至于不可救藥，而亦不自覺矣。是「無無亦無」之説，徒陰縱私欲，而使之長也，豈能無無亦無哉？

右二十五章

君子無心于功名，卻有心于斯世。小人無心于斯世，卻有心于功名。

右二十六章

人心最不可有物，人心又最不可無主。以公爲主，則私之物自無矣。以理爲主，則欲之物自無矣。譬如太陽當空，則魍魎自息；主翁在室，則僕隸自馴。若懲魍魎，而並摒太陽；懲僕隸，而並逐主翁。吾懼其魍魎愈熾，而僕隸愈縱横也，是誰之過與？孔子曰：「苟志于仁矣，無惡也。」孟子曰：「先立乎其大者，則小者不能奪也。」此人心不可無主之說也。

右二十七章

吾儒論學只有一個「善」字，直從源頭說到究竟，更無兩樣，故易曰「繼善」，顏曰「一善」，曾曰「至善」，思曰「明善」，孟曰「性善」，又曰「孳孳爲善」。善總只是一個善，爲總只是一個爲，非善與利之間，復有個無善之善也。功夫雖有生熟，道理卻無兩樣，故孔子曰：「道二，仁與不仁而已矣。」今曰：「有善之善對惡而言，有無善之善不對惡而言。」則是孳孳爲善之善爲其對利而言之善也，而善與利之間，復有個無善之善在矣。有是理哉？

右二十八章

有意爲善，有所爲而爲，如以爲利之心爲善，爲名之心爲善，以以善服人之心爲善之類，非以安而行之爲無意，爲無所爲。利而行之、勉強而行之，爲有意，爲有所爲也。今人見人孳孳爲善，而概曰有意，概曰有所爲，則阻人爲善之路矣。

右二十九章

書曰：「善無常主，協于克一。」孔子稱回曰：「得一善，拳拳服膺，而勿失。」可見善原只是一個善，豈有有有善之善、無善之善兩個善之理？古之聖賢若預知後世之必有爲此說而預防之者，奇矣！奇矣！

右三十章

異端之說陽欲高出吾儒，陰實左袒世俗，此所以嗜好者多。且世俗之人有明白好利忘義者，亦有内好利而外假仁義者，這等人自己不喻義爲善，而又忌他人之喻義爲善，心欲非之而無其辭。今一旦倡爲喻義之心不可有，爲善之心不可有，而又極稱「無無亦無」之說以伸其辨。彼世俗之人聞此言，欣然得借以非人，益欣然得借以自便，如此豈有不嗜好之理？彼其說誠有以陰中其心故也，其他如聖人不仁，伯夷死名，一切無礙之類，未易枚舉，總只是左袒世俗，此所以學異端者多好利敗名，非其人甘于不肖，亦其說自誤之耳。

右三十一章

易曰：「易有太極。」又曰：「无思无爲。」若曰這個「太極」乃天地間自然的道理，故曰「无思无爲」。若不說出個「易有太極」，而第曰「无思无爲」，不知无思无爲的是個何物？詩曰：「天生蒸民，有物有則。」又曰：「上天之載，無聲無臭。」若曰這個物則乃天地間自然的道理，故曰「無聲無臭」。若不說出個「有物有則」，而第曰「無聲無臭」，不知無聲無臭的又是個何物？夫有太極而无思爲，有物則而無聲臭，乃吾儒正大道理，正大議論，與佛氏不同。若丟過太極而專講「无思无爲」，丟過物則專講「無聲無臭」，是无思爲而併無太極，無聲臭而併無物則也，有是理乎？講的雖是吾儒的話頭，其實墮于佛氏之見而不自知矣。

或曰：「中庸引『無聲無臭』，亦不曾說出物則，何也？」曰：「中庸雖不曾說出物則，不知所謂德，所謂敬信，所謂篤恭者，是何物耶？若丟過德，丟過敬信篤恭，而直曰『無聲無臭』，有是理乎？」

孔子曰「毋意」，又曰「誠意」；曰「無知」，又曰「致知」，若曰必「誠意」而後能「毋意」，必「致知」而後能「無知」也，必「毋意」而後見其真能誠意，必無知而後見其真能致知也。故曰「誠无爲」。又曰：「不識不知，順帝之則。」雖无爲卻有誠，雖無知識卻有帝則。若丟過「誠意」而專講「無意」，丟過「致知」而專講「無知」，則亦墮于佛氏之見而不自知矣。慈湖曰：「人性自善，眾德自備。無之斯闕，有不爲異。」可謂千古名言，惜乎以「無意」爲宗，而不信誠意，令人有餘恨也。

右三十二章

吾儒之言曰：「易有太極，是生兩儀。」而異端之言曰：「有物渾成，先天地生。」恰似一樣。不知吾儒所謂太極指實理而言，異端所謂有物指「谷神」「玄牝」而言，不可不辨。

右三十三章

自異學言「無」，而世儒多爭言「無」，以爲精微奧妙。不知精微奧妙處，豈專在「無」之一字哉？「易有太極」，敢道這「有」之一字，說他不精微奧妙不得？

右三十四章

使契爲司徒，教以人倫，此堯舜首開萬世教學之原，而曰「父子有親，君臣有義，夫婦有別，長幼有序，朋友有信」。此五個「有」字，何等明白！而異學爭言「無」，世儒又從而附和之，何也？不知使父子無親，君臣無義，夫婦無別，長幼無序，朋友無信，是何道理？成何世界？於此而後知聖人之爲慮遠，而儒佛之辨不可不嚴也。

右三十五章

「父子有親，君臣有義，夫婦有別，長幼有序，朋友有信。」這五個「有」字都是天生來自然有的，在易爲太極，在書爲恒性，在詩爲物則。天命之性，命此者也；率性之道，率此者也；修道之教，修此者也。惟其都是天生來自然有的，何假思爲？故曰「无思无爲」。何假學慮？故曰「不學不慮」。曰「无思无爲」「不學不慮」，恰似精微奧妙。曰有親有義有別有序有信，又何等平易明顯！即平即奇，即顯即微，「不離日用常行內，直造先天未畫前」，此吾儒之所謂有無，非異端之所謂无也。

右三十六章

問「『无思无爲』大意。」曰：「『无思无爲』『何思何慮』，此吾儒之微言也，而混佛者亦多喜談之，不可不辨。昔有一士人問某公『无思无爲』之說者，答曰：『汝目自能視，耳自能聽，飢來自能吃飯，倦來自能眠，有思乎？有爲乎？寂然不動，感而遂通，何思何慮？』其人聞其言大悅。不知這等講无思无爲，便是佛氏之旨。」

或問：「如何是吾儒之旨？」曰：「不過就某公之言下一轉語耳。曰：目自能視，視自能明，耳自能聽，聽自能聰；飢來自能吃飯，吃飯自能知味，倦來自能眠，眠自能知節，有思乎？有爲乎？『寂然不動，感而遂通』，何思何慮？如此講无思无爲，便是吾儒之旨，此毫釐千里之辨也。何也？彼只說目自能視，更不說論理之可視不可視，有這個明的道理；只說耳自能聽，更不說論理之可聽不可聽，有這個聽的道理；只說飢來自能吃飯，倦來自能眠，更不說論理之可吃不可吃，可眠不可眠，有這個知味知節的道理。若曰一論可不可，便是有揀擇心，有分別心，有取捨心，便是有思有爲，便不是了。不知目雖自能視，耳雖自能聽，飢來雖自能吃飯，倦來雖自能眠，這個可視不可視，明的道理；可聽不可聽，聰的道理；可吃不可吃，可眠不可眠，知味知節的道理，原都是天生來隨耳目口體自然有的，豈待思？豈待爲？豈有所揀擇分別取捨於其間哉？某公之言未嘗不是，只是丟過『理』字，空說目能視耳能聽，飢來能吃飯，倦來能眠，單在氣質情欲上說，所以爲異端，所以誤人耳。且人之所以異于禽獸者幾希，全在此『理』之一字。若不論理，則禽獸目亦自能視，耳亦自能聽，飢來亦自能食，倦來亦自能眠，亦无思无爲，人與物何以辨別？而人又何以參三才，而稱靈于萬物哉？故曰此毫釐千里之辨也。且如知覺運動，視聽飲食，一切情欲之類，原是天生來自然的，原『无思无爲』，『寂然不動，感而遂通』，何思何慮？佛氏窺見這些子，遂以此爲真性，遂把吾儒這個『理』字以爲出于有思有爲，出于僞，如告子以人性爲仁義，莊子以仁義爲殘生傷性之類，不是天生來自然的。故孟子不得已，指點出個『見孺子而怵惕』『睹親骸而顙泚』『不忍觳觫之牛』『不屑嘑蹴之食』之類，以提醒世迷，見得吾儒這個『理』字，也是天生來自然的，『无思无爲』『寂然不動，感而遂通』，何思何慮？非以人性爲仁義而殘生傷性也。縱是說出多少功夫，千言萬語說思說爲，只是教人思這個『无思』的道理，爲這個『无爲』的道理，非義外，非揠苗，非強世也。吾儒指的是理，異端指的是欲，各人宗旨不同，若不察而第曰均講『无思无爲』，均講何思何慮，是以吾儒之微言爲異端之口實也，其不至于援儒入佛，推佛附儒者幾希！」

右三十七章

問：「如何是思其无思，爲其无爲？」曰：「今人乍見大賓承大祭，雖甚放肆之人，未有不竦然起敬者，有思乎？有爲乎？『出門如見大賓，使民如承大祭』，雖費思爲，不過思這個『无思』的道理，爲這個『无爲』的道理耳。至于己飢思食，己溺思拯，有思乎？有爲乎？『禹思天下有溺，由己溺之也；稷思天下有饑，由己飢之也』，亦只是思這個『无思』的道理。孩提知愛，稍長知敬，有思乎？有爲乎？『堯舜之道，孝弟而已矣』，『人皆可以爲堯舜』，亦只是爲這個『无爲』的道理。思其无思，爲其无爲，此千古聖學真傳。不然，起頭一步先錯，縱思爲到底，只成就得一個五霸。假之學問，思爲愈熟，真心愈喪。」

右三十八章

問「守與化」。曰：「守之又守，以至于化，便是化。如既得後，便須放開。不然，卻只是守。如此是化可爲也。自以爲得，便是無所得，一放開便是半塗而廢，便是功虧一簣，便不是化。化只是守到純熟相忘處，非越過守，別求化也。守與化，功夫雖有生熟之別，卻不是判然兩條路。或者又云既得後，不可放開太早。不知只一放開，便不是，說不得遲早。孔子七十而從心所欲不踰矩，文王之所以爲文也，純亦不已。若孔子說我得矣，便放開，便是踰矩。文王說我得矣，便放開，便是已，其何以爲聖人？後世學者只是越過守，浮慕化，所以敢于放開，卒至于流弊不可言。」

右三十九章

只說放開，便是無所得。譬之古人寫字，雖寫到縱橫變化無所不妙處，只是熟了，其實不是放開。羲之醉後寫蘭亭，只是羲之一生精神都着在字上，一息不曾放開，所以入于神化而不自知，此正見羲之于字學有所得處。知此，則聖學可知。

右四十章

「大而化之之謂聖，聖而不可知之謂神。」越過「大」字說不得化，越過「聖」字說不得不可知。

右四十一章

論學當先辨宗。宗旨明白，功夫纔能不差。仙家自有仙家宗旨，佛氏自有佛氏宗旨，與吾儒宗旨全不相干。只是後世高明之士講學不精，見理不透，誤混而爲一，一混而爲一，遂令人難以分辨。毋論信佛者，即吾儒中闢佛者亦多以上達歸佛，以下學歸儒；以頓悟歸佛，以漸修歸儒；以明心見性歸佛，以經世宰物歸儒。諸如此類，名爲闢佛，適以尊佛；名爲崇儒，適以小儒，何也？佛氏上達，吾儒下學，佛氏得上一截，少下一截功夫，如此是夫子下學儒而上達佛也，是佛反出其上，而夫子由下學方能至也，可乎？修而不悟，豈曰真修？十五志學，七十從心，漸也。以十五而即知志學，非頓乎？「學而不厭」，修也。「默而識之」，非悟乎？「誠則明矣，明則誠矣」，此亦吾儒頓悟漸修之說也。經世宰物而不出于心性，安所稱王道？先明諸心知所往，然後力行以求至，非吾儒之言乎？今以上以悟以心性歸佛氏，以下以修以事物歸吾儒，是佛氏居其精，而吾儒居其粗也，有是理哉？故曰闢佛而適以尊佛，崇儒而適以小儒也。不知佛氏之失正在論心論性處與吾儒異，不專在舍經世宰物而言心性；正在所悟所達處與吾儒異，不專在舍漸修而言頓悟，舍下學而言上達也。惟其論心論性所悟所達處，宗旨與吾儒異，所以彼法中原無用，此下學漸修經世宰物之功，非舍也。況宗旨一異，即用下學漸修經世宰物之功，亦與吾儒不同，又何論舍不舍也。又況宗旨一異，豈止舍下學舍漸修舍經世宰物。若曰達無所達，悟無所悟，無無明亦無無明盡，即上達頓悟，明心見性，亦欲舍之矣，況學與修哉？而又何經世宰物之與有？

故學者崇儒闢佛，當先辨宗。若宗旨不明，而徒嘵嘵于枝葉之間，吾恐其說愈長，而其蔽愈不可解也。

右四十二章

或者以上以悟以心性歸佛，以下以修以事物歸儒，闢佛而適以尊佛，崇儒而適以小儒，無論矣。倘有人焉，出而洞佛氏之一偏，見吾道之大全，舉頓悟漸修心性事物而一以貫之，可謂千古一快矣。而又或過于張皇，以爲吾儒曰心，彼亦曰心，吾儒曰性，彼亦曰性，道理本同，但華言梵語異耳。且偏處二氏不能兼吾儒，而全處吾儒可以兼二氏。吾道至大，二氏之學雖甚高遠，總不出吾道之範圍也。不知吾儒既曰可以兼二氏，二氏亦曰可以兼吾儒，彼此相兼，是混三教而一之也。欲以崇儒闢佛，而反混佛于儒，蹈三教歸一之弊，豈不左哉！且儒佛既混，于是談儒者稍求精，便誤入于佛氏，闢佛者稍欠精，反操戈于吾儒，雖名世大儒，不能自解免也，是其貽禍者一。儒佛既混，又于是詆儒者摘一二誤入佛氏之語，以爲非毁攻擊之話柄；談佛者借一二吾儒精微之語，以爲惑世誣民之嚆矢，雖大奸巨惡亦難以遽測識也，是其貽禍者二。

向使佛自佛，儒自儒，不混而爲一，則談儒者安得誤入于佛氏？闢佛者安肯操戈于吾儒？詆儒者何所藉以肆其毁？談佛者何所藉以行其私哉？且吾道本大，何必兼二氏而後見其大？若必待兼二氏而後見其大，則又安所稱大耶？況吾儒正道也，異端邪説也，邪固不能兼正，正豈可以兼邪？若正可以兼邪，又惡在其爲正耶？如此是闢佛而亦以尊佛，崇儒而亦以小儒也，又豈不左哉？

或曰："吾道至大，何所不容，豈宜自限藩籬？"不知吾道雖大，而彼之論心論性宗旨原與吾異。夫彼先自異也，吾又安得强而同之，而曰不以藩籬自限哉？斯言也，蓋爲崇儒而混佛者辨，非爲信佛而非儒者言也。若三教日月星之説，蓋信佛而非儒者之言，人人皆知其非，無庸辨矣。

右四十三章

吾儒之學以"理"爲宗，佛氏之學以"了生死"爲宗。如人生則能知覺運動，死則血肉之軀還在，便不能知覺運動，可見人之生死，生死的是血肉之軀，這能知覺運動的一點靈明真性，原未嘗生，未嘗死，所謂本來面目，萬劫不磨者，此也。悟得這個，便是超悟，便知無死無生，所謂出離生死，見性成佛者，此也。其悟入處，不由積累，不由聞見，不可言説，不可思議，只在當下一覺，一覺便了，更有何事？雖中間説得千變萬化，其實宗旨只是如是。原來它别是一般話説，與吾儒論心性處全不相干。

蓋性者，心之生理。吾儒所謂性，亦不由積累，不由聞見，但吾儒以理言，非專以能知覺運動的這個言。佛氏惟以能知覺運動的這個言，雖説出離生死，其實全落在生死上説。不論道理，不論功夫，只是空空的任這一點靈明，隨他氣質情欲作用耳。可見，彼所云性，乃氣質之性，"生之謂性"之性；吾所云性，乃義理之性，性善之性。彼所云一點靈明，指人心人欲説，與吾儒所云一點靈明，所云良知指道心天理説全然不同。雖理不離氣，而舍理言氣，便是人欲。天理人欲之辨，乃儒佛心性之分，此宗旨處，不可不辨也。

蓋彼法中原有宗門，有教門，宗即是這個宗旨，别是一條超然直路，與教不相闕。由教而入者，便有階級。若謂一爲教法所縛，一落階級，便無由超悟。故曰世間俗士爲名利縛，爲嗜欲縛，其身不得自在。在小乘，人又爲空縛，爲法縛，其心不得自在。惟大乘，人免此二縛，謂之解脱，身心俱自在，得出世之樂。又最上一乘，有無不立，脱縛雙遣，當下便是，即向所謂見性成佛，不由聞見思議之類，言至此，便誤人不小矣。且爲名利縛，爲嗜欲縛，彼以爲欲障，固是。至爲空縛，爲法縛，彼又以爲理障，而惟有無不立，脱縛雙遣後，爲最上一乘。空其欲而並欲空其理，空其理而並欲空其空，説的恰似玄妙，不知一空其理，欲將自縱，一縱其欲，何所底止？如此即自號曰「我能空其空」，豈可得耶？所以然者，蓋由彼所云這個真性原只是氣質情欲作用，原不論道理，安得不以理爲障？原不用功夫，安得不以教爲縛？任水泛濫而無堤防，任馬奔逸而無銜轡，安得不自誤而誤人哉！

佛氏差處全在宗旨，宗旨一差，無所不差，故曰不可不辨也。若夫髡髮出家，棄倫遺世，雖庸愚亦知其非，故不煩吾儒之覼縷也。

右四十四章

「喜怒哀樂之未發謂之中」，是直指天命之性而言也。曰未發，是無其跡，而非無其理，故曰「天下之大本」。所謂一理渾然，萬化從此出焉者，此吾儒之説也。而佛氏覺性本空之説則似之，以爲這一點靈明作用的性，本來原是空的，目惟無睹，故能睹；耳惟無聞，故能聞；心惟無知覺，故能知覺。目雖能睹，而所以能睹的真空之性，原不可得而睹；耳雖能聞，而所以能聞的真空之性，原不可得而聞；心雖能知覺，而所以能知能覺的真空之性，原不可得而知，不可得而覺，故曰「覺性本空，不生不滅。」若與未發之中相似，而不知其寔大有不同者。吾儒曰「未發」，則目雖無睹，而天命真睹之理已具，無睹故能睹，以無睹而有睹之理也；耳雖無聞，而天命真聞之理已具，無聞故能聞，以無聞而有聞之理也；心雖無知覺，而天命真知真覺之理已具，無知覺故能知覺，以無知覺而有知覺之理也。即發而皆中節，睹以天下而無不明，而所以能明的真睹之理亦不可得而睹；聞以天下而無不聰，而所以能聰的真聞之理亦不可得而聞；知覺以天下而無不睿知，而所以能睿能知的真知真覺之理亦不可得而知，不可得而覺。故曰「上天之載，無聲無臭」。沖漠無朕即萬象森羅，萬象森羅亦沖漠無朕。「未發」之中不爲無，「已發」之和不爲有，「未發」「已發」，渾然一理，故中爲大本，和爲達道，中和致而天地萬物可位育也。種種道理自天命之初已備，就是後來多少功夫、多少事業都只是率性之道耳。吾儒所謂「未發」，全在理上說，所以一切作用都是在「理」字上作用去，所以有不容已的功夫、不容已的事業，喜怒哀樂自然中節，天地萬物自然一體。佛氏所謂真空不在理上說，所以一切作用都是在「欲」字上作用去，所以着不得一毫功夫，做不得一毫事業，喜怒哀樂全不中節，天地萬物全不相干。佛氏真空指的是欲之根，吾儒「未發」指的是理之根。根宗處止差毫釐，作用處便謬千里，如此又何論流弊哉？

右四十五章

佛氏所謂「直指人心」，指的是「人心」；所謂「見性成佛」，見的是「氣質之性」；所謂「真空」，空的是「道心」、義理之性。只是他議論閃爍變幻，不肯明白說破，所以易于惑人耳。

右四十六章

吾儒論性以心之生理言。佛氏論性不以心之生理言，舍心言性，舍理言心，故曰「離一切心，即汝真性。」又曰「心生性滅，心滅性現」。所以不得不說「無念」，所以不得不說「無心」。

右四十七章

佛氏說空說無，若示人以可攻之隙，卻又說空而不無即成妙有，用而不有即是真空。若一著于空，便是頑空，非真空矣。說的與吾儒未發之中，「中也者，天下之大本」，無而未嘗不有，有而未始不無，益相似。不知吾儒所謂無是無其跡，佛氏所謂無是無其理；吾儒所謂有是有其理，佛氏所謂有是有其欲。真空，空的是天理之本然；妙有，有的是人欲之作用。諱空而說真空，諱無而說妙有，不知愈有反愈遠，愈妙反愈差。

右四十八章

吾儒論天命之性，說一物不容而實萬物咸備；佛氏論真空之性，亦說本來無物而實不礙諸物。但吾儒上「物」字指

「欲」，下「物」字指「理」；佛氏上「物」字指「理」，下「物」字指「欲」耳。知此，則諸凡與吾儒相似之言，俱可不辨而決矣。

右四十九章

或曰：「性只是一個性，那裏又是兩個，以義理、氣質分儒佛？」余曰：「人得天地之理以爲生，此所謂義理之性也，而氣質乃所以載此理，豈舍氣質而于別處討義理哉？性原只是一個，但言義理則該氣質，言氣質則遺理，故曰『氣質之性，君子有弗性焉』。此闢佛之說也。且子既知性只是一個性，何不一之于性善之性，而獨欲一之于『生之謂性』之性耶？今欲一之于『生之謂性』，而不一之于性善，此三品之說所由起也，是子自二之三之，以至于倍蓰而無算也。性豈有二焉？孟子道性善，故曰『夫道一而已矣』，此吾儒之旨也。」

右五十章

客有以頓悟闢佛氏者，或解之曰：「佛家亦有頓、漸二法，勤施積行，功果圓滿，方能了得心性。若明心見性之後，不加苦行，何以成佛？達磨面壁九年，前此功夫可知也。」不知吾儒自有吾儒功夫，佛氏自有佛氏功夫，宗旨既異，功夫自殊，即面壁百年，亦難與吾儒並論也。譬如仙家調息運氣，煉丹養神，縱下苦功，亦何與吾儒事。

右五十一章

不講孔孟之學，不在理字上用功，縱閱窮載籍，坐老蒲團，依舊是個俗人。

右五十二章

問：「佛氏千言萬語，只要抹殺『理』字，回護『欲』字，何也？」曰：「然。吾儒說去欲，他卻說欲是去不得的；吾儒說存理，他卻說理是不消存的，甚且並『天理人欲』四字都要抹殺，中間雖說欲障，其實是說理障的客語，畢竟要回護這個『欲』字，病痛全在誤認『生之謂性』一句。知覺運動是氣是欲，而知覺運動之恰好處是理，佛氏原認『欲』字爲性，不曾論『理』，安得不抹殺『理』字，回護『欲』字？且使人人都講『天理人欲』四字明白，便人人都勘破他的病痛，又安得不並此四字俱欲抹殺也？且理欲之辨，古聖賢言之甚詳，彼欲抹殺理而卒不能抹，欲回護欲而卒不能護，于是又輾轉其說以求勝，而曰：『欲明明德于天下，欲仁而得仁，欲何可無？』向所云云，將以求吾所大欲也，不知欲明明德，欲仁得仁，『欲』字半虛半實，指功夫說；人欲之欲，欲字全實，指本體說，安得混而爲一？況明德與仁俱是理，欲明明德、欲仁俱是在理上用功，安得藉口說是欲，而曰欲不可去也？學者雖終日講『寡欲』如孟子，講『無欲』如周子，尚且不能寡不能無。今曰欲不可去，吾懼其欲之流禍不可言也。且天地間『理』字原是抹殺不得的，『欲』字原是回護不得的，彼氏千言萬語徒以自誤耳。」

右五十三章

問：「天理人欲原分別不得，假仁假義，天理即是人欲；公貨公色，人欲即是天理，其說然否？」曰：「不然。既天理即是人欲，便是人欲；既人欲即是天理，便是天理，如何說分別不得。且仁義原是天理，假仁假義便是人欲，便不是天理；貨色原是人欲，公貨公色便是天理，便不是人欲，如此分別益覺明析，而反曰天理人欲原分別不得，此陰爲縱欲滅理之言，不可不察也。」

右五十四章

問：「仁者，人也。目能視，耳能聽，口能言，身能動，人也，即仁也，何如？」曰：「此惑于佛氏之說也。視聽言動是氣，不是理，如何說是仁？視聽言動之自然恰好合禮處纔是仁。耳目口體爲形，視聽言動爲色，視聽言動之自然恰好處爲天性。理不離氣，天性不離形色，視聽言動之禮不離耳目口體，故曰『仁者，人也』，非便以能視能聽能言能動爲仁也。『非禮勿視，非禮勿聽，非禮勿言，非禮勿動』，此正是夫子教顏子爲仁，高不騖玄遠，卑不墮情欲處。若不論禮不禮，勿不勿，而惟以視聽言動爲仁，是直把氣質作義理，名雖騖玄遠，寔則墮情欲矣。自古學佛者多恣情縱欲，無所底止，非獨學者之過，亦其始教之差誤之也。」

右五十五章

昔人謂：「佛氏得吾儒之體，只是無用。」又謂「學佛[二]有得于形而上者，而但不可以治世。」不知佛氏所以爲異端者，正在不得吾儒之體，正在誤認形而下者爲形而上者。端猶端倪、發端之端，源頭處一差，所以後來流弊無窮。異端云者，謂其發端處與吾儒異也。若不窮究其發端，而徒辨別其流弊，彼將曰「其所以破佛者，乃佛書自不以爲然者也」。徒滋聚訟，終難伏辜。

右五十六章

問：「孔子毋意、毋必、毋固、毋我，與佛氏無人相、無我相、無前念、無後念，何以別？」曰：「聖人之心，渾然一團天理，凡有應感，純是德性用事，心體乾乾淨淨，那裏有一毫『意、必、固、我』。若佛氏之無相無念，是並天理德性而一切俱無也，安得與吾儒之毋『意、必、固、我』並論？」

右五十七章

問：「子絕四，何不說子絕四：絕意、絕必、絕固、絕我；又何不說子毋四：毋意、毋必、毋固、毋我，而曰子絕四：『毋意、毋必、毋固、毋我』。何也？」曰：「此二字正見聖學所以爲妙。絕者，絕無之詞；毋者，禁止之詞。絕字是說工夫究竟處，毋字是說工夫實落處。言絕而不言毋，是言上達而不言下學，不謂之孔子；言毋而不言絕，是言下學而不言上達，亦不謂之孔子。用毋字工夫，造絕字地位，故曰：『下學而上達。』此孔子之學所以異于人而知于天也。解『絕』字爲『無』字可，解『毋』字爲『無』字不可。」

右五十八章

性者，心之生理。「生」之一字，乃吾儒論心論性之原，故曰「天地之大德曰生」。又曰「生生之謂易」，乾則大生，坤則廣生，天地以生物爲心。而人得之以爲心，此天理之所以常存，而人心之所以不死也。吾儒之所謂生指生理『生』字而言，

[二] 光緒本原作「佛學」，據四庫本改。

論理不論氣。告子之所謂「生」指「生」死生字而言，論氣不論理。謂理離于氣不是，謂氣即爲理尤不是。惟論氣不論理，此「生之謂性」之說，所以開異學之端也。吾儒言生，佛氏亦言生，苟不明辨其所以生，則儒佛混矣。

右五十九章

問：「人心至虚，不容一物，理在何處？安得不說理障？」曰：「人心至虚，不容一物處就是理，安得說理在何處，而以理爲障也？異端之所謂理，誤指物而言；吾儒之所謂理，正指不容一物者而言耳。」

右六十章

人心之初，惟有此理，故乍見孺子將入於井，皆有怵惕惻隱之心，此時固容不得一毫殘忍刻薄之念，亦容不得一毫納交要譽之念。殘忍刻薄、納交要譽雖不同，同謂之欲。故謂心之本體容不得一毫欲則可，謂容不得一毫理則不可。蓋人心之初，惟有此理，豈可說容不得？或問：「如何是理？」曰：「即所謂怵惕惻隱之心是也。」

右六十一章

思索文字，忘其寢食，禪家謂之理障，余少年正坐此病。蓋詩文翰墨，雖與聲色貨利之欲不同，然溺志于此而迷其本原，是亦謂之欲也。既謂之欲，余方病其爲理之障也，又安得復歸咎于理哉？認欲爲理，而復歸咎于理，誤矣。余敢以此爲「理」字雪千載不白之冤。

右六十二章

「理障」二字，固是佛氏差處，吾儒不能闢之，已不是，或又從而附和之，何也？「理」之一字，乃天地間自然那移不得的道理，正程伯子所謂「不以堯存，不以桀亡者」。佛氏要滅也滅不去，吾儒要添也添不來。只是吾儒指點出這個字，如呼寐者而使之寤耳，原非專爲闢佛而創出此字也。且謂之曰理，自是無障；謂之曰障，還不是理。可見附和其說者，特察理不精之過，亦豈有心從彼，而甘于異端哉？

右六十三章

問：「佛氏于『性』字上添一『真』字，何也？」曰：「這個『真』字極有説。若曰這個知覺運動的性是真，則那個仁義禮智的性是僞，不待言矣。不知知覺運動固是真，仁義禮智亦不是僞。今既以知覺運動爲真，以仁義禮智爲僞，安得不以圓融廣大爲真，以規矩準繩爲僞？以恣情縱欲爲真，以存誠持敬爲僞也？世俗方坐此病，而佛氏又從而羽翼之，故至今深入膏肓而不可救藥，悲夫！」

右六十四章

夫子與曾點與其素位而樂天，非與其放縱而恣肆也。人情方喜放縱而惡檢束，而況又以佛氏先入之言爲主，于是托之春風沂水之樂，以騁其放縱恣肆之病，至于狼狽決裂，蓋亦不少也，豈不惜哉？善乎！康節先生之言曰：「自有吾儒樂，人多不肯尋。以禪爲樂事，又起一重塵。」

右六十五章

陽明先生曰：「君子無入而不自得，正以其無入而非學也。」説得極是，若不言學而言惟自得，是不深造之以道，而欲其自得之也，必不得矣。舍學求樂，舍深造以道求自得，此佛老所以誤晉室之諸賢也。

右六十六章

問：「晉室諸賢皆一代高才，何不知自愛至此？」曰：「當時老莊之教盛行，人人皆錯認了道理，誤以放言肆行、蔑棄禮法爲真、爲高、爲無心、爲自然，以謹言慎行、顧惜名節爲矯、爲僞、爲有心、爲沽名，所以流蕩忘反至此，非明知其非而故蹈之也。」又問：「彼獨無良知與？」曰：「良知自在，只因一念錯認了道理，遂大迷，終身不悟耳。」

右六十七章

世之砥節礪行、循規蹈矩，而不聞道者誠有之，未有真能聞道，而遂不砥節礪行、循規蹈矩者也。執節行規矩，而概以爲聞道，固不是；外節行規矩，而別求個聞道，尤不是。

右六十八章

世俗論真在不拘禮法，異端論性在絕仁棄義，而于「禮」之一字掊擊尤甚，如此病痛牢不可破，恰似自古生知的大聖人，把一切禮法都丟過，任意自家縱橫，必不似學知的聖人，只拘拘在禮法上。又恰似「禮」之一字，專爲後世迂儒設，不爲自古大聖人設。不知孟子論堯舜性之處，卻云「動容周旋中禮者，盛德之至[也]；哭死而哀，非爲生者[也]；經德不回，非以干祿[也]；言語必信，非以正行[也]。」[一]何也？不惟說禮，且說動容周旋中禮，不惟在大節上要緊，雖一步一趨，一言一動，細微曲折，衆人容易忽略處，都是確然不苟的，如此難道說他不是自然性之的聖人？可見吾儒論真論性，與世俗論真、異端論性絕不相同。人又奈何以禮爲僞爲迂，以不拘禮法爲真爲自然哉？知此可以祛世俗之障，可以破異端之說。

右六十九章

喜事功而厭道德，樂寬大而惡檢束，人之常情，不知聖賢所以重道德者，非薄事功而甘迂闊也。以道德爲事功，乃真事功也，所以重檢束者，非惡寬大而甘桎梏也。以檢束爲寬大，乃真寬大也。不然，厭道德而喜事功，則枉尋直尺，並事功亦不能成矣；惡檢束而樂寬大，則越禮犯法，並寬大亦不可得矣。于此見聖賢之見遠而世俗之計左也。

右七十章

問：「喜怒哀樂如何見得中節不中節？」曰：「我喜而人不以爲可喜，我怒而人不以爲可怒，我哀樂而人不以爲可哀樂，便是不中節；我喜而人皆以爲可喜，我怒而人皆以爲可怒，我哀樂而人皆以爲可哀樂，便是中節。故曰：『和也者，天下之達道也。』這句就是『發而皆中節謂之和』的注解，解的何等明白！」又問：「何以『天下之大本』解『未發之中』？」曰：「若不解作『中也者，天下之大本也』，則吾儒之未發，亦異端之無，無亦無矣。」

右七十一章

[一] 此語出孟子盡心下，中間四句後皆有「也」字。

問：「夜氣之存不存，何處驗得？」曰：「其日夜之所息平旦之氣，其好惡與人相近也者幾希。可見好惡與人相近，便是喜怒哀樂中節，便是夜氣存。好惡與人相遠，便是喜怒哀樂不中節，便是夜氣不存，極容易驗。大學『唯仁人能愛人，能惡人』，是斧斤不曾伐的。『見賢而不能舉，舉而不能先』『見不善〔一〕而不能退，退而不能遠』，是旦晝牿亡的。好人之所惡，惡人之所好，是牿之反覆，夜氣不足以存的。孟子夜氣之說，不是幽深玄遠的話說，乃天德王道一貫之學也。若丟過好惡，只講幾希，便落玄虛，便非孟子之旨。」

右七十二章

問：「惟心之謂與，指的是『人心』是『道心』？」曰：「心只是一個心，那有兩個。操則存，便是『道心』；舍則亡，便是『人心』。舍而復操，便是『道心』；操而復舍，便是『人心』。玩二則字，真是『出入無時，莫知其鄉』。故曰：『人心惟危，道心惟微。』僅僅十四字解『人心、道心、惟危、惟微』，曲盡其妙，真所謂聖人之言也。」

右七十三章

聖賢論心，不外綱常倫理、出處辭受、動靜語默。于此件件透徹，步步踏實，纔見真心，纔是真正學問，得力處在此，用力處亦在此。若世俗論心，反于放言肆行的人說，心地好，心上真，正佛氏所謂「直取無上菩提，一切是非莫管也」，世豈有此理？且不知有心學者無論，幸而知有心學而又外綱常倫理、出處辭受、動靜語默以求心，吾不知心學果何時可明也？

右七十四章

問：「自古有學儒而其人非者，有學佛而其人是者，何也？」曰：「學儒而其人非，是其人非也，非學儒之過也。有學佛而其人是者，是其人是也，非學佛之效也。昔人有誤服砒巴而生者，亦有傷食五穀而死者，豈砒巴能生人而五穀反死人哉？知此，可以定儒、佛之辨矣。」

〔一〕光緒本、四庫文淵閣本原作「不賢」，大學原文作「不善」，據改。

右七十五章

孟子曰「性善」。又曰「人皆可以爲堯舜」。可見天生蒸民，原都是儒，曷嘗分某爲儒，某爲佛哉？但後來擇術不精，一時誤爲所惑，遂叛儒習佛，始自遠于吾儒耳，非生來性惡，而不可爲儒、爲堯舜也。孔子曰：「性相近也，習相遠也。」其旨深矣。

（右七十六章）[一]

春秋嚴夷夏之防，可謂憂深慮遠。漢、魏以來，羌、胡、鮮卑降者，多處之内郡，其後卒成五胡亂華之禍。趙宋始終與夷狄講和，卒使胡元入主中國，爲天地古今之大變，當時君臣豈其計不及此？若曰明王在上，九夷八蠻莫非赤子，不當屑屑，然自小漢家之制度云爾。雖其説未嘗不是，但四夷出入之防一潰，先王荒服之制一紊，其勢不至于以夷狄入主中國，不止也。履霜堅冰，可不大爲寒心哉？孔子曰：「攻乎異端，斯害也已。」孟子曰：「予豈好辨哉？予不得已也。」此正春秋嚴夷夏之防之意。

（右七十七章）

歸斯受之，此處正見吾道之大，吾儒之無所不容，故曰明王在上，九夷八蠻莫非赤子，然此就逃墨歸儒者言也。若負固不服，舉兵入寇，而我開門延敵，而曰明王在上，九夷八蠻莫非赤子，則禍不旋踵矣。[二]

（右七十八章）

世之論善惡禍福報應，皆歸之佛氏，此大不然。「積善之家必有餘慶，積不善之家必有餘殃。」「作善降之百祥，作不善降之百殃。」「惠迪吉，從逆凶。」非吾儒之言耶？羿善射，奡盪舟，皆不得其死。然禹、稷躬稼而有天下，又指其人以實之

[一] 四庫全書文淵閣本（以下簡稱四庫本）和光緒本皆作七十八則，現依萬曆丁巳浙江本、天啟本改爲七十六則。

[二] 七十七、七十八兩則，四庫本和光緒本因避諱而删，現依萬曆丁巳浙江本、天啟本補齊。

矣。至于史傳所載，尤爲章明校著。蓋善惡禍福報應，昭昭不爽，此自是天地間實理實事，原非幻妄，原非渺冥，故曰「夫微之顯，誠之不可揜如此夫」。曰：「誠者，言其實有此理，實有此事也。」彼佛氏之說，怪誕不經，誠不足道，而或者乃以天地間如此實理實事，反歸之佛，豈未聞吾儒「餘慶」「餘殃」之說耶？語云：「一念而善，景星慶雲；一念而惡，妖氛厲鬼。」嗚呼，嚴矣。

右七十九章

栽培傾覆，正是體物不遺處，此所以中庸鬼神章後即言報應。大德受命，天地何心？鬼神何心？人亦何心？只是一理之自然感召耳，而或者朝修德而夕望報，一或不應，輒以爲天地間無善惡報應之事。不知一爲報而修德，又是僞，又不是誠，如何能感召〔一〕天地？故曰「居易以俟命」。必居易以俟命，而無一毫望報之心，纔謂之誠，纔謂之德，纔能受命。「大德必受命」是論其理，「居易以俟命」是論其心。且如禹、稷躬稼而有天下，禹既以身報矣；稷至十六傳而子孫始有天下，稷即大德，難道以其身強與造化爭，只得居易以俟，可見君子居易以俟命，正是道理合當如此，彼不務安命而行險以儌幸，真小人而愚者也。

右八十章

子思前說「鬼神之爲德，〔二〕其盛矣乎」，後便說「質諸鬼神而無疑」。可見不質鬼神，不可以言學。詩云：「相在爾室，尚不愧于屋漏。」「神之格思，不可度思，矧可射思。」兩引之以爲證，又可見不慎獨，不可以質鬼神。程子曰：「有天德，便可語王道，其要只在謹獨。」嗚呼，盡之矣。

右八十一章

〔一〕「召」，光緒本原作「格」，據四庫本改。

〔二〕光緒本、四庫原作「鬼神之爲德也」，今據中庸原文，去「也」字。

辨學録跋

夫學一也，有異端之學，有越俎之學，有操戈之學。

何謂異端之學？佛老是也，而佛氏爲甚。二氏非毁吾儒不遺餘力，乃巧于非學之尤者，而講學者多誤信之，故不可不辨。

何謂越俎之學？吾儒講學所以明道也，講間惟當泛論道理，如孔子論「明德新民」，子思論「天命率性」，孟子論「夜氣」、「性善」，皆是泛論，何嘗著跡，譬如白日當天，在在皆其所臨照；時雨霑足，處處皆其所潤澤，非專爲某人某人而照，某人某人而雨也。無論居官居鄉，當講學日，不得議及他事，論及他人，方得講學家法。不然，是以議事當講學，以論人當講學也，不幾于越俎而失體哉？

何謂操戈之學？吾儒學問當以孔子爲宗，而顔、曾、思、孟、周、程、張、朱皆誦法孔子，後學所由以津梁洙泗者也。若曰學當以孔子爲宗，而周、程、張、朱皆不足法，即此一念，去學千里矣。以周、程、張、朱爲非，以孔子爲是，是孔子特不敢非耳，若孔子可非，則亦非之矣。非宋儒而宗孔子，亦非真宗孔子者也。且非宋儒而獨宗孔子，是其心以孔子自任也。以孔子爲宗則可，以孔子自任則不可，即此一念，去學萬里矣。況此心一慣，其勢不至並孔子而非毁之不已也，又何以爲宗孔子耶？世之非學者方且非毁宋儒，而我又從而附和之，不幾于操戈而入室哉？

蓋異端可駁也，而以駁異端者駁時事，則爲越俎；異端可闢也，而以闢異端者闢宋儒，則爲操戈。此尤人情之易流，學術之隱病，不可不亟辨者也。嗚呼！不講學者無論，即躬行講學，毅然以聖道自任者多坐此病，而反令非學者借爲口實，其所關係不小，異端之病，余於録中已詳辨，而越俎、操戈之病則未之及也，因書此與同志共戒之。馮從吾又書。

辨學録跋

張舜典

夫謂之學，以學道也。然道一而已矣，而學則多歧焉，故學不可不辨也。明辨之先于篤行也，孔門之正宗也。故卑之而功利也，易辨也；惟高之而寂空也，難辨也。何者？此性命，彼亦性命；此生死，彼亦生死。混之而無别，淆之而不清，非深于聖道者不能析其弊而歸之正。

余少有志于學，中間亦爲異教所溺者數年，近始悟而反之，乃知吾道至足，亦至精也。歲乙巳，至長安訪少墟馮兄，而商正之，遂留余精舍中頗久，日爲辨難，每至夜分，喜而忘倦，其高足弟子亦鱗鱗共集話也。余稍發其端，少墟則大闡其藴，辨虚實、有無、邪正、幾微之介，昭然如明鑒之燭，鬚眉不爽也，此非深于道者乎？則其開我之迷，而鼓我之趨者，益誠不淺矣。余别後，少墟乃述其言，次第成篇，共八十一章，傳之宇内，則所以指導來學者，功豈細耶？嗚呼！有志於學者，其尚毋忽于斯言。

友弟岐陽張舜典謹跋

門人阜城杜邦泰、洪洞左立功、壽張陳所學、蒲圻汪良、安居何載圖、陶山張延祚，涇原許高、許尚、天水甄韶，平涼石國柱、靈臺楊可立、三水張標、隆德董三策、平利段可教、段可養，馮翊楊天秩仝校。

卷二

語録

疑思録序

周傳誦

疑思録，余同年友馮仲好氏録其講學語也。仲好讀中秘書冠柱，後惠文冠，正色立朝，天下想望其丰采。及休沐過里，則杜門卻埽，足不踰戶閾。乃多士執經問難，戶外屨常滿。嘗手學、庸、論、孟書，詔諸士溯洙泗淵源，抉鄒魯秘密，力闢蓁蕪，共偕大道，語俱録中。

其潛心理學，篤信聖人，情見乎辭矣，而自題曰「疑思」。且曰「吾斯之未能疑，何居」？千古聖學肇自唐虞「允執」一言，直開草昧，宣尼承之曰「篤信好學」，曰「信而好古」。未聞以疑示者，即疑思問一語，正思祛疑，非求疑也。至白沙先生始曰「大道本無階級，以疑爲階級。故大疑則大進，小疑則小進」。仲好之旨其本此乎？余謂疑、信非有兩心，疑正所以信也。萬里之程始于跬步，必真信其可至，然後肯秣馬脂車。日征月邁，亦必真經歷跋涉，然後能躊躕歧路，詳審迷津。倘測想前途，若越溟渤望瀛洲、方丈然，尚在恍惚有無間。而欲質所嚮往，問征夫以前路，其何疑之從？世之不信學者，既任其惶惑，敝精神于無用。信者又固其扃鑰，視天下爲無可疑。其信心過于信學，其所疑益成其所不信，終其身或信或疑而卒無所成，此夫求前而卻步，南轅而燕程者也。故苟志于學，即疑益矣，無問信；不志于學，即信非矣，無問疑。雖漆雕氏所謂信未易言，然亦從此信入也。仲好聚友講學，諄諄「信」之一字爲從遊者規，而茲録顧皇皇若弗及疑，余謂此正其信後語，且以藥世之自信而居之不疑者耳。門下執經多士，皆篤信仲好者傳覽茲録。苦所及不廣，謀付剞劂。公之同好，而問序於余。余寡昧不知學，然夙辨此信心，故以此堅多士之志，若能疑與否，則多士當自得之，余何言！

仲好論著甚衆，善利有圖，辨學有録，訂士有編，關學有編，其餘種種未艾，率多發前賢所未發，然大疑大進得力處在茲録，故信仲好者亦當自茲録始。

萬曆戊申孟夏既望，關中年弟周傳誦書

疑思録序

楊嘉猷

少墟馮先生疑思録成，寄猷一帙，寓書曰「願子一言以弁諸首」。猷因仰而讀，俯而思，尋繹久之，乃嘆曰：「先生真善讀書者哉！」今夫四子之書表章自程、朱，頒降自昭代，其理炳如日星，夫何疑？試觀海內三尺童子皆能誦説，摛管爲文，且謂家思、孟而戶顔、曾矣，奚足疑？矧先生爽然爲一代大儒，即删詩、書，定禮、樂，皆份內事，又何待疑且思也？噫嘻，我知之矣！衆人以書觀書，祇藉爲制科羔雁，而一切無補于身心，是不知疑者也。賢知者左袒二氏，反厭薄聖賢之言爲無奇，是不屑疑者也。不知疑，不屑疑，則均之未能思矣。先生力排異端，羹牆堯舜，故于四子之書以心讀之，以身證之。證之而是也，則已纖毫未協，焉得不疑？疑稍未釋，焉得不思？思者明之基，而疑者信之漸也。

猷觀録中，大都悟後語自別，如曰：「一本大學都是格物，不必另補一傳。」則群言之折衷也，曰：「論語論功夫不論本體，論見在不論源頭，中庸則合併言之。如此而後，可以洩孔子之秘，破異端之非。」則道德之闔奧也。

曰：「由孔孟而後至今日，纔好説只消轉念，不消易業。」則舉業之標的也。

曰：「天地間惟有此道，仲尼顔子之樂乃所以樂道，非懸空別有個樂。」一言而聖賢心體有歸宿矣。

曰：「孔子曰：『學而時習之。』不曾説出所學何事？孟子曰：『學問之道無他，求其放心而已。』是其解也。孟子願學孔子，故特拈出聖學之原以示人一提，而孔孟宗傳若券合矣。」又曰：「甘得淡者品高，容得人者量大。」見何卓也！「志伊尹之志，須從一介志去；學顔子之學，當自『四勿』學來。」功何密也！「講到無言處，方知道在心。」旨何約也！

諸如此類，皆發先儒所未發，直破千古之疑者也。夫能破千古之疑者，必自一念之能疑始。假令尋數行墨駕，言無疑，直矮人觀場者等耳，烏能剖藩籬，窺聖域，力障狂瀾，羽翼傳註之若斯哉？

白沙有言：「以我觀書，則開卷得益；以書博我，則釋卷茫然。」若先生真能以我觀書者矣。漆雕氏曰「吾斯之未能信」，正其疑未釋處。先生曰「吾斯之未能疑」，正其力求信處，故曰「思者明之基，疑者信之漸也」。或曰：「先生默識道體，烏乎疑？又烏乎思？曰疑曰思，直謙辭耳。」猷曰「唯唯否否」。昔宣尼讀易，嘗絶韋編矣。夫以聖人天聰明之盡，奚事韋編屢絶哉？疑之也，疑而思，思而信，是以十翼成焉。先生之疑思，毋亦宣尼讀易之遺意乎？名之曰謙，猷不敢知矣。

時萬曆己酉春三月，荊山門人楊嘉猷元忠甫書於靖邊之吏隱軒

疑思録序

張舜典

長安馮少墟篤志洙泗之學，日取四子書潛而玩之，隨有所得，隨即劄記，久而成編，名曰疑思録。寄音以貽不佞，不佞讀之，亦不能不疑，疑而不能不思也：少墟之疑思録何居？

洪範有言：「思曰睿，睿作聖。」不疑則思不起，不思則不能通微，不能通微而謂之誠，可乎？故知思誠之學，起于疑而成于思也，入聖之階也。即夫子亦必四十而後不惑，則四十之前，夫子必疑而思矣。周公思兼三王，其有不合者，仰而思之，則不合而生疑端，周公亦善疑且善思矣。顔子疑於高堅前後，其思亦苦，及聞博約之後，卓爾妙其立境，不可謂非思之有得也。若曾子之問則疑端更多，而思則可知，至一貫之印而始渙然冰釋。使當時曾子不疑而不思，即孔子啟以一貫，恐

不能神解而一唯。孟子曰「我四十不動心」，則四十之前心猶動矣。必疑而後動，思而信之，凝之而不動，則孟子浩然之氣亦由此疑思而得之，故曰「大疑則大悟，小疑則小悟」。若曰即不思之本體而存之，無事思念，不必窮索，運水搬柴，即爲神通妙用，言則甚易，而證則實難，自謾謾人不淺，吾恐於聖人明善誠身之學無當也。少墟於四子書善疑而思之，故有所得以成編，大悟大徹可知已作聖之功不在茲乎！若不佞亦不能無疑而不能善疑，不能不思而不能善思，不能有所得如少墟耳，且此疑思之義亦精且微矣。

人徒知易以卜筮立教，乃稽疑之典，不知易之卜疑即疑而思之，以求合天則之學也，故曰：「居則觀其象而玩其辭，動則觀其變而玩其占。」參伍錯綜於心而理有定衡，執而守之不難。不然者，疑根〔二〕未破，此心搖搖不如風前之絮乎？何以爲事爲之準？故知易之立教乃擇乎中庸，而明誠之學非徒如世俗卜筮之謂也。少墟之讀四子書，人以爲少墟之善學四子，故疑而思之，會而通之。吾以爲少墟之善學夫易，不用卜筮而自有神明之道也。

且今四子書治舉業者舉能言之，海内坊刻幾於充棟，中間亦有當者不當者，然爲舉業而作，則爲文而解其義，不爲身心而求其旨也。雖能疑且思，思而有妙解出，若過於漢之訓詁，吾終以爲得而未得，是紙上之機括，非心中之妙悟。若疑思録者則異於是，是爲德業而作，不爲舉業而設。若舉業則人疑思之可也，何勞少墟疑疑而思之？易曰「精義入神以致用也」。是録中多有精義，不佞不能縷細數之，惟在善讀者之自得也。

先是吾鄉端毅王公則有四書意見，〔三〕文簡呂公則有四書因問，其書皆直接洙泗心傳，不爲訓詁文辭之解，知學者無不宗而主之，今疑思録出，蓋稱鼎足矣。王、呂二先生而後，學其在少墟乎！

萬曆歲次己酉陽月望日，岐陽友弟張舜典頓首拜撰

〔二〕「根」，萬曆丁巳浙江本、天啟本作「團」。

〔三〕王恕有石渠意見一書，此疑有誤。

疑思録自序

余自壬辰請告，杜門謝客，足未踰閾者三年，自藥裹外，惟以讀書遣懷，無它營也。間有二三同志及伯兄月夜過存，相與講孔、曾、思、孟之學，辨析疑義，嘗至漏分，或撫琴一曲，或歌詩數首始別，蓋忘其身之病，而亦忘其寒暑之屢更也。居恒多暇，乃取所辨析者口授兒康年，劄記之鍼砭韋弦，聊以自勖，歲月積久，不覺成帙。要之，遺忘不及記者尚多，此特存什一於千伯云耳。一日爲友人蕭輝之攜去，越數日，輝之詣余曰：「吾子用心誠勤矣，第聖賢精義不知果如斯否？恐其中又未必無可疑者，余當爲子編次之，以就正于海内同志之士。」余曰「唯唯」。編成題曰疑思録，蓋取九思中「疑思問」意耳。嗚呼！吾斯之未能疑，録中業已言之矣，同志不遺幸教我焉。

萬曆二十三年歲在乙未孟陬十日，長安馮從吾序

疑思録

疑思録卷一

讀大學

天地間惟有此道，人生天地間惟有此學，舍此更有何事？

問「大學之道」。曰：「『大』字最當玩味。天地之性人爲貴，人生天地間原都是大的，只因不學便小了。『大學之道』

三節，道理已說完。『古之欲明明德於天下』至末，不過發明前三節意耳。『其所厚者薄，而其所薄者厚，未之有也』，正是其本亂而末不能治處。知本末則先後不待言，故曰『知所先後則近道矣』。」

又問：「知所先後則近道，固矣。至於古之欲明明德於天下節，又從『新民』說起，何也？」曰：「大人之學，其志量要大，其工夫要實。觀『欲明明德於天下』一節，可見必有明明德於天下的志量，然後吾之明明德者不涉於二氏之玄虛；觀物格節，可見必有『明明德』實在的工夫，然後吾之新民者不涉於五霸之功利。『明德』不涉於玄虛，『新民』不涉於功利，然後謂之止于至善，然後謂之大人之學。」

問「至善」。曰：「明德而不知新民，是異端虛無寂滅之學，是世儒自私自利之學，不謂之明德止至善。新民而不本於明德，是五霸權謀功利之學，是世儒舍己芸人之學，不謂之新民止至善。明德新民而不知本末始終先後之序，是異端懸空頓悟之學，是世儒鹵莽滅裂之學，不謂之明德新民止至善。必明德而又知新民，新民而本於明德，明德新民而又知本末始終先後之序，方謂之止於至善。且謂之至善，見人性皆善，吾德本明而吾明之，原是吾性自然不容已事，不是分外求明。仁者以天地萬物爲一體，明德自然不容不新民，不是分外求新。明德新民自有本末始終先後之序，這次序雖毫不可缺，毫不可紊，皆是天性自然不容缺不容紊的，不是分外強生枝節，故謂之至善。至善者，指其自然恰好，不容人力安排增減者言之耳。此『善』字即易『繼善』之善，孟子『性善』之善。止於至善，是直從本體做功夫，直以功夫合本體者，此吾儒之學所以異于諸子百家也。」

「心不妄動」四字解「靜」字，真發古人所未發。蓋身不妄動易，心不妄動難。人心原是神明不測，活潑潑地的，豈能不動？只是不妄動，便是靜，非塊然如槁木死灰，然後爲靜也，此吾儒、異端之辨。

真、妄最難辨。有真者，有妄者，有似真而妄、似妄而真者，此處辨之不早，則認真爲妄，認妄爲真，此心安得不妄動？古人當知止時，真妄之辨已明，故至此方能心不妄動耳。心不妄動，不是容易能的，此「知止」二字，古人所以獨先之也。

問「格物」。曰：「言致知不言格物則落空。『物』字有三解：『萬物皆備于我』，『物』字對我而言；『格去物欲』，

『物』字指私欲而言，此『物』字兼物我而言。王心齋謂格物是格物，有本末之物，致知是致知，所先後之知，最爲有見。格物是格其知如何致意，如何誠心，如何正身，如何修天下國家，如何齊治平，中間孰爲本，孰爲末，孰當先，孰當後，節目次序一一講究明白，則誠正修齊治平功夫纔得不差。明德新民始止於至善耳，此格物所以爲大學第一義。」

格物即是講學。曰物，見學不可談玄說空耳。

「格物」二字，千載聚訟，不知講格物就是格物，何事深求？何事遠求？

問：「本亂如何末便不能治？」曰：「其所厚者薄，而其所薄者厚，未之有也。」

「所謂誠其意者，毋自欺也。」只毋自欺，便是自慊。「自」字最妙，欺曰自欺，則其苦真有不可對人言者；慊曰自慊，則其趣亦有不可對人言者。吾輩默默體驗自得：「月掛梧桐上，風來楊柳邊。院深人復靜，此景共誰言？」

「自慊」二字甚有味，見君子而厭然，正是小人自家不慊意處，安得心廣體胖？故曰：「行有不慊，于心則餒矣。」君子慎獨，只是討得自家心上慊意。自慊便是意誠，便是浩然之氣塞于天地之間。

問：「良知小人有否？」曰：「小人而無良知，何以見君子而厭然？可見良知是人人有的，只是君子肯致，小人不肯致耳。」

問：「如見其肺肝，然不知肺肝從何處看見？」曰：「就從厭然揜著上看見。」

「曾子曰」三字，乃曾子作傳立言之法，不可作平日之言看，左傳用「君子曰」，史記用「太史公曰」，皆倣此例。

問：「幽獨之中，何有指視？而曰十目十手，何也？」曰：「幽獨之中原無指視，而卻曰十目十手，解者求其故而不得，乃以吾心之明還而照吾心之隱等語，以自家良知上發揮。不知此卻是解『莫見乎隱，莫顯乎微』的話說，與此節十目十手何相干？此節正爲上文小人只說見君子之時，有人指視，所以不得已厭然揜著。當閒居之時，原爲無人指視，所以敢于無所不至。不知指視雖在見君子之時，而所以指視已在閒居之日，何也？譬如種五穀與荊棘，及其生苗後，人人指視不待言。當其下種時，恰似無人指視。不知既有此種，必有此苗；雖有此苗，實由此種。可見人之指視不在生苗之後，而即在下種之日矣。是下種之日，正生苗生葉生枝生幹，人人指視之日也，豈不嚴哉？若自恃以爲此種也，非苗也，非枝葉也而忽之，則無及矣。有此心術，必有此舉動；有此意念，必有此事爲。不嚴于心術意念而徒嚴于舉動事爲，此小人所以卒露肺肝而悔之無益也。」

或曰：「閒居不慎而厭然于君子之見，小人誠失計矣。不知閒居之時，一念方萌，何以能知善知惡而慎之邪？」曰：「閒居之時，一念方萌，或善或惡，人雖不知，而自家良知卻知的，比別人還明白。故又曰：『莫見乎隱，莫顯乎微。』此處纔好說以吾心之明還而照吾心之隱等語。蓋自家念頭起處，一念善，便是人人以爲善；一念惡，便是人人以爲惡。若是只憑著自家良知致去，無爲其所不爲，無欲其所不欲，自是見得君子，自是不消揜著，此所以子思又說出莫見乎隱二句，正是爲十目十手補出一段源頭話說，令人自視自指，自下頂門之針耳，不可與此節意混而爲一也。」

少壯不努力而徒傷悲于老大，康健不保養而徒鍼砭于病疾，豐年不積蓄而徒稱貸于凶歲，未雨不綢繆而徒拮据于侮予，此皆閒居不知慎而徒厭然于君子之類也。

少壯不努力便知必傷悲于老大，豐年不積蓄便知必稱貸于凶年。是少壯不努力之日即傷悲于老大之日，豐年不積蓄之日即稱貸于凶歲之日也，豈待老大凶歲而後知哉？故曰「十目所視，十手所指，其嚴乎」！

問：「十目十手，別人的指視既這等嚴，莫見莫顯，自家的睹聞又這等真，人卻不肯慎獨者，何故？」曰：「只是不曾著實講學。若講的著實明白，未有不慎之理。」

天下事只是人不肯心誠求之，若是肯心誠求之，真未有不中者，縱不中亦不遠矣。「誠」字「求」字，最當體認。「求」字不是在外邊紀綱法度上求，只是在自家心上。痛痒相關一體，不容己處求。于此處求，則紀綱法度一一皆從一體不容己處流出，自然與粉飾太平者不同，自然深入于民心。「中」字是直中民心痛痒處，非徒以法度強民于外而使之感也。只看那慈母何嘗在外面強愛赤子，赤子亦何嘗在外面強從慈母，都是自然而然，莫知其所以然而然，一團天性不容己處，故曰「誠。」

後世君臣未嘗不求，只是在事上求，不在心上求，紀綱法度非不燦然可觀，多是僞，多不是誠，所以百姓不能實受其惠，縱然求多不能中，此世道所以不如古也。

一人貪戾，一國作亂。貪是愚不肖者之病，戾是賢智者之病。賢智之士刻意尚行，矯情拂衆，其所爲多有乖戾不合人情處，縱是實心爲國，亦足以釀禍，而「激變」二字，清濁雖異，其一國作亂則一也。曾子以此二字並言，其慮可謂[二]甚遠。

「好人之所惡，惡人之所好，是謂拂人之性。」可見人之性都是好善惡惡的，可見人性皆善，故不知人性之善者，不可以治天下。

大學古本原有錯簡，還當依朱子章句爲是。第「此謂知本，此謂知之至也」一節，與上「聽訟」節雖分兩節，原是一章，非衍文，亦非別有闕文也。「右傳之四章，釋本末」八字，當序在「此謂知本」節之後。

一本大學都是釋格物，不必另補格物傳，傳止該九章。

聖經乃孔子之言，而曾子述之，其傳俱曾子之言，不是門人記之者。

疑思録卷二

讀中庸

問「天命之性」。曰：「如孩提知愛，是誰命他愛；稍長知敬，是誰命他敬，這都是自然而然的，故曰天命。」

[二] 光緒本原作「爲」，據四庫本改作「謂」。

「雖然此率性之道，非天命之性也。如何是天命之性？」曰：「孩提如何便知愛，稍長如何便知敬，這必有所以知愛知敬者在此。蓋自父母初生時，天已命之矣，豈待孩提稍長後纔有此愛敬哉？知此則知天命之性。」

問「修道之教」。曰：「古之聖人說出許多教人言語，立下許多教人規矩，都不是強人，都是教人各自率其知愛知敬之性耳。有這言語規矩在，則賢智者有所俯，而就愚不肖者有所企而及，故曰：『修道之謂教』。教曰修道，只是明其教非強世耳。」

喜怒哀樂未發之中，此千古聖學之源。學者須在此處得力，然後能發皆中節，故羅豫章教李延平靜中看喜怒哀樂未發氣象，而陳白沙亦云：「吾儒自有中和在，誰會求之未發前。」

喜怒哀樂中節，纔是率性。若任喜任怒，是無忌憚，非率性也。然則何以能中節？曰：在戒慎恐懼。

七情之中，惟怒爲難制，不惟在行事上見得，即著述立言，多嫉憤不平之氣，亦是怒不中節處。

問「君子中庸」。曰：「君子即下文舜、回、文、武、周公、孔子，『君子中庸』即下文舜之智，回之仁，文之無憂，武、周之繼述，孔子之道德，九經皆是。這中庸不是容易能的，故曰『中庸不可能也』。中庸雖不可能，豈終不可能哉？惟至誠能之，故曰『惟天下至誠能盡其性』。玩此節六個『能』字，可見且『至誠』都是人人能做得的，只是人人諉於不能，不肯致曲耳，故又曰『其次致曲』。玩此節兩個『能』字，可見故君子尊德性一節，便是致曲工夫，故下文又曰：『唯天下至聖〔二〕，爲能聰明睿知。』又曰：『唯天下至誠，〔三〕爲能經綸天下之大經。』又曰：「『苟不固聰明聖知達天德者，其孰能知之？』始終發揮一『能』字，可見中庸雖不可能，而實未嘗不可能也。末云『至矣』，即至誠至聖，『中庸其至矣乎？』『至』字總只是說個『君子中庸』。」

〔二〕光緒本原作「誠」，據四庫本改。
〔三〕光緒本原作「聖」，據四庫本改。

問「小人而無忌憚」。曰：「此小人不是泛常小人，乃異端之害道者。彼其教以綱常倫理爲情緣，以詩書禮樂爲糟粕，以辭受取予爲末節，以規矩準繩爲桎梏，其自視常居吾聖人上，其視吾聖人之教不啻若弁髦之。其弊使人倡狂自恣，以禮爲僞，以肆爲真，貽禍于天下後世不小。故夫子斷之曰『小人而無忌憚』。先儒有言：『無以學術殺天下後世。』此小人乃以學術殺天下後世者。若泛常說無忌憚，雖未嘗不是，恐非中庸立言本旨。」

賢知誤以中爲不及，故以過爲中而失之過；愚不肖誤以中爲過，故以不及爲中而失之不及，非明知其過與不及而甘之也，故曰「人莫不飲食也，鮮能知味也」。

「中庸不可能也」。近來講學者把不可能處說的太高遠太玄虛太奧妙，真是不可能。不知于不可能則不可能矣，卻又不中庸了。「中庸不可能也」，觀于此益信。

「中庸不可能也。」聖人又恐人無處覓個中庸，故下文便有「所求乎子，以事父未能」之語，可見中庸道理只在綱常倫理間。若舍此別覓個中庸，便玄虛而流于佛氏。

問：「遵道而行，半塗而廢，何也？」曰：「此悔心也。素隱行怪，後世有述。遵道而行無述，可知無述則遁世不見知矣。不見知而悔，安得不廢？故曰：『君子依乎中庸，遁世不見知而不悔，唯聖者能之。』可見學者必先絕去好名之心，而後謂之依，而後謂之聖。」

「事父未能也」云云，正是聖人能處，何也？有未能之心，纔肯去行庸德謹庸言，勉不足慎有餘，縱是到慥慥地位，聖人之心恰似照舊未能，故曰「躬行君子，則吾未之有得」。原來不是謙辭。後世學者不及聖人處，正坐自以爲能之病，把許多不是都推在父兄朋友身上，誰肯自家認個不能。聖人曰：「君子之道四，丘未能一焉。」真非聖人，不能爲此說。

在上位不陵下，在下位亦不可使上之陵；在下位不援上，在上位亦不可使下之援。故在上而割體統以樹私交，在下而假風力以傲上官，皆使援使陵之道也。使之陵而又不甘于陵，使之援而又不喜其援，安得無怨？

問「上不怨天，下不尤人。」曰：「上不怨天，非不得于天，不怨天；下不尤人，非不得于人，不尤人。蓋正己而不求于人，則無入而不自得，自然無天可怨，無人可尤，何也？在上位而陵下，下之人未必皆甘于陵；在下位而援上，上之人未必皆喜其援，安得一一如意？安得不怨天尤人？惟在上位不陵下，我正己于上，無所求于下，自不見下之人有所拂意于我，何所怨于下？在下位不援上，我正己于下，無所求于上，自不見上之人有所拂意于我，何所怨于上？上焉若天之于我，皆順而無逆，自然無天可怨；下焉若人之于我，皆是而無非，自然無人可尤，又何入而不自得哉？當此之時，自君子視之，若我之所遇與小人異；自它人視之，亦若君子之所遇與小人異。不知非君子所遇與小人異，乃君子正己而不求于人與小人異也。」

人到得意時，每囂然自以爲功多，不肯言命；到失意時，輒歸咎于命，又不肯惕然引咎反求諸其身。是「命」之一字，徒爲小人行險者之口實耳。子曰：「射有似乎君子，失諸正鵠，反求諸其身。」夫惟失諸正鵠之時，能反求諸身，然後謂之「居易以俟命」。

問「居易俟命，行險徼幸」。曰：「素位不願外，便是居易；不素位而願外，便是行險；非素位不願外之外，別有居易功夫，故用『故』字。命如吉凶禍福之類，如吉凶禍福是命，素位不願外便是居易，居易便有吉道福道在。天下又未有因吉道福道在，我遂抗命，以求吉求福之理。吉焉惟命，凶焉亦惟命，只得靜以俟之，此是自然道理。若不素位而願外，便是行險，行險便有凶道禍道在。天下未有有凶道禍道，而不罹于凶禍之理。即不然，而吉焉福焉，亦徼幸耳，非吉與福之常也。『徼幸』二字，真令人可畏可危。」

「君子之道，辟如行遠必自邇，登高必自卑。」吾儒自有吾儒之高遠、吾儒之卑近，異端自有異端之高遠、異端之卑近。今學者多以高遠歸異端，以卑近歸吾儒，豈君子之道必由吾儒而後可至異端耶？豈吾儒只下學而不上達耶？非孔氏之旨矣。

問「禪家之樂」。曰：「詩云：『妻子好合，如鼓瑟琴；兄弟既翕，和樂且耽；宜爾室家，樂爾妻孥。』子曰：『父母其順矣乎！』不知禪家有此樂否？」

問「困知、勉行、視生、知安、行遠，甚何以能知之成功則一？」曰：「『好學近乎知，力行近乎仁，知恥近乎勇』，所以知之成功則一也。此三句正是發明上文所以能一處，非困勉之下復有此一等人。」

問「博學、審問、慎思、明辨、篤行五『之』字何所指？」曰：「此五個『之』字皆指『善』字。善即上文『不思而得』、『不勉而中』道理。擇善固執，是擇其不思而得者，思之又思，以至于不思而得；擇其不勉而中者，勉之又勉，以至于不勉而中，是之謂擇善固執。弗措之志，弗措乎此也；百倍之功，百倍乎此也。若不辨得『之』字明白，縱是博學、審問、慎思、明辨、篤行到底，總只是外面工夫。」

問「不思而得，不勉而中。」曰：「『孩提知愛，稍長知敬』『見孺子而怵惕』『睹親骸而顙泚』『不忍觳觫之牛』『不屑嘑蹴之食』，此等去處，不知由思而得，由勉而中否？『堯舜其心至今在』，『個個人心有仲尼』，正在此處。」

「禮儀三百，威儀三千」，此天地間實在道理，此士君子實在學問。發育萬物，此發育也；峻極于天，此峻極也。若不敦厚以崇禮，而曰禮僞，率天下蕩檢逾閑，放縱恣肆以爲真，是「小人而無忌憚」也。

問「尊德性而道問學。」曰：「德性對氣質說。今人皆氣質用事，所以喜怒哀樂不能中節。尊德性者，使德性用事，而不爲氣質勝也，故曰變化氣質，涵養德性。尊德性由于問學，道問學乃所以尊德性。廣大精微、高明中庸、故新厚禮，是德性本體。致之、盡之、極之、道之、溫之、知之、敦之、崇之，是學問工夫。識得本體，然後可做工夫；做得工夫，然後可復本體，此聖學所以爲妙。」

德性乃天命之性，不睹不聞，無聲無臭，氣原不能囿，質原不能拘，本是尊的，只因少學問工夫，所以氣質用事，所以不能尊德性。學者須知天命之初，德性原來本尊，則知學問之功不過變化氣質，使尊者無失其爲尊耳，非矯揉造作以拂性也。故曰「率性之謂道」。可見「學問」二字，原非義外工夫。

問「上律下襲」。曰：「如可以仕則仕，可以止則止，可以久則久，可以速則速，一毫不肯執著，何等樣圓？故曰『上律天時』。可以仕則仕，可以止則止，可以久則久，可以速則速，一毫不肯假借，又何等樣方？故曰『下襲水土』。」

内省「内」字極重，「内」字對「外」字言。外省不疚，不過無惡于人；内省不疚，纔能無惡于志。外省不疚，無惡于人，到底只做成個鄉願。内省不疚，無惡于志，纔是個真君子。

中庸一書，只是説了「窮理盡性以至命」一句，故開口説「天命之謂性」，而末云「至矣」。「至」字即至命之至也。問「道德一也，中庸言道德與論語言道德，其旨同否？至于老子五千言亦以道德名經，又何以爲異端？」曰：「中庸道德字與論語道德字微有不同。論語一書論工夫不論本體，論見在不論源頭，蓋欲學者由工夫以悟本體，由見在以覓源頭耳，此其爲慮甚遠，非故秘之而不言也。如論道是指其見在可道者而言，故曰『夫子之道，忠恕而已矣。』而異端則曰：『道可道，非常道。』如論德是指其見在可據者而言，故曰『據于德』，而異端則曰『上德不德，是以有德』。舍工夫而直談本體，舍見在而直談源頭，如此則異端之説似又高吾儒一層矣。不知異端差處正在本體源頭處差，不在舍工夫而直談本體，舍見在而直談源頭也。故子思不得已，亦直指本體源頭，以洩孔子之秘，以破異端之非，如論語論夫子之道曰『忠恕而已矣』，而中庸則曰『忠恕違道不遠』。蓋論語之論道指其見在可道者言，中庸之論道直指天命率性之初而言也。不然，忠恕即一貫之道，而曰『違道不遠』，何哉？言道而直指天命率性之初，則元莫元于此也。彼異端『道可道，非常道』之説，真粗淺甚矣。論語論德曰『據于德』，中庸則曰『不顯惟德，百辟其刑之』。蓋論語之論德指見在可據者言，中庸之論德直合于『上天之載，無聲無臭』之初而言也。不然，爲己知幾即君子之德，而曰『可與入德』，何哉？言德而合于無聲無臭之初，則元又莫元于此也。彼異端『上德不德，是以有德』之説，又粗淺甚矣。如水一也，論語指其見在，如江河如池沼皆水也，即如飲酒如啜茶，亦皆水也，而中庸則直指山下出泉，原泉混混而言矣。言工夫並言本體，言見在並言源頭，必如此，而後可以洩孔子之秘，破異端之非耳。若中庸不言本體源頭，則異端隱微之病孰爲剖決？道德不經之談真足稱經于後世矣，道學不爲之失傳哉！此中庸所以不容不作也，蓋有憂也。」

疑思録卷三

讀論語上

問學而時習章大意。曰：「學而時習一節已包括下文二節意在內，不然，所學何事？然既說『學而時習』之悅，可以不說朋來之樂，而猶繼時習而云者，所以廣學者之量也。不然，惟知有己而不知有人矣。可以不說『人不知而不慍』之君子，而猶繼朋來而云者，所以廣學者之識也。不然，又惟知有人而不知有己矣。此孔門第一學問心法，惟顔、曾可以與此，故『顔淵問仁，子曰克己復禮爲仁』，即『學而時習』之說也。『一日克復，天下歸仁』，即朋來之說也。『爲仁由己，而由人乎哉』，即『人不知而不慍』之說也。而大學說明明德、親民、止至善，又說知所先後則近道矣，意亦如此。故由明明德于天下說到格物，由格物說到天下平，又總歸於修身，意益明析。要之，『學』字、『仁』字、『修身』字總是一個道理。人己內外、上下四方，毫無滲漏，此聖賢授受之真傳，非顔、曾以外諸弟子之可及也。」

問：「朱註解『學』爲效先覺之所爲，漢儒解『學』爲覺，何如？」曰：「學所以求其覺也，註中『人性皆善，而覺有先後，後覺者必效先覺之所爲，乃可以明善而復其初』數語極精。復其初則覺矣，然必效先覺之所爲而後能覺，覺何容易？後世學者憚于求師求友，而樂于自寛自便，輒曰『學者，覺也。何必效先覺之所爲？』不知既不效先覺之所爲，何以能覺此？必無之理也。謂學所以求其覺，學然後覺則可，若直解『學』爲『覺』，于『學』字說不去。」

效先覺之所爲，「爲」字下得極妙，曰「爲」，便落不得空。

不學不覺，不覺不學，學然後覺，覺然後學，此夫子所以「發憤忘食，樂以忘憂，不知老之將至」也。後世學者惑于異端之說，又自以爲一覺便了，不復言學，且並疑憤樂相尋之說爲非，若曰「既樂矣，何消去再憤」？不知既不憤矣，何以見其樂？可見自謂一覺便了，不復言學者，還非真能覺者也。「維天之命，於穆不已。」若是真覺，自然已不得一息尚存，此志不容少懈，自然說不得便了。

佛氏以所以能知覺運動的這個爲性，故不消言學，所以多流于放縱自恣。吾儒以知覺運動之所以恰好的這個爲性，故曰人性皆善，所以非學則不能明善而復其初。

問：「『人不知而不慍』，是知我者希，則我貴之意否？」曰：「不然。『人不知而不慍』，聖人之心如太虚然，原不貴知亦不賤知。朋來則樂，人不知則亦不慍。人知之則囂囂，人不知之則亦囂囂，何等平心易氣，曷嘗有絲毫憤世不平之意芥蒂于中。總之，以無心自處，亦以無心處天下耳。若『知我者希，則我貴』，『我貴』二字便覺傲氣，便覺憤世不平，此是借此二字以自寬慰之意，此又慍之甚者也，安得與夫子之言並論？」

問：「學也者，所以學爲人也，不知當從何處爲？」曰：「在爲仁。」又問：「爲仁當從何處爲？」曰：「在孝弟。故有子曰『其爲人也孝弟』。又曰『孝弟也者，其爲仁之本與』！聖門學問，只在根本上做，不是泛然用功。」

「爲人謀而不忠乎」，是就自家爲師說。「與朋友交而不信乎」，是就自家與朋友說。「傳不習乎」，是就自家爲弟子說。爲人謀，「人」字指弟子言，不是泛說爲人謀。「吾于子思則師之矣，于顏般則友之矣，王順、長息則事我者也」，王順、長息是費惠公之弟子，二人皆可與師子思，而友顏般者，不是等閒人。「事」字就弟子事師說，古人之學，只有師弟朋友，舍此無餘事，此所以學有淵源，非後世可及。

古之學者必有師。曾點、曾參，顏路、顏回父子同師孔子；楊時、楊迪、羅從彦父子師弟同師伊川；蔡元定、蔡沉父子同師晦菴；王柏、金履祥師弟同師北山；呂大鈞與横渠同年而後師横渠；沈煥與象山爲友而後師象山。

「雖曰未學」，語意與「雖曰不要君，吾不信也」同，只是決其即此是學。吳註謂抑揚太過，其流弊或至廢學。不知「雖曰」，乃聖賢文法，非抑揚之詞，如以此爲廢學，則「君子食無求飽」節亦廢學耶？

問「處貧之道于人己間有辨否」？曰：「有。如憐貧一也，憐人之貧可，自憐其貧不可；樂貧一也，自樂其貧可，樂人之貧不可。」

問：「患不知人也，如大庭廣衆中偶然相遇，君子小人一時何以知之？」曰：「此不難知。聞之前輩云：『大庭廣衆中如一人稱人善，一人稱人惡，則稱人善者爲君子，而稱人惡者爲小人；一人稱人善，一人和之，一人阻之，則和者爲君子，而阻者爲小人；一人稱人惡，一人和之，一人不答，則不答者爲君子，而和者爲小人。』以此觀人，百不失一矣。」

問：「『患不知人』，是患人難知否？」曰：「人難知何消說，只是患我不知人耳。不患妍媸難辨，而患鑒之不明，不能照人之妍媸；不患輕重難定，而患衡之不平，不能稱人之輕重。此患不知人，正君子近裏著己之學也。」

問：「爲政以德，譬[一]如北辰，居其所而衆星拱之。」曰：「道之以政，齊之以刑，民免而無恥；道之以德，齊之以禮，有恥且格。」

問：「孔子生知聖人，何十有五而志于學？」曰：「惟十有五而志于學，乃所以爲生知聖人。」

問「從心所欲不踰矩」。曰：「只從心所欲便不踰矩，若從耳目口體所欲便踰矩矣，故曰『從其大體爲大人，從其小體爲小人』。」

夫子之「從心」是從志學中千磨百鍊而來，所以能「從心所欲不踰矩」，若放開「學」字而曰「從心所欲」，是縱心非「從心」也。縱心所如，豈有不爲耳目口體引去之理？豈有不踰矩？從心縱心，此吾儒、異端之辨。

問「從心」「縱心」之辨。曰：「有心放開之謂縱，無心自然之謂從。」

問：「夫子於回則『終日與言』，於賜則『予欲無言』，何也？」曰：「『終日與言』之意，正『予欲無言』之意。譬之盧扁治病，欲人勿藥，自不容不教人用藥，是教人用藥之意，正欲人勿藥之意也。知此則予欲無言，又安得不終日與言哉？」

孔門以博約立教是論工夫，非論本體，學者不達，遂以聞見擇識爲知，故夫子不得已，又曰「知之爲知之，不知爲不知，

[一] 光緒本原作「辟」，今據四庫本改。

是知也」。直就人心一點靈明處點破「知」字，此千古聖學之原。若聞見擇識不過致知功夫，非便以聞見擇識爲知也。故曰「知之次」。知其知，知其不知是本體；多聞擇其善者而從之，多見而識之是功夫。譬之鏡本明而拂拭，所以求明，非便以拂拭爲明也。以拂拭爲明，固不是；謂鏡本明，不必拂拭，亦不是。故聖人說出本體，正見得功夫，原非義外耳。此孔門博約之教所以上符精一之傳也。

「生而知之者，上也；學而知之者，次也。」故曰「多聞，擇其善者而從之，多見而識之，知之次也。」

孔子之道，一貫之道也，又曰「博文約禮」，何也？蓋道有本原，功無泛用，博文原不是有心求博，蓋所以探本窮原耳。博文約禮則本立而逢原矣，故曰「吾道一以貫之」。孟子曰：「博學而詳說之，將以反說約也。」此博約一貫之說也。

「知知」，「知不知」，是良知；「知之爲知之，不知爲不知」，是「致良知」，故曰「是知也」。

老子曰：「知不知，上；不知知，病。」不知知，病固也，知不知，獨非病乎？必如夫子所謂「知之爲知之，不知爲不知」，斯不病矣。然則「知不知」，何以亦曰病？曰「知不知」，令人不可知矣，故亦曰病。

子張學干禄，而夫子告以禄在其中，似又教以得禄之道。或者求其故而不得，乃以天爵良貴解禄在其中，「禄」字又與學干禄的「禄」字不相蒙。不知子張學干禄也，是在『言寡尤，行寡悔，多聞闕疑，慎言其餘，多見闕殆，慎行其餘』上用功，只是念頭爲得禄，纔如此用功耳。故夫子告之只一味如此用功，禄自在其中矣，何必干哉？若曰「修其天爵而人爵自從之矣」，何必修天爵以要人爵哉？子張之學是修天爵以要人爵，夫子之言是修其天爵而人爵從之。子張之學是有所爲而爲，夫子之言是無所爲而爲。

古今人功夫都是一樣，只是主意念頭有所爲無所爲不同耳。夫子此章與孟子天爵章總只是令人轉念，不是令人易業。春秋戰國時，成周取士之制雖廢，而遺風猶存，或以言揚，或以行舉，間有行之者。故子張學干禄，孟子謂今人修天爵以要人爵，還說得只消轉念，不消易業。

自秦漢以後，取士之途不一，學者欲爲聖賢，先要易業，更說不得轉念矣。前半生精力既奪于諸子百家，後半生精力又奪於功名富貴，到老年縱有爲聖爲賢之心，那裏有功夫去讀六經孔孟之書，此真儒所以不多見，而世道人心不三代若也。且尤可異者，漢詔舉非常之士，于是人爭跅弛不羈，以博非常之名，卒之操、莽、溫、懿接踵而出，世道之禍可勝言哉？

至于王安石以新經字說取士，其壞人心術尤甚。南宋韓侂胄當國，取士稍涉義理者悉見黜落，六經、語、孟、中庸、大學之書爲世大禁，宋之不競，又何怪焉？樹鵠于彼而責成于此，此必無之理也。

逮我國朝以五經四書取士，而設儒學以作養之，諸士自幼所讀者理學之書，所作者理學之文，下以此應舉，上以此取士。主司若曰「其言如此，其人可知，此必理學真儒無疑也」，雖中間言行不相顧徒，以文售者未必盡無，乃各人自家不知轉念，有負于上之所舉耳，非其舉業立法之不善也。

由孔孟而後，寥寥千餘載，至今日纔好說只消轉念，不消易業。由此觀之，士生今日豈非至幸至幸哉？吾輩今日千講萬講，只是要轉得此一念，則平生所學者盡皆是物矣，不必易業而後稱真儒也，願共勉旃，毋負千載一時。

「入太廟，每事問。」此正聖心自然不容已處，如「見孺子而怵惕，睹親骸而顙泚」之類，此正象山所謂「墟墓興哀宗廟欽，斯人千古不磨心」也。古之先王有此一念，所以不得不制出許多祭禮，如宗祝有司籩豆罇罍，一切儀文度數之類，此皆從此一念不容已處流出，故孔子入太廟，不覺的每事問，此一念即古先聖當日制禮最初之一念，所以不得不把許多祭禮，如宗祝有司籩豆罇罍，一切儀文度數之類，每事去問，此亦皆從此一念不容已處流出，故曰是禮也。「見孺子而怵惕」，乃不忍之政之原；「睹親骸而顙泚」，乃葬親之禮之原；「入太廟，每事問」，乃宗廟之禮之原。先王得其原，遂昌其流，聖人睹其流，遂觸其原，此聖人每事問處，正聖人窺禮之原處，或人烏足以知之。

問：「管仲功業甚大，夫子嘗亟稱之，而又鄙其器小者何？」曰：「惟其功業大，所以敢于奢僭；惟其奢僭，所以見得他器小。若是器大，將此功業不知容在何處？豈肯奢僭至此？」

管仲之功莫大于尊周攘[一]夷，管仲之罪莫大于樹屏反坫，何也？桓公之于仲即湯之于尹，不是過，而樹屏反坫，仲何忍也？仲方尊周，以明君臣之分，攘[二]夷以峻[三]夏之坊，而樹屏反坫，仲又何悖也？是仲能尊周天子而不能尊齊桓公，能攘荆、楚[四]之僭而不能攘自己之僭，仲將何詞以謝桓公哉？仲之得以善始善終者，亦天幸耳。且當時以桓公之威，豈其不能禁仲之樹屏反坫，而甘心任仲之僭也？或者其偏信乎仲，而不知其僭乎？抑一匡九合有所用乎？仲而不得不爲，是隱忍之計乎？抑仲自恃其大有功于桓，而謂桓其奈我何乎？不知使桓而偏信乎仲而不知其僭也，是仲愚桓也。使桓私計有所用乎仲而不得不爲，是隱忍也，是桓愚仲也。使仲自恃其功而謂桓無奈我何也，是仲脅桓也，愚之不可，脅之可乎哉？周公憑叔父之親，居冢宰之位，操製作之權，自古人臣功烈權勢未有過此者，而公也「吐哺握髮，赤舄几几」，曾不以功烈權勢自高，仲誠有功，未必加于周公。顧以周公之所不敢僭者，而仲僭之，何也？如曰「成大功者略小節」，不知樹屏反坫是居然以桓自命也，此而爲之小，孰能爲之大？厥後季氏舞八佾，三家歌雍徹，是仲也爲之作俑矣。

仲之功不能掩乎其罪，仲之罪不能掩乎其功，故曰「功烈如彼，其卑也」。功烈本高而自高之則卑。仲固可罪也哉！仲亦可惜也哉！

淮陰羞列絳、灌，禍慘赤族。管仲僭擬邦君，老死牖下，仲之不爲淮陰者亦倖耳。可見爲人臣者，寧可無功業之成，不可無居功之量。

功業大小係于所遇，器量大小係于所學。有器量而無功業，猶可言也；有功業而無器量，不可言也。

[一] 光緒本原「攘」字後，萬曆丁巳浙江本、天啟本、四庫本有「夷」字，據補。

[二] 光緒本原「攘」字後，萬曆丁巳浙江本、天啟本有「夷以」二字，四庫本有「荊楚」二字，據此補。

[三] 光緒本原「峻」字後，萬曆丁巳浙江本、天啟本有「夷」字，四庫本有「華夏」字。

[四] 「荊楚」，萬曆丁巳浙江本、天啟本作「夷狄」。

問「達生死」。曰：「所謂達生死者，謂自己不以生死動其心也。若不以人之生死動心，如莊子妻死而歌，友死而歌，甚至母死不哀，而曰達生死，可乎？」或曰「此寓言也」。曰：「以母死不哀爲寓言，可乎？」

問「朝聞道，夕死可矣」。曰：「人能聞道，則生也可，死也可；不能聞道，則生也不可，死也不可。言死生則諸凡是非毀譽、窮通得喪可知，死生特舉其重者言之耳，只是甚言道之不可不聞，且聞道之人能出離生死，固不待言。若專爲出離生死聞道，執定在了生死一邊說，是佛氏之旨，非夫子之意矣。

「朝聞道，夕死可矣」，乃吾儒光明正大之説也。若説未嘗生未嘗死，而人謂之生謂之死，則幻妄不經甚矣。生死原無二理，故謂「未知生，焉知死」則可，謂未嘗生未嘗死則不可。」

問「德不孤，必有鄰」。曰：「象山不云乎：『東海有聖人出焉，此心同也，此理同也；西海有聖人出焉，此心同也，此理同也；南海、北海有聖人出焉，此心同也，此理同也；千百世之上有聖人出焉，此心同也，此理同也；千百世之下有聖人出焉，此心同也，此理同也。』故曰『德不孤，必有鄰』，雖然還多一『聖』字耳。」

漆雕開曰「吾斯之未能信」。余則曰「吾斯之未能疑」。夫道，中天日也，有何可疑？學行而已，疑之何爲？不知道雖中天日也，而吾儕果能見道分明，胸中朗朗如中天日乎？學行而已，而吾儕果能於人倫日用間，一一行而著習而察乎胸中？不能朗朗如中天日，而曰有何可疑？人倫日用間不能一一行而著習而察，而曰『疑之』何爲？是何其敢于自信如此也？易曰：「或之者，疑之也，故无咎。」可見疑雖非信，而欲求信必自疑始，故居之不疑，夫子鄙其非士而自以爲是，孟子謂其爲鄉原，聖賢之爲慮遠矣。余故曰「吾斯之未能疑。」嗚呼！疑且未能，矧信也乎哉？因書此，與同志者正之。

孔子惓惓教人謹言慎行。後世學者多以謹言慎行爲僞，放言肆行爲真。夫謹言慎行中誠有僞者，懲其僞只當進而在謹慎之中求真，不當退而在放肆之中求真；進而求真則爲真君子，退而求真則爲真小人。

涇野先生平日教人惟以「甘貧改過」爲言，或者疑其淺。余曰：「先生之學蓋得之顏子者也。簞瓢陋巷，不改其樂，非甘貧乎？有不善未嘗不知，知之未嘗復行，非改過乎？故曰『屢空』，又曰『不貳過』。聖賢之學大抵如此，以此而疑其淺也，則佛、老深矣。」

問：「回也不改其樂，孔子樂在其中，不知是樂道否？」曰：「天地間惟有此道，吾儒之學亦惟有此道，故孔子曰『志于道』，又曰『吾道一以貫之』，其言道者不一而足。至于曾子言大學之道，子思言率性之道，孟子七篇尤惓惓于『道』字，可見自古聖賢學問全在此道，故仲尼、顏子之樂乃所以樂道，非懸空去別有個樂也。孔孟而後，禪學盛行，將此一『道』字掃而去之，只懸空以求此樂，故其弊至于倡狂自恣而不可救。後世溺于禪學者無論，即號稱大儒，挺然以崇正辟邪爲任者，亦群然謂孔顏自有樂處，不是樂道。一倡百和，莫可究詰。蓋其心雖專主于吾儒，而其學則浸淫于佛氏而不自知矣，故謂樂道有淺深安勉之分則可，謂非以道爲可樂而樂之則不可。彼舍道而懸空以求此樂，是異端之樂，非吾儒之樂也。千言萬語諱此『道』字，千思萬想解此『樂』字，此正見禪學入人之深，而人亦不自知處。孔孟而後，此道不明，蓋千有餘年矣。吾儒、異端關係學術不小，故不可不辨。」

孔子曰：「君子憂道不憂貧。」惟其憂道，則所樂在道可知；惟其不憂貧，則不改其樂，樂在其中可知。可見孔、顏之樂全在此「道」字。奈何後儒必欲諱言之也，不知雖樂到渾然相忘無適不然處，亦總只是個樂道。

孟子曰：「理義之悅我心，猶芻豢之悅我口。」分明說破道之可樂如此。後儒必欲謂顏子非以道爲可樂，而樂之何也？既非以道爲可樂，又將以何者爲可樂乎？禪學移人，雖吾儒不能自解免如此。

二程見茂叔後，吟風弄月以歸，有「吾與點也」之意，即此便是得仲尼、顏子樂處，又何必更往別處尋「鳶飛魚躍」。時行物生，斯道原在目前，只是人丟過「道」字往別處尋，所以孔顏樂處終不能到耳。

冉有曰：「非不說子之道，力不足也。」還是不說，若說，則何論力，且能說就是力。既曰說矣，而又曰力不足，何也？冉求之病只是把這道理認在夫子身上，不曾認得是自家的，故曰「非不說子之道」。夫以我說子之道，是二之也。力即足，安所用之？他日問：「聞斯行諸？」子曰：「聞斯行之。」不知求所聞斯行之者，果說夫子之道而行之耶？抑說自家之道而行之耶？回知博我、約我，故「欲罷不能」。「既竭吾才」，是回說我之道，非說子之道也。力何患其不足？「既竭吾才」，「吾」字正與博我、約我二「我」字相應。吾輩爲學，勿說我學聖人之道，把道當做聖人的，當知聖人不過先得我心之同然，我自赤子以來，此道完完全全，聖非有餘，我非不足，只是我自家不知說我之道耳。使我自家果能說我之道也，即此便有餘力，何患不到聖賢地位？

問「汝爲君子儒，君子儒何以解」。曰：「儒行篇解之詳矣。」或曰：「昔人謂儒行篇非夫子之言，是否？」曰：「儒之道大矣。夫子告哀公是泛說儒行，道其實如此，不是說自家如此，多自誇大以搖其君也。自異端絀吾儒，吾儒不惟不能絀異端，且往往混于異端而自絀，乃曰儒行非孔子之言，不知何以知其非孔子之言也？宋制，新進士賜儒行、中庸二篇，此其意甚盛。高閱反〔二〕奏儒行詞說不純，請止賜中庸。閱受學龜山，且不知儒，且自絀儒如此，況異端哉？又何怪三教日月星之說也？」

「堯舜其猶病諸」與下論不同，此是論其勢，若曰「心猶易盡而勢殊難周」，下論是論其心。若曰「勢猶易周而心殊難盡」，下論「病」字正是「修己以敬」敬處。

問「夫仁者，己欲立而立人，己欲達而達人」。曰：「一向解者皆謂己立立人、己達達人兩念並起，不分先後，不知謂之曰兩曰並，猶未得一體之旨。己欲立、己欲達，此欲是人人有的，不獨仁者，只是少立人達人之心，所以不及仁者耳。故曰：『夫仁者，己欲立而立人，己欲達而達人，能近取譬，可謂仁之方也。』已玩『能近取譬』四字，其意自見。」

又問：「躬自厚而薄責于人，所求乎人者重而自任者輕，何也？」曰：「躬自厚者，謂以立人達人自任；薄責人者，謂不以立人達人責人也。若自家不能以立人達人自任，只責備別人不能立人達人，便是所求乎人者重，而自任者輕。可見『己欲立而立人，己欲達而達人』，纔謂之躬自厚，纔謂之自任重。昔伊尹『思天下之民匹夫匹婦有不被堯舜之澤者，若己推而納之溝中』，而孟子以爲『其自任以天下之重如此』。既曰天下，又曰自任，此可以解立人達人之旨矣。雖然伊尹猶待

〔二〕光緒本作「及」，據萬曆丁巳浙江本、天啟本改，四庫本作「乃」。

三聘而後自任，而孔子則以匹夫自任，不論事業而論理，不論窮達而論心，一腔四海，一息萬年，此孔子之所以爲仁，而孟子所以願學孔子也。」

惟欲己立而不立人，甚且忌人之立；惟欲己達而不達人，甚且忌人之達。如此存心，不知可稱己立己達否？可見「己欲立而立人，己欲達而達人」，纔謂之「己立」「己達」，故曰「古之學者爲己」。古之學者是如此爲己，不然，則楊氏爲我矣。

「述而不作」不是聖人謙詞。後世天下不治，道理不明，正坐一「作」字。不遵守祖宗法度，只作聰明以自用，天下安得治？不表章聖賢經傳，只好異論以自高，道理安得明？「述而不作」，聖人之爲慮遠矣。

「默而識之」一句最要緊，果然默識得這個道理，原自無止息，安得不學？學之安得厭？原自無人我，安得不誨？誨之安得倦？「子在川上曰：逝者如斯夫，不舍晝夜。」此「學而不厭」之解也。「二三子以我爲隱乎？吾無隱乎爾，吾無行而不與二三子者，是丘也。」此「誨人不倦」之解也。或又問「默者何」。曰：「此章『默』字從次章『講』字來，原不是懸空頓悟。余嘗有一絕句，末云：『講到無言處，方知道在心』，不是一味不言，坐待默識也。講到無言處，真是多說一句不得，故曰『默』。『參乎！吾道一以貫之』，曾子曰『唯』。何消多說。」

「勝日尋芳泗水濱，無邊光景一時新。等閒識得東風面，萬紫千紅總是春。」既識得東風面，則萬紫千紅總是春，安往非學？安往得厭？安往非誨？安往得倦？

「何有于我哉？」正是聖人默識處，正是聖人不厭不倦處。若自以爲有，便非聖人。望道未見之心，便是厭，便是倦，便不是真識。

問：「默識，所識何物？」曰：「夫子嘗自解之矣，曰：『若聖與仁，則吾豈敢？』抑爲之不厭，誨人不倦，可謂云爾已矣。可見默識是識仁識聖。聖是究竟處，仁是發端處。究竟處無所增，發端處無所減。仁如桃仁杏仁，雖止一粒，而枝葉花實無窮生意已具；聖如成株之後，枝葉花實已扶踈而爛漫矣，其實只是一個道理，故曰『學者先須識仁』。」

或問：「吾輩只修德足矣，又何必講學？」余笑而未答。頃之，問余如何修德？余曰：「公只修德足矣，又何必問如何修德？」或者笑而大悟。

徙義改過是修德實在功夫。講學者正講其如何是義，如何是過，如何去徙，如何去改耳。總是一件事，非判然四段功夫。

問：「講學盛于宋，或云議論多而成功少，又云理學敝宋，何也？」曰：「聲容盛而武備衰，論建多而成效少，此元人進宋史表中語，蓋指當時廟堂之上言也。如新法和議之類，滿朝爭之而竟不報，真所謂論建多而成效少者，而忌者乃借口歸咎于理學諸儒。不知當時諸儒多屏逐山野，或棄置散地，師友之間不過私相講論，以明道覺人耳，何關于廟謨國是，而責其成效少哉？且宋之不競，正係于京、惇、侂胄輩禁學之故，即有忠言，無從取效，而反歸咎于學，何也？是宋以禁理學敝，非以理學敝也。論者試取宋史一細讀之，則諸儒之冤可不待辨而自白矣。」

問：「宋儒有不適于用之譏，是否？」曰：「不然。天下之人不一，有有才而講學者，亦有無才而講學者；有有才而非學者，亦有無才而非學者。彼見講學而無才者之不適于用，非學而有才者或亦倖成其功，遂謂講學之無益。不知講學而不適于用，乃無才之過，非講學之過也；非學而倖成其功，乃有才之效，非非學之效也。不咎其所以不適于用而歸咎于學，不察其所以成功而歸功于非學，此宋儒所以有不適之譏也。雖然元祐之禁、僞學之禁，即有才安所用之？是宋儒之不適于用，又時爲之也，于諸儒乎何尤？」

有才而講學，益足見其所長；無才而講學，亦足補其所短。不然，有才而非學則爲恃才，無才而非學則爲棄物矣。

昔三原王康僖公講學，其父端毅公督之；朝邑韓苑洛講學，其父蓮峰老人督之。康僖公之門人爲馬谿田，苑洛之門人爲楊斛山。當其時家庭之間藹若洙泗，師弟之際不愧伊洛，此吾鄉前輩所以爲盛。今父師之教子弟之學，自舉業外無復有此風味矣。識者不能不爲之三嘆。

親妻子、奴僕之日多，接賢人、君子之日少，學問終無進益，此古人所以講學會友常若不及。

聚坐一番，收斂一番；講論一番，明白一番。

問：「子路行三軍，恐顏子未必能此，夫子何以與之？」曰：「『用之則行，舍之則藏』，正是行三軍之上策。『可以進則進，可以退則退，可以戰則戰，可以守則守，臨事而懼，好謀而成』，兵法之妙莫過于此。可見，行三軍特用舍行藏之緒餘耳，顏子豈迂闊而無用也？」

凡天下事果于道理見得明白，自家就該做去，不該徇人，故孔子論貧富，不論別人所好何如，但曰「如不可求，從吾所好」；論禮樂，不論別人所用何如，但曰「如用之，則吾從先進」。二「吾」字正是聖人不肯徇人處。不然，空慨嘆一場，徒說別人不是，自家依舊落了世俗蹊逕。

問：「子曰：『其爲人也，發憤忘食，樂以忘憂，不知老之將至云爾。』不知在何處憤？何處樂？」曰：「學也者，所以學爲人也，故曰『其爲人也，發憤忘食，樂以忘憂，不知老之將至云爾』。憤在此，樂亦在此，此聖人所以不可及。後世學者不知此，將一生精力或在詩文上發憤，或在功名上發憤，或在富貴上發憤，不肯在做人上發憤，所以不及聖人。」

問：「『我欲仁，斯仁至矣。』如何是欲？如何是至？」曰：「無論如何是欲，如何是至，當論如何是仁。程子曰：『仁者以天地萬物爲一體。』故欲以天地萬物爲一體，則其心公，公則謂之欲仁。不欲以天地萬物爲一體，則其心私，私則不謂之欲仁，故曰『學者須先識仁』。」

仁，人心也。仁者以天地萬物爲一體，此真心也。古聖賢千言萬語，吾輩千講萬講，總只是要涵養此一念，擴充此一念，更無多術，聖學真傳原在於此。彼摩頂放踵、從井救人者，乃有此心而不能善用其心之過，正所謂「好仁不好學，其蔽〔二〕也愚」者。若懲其愚，不病其不好學，而反病仁之不當好，則其愚抑又甚矣，故學者必涵養擴充此一念到滿腔皆惻隱之心處，然後信「仁者以天地萬物爲一體」之說。

〔二〕光緒本原作「弊」，今據論語陽貨，當作「蔽」。

「有若無，實若虛」，非顏子明知其有而故爲無，明知其實而故爲虛也。蓋天下道理原是無窮盡的，豈可以自足自滿？故曰「有若無，實若虛」。此正是顏子實見道理處，不可與老氏「良賈深藏若虛，盛德容貌若愚」之説並論。蓋老氏明白又説：「聖人欲上民，必以言下之；欲先民，必以身後之。」這二「欲」是甚麼心腸，此其用意甚深，反落霸術畦徑。蓋用此以欺世愚人，令人不可測識，非真見道理當如此也。老氏巧，顏子誠；老氏有意，顏子無心，此吾儒、異端之辨。

問「犯而不校」。曰：「方將與物同休戚，何暇共人爭是非。」

問「民可使由之，不可使知之」。曰：「民可使由，不可使知，非聖人不使之知也。聖人看破這道理不能強人人而使之知，是以因性牖民道德，齊禮，立規矩，樹準繩，昭然示人，以可由之，則使之家遵而戶守，然而使民『知之』之意已在于『由之』之中，特不強人人以必知耳。中間有能知者，不外規矩準繩，直透精微奧妙，固聖人所深願；有不能知者，有此規矩準繩，亦不至放縱決裂，亦聖人所深喜。『民可使由，不可使知』，聖人誠不能強人人而使之知也，老氏不達，乃倡爲愚民之説，故其言曰：『古之善爲道者，非以明民，將以愚之，民之難治，以其知多。』卒使始皇焚書以愚黔首，則老氏一言誤之耳。學術一差，關係豈小？」

「三年學，不至于穀，不易得也。」只爲「志穀」一念，不知忙壞古今多少人，且無論聖學無所爲而爲，只説穀之得與不得，豈係于志？人第不思耳。

問：「御乃藝之卑者，夫子何以執御？」曰：「古人每出必輿，必以子弟御，非以自逸，所以防輕動妄動耳。且子爲父御，弟爲師御，亦寓教孝教敬意在内，故曰『樊遲御』，又曰『冉有僕』。堯舜孝弟，只在徐行後長，可見御之義甚大。此御所以爲六藝之一，而夫子所以願執御也。」

六藝中惟御久廢，可見夫子執御之説爲慮甚遠。

多能是遊藝功夫，博文是志道功夫，不可混看。

多能是藝，如射御釣弋之類，故曰「吾不試，故藝」。「博文」是講明道理，「約禮」是體驗身心，此聖門「精一」之學，原自與多能不同。博文不是在藝上博，雖俯仰宇宙上下古今，止可謂之博文，不可謂之多能。博文與多能蓋道與藝之別也。

多能無論其粗者，即如詩文一事，雖亦是古今不朽之事，不可少的，但聖人之所以爲聖，與學者之所以學聖人，功夫所重不在此，故聖人不禁人題詩作文寫字，亦不教人題詩作文寫字。天資高，有餘力，不妨正務，學之無傷。不然，不學亦無傷。彼不能詩文，而遂謂詩文爲不當學，固不是；即能詩文，而遂謂惟詩文爲當學，亦不是。

漢人之文、晉人之字、唐人之詩，自是宇宙奇觀，自是令人欣賞，學者但以此爲遊藝之助則可，若以此爲正學之妨則不可。

問「空空鄙夫，何足與言，而夫子必竭兩端」。曰：「此正見聖人誨人不倦之心。」

自己稍有所知，不待人問而汲汲于自見，是其病在淺露；自己無所不知，而人或有問卻含糊不肯盡言，是其病在深晦。洪鐘有聲，特不可不叩而自鳴耳，豈可叩之而復不鳴哉？此其爲人心術，不問可知。子曰：「吾有知乎哉，無知也。有鄙夫問于我，空空如也，我叩其兩端而竭焉。」自己不自有其知，而告人務必盡其知，此聖人所以不可及。

問：「自己無所不知，而人問不肯盡言，是何主意？」曰：「只是恐其人知，忌人並己意思。『鴛鴦繡出憑君看，莫把金針度與人。』壞人心術，莫此爲甚。」

問：「空空如也，當作聖人看否？」曰：「不可。鄙夫惟空空纔能領受聖教，不然聖言未畢必有齟齬不相投處。聖人必不能盡言，又安得竭兩端哉？夫子說鄙夫空空，正見得他受教有地。程明道謂：『空中受道，意本于此，若說夫子空空，顔子屢空，是學別有所宗，特援聖言以爲證耳。』」

「叩」字「竭」字正見聖人無知處，人未問我，我安得無故起念？是未問之前，我本無知。由人之問，纔發動起我之知，故曰叩既發動起我之知，是以不得不竭兩端。彼所問者如此，我所答者不得不如此，多說一句不得，少說一句不得，故曰「竭」。竭者，竭盡無餘之意也。既竭矣，聖人之心尚復有知乎？是既答之後，依舊無知，故曰「吾有知乎哉，無知也」。

問「知不知，上」。曰：「知而不自有其知，誠上也。但老氏之意明知其知，而欲以上人先人故，故爲不知以下之後之，故曰『知雄守雌，知白守黑』。又曰『非以明民，將以愚之』。是知而故爲不知，以愚人者也，安得爲上？孔子曰：『吾有知乎哉，無知也。有鄙夫問于我，空空如也，我叩其兩端而竭焉。』知而不自有其知，而又與天下人共進於知，此吾儒之所謂上，非異端之所謂上也。」

問：「博約之訓，孔門羣弟子共聞之，獨顔子悟得博我約我，何也？」曰：「此一悟全從仰鑽瞻忽中來，羣弟子所以日聞聖教而不悟者，正是少此功夫耳。」

人皆有爲聖人之才，只是不肯竭，竭之便幾於聖人，故曰「既竭吾才，如有所立卓爾」。

顔子得力處在一「竭」字，世儒受病處在一「罷」字。偶有所悟，輒去放開，此所以流弊無窮。

自以爲悟遂去罷手，還不是悟。若是真悟，自然欲罷不能。

聖人心同天地，聖人學問真是與天地萬物爲一體，學問不是自家私自做的，故曰「可與共學，未可與適道；可與適道，未可與立；可與立，未可與權」。只玩「可與未可與」五字，便見聖人公己公人處。曾子亦曰：「堂堂乎張也，難與並爲仁矣。」此亦夫子未可與之意。學者且無論有可與不可與之人，當先論有與人不與人之心，若無此與人公共之心，縱自家十分用功，終是自私自利之人，其於聖學不啻千里。

問「權」。曰：「道譬之秤然，權是秤錘，衡是秤梗，經是秤星，應感之來，即所秤之物。經是一定不移的，權是移來移去的。權雖移來移去，始終在星之內，非移在星之外也。權雖通變，不離乎經，事事有權，時時有權，非專爲經處常、權處變也。程子謂『權只是經』，可謂獨見，若外經言權，則權謀權變矣。」

「可與立，未可與權」，不可說壞「立」字，權是立之熟處。孔子「不踰矩」是立，「從心所欲不踰矩」是權。

魯男子以己之不可，學柳下惠之可，是他立處。然能以己之不可，學柳下惠之可，又是他權處，即此是立，即此是權，故夫子與之。不獨魯男子，昔沈晦問尹彦明：「今有南子，可見乎？」尹曰：「不可。」曰：「子學孔子者也，如何不見？」曰：「若某學未到『磨不磷，涅不緇』處，故不見。」人謂此尹子立處，余謂此尹子權處，故必權如魯男子，如尹彦明，纔謂之真可與權。

問鄉黨篇大意。曰：「當恂恂則恂恂，當便便則便便，當誾誾則誾誾，當侃侃則侃侃。用之則行，舍之則藏，夏葛而冬裘，渴飲而飢食，聖人何以異于人哉？人自異于聖人耳。」

問：「孔子『疏〔一〕食飲水』，樂在其中，至鄉黨一篇，凡飲食衣服又要齊整，何也？」曰：「鄉黨篇是說聖人動容周旋無不中禮，即一飲食一衣服，人所易忽略處，聖人亦不肯苟，不是要齊整受用，不然，紺緅何以不飾？紅紫何以不爲？褻服羔裘玄冠何不以弔？食必求精，何以不厭精？膾必求細，何以不厭細？惟知肉食，何以不使勝食氣哉？爲此言者，是惡惡衣惡食之人，而借孔子以自解者也，何足置辨？」

許平仲嘗暑中過河陽，渴甚，道傍有梨，衆爭取啖，平仲獨危坐樹下自若。或問之，曰：「非其有而取之，非義也。」人曰：「世亂，此無主。」曰：「梨無主，吾心獨無主乎？」或者嘆服。必如此，方謂之善學孔子。

不撤薑食，不爲通神明，去穢惡，與不得其醬不食，俱無所取意，只是門弟子心悅誠服聖人，把聖人平日所嗜的、所常用的，都要記下，以識不忘耳。與曾晳嗜羊棗，曾子不忍食羊棗之意同。即此足見聖門肫肫其仁景象。

問「傷人乎？不問馬」。曰：「此聖心自然不容己處。蓋聞廄焚倉卒之際，正真心發見之時，只一問人，不問馬，則聖人一生老安少懷多少大的志願，皆從此一念中來。故孟子驗人皆有不忍人之心，驗之乍見孺子入井之一念，其意正本于此。戰國時，廄有肥馬，野有餓殍，天下日趨于危亂，只是爲人上者，少此一念耳，這道理儘大，不可看小了。」

問：「論語中有重出者，有重出而逸其半者何？」曰：「非是重出，蓋聖人丁寧意也。春秋傳所謂書之重詞之複，必有大美存焉爾。」

時哉！時哉！鄉黨一篇，聖人的行事也，只是個時哉時哉，故曰「孔子，聖之時者也」。

〔一〕光緒本原作「蔬」，依論語述而篇，當作「疏」。

卷三

語録

疑思録卷四

讀論語下

夫子稱顏子賢在「簞瓢陋巷，不改其樂」。周茂叔教二程在尋仲尼、顏子樂處。後世學者以談玄爲上乘，以安貧爲末節，將屢空「空」字宗何晏之說，解作空虛無物之「空」，如此不知于簞瓢陋巷，不改其樂，將何以解乎？故因顏子「屢空」，見顏子不動心，求富胸中，空虛無物則可。若丟過安貧，懸空說空虛無物，則生公說法矣。

廉一節耳，爲沾沾以安貧自多者發也，若以貧窶動心而求富，而曰廉一節耳，則無忌憚甚矣。

問：「顏淵後，何以知子在，遂不死？」曰：「惟顏淵後能知子在，遂不死，此顏子所以幾于聖人也。故夫子信之曰：『用之則行，舍之則藏。惟我與爾有是夫。』」「吾以汝爲死矣」，是夫子試顏子處，曰：「子在，回何敢死？」則顏子居然孔子矣。

讀子路曾晳冉有公西華侍坐章，則當時聖門都俞吁咈氣象宛然如見，故曰：「要識唐虞垂拱意，春風原在仲尼居。」曾點之「詠而歸」是泰，莊周之「逍遥遊」是驕。

曾點之志不可著跡看，當得其趣于言外，得其趣雖在師旅饑饉之時、宗廟會同之際，亦自有春風沂水之妙，必然從容暇豫，必不至張皇失措。可見春風沂水這等趣味，學者誠一時不可少。

問「克己復禮爲仁」。曰：「禮儀三百，威儀三千，皆吾心自有之節文，非外假也。以其所自有而非外假也，故曰『復』。世儒不知其所自有也，務華絕根，欲襲而取之。老子見世儒之襲取，而亦不知其所自有也，乃曰『禮者，忠信之薄而亂之首』，欲掊而去之。斯二者就是己而欲掊而去之者，其己爲尤甚，故夫子曰『克己復禮爲仁』，此正所以救世儒之弊，闢異端之失。」

不論禮與非禮，要視就視，要聽就聽，要言就言，要動就動，是無所忌憚之小人。不論禮與非禮，要視就視，要聽就聽，要言就言，要動就動，而曰悟後全無礙，是惑世誣民之異端。辨其禮與非禮，非禮勿視，非禮勿聽，非禮勿言，非禮勿動，是克己復禮之真儒。

成人之美便是美，故君子必成人之美；成人之惡便是惡，故君子不成人之惡。

道人之善便是善，故君子樂道人之善；稱人之惡便是惡，故君子惡稱人之惡。

樂道人之善，便是自家善處；喜稱人之惡，便是自家惡處。

聞譽而喜，便是自家不足譽處；聞毁而怒，便是自家可毁處。

聖人說知人難，是兼君子、小人說。後世說知人難，是單就小人一邊說。不知君子、小人都是難知的，何獨只說小人難知？孔子兼言舉錯，子夏單言舉皋陶，正是後世對症之藥。

小人難知，君子尤難知，故曰君子之所爲衆人，固不識也。

夫子方說起正名，子路便以爲迂，可見不見迂于賢者，不謂之聖人。知聖人之所爲，賢人便以爲迂，則知學聖人者，其所爲安得不見迂于衆人？若避衆人迂闊之譏，只往不迂處做，則鞅、斯、操、莽接踵矣。

問學稼圃章大意。曰：「士君子爲天地立心、生民立命，只有此禮義信這道理。若人人都學稼圃，則這個道理莫人承當，由是無禮無義，相詐相欺，風俗日壞，人心日偷，便不成世界矣。當斯時也，彼學稼圃者雖欲優遊于畎畝，得乎？大學說古人之學，直『欲明明德于天下』；中庸說『致中和』，便『天地位、萬物育』，可見士君子一身關繫最重，如何置天地生民于度外，而徒爲一身一家計也。學稼學圃，樊遲意思品格儘高，但不免爲一身一家計，遂墮潔身亂倫、荷蓧丈人窠臼，所以小了。『小人哉！樊須也。』不可與世俗小人並論。」

問：「居處恭一節，胡註謂樊遲問仁者三，此最先，先難，次之愛人，其最後乎，何如？」曰：「天地以生物爲心，而人得天地之心以爲心，故此愛人一念真心，是人之所以爲人處。故曰『夫仁者，己欲立而立人，己欲達而達人』。而孟子亦曰『人皆有不忍人之心』。至以乍見孺子入井一念形容不忍處，最爲警醒，可見人之所以爲人者，惟有此仁。而人之難與爲仁者無他，只是將此本來一念愛人真心，或牿亡之，或阻抑之，所以操存不得一個『愛』字，所以仁之難爲耳。故『居處恭、執事敬、與人忠』，總是所以操存此一念的工夫。先難後獲，又是工夫中的節度。先難後獲，如居處要恭，就要得恭的效驗；執事要敬，與人要忠，就要得敬的忠的效驗，如是便是不先難後獲矣。今將此三言分爲三次，不知先難後獲者幹何事也？以愛人爲最後，是以己立己達爲先，立人達人爲後也，可乎哉？借曰愛人，工夫用在別人身上，所以當後，不知執事敬與人忠亦用在事上人上，何爲獨先？此又不可不辨者也。」

或曰：「博愛之謂仁，又何也？」曰：「韓子博愛之說是博施濟衆之說也，夫子愛人之說是立人達人之說也。」

或又曰：「爲仁由己而由人乎哉，又何也？」曰：「愛人由己而由人乎哉？夫子愛人之說，蓋徹內徹外徹始徹終而言也。孟子不云乎：『惻隱之心，仁之端也。苟能充之足以保四海。』夫惻隱爲仁之端，是愛之根也，充之保四海，是愛之用也，擴充到此，則滿腔皆惻隱之心，便是徹內徹外徹始徹終道理。故曰『愛人』。愛之根處名曰『天根』，愛之用處名曰『月窟』。天根月窟間來往，三十六宮都是春。在天爲春，在人爲仁，無二理也。」

或又曰：「如子所言，夫子只教以愛人足矣，又何以曰『居處恭』云云？又何以曰『先難後獲』云也？」曰：「不言『居處恭』云云，則工夫無處用；不言『先難後獲』，則工夫不善用。合而觀之，其于愛人之道，思過半矣。若以先後次第論斷，不敢以胡氏之說爲然。」

或曰：「『仁者愛人』固矣。顔子在陋巷不改其樂，視天下理亂，真如孟子所謂閉戶鄉鄰之鬭者。夫子乃曰：『回也，其心三月不違仁。』管仲相桓公，伯諸侯，一匡天下，民到于今受其賜，而夫子第曰：『如其仁，如其仁』，豈民到于今受其賜者，反不如一陋巷匹夫，泯泯無所建明者爲真歟？不知仁主于愛，而愛從何處起？見孺子而怵惕，睹親骸而顙泚，不忍觳觫之牛，不屑呼蹴之食，真是不容自己無所爲而爲者。吾儒不從此處識取，縱功業掀揭天地，總之從納交惡聲處出來，終不是本來真愛，終不謂之爲仁。故易曰：『復，其見天地之心』。夫當一陽來復之時，造化生意尚未宣洩，而聖人從此處見天地之心，微乎！微乎！知此可以論仁矣。」

昔友人問余：「顔子問爲邦，夫子告以四代禮樂因革損益，居然王天下氣象。顔子但一陋巷匹夫，何處見得有王佐才，而夫子告之以此？」因以臆答曰：「『回也，其心三月不違仁』，便是有王佐才。夫管仲假仁便稱霸，佐顔子不違仁，豈不稱王佐？即管仲可知顔子矣。然則孟子謂『禹、稷、顔回同道』，真知仁哉！真知仁哉！」或又疑事功作用非仁歟？曰：「不然。管仲倘不遇桓公，則一匡之業安所見于天下後世？故君子不言遇而言心。夫己立立人，己達達人，斯心也，固渾然天地萬物一體之心也；斯心也，真不容自己無所爲而爲之心也。故論仁者當先識心，論心者當先自念頭初動不容自己處求之。不然，若落第二層，便是有所爲而爲，即掀揭功業，皆假矣。『仁者愛人』，談何容易。」

斗筲之人二句，註謂子貢之問每下，故夫子以是警之。不知子貢原爲今之從政者，虛冒以士之名，故有此問，至末方纔說出耳。聖賢問答，本意原在此節。前三節乃其斷案也。

士君子立身天地間，惟求無愧于鄉人之善者足矣。若不善者之惡不惡，勿論可也。若既使善者信其節操，又怕不善者疑其矯激；既使善者稱其寬厚，又怕不善者議其懦弱，則瞻前顧後，便終身做不成，此鄉原之不可與入堯舜之道也。

「仁則吾不知也」，聖人口氣原自渾融。若曰以此爲即仁，則制私，非忘私之境，固不得謂之即仁。若以此爲非仁，則制私，亦忘私之漸，亦不得謂之非仁。故曰「仁則吾不知也」。近世學者多說壞不行，直以爲非仁，誤矣。苟志于仁矣，無惡也，自無克伐怨欲，何待不行？此直以本體爲功夫，上也。不幸有過，即當力改，故克伐怨欲一切不行，此乃以功夫合本體，亦其次也。若以不行爲非仁，則困知勉行，何以能知之成功則一？而聖人所稱克己寡過，皆剩語矣，阻自新之門，塞嚮往之路，關係學術不淺，故不得不辨。

問「不行與克己同否」。曰：「克己有當下斬釘截鐵之意，不行雖頗費功夫，未能遽拔病根，然亦克己之一法也。後世學者直斥不行，而又無辭爲克己解，乃訓克爲能，訓己爲由己之己，不知如此于『復』字又訓不去矣。且有不善，未嘗不知，知之未嘗復行，又何以解也？或又以『不行』『行』字爲外面強制，不知未嘗復行，『行』字亦豈外面強制耶？」

見利思義，見危授命，得力不在臨時，必平日講一介不苟之學，而後能見利思義；必平日講朝聞夕死之學，而後能見危授命。不然，利至然後斟酌道義，危至然後商量生死，則不及矣。

問：「管仲假仁，夫子曰『如其仁，如其仁』者何？」曰：「『如其仁，如其仁』者，言其逼真也，此正是說他假仁處。」

子貢方人，不是抛卻自家議論別人。如回也，聞一知十；賜也，聞一知二之類。使非子貢平日把回與自家比，方得停當，臨時安能爲此言？此聖門弟子實在工夫，夫子猶然抑之者，恐惹起務外徇人之心，且恐後世學者借爲口實耳。子貢方人，豈可與後世月旦之評並論？

「以直報怨」是開誠布公，忘其怨也，忘其怨而惟以無心處之，故謂之「直」。若以「直」字横于中，而執此一一報怨，則胸中又有物，又不是聖人之所謂直矣。至于「報」字，不過就彼「報」字而言，與子貢「夫子之求」，孟子以堯舜之道要湯語意同，故「以直報怨」，「報」字當活看。康節詩有云：「揚善不揚惡，記恩不記讐。」此之謂也。

此豈章惇爲之哉？宛然夫子不較伯寮，孟子不較臧倉氣象。

問：「夫子告子路，明白說『君子修己以敬』，而後世學者多流於肆，何也？」曰：「學莫先于敬肆之辨，尤莫先于真僞之辨，此蓋真僞之辨不明誤之耳，何也？君子修己以敬，敬則爲君子，肆則爲小人，此固不待辨者，但後世小人知敬爲君子，肆爲小人也，又僞爲敬以自附于君子，于是乎有真僞之辨。是真僞之辨，蓋就敬之中辨也。世儒不察，遂一概以敬爲僞，以肆爲真。不知敬或有僞，僞則爲僞君子；肆雖皆真，真卻爲真小人，懲其爲僞君子，不於敬中求真，進而爲真君子，乃于肆中求真，退而爲真小人，是果何心哉？蓋欲敬不欲肆者，人之心；欲真不欲僞者，又人之心。今既以敬爲僞，以肆爲真，則人又安得不趨于肆也？是人之趨于肆，非其人之不知自愛，原是求真之心而不知，其誤爲真小人耳。使早知其誤，則人非至愚，又孰肯居己于肆而甘心于小人耶？余故曰：學莫先于敬肆之辨，尤莫先于真僞之辨。」

問：「『君子疾沒世而名不稱』，『稱』字當讀作去聲否？」曰：「讀作去聲，本爲拔好名之根，反開一好名之門。若謂天下有沒世稱情之名，亦有沒世不稱情之名，使果有沒世不稱情之名，在君子固疾之，在小人則甘之矣。不知名實如形影聲響，然有一日之實，便有一日之名；無一日之實，便無一日之名。縱能襲取于一時，必不能襲取于終身。自古及今，原無沒世不稱情之名，而誤以爲有，居之不疑，比至無名而後疾之，則已晚矣。故『君子疾沒世而名不稱』，正欲學者務實而圖之于蚤也。」

或曰：「世固有有實而無名者，又有無實而有名者，何也？」曰：「此有實而無名，而子惜其無名，非即名耶？彼無實而有名，而子議其有名，名安在哉？」

又曰：「索隱行怪，後世有述，又何也？」曰：「後世有述，名也。後世有述而曰索隱行怪，名庸愈乎？知此，益信古今無沒世不稱情之名矣。知無沒世不稱情之名，則學者自不敢務名，自不容不務實。故曰『君子疾沒世而名不稱』，稱字斷不可作去聲讀。」

問：「君子遯世不見知而不悔，又『疾沒世而名不稱』，何也？」曰：「務實不務名，名必得；務名不務實，名必失。可見，遯世不見知而不悔，正是『疾沒世而名不稱』處。」

問：「夫子既說誰毀誰譽，下文卻不曰如有所毀者其有所試，而止曰如有所譽者其有所試，何也？」曰：「此處正見聖人天地之心。」

能好能惡，聖人也；善善長而惡惡短，君子所以希聖也。自人心不古，而樂道人善者目爲鄉願，好稱人惡者稱爲直，于是世多求全之毁，而衆惡必察者不可復得，故夫子不得已以誰毁誰譽解之曰「直」。知誰毁誰譽之爲直，則知有毁無譽之非直矣。世顧以好稱人惡者稱爲直，何哉？

問：「世以樂道人善者目爲鄉願，何也？」曰：「此語誠不可解鄉願。嘗以古之人古之人譏狂矣，未嘗樂道狂者之善也。嘗以行何爲其踽踽涼涼譏狷矣，未嘗樂道狷者之善也。嘗自以爲是，不可與入堯舜之道矣，未嘗樂道堯舜之善也，而世顧以樂道人善者目爲鄉願，何哉？豈其初始于嫉忌者，故以鄉願之名加于樂道人善之士，而習者遂相沿而不加察邪。抑後之學者明知其不然，而姑借『鄉願』二字以杜樂道人善者之口邪，此吾之所未解也。」

平日好稱人惡，惡道人善，自托于直之人立朝，偏不肯犯顔敢諫，偏不直。

問：「史闕文、馬借人，註謂細故，何以重聖人之思？」曰：「此道理儘大，一字之褒貶，關千古之是非；一時之交與，徵一代之風俗，安得爲細故而忽之？故述而不作，信而好古。作且不敢，敢不闕乎？願車馬衣輕裘與朋友共敝之而無憾，敝且無憾，況借人乎？自古聖賢學問都在此處。胡註謂此章義疑，不敢強解，亦小視此二事矣。」

問：「傳信傳疑，史職也。闕文何爲而聖人思之？」曰：「不聞劉靜修讀史詩乎：『紀録紛紛已失真，語言輕重在詞臣。若將字字論心術，恐有無邊受屈人。』念及于此，雖欲不闕，得乎？故『闕』之一字，乃天理人情之至也。不止作史，士君子凡下筆之際，不可不著一念。」

問：「夫子説『性相近』，不曾言善，而孟子專言性善，何也？」曰：「人之氣質雖有不同，而天命之性總之皆善，惟其皆善，故曰相近。相近者，是就善之中論耳。若因氣有清濁，質有厚薄，而遂謂性有善有不善，則善不善相去甚遠，便説不得相近矣。孟子『道性善』，正是發明所以『相近』處。或謂孟子性善之説不如孔子『相近』之言爲渾融，是惑于三品之説，而昧『相近』之旨者也。」

荀子「性惡禮僞」之説，真是以學術殺天下後世者。性既是惡，禮又是僞，安得不純用刑法，此李斯所以亡秦而貽禍至今未已也。

道因言而明，不因不言而晦。道因言而明，人人曉得；不因不言而晦，人人曉不得，故曰「予欲無言」。又曰：「天何言哉？四時行焉，百物生焉，天何言哉？」可見「予欲無言」，正是聖人深言明道處。若曰道以言明，亦以言晦，故曰「予欲無言」，便非聖人本旨。

「天何言哉？四時行焉，百物生焉，天何言哉？」「四時行焉，百物生焉」，豈是隱得的？故曰：「二三子以我爲隱乎？吾無隱乎爾，吾無行而不與二三子者，是丘也。」

「近之則不孫」二句，「遠」「近」字不可說壞。「近」是家庭之常當如此，「遠」亦是主僕之分當如此，只是這樣人但近之，不曰家庭之常當如此，而曰主人近我也，如此便不孫。但「遠之」，不曰主僕之分當如此，而曰主人遠我也，如此便怨，如此真是難養。若以褻狎爲近，如何去近他？嚴厲爲遠，如何去遠他？則主人先待的差了，便說不得他難養。

士君子多加意于大人、君子，而忽略于女子、小人，不知女子、小人尤是難養的。可見自家學問真是無微可忽，無衆寡、無小大、無可慢。

學至于不愧女子、小人，始可言學。

「近之則不孫，遠之則怨」，女子、小人真是難養。至于士君子有招之而來、麾之而去、澄之而清、淆之而濁者，是亦「近之不孫，遠之則怨」之類也。夫以士君子之身，誤爲女子、小人而不察，亦足羞矣。

道本無方，學聖人者不可以方所求之，故微、箕、比干之皆仁，夷、惠、伊尹之皆聖，不有孔孟之說，天下後世不幾于聚訟乎？士君子果有悟于斯理，則眼界自寬，家數自大，開口自別。

問：「孔子攝相三月而魯國大治，即受樂不朝，亦當少留須臾，以俟功業之成，何爲遽去，不幾爲山九仞，功虧一簣邪？」曰：「自古聖賢寧可無功業之成，不可無自守之義。不然，便是爲山九仞，功虧一簣矣。」

問：「夫子問津沮、溺，子路反，見丈人，是要轉他出仕否？」曰：「不然。只是要轉他可不可之念，故曰我則異于是，無可無不可。若是要轉他出仕，夫子何不先轉一及門之顔子，而徒轉一傾蓋之沮溺耶？惟是夫子終日與言，已轉得顔子可不可之念，故喜而謂之曰：『用之則行，舍之則藏，惟我與爾有是夫。』且夫子嘗爲魯司寇，顔子終身不仕，夫子何以曰『惟我與爾有是』。『有是』者，謂有是無可無不可之念也，非著跡在行藏間論也。」

問：「君子之仕也，行其義也。明白是教他出仕，何以爲不然？」曰：「原不是教他出仕，只是要他曉得君子之仕爲行其君臣之義耳。蓋當是時以仕爲通者。若曰：君子之仕也，行其勢也，行其利也，那裏行甚麼義，所以把『仕』字弄的不好看，有以隱爲高者，見若輩如此做官，亦曰：君子之仕也，行其勢也，行其利也，那裏行甚麼義，看得這『仕』字全是不好的，恰似仕途全行不得義，全做不得君子。如此道理不明，凡要做君子的，安得不著一可不可之念。故曰：君子之仕也，行其義也，非行其勢也，非行其利也。君臣之大義自我而植，宇宙之綱常自我而立，豈爲功名富貴哉？中間即有丢過義，只爲勢利出仕的，是他各人自家見不到，各人自家做了小人，非概以仕途爲勢窟爲利藪也。故曰：君臣之義如之何其廢之？又曰：夫人幼而學之，壯而欲行之者。行之者，行其義也。知此則知仕止久速無往非道，用行舍藏無往非學，視用舍爲寒暑風雨之序，視行藏爲出作入息之常。仕者安得以仕爲可，以隱爲不可？隱者安得以隱爲可，以仕爲不可哉？如此則可不可之念不轉自無矣，此孔子之學不厭而教不倦，所以大有造于天下後世也。」

以耦耕之沮溺而知魯國有仲尼，又知仲尼之徒有仲由，以荷蓧之丈人而知仲尼之不勤四體，不分五穀，是從何處知之？且既知同時之仲尼，必知既往之堯舜；既知仲尼之徒有仲由，必知仲尼之徒有顔、曾；既知仲尼之不勤四體，不分五穀，必知仲尼之講理學而淑後進，雖志向稍有不同，而識見如此，纔謂之隱者。不然，凡山林農夫皆得謂之隱者矣，有是理乎？今且無論山林農夫，即縉紳章逢之士，問今日某處同志爲誰，某處同志爲誰，無論學術何如，即姓名亦茫然不知，豈不有愧于耦耕荷蓧之農夫哉！

或曰：「今天下特無真儒耳，有則人未有不知者。」余曰：「不然，淳于髡謂是故無賢者也，有則髡必識之。由今觀之，不知戰國果無賢否？髡果識孟子否？己非伯樂而謂天下無良馬，誤矣。」

或又曰：「真儒原不求人知，人何必知之？」曰：「在真儒雖不求人知，而在學者卻不可不知人，良馬不充天閑，于良馬何損？若伯樂不識良馬，其何以爲伯樂哉？」余因是又有感焉。夫天下大矣，高賢大良安得一一知之，不知其過小，若諱言不知，而借口天下無真儒，又借口真儒不求人知以自解，是又沮溺、丈人之罪人也，其過大。昔陳瑩中不知程伯淳，而作責沈文以自責，不惟不足爲瑩中病，而益足以見瑩中之不可及。不知求知可也，又何必自解以益其過哉？余素寡昧于海内賢豪，多所未知，因讀沮溺章書此，亦竊比瑩中之意云。

曾子曰：「堂堂乎張也，難與並爲仁矣。」只一「並」字，正見曾子仁處。萬物並育而不相害，道並行而不相悖。天地且弗違，況於人乎？學者只有與人並爲仁之心，便是天地萬物一體氣象。不然，人有善而忌其與己並，己有善而忌其人之與己並，即此便不是善，故勘破「並」字，當下即仁。

勘破「並」字，當下識仁；勘破「忌」字，當下識人。

疑思録卷五

讀孟子上

「未有仁而遺其親者也」一節註云：「此言仁義未嘗不利」。夫仁義未嘗不利，自是正經道理，故曰：此謂國不以利爲利，而以義爲利，但此處説書不當云仁義有利，不然，與「何必曰利」便相礙。「利」之一字，戰國君臣正坐此病，無論是何樣的利，只是這一「利」字不該言，故一則曰「何必曰利」，再則曰「何必曰利」，正是孟子救正人心，扶持世道處，豈得已哉？它日與宋牼問答曰：「先生之志則大矣，先生之號則不可，意亦如此。」

齊桓、晉文之事乃當時所最豔者，孟子以爲聖門所不道。不忍觳觫之一念，乃塗人所共有者，孟子以爲是心足以王，何也？蓋桓、文之事，雖是烜赫[二]一時，原不從此不忍一念中流出，故曰：「以力假仁」。夫不忍之心乃塗人所共有者，豈以桓、文而獨無？自有而自假之，亦足悲矣。陽明先生曰：「拋卻自家無盡藏，沿門持鉢效貧兒。」

齊王方問霸功，孟子即曰：「無以則王，謂之曰王。」恰似有許多新奇異樣處，及說到底，只討得老者衣帛食肉，黎民不飢不寒，更莫有新奇異樣功業，及至推原所以使老者衣帛食肉，黎民不飢不寒，又只是從不忍觳觫一念來，更莫有新奇異樣方法。夫這一念人人都有，可見這功業人人都做得，王道有何難？爲二帝三王相傳欛柄，正在于此，孟子得此欛柄，故今日見齊王如此說，明日見惠王如此說，千言萬語再無兩樣。故曰『孟子道性善，言必稱堯舜』。後世王道不明，霸功競起，如管、晏輩功業恰似新奇異樣，不知發端處從此不忍觳觫一念起否？收煞處落得老者衣帛食肉，黎民不飢不寒否？竊謂王霸之辨不明，欲天下太平，未見其有日也。

世論王霸者，率捷霸功迂王道，故齊景公欲用孔子，晏子謂當年不能究其蘊，累世不能闡其施。景公曰：「吾老矣，不能用也。」「吾老」二字正爲王道迂遠不能待耳，不知王霸之分不在事功，不在久近，故孟子謂管仲之功烈，而曰「行乎國政，如彼其久」，霸功果捷邪？論德之流行而速于置郵而傳命，王道果迂邪？至于王者必世而後仁，是要其極而言，非三十年之前非仁，三十年之後始仁也。且管仲經營四十年，又不止必世矣，王邪？霸邪？彼捷霸功迂王道者，特未之思耳。

晏子沮仲尼，臧倉沮孟子，其罪不在二子，而在道之不明，學之不講。當春秋戰國時，老聃、墨翟之教行，習俗以薄葬爲賢，而以厚葬爲儒者病，故景公欲用孔子，晏子沮之曰：「儒者崇喪遂哀，破產厚葬，不可以爲俗。」魯平公欲見孟子，臧倉沮之曰：「禮義由賢者出，孟子之後喪踰前喪，君無見焉。」惟「儒」字「賢」字不明，此晏子、臧倉之言所以見售，而孔孟卒老於行也。可見道不可一日不明，學不可一日不講。

問：「浩然章『不動心』有道乎？」曰：「有。一節之下即當直接。」「曾子謂子襄一節，以見學問淵源所自，反入北宮

[二]「烜赫」，萬曆丁巳浙江本、天啟本、四庫本作「燁燁」。

黝、孟施舍二節，何也？」曰：「孟子因當時人心委靡，士風掃地，黝、舍輩悻悻然，妄以氣節自負。世人不察，亦誤以氣節歸之，所以不得不引此似是而非者以爲之戒，使天下後世不至錯認客氣爲浩然之氣耳。」

北宮黝、孟施舍不是生來如此樣人，若是生來如此樣人，世間儘多，何足煩孟子之辨？弊緣當時道理不明，有志之士懲世之委靡卑鄙者，多欲學剛方正直，而又不得其道，于是誤認血氣之剛爲義理之剛，或一味往必勝處學，或一味往無懼處學，故曰：「北宮黝養勇，孟施舍養勇。」玩二「養」字自見二子意思志向都是要好的，只是學術路頭一錯，遂流于無忌憚耳，故孟子不得不嚴爲之辨。至于告子雖消得外面的粗暴，而一切不求于心，不求于氣，又添了內裏的傲慢，其無忌憚更甚，故孟子亦不得不嚴爲之辨。必如夫子告曾子一味自反纔是真正大勇，纔是真正不動心，此孟子之集義養氣，勿忘勿助，直接孔氏之傳，而非黝、舍、告子之可及也。

黝之養勇以必勝，舍之養勇以無懼，都是不善養的。故孟子曰：「我善養吾浩然之氣。」這「善」字最當玩味。

血氣方剛，戒之在鬭，臨事而懼，好謀而成，此孔氏家法也。惡聲至，必反之，未有不取辱者；不量敵而進，不慮勝而會，未有不取敗者。以取辱取敗之道爲勇，何也？孟子「苗則槁矣」之說，真爲善喻。

外侮之來，雖聖賢所不能免，惡聲至，于黝無損，君子惡言不出于口，必反之，黝所損多矣。學問不明，誤人一至于此。

問「氣節、涵養。」曰：「氣節、涵養原非兩事，故孟子論浩然之氣而曰『我善養』，可見氣節從涵養中來，纔是真氣節。若黝、舍輩全是個沒涵養的人，如何算得氣節！」

無論古人，即國朝如羅一峰、楊斛山諸公氣節，表表一代，都是從理學涵養中來，所以能完名全節，民到于今稱之。其他諸公始未嘗不表表，而末路多敗名喪節，祇緣胸中以氣節自滿，無復有學問以涵養之耳。余每見世之有氣節者，又多不信講學，何也？可惜！可惜！可惜！

說者謂孟子泰山巖巖，不如孔子之太和元氣。不知孟子論「浩然之氣」，而曰：「乃所願，則學孔子。」可見孟子必學其太和元氣，然後能成就其泰山巖巖。

問：「浩然章所重在養氣，而孟子先曰『知言』者何？」曰：「惟其能知言，所以能養浩然之氣，如均之養勇也，黝曰必勝，舍曰無懼，孔曰自反，衆言淆亂，安所折衷？向非孟子詖辭知其所蔽，乃所願則學孔子，未有不流于黝、舍者，安能善養浩然之氣耶？孟子之養氣，全從知言中來。知言、養氣，原只是一個道理。」

「不得于言，勿求于心；不得于心，勿求于氣。」味二「勿」字，正見人性皆善，而告子強制之使惡，何也？人心之靈，莫不有知，不得于言，不得于心，心上自是不安，自是過不去，自不容不求于心，自不容不求于氣。此正是真心不容已處，正所謂性善，所謂良知也。告子卻恐動了心，把一切得與不得都要丟過，任他去罷。縱丟不過，卻強制之，使丟過，如此庶乎心不動耳？然如此要不動心，有何難？故孟子曰：「告子先我不動心。」然真心本不容已，彼則強制之使其已，是強制其真心，非強制其妄心也。如此真心正當操存而培養之，乃反強制之使其已，以斧斤自伐其山木，以牛羊自牧其萌櫱，豈不謬哉？彼徒知以此爲不動心之捷法，而不知其法愈謬而其弊愈不可言。且二「勿」處又是動心強制處，心又安在其果不動也？告子之學，其自誤如此，故曰：人性皆善，而告子強制之使惡也。

告子最不達孟子性善之旨，不知當不得于言時，何故要求于心；不得于心時，何故又要求于氣。如曰：不得于言時，原不曾要求于心。不得于心時，原不曾要求于氣，如此又何故去要勿？告子試以此反觀，則自家性善亦自可見，又何疑孟子性善之說也？

不得于言，要求于心，就求于心；不得于心，要求于氣，就求于氣，不必去勿，此之謂率性，此之謂吾儒，故曰：「無爲其所不爲，無欲其所不欲。」如此而已矣。

顔子「四勿」不可無，告子「二勿」不可有。顔子「四勿」勿的是己私，告子「二勿」勿的是善念。

「行有不慊于心」一句，是浩然一章大旨。人心虚靈，是非可否，一毫瞞昧不過。凡該行該止，此中自有權衡。若是肯憑着本心行去，使件件慊于心，便是集義，便是自反而縮，此正孟子得統于曾子處。

可以仕則仕，可以止則止，可以久則久，可以速則速，可見聖人出處何嘗由得自家分毫。雖有智謀才力，安所用之？

日出而作，日入而息，鑿井而飲，耕田而食，此孔子所以爲至聖也。若伊尹出處，豈不宛然一孔子！但始謂仕不若隱，繼謂隱不若仕，即此校量于豈若之間，便非聖心無可無不可之妙矣。

說不得仕不若隱，亦說不得隱不若仕。只可隱則隱，可仕則仕，便是。

「知足不辱，知止不殆」，說的未嘗不是，終不如吾夫子之可以仕則仕，可以止則止，可以久則久，可以速則速爲正大。蓋〔二〕士君子出處之際，只當論可不可，不當論辱不辱，殆不殆。

孟子願學孔子，于伯尹則稱曰「皆古聖人」，其自處則謙曰：「吾未能有行」，此正是孟子願學孔子處。

王霸之辨自孟子始明。當時論王霸者，只在仁與力之間，不知仁是一樣的，只是以力假處與以德行處不同耳。以力服人，原是力不能敵，原非心服；以德服人，原非論力，原是心悅誠服。下章「尊賢使能」「俊傑在位」五節，就是以德行仁，就是不忍人之政。天下之士皆悅，天下之商皆悅，五個「悅」字就是照應心悅誠服的「悅」字。「人皆有不忍人之心」一章，就是發揮「尊賢使能」五節的源頭，見得這樣王政如此詳悉，卻不是外面的事業，都是從「乍見孺子將入于井，皆有怵惕惻隱」的這一念來，故曰「以不忍人之心，行不忍人之政」，擴而充之，「足以保四海」，「四海」正照應前「自西自東，自南自北，無思不服」三句，如此行仁，自然是榮，如此豫于行仁，自然是誰敢侮之。這四章書總只是發明「以德行仁者王」一句。

「人皆有不忍人之心」一章，正是孟子「道性善」。蓋當時管、晏功利浸淫人心已久，故人人都去假仁假義，所以認做性惡，所以有杞柳湍水之議。孟子只說仁義原是大家性中生來有的，何必去假？如不信是性中生來有的，何不于「乍見孺子入井」之時去驗一驗，既驗得「怵惕惻隱之心」是人人有的，則仁是人人生來有的，不必去假。可知知仁則知仁義禮知都是性中生來有的，不必去假，則性之爲善也，自不待辨矣。是孟子「道性善」正所以提醒世之假者而還之于真也，其功豈云小哉？故曰：「救得人心千古在，勳名真與泰山高。」

〔二〕光緒本原作「約」，據四庫本改作「蓋」。

問：「『乍見孺子入井』，此乃最初一念，惟此時爲真，若過此即有怵惕惻隱之心，不過納交要譽之念，便說不得真矣，此說是否？」曰：「不然。戰國之時，功利成風，習俗久壞，故人人以殘忍刻薄爲真，以怵惕惻隱爲僞，即有一怵惕惻隱之人，人人皆以納交要譽疑之矣。看天下人皆無不忍人之心，將此不忍人一念盡抹殺了，故孟子憂之，乃直爲之說曰：『人皆有不忍人之心。』此一句真是人人信不及，故不得已又舉乍見孺子入井一念爲證，若曰如不信人皆有不忍人之心，難說乍見孺子入井之時，無怵惕惻隱之心；如不信平日怵惕惻隱之心爲真，難說乍見孺子入井之時，怵惕惻隱之心亦爲僞。可見這惻隱一念真心，人皆有之，只是人不知擴而充之耳。故謂天下無納交要譽之人不可，謂凡有是心者皆納交要譽之人亦不可。蓋孟子因天下人不信皆有此心，又不信有此心者皆爲真，故不得已以乍見一念證之。若因孟子乍見之說又執定說，惟此最初一念爲真，過此皆是僞，是又使人不信人皆有不忍人之心也，益失孟子之意矣。」

性一也，分之名爲仁義禮智，合之總名爲善。性只是一個性，因感之而惻隱，則說他源頭是仁；因感之而羞惡，則說他源頭是義；因感之而辭讓是非，則說他源頭是禮是智。故曰：「惻隱之心，仁之端也；羞惡之心，義之端也；辭讓之心，禮之端也；是非之心，智之端也。」易以復見天地之心，而孟子以惻隱、羞惡、辭讓、是非見仁義禮智之心。孟子可謂全得易之體用矣。昔人謂老子得易之體，孟子得易之用。其然，豈其然乎？

問：「今人乍見孺子將入于井，如何便有怵惕惻隱之心？」曰：「考亭詩不云乎：『半畝方塘一鑒開，天光雲影共徘徊。問渠那得清如許？爲有源頭活水來。』知仁則知源頭活水矣。」

天下國家事非聰明有才能者不能辦，而聰明有才能者又多自恃以愚天下，不知天下人卒不能愚，其究也，不惟自壞，而且以壞人之國，所以然者，只是視人性皆惡。若天下人皆無是非，無公道，所以敢于如此耳。若是蚤知人性皆善，則惻隱、羞惡、辭讓、是非之心人皆有之，公道自在，人心難欺，又豈敢自恃其聰明才能以愚天下哉？許敬菴先生詩有云：「信知性善爲堯舜，肯用權謀雜管商。斯道若明如晝日，世風何慮不陶唐。」

人性原來皆善，世間原來有公道，只是人人信不及耳。公道世間惟白髮貴人頭上不曾饒，此一時憤世嫉俗之言，不可爲訓。

有道脈，有道運。夫道一而已矣，是說道脈。天下之生久矣，一治一亂，是說道運。道運有隆有替，道脈無古無今。吾輩今日講學，正所以衍道脈而維道運也，豈是得已？故曰：「爲天地立心，爲生民立命，爲往聖繼絶學，爲萬世開太平。」

問：「顔淵曰：『舜，何人也？予，何人也？有爲者亦若是。』不知何所爲而能若舜？」曰：「舜好問而好察邇言，顔子以能問于不能，以多問于寡，可見『問』之一字，乃舜之所以爲舜處，亦回之所以希舜處。」

井田封建，雖古先聖王之良法，在三代以後，斷不可行。孟子之時，井田雖廢而經界尚存，只是爲豪強者兼併，爲貪暴者多取耳。故一正其經界，則分田制禄可坐而定，故孟子惓惓爲滕之君臣望之。自始皇開阡陌，而經界遂湮没不可考，即孟子在今日亦不能行矣。以孟子所不能行者，而今若行之，其禍豈直在安石新法之下哉！舜封象于有庳，不得有爲于其國，天子使吏治其國而納其貢税，不惟愛有庳之民，正所以愛象而保全之也。後世封建與郡縣並行不悖，真得堯舜遺意，若復併郡縣于封建，則其禍又豈在唐室藩鎮之下哉？文王事殷而武周征伐，孔子稱其善于繼述。若必以行井田封建爲法先王，是又膠柱鼓瑟，益失孟子之意矣。故曰「此其大略也，若夫潤澤之，則在君與子矣」。「潤澤」二字，真當體會。

井田學校，王政之大端，國朝什一之税，真得井田遺意，而庠序學校兼舉而並行之，扁其堂曰：「明倫」。故多少真儒皆從此作養得出，真所謂有王者興，必來取法，是爲王者師也。讀孟子書，不可不知孟子之經濟處。

士君子持身惟此道義，然辭受取與間尤大關鍵處，故曰：「非其道，〔則〕一簞食不可受於人；〔則〕如其道，舜受堯之天下不以爲泰」。此正論也。但義之爲道，至精至微，最難體認，苟見不真，守不定，欣羨乎堂高數仞，侍妾數百，偃然爲之不顧，而曰「如其道，舜受堯之天下且不以爲泰」。何況于此？則其泰更有甚焉者，故不得已又曰：「堂高數仞，榱題數尺，我得志弗爲也；食前方丈，侍妾數百人，我得志弗爲也。般樂飲酒，驅騁田獵，後車千乘，我得志弗爲也。」可見堂高數仞等事，皆道義上斷斷乎不可爲者。孟子于此不論「如其道」「非其道」，而直概之曰「弗爲」。弗爲，嚴矣哉！

今一見之大則以王，小則以霸，如此則孟子恰似迂闊，不知當時如蘇、張、公孫輩亦既見之矣，王邪？霸邪？古人云：于定分無毫髮之益，於道德有丘山之累，其蘇、張、公孫之謂乎？觀此則知孟子非迂闊矣。

居天下之廣居一節，分明畫出泰山巖巖氣象。廣居正位大道，雖大丈夫居之立之行之，其實是與凡民公共的，味三個「天下」字自見，不然，得志何以與民由之也。三個「天下」字正是廣處正處大處。「得志與民由之」，只是指點出這道理，與民共由之耳，非分我所有益，彼所無也。曰「得志不得志」，觀此五字又見大丈夫之志原要與天下人共居此廣居，共立此正位，共行此大道。有此志則胸中八荒我闥，宇宙度內纔謂之居廣居，立正位，行大道。不然，一膜之外便分彼此，其何以謂之廣且大乎？大丈夫之志雖是如此，又不在得不得上論，只在志上論。有此志，無論得與不得，廣處正處大處自在也。

「富貴不能淫，貧賤不能移，威武不能屈。」這道理原來又淫不得，移不得，屈不得。故曰「大行不加，窮居不損」。「不加」「不損」是說本體，「不移」「不淫」「不屈」是說工夫。

嘗見世人稍不得意，輒曰宇宙雖大，難容此身。信斯言也，則天下之廣居正位大道，惟得志者能居之立之行之矣，彼不得志者何以亦曰：獨行其道邪！富貴者能居之立之行之矣，彼貧賤者何以亦曰：不能移邪？故象山曰：「宇宙不曾限隔人，人自限隔宇宙。」

問：「後車數十乘，從者數百人，以傳食于諸侯，如此馳驛而行，彭更安得不疑其爲泰？」曰：「不然。從者是弟子，如從者見之之從者，不是孟子的人。夫後車是弟子之車，不是孟子的輜重，此是孟子爲賓師時講學于列國，所以有數百人從之，非馳驛以行儀從如此其盛也。傳食于諸侯，如于齊饋兼金一百鎰，于宋饋七十鎰，于薛饋五十鎰。居鄒，季任以幣交于平陸，儲子以幣交之類，中間或有或無，或多或寡，聽其自然，中間又或受或不受，或報或不報，看其道義，非乘傳以行，廩給有一定之數也。不止孟子，如孔子在陳、蔡而十哲從遊，則後車亦有數乘矣。曾子館沈猶，而從先生者七十人，則後車亦有數十乘矣，何獨于孟子而疑之？且當時蘇、張輩遊于列國，車騎輜重擬于王者，以秦爲從約長，並佩六國相印耳。若孟子不過戰國一布衣，所居者何官？所佩者何印？所遺者何牌？而驛遞肯如此應付哉？不以泰乎？彭更亦不是真疑孟子，只是見其車從之盛既如彼，而所受七十鎰、五十鎰，金幣之多又如此，恐其跡似泰，故不得不問，此正是彭更厚孟子愛孟子處，非真以泰疑孟子也。

孟子講學以孝弟仁義爲宗。當時功利之習深，縱横之風盛，故凡言富國強兵者，即以爲良臣，以爲有功，以爲即後車數十乘，從者數百人，傳食于諸侯亦不爲泰。今孟子所講不過區區孝弟仁義之談，何富何強何事何功，而亦後車數十乘，從者數百人，傳食于諸侯，不以泰乎？當時人人把孝弟看做末節，把講孝弟看做迂談，所以疑孟子爲無事，疑孟子爲泰。蓋當時外人有此疑，故彭更舉以爲問，與外人皆稱夫子好辨同，故孟子不得已直自任以有功，而曰：「于此有人焉，入則孝，出則弟，守先王之道以待後之學者。」可見這孝弟雖是庸行，實非末節。講孝弟雖是庸言，實非迂談。這個孝弟爲往聖繼絕學，爲萬世開太平，事無大于此，安得以爲無事？功無大于此，又安得以爲無功哉？他日又曰：「堯舜之道，孝弟而已矣。」見得堯舜之道也，只盡于孝弟，益信孝弟非末節，講孝弟非迂談也。孟子思以孝弟仁義轉移世道，興起人心，使斯世斯民盡皆仁人孝子，然後其心始遂，如此則從者惟恐其不多也，又何恤泰之疑哉？知孝弟之道之大，知富強之說之非，則孟子非泰，可不待辨而自明矣。

王安石行新法，原是爲國的心，只是把孝弟仁義看做迂闊，主意專要富國強兵，做個國家有用的豪傑。不知一丟過孝弟仁義，便做不出有用的好事業來，此所以到底國也不能富，兵也不能強。不惟不能富強，且貽靖康無窮之禍，自誤以誤人國，豈不深可惜哉！可見堯舜之孝弟，正是堯舜之所以爲事功處，特安石自以爲是，不肯細講耳。

自昔豪傑之士喜談事功者，多迂視講學，卒之事功不能成，正坐不信學之故，而猶然不悟，至有忿懣不平，以死者可惜也。又或有致位通顯，倖成一二功業，而于孝弟根本處多有闊略，卒之身名俱壞，而事功亦爲其所掩，尤可惜也。嗚呼！安得起斯人于九原，而與之講孝弟仁義之學？

「予豈好辨哉？予不得已也。」「不得已」三字不可輕易看過。蓋人生天地間，惟有這件事豈是已得的。吾輩果勘破所以不得已處，自然不容不辨，自然退避緘默不得。

桓文仁義，假者也；楊墨仁義，真而差者也，故孟子均非之。至于今學者猶知桓文之假，楊墨之差者，誰之力也！

疑思録卷六

讀孟子下

堯舜之道不以仁政不能平治天下，孟子「法先王」之說真足爲萬世君臣之法。荀卿欲勝其說，不得乃曰：「法後王」。不知孟子所謂先王，不專指古之先王，即父有作而子述之，是亦法先王也。不論本朝、前代，皆是先王，荀卿後王之說尤是亂道。

問：「『人人親其親、長其長，而天下平』，若止吾輩一二人做去，恐未必能平天下？」曰：「此正要吾輩一二人做去。若抛卻自家，只責望衆人，堯舜其猶病諸！」

手舞足蹈，不是分外討這個樂，只是復還那孩提稍長本來之愛敬耳。想孩提稍長之時，其愛親敬兄真是不知足之蹈之手之舞之，何曾有絲毫情識安排在內，樂而復還乎此，纔是真樂，故曰：「大人者，不失其赤子之心。」

「大人者，不失其赤子之心」，此千古聖學宗旨。若外此言學，是藉寇兵而齎盜糧也。

觀大人「不失其赤子之心」，可見人生來皆可爲大人，只因失此赤子之心，所以小耳，非生來不可爲大人也。故曰「人性皆善」。

問：「赤子之心如何失？」曰：「在不學。」問：「如何學？」曰：「在不失赤子之心，故曰：『學問之道無他，求其放心而已矣。』『求放心』者，求不失此赤子之心也。可見，不學不是，泛學亦不是。」

由萌蘖之生至于枝葉扶疏，由原泉混混至于放乎四海，其爲物不貳，故曰：「大人者，不失其赤子之心。」知此則知培植灌溉疏瀹決排，皆不是義外工夫。

問：「『大人者，不失其赤子之心。』不知用何樣功夫纔能不失？」曰：「『弟子入則孝，出則弟，謹而信，泛愛衆而親仁，行有餘力，則以學文。』此節就是不失的功夫。于此功夫自少至老，守而勿失，就是大人，豈能于此外加得分毫？故曰：程朱自幼即學聖賢，堯舜到老只是孝弟。」

就是周有大賚善人，是富也，只是個「泛愛衆而親仁」的道理。

取與死生自有大道理在，須是平日講得透徹，臨時纔得不差。若臨時纔去商量，則無及矣。故曰：「可以取，可以無取，取傷廉；可以與，可以無與，與傷惠；可以死，可以無死，死傷勇。」三「可以」字正是臨時商量處，故曰「一人商量便作疑」。

問：「横逆之來，君子動心否？」曰：「君子之心亦心也，難説不動，但衆人因横逆之來，動尤人之心；君子因横逆之來，動自反之心耳，故曰：『動心忍性，增益其所不能。』只不動尤人之心，便謂之不動心。」

君子三自反章，惟顔子可以當之，故曰：「犯而不校。」又曰：「舜，何人也？予，何人也？有爲者，亦若是。」曾子説「犯而不校」。孟子又恐學者泥其詞，不得其意，徒知不校，不知自反，故又有「三自反」之説。若是果能自反，則横逆之來，方且自反不暇，安有暇工夫校量别人，故「三自反」正是不校處。昔人謂孟子「三自反」，不如顔子之「犯而不校」，誤矣。

舜雖遭父頑弟傲，自舜視之，不知其爲頑爲傲，只知道自家要孝要弟，所以爲古今大聖，此所以孟子論「三自反」，必引舜爲法。

問：「人生遭際多有不同，奈何？」曰：「自古聖人未嘗不言遭際，而學聖人者不可輕言遭際，恐寬了自家反己功夫。」

問：「與禽獸奚擇哉？於禽獸又何難焉？不免太露英氣？」曰：「不然。在君子存心固一味自反，不與横逆校。

在孟子立言，若只一味責備君子，更不言横逆一字之非，是益助横逆之惡也，豈是聖賢之心？ 故不得已說此二句，正是提醒他成就他處，有此二句，彼其人即甚横逆，聞此亦未有不知警戒慚愧者，或可以少折雄心于萬一耳。 禹泣罪人，孟子泣〔二〕横逆，既成君子之美，而又不成小人之惡，真所謂大造無棄物也。 孟子是泛論君子處横逆道理當如此，不是孟子以君子自任而以禽獸詈横逆也。 若是孟子自遭横逆，必不發此言矣。 此正是孟子立言毫無滲漏處，豈可疑其太露英氣！」

「妄人」「禽獸」云云，君子到「三自反」後纔好如此說，此是究竟盡頭的話，不是輕易說的。 此所以下文緊接「君子有終身之憂」，而又引舜以爲證。 若謂必自反如舜而後可以言自反，而後可以言不校耳。 舜不是容易「如」的，「妄人」「禽獸」不是輕易說的。

世之犯而必校者無論，即「犯而不校」者亦有三樣： 有自反而不校者，有不自反而不校者，有不自反而又以不校爲校者。 自反而不校者，顔子是也。 若不自反而不校，但遇横逆即曰此妄人也，此禽獸也，何足與之校，如此若與顔子不校一樣，不知這樣不校是自以爲是，目中無人，把人都當禽獸待了，是何道理？ 是又傲妄之尤者也，益失顔子不校之意矣。 至于老子欲上故下，欲先故後之說，是又以不校爲校，乃深于校者也，其奸深又甚于傲妄。 故孟子存心自反之說，正在精微處辨毫釐千里之異耳。「犯而不校」，談何容易！

「校固不是，不自反而不校又不是，如何爲是？」曰：「又要『不校』，又要『自反』。 横逆既一毫不介于懷，修省又一毫不懈於己，方是真正『犯而不校』，此聖學所以爲難，此顔子所以爲不可及。」

問：「『我由未免爲鄉人也』，何以解？」曰：「鄉人是朝夕相與的，極容易起是非，故許敬菴先生作舜人也八句時文，至此云：『我猶未免與鄉人校是非也，與鄉人校是非，是亦鄉人而已矣； 我猶未免與鄉人校順逆，與鄉人校順逆，是亦鄉人而已矣。』校是非，校順逆二語，直中本章肯綮，真足令人警省。」

〔二〕「泣」四庫本作「責」。

君子「三自反」是就君子自家說，在他人不可以此責備君子。若因君子自反，遂責備君子自取，是左袒橫逆之說也。新法之行，吾黨亦激成之，是伯淳自反之言。伯淳道大德宏，自家合當如此說，而論者不察，遂真以爲激成，何也？如此則章惇、蔡京輩反爲不激矣。

吾黨激成之說，在伯淳自言吾黨則可，在他人責備伯淳諸君則不可。

自家說話要謙，別人論人要平。自家說話只當自任，不是別人論人，卻當分別是非。

問：「禹、稷、顔回同道，『道』字何所指？」曰：「正指那『猶己飢』『猶己溺』之心。這個『猶己』的心腸，禹、稷、顔子都是一般的，只是禹稷有責任說得『由己』，顔子無責任說不得『由己』耳。若是禹稷有了『由己』的責任，然後纔辨此猶己的心腸，其何以爲禹稷？若是顔子莫有『由己』的責任，便全然莫有猶己的心腸，其何以爲顔子？不知這個心腸就是『仁者以天地萬物爲一體』之心，就是『大人者不失其赤子之心』之『心』。有了此心，便是一腔四海八荒我闥。所謂大用之不愧四海，小用之不愧四境，不用之亦不愧四壁者此耳，用與不用雖不同，其不愧則同，故曰『同道』。又曰『易地皆然』。吾輩不要管用與不用，有責任無責任，千講萬講只是要不失此猶己的這個心。」

問：「禹、稷、顔回同道，吾輩何以能與禹、稷、顔回同道？」曰：「只在不失此心。」

士君子平日無猶己飢、猶己溺之心，臨事必無「由己飢」「由己溺」之思。猶己、由己，總只是一個心腸。

禹「由己溺」，稷「由己飢」，自後人視之，若過于自任，不知禹稷此一念就是乍見孺子入井有怵惕惻隱之一念，可見此一念人人都是有的。如不敢承當「己溺」「己飢」之心，難道亦不敢承當怵惕惻隱之心？

伊尹樂堯舜之道，全不涉於玄虛，只在辭受、取與一稟于道義上見得。不然，即誦詩讀書，總屬口耳。

問：「『予將以斯道覺斯民也』，不知伊尹所覺何道？」曰：「伊尹覺及于此，便是覺處。若曰：我能覺矣，而置後知後覺者于度外，吾不知其所覺者又何物也？」

其自任以天下之重如此，是何等擔當，何等氣概！然欲知自任以天下之重，當知自任以吾身之重。蓋吾之一身原是天下人所倚重者，若知吾之一身原是天下人所倚重，則痛痒之心自不容已，自不容不自任以天下之重。

學者須是有一介不苟的節操，纔得有萬仞壁立的氣象。

殷浩清修，一籌莫展；汾陽奢靡，身係安危。此左袒奢靡者之言。殷浩一籌莫展是生來才短，非清修之過也。汾陽身係安危，是生來才高，非奢靡之故也。論人者因汾陽奢靡而遂少其再造社稷之績，固不可；因浩一籌莫展而遂以爲清修之不足取，尤不可。

甘得淡者品高，容得人者量大。

志伊尹之志，須從一介志去；學顏子之學，當自「四勿」學來。

一鄉之善士一節說不得善。蓋一鄉如此，則何日方能善？蓋一鄉一國天下方去友一鄉一國天下之善士，只是渾渾說一鄉之善士斯友一鄉之善士，見得有如此樣人品，方有如此樣的朋友；又見得一鄉之善士斯友一鄉之善士，一國之善士斯友一國之善士，天下之善士斯友天下之善士。不然，則嫉之忌之擠之排之矣，肯與之爲友耶？尚論古之人不是一鄉一國天下之外另有個古之人，只是一鄉一國天下善士已往者都是，如吾省城前輩如李介菴諸公便是一鄉的古之人；如文、武、周公諸聖賢，呂、馬、韓、楊諸君子，便是一國的古之人；如堯、舜、孔、孟諸聖賢，周、程、朱、陸諸大儒便是天下的古之人，都要去尚論一番，便是與他爲友一番，故曰「尚友」。誦詩讀書，知人論世，又不是到友天下之善士後，纔去誦詩讀書，知人論世，如此且稱不得一鄉之善士，何以稱天下之善士？鄉國天下古今人物都是一齊用功，無遠無近，無古無今，無一善士不在我形與神交之中，纔是個人品，原分不得前後次序，只是聖賢立言不得不如此耳。自古說朋友之交也，下個「之交」二字見得交，則爲友不交，便不是友。孟子又恐人泥定「之交」二字，必覿面相處纔謂之友，如此將「友」字又看的小了，所以此章又說個「尚友」，見得不惟天下善士是我的友，雖古之善士也是我的友，如此看來，我的朋友真是無窮無盡，又何孤立寡助之患耶？若必于覿面相處纔謂之友，毋論天下，即一國之善士亦豈能盡相面覿哉？自古未有這等解「友」字者。解之自孟子始，末節又「尚論古之人」一句已說盡了，即當直接是尚友也，又說誦詩讀書，若曰：爾平日已是誦其詩，讀其書，只是當個詩書誦讀了，不曾知其人，論其世，與不誦不讀何異？故曰：不知其人，可乎？「是以」二字正是照應「又尚論古之人」句，不可以言行平重。且此章書正是孟子傳心要訣，惟萬章可以語此，前舜往于田數章辨堯、舜、禹、湯、伊尹、孔子、百里奚諸人受誣蒙謗之由，皆引詩書之言爲證，使千古聖賢不白之冤一旦昭雪于天下後世，使千古聖賢滿腔心事昭昭乎如揭日月而行，如此纔算得個朋友，纔是孟子尚友千古之善士處。由此觀之，若使我友一鄉一國之善士，而使一鄉一國之善士有受誣蒙謗處，我亦隨聲附和而不爲之體諒，即心上體諒而不爲之辨白昭雪，則彼亦何取于我之爲友，而我亦何以稱于天下，曰「友一鄉一國之善士哉」？古之聖賢不肯妄交，交必善士，與人相處有過則必爲之告，有冤則必爲之白，有善則必爲之稱許，相勸相規，相成相愛，故曰「友」。友之云者，豈徒只修相與之跡而已哉？且說知人，又說論世者何也？夫人之受誣多因所處時勢不同，不得不冒有過之跡，後人論人又多執今日之時勢議論古人，如何能識得人？須是要論世在當日事勢如何，在今日時勢又如何，必設身以處其地，然後能得古人之心，而相諒于形跡之外。如父母惡之，勞而不怨，此自是正論。若執此以病舜，舜其何辭？孟子以怨慕解之，又以不若是恝發揮，則舜號泣之心事白矣。娶妻如之何必告父母，此詩之言也。若誦其詩而不論其世，則舜又何辭？孟子以告則廢人之大倫，以懟父母解之，則舜不告之心事白矣。封其弟而不使之有爲於其國，非特愛有庳之民，正所以愛象而保全之也，而或者病其爲放，至孟子以封之之說解之，而舜愛弟之心又白矣。至于以德衰誣禹，以割烹誣尹，以主癰疽瘠環誣孔子，以自鬻要秦誣百里奚，使非孟子力爲之辨，無論當時，即今日孰知伊尹、孔子之誣哉？讀此數章，正是孟子尚友舜、禹、伊、孔諸人處，且此數章俱是孟子與萬章辨論，故一鄉之善士章不與他人言，獨與萬章言也。

問：「孟子『乃若其情』，『情』字非其『才之罪』，『才』字何以分別？」曰：「如齊王不忍觳觫之牛，此便是情之善處。既不忍其觳觫，又不可以廢禮，思量一番，遂生出個以羊易之之法，此便是才之善處。若夫爲不善，如興兵搆怨之類，是欲心陷溺之罪，非其才之罪也。不然，豈有不忍于觳觫之牛，而顧忍于無告之赤子？豈有有以羊易牛之才，而顧無以德保民之才乎？情是性之發見處，才是性之作用處，原都是善的，故曰：『孟子道性善。』」

問：「『夜氣』『浩然之氣』何以分别？」曰：「『夜氣』乃『浩然之氣』之端倪，若從此端倪直養無害，使一日十二時中常常如平旦之時，便是浩然之氣塞于天地之間，不是兩樣。」

「操、舍」二字正吾儒異端之辨。心體本無去住，本自玄妙。然必操之又操，以至于化，存之又存，以至于忘，然後能復其本體，原不在放也。而曰「放之」，自然體無去住，原不在縱也。而曰「縱心所如，無不玄妙」，此所以滔天覂駕，貽禍無窮。

若説樂道便不是，顔孟不及孔，只爲求心，此吾儒最高議論，然皆混于禪學而不自知其非者。孔子曰：「學而時習之」，不曾説出所學何事？孟子曰：「學問之道無他，求其放心而已矣。」此其解也。孟子願學孔子，故特拈出聖學之原以示人，見得孔子之學只在求心，原非泛然用功耳。舜之授禹曰：「人心惟危，道心惟微，惟精惟一，允執厥中。」夫惟人心危而道心微，所以不得不用「精一」之功。精而一之，所以求心也。若曰：心本在此，將甚麽求，不知在此者果道心邪？抑人心邪？豈心果槁木死灰，塊然如一物在此而不動邪？果如心本在此，將甚麽求之説，則「精一」「執中」皆剩語矣，豈舜亦不及孔邪？孔子曰：「言忠信，行篤敬。」忠信、篤敬，所以求心也，非馳逐于言行也。「居處恭，執事敬，與人忠。」恭、敬、忠所以求心也，非馳逐于居處執事與人也。「出門如見大賓，使民如承大祭。」如見、如承所以求心也，非馳逐于出門使民也。「非禮勿視，非禮勿聽，非禮勿言，非禮勿動。」勿視、勿聽、勿言、勿動，所以求心也，非馳逐于視聽言動也。人心匪精，言行匪粗；人心匪内，視聽匪外，隨時隨處，無非學問，無非求心，此孔子之學所以上接虞廷之統，而下開孟氏之傳也。今曰孟不及孔，只爲求心，不惟不知孟，亦不知孔。

問：「心一耳，以心求心，豈心之外復有心邪？兩物對則計較生，兩念横則意見生，求之爲言，得不幾於憧憧往來邪？」曰：「不然。心非物也，以心求心，非兩念也，能求之心即是存，不能求之心即是放。求之云者，不過自有而自照之耳，非心之外復有心也。故易曰『洗心』，曾子曰『正心』，孟子又曰『存心』，曰『養心』，皆是此意。若以求心爲兩念，則心誰去洗，誰去正，又誰去存且養，亦不幾於兩念邪？如此必舍置其心，任其憧憧往來而後爲何思何慮矣，有是理哉？此異端所以異于吾儒而流于無忌憚也。」

「求放心」乃孟子三字符也，然放之久者不知學，甘于放者不肯學，遂以爲心不必求，又以爲求之無益，故不得已又曰：「是求有益于得者也，求在我者也。」知求心爲求在我，則心不可不求，益洞然無疑矣。可見「求放心」三字，正是孟子得統于孔子處。

孟子上章說失其「本心」，次章即說求其「放心」。「求放心」者，求不失此「本心」也。

求其放心，勿求于心，此孟子告子之辨。

問：「『操則存』，似涉于有；『舍則亡』，似淪于無。臧谷亡羊，其失一也。不『操』不『舍』之間有妙存焉，何如？」

曰：「此異說也。不『操』便是『舍』，不『舍』便是『操』，理欲交戰，天人貞勝，勢無兩立，豈有不操不舍之間有妙存焉之理？只說個不『操』不『舍』之間有妙存焉，便是要『舍』的話說，只是說的太巧耳。」

問：「或謂『操』似助，『舍』似忘，不『操』不『舍』之間纔是勿忘勿助，是否？」曰：「勿忘勿助都是在『操』字上說，故曰『必有事焉，而勿正，心勿忘、勿助長也』。『有事』是操處，『勿忘勿助』是操之妙處，非不『操』不『舍』之間又有個妙處也，離必有事焉，說不得勿忘勿助。」

「操」字功夫最要善用，故孟子有「必有事焉，而勿正，心勿忘、勿助長」之說。學者只當常存「操」之之心，常用「操」之之功，在「操」字裏面求其妙處，如優焉遊焉，使自得焉。「操」之又「操」，以至于化，便是若懲其不善操，而遂謂心非「操」「舍」之可言，遂謂不「操」不「舍」之間別有妙處，則愈差愈遠矣。

凡說心，非「操」「舍」之可言，便是要「舍」的意思。凡說調停之言，便是要用小人的意思。

調停之說，真是誤國不小。薰蕕不同器而藏，賢奸可共國而治乎？斷無此理。故凡爲調停之說者，皆巧其詞以爲小人地者也。

爲國者即純用君子，猶恐其真僞難辨，即純得真君子用之，猶恐其意見不同。若明知其爲小人，而借口于調停之說，則小人立進，君子立退，天下國家之禍立見矣。識者謂靖康之禍不始于靖康，而始于建中靖國之初，信然哉！

人而不仁，疾之已甚，亂也，此正是善于遠小人處，只不要已甚便是。若見不善而不能退，退而不能遠，而曰不爲已甚，則益失夫子意矣。

問：「既知是小人，卻借調停之說引用之，是何主意？」曰：「此鄙夫患失之意也。彼知小人敢于爲惡，恐一時得志以圖報復，所以借調停之說陰結小人，以自爲地耳。不知小人如虎狼，然一得志，未有不反噬之理，如元祐、紹聖間，引用小人之人即受小人之害，可鑒也。無論爲國，即自爲計，亦非矣，故曰『菑必逮夫身』。」「然則爲人臣者當何如？」曰：「只當秉公持正以進君子退小人，一心爲國家計，若自家恩讎德怨禍福利害一切置之不問，可也。」

待人當親君子而容小人，故曰「泛愛衆而親仁」；用人當進君子而退小人，故曰「舉直錯諸枉」。以待人者用人，則忠邪不辨；以用人者待人，則度量不宏。

吾儒云「心之官則思」，而異端乃倡爲言思道斷，不思善不思惡之說。夫不思是不能先立乎其大矣。大者不立，小者任其所奪，無怪其以蕩檢踰閑爲圓融廣大也。自誤誤人，莫此爲甚。

兄弟之間只凡事讓一步，便是堯舜道理，故曰「徐行後長謂之弟」。

問：「君子之所爲，如何衆人不能識？」曰：「君子之所爲原不求衆人識，衆人何以識之？若汲汲求衆人識，便非君子矣。孟子願學孔子處，正在于此。」

「殀壽不貳，修身以俟之。」必「殀壽不貳」，纔能「修身以俟之」。不然，鮮不行險以徼倖矣。「殀壽」二字，舉其重者而言也。言殀壽則毀譽得失貧富榮辱可知，有殀有壽是常事，而人多以殀爲變，以壽爲常；有毀有譽是常事，而人多以毀爲變，以譽爲常；有得有失是常事，而人多以失爲變，以得爲常；有貧有富有榮有辱是常事，而人多以貧以辱爲變，以富以榮爲常。常者一也，分常變而二之則貳矣，故人生終日營營逐逐，有多少畔援欣羡處，那一件不從「貳」字上生來。若能勘得破殀壽乃人生常事，毀譽得失貧富榮辱都是人生常事，便是不貳，便修身以俟之，不止殀壽爲人生常事，有寒必有暑，有晝必有夜，寒暑晝夜乃天地之常，何況于人？故曰「天地之道，可一言而盡也：其爲物不貳」。知天地爲物不貳，則知夭壽不貳之説。

勘得破天命大抵如此，則一切揀擇之心自化；勘得破人情大抵如此，則一切煩惱之心自消。

客有談及仕途時事者，喟然嘆曰：「如今做官不倚靠牆壁做不得。」余從容解之曰：「若不聞孟子之言乎？『知命者不立于巖牆之下。』」客大爲解，頤余因記其言以醒世。

問「萬物皆備于我」。曰：「仁者原來與天地萬物爲一體，但世之學者看做萬物是萬物，我是我，萬物與我無相干，所以不肯反身，所以不肯強恕而行耳。知『萬物皆備于我』，可見我之爲我，非區區形骸之我，乃『萬物皆備』之『我』。萬物既皆備于我，則責任在我，自然推不得別人，自不容不反身。『反身而誠』則自然是快樂的，故曰『樂莫大焉』。反身不誠則自然是不肯丟過，故曰『強恕而行，求仁莫近焉』。今吾輩一日十二時中，也有反身而誠之時也，有樂時不專是聖人能之，但只是有『反身不誠』處，便丟過了，或怨天或尤人，不肯『強恕而行』耳。然所以不肯『強恕而行』者，原只是不知『萬物皆備于我』。故孟子不得已直指其本體曰：『萬物皆備于我』，真是令人警省，令人痛快，此孔子論仁宗旨，非孟子不能洩其秘也。」

問：「『萬物皆備于我』，何處見得？」曰：「就在『樂』字見得。不然萬物自萬物，我自我，痛痒既不相干，則反身而誠，有何樂處？觀其樂而『萬物皆備于我』可知。至于『強恕而行』，不過要討得此樂耳。『堯舜其心至今在，個個人心有仲尼』，正在此。」

「楊氏爲我，墨氏兼愛」，總只是不知「萬物皆備于我」一句，一則離萬物言我，一則離我言萬物，此所以謂之異端。

古之人得志，澤加于民；不得志，修身見于世。玩「得」「不得」三字，可見古人之志原爲天下，不爲一身，志量何様大？此正所謂尊德樂義，正所謂善也，故「窮則獨善其身，達則兼善天下」，有此志便是欛柄在手，故無往不可。

近日講學者多佞佛，而懲佛者併吾儒之學又置之不講，嗚呼，弊也甚矣！且此弊非自今日始也。昔楊氏以「爲我」爲宗，墨氏以「兼愛」爲宗，彼此自是，彼此相懲，愈激愈錮，使天下之人雖當可以爲我之時，亦不敢爲我，曰：恐蹈楊氏之弊也。雖當可以兼愛之時，亦不敢兼愛，曰：恐蹈墨氏之弊也。大道既迷，令人無路可行，不得已而有子莫之中，至于子莫，而此路愈行愈差。當斯時也，子莫之苦亦有不可勝言者矣，故孟子覺之曰：「道若大路，然豈難知哉？」又舉禹稷之過門不入，顔子之陋巷不改其樂，以實之見得，時當兼愛，雖如禹稷之披髮纓冠，人不得疑其近墨；時當爲我，雖如顔子之閉戶，人不得疑其近楊，而禹、稷、顔子又能易地皆然，彼楊墨者何故彼此自是，彼此相懲至如讎敵然也。故曰「禹、稷、顔回同道。」同道云者，謂同在此一個大路上行耳。此路一明，則楊朱、墨翟必且相遇于塗，向之相懲相敵如寇讎然者，必且一笑而釋矣，子莫方自快其有此大路可行，何故復桎梏于中以自苦哉？然則禹、稷、顔子同道之說，爲楊墨之各行一路而言，又爲子莫之懲戒楊墨者，至于無路可行而言也。噫！楊氏懲「兼愛」之弊，而不知己弊于「爲我」；墨氏懲「爲我」之弊，而不知己弊于「兼愛」，兩家遞勝，是驅天下而爲子莫也，可勝嘆哉！今之學者懲談禪之弊，而併吾儒之道置之不講，是懲楊氏而並非顔子，懲墨氏而併非禹稷也。是向也驅天下爲子莫，今也驅天下爲鄉愿也。吾儒之道何時而明？天下之弊何時而已哉？有世道之責者不容嘿嘿矣。

仁義一也。堯舜曰仁義，湯武曰仁義，五霸亦曰仁義，不知堯舜性之也，湯武身之也，五霸假之也，至于老莊則絕而棄之矣。然五霸之假，老莊之絕棄，總只是不知性善。五霸之意以爲吾性中本無仁義，故不得不假之，以自附于湯武之列，而不知一假之，則其弊無窮，故令人欺世盜名，假公濟私，使吾儒之教視爲虛文。爲體面者，五霸爲之作俑也，是率天下而爲僞也。老莊目擊其僞，于是憤憤然，有絕仁棄義之說，若曰吾性中既無仁義，何必去假？與其假之而爲僞，毋寧絕而棄之，猶不失其爲真乎！而不知絕仁棄義以爲真，是爲真小人，非爲真君子也，而其弊更益甚，故令人毀裂綱常，蔑棄禮法，使吾儒之教視爲桎梏。爲糟粕者，老莊爲之作俑也，是又率天下而爲亂也。五霸假之，其弊爲僞君子；老莊絕而棄之，其弊爲真小人。世教人心可勝慨哉？孟子于此不辨五霸該假不該假，老莊該絕棄不該絕棄，而第曰「性善」。若曰吾性中自有仁義，何必去假？吾性中自有仁義，何所絕而棄之？如以仁義爲可假，吾性亦可假耶？如以仁義爲可絕棄，吾性亦可絕棄耶？仁義即性，性即仁義，故曰「性善」。使五霸而早知性善，當自悟其不待假；老莊而早知性善，當自悟其不能絶而棄之矣。此孟子「道性善」所以大有功于天下後世也。或曰：「孟子何獨言五霸，而不及老莊？」曰：「五霸之假，是陰附于仁義之内者也，不容不辨。若老莊之絶棄，則明叛于仁義之外矣，何待辨哉！何待辨哉！」

「親親而仁民，仁民而愛物」，此自古聖賢相傳正脈。堯舜以此帝，湯武以此王，伊周以此相，孔孟以此師。自古及今，此脈常在，人皆可以爲堯舜，正在于此，第堯舜能知擴而充之，故可以保四海，塗人不知擴而充之，至於不能事父母。

夫父母至親也，而至于不能事，又何論民物，然其所以不能事父母者，乃不知擴而充之之過，非本來無此心也。或者至此不免于疑而不信，故孟子以孩提知愛，稍長知敬驗之。夫世豈有孩提而不知愛，稍長而不知敬之人乎？堯舜此心，塗人亦此心，人皆可以爲堯舜，誠可以深信而無疑矣。知愛知敬之心，人原皆有之，而不驗之。孩提稍長，則人不信其皆有，此孟子不得已提醒人心處。識得此心便是仁，擴充得此心便是爲仁。遇親而親，莫知其所以親；遇民而仁，莫知其所以仁；遇物而愛，莫知其所以愛。總之，從此知愛知敬一念中流出，故曰堯舜其心至今在。此自古聖賢相傳之正脈，誠不在語言文字間也。吾輩爲學，正當在此處識取方可。

楊氏爲我，舉親與民物而讎之；墨氏兼愛，舉親與民物而混之，此所以流弊無窮。故「親親而仁民，仁民而愛物」，乃吾儒大中至正之道，實天理人情之至也，故可以常行而無弊。

好名之人能讓千乘之國，是從簞食豆羹見色處看破，讓國是好名，非概以讓國爲好名也。莊周謂伯夷死名于首陽之下，至以臧谷亡羊爲喻何與？

扶持名教，顧惜名節，此正是君子務實勝處，不可以此爲好名。若不扶持名教，不顧惜名節，而曰我不好名，是無忌憚之尤者也。

問「逃墨歸楊，逃楊歸儒」。曰：「此二句是就人情大較説，非低昂二氏之學。註謂墨氏務外不情，極是；謂楊氏太簡近實，尚有商量。」或者未達，余因問：「近世之人摩頂放踵利天下爲之之人多乎？拔一毛而利天下不爲之人多乎？」

曰：「拔一毛而利天下不爲之人多。」余曰：「如此則孟子逃墨歸楊之言已驗矣。只是學者不肯逃楊歸儒耳。二氏之病一般，孟子謂逃墨歸楊，逃楊歸儒，是就人情大較説，安得謂楊氏爲近儒？彼謂楊氏爲近儒者，是逃墨歸楊而不自覺者也。」

「養心莫善于寡欲」一句，乃吾儒養德養身之秘訣。「大人者，不失其赤子之心」，只是個寡欲。「寡」字是用功，如欲寡其過而未能之寡，不是在分數多寡上説，寡之又寡，以至于無，故周子曰「無欲」。無欲之説，正是解孟子「寡」字之意。

問「養德養身」。曰：「如仁者其言也。訒所以養德也而常默，元氣不傷在其中矣。惟酒無量不及亂，所以養德也而節飲，臟腑和平在其中矣。『養心莫善于寡欲』，所以養德也而寡欲，身體康強在其中矣。此吾儒養德養身原非兩事之説也。若專爲不傷元氣而訒言，專爲臟腑和平而不及亂，專爲身體康強而寡欲，功夫雖未嘗不同，卻非吾儒之旨。」

問「見知聞知章大意」。曰：「玩由堯舜至于湯，由湯至于文王，由文王至于孔子語意，見孔子得統于文，文得統于湯，湯得統于堯舜，而中間禹皋陶諸人，特爲之承前啟後云爾，然而『無有乎爾』二句，人徒知孟子以禹皋陶諸人自任，而不知其所以自任之意，正是爲後來之湯、文、孔子者地耳。此其屬望後人的意思，真是至懇至切。孟子這一段心腸，真是聖人天地之心。」

朋友觀書多有摘議晦菴者，陽明先生曰：「是有心求異，即不是吾説。與晦菴時有不同者，爲入門下手處，有毫釐千里之分，不得不辨。然吾之心與晦菴之心未嘗異也。若其餘文義解得明當處，如何動得一字？」又答徐成之書云：「晦菴折衷群儒之説，以發明六經、語、孟之旨于天下，其嘉惠後學之心真有不可得而議者，吾于晦菴亦有罔極之恩。」近世訾議晦菴者多借陽明爲口實，不惟不知晦菴，亦不知陽明矣。

門人武用望、郭壯、田應登、李惟幾、馮思再、張達材、鮑鯨如、何補之、楊廷佐、劉嘉會、葉世美、高允昇、王可啟、王之翰、徐方敬、白鶚騰、宋如式、梁滋、強克柔、許相、王再諭、屈還伸、蘇時雨、王家禎、劉應時、張紹齡、郭封、馬元吉、胡從周、劉大成、王宗信、陳懋學、呂學書、任國璋、賈士傑、曹更新、諶允孚、沈騰蛟、李廷標、孫陞、王國俊、林生輝、趙讓、楊起泰、趙譮、趙聯極、林起鳳、線純然、李長年、任國珣、蒲士偉、潘桂、黃增輝、邵堯照、邵震元、楊來復、劉自堯、祝萬齡、陶爾德、杜鵬程、張紹成、梁爾楨、馬元善、王紹熙、蘇訓、馮昂、王之良、黃運襄、梁嘉樂、梁嘉善、李昌齡、劉紹芳、辜茂方、宋佳允、鄒燿、屈鍾瑞、張光裕、周基、蕭如蘭、屈鍾秀、党應聘、晉生耀、劉仕明、錢光裕、王紹舜、晉生輝、桑本立校梓，男康年、嘉年仝校。

疑思録跋

劉鴻訓

余友人讀先生疑思録問於小子訓曰：「周茂叔云：『明不至則疑生，明無疑也。』謂能疑爲明，何啻千里？馮先生特致言於疑也，何相戾也？」訓曰：「不然。茂叔爲抛卻無心之鏡而專用逆億者發，故係明於公，絕疑於獨，蓋指細人揣摩猜懵之疑不可有，非謂吾儒參求心性之疑爲可少也。若吾儒參求心性之疑，一人無此則真覺閉，一日無此則心徑塞，一隅無此則師說蕪，一邦無此則正學廢，一世無此則人人師心，室室置喙，倡狂恣肆之習熾，而孔門弗明弗措之教化爲荊榛虺蜴之塗矣，不亦大可畏哉？」

又謂：「漆雕開曰：『吾斯之未能信。』馮先生曰：『吾斯之未能疑。』奚取於疑與信而反之也？」訓曰：「不然。先生之求爲疑，即開之求爲信，能疑斯能信，不能疑，無能信之日矣。試想漆雕開『未能』二字是何境界？則疑信之關一撞俱破，寧有二哉？」

往歲讀王龍溪先生文録，愛其矢口玲瓏，篇章浩淼。比再讀，則滉瀁舒逸之氣一發輒盈數劄。蓋闡明自正，評駁自確，雖曰爲陽明先生倡揭「良知」之學，不啻救焚拯溺，竊恐遠紹微言者不應縱制舉之筆，而開蔓衍之津也。余衷梗之，未敢言，因讀馮先生見示諸刻，響與桴傳，語隨意盡。

且是編言格物、言率性、言求仁、言仁義孝弟，提綱攜領，觸處洞然，真如月落萬川，爲物不貳，令人灼見堯、舜、孔、孟以來相傳嫡脈，翼聖言而掃新舊之說，在此編矣。其視語語沾著「良知」字者，孰脫灑而孰沾滯也！小子訓中心悅之式之，不自知其狂僭而以問於先生，非謂薄龍溪而弗師也。西使再至，懇先生教之。

門人長白劉鴻訓謹跋

疑思録跋

張紹齡

夫學之難也，傳而不失其宗，難。自孔氏以學之不講爲憂，歷曾思以至孟氏立的於萬世，是故學道者必折衷於魯鄒云。秦漢以來，侈於訓詁詞章，雜以佛老清譚，淆亂偏頗而莫可救藥。逮濂、洛、關、閩諸大儒起，始振其敝，以扶其統，厥後門戶分立而議論煩，議論煩而真旨隱。於是陽明先生倡爲「致良知」之說，以覺人心之迷，其有功於聖門甚大，而其末流亦不免有遺議甚哉。

傳而不失其宗，難也。我師少墟夫子崛起關中，繼涇野先生後，執理學牛耳，其入道也，曰「吾斯之未能疑」。其提宗也，曰「人性皆善，而要其歸於不失其赤子之心」。「由濂、洛以窺洙泗，而學始粹然復歸於正。」語具録中，録凡六卷，往往言本體不離功夫，言功夫不離本體，即若所勘「欲立欲達」「修己以敬」「君子自反」數則，儼然立心制行，待人真矩矱也，而拔本塞源之論，寫出千古同體萬物之旨與末世俗習相沿之弊。

自堯舜之孝弟，禹、稷、顔回之同道，以至五伯、老、莊、楊、墨、子莫之悖亂狂僞，若見垣一方，皆前賢所未發，又前賢所欲發，百世以俟聖人而不惑矣。齡退而深惟曰：「孔子以『博文約禮』剖『精一』之蘊，故記論語，曾子唯一貫作大學，子思明性道著中庸，孟子正人心、息邪說以承三聖，不得已而與門弟子述仁義七篇。夫子闡實行、正宗旨，接鄒魯以來不絕如線之脈，厥有疑思録，其係於世道人心豈淺哉！」於是群及門士謀壽諸梓，以傳讀是録者，倘能以不失其赤子之心爲聖學真訣，而服習夫子之訓，精察而力行之，又何傳而失其宗者之足憂也耶？謹拜手而書於後。

門人咸寧張紹齡謹跋

卷四

語録

訂士編序

吳籛

余之事西臺少墟馮先生也，方自今兹始，而余之願折節先生也，則實聞義於西臺。鏡源涂先生乃余之夙知先生也，則方薄遊粤蜀及家食，時而已鄉王之矣。蓋公以杜陵碩彦通籍金閨，惠文柱後，丰稜節誼表表漢廷。旋以抗直觸忤言入而身過，然身詘而道尊矣。比歸來，絶徑杜門，精研眈道，洞然懸罄，而公方惆然於貧富之辨，如將挽之，蓋余入長安凡三造請，而後見先生於卧所，始克酬數年鄉王之願，隨辱投以訂士一編，而受讀焉，然後見先生之學之一斑，而竊幸士學之知所皈依也。

夫學不明，則道不立；道不立，則經不尊。故士離經以辨志，證援知據，摛文豎義，取諸漢原，究本始統，壹聖真與于宋，守師說以耳，食摭釋老以枝指，緣時事以傅會，則近世以來學蔀嘵然，而莫可底止矣。蓋其志彌擅，其說彌競，其境彌棼，其理彌晦，故廣川之奥、昌黎之超、象山、新建之詣，乃各極其志之所向，方以麗於斯道而拔新標異，共振世之幽滯，若先生行古之道，志古之人，澹泊寧靜，貞其守祛，練神明通其會，尊經以立道守道，以殖學節緣學植，而言與行孚知公之志，於潛而達於見出其餘緒，而九鼎於漢廷矣。是編也，何足以盡先生，而先生之學見於此。

時萬曆壬寅歲二月吉旦，知華州事，門人楚澧吳籛頓首拜撰

訂士編序

王命爵

訂士編者，鹾臺馮公編也。公行部至東，必造黌序，進諸生，講四書義，率出己意，反覆印證，期於剖微言，透宗旨，有前人所未發，而末學所共迷者。凡歷三郡，得如干首，不佞命爵讀之心啓，爰屬州牧張君刻而廣其傳。公關中人也，既擢上第，遊中秘，篇章一出，人人競相手録。命爵竊神交公久，每念關中有空同、槐野二公者，豈不烜赫〔一〕登壇，祇敝精神於文詞，要以默契聖真爲世大儒，獨涇野呂先生。先生之學，命爵無能窺萬一，頃從公譚學，公輒稱引先生，不置口即是編可睹已。以公盛年鋭志，今且杜門精詣，必有不爲先生也者，乃知關中故多材，匪直以文詞鳴。求是編於文詞，抑亦淺之乎！觀公者與？

萬曆丙申元春，舊屬下山東東昌府知府、廬陵王命爵頓首撰

訂士編

示臨清學諸生

夫子「博文約禮」之訓，不專爲一顔子發，而顔子一旦慨然認到自家身上，曰「博我、約我」，何也？彼誠信得道理原在自家身上，夫子不過一指點之耳。向也迷而今也悟，方纔覺得有趣，方纔欲罷不能。若是自家信不到，但假人口吻曰：博

〔一〕「烜赫」，萬曆丁巳浙江本、天啟本作「煒煒」。

文約禮云云，終是無趣味，終是不得，欲罷不能。子思曰：「人莫不飲食也，鮮能知味也。」此迷悟之說也。且顏子既稱欲罷不能矣，不知欲罷不能之時，何樣光景？誠不可不於此處潛心。

「博文約禮」有先後而無等待。若待「博文」完了纔去「約禮」，則天下古今道理無窮盡，何時能博得完？將終其身無「約禮」之時矣。余師許敬菴先生曰：「孔子教人其大端曰『博文約禮』。道之散見於人倫庶物之間者，文也；其本於吾心天然之則者，禮也。隨事而學習之謂博，隨學而反己之謂約，禮即在於文之內，約即在於博之時，博而約之，所以爲精也，精則一，一則中，孔子學而不厭，誨人不倦，其斯而已矣。」先生此說，可謂善發聖人之蘊。

雖欲從之，末由也已，此正是顏子學有得處。文王「望道而未之見」，孔子「不知老之將至」云爾，自古聖人大都如此。士君子爲學須要造到欲從末由，至於無所用力處，然後謂之學顏子之學。不然，掘井九仞而不及泉，與不掘何異？

問：「苟不固聰明聖知達天德者，其孰能知之，何也？」曰：「註云：『固』猶『實』也。『實』者，斂華就實之意，正爲上文頭一句說聰明睿知，又恐學聖人者騁其聰明睿知在外面用功，不肯斂華就實，所以曰『固』。」

或曰：「既是學聖人不當騁其聰明睿知，上文何必頭一句說聰明睿知？」曰：「天下之事非聰明睿知之人一件做不得，且如該寬裕溫柔處卻發強剛毅，該發強剛毅處卻齊莊中正，可乎？不可。此所以先說聰明睿知，後說容執敬別。但世之學者易於騁聰明，恃睿知，故又曰：『固』字云耳，上章淵泉如淵，此章淵淵其淵，正是『固』字之意。在天地必有大德敦化，而後有小德川流；在聖人必有肫肫淵淵浩浩之大德敦化，而後有聰明睿知容執敬別之小德川流；在學聖人者必固聰明聖知達天德，而後能知至聖之所以配天也。無聰明睿知不可，騁聰明睿知亦不可。此『固』之一字，學者不可一時不體驗。」

問：「苟不固聰明聖知達天德者，其孰能知之固矣。然學者欲固聰明聖知達天德，從何處用功？」曰：「下章緊接衣錦尚絅，惡其文之著也，可見存一惡其文之著心，便是下學用功第一著。論其心雖惡其文之著，論其道則文終不能掩。故曰君子之道闇然而日章，衣錦尚絅猶如無錦，然而錦終不能掩，乃其所以爲錦。如固聰明聖知猶如無聰明聖知，然而聰明聖知終不能秘，乃其所以爲聰明聖知也。固聰明聖知達天德，就是無聲無臭的境界，但自惡其文之著也一念始可見，斂華就實這一念，真是下學用功第一著。」

示東昌聊城兩學諸生

「非禮勿視」四句，工夫在應感上做。「出門如見大賓」二句，工夫在心上做。然則回與雍何以辨也？不知「四勿」字難，而二「如」字易。請以戰喻，夫非禮之聲色交於外，而我欲視聽之，是外寇也；非禮之言動起於內，而我欲言動之，是內寇也，內外交攻而我以孤軍猝遇强敵，不假應援，一鼓而下，難邪？易邪？出門使民其心易肆，特内寇竊發耳，然必借見賓承祭之心以勝之，不然，鮮不北矣。故此一捷也，是應援之兵之力也，而主兵又安在哉？以此較彼，難邪？易邪？此回、雍之辨也。

或曰：「顏子『心齋』『坐忘』幾於化者也，何至有非禮？」曰：「禮不易言也。一念少過即非禮，一念少不及即非禮，故曰約之以禮。約也者，約其過與不及而歸之中也，至精至微，非可以騰諸口説者，豈至如世俗所謂『非禮』，『非禮』云哉？噫，内寇外敵，雖太平之世所不免，而恃吾有以備之。若曰：顏子而無非禮也，是唐虞無四凶，而商、周無桀、紂也，天下有是理哉？堯、舜、湯、武不以其故損聖，又何疑於顏子？故千言萬語爲顏子解者，是昧於時勢者也。」

問：「顏子學幾於化者也，視聽言動豈有非禮？豈待於『勿』？『勿』之云者，不過在靜中一念上用功，防未萌之欲云爾。若必待視聽言動而後勿，不幾於粗乎？」曰：「此意甚是。雖然如此，則顏子靜中一念且不能靜矣，更説甚動。顏子學幾於化，靜中一念已是澄澈的，未萌之欲已不消防，只是在視聽言動時再一點檢耳，但把顏子之『非禮』不可看的太粗，顏子之『四勿』不可看的太着力便是。且靜固靜，易乎？動亦靜，易乎？賢如顏子豈有靜中不靜？賢如顏子又豈能動中不動？有耳目口體便有視聽言動，有視聽言動便就有非禮處。『勿』之云者，是動中求不動之意也。動而不動則動中能靜矣，動中能靜則靜中能靜，又何待言靜固靜，動亦靜，無内外，無將迎？此孔子之所以爲『四絕』，而顏子之所以爲

『四勿』也。一間未達，其絕與勿之間乎？」

「不見可欲，使心不亂。」夫不見可欲，使心不亂易；見可欲，而使心不亂難，此「四勿」之學非顏子不足以當之。

涇野先生教人於動處求靜，真得夫子告顏淵「非禮勿視聽言動」意。

示濟寧學諸生

仲尼祖述堯舜一章是一首仲尼贊，「武」字「土」字一韻，「行」字「明」字一韻，「化」字「大」字一韻，自古贊體之妙，莫過於此。

問：「中庸引夫子之言皆言『子曰』，惟君子中庸章言『仲尼』，祖述堯舜章稱仲尼者何？」曰：「此二章正相應。蓋前邊說舜、文、武、周，見得這中庸道理散見於堯、舜、文、武衆聖人，前邊說天地鬼神，至於日月星辰、華嶽河海、禽獸草木無不言及，見得這中庸道理散見於天地萬物；後邊說祖述憲章，上律下襲，見得這中庸道理雖散見於堯、舜、文、武天地萬物，而實統會於仲尼，故曰：『譬如天地之無不持載，無不覆幬；如四時之錯行，日月之代明。』可見仲尼曰『君子中庸』，亦惟仲尼爲能中庸耳。聰明睿知章就是仲尼之『小德川流』，經綸大經章就是仲尼之『大德敦化』，不徒曰承上文云爾。仲尼曰『君子中庸』。非仲尼，吾誰與歸？」

詩云『衣錦尚絅』，惡其文之著也。只是個淡，故下文即曰「淡而不厭」。學者只凡事淡得下，其識見自別，其品格自高，不患不到聖賢地位。

自古熱鬧人喜動喜事，恬淡人又多厭動厭事，惟淡而不厭，纔謂之君子之道，纔謂之中庸。

論君子之道，說到篤恭天下平道理，可謂至大，不知有何樣奇特工夫方纔得到此，顧先之以「淡而不厭」一句可見。「淡」之一字，乃吾儕安身立命所在。若是能悟破「淡」字，則精神收斂在內，覺得世間種種可豔之物自與自家身上不相干涉，就是在爵禄名位中必不爲爵禄名位所用，何等安閒！何等瀟灑！須有此等胸襟，方纔做得出篤恭而天下平的事業。

不然，把自家一段精神終日馳騖於外，只在榮身肥家紛華靡麗上做營營逐逐，徒自苦累一生，有何好處？又何論事業？故舜禹有天下而不與，不是有心去把天下不放在心上，只是把天下看的淡，所以能不與也。雖然人情好甘，而君子曰淡，非迂也。嚐得出淡中滋味，自是能甘得淡，自是能不厭。若嚐不出淡中滋味，縱曰我能淡，我能淡，其如不甘何故？不以淡爲甘，而輕言淡者，非深於淡者也。

示四氏曲阜兩學諸生

孔子之道，一貫之道也，原不貴博，亦不賤博，故曰：「君子博學於文，約之以禮，亦可以弗畔矣。」夫「弗畔」者，弗畔此一也。夫子知曾子博而能約，可與言一也，故直示之曰「一貫」。知子貢博而不能約，不可與驟言一也，故必先試以多學而識，然後約之曰「一貫」。可見善學聖人者，惟恐當下不能承認此一也，又何必沾沾以博自多哉？齊景公欲用孔子，晏子沮之曰：「當年不能究其蘊，累世不能闡其施。」蓋病其博也。而史遷亦曰：「儒者博而寡要，勞而少功。」夫博而不約，其流弊至於什佰千萬而不可返，皆「多」之一字爲之嚆矢也。噫，人情好勝勢必畔，而至此不足爲異，但使晏嬰沮景公，而聖道不行於當時，史遷列六家而聖學不明於後世，可勝異哉？可勝異哉！

世道不如古，全係於士君子好高之心勝，不在日用間着實用功。孔門言志，亡論夫子與顏子何如？只看子路願車馬衣輕裘，與朋友共敝之而無憾，居然三代時大道爲公景象，可見古人爲學何等着實。吾儕試自揣車馬輕裘與朋友共敝之也，果能無愛惜心否？即不然，果能無納交要譽心否？但只有纖毫未化，便是有愧於此心，便是有愧於子路，縱高談性命，何益？此世道所以不如古也。

楚侗先生維風編中有云：「知道者之於詩文直榆莢視之，可也。」余讀之以爲知言，豈直詩文！顏淵曰：「願無伐善，無施勞。」即善與勞亦榆莢視之，可也。不然，即此一念，有善有勞之心便不是善，便不是勞矣。舜之舍己，孔之毋我，皆是此意。噫，難言哉！

顏子蕭然在陋巷中，有何善，有何勞，而居然以不伐不施自任，是何等樣胸襟？吾儕當細思之。

有善有勞難，不伐不施易，何世之有善有勞者多，而不伐不施者少也？於此方見顏子之不可及。

伐善，伐伐也。有以不伐爲伐者，尤伐之伐也。施勞，施施也。有以不施爲施者，尤施之施也。故曰：「聖人欲上民，必以言下之；欲先民，必以身後之。」此斷不可以爲訓。

「老者安之，朋友信之，少者懷之」，是孔子一生的學術，一生的事功。「孝者所以事君，弟者所以事長，慈者所以使衆」，是曾子一生的學術，一生的事功。「老吾老以及人之老，幼吾幼以及人之幼」，是孟子一生的學術，一生的事功。

問：「大行不加，窮居不損，君子所性誠然，不知性是怎麼模樣？」曰：「君子所性根心處雖不可見，至於睟面盎背是昭然可見者，只說這睟面盎背處，大行能加，窮居能損否？余嘗見富貴之士或有形容憔悴者，貧賤之士或有發氣滿容者，可見這根心生色處，大行窮居斷然加損不得。」

問「大行不加，窮居不損」。曰：「芳草和煙暖更青，寒門要路一時生。年年點檢人間事，惟有春風不世情。」

君子所性，大行不加，窮居不損，分定故也。只一個分定了，便改移不得，可見人只是安分，便是盡性。

「安分」二字，人人能言之，不知道理甚大，功夫甚難，必如夫子所謂隱居以求其志，纔謂之安分於窮居；行義以達其道，纔謂之安分於大行。陸子靜謂：「宇宙內事皆己分內事，己分內事乃宇宙內事」，纔說得出「分」字意。

睟然見於面，盎於背，施於四體，四體不言而喻，分明畫出一個聖人模樣宛然如見。吾儕既見之矣，不可在模樣上欣羨，當自根心處求之。

又示四氏曲阜兩學諸生

問四氏學及曲阜學諸生，曰：「諸生或爲聖人之後，或近聖人之居，誠爲厚幸。然爲其孫者，何以無愧於祖？爲其弟者，何以無愧於師乎？」諸生唯唯否否。

余曰：「爾諸生以讀書科第爲無愧乎？如此則世之取高科躋膴仕者，皆可以爲聖人矣。爾諸生必不以爲然，既不以爲然，何不求其所以無愧者，而奮然思齊也。然其所以無愧者何在？」諸生又唯唯否否。

余曰：「陽明先生云：『個個人心有仲尼。』個個人心既有仲尼，則爲其孫者，生來原無愧於祖；爲其弟者，生來原無愧於師。此道完完全全，聖非有餘，我非不足，故孟子曰：『大人者，不失其赤子之心。』但只是自家信不及，所以不肯思齊，所以有愧耳。且爾諸生有能篤信聖人如子夏者乎？子夏篤信聖人，故學以致其道；後儒不篤信聖人，故學以致其舉業。學其所學，非聖人之所謂學也；非聖人之所謂學，則雖謂之有愧也亦宜。雖然，子夏惟篤信聖人，故入聞聖道而悅，亦惟篤信聖人，故出見紛華而悅，何也？子夏篤信聖人，不曾篤信自家，所以入聞聖道而悅，又出見紛華而悅耳。顏子其初亦篤信聖人，故仰之鑽之瞻之，三『之』字俱指聖人，其後一聞聖教，始信得博我約我，始信得我自家生來原是聖人，故既竭吾才如立卓爾，曰：卓爾則入也，卓然見於其前出也，亦卓然見於其前，孰爲聖道，孰爲紛華？孰爲可悅，孰爲不可悅？舉躅皆是盈眸，皆是鳶飛魚躍現在眼前，此顏子之所以不可及也。篤信聖人，則離過聖人，必有出入處；篤信自家，則『道也者，不可須臾離也』，又安得有出入乎哉！今吾輩生於千百世之下，聖人生於千百世之上，是入也既未聞聖道，而出也又只見紛華，安得不愧於聖人？爾諸生不要說聖人生於千百世之上，我生於千百世之下，只信得過聖人生於千百世之上，固是此赤子之心，固是此良知。我生於千百世之下，亦是此赤子之心，亦是此良知。既亦是此赤子之心，亦是此良知，我何爲不奮然思齊，而甘心有愧於聖人也？今諸生能篤信此赤子之心否？能篤信此良知否？『拋卻自家無盡藏，緣門持鉢效貧兒。』諸生得無惕然於此乎？」諸生又唯唯否否。

余曰：「孟子不云乎：『是心足以王矣。』齊王拋卻自家能王之一念，卻去問霸者之事，豈非緣門持鉢效貧兒耶？吾輩果能篤信此赤子之心我與聖人同，篤信此良知我與聖人同，則識得本體，自然可做工夫。做得工夫，自然可復本體，當下便是聖人，故曰：『個個人心有仲尼』，非虛語也。『自從宇泰收功後，始信人間有丈夫』，豈非千古一快哉！如此則爾諸生在天地謂之肖子，在聖門謂之高弟。登高科躋膴仕，於此心此知無所加固，謂之不愧；不登高科不躋膴仕，於此心此知無所損，亦謂之不愧，故曰『仰不愧於天，俯不怍於人』。嗚呼！盡之矣。諸生爲之躍然，余反觀竊自愧，遂書之以示諸生，並以自勗焉。

示寧陽學諸生

「克己復禮爲仁」，先儒解「克」字謂如三軍遇敵，戰必勝，攻必取，此言甚好，聖人復起，不能易也。但自家兵馬若平素操練得不閑熟停當而輕言克，是所謂以不教民戰，是謂棄之耳。故夫子又曰：「操則存，舍則亡。」然則欲克己者，又不可不先講操心之道。

問：「顏子『其心三月不違仁』，已幾於化矣，夫子與之論仁，宜有玄虛奧妙處，第曰：『非禮勿視聽言動』，何淺易也！」曰：「惟至淺，乃至深；惟至易，乃至難。吾輩學問不及古人，只爲一生在此區區形骸上討個受用，終日將外邊聲色應感陪奉此軀，即有志於學者，亦多從此起。見種種情識擺脫不去，自視於視聽言動，不知有多少欠闕，多少愧怍處，如何到得顏子？且非禮之視，是誰視？非禮之聽，是誰聽？非禮之言之動，是誰言是誰動？皆是此一個區區形骸作用，至於非禮勿視，是誰勿視？非禮勿聽，是誰勿聽？非禮勿言、非禮勿動，是誰勿言勿動？這不得一段真精神真力量，如何能斬釘截鐵一齊『勿去』？亡論墨礙湛溺，即勿矣，猶有拖泥帶水處，亦不得謂之『勿』。『勿』者，拔去病根意也。顏子『四勿』，真孟子所謂『先立乎其大者』。大者先立，則彼區區形骸如耳目之官，豈能奪之？豈直不能奪，且即此區區形骸即是靈明真體，故曰『仁者，人也』。又曰『形色，天性也』。惟聖人然後可以踐形，若顏子者亦庶幾可謂踐形，而無愧於爲人矣。大約異端言仁，指的是那能視能聽能言能動的那個；吾儒言仁，指的是這能勿視能勿聽能勿言能勿動的這個，這個道理至淺至深，至易至難，玄虛奧妙莫有過於此者。若舍此別談玄虛奧妙，余豈知之哉？」

「非禮勿視」四句，「非」字不同。有非者，有非之非者，有似是而非者。非者不難「勿」，非之非者亦不難「勿」，惟似是而非者爲難「勿」，故曰「非禮之禮，非義之義，大人弗爲」，這等去處，非顏子不能剖析。

學者能體會得聖人訒言之意，雖言以終日，亦謂之訒。不然，即閉口深藏，亦訒之蠹也，故曰「吾與回言終日」。又曰「予欲無言」。有言無言，真不在言上說。

「仁者，其言也訒。」訒之云者，非徒不言也。蓋太極之理，動而生陽，静而生陰，不静專則不動直，不静翕則不動闢，故子思曰：「小德川流，大德敦化。」「訒」之云者亦「敦化」意也。聖賢道理原自精細，聖賢學問原自深湛。故易曰：「洗心，退藏於密。」詩曰：「夙夜基命宥密。」「訒」之云者亦藏密意也。大抵人之精神最忌外露，人之力量最怕輕洩。士君子果能收斂這一段精神，弢固這一段力量，如貓之捕鼠，如雞之抱卵，不識不知，勿忘勿助到此地位，纔是真爲之難，纔是『仁者其言也訒』。這等去處，別人識不得，須是要自家内省。内省者，收視返聽，自家默默湛思，默默點檢耳。後世學者豈不毅然要做好人，但終日外省處多，内省處少，如何算得？故次章即云『内省不疚，夫何憂何懼』？而子思亦曰：「内省不疚，無惡於志。」君子之所以不可及者，其惟人之所不見乎？正得夫子告司馬牛之意。

吾輩爲學，須是要在人所不見處用功。

示泰安學諸生

泰安諸生講「富與貴是人之所欲」，「廣土衆民君子欲之」，「孔子登東山而小魯」三章。蓋聖賢道理原是一貫，此三章書只當作一章看。大約學者只是在富貴貧賤上打不破，徒自纏擾一生，安能到聖賢地位！所以然者，只是看得大行能加，所以不能審富貴；看得窮居能損，所以不能安貧賤。若是能看破大行原不能加，富貴自然能審；看破窮居原不能損，貧賤自然能安，一切世味都擺脱得開，瀟灑快樂，自然睟面盎背，所見自然大，所處自然高，當下便是『登東山而小魯，登泰山而小天下』的境界。睟面盎背就是成章氣象，在水謂之瀾，在日月謂之光，所性是何物？就是此仁在水謂之源，在日月謂之明，故曰「仁義禮智根於心」。此所以「君子無終食之間違仁，造次必於是，顛沛必於是」也，君子之志於道也，志此而已矣。

或曰：「富貴貧賤勘得破，便到聖賢地位，抑何其言之易也？」曰：「飯疏食飲水，曲肱而枕之，樂亦在其中矣。不義而富且貴，於我如浮雲。」又曰：「賢哉！回也，一簞食，一瓢飲，在陋巷，人不堪其憂，回也不改其樂。賢哉！回也。」由此觀之，言何容易！雖然孔顏樂地非難造好，讀誠明定靜書，願與諸生共懋勉之。

昔人有言：「過得貧富關，便是小歇處；過得生死關，便是大歇處。」余以爲貧富關便是生死關，過此便是大歇處，何云小也？嗚呼！人能過此關，天下何事不可做。

昔涇野先生教人惓惓以「甘貧改過」爲訓，而谿田先生深以爲然，此正前輩學問真切處，非後學可及。雖然不甘貧就是過，能甘貧就是改過。仔細看來，世間人種種過失，那一件不從富貴貧賤念頭生來。卑卑者無論，即高明有意思者，亦往往墮此坑塹，良爲可惜，諸生不可不時時惕然猛省。

富貴貧賤自有定數，欲之不能來，惡之不能去，世之人徒多費此一番欲惡耳。不處不去，君子只是個勘得破。

富貴是人所欲，貧賤是人所惡，受病之根正在此「欲惡」二字。君子之心如鑒之空，如衡之平，原未嘗先有「欲惡」二字橫於中，所以富貴貧賤到前便能審之安之，如鑒本空而妍媸自辨，衡本平而輕重自分。不然，飢者甘食，渴者甘飲，其如飲食之正味何？「無終食之間違仁，造次必於是，顛沛必於是」，只是此心常惺惺，要不失此真體耳，非分外硬將一物強置之胸中。必於是，必於是也。

富貴貧賤不當著跡看，日用間富貴貧賤時時都是有的，且如食求飽居求安便是欲富貴心，惡惡衣惡食便是惡貧賤心。豈止於此？大凡念頭起處都是富貴貧賤所在，此所以時時要照管，時時要收攝。不然，若著跡看，則三公萬鍾一生能遇幾次，所云「終食不違」「造次顛沛必於是」者，果何物耶？念及於此，此心真是一時放下不得。

「君子所性，仁義禮智根於心。」惟根於心，所以能生色，可見「根」之一字最要緊。世間諸凡作用如事功節義之類，都只是枝葉，枝葉有遇有不遇，而惟此根乃是人人有的，故曰「人性皆善」。有此根則時而大行如樹木遇春夏，其枝葉自然發生，於此根實無所加；時而窮居如樹木遇秋冬，其枝葉自然收藏，於此根實無所損。故東廓先生云：「世俗通病只認得個有才能有勳業有著述的聖人，不認得個無才能無勳業無著述的聖人。」此實根本之論。

嗚呼！人人有此根，人人不肯自認有此根，徒只在枝葉上用功，何也？「自笑從前顛倒見，枝枝葉葉外頭尋」，誠切中後世學者之病。

問：「孔子之道精矣，微矣，孟子第以『登東山而小魯』云云形容之，何也？」曰：「觀水有術，必觀其瀾；日月有明，容光必照焉。」「然則學聖人者奈何？」曰：「流水之爲物也，不盈科不行；君子之志於道也，不成章不達。雖然吾輩今日不當在成章上馳騖，只當在成章以前用功。」或曰：「何也？」曰：「觀水有術，必觀其瀾；日月有明，容光必照焉，孟子豈徒曰觀之而已哉？知此則知聖道之所以大，知此則知君子之所以成章。」

示濟南歷城兩學諸生

古今談道者多矣，莫精於「費而隱」一言。若曰君子之道「費而隱」，非隱而隱也。子思有感於當時昏昧渺冥虛無寂滅之說行，故爲是言以覺之，然亦非自子思始也。夫子曰：「二三子以我爲隱乎？吾無隱乎爾，吾無行而不與二三子者，是丘也。」又曰：「予欲無言，天何言哉？四時行焉，百物生焉，天何言哉？」知此則昏昧渺冥虛無寂滅之說不攻自破矣，知此則知道、知中、知學。

及其至也，聖人亦有所不知不能，天地亦有所憾，此是論道理如此，然學者只當極力以求其至，不可以聖人之不知能自諉。下文曰「至誠」，曰「至聖」，曰「至德至道」，曰「至矣」，總是發明此意，這「至」字不在高遠上說就是中庸，故曰「中庸，其至矣乎」？又曰「中庸不可能也」。「中庸」二字，雖聖人天地亦有不能盡處，故堯之「允執」，舜之「精一」，一生兢兢業業，只是爲此。若中庸是容易的，堯何必「允執」？舜何必「精一」？堯舜又何以曰「猶病」哉？註謂「覆載生成之偏，寒暑災祥之不得其正夫」。曰偏，曰不得其正，可見「中」之一字，天地亦有不能盡處，此所以人猶有所憾。若把「至」字看的太高遠，便非中庸之旨。且天地聖人有所不能盡的道理，就是愚夫愚婦所與知能的道理。下文說到「參天地」「贊化育」，說到「篤恭而天下平」，纔只是盡了愚夫愚婦的道理，其實於愚夫愚婦道理上一毫無所加，纔謂之「中庸」，纔謂之「至」。然篤恭而天下平，即「修己以安百姓，堯舜其猶病諸」，故曰聖人亦有不知不能。夫以天地之化育，而尚賴聖人以贊之，故曰「天地之大，人猶有所憾」。可見這中庸道理匪高、匪卑、匪遠、匪近、匪難、匪易，如以爲高遠而難也，難道自家不如愚夫愚婦？如以爲卑近而易也，又難道自家過於天地聖人？至乎！至乎！可不勉哉！

自老子有「道可道，非常道，名可名，非常名」之説，於是遠人爲道者，索隱行怪求之於虛無寂滅之域。子思子憂之，不得已有「鳶飛魚躍」之説。若曰：斯道在天地間，舉目皆是，舉足皆是，何可道？何不可道？何可名？何不可名？無內無外，無有無無，無之非道，無之非名，無之非學。閉門靜坐則靜中有鳶飛魚躍之趣，應事接物則動中亦有鳶飛魚躍之趣，推之至於夢寐之中，則夢寐中亦有鳶飛魚躍之趣，推之至於造次顛沛之時，則「造次顛沛」中亦有「鳶飛魚躍」之趣，故夫子夢見周公，豈真有周公之揖讓？「造次必於是，顛沛必於是」，所「必於是」者又果何物何事也哉？信乎！知「鳶飛魚躍」之趣，則知「道可道」爲「常道」，而道不可道者非常道；名可名爲常名，而名不可名者非常名。老子虛無寂滅之説當不待辨而知其非矣。

右數則皆因諸生講此書，遂書以示之。雖聖賢精蘊未必甚解，但藉此與諸生相印證耳。雖然，余之所以惓惓於諸生者，又不專在此講說間也。

乙未冬日，長安馮從吾仲好甫書于濟南之澄清軒

訂士編後序

陳邦科

昔楊子之鄰人亡羊，追之不獲，曰「歧路之中又有歧焉，不知所之」。楊子戚然變容者竟日。余觀近日博士家逐跡喪真，殆不幸類是。夫書者，聖人之跡也，而有不可傳者存焉，惟大覺玄解，始能旦暮遇之。而近日博士家慕吊詭則支離傳

註，狃發冢則懼傷口珠，或夢中占夢而自謂全覺，或學一先生之言而暖姝自喜，是何其多歧也！ 夫赤水玄珠，知珠不能索而得糟魄之喻，斲輪者所以釋椎斲，而議讀書之君也。 然則逐跡喪真之士，安得不厘朱公之戚哉！

侍御馮先生以關陝大儒，出入金馬之門，已而簪筆柱下，代狩東省。 巡歷之暇，時進諸博士弟子，與之辨析精微，愍大道之多歧，而亡羊者衆也，因録次成書，命之曰訂士編，云意與諸博士弟子相印證也，余得而卒業焉。 大都闡「博約」「一貫」之道，發「克復」「四勿」之功，明「根心」「定性」之旨，而歸重於「先立乎大」之一言。 推原「費隱」之説，仲尼之中庸，而拈出「淡」字「固」字之義，尤宋大儒所未發；直指良知爲作聖之基，而勘破生死貧富之關。 至於由、回之志，顔、冉、司馬之仁，孔、曾、孟子之學術事功，又各歷歷剖之詳焉。 去聖人二千餘歲矣，僅僅數千言，胠其關鍵，曲盡閫妙，筌蹄盡化而不出其宗。

噫，化聲邪！ 法音邪！ 三籟邪！ 子靜登壇，新建提衡，淵淵理窟哉！ 余揞知雪神怳見德機，而知先生之發吾覆也，乃請其艸授之剞劂氏，嘉與海内諸博士弟子共印證之，都人士聆真人之謦欬，得未嘗有何啻逃？ 空谷者忽聞足音也，疇不跫然而喜左袒下風乎？ 出涯涘而觀大海，庸詎東省十數學宫而已哉？

先正李文達嘗言宦途惟薛大理以理學爲務，兹觀馮先生雅有文清夫子之風焉。 是編出而宋儒先又樹一赤幟矣，海内博士家誠無樂鴳於鐘鼓，無求馬於唐肆，滌除宿根，掃撤塵障而別具隻眼焉。 周道如矢，君子所履豈惟永無歧路之泣？ 即向所稱聖人之不可傳者，盡在是矣。

屬下直隸河間府知府陳邦科頓首謹書

卷五

語録

關中會約序

周宇

關中會約蓋馮柱史仲好首議，而諸君子樂成之，一時義舉，百年希覯，于子野渙群之易曷少焉。柱史叩余言爲約規，余蓋重感吾黨先達人文之盛，而式微于今也。兹約誠行無渝，則式微者以道盛。往盛可無譚，然竊有懼焉。士固有同舍而割席、千里而比肩者，則心之一與弗一耳。心誠一，無會亦會，矧曰會！不約皆約，矧成約！故面會不若心會，約以詞不若約以心。嘗怪論交君子，分社近黨，合醵若嬉，有一多焉，而挾有一少焉，而忮黨非嬉非挾，與忮尤非心之所由，弗一也。兹用會以合一約，以貞合會，不數而志洽，約不煩而誼正，風敵大同，道振式微，類族自我，鄉人所望，乃或聲騖而寡實，文具而鮮終，陽浮道與而畜貳，將令望我者緣款，索我拾罅，議我其謂之何？諸君子當俾不落，是乃余爲是懼也。誠慮于所不必然，但冀釋余懼者，以必不然，用廣首議美意云

戊戌端月首會日，約中杇樗周宇題

關中會約序

夫世道隆汙係士風厚薄，而返薄還厚倡之者，當自士大夫始，使士大夫而猶然不倡，則於齊民何責焉？昔夫子歎時人論禮樂，而決之曰「吾從先進」。當其時豈無野人、夫子者？而夫子不之恤，若曰「知我者其惟先進乎？罪我者其惟先進乎」，今萬世而下猶知有先進可從者，伊誰賜也？吾二三士大夫誦法孔子有日，睹今世道士風可不決所從，而徒空歎君子野人哉！頃者經軒、熙宇二先生過訪精舍，談及吾鄉士風，爲之咨嗟太息者久之，余曰：「此豈異人任也，在二先生倡之何如耳？」二先生曰：「然，是亦不可以無約，子其任之。」余謝不敏，曰「有諸前輩在」。二先生曰：「否否，即此是前輩命也。長者命少者，不敢辭，子其任之。」余曰：「唯唯。」遂載筆從事於二三士大夫之後。

萬曆丁酉冬十二月，後學馮從吾書

同議關中會約姓氏[一]

楊環，字運甫，號滄池，己巳九月初五日生，原任知縣。

李大觀，字化甫，號中峪，壬申十一月廿一日生，原任知縣。

楊柱，字汝任，號桂亭，乙亥四月初一日生，原任知縣。

楊汝奎，字文兆，號聚軒，庚辰閏八月十八日生，原任知縣。

[一] 此同議關中會約姓氏光緒本缺，現依萬曆丁巳浙江本補。

蒲彬，字中甫，號草浦，辛巳八月十七日生，原任知縣。
楊四知，字叔纘，號華渚，癸未五月廿九日生，原任通判。
沈橋，字仰甫，號雲谷，甲申五月初七日生，原任府同知。
宋昂，字孟頫，號一村，甲申十月十九日生，原任知州。
侯一位，字制卿，號泗坡，乙酉閏十二月十三日生，原任知州。
周宇，字子大，號槐村，丙戌六月初九日生，原任戶部主事。
周威，字朝重，號青崖，丁亥八月初八日生，原任知縣。
周官，字汝均，號菊田，戊子十月十六日生，見任知縣。
師道立，字惟心，號一軒，庚寅五月十三日生，原任府同知。
別方，字子義，號近川，庚寅八月初九日生，原任知縣。
張世美，字顯卿，號濟宇，癸巳正月三十日生，原任中書舍人。
黄策，字嘉猷，號澄泉，癸巳十月廿日生，原任知府。
李蘇，字玄育，號三峩，癸巳十二月十七日生，見任運使。
彭錫，字汝成，號禹門，甲午正月初二日生，原任知縣。
胡貢，字從化，號如山，甲午四月十二日生，原任知縣。
王繼祖，字克紹，號志菴，甲午五月十六日生，原任副使。
胡叔寯，字克卿，號紹溪，乙未九月廿八日生，原任知縣。
蒲林，字子茂，號小山，戊戌正月初七日生，見任府同知。
田實發，字繼秀，號肖泉，戊戌七月廿日生，原任府同知。

黄元卿，字允弼，號幼湖，戊戌十二月十九日生，原任知縣。
郭然，字用可，號杜陽，己亥二月廿九日生，見任知州。
李桐，字仲材，號文陽，己亥四月廿三日生，原任知縣。
李呈瑞，字國楨，號鳳巖，己亥六月初六日生，見任知州。
秦可貞，字季章，號含我，己亥十二月十三日生，原任知縣。
穆來輔，字爾海，號啟吾，庚子正月十一日生，原任通政。
陳文獻，字叔禮，號存吾，庚子二月十一日生，原任知縣。
楊信，字以成，號助我，壬寅五月初一日生，原任副使。
王昌道，字元性，號斗山，壬寅五月十九日生，原任知縣。
祝世喬，字子遷，號華松，癸卯五月三十日生，見任通判。
黄簡，字居敬，號行齋，癸卯十月初五日生，原任通判。
蕭應元，字體乾，號健吾，甲辰六月初六日生，原任知縣。
彪准，字范伯，號雍南，甲辰十月初七日生，見任署教諭。
朱孔陽，字垂光，號心赤，甲辰十一月廿四日生，原任知州。
王境，字以治，號經軒，乙巳閏正月廿五日生，原任知縣。
劉奇棟，字伯隆，號文原，乙巳八月廿七日生，原任知縣。
侯侶，字元弼，號敬所，乙巳九月初六日生，原任知縣。
唐鼎，字伯燮，號玉軒，丙午三月廿一日生，見任知縣。
韓訓，字欽聖，號念田，丙午十二月十七日生，原任知縣。

屈拱北，字廷瞻，號斗垣，丁未二月廿五日生，見任府同知。
王希文，字德純，號敬吾，丁未九月初二日生，見任知縣。
馮惟賢，字子官，號薦菴，戊申正月廿七日生，見任知州。
王道純，字希文，號熙宇，戊申二月初五日生，原任副使。
張鳳翼，字沖霄，號鳴岡，戊申三月初七日生，見任知州。
梁九斌，字裕卿，號平泉，己酉正月初十日生，見任知州。
黃道見，字際明，號行初，己酉十一月廿九日生，原任知州。
孫光孝，字肖克，號慕山，庚戌二月廿四日生，見任知縣。
何瑛，字元瑞，號復菴，庚戌七月初一日生，原任戶部郎中。
梁隆吉，字勝雲，號玄沖，辛亥七月初九日生，見任知縣。
薛一麟，字良瑞，號仁軒，癸丑三月廿二日生，見任署教諭。
馮從吾，字仲好，號少墟，丁巳十二月廿三日生，原任御史。
線補袞，字濟美，號佐宇，壬戌二月十四日生，見任署教諭。
周傳誦，字淑遠，號達菴，癸亥九月廿二日生，見任禮部員外。
王國楨，字子開，號麟郊，辛未十二月廿九日生，見任知縣。

關中會約

一省會風氣近古，諸凡禮節頗有先民之意，第恐久而寖失其初，是不可不一申之者。其冠婚喪祭當以會典、家禮爲主。

至于冠禮久已不行，尤望諸公亟倡之。

一士夫經年不一面，恐非吾輩一體之誼，擬於每年正月初六日，各携餅果四器、酒一尊，同至一公所公拜，二拜，再拜。二拜以見相答。巳時赴會，申時散會。中有年高步履不便者，公除餅果四器、酒一尊送至其家。非有大不得已事，不可不到。

一彼此往拜俱用單帖，止後輩於前輩用折柬一次，其前輩亦只用單帖答後輩。途遇前輩，下車立道左，俟前輩過，方登車。如年歲及科目相近者，或彼此下車相揖，或車中拱手既別，不必差人拜上。

一彼此往拜務要相見，不可概以不在辭。如坐談時久，隨便出一餅一果用之，不必設桌，以滋靡費。

一彼此稱謂或字或號，不必稱翁，惟後輩於前輩仍用「翁」字，以見鄉黨重齒之意。至於公事傳帖，雖後輩爲首於前輩，亦不必稱翁。庶中有姓同與號之上字同者，不至無所分別。

一彼此爭搆，吾輩所無，儻萬一有之，大家務要盡心勸和，勿令因小忿以傷大體。至於外侮之來，雖聖賢所不能免。吾輩中儻有無故遭此者，大家亦當左右維持，無令失所。傳曰：「出入相友，守望相助，疾病相扶持，則百姓親睦。」夫鄉田同井者且然，況於吾輩，尚其念之。

一士夫宦遊歸及公事過家者，吾輩爲主人，當先有一拜。越數日，其客回拜，即主人中有年高步履不便者，或莊居不知者，不必論其先施否，亦當往拜，仍當下車登堂以候安否，不可過門止投一刺。其燕會禮文俱當節省，如中有至親同年，不在此例。

一中有新選及出差陞轉過家者，各捐分金一兩，其餘願捐者聽。

一中有年老無子或有子而貧甚者，每年公具分金若干以助之，其異日壽器賻奠仍當破格存厚。

一異日中有大故，公具分金若干爲賻葬，時再具若干爲祭。公舉外，私舉者隨便。

一士夫之後有十分貧乏不能度日者，廉其實量給資本，以慰先世於既往，以存厚道於將來，切不可秦越肥瘠視之。

一士風薄惡莫過於投遞揭帖，以後凡有緣門投遞者，衆共絕之，不必接覽。

一吾鄉士風雅稱恬靜，而近日諸長者尤多閉戶寡營，絕口不談時事，如此美俗，烏容過慮，第恐無知之人指稱吾輩或揑寫連名假書，囑託當路，或擅借一二名號傳帖相約，甚至無名之帖頃刻傳徧，而大家茫然，莫知其所自。諸如此類，關係一方士風不小。今後吾輩遇此，不妨過於詳慎，蓋關防詐僞，微獨居官即居鄉，亦不可不一留心也。

以上數款，特其大略耳。若其詳，則有鄉先正藍田呂氏鄉約鄉儀在，願吾輩共斟酌講求焉。

關中會約跋

周傳誦

會舉于戊戌正月，仲好氏書約，先大夫題辭，不佞以使事過里，與末議焉。亡何仲好養痾杜門，九年始出。不佞東西南北，抱先大夫戚歸，終制從鄉先生後，亦踰九年。越丁未春，兩人始再與斯會，蓋相視而慨會合之難也。雖然不佞重有戚焉，先大夫題約諄諄以心一規，茲雍雍濟濟，罔弗一也，而不幸往矣。諸先進且強半修文，嗟嗟百年，駒隙幾俟河清。此古人終日乾乾，競寸陰而永終譽也。會合維艱，無虛良晤，九原可仰，盍勗方來？近一時長者坦哀亮節，人人可用爲儀，而嗣至諸君子鬱然煥然，爭相澡濯，即不佞如誦，或亦可肖而化焉者，於休哉！洛下耆英，情誼不洽于後進；蘭亭少長，流連僅止于壺觴，孰如今茲萃渙，維風而相觀道義者乎！此會良稱不偶，吾願諸君子共敦之矣。會既畢，仲好謂不佞不可無言，遂不辭而跋其後。

後學周傳誦謹書

關中會約述

秦可貞

此關中會約也，何述焉？紀侍御馮仲好先生雅意而述之，以詔吾黨也。蓋吾黨寶慶之會，前未有也，自仲好始倡之，會有定期，約有定款。先生自有引，故先達周司農先生弁有辭旨哉，乃言皆萃渙之良箴，而協德之寶訓也。蓋「崇儉德以敦素風，酌往來以通交際，嚴稱謂以尊古誼，絕告訐以警薄俗，周窮約以厚廉靖，恤後裔以慰先德」。敦本尚實之念，維風善俗之規溢于言表，一時士庶羨爲盛會，傳之海內，慕爲盛舉。今行之十餘年，弗替也。

兹仲好方奉召還臺，觀風天下，首以此化導縉紳士，則斯世斯民皆善德矣，豈惟一鄉一國也與哉！第懼仲好行矣，吾黨意人人殊設，有弗繼仲好之雅者，此事或廢，奈仲好之始願，何今以往有能體仲好意俾善，則雅意世世守而不墜，吾且願爲執鞭而從之矣。貞不佞敢僭爲數言，以爲吾儕告勿立異，勿有我，勿爲齊民所指摘，則庶乎？斯會斯約永貞，爲毋負矣。夫睹是會也，讀是約也，有不犁然當心者，非夫也！若夫會心匪面之訓，反薄歸厚之倡，則有二先生之言在，不佞又何說之辭！

歲丁未閏月望日，會中迂叟秦可貞拜手謹述

卷六

語録

學會約

歲丙申秋，余與諸君子立會講學於寶慶寺。越數會，諸君子請余言爲會約，余謝不敏，諸君子請益力，爰述所聞，條列如左，亦藉手請正意也。諸君子其謂之何？

一會期每月三會，初一、十一、廿一，以中午爲期。不設酒醴，不用柬邀。大家初會相拜，止於會中行之，不必各各登門，以滋勞擾。若别有請益，不在此例。

一會期講論毋及朝廷利害、邊報差除，毋及官長賢否、政事得失，毋及各人家門私事與衆人所作過失及詞訟請託等事、褻狎戲謔等語。其言當以綱常倫理爲主，其書當以四書五經、性理、通鑒、小學、近思録爲主，其相與當以崇真尚簡爲主，務戒空譚，敦實行，以共任斯道，無令鄉之先達如横渠、涇野諸先生專美於前，可也。

一會中一切交際俱當謝絕，此正崇真尚簡處，彼此各宜體諒。若中有至親舊友不因學會相與者，隨便。

一彼此講論務要平心易氣，虚己下人，即有不合，亦當再加詳玩，不可自以爲是，過於激辨。昔張横渠先生一夕與二程論易，次日語人曰：「比見二程深明易道，吾所弗及，汝輩可師之。」程伊川先生見横渠訂頑，曰：「是起爭端。」改爲西銘，且曰「某兄弟無此筆力」。又曰「自孟子後，未見此書」。觀此足見二子舍己從人、取人爲善，鄒、魯真傳正在於此。若以自是爲自信，主意一定，無復商量，如此縱講得是，亦爲不是，況又未必是乎。近世學者多坐此病，吾輩當共戒之。

一坐久興到，願歌詩者歌詩數首，以暢滌襟懷。子與人歌而善，必使反之，而後和之，氣象何等從容，誠意何等懇至，即此是學。

一學之不講，孔子且憂，況於學者！今吾輩講學於此，非徒教人，乃所以自求其益耳。何也？人心易放，學問難窮。無論浮湛世味，悠悠歲月，即使今日行義超卓，儘足樹立，苟以此自足自滿，不復求益，寧保終身之不改行改玉乎？即不然，寧保終身之不南越北轅乎？故親師取友一則夾輔切劘，使不至放逸其心；一則問津指路，使不至錯用其功耳。總之，自求其益，非所以務外狥人也，故鄒東廓先生有云：「學之不講，聖門所憂，所謂講者，非以資口耳，所以講修德之方法也。」下文所指聞義而徙，不善而改，便是講學以修德實下手處。而呂涇野先生亦云：「學不講不明，非是自矜，將驗己之是非。」又云：「道學之名亦不消畏避人知，方是真做。纔有避人知的心，便與好名的心相近。」此皆前輩折肱之言，吾輩不可不潛心體驗者也。

一古今理學名儒標宗立旨，不翅詳矣。陽明先生揭以「致良知」一言，真大有功於聖學，不可輕議。且如吾輩今日講學於斯，其於聖賢道理發揮亦可謂極明暢矣，不知各人心中一點真僞處，大家得而知之乎否？其各人飭躬勵行，亦可謂極真切矣，不知其心中一點安勉處，大家又得而知之乎否？大家雖不得而知，其各人心上一點良知明明白白，一毫不可得而昧也。吾輩今日爲學，不在遠求，只要各人默默點檢自家心事，默默克治自家病痛，則識得本體，自然好做工夫，由是親師取友，其益自爾無窮耳。不然，瞞昧此心，支吾外面，即嚴師勝友朝夕從遊，曷益乎？此先生「致良知」三字所以大有功於聖學也。若夫着實用功，各求其所以致之之道，則在吾輩，大家勉之耳。

一人非聖賢，孰能無過？故顔子好學不過「不遷怒，不貳過」而止耳，無他奇術秘訣也。今吾輩發憤爲學，斷當自改過始。余每見朋友中背後多議人過失，當面反不肯盡言，此非獨朋友之過，或亦彼此未嘗開心見誠，以「過失相規」四字相約耳。今願與吾輩約，以後會中朋友偶有過失，即彼此於靜所盡言相告，令其改圖，不惟不可背後講說，即在公會中亦不可對衆言之，令人有所不便，於己固不當以一眚而甘於自棄，於人亦不當以一眚而阻其自新，交砥互礪，日邁月征，即此便是學顏子之學。不然，講論雖多，亦奚以爲哉？此改過所以爲聖學第一義，故於約中特言之，其他不能俱而悉也。

附答問二則

問：「古之聖人只講學可矣，何必立講學之名？」曰：「古之聖人若只自己講學，而不立講學之名，以爲天下後世鵠，則天下後世皆不知有講學之事，而自古聖賢相傳之道統，自聖人而任，亦自聖人而絕矣，是豈聖人之心哉？聖人之心正要立此名，以爲天下後世鵠，使天下後世有所趨向，庶乎人人共爲此事，則自古聖賢相傳之道統，或可以衍之于無窮，而後聖人之心始遂耳。聖人有功于天下萬世處，正在于此，非聖人故立此名而好之也。」

問：「學者不言而躬行，何必講學？」曰：「此『言』字不是指講學。如有人自家不能孝不能弟，卻好議論別人不能孝不能弟，君子曰不言而躬行，可也，何必議人？又有人自家真能孝真能弟，而卻好對人誇自家孝自家弟，君子曰不言而躬行，可也，何必誇人？此『言』字指自家議論人，自家誇張人說，原都是不該有的，故曰『不言而躬行』。若自家真能孝真能弟，不惟不自誇，而且歉然不自足，猶終日講如何孝，如何弟；不惟不議人，而且廓然不自私，猶終日與人講如何孝，如何弟。此講學之言正躬行之士不可一日無者也，可曰不言而躬行哉？『言』之一字不明，不知誤了古今多少人。」

學會約跋

王境

少墟先生講學有年，頃謝政歸，余竊喜得相與肆力於學也，乃與諸同志約會於寶慶寺中，先生欣然從之，坐講終日，惓惓以躬行相勸勉，一時人心莫不感發興起已，咸謂其不可無約以遵守之也，因請於先生，先生出此以示。後與會者益衆，其約抄閲不給，余因謀諸同志付之梓人。嗚呼，爲學不在多言，顧力行何如耳！戒空譚，敦實行，先生約中業已及之矣，願與同志共勗之，余又何贅焉？

咸寧王境謹跋

士戒

余至不肖，諸生不不肖余而從之遊，余愧無能爲助也，聊述數語以戒諸生，知諸生必不其然，第不如此，不足以效忠告耳。儻中有不率者，諸生當先鳴鼓攻余訓導不嚴之罪。

一毋自恃文學，違誤父兄指教。

一毋妄自尊大，侮慢宗黨親朋。

一毋對尊長噦一決切噫嗌嚏帝咳近蓋切，欠伸跛庇倚，睇第視唾吐臥切洟替及撒手交足等弊。

一毋在稠衆中高譚闊論，旁若無人。

一毋假以送課，徧謁官長以希進取或官長有命，不得已，録送可也。

一毋爭強好勝，擅遞呈詞或父兄有命，亦當委曲勸化，必萬不得已，方可。

一毋借人書籍不還及致損污言書籍則凡物可知。

一毋到人書房窺看私書簿籍及稱誇文房器具。

一毋揀擇衣服飲食及致飾車馬等物。

一毋見人貧賤姍笑淩辱，見人富貴嘆羨詆毀。

一毋結交星相術士及扶鸞壓鎮諸凡無籍之人。

一毋看水滸傳及笑資戲文諸凡無益之書。
一毋撰造詞曲雜劇及歌謠對聯，譏評時事，傾陷同袍。
一毋替人撰造揭帖詞狀及私約書劄此二段每見人有犯之者，往往明罹王法，幽遭天譴。
一毋輕易品評前輩著作及學問淺深、行事得失。
一毋彼此約分飲酒遊樂。
一毋唱詞作戲，博弈清譚。
一毋出入酒館，縱情聲妓及更深夜静方纔到家如遇親朋見召，席間有妓，寧辭而不往，可也。
一毋哄人詈人，併議論人家私事。
一毋作課之日輕易告假，及彼此説話看稿，以亂文思。
以上數款，皆余髫年所聞於長老先生者，故不憚諄諄爲諸生言之，諸生其慎聽，毋忽。

諭俗

千講萬講，不過要大家做好人、存好心、行好事，三句盡之矣。因録舊對一聯：

做個好人，心正身安魂夢穩；　行些善事，天知地鑒鬼神欽。

丙申秋，余偕諸同志立會講學于寶慶寺，會凡旬日一舉。越數會，凡農工商賈中有志向者咸來聽講，且先問所講何事。余懼夫會約之難以解也，漫書此以示。若夫臨時問答，各隨其人，不具論。

卷七

語録

寶慶語録

子夏在聖門稱篤信謹守者，猶曰：「入聞聖道而悦，出見紛華而悦。」可見人心操存最難。今學者無聖人以爲之依歸，是人既未聞聖道，而出又只見紛華，安保此心之不舍而亡耶？念及於此，真是汗顔慄骨。

「己所不欲，勿施于人」，此仁者「强恕而行」之事。然天下不皆强恕而行之人，我奈何？因不欲之加而輒動其憤懣不平之念，如此則必生身於羲皇之世而後可也，但不知羲皇之世，又有此憤懣不平之士否？

君子遵道而行，其志曷嘗不鋭？然不免廢於半塗者，怕人責備也。不知别人責備我，正是指點我處。有人指點我方喜，其前途之不迷也，而又何怕之有？

管仲設三歸、用反坫、樹塞門，其規模何等大也，而夫子乃曰「管仲之器小哉」。夏禹菲飲食、惡衣服、卑宫室，其家數若隘乎小也，而夫子乃曰「巍巍乎！舜禹之有天下也，而不與焉」。何聖人之識見議論，與人情大相懸絶耶？于此勘得破，方不爲世俗所沾染。

黄擴孺問：「學者學聖人尚矣。竊意聖人玄修實詣，或高出尋常一籌，及登壇聚講，以日用爲體驗處，平淡爲下手處，何時纔躋聖域？」曰：「自古聖人造詣，豈止高出尋常一籌，蓋高出尋常萬萬者，但不知聖人當日用何功纔得造詣至此，亦不過以日用爲體驗處，以平淡爲下手處耳。吾輩果能如此常常用功，不患不躋聖賢之域。」

又問：「旦晝時百累膠結，萬竇碁布，牛羊、斧斤易知也。憶午夜乍覺每將旦晝未爲隱事，預先千想萬慮，一切牛羊、斧斤都打不退，此樣病根，如何拔去？」曰：「斧斤、牛羊時時有之，只是自家一向不知，故反愛護之耳。今既知是斧斤，必不肯再使我伐；既知是牛羊，必不肯再使我牧。不患不退，只患不打，毋曰一杯水不能救一車薪之火也。」

又問：「人生塵寰，舉足就差，開口便錯，尋自悔之差錯過的都收拾不來，似這終身痼轍，如何解脱？」曰：「學者終身痼轍不能解脱，只是不知自悔。若能自悔，舉足自然不差，開口自然不錯，縱不然，亦不至大差大錯矣，又何痼轍之足患？」

又問：「堯舜地步最高，功業最偉。及閲子輿氏論，一不爲堯，隔壁即桀；一不爲舜，隔壁即蹠。夫堯、桀、舜、蹠相去霄淵，何故並談無别？」曰：「堯之隔壁就是桀，舜之隔壁就是蹠，中間再不隔一家，此孟子所以並談無别。世之學者既不敢爲堯爲舜，又不甘爲桀爲蹠，只是錯認以爲中間尚隔許多人家耳。使早知堯之隔壁就是桀，舜之隔壁就是蹠，自然一步不敢差錯。」

又問：「古昔論人多在事後，今世論人多在事始。想姬旦負成王時，伊尹放太甲時，心事未白，二公何所擔當，不爲流言中傷，竟成千古大事？」曰：「世間是非毁譽最易動人。伊尹、周公只是能自信，不爲是非毁譽所動，所以能成千古大事。亡論伊、周，即如宋濂、洛、關、閩，國朝河、會、姚、涇諸先生，當日講學時，有多少是非毁譽，由今視之，于諸先生竟何如？大約古昔論人多在事後，今世論人多在事始。今世論人雖在事始，吾輩自信當在事後。」

又問：「小白、重耳兩霸最是魁傑，稱善假之者，迺陘亭衡雍後，執陳濤塗，聽衛元咺，甫履盛滿，輒肆慆淫，暴行彰彰，可指可摘，又若不善假者，此何以故？」曰：「天下事真者斷不能假，假者亦斷不能真。伊、周，真者也。雖叢流言，何損于真？桓、文，假者也。雖費彌縫，何益于假？不然，濤塗之執，元咺之聽，何一旦敗露至此哉？」

或曰：「非敗露也，是真心發見也。」余曰：「然。君子有真，小人亦有真。濤塗之執，元咺之聽，是小人之真心發見也，于此可以觀桓、文之假，而不可以此概天下之真。若概以此爲真，則日肆慆淫，無所忌憚者爲真，而一介不苟，赤舄几几者反爲假矣。故君子之真不可無，小人之真不可有，毋徒諉曰吾真也，吾真也，而置君子、小人于不辨。」

或問「先知後行，知行合一」。曰：「昔涇野與東廓同遊一寺，涇野謂東廓曰：『不知此寺，何以能至此寺？』東廓曰：『不至此寺，何以能知此寺之妙？』二公相視而笑，可見二説都是不可執一也。雖然，道之不行章先後合一業已詳言之矣，吾輩又何疑？」

天地之大也，人猶有所憾，覆載生成之偏，寒暑災祥之不得其正，説的未嘗不是。但講天地之大處，不可説壞天地，當云天地之大，無所不覆，無所不載，人不知當何如頂戴，宜乎有感而無憾。然人心不足，人之願欲不齊，雖以天地之大也，人猶有所憾，可見道理無窮，「猶」字最當體認，不可説壞天地尚有可憾處。

天地生我當吾世，而使人猶有所憾，則天地生我之謂何？須是「爲天地立心，爲生民立命，爲往聖繼絶學，爲萬世開太平」，使天地不至于爲人所憾，纔不負天地生我之意。不然，無論爲人，猶有所憾之人，即不爲人，猶有所憾之人，而碌碌庸庸不能使天地不至爲人所憾，則天地又烏用生我爲哉？可愧可懼。

孔子稱舜曰「必得其名」，稱武曰「身不失天下之顯名」，正見得武之征誅與舜之揖讓一耳。且更加一「天下」字，又加一「顯」字，尤見得武之心事顯然明白，天下人人所共信也。

問：「曰『必得』，曰『不失』，一字之間，真春秋袞鉞之意，何如？」曰：「不然。孔子正恐人有此議論，故序武於舜後，序不失於必得後耳。」又問：「『不失』二字何？」曰：「二字極有意思。三分天下有其二，以服事殷，不獨文王，武王受命而曰末，可見武王一生亦以服事殷。父子已得天下之顯名，直至末年，不得已順天應人，纔有此舉，宜乎！平日之顯名至此不無少損，而猶然不失，此所以爲難，故曰：『不失』非與『必得』二字有袞鉞也。」

又問：「身似心，猶歉焉，何如？」曰：「不然。自古聖人做非常之事，必有非常之疑。一時浮議，或有所不免，然公論久而後定，縱身後有顯名，而不能保其身之不失。武王能以其身不失天下之顯名，是何等心事，又何以服人，至此豈不尤難之難哉？謂武王自歉則可，若以心猶歉解『身』字則不可。」

問：「壹戎衣而有天下，何也？」曰：「一字正見得師不老、財不匱、兵不血刃處，向非天與人歸，武王不得已而應之，安能易易如此？惟一戎衣而有天下，此所以身不失天下之顯名也。」問：「文王事殷而武王伐受，文王之心戚矣，何如？」曰：「父作之，子述之，此正文王之所以無憂也，烏乎戚？謂之曰：善繼人之志，善述人之事。可見武王到文王之時，亦必以服事殷，文王到武王之時，亦必一戎衣而有天下。孔子明白說破，而蘇子猶謂武王非聖人，何也？」

問：「子思惓惓於纘緒繼述，爲武周辨者何？」曰：「孔子嘗謂『武未盡善』，蓋悲其遇也。又謂夏禮、殷禮，吾能言之。蓋爲周監于二代，遡其鬱鬱之文所從出也，而或者不察，以爲孔子若有不足于周者。且春秋時，周先王存一空名，而爲下之敢於倍者，又多借未盡善之言以爲辭，故子思不得已，直說出武周心事，原與堯舜揖遜之心同，而後又惓惓於今用之。『吾從周』及『憲章文武』之說，又引『夏禮，吾能言之』云云以爲證，此其憂誠深而其慮誠遠矣。中庸一書，謂之明道之書可也，謂之維周之書亦可也。」

子貢欲去告朔之餼羊，此亦裁革節省之意，不知有當裁革節省者，亦有不當裁革節省者。春秋時，列國不惟不奉聲教，且不奉正朔矣，關係豈小？夫子愛禮之意，只當在奉正朔上說，與春秋書「春王正月」之意同。昔人謂桐江一絲繫漢九鼎。余謂：有司一羊存周九鼎。

王者之跡熄而詩亡。周自平王東遷，政教號令不行于天下，天子不巡狩，諸侯不述職，列國不陳詩貢俗，原是詩亡，不是黍離降爲國風而雅亡也。所以孔子刪詩止於三百篇，此外再無詩可刪矣。王跡熄而詩亡，觀詩亡而王跡可憂，此孔子所以作春秋以存王跡也。春秋天子之事，不是孔子僭托二百四十年南面之權，只是魯之春秋照周天子的制度，稍爲筆削，便是天子之事，非復諸侯之事矣，故觀於春秋而知周天子之政教號令猶然行于天下也，夫子維周之功大矣。

問：「胸中正，則眸子瞭焉；胸中不正，則眸子眊焉。如今有目疾者亦神散而昏，豈胸中不正耶？」曰：「只視所當視，不視所不當視，便是瞭，便是神精而明；若不視所當視，而反視所不當視，便是眊，便是神散而昏。昔一朋友書屋中有酒數罐，有書數卷，客至反覆視酒，更不及書，主人因留飲，大醉而別。嗚呼，瞭、眊之際亦微矣，可不慎與？」

問「格物」。曰：「今吾輩在此講格物就是格物，即如『孝弟』二字與師友講明，便是格孝弟之物。心下講得『孝弟』二字明白，即是知至。由是誠其孝弟之意，正其孝弟之心，修其孝弟之身，齊其家，使一家之人皆孝弟；治其國，使一國之人皆孝弟；平其天下，使天下之人皆孝弟。故曰：『人人親其親，長其長，而天下平。』若離卻眼前，另尋一物，是物與吾身爲兩，而道可須臾離矣。」

問「經權」。曰：「天地間只有此經，天地以此立心，生民以此立命，人類以此異于禽獸，中國以此異于夷狄[一]。可進可退，可毁可譽，可生可死，而此經必不可廢。但當平常易處之事，雖中人或亦偶合；當變故難處之事，雖賢者不免出入。所以古之聖人不得已，設一『權』字，以爲事至於此，須是行權，纔得合經，不然便拂經矣。是聖人之設權，正爲委曲合經設也，而後人之行權，反多至於廢經，何哉？聖人爲經以設權，後人借權以廢經，關係豈小？」

信者，人之真心，國之大經。足食、足兵、民信三者誠不可缺一，若不得已，寧可去兵，必不可去信。再不得已，寧可去食，必不可去信。再三斟酌，至死不去，此權也，正所以求合乎其經也。若今人論政，平常已不知信爲人之真心、國之大經，每每與兵、食並論，所以但不得已先要去信，何況於再？若曰：不得已而行權耳。不知行權之主意謂何如此？又何取於權哉！權，一也。權的合經不合經，便是能權不能權，便是可與不可與。

孔子而後，可與權者莫如孟子，如答任人一章，任人不知禮爲天地之大經，爲萬古之常經，乃權於禮與食之間，而謂食重，又權於禮與色之間，而謂色重，曰「飢而死」，曰「不得妻」者，甚之也。說到這個去處，恰似食色重，所以屋廬子亦不能答。不知如此權禮，則人欲肆而天理滅，人類而禽獸矣，關係豈小？

孟子亦權於禮與食之間，而曰：「寧可以無食，必不可以紾兄之臂而奪之食。」亦權於禮與色之間，而曰：「寧可以

[一] 據萬曆丁巳浙江本、天啟本補「中國以此異于夷狄」一句。

無妻，必不可以踰東家牆而摟其處子。」曰「紾兄」，曰「踰牆」，亦甚之也。說到這個去處，自然是禮重，如此權禮，則天理常存，人心不死，人類不至爲禽獸，中國不至爲夷狄〔一〕矣。先王爲食色而制禮，孟子權食色而重禮。天地之大經，以正萬古之常經，以明其功，豈小補哉？故曰：孔子而後，可與權者莫如孟子也。

「君子遠庖廚」一句，正是行權以合經處。不忍見其死，不忍食其肉，此真心也，此經也。此心既是不忍，而賓祭又不可廢，若不行權，執定禮不可廢，只得忍而殺之，則其初一二次還覺不忍，久之習以爲常，必至見其生而亦忍見其死，聞其聲而亦忍食其肉矣，故先王不得已，行權以遠庖廚，庶乎？禮既不廢，心亦可存，豈非爲仁至妙至妙之術哉！庖廚原爲此心而遠，行權原爲合經而設，惟至於委曲以合經，而後見權之所以爲妙。

吾儒事業不外齊治均平，此是如何景象？若以家道富厚爲齊，以天下富強爲平，此五霸之治平，非二帝、三王之治平也。唯是入其家，見其父慈子孝、兄友弟恭、夫和婦順，方是家齊景象，而家之貧富不與焉。推而一國，必一國興仁興讓，而始謂之治。又推而天下，必人人親其親而長其長，則天下始平，不在國之富不富，兵之強不強也。以富強爲治平，此千載不破之障。

一念不起，純然是善，惟有念而後有善惡之不同，故「戒慎不睹」，「恐懼不聞」，而朱子解之止曰：「存天理之本然。」「莫見乎隱，莫顯乎微」，而朱子解之即曰「遏人欲於將萌」。

「發而皆中節謂之和」，此「節」字乃天然自有之節，就是中，不是人爲。

問「豫立之意」。曰：「豫在事上尋求，斷不能立。蓋事變無窮，千頭萬緒，豫先何以安排？即安排得是，亦屬有所將迎之弊，況又未必合乎。此『豫』字即是下文擇善、固執、博學、審問、慎思、明辨、篤行，於此勵弗措之志，加百倍之功，造到雖愚必明，雖柔必強，凡事自然是立。前定者，前定乎此也。若預先不在理上講究得明白，心上不涵養得純熟，事到面

〔一〕「矣」之前，萬曆丁巳浙江本、天啟本有「中國不至爲夷狄」七字，據此補。

前，如何得妥貼？凡事豫則立，是在心上豫，不在事上豫。」

一夕坐寶慶月下，見皓月當空，自覺此心湛然無物，因顧謂諸生曰：「此時正好自識心體。蓋人性上不容添一物，就如皓月當空，纖塵不染。可見吾輩心體必一物不容，而後能萬物皆備。彼反身不誠，萬物不能皆備者，還是自家心上有物，還是自家心體不乾淨。」

問：「『一物不容與萬物皆備，二『物』字同否？」曰：「『一物』『物』字指欲言，『萬物』『物』字指理言。佛氏本來無一物，不止欲無，併理亦無；不止理無，併無理之無亦無矣。此『理障』二字，所以貽禍無窮也。」

人心所以與萬物隔者，只是不能舍己。若能舍己，自然眼界大，心地寬，自然看得我與人俱從一善生來，有何不可從處？有何不可樂取處？蕩蕩乾坤，獨來獨往，豈不爲千古一快！

「取與」二字，原是相反，惟善是同有的，故即取爲與，於人無損而于己有益，于己無損而於人有益，故曰「君子莫大乎與人爲善」。彼此無損，彼此有益，人亦何憚而不與人爲善耶？

大學言正心，無他法，只是要此心常在腔子裏。蓋此心一不在，所以視聽遂失其職，以此應事，未有不差錯者，此身所以不修也。薛文清公每寢必自問曰：「主人翁在室否？」可謂精于心學者。

出門如見大賓，非止爲出門而發。蓋出門之後就要待人，就要處事，有多少事體多少應酬，若以不敬當之，豈有不差錯之理？故提醒之法于出門，尤爲緊要。

問「參前倚衡」。曰：「只如此時，眼前師友相對，大家精神收斂寧一，便是參前倚衡真境，第恐吾輩過此時不能如此時耳。所以學要常講，師友要常會。」

問「人而無信」。曰：「信在天爲實理，故四時一信之流行；在人爲實心，故四德一信之貫徹，如怵惕形于孺子，固信之見于仁矣。俄而接大賓而恭敬生焉，非信之見于禮乎！又俄而屈直互陳，是非立判，非信之見于智乎！世人不知無信之不可，故意做出許多機械來，以爲巧于涉世，不知人而無信終不能行。自己做到州里不能行處，還不知是不忠信篤敬之故，真是可惜。」

「言忠信」一節，正是「人而無信」的注疏。

問「淡而不厭」。曰：「『淡』之一字原是性體。吾性中一物不容，何其淡也！無物而萬物皆備，又何厭之有？即如滾水，淡極矣，故人人皆可用。且如眼前飲茶，就有多用不得的，推而至於羹汁酒醴之類，則人人斷難如一矣。可見淡中之味，人人當知，能知此味，則天下無事不可做矣。先儒曰：『咬得菜根，百事可做。』此之謂也。」

人之樂未有無所寄者，只是要寄得好。即如聲色貨利，人皆以爲可樂，故敝精耗神以殉之，至老死而不寤。所樂一差，匪獨人品攸關，而身家亦係之，良可悲痛，故二程初見茂叔，即教之尋仲尼、顔子樂處，誠恐劈頭所樂一差，則終身不能出此坑塹耳。

孔子論友，即繼之論樂，而損益辨焉。此之損益，即利害禍福也，不得輕輕看過。

自家所樂一差，則終身相與的朋友豈得不差？朋友一差，何事不差？念之悚然。

今人於書畫弈詠靡不殫精爲之，如曰學聖人，則退托不敢當。豈知技藝至難，故不能者極多，若夫孝弟庸行，當身而具，人人可能，則學聖人不較易乎！

問：「吾子云：人生天地間，惟有講學一事固矣。第講學者多惹人議論，奈何？」曰：「議論何病？議論然後見君子。且吾輩爲學，非所以學孔孟耶？孔子講學，或人疑其爲佞。孟子講學，外人譏其好辨。不特此也，伊川有洛黨之嫌，紫陽有僞學之禁，眞西山稱爲眞小人，魏了翁號爲僞君子。自古聖賢未有不從是非毁譽中來者，故曰：『若要熟也，須從這裏過。』又曰：『金不鍊不精，玉不琢不美。』可見是非毁譽，聖賢方藉以爲煅煉砥礪之資也，又何計人之議論哉？不然，瞻前顧後，方信忽疑，是遵道而行，半途而廢者也，何以謂之孔孟？又何以謂之程朱哉？白沙先生詩有云：『飽歷冰霜十九冬，肝腸鐵様對諸攻。群譏衆詆尋常事，了取男兒一世中。』願與諸君日三復之。」

問：「『大德不踰閑，小德出入可也。』何如？」曰：「道無大小，學亦無大小，安得以小德出入爲可？此中大有意思。蓋先王立教，大處不待言，小處如曲禮所稱：『上東階，則先右足；上西階，則先左足。先生書策，琴瑟在前，坐（作跪）而遷之。』[二]就屨，跪而舉之，屏於側。鄉長者而屨，跪而遷屨，俯而納屨。人子行不中道、立不中門之類，即一言一動一步一趨都有個規矩準繩，一毫不肯假借，一毫不得踰越，非是先王過於詳、過於嚴，蓋立教不得不如此。先王立教既如此其詳且嚴，而又恐學者苦其繁、畏其嚴，於是不得已又寬一步，曰：『大德不踰閑，小德出入可也。』庶使初學之士不至苦其繁而自諉，又畏其難而自阻耳。不嚴不足以端學者之趨，而不寬又不足以鼓學者之進，此正是聖賢循循然善誘人處，非果謂小德可以出入無傷也。若果謂小德可以出入無傷，則先王立教只標其大德足矣，又何必條縷小德，若是之詳且嚴哉？惟其若是之詳且嚴，所以不得不說此一句，聖賢中間有多少苦心處。語云：『天之愛民甚矣。』余亦曰：『聖人之愛學者甚矣。』學者豈可不亦步亦趨，務使毫無出入，以無負聖人愛之之意。此章之言，大有關係，安得謂不能無弊？吳氏蓋未嘗深思其意耳。」

問：「或以綱常倫理爲大德，辭受取與爲小德，何如？」曰：「伊尹格天事業皆從一介不苟中來，辭受取與豈是小德？爲此言者，是貪夫藉口之辭，豈子夏之意？」

先王立教，雖是寬人一步，學者不可自寬，如禮記內則云：「子事父母：鷄初鳴，咸盥漱衣服，斂枕簟，洒掃堂室及庭，布席，各從其事。」至於曲禮又云：「獻粟者操右契。[三]」「凡遺人弓者：右手執簫，左手承弣，主人自受，由客之左」之類。由是觀之，吾輩自來不知出入了多少，尚敢還說別樣出入無傷哉？不辨其何者爲大德，何者爲小德，而概言小德出入無傷，竊恐其認「大德」爲「小德」，認「踰閑」爲「出入」，而猶曰無傷。無傷也，其自誤誤人，可勝道哉？細行不矜，終累大

[二]「上東階，則先右足；上西階，則先左足。先生書策，琴瑟在前，坐而遷之。」曲禮原文作：「上於東階，則先右足；上於西階，則先左足。先生書策，琴瑟在前，坐作跪而遷之，戒勿越。」

[三]「獻粟者操右契」曲禮原文「操」後有「執」字。

德，願與同志共勗之。

聖賢學問雖多端，一言以蔽之曰「謹言慎行」。不必深求，只看世間謹言慎行的人那一個不爲人所敬愛，那一個不獲福！放言肆行的人那一個不爲人所怠慢，那一個不惹禍！故曰：「愛人者，人恒愛之；敬人者，人恒敬之。」又曰：「禍福無不自己求之者。」念及于此，敢不凜凜？

言易而行難，爲謹言易而慎行難也。今于易者且不能，又何論難者哉？昔劉元城問盡心行己之要于司馬溫公，公曰：「其誠乎！」又問：「從何入？」曰：「從不妄語始。」元城于此三字力行，七年而後成爲古今大儒。「不妄語」三字，似易而實難，願共勉之，毋忽。

語云：「一念而善，景星慶雲；一念而惡，妖氛厲鬼。」余亦云：「一言而善，景星慶雲；一言而妄，妖氛厲鬼。」古詩云：「忠孝傳家國，詩書教子孫。廣行方便事，陰德滿乾坤。」余亦云：「忠孝傳家國，詩書教子孫。廣開方便口，陰德滿乾坤。」言出于我，一毫無所費，而能使陰德滿乾坤，人亦何憚而不爲耶？可見人不惟不當妄語，且當善言德行。

天下之患莫大于小人倡不根之言，君子不察，誤信而誤傳之。人見其出于君子之口也，皆謂君子必有所見，其言必不妄，即理之所無者，或亦信其爲有而不可破矣。不知小人當造言之時，原覬君子之信而傳之，及君子一信而傳之，則小人反借爲口寔，曰：君子云何，君子云何。即他人亦必曰：君子原云何，原云何也。如此則小人不根之言一一皆有根之論矣。當斯時也，即堯舜之明亦豈能察之哉？忠臣飲恨，孝子含寃，病正坐此。余以爲君子之聽言，凡說好人不是處，當姑闕疑，從容詳審，勿輕信而輕傳之，則小人之計自無所售。彼縱假借，則君子原無此言，天下必有能辨之者，又何萋斐貝錦之足憂哉？

問「君子、小人之心」。曰：「恐君子變而爲小人，望小人變而爲君子者，君子之心也。恐小人變而爲君子，望君子變而爲小人者，小人之心也。此小人所以動輒左袒小人，而媒孽君子。左袒小人者，非是厚小人，只是使小人益成其爲小人，而有以快己之忌心；媒孽君子者，非是恨君子，只是使君子不成其爲君子，而有以遂己之忌心耳。故曰：『君子成人之美，不成人之惡。小人反是。』小人只是一個忌心，不知壞了世道人心多少，良可浩嘆。」

問：「或云必有孔孟之道，然後可闢佛老其説，是否？」曰：「此佞佛者阻人闢之之言，而聽者未及察耳。孟子曰：『能言距楊墨者，聖人之徒也。』若必待有孔孟之道者而後可以闢佛老，則佛老終無人闢矣。『能言距楊墨』二句，余昔有此破云：『大賢公闢邪之責于天下，亦不得已意也。』余師蕭慕渠先生深以爲然。近又見葉寅陽破云：『大賢主張聖教，而深望于羽翼者焉。』更得其意。」

問：「從祀孔廟，只當重人品，不當專重講學，何如？」曰：「不然。此祀原專重講學，須在講學中擇其有功聖門、人品無議者，方得從祀。若不論講學與否，而概論人品，則古今人品無議者亦多矣，豈得人人而祀之？且孔子以前人品無議者又不在所遺邪？『講學』二字創自孔子，此祀全爲風人講學而設，不專爲古今人物而設也。若古今人物表表不凡者，或祀鄉賢，或祀名宦，或爲專祠以祀，用以崇德報功，磨世礪俗，皆無不可，第不宜輕易從祀孔廟耳。此關係不小，不可輕議。」

問：「講學者多棄去文詞不理，此道學自護其短之巧術，何如？」曰：「學者棄去道學不理，誠不可。若棄去文詞不理，有何關係？而曰此自護其短之巧術也，能文者自是能文，不能文者自是不能文。能文者而不理，此正道學不自恃其所長；不能文者而不理，此正道學不自護其所短，而反以爲自護其短之巧術。何也？道理甚明，無足置辨。」

問：「聖賢道理在人倫日用間，只爲子孝、爲臣忠可矣，何必講心性而後爲學耶？」曰：「聖賢道理原在人倫日用間，但不知以心性不端之人爲子能孝，爲臣能忠否？此必不能，而曰不必講心性，可乎？借忠孝大題目以杜講學之口，此正以不忠不孝誤天下者也，而學者多誤信之，何也？」

心之理一也，在子謂之孝，在臣謂之忠。忠孝是天命之性。爲子孝，爲臣忠，是率性之道。聖人教子孝，教臣忠，是修道之教。講心性正是講忠孝之理處，今曰不必講心性，是臣子而不講忠孝之理也，其不臣不子甚矣。

問：「心性之學，上達之學也，或不宜概施於下學？」曰：「收放心，養德性，下學不當如是邪？」

問：「『必有事焉而勿正心勿忘勿助長也。』一説以必有事焉而勿正心爲句，經鉏堂雜誌又謂『正心』二字元是忘字，傳寫失真，以一字分爲兩字。蓋養浩然之氣必當有事而勿忘，既當勿忘，又當勿助長可也，疊下勿忘作文法云云，二說孰是？」曰：「二說俱非。當依伊川以勿正七字爲句爲是。孟子謂必有事，原是在心上有事，心上用功，不專在事上有事，事上用功。若說心必有事焉而勿正，雖是明白，卻不渾融，卻不妙，惟將『心』字放在下句，正見得上句『必有事焉而勿正』，是在心上有事勿正，非專在事上有事勿正也，此正見孟子句法字法之妙。上文是集義，所生者義原在心在內，故行慊於心便是義，行不慊於心便不是義集。只行事件件務慊於心便是，非硬將外面一物取而積累於此而曰集義也。告子義外之見，病正在此，故孟子先說集義，後說行有不慊於心，而直斷之曰『告子未嘗知義』。正與此先說有事，後說心勿忘勿助長一樣文法。大抵聖賢立言，下字眼都有意思，學者識見不到，切勿輕起疑端，擅自更改也。」

「正心誠意」四字，千古正論，聖學真傳，而或以「必有事焉而勿正心」爲句，或又以「正心」二字爲「忘」字之誤，必欲借孟子抹殺「正心」二字，何也？

問：「巧言、佞、利口，何以分別？」曰：「佞與利口俱是巧言。孔子曰：『巧言亂德。』孟子解之曰：『佞亂義，利口亂信。』昔張横渠以崇文說書被召，與王安石議不合，安石遂命按獄浙東，寔疏之也，時程伯淳爲御史，爭曰：『張某以道德進，不宜使治獄。』安石曰：『淑問如臯陶，猶且讞獄。』此佞語也。朱文公内召入朝，有人要於途，說之曰：『正心誠意，上所厭聞。』文公正色答曰：『某平生所學，惟此四字。』言者愧服。上所厭聞云云，此利口也。」

或以文公「平生所學，惟此四字」之言爲迂，不知正與邪對，誠與僞對，既以誠正爲迂，不知將以何者爲不迂邪？或者其人可知矣。

或曰：「『正心誠意』亦未必爲上所厭聞，或爲上所喜聞，亦不可知，爲臣子者何可不言？」余曰：「不然。臣子進言，不必論上所厭聞不厭聞，亦不必論上所喜聞不喜聞。如以厭聞誠正而不言誠正，固非事君之道。如以喜聞誠正而始言誠正，亦豈純臣之節？如喜聞誠正而言誠正，固矣。倘喜聞狗馬而亦言狗馬，可乎？喜聞貨財而亦言貨財，可乎？不論自家所學，惟論上所喜厭，其勢必至于此。唐李勣知遂良之說上所厭聞，故陛下『家事之說』一投而遂，貽唐室無窮之禍，想勸之心不過以遂良之言爲迂耳，豈知貽禍之烈至此哉！文公不論上所厭聞否，第曰『平生所學，惟此四字』。宛然孔氏家法，真萬世臣子之所不敢違也。」

問：「學之不講，孔子所憂。後世學者多不肯講，何也？」曰：「其病多端：一則于己不便；一則自以爲是；一則爲人不足與言；一則恐爲世所厭；一則嫉忌人之勝己。孔子曰：『躬行君子，則吾未之有得。』一講則人必以躬行責備于己不便，故不得已謂學只在行，不在講，是以『行』之一字，杜責備者之口，以掩不行之過也。即間有能行者，又器小易盈，若曰吾行是，是亦足矣，何必再講？而況其人又不足與講也。孟子曰：『齊人無以仁義與王言者，豈以仁義爲不美也？其心曰是何足與言仁義也云爾。』彼其心或亦曰是何足與言學問也云爾。昔人說朱文公曰：『正心誠意，上所厭聞。』今之不講者豈亦以正心誠意，世所厭聞，而講之無益邪？女無美惡，入宮見妒；士無賢不肖，入朝見妒。今之不講者得無曰：我不能行而講之使人行，則形己之短；我能行而講之使人行，則掩己之長。得非忌心勝，而不欲人之行之邪？不知不講者不行者也，真能行者必不避人責備而不講。義理無窮，即聖賢且望道未見，我安敢自以爲是而不講？人性皆善，孰不可與言，敢謂人不足與言而不講？『平生所學，惟此四字』，何論人之厭不厭也而不講。『君子莫大乎與人爲善』，方愧不能與人爲善也，又何忌人之勝己也而不講？孔子憂之，正憂乎此耳。後人不憂，豈其有加於孔子邪？」

問：「近世講學者多講玄虛，不知只躬行足矣，何必講？」曰：「藥玄虛之病者在『躬行』二字。既學者多講玄虛，正當講躬行以藥之可也，而反云學不必講，何哉？爲此言者是左袒玄虛之說，而阻人之辨之者也。」

講玄虛之學，講學也；講躬行之學，亦講學也。玄虛之學不講，可也；躬行之學不講，可乎？若曰學不必講，豈躬行之學亦不必講邪？

堯舜之道，孝弟而已矣。若不講如何孝，如何弟，安能孝弟？夫子之道，忠恕而已矣。若不講如何忠，如何恕，安能忠恕？彼謂只孝弟忠恕而不必講者，是原無心于孝弟忠恕者也。

孔子曰：「躬行君子，則吾未之有得。」可聽其未得已乎？故曰「學之不講，是吾憂也」。講學者，正是講其所以躬行處，正是因其未得而講之，以求其得處。不然，躬行君子，終未之有得矣。

「講學」二字幸出于孔子，若出于孟子，則必以爲孟子不及孔子處，在標此二字矣。

問：「講學可也，第不宜如諸儒之各立門戶，何如？」曰：「不然。天下有升堂入室而不由門戶者乎？如以諸儒標『天理』二字，標『本心』二字，標『主敬窮理』四字，標『復性』二字，標『致良知』三字爲立門戶，不知孔門標一『仁』字，孟子標『仁義』二字，曾子標『慎獨』二字，子思標『未發』二字，豈亦好立門戶邪？夫子之牆數仞，若真欲見宗廟之美、百官之富，自不容不覓此門戶以入。不然，是原甘心於宮牆之外者也，何足辨哉？且論道體則千古之門戶無二，論功夫則從入之門戶不一，第求不詭于孔氏之道，各擇其門戶以用功，不自護其門戶以立異可耳，而必于責備其立門戶，不知舍天理、本心、慎獨、未發之外，又將何所講邪？一開口便落門戶，真令人不敢開口矣。」聞者豁然大悟。

天下有三件不可解的事：言可省也，別樣不該說的言語通不省，偏只省了講學的言語，一不可解；交可寡也，別樣不該交的朋友通不寡，偏只寡了講學的朋友，二不可解；是非可避也，別樣不該管的是非通不避，偏只避了講學的是非，三不可解。

或有苦忌者之責備者，余曰：「人而不爲人所忌，則其人可知矣；人而忌人，則其人可知矣；人而不爲人所責備，則其人可知矣；人而責備人，則其人可知矣。」

戰國之時，楊墨之言盈天下，得孟子辭而闢之。從漢至宋，佛老之言盈天下，得程朱辭而闢之。至于今日，非學之言盈天下，倘有辭而闢之，如孟子、程、朱其人乎？余竊願爲之執鞭。

非學之言，忌者倡之，誤聽者從而和之，講學者又誤從而講之。忌者無論矣，誤聽者從而和之，講學者又從而講之，何也？講學者誤講非學之言，于己爲自誤，于人爲誤人。〔二〕

〔二〕「於己爲自誤，於人爲誤人」萬曆丁巳浙江本、天啟本作「自誤誤人不小」。

論學譬如爲文，必融會貫通乎百家，然後能自成一家。若只守定一家，恐孤陋不能成家矣。學之道何以異此，故曰：「孔子，聖之時者也。」又曰：「孔子之謂集大成。」

天下事執彼以議此，執此以議彼，則皆短也。執此以濟彼，執彼以濟此，則皆長也。執伯夷之清以議下惠之和，執下惠之和以議伊尹之任，則三子皆在所棄矣。執伯夷之清以濟下惠之和，執下惠之和以濟伊尹之任，則三子皆在所收矣。孟子聖三子，正所以備孔子之集成，孔子之時耳。不然，舍清、任、和之外，又將何所集以成大成哉！惟不外清、任、和而能時出之，此孔子所以異于三子也。

古人惟見人之長，今人惟見人之短；古人論人于短中求長，今人論人于長中求短；古人見人之長處原是長處，見人之短處原是短處，今人見君子長處反以爲短處，見小人短處反以爲長處。

「皆古聖人也」，論人何其恕！「吾未能有行焉」，自處何其謙！「乃所願，則學孔子也」，趨向又何其正！此正孟子之所〔一〕得統于孔子也。

以孔子自期則可，以孔子自任則不可。以孔子望人則可，以孔子責人則不可。只爭一念，遂隔千里。

宋儒云：「天不生仲尼，萬古如長夜。」余亦云：「人不學仲尼，萬古如長夜。」

士君子爲人，全要有品有量。一介不苟以學品，則品自高；萬物皆備以學量，則量自大。

門人榆陽許大倫、咸寧任國珣輯

〔一〕「所」後，四庫本有「以」字。

卷八

語録

善利圖說序 附東〔一〕

洪翼聖

今試語人曰：「汝當爲聖人。」則必駭然曰：「聖人，我所望而震也，何敢爲？」又試語人曰：「汝盜跖也，禽獸也。」則必怫然曰：「我縱不肖，何至爲盜跖、禽獸？」不知人生斯世，止有兩途：利則跖，善則舜。出善入利，間不容髮，故處而孳孳爲利，則儒冠而盜跖、禽獸，出而孳孳爲利，則軒冕而盜跖、禽獸，彼其心已爲盜跖、禽獸矣，而猶不自知也，方且揚揚得意焉。昔孟氏深爲不求放心者哀，人而爲盜跖、禽獸也，寧不爲孟氏之所哀乎？哀之而欲警之，故爲之說曰：「欲知舜與跖之分，無他，利與善之間也。」馮先生推廣孟氏之意，而立之圖，翼聖一見之而惕然，再玩之而醒然，三復之而豁然。

夫孟氏利善之說，何始乎？此虞廷所謂「道心」「人心」也，發端僅分于一念，而善之積也，則由有恆而善人而君子，即聖人可到焉；利之積也，則由斧斤而牛羊而梏之反覆，去禽獸不遠焉。善之積也，則文學功名盡爲舜用，而以才濟其美；利之積也，則文學功名盡爲跖用，而以才濟其惡。

嗟嗟，流芳百世，誰不願之？遺臭萬年，誰則甘之？乃一披圖而所爲流芳者始自何念？遺臭者又始自何念？昭然若指諸其掌，則利與善之間，可不畏哉！可不畏哉！乃世之自諉者則曰：「我已爲跖矣，難復爲舜矣，即安于放縱可

〔一〕此文原在第七卷末，今移此。

也。」不知孟子曰「雖有惡人，齋戒沐浴，亦可以祀上帝」。易之復卦五爻皆陰，一爻獨陽，固靜極而動，亦惡極而善也。一爻之善兆，而爲七日之復，故曰：「復，其見天地之心乎！」剛長不已，復且變而爲乾矣，純乎天矣。向也跖，今也舜矣。圖曰：「從此回心，猶可向道。」此先生示人以復機也。

世之善人君子或自滿曰：「吾道德修矣，聲望著矣，聖域難到，姑寬假可也。」俄而利心忽入，人品心術頓非其初，在易之姤五陽之下，忽生一陰，陰之浸長，不盡剥五陽不止也。書曰：「惟聖，罔念作狂。」既已爲聖，一或罔念，即流爲狂。向也舜，今也跖矣。圖又曰：「未成一簣，半途而廢。」此先生示人以詣極也。

世之人又或曰：「吾爲善無近舜，爲利無近跖，柴立乎中央，則亦已矣。」不知人心無中立之理，半善而半利，終是一利；半舜而半跖，終是一跖。譬之過橋者不在橋上，則在水底，橋水之間應無駐足處。圖又曰：「若要中間立，終爲跖路人。」此先生示人以決斷也。然則利轉爲善，而善必造于聖；跖轉爲舜，而舜則不復爲跖。如是而後，不受孟氏之哀；如是而後，無負先生立圖之意乎？

且圖之義何祖也？伏羲則有八卦圖，惟文、周、孔子能會之。大禹則有洛書圖，惟箕子、武王能會之。周濂溪崛起而接聖脈，則有太極圖，惟二程、張、朱能會之。此三圖者，非賢聖莫解也。先生善利之圖，固賢聖之秘旨，而實愚不肖所共醒惕也。天下之善人少而不善人多，則先生之醒惕天下也廣，而其善天下也多。假令伏羲、大禹、濂溪復生斯世，寧不謂今之圖與昔之圖若合符節哉？翼聖謹書諸紳，將終身佩焉，尤願先生勒此圖于關中書院，以詔來學。故爲之序。

萬曆癸丑陝西提學副使新安洪翼聖撰

附柬

世人每猶豫于善利之介，蓋不知不爲聖人君子，則必爲盜跖、禽獸耳。台臺善利圖大包無外，細入幾微，觸目警心，誰不知懼。且于不善者開向道之機，于爲善者凜鮮終之戒，於遲回者破中立之非，令人去利去之盡，爲善爲到底。若操此以終身，何怕聖賢境界不可漸臻！

學問最患不痛不癢，兩頭牽制，如台臺之學問，則一刀兩斷，切骨入髓，非大智大勇，誰能如斯？翼聖三生有幸，得遇此圖。愚意此圖當勒之於關中書院，與白鹿洞教規互相發明，則學未講而舉目燎然，誰肯甘爲盜跖禽獸者？將許多猶豫念頭登時放下，此入門直捷路也。翼聖且終身佩之，珍爲百朋，豈惟翼聖，諸學者俱宜書一圖於座右。古聖賢諸圖皆精微淵奥，非上智莫曉，而善利圖則理奥而形顯，賢愚僉受，其益直與古聖賢諸圖並垂不朽矣。翼聖謹擬一序，愧無能闡圖之微意，不知尚有一隙之明，可向進否？望台臺指示而教誨之。是荷。

善利圖説序

張維新

在昔唐、虞授受「執中」之旨，穆然尚矣。孔子接三代之傳，惓惓欲以善人是見，然亦罕言利。顧戰國何時也，子輿氏拯人心以胥溺，泣狂聖於臨歧，於是提衡舜、跖，以危善利所歸趨，豈其有鑿乎「精一」之竅？蓋人心與世道推移如狂瀾，莫可底遏聖賢所爲深憂密計者。憂深故言之切，計密則防之周，故曰：「予豈好辨哉？予不得已也。」

不佞夙不敏，嘗從事大賢之門上下議論，一日署臬秦中，獲少墟馮公善利圖説一帙，相與印可，未復附録，以足其義理，欲燭乎眉睫幾希，示諸掌上，抉身心性命之微，撮濂、洛、關、閩之奥，惕然有慨於衷，因撫卷而歎曰：「道妙無言，學本一貫。」孔子不云乎：「中人以上可以語上也，中人以下不可以語上也。」夫既不可以語上矣，則中人以下皆聖人之棄人乎？無已形不辨則視影，以察裏不著則視表，以端堯舜相傳，一中而未始以善利分之。孔子微言善利，而未始併析之。子輿氏始併析之，而未有以圖象之。至於圖象之，而其於世道人心憂且計，更何如也？乃真謂畫前無易耶！嗟夫，士君子終身學術，莫先善利之辨。善之塗一，利之塗則什佰千萬焉。一者易得於道，什佰千萬者則茫乎，莫知所之繹。公所爲斯圖也，亦有大不得已者在矣。

萬曆癸卯中秋穀日，汝上張維新書

善利圖說序

張維任

吾友馮仲好潛心理學，自爲諸生、太學生而已然。尋以子丑高第，讀中秘書，其學益深，其養益邃，及出秉柏臺，東巡齊、魯，而考德問業者日滋衆，具在訂士編中。既而青蒲犯顔，遺佚歸里，與吾黨諸君子講學寶慶梵宇，大都議論，不立異亦不蹈常，不事玄虚亦不涉卑近，要以抒所自得，敷明宗旨，説詳而反約，人人有虚往實歸之幸，一時學士師尊之。迺因答問善利，作爲圖説，始於毫芒一念，終於聖狂。千里途歧，竟逖其嚴。若此苟知回心嚮道，卻是入聖之幾，有令人惕然猛省處，至反覆辨難，亹亹數千言，率旨於味，爲世教人心慮亦廑已。今即高臥西京，而蒼生繫望異日者，以學術爲事功，勛未可量也。吾離索仲好久，恒企交儆之思，而把玩茲帙，如對切劘，因命梓人，以公同志，則其造詣之閎深淵邃，亦足以窺其概矣。

萬曆甲辰孟夏，潼關友弟張維任頓首，書于巫山公署

善利圖說序

屈拱北

人性本善，利者有己之私也，原不並立，豈容交戰而角勝乎？上知以本善者洗除其己私，中士不以有己者戕牿其本善，安勉雖殊，入聖則均。若歧路而爭馳，即去聖而入跖旨哉！馮仲好之言曰「善念是吾真」，欲人之培養其善也。又曰：「中道立，終爲跖。」恐人之托利於其善也。此其辨晰理奥，深得作聖之肯綮矣，與同志者共之。

萬曆庚子春日，關中屈拱北書

善利圖

善利圖

聖狂分歧處
善念是吾真
若要中間立
終爲蹠路人

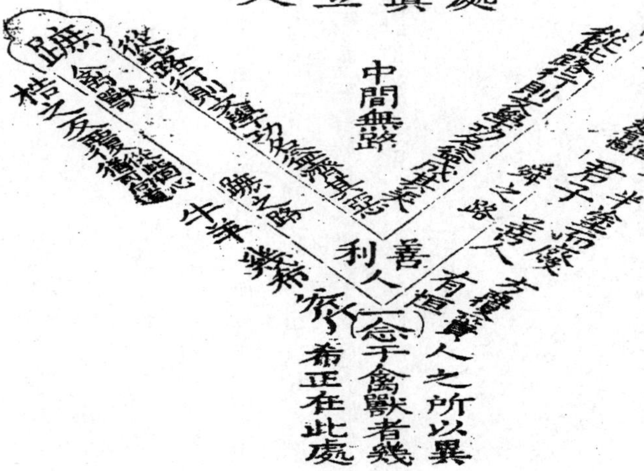

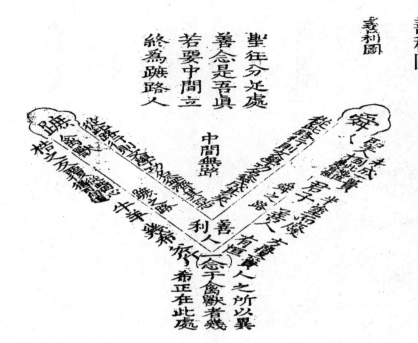

善利圖說

或問：「孟子願學孔子者也。孔子論人有聖人、君子、善人、有恆之別，而孟子乃獨以善利一念分舜、跖兩途，何也？」曰：「此正孟子善學孔子處。孔子以聖人、君子、善人、有恆列爲四等，正所以示入舜之階基，恐學者躐等而進耳。世之學者徒知以舜、跖分究竟，而不知以善利分舜、跖。若曰：聖人至舜極矣，學者何敢望舜，下聖人一等，吾寧爲君子已耳。」

或者又曰：「君子我亦不敢望，吾寧爲善人已耳。」或者又曰：「善人我亦不敢望，吾寧爲有恆已耳。上之縱不能如舜，下之必不至如跖，何苦呶呶然曰吾爲舜，吾爲舜哉！」「以彼其心不過以爲聖人示人路徑甚多，或亦可以自寬自便耳。不知發端之初，一念而善便是舜，一念而利便是跖，出此入彼，間不容髮，非舜與跖之間復有此三條路也。君子、善人、有恆造詣雖殊，總之是孳孳爲善，大舜路上人。孟子以善利分舜、跖，蓋自發端之初論也；孔子以聖人、君子、善人、有恆分造詣，蓋自孳孳爲善之後論也，旨豈二乎哉？雖然爲衆人易，爲聖人難，故學者儘學聖人，尚恐不能爲君子，爲善人，爲有恆，若姑曰我寧爲君子，我寧爲善人，我寧爲有恆，其勢不至于無恒不止，不至于如跖不止也。何也？取法乎上，僅得乎中；取法乎中，民斯爲下，理固然也。究其初心，豈非錯認路徑，尚多之一念誤之哉？且爲善爲舜則爲人，爲利爲跖則爲禽獸，所係匪細，故又曰『人之所以異于禽獸者幾希。』玩『幾希』二字，可見人必至于如舜，如禹，如成湯，如文、武、周公、孔子，纔謂之君子，存之纔謂之人。不然，庶民去之，則禽獸矣。善利之分，舜跖之分；舜跖之分，人與禽獸之分也。學者縱可諉之曰我不爲聖，亦可諉之曰我不爲人哉！」

或曰：「一念而善爲舜爲人，一念而利爲跖爲禽獸，固矣。倘學者不幸分辨不蚤，誤置足于跖利之途，將遂甘心已乎？」曰：「不然。不聞孟子山木之章乎？蓋人性皆善，雖當伐之之後而萌蘖尚在，故曰：『平旦之氣，其好惡與人相近也者幾希。』又曰：『苟得其養，無物不長。』夫以斧斤伐之之後，而尚有此幾希之萌蘖，養此幾希之萌蘖，而尚可以爲堯舜，人奈何以一時之錯，而遂甘心已乎？『幾希』二字正是孟子提醒人心，死中求活處。」

或又曰：「養此『幾希』尚可爲舜，固矣，彼牿之反覆，夜氣不存者獨無一線生路乎？」曰：「有。觀孟子不曰夜氣不足以存即爲禽獸，而猶曰違禽獸不遠。謂之不遠，尚猶有一線生路在。若謂斯人也，縱不能每日有平旦之氣，而數日之中亦未必無一時之萌蘖，使從此一時之萌蘖回心而向道，則牛羊猶可及止耳，豈真不可救藥哉！惜乎人之諱疾忌醫，終身自伐自牧而不知自悔也，悲夫！」

或又曰：「『幾希』之說蓋爲誤走跖路者發也，若幸走舜路者，可遂以舜自命而不復求進乎？」曰：「不然。一念而善，是平地而方覆一簣也；一念而自以爲善，是爲山而未成一簣也。夫未成一簣且不可，況半途而廢者乎！孔子列有恒、善人、君子、聖人之等，正使學者循序而進，毋半途而廢耳，非以君子、善人阻其進也。且謂之曰有恒，必由一簣而爲山，纔謂之有恒。若以善人、君子中止，而不至于聖人，總謂之半途，總謂之無恒，此孔子所以惓惓致意于有恒也。道二之說、善利之說，欲人慎之于其始。半途之說、爲山之說，又欲人慎之于其終。聖賢憂世之心見乎辭矣。」

或又曰：「世之聰明之士非乏也，功名文學之士又不少也，豈見不及此而舜、跖云云，不亦過乎？」曰：「不然。舜、跖路頭容易差錯，此處不差，則聰明用于正路，愈聰明愈好，而文學功名益成其美。此處一差，則聰明用于邪路，愈聰明愈差，而文學功名益濟其惡。故此處不慎而曰：某也聰明，某也功名，某也文學，何益哉！何益哉！」或者唯唯。余因作舜跖善利圖而爲述其説，如此云。

附録

「鷄鳴之時，正夜氣清明之際，良心發見之時，似只當有善，如何又有利，不與『幾希』之説相盭乎？」曰：「鷄鳴一章正爲夜氣而發。蓋人過了夜氣清明之際，到旦晝時紛紛攪擾，千態萬狀，良心便易蒙蔽，無論惶忙奔馳，不暇點檢，又無論因循混過，不知點檢。縱有點檢之心，亦不得如鷄鳴初起之時清爽明白，是以孟子既説夜氣，又説鷄鳴而起，孳孳爲善爲利，正欲學者趂此夜氣清明之際，良心發見之時，爲之一點檢耳。肯點檢便是善便是舜，不點檢便是利便是跖。」

「幾希」萌蘖從「息」字來，梏之反覆從「爲」字來，故萬思默先生謂莫善於息，莫不善於爲，誠篤論也。蓋下愚之人乞哀昏夜，併夜間亦不謂之息；上智之人潛修靜養，即晝間亦不謂之爲。下愚之人無論奔走營爲謂之爲，即夢寐之間恍惚不寧，亦謂之爲，而不謂之息。上智之人無論向晦晏息謂之息，即夜以繼日，坐以待旦，亦謂之息，而不謂之爲。大約上智有數，而中人最多。夜則息，晝則爲，此人之常情。孟子指點出一「息」字，可謂發前聖所未發。學者能常存息之之心，能常用息之之功，不專靠夜之所息，庶乎二六時中，盡是平旦時之氣象矣，到此便是浩然之氣塞乎天地之間。若旦晝不常用息之之功，只專靠夜息，則冬夜長夏夜短，所息能得幾何？又安望其夜氣之存也邪？此孳孳爲善者，正是孳孳焉常用其息之之功處。

問：「晝間息之之功如何用？」曰：「昔伊川每見人靜坐，便歎其善學，可見『靜坐』二字，便是息之之一法，故陳白沙曰：『爲學須靜中養出端倪，方有商量處。』」

昔人謂「靜坐」二字補小學一段工夫，余謂「靜坐」二字補夜息一段工夫。

問：「『靜坐』二字固息之之一法矣，然士君子一身多少責任，安得日日靜坐？」曰：「須從靜坐做起，不翕聚則不能發散，不專一則不能直遂，天地且然，況于人乎！」

杜門靜坐，息也；讀書作文歌詩寫字，亦息也；與嚴師勝友講道談學，用以收斂身心，扶持世教，尤息之息也。如此常常用功，一息尚存，此志不容少懈，此之謂「通乎晝夜之道而知」，纔謂之孳孳爲善，纔謂之舜之徒。

「幾希」字並「間」字最當警省，且人之所以異于禽獸者何在？果在耳目口體乎？禽獸亦有耳目口體；果在男女飲食乎？禽獸亦有雌雄牝牡飲食；果在趨利避害，爭強好勝乎？禽獸亦能趨利避害爭強好勝。如此則人之所以異于禽獸者何在？在此「善」之一字耳，故曰「幾希」，曰「間者，危之也」。學者果能念及于此，自然不容不孳孳爲善。

「孳孳爲善，『善』字是性善『善』字否？」曰：「爲善『善』字即性善之善，無二理也。」或曰：「性既是善，如何鷄鳴之時，又有利一邊，可見性還有善有不善矣，何以孟子專主于性善？」曰：「性原是善的，但旦晝之所爲，梏之反覆，是以夜氣不足以存，是以孳孳爲利耳，豈真性有不善哉！不罪斧斤而罪無山木，不罪牛羊而罪無萌蘖，此三品之說所以不容己于辨也。」或又曰：「性既是善，如何又待于爲？」曰：「爲善之說是盡性之說也。鏡本明而塵污之，故不磨不見其明；性本善而利梏之，故不盡不見其善。故又曰：亦爲之而已矣。」或又曰：「果如『亦爲之而已矣』之說，爲誠不可無矣，而旦晝之所爲，『爲』字又以爲梏亡，又以爲違禽獸不遠，何也？」曰：「旦晝之所爲，『爲』字是孳孳爲利之爲也；『亦爲之而已矣』，『爲』字是孳孳爲善之爲也。孟子恐人懲于旦晝之所爲『爲』字，而併廢其亦爲之而已矣之爲，又恐人借口于『亦爲之而已矣』之爲，而併爲旦晝之所爲，是以以此兩『爲』字並舉而對言之，若曰爲善之爲既如彼，爲利之爲又如此，學者慎，毋概以爲爲是，亦毋概以爲爲非也。」

問：「爲善當在何處爲？」曰：「東廓先生云：『間字要體認得親切，莫作尋常看過。視聽言動，事親從兄，從前先後，辭受仕止，只是一念操舍之微，中間更無駐足處。』由此觀之，可見爲善只在人倫日用間，非高非遠，非卑非近，非楊非墨，非仙非佛。」

蔡虛齋先生云：「利不止是貨財，但有私己之心，或有所爲而爲者，皆利也。」必如此說方透。「私己」二字視「貨財」二字病痛更大，貽害更遠。且如自家要做君子做善人，豈不是善？若只要自家做君子做善人，不要大家做君子做善人，如此存心，善乎？利乎？如此存心，凡可以損人利己、傾人陷人者，無所不至矣，可不畏哉？大約財貨之利易見，私己之利難知，此虛齋所以不容已于言也。

或曰：「私己誠爲利矣，若自家要做君子做善人，而又要大家做君子做善人，恐流于兼愛，奈何？」余曰：「昔羅近溪論孝爲仁之本，至于遇人遇物，又安有殘忍戕賊之私處？其門人亦疑曰：『此恐流于兼愛。』近溪答曰：『子恐乎決不流矣，吾亦恐也，心尚殘忍，無愛之可流。』此數語甚是痛快，學者不可不潛心味之。」

問：「自家要做君子做善人，而不要大家做君子做善人者，抑豈能以自家一人必得大家乎？」余曰：「然。彼世之自家要做君子做善人，而又要大家做君子做善人，不知自家一人安能必得大家？自家一人不能必得大家，而卻要大家不爲君子不爲善人，勢必不能徒以自壞其心術，自得罪於天地鬼神而已矣。學者固不能必得大家都做君子做善人，而這一念必不可無。有此一念，便是善，無此一念，便是利，故曰：『夫仁者，己欲立而立人，己欲達而達人。』又曰：『仁者以天地萬物爲一體』，初學之士儘以天地萬物爲一體，尚不能以父母兄弟妻子奴僕爲一體，若藉口于兼愛之非，而不以天地萬物爲一體，則其流弊又當何如？孟子曰：『孳孳爲善者，舜之徒。』又曰：『大舜有大焉，善與人同。』是『孳孳爲善者』爲其與人同者也，不爲其所以與人同者，而徒曰『我爲善，我爲善』，是舜之善如彼，而我之所以爲之者又如此也，天下豈有兩樣善之理？其何以爲舜之徒哉？大約叔季之世，自私自利之風浸淫已久，爲不善者無論，即爲善者孳孳到底，強半只成就得一個自私自利。且如平日看書、與朋友講論時，凡及于『己立己達』一邊話說，便覺耳順，便覺津津有味，更不說恐流于楊氏『爲我』；凡及于『立人達人』一邊話說，便覺耳逆，便覺意思不合，即說恐流于墨氏兼愛。如門人之疑羅近溪者，蓋不少也，不知其恐處正是病處。如曰不是病處，何爲不恐其流于『爲我』，而獨恐其流於兼愛也。如此病根浸淫已久，併自家亦不知不覺耳，此根不拔，則聞見愈廣，講論愈多，其病痛愈深，譬之病寒者復用硝黃，病熱者復用薑桂，豈徒無益而已哉？宜乎反爲不用藥者之藉口也。呂與叔云：『克己功夫未肯加，吝驕封閉縮如蝸。試於夜氣深思省，剖破藩籬即大家。』此先儒已試之良方，所以藥天下萬世于無窮者也。學者倘有意于善利之辨，不可一日不三復是詩。」

問：「仁者以天地萬物爲一體，何墨氏兼愛不得爲仁？」曰：「且先看這『體』字。孟子曰：『人之於身也，兼所愛則兼所養也。』無尺寸之膚不愛焉，則無尺寸之膚不養也，所以考其善不善者，豈有他哉？于己取之而已矣。體有貴賤，有小大，無以小害大，無以賤害貴，養其小者爲小人，養其大者爲大人。可見一體之中自有差等，善養體者自當有辨，豈可概曰兼所愛兼所養哉？楊氏爲我，唯知有我，舉親與民物而置之度外，是不知養身之說也，固不得謂之仁也。墨氏兼愛，愛無差等，舉親與民物而混之無別，是徒知養身而不知考其善不善之說也，亦不得謂之仁也。『體』之一字不明，又何論以天地萬物爲一體哉？吾儒之于天地萬物痛痒，原自相關等殺又自有辨，固不忍置親與民物于度外，亦不忍混親與民物于無別，故曰：『親親而仁民，仁民而愛物。』何等惻怛！何等斟酌！是知養身而又知善養其身之說也，如此纔與孟子論『體』字之意合，故曰『仁者以天地萬物爲一體』。知『體』之一字之意，則知仁矣，知仁則知所以『孳孳爲善』矣。故曰：『孳孳爲善者，舜之徒。』又曰：『能言距楊墨者，聖人之徒也。』學者必嚴於楊墨之辨，而後謂之『孳孳爲善』，而後謂之『舜之徒』。不然，爲利者無論，即爲善者而擇術不精，雖日孳孳欲至于舜，曷繇哉？」

「親親」「仁民」「愛物」，不是仁者分外事，亦不是仁者向外馳求，是良心自然不容已處，正所謂天地生生之心也。人得此心，遇親自然知親，故曰：「孩提之童無不知愛其親，稍長，無不知敬其兄。」遇民自然知仁，故曰「今人乍見孺子將入于井，莫不有怵惕惻隱之心」。遇物自然知愛，故曰「吾不忍其觳觫」。這原都是自然的良心，不待勉強，不容矯飾，正所謂天地生生之心也。只是後來物欲陷溺，遂失了良心，所以不惟不知愛物，不知仁民，雖至親亦不知親矣，此後來陷溺之過，非本來無此良心也。「仁者以天地萬物爲一體」，不過復還此良心耳，豈是分外事？豈是向外弛求乎？至「親親」「仁民」「愛物」間親疏厚薄，亦都是自然的差等，豈止親與民物有辨，雖親親之中亦自有辨。故曰：「親親之殺、尊賢之等，禮所生也。」豈仁者有心分別于其間哉？但學者不察仁者本來痛痒之心，而徒執仁者後來等殺之跡，于是妄分彼此，妄樹藩籬，將仁者以天地萬物爲一體之心一切抹殺，毋怪乎逃墨而歸楊，以便其自私自利之圖也，故學者不明乎天地萬物一體之說，雖堯舜與居，亦不能使之逃楊而歸儒矣。

楊氏爲我，不是後人這樣爲我，但只是懲世人馳騖之病，欲率天下爲近裏著己之爲，而不知其「親親」「仁民」「愛物」，正是自家近裏著己的工夫，非馳騖于親與民、物間也。丟過親與民、物，而只爲我，視天下國家事全與我不相干，成何世界？故曰「無君」。故孟子不得不嚴爲之辨，至于他一段痛痒相關之心，亦自不可泯。不然，何不以其道自私，而思以其道易天下也？觀于思以其道易天下，可見一體之心，即楊氏亦未盡泯，特楊氏不自知耳。看後世之「爲我」者，即以爲我之道自私，而不以爲我之道公之天下，全無痛痒相關之意矣，豈可與楊氏「爲我」並論。至于墨氏兼愛，亦未嘗不是，但只是不該丟過親親，專去仁民愛物，非謂民遂可不仁，物遂可不愛也。丟過「親親」而言「仁民」「愛物」，如無源之水，如無根之木，根源處既薄了，更說甚別處厚不厚，故曰「無父」。故孟子亦不得不嚴爲之辨。然墨氏雖薄待其親，而親親之良心亦未嘗泯。不然，何夷子一聞顙泚之說，即憮然動心也。觀於憮然處，可見一體之心，即墨氏亦未盡泯，特墨氏不自知耳。後世學者不察其墨氏丟過親親之非，而遂謂民不必仁，物不必愛，舉親與民物俱置之度外，而曰我不爲墨，是又自私自利之尤，尤楊氏之所不與者也，可勝慨哉！楊、墨思以其道易天下，而孟子又思以其道易楊、墨，此又是孟子痛痒相關、不自私自利處，故孳孳爲善者，當於痛痒相關、不自私自利處爲之，可也。

問：「楊斛山先生大節凜凜一代，不知何修至此？」曰：「先生學問亦從『鷄鳴孳孳爲善』一念來，觀其詩有云：『病潛隱處最難醫，拔去深根思匪夷。舜跖相懸初未遠，差之千里自毫釐。』又云：『一原萬象皆同有，要把心從此處知。善到公時多少大，須知無我是無私。』觀此則先生生平大節蓋有所本云。」又問：「病潛隱處是何病？」曰：「正指私己之病。」

私己之病亦有不同。私己之利，其病粗而顯；私己之善，其病細而隱。必不私己之善，而後謂之善，而後不謂之利。朱晦翁曰：「許多紛紛都從一『我』字生出來，此字真是百病之根，若砍不倒，觸處作災怪也。」薛文清亦曰：「人所以千病萬病，只爲有己。爲有己，故計較萬端，惟欲己富，惟欲己貴，惟欲己安，惟欲己樂，惟欲己生，惟欲己壽，而人之貧賤、危苦、死亡一切不恤，由是生意不屬，天理滅絕，雖曰有人之形，與禽獸奚以異？若能去有己之病，廓然大公，富貴、貧賤、安樂、生壽皆與人共之，則生意貫徹，彼此各得分願，而天理之盛有不可得而勝用者矣。」由此觀之，則二先生之學可知。若不於此處究心，而曰我學晦菴，我學文清，吾豈知之哉！

私己之病總只是一「忌」字作祟，有以小人而忌君子者，忌其勝己也；有以君子而忌君子者，忌其並己也。小人之忌君子，明爲排擠毁謗；君子之忌君子，陰爲化導轉移。故以小人而忌君子，不惟天下人知小人之忌君子，即君子亦知其彼之忌我也，必然避之防之，而君子猶得爲君子。惟以君子而忌君子，不惟天下人不知君子之忌君子，即君子亦不知其彼之忌我也，方且信之從之，而君子漸化爲小人。由是觀之，君子之忌君子，其流毒貽禍視小人更深且遠也。雖然，小人無論矣，既謂之君子，而猶有此忌人、並己之心，則何以謂之君子？嗚呼，「孳孳爲善者」固當自克其忌人之心，亦慎毋爲忌人者所化導而轉移也哉！

人人能克去「私己」二字，便是青天白日心腸，便是海闊天空度量，便是光風霽月襟懷，便是天清地寧世界，何等瀟灑！何等快樂！故曰「善」，故曰「舜之徒」。

丙申仲冬十有一日，余與諸君子講學寶慶寺，講間或問及舜跖善利諸章，諸君子各攄所見，互相發明。余不肖僭爲折衷之，雖體認之功未逮，而心思意見亦既竭矣。會之明日，漫作此圖，而係之以說，至于說之所不能盡者，復録數則附于後，大抵皆會中講語，而稍爲文飾之者也。録成，因書此以自勗，併以請正于諸君子。

善利圖說跋

顧唱離

夫善利之剖，歧遠矣，而其乍剖處在幾微芒忽間，倘盱其微而忽之，將欹其鵠而赴之，有不步跖之武而雁其行者，鮮矣。即或作意修持，氣索中道，旋而自解曰：「吾縱不得上儷於舜，亦豈得下齊於跖乎？」是謂人間世有不舜不跖之善人也。以不舜不跖爲善，曷異持娵娃之毳，索賴於九戎乎？故善不悉微芒，終歸歧路，第君子知微，衆人瞀影，人而君子寧幾哉，則又安所馮矣。有我馮夫子者出，憫道統之陵彝，愴善途之眛昧，慨人心之謬醚，揭善利之説示天下，而復摹之以圖，使夫瞀影之輩有所馮而措趾焉。披圖展睛，便知若爲善，若爲利，若爲善而善，若爲善而利，擇精而赴猛，世遯而心敉，不至起眩微芒，旁馳千里。斯圖之攟精，何閟而注益，不既溥乎！嗟嗟，善爲貞宅，爲真主，乃忽而鑿一利竇，主反受綃受翳焉。直至瞻圖會臆沉智，始朗如飲消渴，以燭夜之㷋，坐久暍於爽颸之宇，回望欿顔，幾成蹶陷，不勝魄悸哉！而吾師畫圖之心亦不勝輪困而多戚矣。

萬曆己酉元旦，門人中吴顧唱離頓首撰

善利圖説跋

宜論

自昔未有以析舜、跖之途，乃始于子輿氏。子輿氏始析舜、跖之途，未有以闡兹象教，乃又始于少墟先生。至有象教，而先生之心滋戚矣。先生昔遊中秘，而代狩豐稜節誼固表表于時，要亦一本于正學，而不以標異濂、洛、關、閩之緒，則毅然以身荷之，庸能一日忘斯世，而世顧歧路爭馳也，于是始穆然爲是圖焉。無事汗牛充棟而聖狂燭于眉睫幾希，示諸掌上，蓋真非有道不能也。故雖以蚩蚩之氓，按形思義，曉然若執燭龍而示之途。有虞氏之芳躅，善反之則是矣。昔子輿氏獨晰其理，未晰其象。先生晰其象而併晰其理，亦大有不得已者在矣。若其詳則有先生之説與諸名公之序，具載于帙，余又何贅焉！

萬曆丙午季秋，華下後學宜論謹書

卷九

語録

太華書院會語序〔一〕

張㷲

㷲自虿歲即志學人，然自慚自痛，苦無以滌舊習而新之。荏苒歲月，止是舊人。當丁未冬，受諭華陰庠也，瀕別，安昌曹自梁即命㷲問道長安，蓋指馮少墟先生言也。抵任三月，爲戊申春，先生即偕六七同志有華嶽遊，蓋天作之合。聚講灝靈樓上，㷲得分一尺光，聽講「顏子不遠」之復及「樂水樂山」之旨，半生疑障，倏然頓撤，而華陰士之知講學亦始于此。五日，送先生別，錫有教言，二三子促㷲于四知書院，述先生宗旨。然觀先生後，寔難爲言矣。九月，以學憲檄徵㷲正學書院。夫正學書院在長安，緣是又得與先生遊，凡沉酣道德之圃者十月餘。明年己酉，返華陰，遂與崔公明府議改青柯坪之署爲太華書院。又明年壬子，先生復至其地，一時請北面者無慮數百人。斯道中天，意其在此。太華之西七十里爲華州，先生往來所必由，兩地門人録先生會講語梓之，屬不佞㷲序其端。

㷲讀先生語，皆言盡性，蓋惟是問學淵源清而不溷，而後可以施之實用，爲正大光明之業，猶記灝靈樓之講率性章也。㷲曰：「人惟有率有不率，故聖人修道以立之教。」先生稍不然之，良久云：「性無有不率者，人皆率性，而盡性者寡耳。」

〔一〕光緒本此文在卷八末，今移此。

歸來沉思，始知天下之人果無有不率性者。蓋率性即是良知，良知無人不有，率性無時不然，孩提而知愛，稍長而知敬，率性也；乍見而惻隱起，嘑蹴而羞惡起，亦率性也。率則心有所不及思，而明有所不及用，即率之人不知也。人惟見方然，而復不然，則以爲此率而彼不率矣，然而實非也，如小人閒居爲不善，夫爲不善可矣，如何必於閒居？閒居爲不善可矣，如何又厭然於見君子？不但誤爲處必有羞慚，即故爲處亦必有遮揜。一語窮而舌遁，一揖失而面赤，一存注之不良而轉睛顧眄之不能隱，是誰致之而然也？人性本善，則有不善者，自無所容，而爲之者乃其惡之者也，率性也。噫，人亦何時而不率其性也哉！今會語中言性亦悉矣，同志者試讀一過，寧得有再疑之性乎！

今且請與同志約士君子，上下千古自盤古而至今始有我，混同六合，收萬有而爲一。惟是我，始有我也，我不可負；惟是我也，我不可辭。邵子所謂生一，一之人，當兆人之人者，豈非聖乎！聖也者，人之至也。人之至者，始得謂之人之人也。惟聖人而始得爲人中之人，則不至于聖而爲人中之非人也亦宜。然聖人盡性而已，性無涯充之滿，則聖人性無欲滅之盡，則聖人爲其所不爲，欲其所不欲，是謂拂己之性。拂己之性不智，既拂己之性而又終墮爲人中之非人尤不智，是千古以來之虚生我，而六合以内之空有我也，是望于賢者思之而已。

萬曆癸丑夏四月，蒲坂張煇謹書

太華書院會語

夫子論大人學術至於治國平天下，子思論至聖功業至於贊化育參天地，此豈過爲推尊，過爲鋪張？若曰不如此不足以滿大聖之分量，不如此不足以樹承學之標的耳。而或者見其學術功業如此，又逡巡畏縮不敢當，以大人至聖爲不可幾及。嗚呼，益失夫子、子思意矣！故孟子不得已又曰「大人者，不失其赤子之心」。又曰「聖人先得我心所同然」。若曰大人之學術雖如此其大，初非有加於赤子之心；至聖之功業雖如此其偉，不過先得我心所同然耳，豈真不可幾及哉？又何逡巡畏縮以爲不敢當也？後世道學不明，只是學者看得聖人太高，自己太卑，吾輩果能信此，又何患不到大人聖人地位。或曰：「信得此，遂可不用學問功夫而頓入聖域乎？」曰：「不然。世之不信學不用功者，正坐不信得此耳。若果信得此，自然不逡巡畏縮，自然肯用學問功夫。且信得此學問功夫，纔有頭腦，纔得不差，世豈有不用功夫而頓入聖域之理耶！」

蒲阪張去浮署諭華陰，一時士習勃然興起。今歲戊申春莫，余偕同志馮翊王惟大郡丞、華下宜化汝刺史、長安劉孟直郡丞、咸寧楊工載進士、西安周淑遠大參及門人數十人爲華嶽之遊，而去浮率闔學諸友邀余講學于嶽廟之灝靈樓，虚往實歸，此遊可謂不徒矣。瀕別，去浮出此卷索余書，余因書此俟[一]教，此即連日與諸公所講大旨，無他奇也。書完，復書遊華二律于後，並博一粲：

徵會來蓮嶽，良朋喜共遊。白雲時去住，野鳥自夷猶。雨霽千巖翠，春深萬木稠。山靈真有待，吾道重千秋。

青柯亭榭倚山隈，喜見儒冠濟濟來。心性源頭須有辨，睹聞起處豈容猜。三峰直欲淩霄漢，九曲常看浸草萊。此會莫言閑眺玩，百年道運自今開。

往戊申春，余與諸同志講學太華山，會語偶因病未及録，故止存書去浮卷數語耳。今壬子春莫，復與去浮、惟大、化汝、叔尚及華下高宜卿太守、馮元皞刺史、袁文禎明府，華陰屈湛虚運長，咸寧任以忠明府，西蜀譙用錫、胡國柱，延安趙爾承司訓及門人百餘人會於太華書院，盤桓十數日始歸。歸來，因録其語以應索者，中亦有上會所講而未及録者，亦併録之，同志者幸有以教我。

聖賢學問全在知性，有義理之性，有氣質之性。如以義理之性爲主，則源頭一是，無所不是，情也是好的，故曰「乃若其情，則可以爲善矣」；才也是好的，故曰「若夫爲不善，非其才之罪也」。若以氣質之性爲主，則源頭一差，無所不差，情也

[一] 光緒本原作「似」，據四庫本改作「俟」。

是不好的，爲恣情縱欲之情； 才也是不好的，爲恃才妄作之才。今不在性體源頭上辨別，而或曰「性是善的，情是不善的」。或又曰「情是善的，才是不善的」。只在末流上辨別，紛挐盈庭，何有了期？

問：「氣質之性自宋儒始發之，孟子道性善，何曾言及氣質？」曰：「孟子何曾不言氣質？如『動心忍性』之性，『性也有命焉』之性，都是就氣質說。第學者只當以義理之性爲主，氣質之性存而不論可也。曰『忍』曰『不謂』，何等詞嚴義正！」「忍性」之「性」、「性也」之「性」是氣質之性，人與禽獸同。若教他「忍」，教他「不謂」，則禽獸便不能矣。禽獸不能，而人能之，正謂人有此一點義理之性耳。故曰「人之所以異於禽獸者幾希」。

自宋儒氣質之性之說出，而孟子性善之旨益明。蓋人之清濁厚薄豈止三品？蓋有什佰千萬而無算者，皆是氣質。若義理之性，人人都是同的，那有兩樣，人性之皆善，于此益信。

乾以大生，坤以廣生，天無不覆，地無不載，此天地之性善也。若論氣質，則天一屬氣，便不免有旱澇；地一屬質，便不免有肥磽，然則天地亦有性善有性不善哉？惟不言氣質而言義理，則爲物不貳，生物不測，天地之德，孰大于此？又何旱澇肥磽之足言也？觀天地則知人矣。

問：「孟子言性善，亦只說得情一邊，性安有善之可名？」曰：「性體無聲無臭、不睹不聞，原不可名，第觀於情之善而性之善始可得而名耳，故曰：『乃若其情，則可以爲善矣，乃所謂善也。』觀於石中有火，擊之乃見，則知火在石中，雖不擊亦有；觀於洪鐘有聲，叩之始鳴，則知聲在鐘中，雖不叩非無。知擊之有火，叩之有聲，則知情；知不擊之火，不叩之聲，則知性矣。此正孟子所以善言性也。」

問：「今人見孺子而怵惕，此固自然而然矣。如見美色而心蕩，見金銀而心動，抑豈勉然而然耶？孟子以情之自然而善者驗性之善，而或亦以情之自然不善者驗性之不善，不知孟子何以爲辭？」曰：「孟子正見彼以情之自然不善者驗性之不善，故不得已亦以情之自然而善者驗性之善耳，不知彼亦何以爲辭？」

問：「見孺子而怵惕，見觳觫而不忍，此固以情之自然善者驗性之善。如見美食而思嗜，見好色而思好，彼亦以情之自然不善者驗性之不善。可見性有善有不善矣，而孟子專言性善，何也？」曰：「如有二人於此，一人見孺子而怵惕，見觳觫而不忍，見美食而不思嗜，見好色而不思好；一人見美食而思嗜，見好色而思好，見孺子而不怵惕，見觳觫而不不忍，則謂性有善有不善則可。今以見孺子而怵惕，見觳觫而不忍之人，一旦見美食見好色，固未有不思嗜思好者，以此驗人性之有不善，似是。不知以見美食而思嗜，見好色而思好之人，一旦見孺子見觳觫亦未有不怵惕惻隱者，以此驗人性之皆善，又何疑焉？孟子以氣質中之義理，斷人性之皆善；而告子以氣質中之氣質，斷人性之有不善，是告子徒知氣質之性而不知義理之性也。孟子曰：『告子未嘗知義。』余亦曰：『告子未嘗知性。』」

告子曰：「食色性也。」甘食悅色是天生來有的，故曰「生之謂性」。既以食色爲天性爲自然，則必以仁義爲人爲爲矯強，所以有以人性爲仁義之說。不知仁義亦是天生來有的，原是天性，原非人爲，原是自然，原非矯強。且不必別言仁義，即就告子「食色性也」，折之而彼自豁然，彼亦無辭。如甘食性也，即甚甘食之人而語之曰汝饕人也，則必羞；悅色性也，即甚悅色之人而語之曰汝淫人也，則必惡。可見羞惡之心，人皆有之。可見仁義亦是天生來有的，非人爲，非矯強也，豈以人性爲仁義哉！孟子從六陰既剝之後，指點出一點微陽，真有功於世道人心不小。

六經、四書千言萬語總只是教人爲仁義。告子欲抹殺其言，又不好說仁義不該爲，又不好說爲仁義者之非，而第曰「以人性爲仁義」。人性天生來無仁義，教人爲仁義是戕賊人性，而教以僞也，如說好個老僕被人教壞之類。此言出，則六經、四書千言萬語皆絀矣。無形之錟烈於嬴火，不令之禁甚於佹胄。

問：「孔子惓惓於『學』字、『慮』字，而孟子云不學不慮，何也？」曰：「告子以食色爲不學不慮之良知良能，故謂之性；而以仁義爲學而後能，慮而後知，非不學不慮之良知良能，故不謂之性，故曰：『以人性爲仁義。』不知食色固是不學不慮的，仁義亦非待學待慮的，如孩提知愛，稍長知敬，待學邪？不待學耶？待慮耶？不待慮邪？『親親，仁也；敬長，義也。無他，達之天下也。』可見仁義是不學不慮，人性中天生來自然有的，彼六經、四書千言萬語，惓惓教人學、教人慮，惓惓教人爲仁義，不過教人各自盡其性之本有，各自率其性之所自然耳，豈以人性爲仁義哉？彼以食色爲性，以甘食悦色爲盡其性之所本有，爲順其性之所自然，而此以仁義爲性，以愛親敬長爲盡其性之所本有，爲順其性之所自然，則以人性爲仁義之說不攻自破矣。此孟子不得已而有不學不慮之說也，正所以發明當學當慮之意也。」

告子「食色性也」謂之曰性，若曰人之所不學而能者，其良能也；所不慮而知者，其良知也。孩提之童無不知甘其食也，及其長也，無不知悦其色也。甘食性也，悦色性也，無他，達之天下也。故孟子不得已亦曰：「人之所不學而能者，其良能也；所不慮而知者，其良知也。孩提之童無不知愛其親也，及其長也，無不知敬其兄也。親親，仁也，敬長，義也。無他，達之天下也。」如此則孟子仁義性也之說，不惟別人心服，即告子亦心服矣。從告子之論性，則甘食悦色，無仁義以爲隄防，人人以縱欲爲真，以循理爲僞，其究也至於爲禽爲獸。從孟子之論性，則愛親敬長，即食色亦協天，則人人以循理爲是，以縱欲爲非，其究也可以爲聖爲賢。性學一差，毫釐千里。歐陽公謂教人，性非所先，誤矣，誤矣。

歐陽公謂教人性非所先，是吾性中真無仁義，而告子以人性爲仁義之説是矣。不然，何故歐公並性亦不敢言。孟子以孩提知愛、稍長知敬驗仁義，正以仁義不可言，姑就知愛、知敬處言之耳。故曰：「天下之言性也，則故而已矣。」又不可以平常知愛、知敬言，而以孩提稍長言，正以孩提稍長非由學且慮耳，故曰：「故者，以利爲本。」這個性體，當人初生時，天即命之完完全全，無少虧欠。只是待孩提稍長時纔露其端耳，由其端而窺其體，可見此性體也，湛然無一事，而事事皆其所根柢，而又不得其所以根柢之自。澄然無一物，而物物皆其所範圍，而又不得其所以範圍之原。一腔而乾父坤母，一息而物與民胞，此之謂義理之性，而非氣質之性所能囿也。學能悟此，則道心爲主而德性用事，情與才善則俱善，若不能悟此，則人心爲主而氣質用事，情與才不善則俱不善矣。此孟子道性善所以大有功於後學也。

問：「變化氣質之氣質與氣質之用小之氣質同否？」曰：「不同。變化氣質之氣質就不好一邊説，所以要變化。氣質之用小之氣質就好一邊説，只是不可恃他好，所以要學問。」

德性人人都是有的，只是被氣質埋沒了，所以德性不能用事，須是要變化氣質，氣質變化後德性纔現，方纔説得涵養。然則如何去變化？如何去涵養？曰：「在講學。」

問：「變化氣質之氣質就不好一邊說，則吾既得聞命矣。若氣質之用小就好一邊說，不知既就好一邊說，便是義理矣，如何尚謂之氣質邪？」曰：「善哉問！此處最微妙，如見孺子而怵惕，此義理之性也，若不識其端而擴充之，則怵惕亦氣質耳；息夜氣而幾希，此義理之性也，若不識其機而培養之，則幾希亦氣質耳；孩提知愛，稍長知敬，此義理之性也，若不乘此未雕未琢之天，而加以入孝出弟之功，則知愛、知敬亦氣質耳。」「然則如何以義理之性亦謂之氣質？」曰：「謂義理之性乘氣質以發露，而不由學問之功也，謂靠天而不靠人，恐在人之功夫疏，併在天之端倪亦不可保也，故曰氣質之用小，學問之功大。學者若加學問之功，無論幾希之夜氣不爲知誘，即旦晝之仁義亦可永存，無論孩提之知能不至物化，即終身之孝弟亦可參天，豈不併氣質而亦爲義理也哉！氣質之用小，學問之功大，真聖人不易之言也。」

天命之謂性，性即理也，此破天荒語，此「性」字不是泛說。若曰此「中」字乃天命之性，「中」字自堯始發之，故曰：「堯得統於天。「率性」者，率此中之性，故謂之道。若率其「過不及」之性，則不謂之道矣。「修道」者修其「過與不及」，而歸之中也，中原是天命之性，率性之道。修道者不過教人各自率其天命之性耳，豈拂人之性？豈強世之從也哉？

天命之性指「中」字說，雖不可露出此字，卻不可不知此意。今人只往高遠玄空處說，不知愈高遠愈差，愈玄空愈謬。「喜怒哀樂」二句，幾成聚訟，不知議論都是，但不該各執己見耳。方其未發，雖是未發，而真機何嘗一息不流行，「寂然不動」之中而「感而遂通」者自在，是未發者未發，而所以能發者不以未發而遂不發也。及其已發，雖是已發，而真體何嘗一息不凝固，感而遂通之時而寂然不動者自在，是發者發矣，而所以發發者不與之俱發也。「未發」是「已發」之源，「已發」是「未發」之流；「未發」是「已發」之根本，「已發」是「未發」之枝葉。本體雖是一貫，然源自是流之源，流自是源之流。根本自是枝葉之根本，枝葉自是根本之枝葉，脈絡尤自分明。雖有寂有感而實無寂無感，雖無寂無感而實有寂有感，彼判然分而爲兩者，是支離口耳之學，固不是。若茫然混而爲一者，是影響虛無之學，尤不是。

吾儒曰「喜怒哀樂之未發謂之中」，異端欲抹殺「未發」之說，則曰人一生都是發的，那有「未發」之時？吾儒曰「發而皆中節謂之和」，異端欲抹殺「已發」之說，則又曰人一生都是「未發」的，那有「已發」之時？吾儒曰「不睹不聞」，異端又欲抹殺不睹不聞之說，則又曰有睹睹明，無睹睹暗，有聞聞喧，無聞聞寂，那有不睹不聞之時？「未發」也，無「未發」之時；「已發」也，無「已發」之時；不睹不聞也，無不睹不聞之時。一切俱無，無無亦無，將吾儒之言一切抹殺，此正異端巧於害道處，吾儒不察，而以彼之說解我之旨，此所以聚訟紛紛而不可窮詰也，悲矣！

睹明聞喧說得通，睹暗聞寂無此理矣。不論理之有無，只管往玄妙處說，此異端所以害道。或曰：彼原以理爲障，所以不論理之有無耳。彼法原自如是。

吾儒曰無動無靜、無寂無感、無顯無微，「無」字說得最圓活最輕省，所以爲妙。異端亦曰無動無靜、無寂無感、無顯無微，「無」字說的太重濁太死煞，所以誤人。

問：「『未發』之中，說者以爲非時，蓋指性體言也，不知是否？」曰：「未發原是指性體言，第不可抹殺『時』字，何也？本文明白說喜怒哀樂，正見得人有有喜怒哀樂之時，亦有無喜怒哀樂之時耳。當無喜怒哀樂之時就是『未發』，當有喜怒哀樂之時就是『已發』，道理本自明白，而好奇者必欲抹殺『時』字，到底又抹殺不得，真足奇矣。」

問：「『未發』之中，『已發』之和，不得從功夫來，如何能至此？」曰：「此二句俱是泛就本體見成說，功夫當在言外。若曰『未發』謂之中，固矣。若平日不加戒懼之功，則胸中一團茅塞，縱暫時休歇，終難語廓然大公之體，其何以養『未發』之中？『已發』謂之和，固矣。若平日不加慎獨之功，則胸中一團客氣，縱勉強應酬，終難語物來順應之妙，其何以得中節之和？此戒懼慎獨之功，所以不容已也。若不加功夫，而第曰本體如是如[一]是，則中和自中和，而我自我也，亦足惜矣。」

自虞廷言「中」，而學者多以發而皆中節之和當之，不知道理有個所以中節處，不在發時。當喜怒哀樂之未發，而此理已具矣，此時說個不偏不倚，真是不偏不倚；說個無過不及，真是無過不及。虞廷之所謂「中」，正指此耳。雖不睹不聞而天下事卻件件離不得，無其跡而有其理，故曰「天下之大本」。孔子知天命，知此者也。曾子「止至善」，止此者也。孟子

[一] 光緒本原作「始」，據萬曆丁巳浙江本、天啟本、四庫本改。

「道性善」，道此者也。善哉乎！朱子之推言之也，曰：「問渠那得清如許，爲有源頭活水來。」又曰：「等閒識得東風面，萬紫千紅總是春。」學問透悟乎此，是從先天未畫處立根，故曰「立天下之大本」。此是無聲無臭的道理，不是子思點破，令人何處尋討？

道理只是平常，如喜怒哀樂是人人有的，時時有的，「未發」便謂之「中」，「發而皆中節」便謂之「和」，從大家日用常行間指點出天命率性無聲無臭的道理，何等平常，何等玄妙！何等玄妙，何等平常！

喜怒哀樂未發之中，此千古聖學之原，故豫章延平靜中看喜怒哀樂未發氣象，說者謂「得伊、洛真傳」。而佞佛者妄肆譏評，曰：「未發是一念不起時也，以一念不起之中，忽起一看氣象之念，便是起念，便是發，且既云未發矣，氣象在何處？既有氣象矣，又何云未發？」令學者茫然無以應。不知如可喜可怒可哀可樂之事，一時未感，我安得無故起念？就此一時喜怒哀樂之念未起，故謂之「未發」耳，非一概無念，一毫功夫無所用而後謂之「未發」也。試看此「未發」時氣象，何等湛然虛明！是湛然虛明正此「未發」之氣象也，安得說未發矣，而氣象在何處？以一念不起之中，縱忽起一看氣象之念，不謂之發，何也？謂所起者戒慎恐懼之念，而非喜怒哀樂之念也，安得說既有氣象矣，又何云「未發」？「未發」功夫不是面壁絕念，求之虛無寂滅之域，只凡事在平常無事時預先將性命道理講究體認，戒慎不睹，恐懼不聞，只在性體上做功夫，使心常惺惺，念常亹亹，時時討得湛然虛明氣象，便是「未發」用力處，亦便是「未發」得力處，如此有不發，發皆中節矣。非以一概無念爲「未發」，以靜中看未發氣象爲起念，爲發也。豫章延平得伊、洛真傳，正在于此，安得援儒入佛而妄肆譏評耶！

佞佛者曰：「以一念不起之中，忽起一看氣象之念，便是起念，便是發。」以此抹殺吾儒之說。不知以活潑潑地之中，忽起一虛無寂滅之念，獨不謂之起念，獨不謂之發乎？且有念，念也。有無念之念，亦念也。念必不能無，而必於無，即此必於無念之念，其病尤甚於有念也。如此即佛氏亦自說不去矣，而反以此詆毀吾儒，不亦悖乎！

未發是一念不起時也，若起一用功之念，便是發，如何還說得未發。信斯言也，則未發時一毫功夫無處用矣。未發則功夫無處用，已發則功夫又不及用，如此將功夫一切抹殺，只憑他氣質做去，喜怒哀樂如何能中節！

不惟氣質之性憑他不得，即義理之性亦憑他不得，如不忍觳觫，不屑嘑蹴，豈不是義理之性？若不於此時加學問功夫，則自起自伏，旋生旋滅，如何算得？故孔子開口先拈一「學」字，其旨深矣。

問：「人性皆善，『善』字何以解？」曰：「凡有益於天地萬物者，皆謂之善。凡無益於天地萬物，有損於天地萬物者，皆謂之惡。孔子言『明德』，便言『新民』。子思言『中和』，便言『位育』。離過人説不得善，離過與人説不得爲善，故曰：『君子莫大乎與人爲善。』物之善群者，莫如羊，『善』字從羊從言，古人製字之意遠矣。」

問「孟子三個『幾希』字同否」。曰：「『人之所以異於禽獸者幾希』，指天命之初，至善之本體而言也；『其所以異於深山之野人者幾希』，指君子存之之後，到聖人地位者而言也；『其好惡與人相近也者幾希』，指庶民去之之後，猶有一點可存之生機而言也。三處自是不同。『幾希』二字猶諺云『差不多些』，非如老子所云『視之不見曰夷，聽之不聞曰希也』。所以差不多者，只是這些子一點靈明處異於禽獸耳。人之所以異於禽獸者，惟此這些子。聖人之所以異於塗人者，亦惟此這些子。這些子原是視之不見聽之不聞的，只是不可竟以視之不見聽之不聞解『幾希』二字耳。」

吾儒言這些子一點靈明，佛氏亦言這些子一點靈明。佛氏所謂這些子一點靈明，指目之知視、耳之知聽、飢渴之知飲食的這個而言，即告子生之謂性之説，指生死之生而言也。吾儒所謂這些子一點靈明，指視之能明、聽之能聰、飲食之能知味的這個而言，即孟子人性皆善之説，指生理之生，不專指生死之生而言也。言一點靈明處雖同，所以言一點靈明者則異，不可不辨。目之知視、耳之知聽、飢渴之知飲食，人與禽獸何異？惟是視之能明、聽之能聰、飲食之能知味，人始異於禽獸耳。異端言性指人與禽獸同處言，吾儒言性指人與禽獸異處言。異處只是這些子，故曰「幾希」。「幾希」云者，危之也。

惟異端言性，指人與禽獸同處言，所以自誤，所以誤人。

異端言性，亦不曾直以目之知視、耳之知聽、飢渴之知飲食爲性，而以目之所以知視、耳之所以知聽、飢渴之所以知飲食的這個言性。吾儒亦不曾直以視之能明、聽之能聰、飲食之能知味爲性，而以視之所以能明、聽之所以能聰、飲食之所以知味的這個言性。所以能明能聰能知味的這個性體，原是無聲無臭、不睹不聞的，在虞廷謂之「道心」，在孔子謂之「至善」，在子思謂之「未發之中」，此理之根也。所以能視能聽能飲食的這個性體，亦是無聲無臭、不睹不聞的，在老氏謂之「谷神不死，是謂玄牝，玄牝之門是謂天地根」。在佛氏謂之「有物先天地，無形本寂寥，能爲萬象主，不逐四時彫」，此欲之根也。然則何以爲欲之根？曰只推究所以能視能聽的源頭，而不推究其所以能明能聽、該視不該視、該聽不該聽的源頭，如此則任視任聽，縱耳縱目，適己自便，何所不爲？故曰此欲之根也。源頭一差，何所不差。

目能視，而所以視能明之理即視而在；耳能聽，而所以聽能聰之理即聽而在；口能飲食，而所以飲食能知味之理即飲食而在。惟提出所以能明能聰能知味之理，則不離視聽飲食，而視聽飲食皆屬天則，若丟過所以能明能聰能知味之理，而單言視聽飲食，則視聽飲食便屬人欲。此段論本體

目能視，而所以視能明之理即視而在，盡其所以能明之理則無視非明，而目之形踐；耳能聽，而所以聽能聰之理即聽而在，盡其所以能聰之理則無聽非聰，而耳之形踐；口能飲食，而所以能知味之理即飲食而在，能盡其所以知味之理則無飲食非正味，而口體之形踐。故曰「形色，天性也」。惟聖人然後可以踐形。此段論功夫

慈湖己易云：「目能視，所以能視者何物？耳能聽，所以能聽者何物？手能運用屈伸，所以能運用屈伸者何物？足能步趨，所以能步趨者何物？目可見也，其視不可見；耳可見，其聽不可見；手足可見，其運用步趨者不可見。其可見者有大有小、有彼有此、有縱有橫、有高有下，不可得而一。其不可見者不大不小、不彼不此、不縱不橫、不高不下，不可得而二。視與聽若不一，其不可見則一；運用步趨若不一，其不可見則一。是不可見者在視非視，在聽非聽，在運用屈伸非運用屈伸，在步趨非步趨。視如此，聽如此，運用如此，步趨如此；晝如此，夜如此，寐如此，寤如此；古如此，今如此，萬如此，一如此，聖人如此，衆人如此」云云，此段話說全是禪宗。

然則如何是吾儒宗旨？曰：「只消更一字，視能明，而所以能明者何物？聽能聰，而所以能聰者何物？手能恭，而所以能恭者何物？足能重，而所以能重者何物？目之視可見也，而視之所以能明者不可見；耳之聽可見也，而聽之所以能聰者不可見；手足之運用步趨可見也，而所以能恭能重者不可見。其可見者有大有小、有彼有此、有縱有橫、有高有

下，不可得而一。其不可見者無大無小、無彼無此、無縱無橫、無高無下，不可得而二。視聽若不一，其不可見則一；運用步趨若不一，其不可見則一。是不可見者在視非視，在聽非聽，在運用屈伸非運用屈伸，在步趨非步趨。晝如此，夜如此，寐如此，寤如此；古如此，今如此，萬如此，一如此，聖人如此，衆人如此」云云，如此發揮便是吾儒宗旨。嗚呼！安得起敬仲於九原而爲之一提醒也。

問「無意」。曰：「『無意』二字說得本體，說不得工夫；說得成功，說不得用功。如見孺子而惻隱，見觳觫而不忍，有意乎？無意乎？原是無意。如到大而化之之聖，聖而不可知之神地位，有意乎？無意乎？亦原是無意。故曰：說得本體，說得成功。若用功須是誠意。蓋人性皆善，善念人人都是有的，然必誠之又誠，以至於至誠之能化，則無意矣。誠意到渾化無意處，纔是誠，纔謂之成功，纔合得本體。若不用誠意功夫，而執定無意爲宗，則功夫無實落下手處，何時得到聖人無意地位，不過空談本體以自寬心耳。」

論語「毋意」「意」字與大學「誠意」「意」字微有不同。「誠意」「意」字指一念而言，「毋意」「意」字指事未至，而自家先立一個主意而言，如適莫信果之類，原不是不好的，只是這個主意預先立不得，故曰「毋意、毋必、毋固、毋我」。

問：「上蔡云：『心本一，支離而去者乃意耳。』所以慈湖以『無意』爲宗？」曰：「念未起之前，心本一，但念既起之後，便有善念有惡念，所以說支離而去者乃意耳，非概謂念既起之後全是惡念，全無善念也。上蔡之言原自圓活，今泥支離而去之說，一概要無意，不知一念而惡，無意可也。倘一念而善，亦無意，可乎？人心原是活的，有無念之時，亦有有念之時，有起惡念之時，亦有起善念之時，豈有一概無意之理！論本體原如是，論功夫但當於起念之時，看是善念，就要著實擴充。看是惡念，就要著實克治，豈有一概無意，任其所發而不爲點檢之理？此不待辨而自明者也。」

或曰：「有意爲善，雖善亦私，何也？」曰：「有意爲善，如自欺之意，原是不該有的，故謂之私。若自慊之意，原是不可無的，豈可謂之私？若克治自欺之意，圓滿自慊之意，此意正不可一日無者，可概曰無意，無意哉？若無自欺之意，而併無自慊之意，一切總歸於無，是懲其有意爲善，而併不爲善也，無此理矣。」

「心本一，支離而去者乃意耳。」與有意爲善，雖善亦私之説，俱説得極是，只是不該一概以意爲支離，一概以爲善者爲有意耳。若一概以意爲支離，其勢必至於滅意；一概以爲善者爲有意，其勢必至於令人不敢爲善。至於令人滅意而不敢爲善，又將何所不至哉！

問：「此心一念發動處謂之意，但發動處有善念有惡念，如是善念誠可也，如是惡念亦誠可乎？大學何以云『誠意』？」曰：「人心一念發動處有善念有惡念，有善念亦自有好善之念，有惡念亦自有惡惡之念。善念與好善之念一時並起，惡念與惡惡之念亦一時並起。善念與惡念對言，好善之念與惡惡之念不對言，何也？好善之念固善念，惡惡之念亦善念也。如起一善念，即當爲善，卻又不肯爲，是初念是而轉念非也。如起一惡念，復起一惡不當爲之念，遂不爲，是初念非而轉念是也，此就平常論意者言也。若誠意章卻置過善念惡念兩念對言的，只專以好善之念惡惡之念，就好念頭一邊説，所以意都是該誠的，都該説初念是而轉念非，又説不得初念非而轉念是矣。至於如惡惡臭，如好好色，則萬念總歸於一念，而其念不棼，末念止還其初念，而其念不轉。無爲其所不爲，無欲其所不欲。爲其所爲，欲其所欲，又何不自慊之有？如此則心本一而意亦復還於一，又何至於支離而去哉？又何必專言無意，而後使心之一者，不至支離而去也。自慊是誠其善念的妙處。小人閒居爲不善節，又是誠其惡念的差處。子問善念誠可也，惡念誠亦可乎？誠於中，形於外，此又爲誤誠惡念者之戒也，故曰：『欲誠其意者，先致其知。』」

心一也，自心之發動處謂之意，自心之靈明處謂之知，意與知同念並起，無等待，無先後。人一念發動方有善念，方有惡念，而自家就知道，孰是善念，孰是惡念，一毫不爽。可見意有善惡，而知純是善，何也？知善固是善，知惡亦是善也，惟此良知一毫不爽，所以有善念，便自有好善之念；有惡念，便自有惡惡之念。彼不誠其惡惡好善之意者，自家良知豈能瞞昧得？只是明知而故爲之，不肯致知耳。小人掩其不善以著其善，其於善不善之介，其於誠不誠之介，豈不分明？所謂有惡念，亦自有惡惡之念，只是小人不肯誠於惡惡耳。學者不必如何去做功夫，只是知惡之當惡，便如「惡惡臭」之惡以惡之，則知惡之知致而惡惡之意誠矣；知善之當好，便如「好好色」之好以好之，則知善之知致而好善之意誠矣，此誠意所以先致知也。「獨」字文公解曰：「人所不知，而己獨知之地也。」以「知」字解「獨」字，真得孔、曾之髓，而或以「自」字解「獨」字，則誤甚矣。

意有善念有惡念，而知善知惡之知，則非意念之所能蔽，超然獨存，與物無對，人之所以爲人，惟恃有此一點靈明耳。「由，誨汝知之乎？」「知」字與「是知也」「知」字同，正指此一點靈明處言之。若「知之爲知之」之「知」，便對不知而言，與「知之乎是知也」「知」字便不同矣。或以「知之乎是知也」「知」字作德性之知，極是；但以「知不知」「知」字專作聞見之知，亦太死煞。當云有知有不知者，吾心通塞之常，「知知」「知不知」者，吾心靈明之體，俱以吾心言方妥。蓋爲「知不知」「知」字不離聞見，而亦不滯於聞見故也。若提出德性之知，雖聞見亦德性，若專靠聞見之知，雖德性亦爲聞見用矣，此夫子所以直提德性之知以誨由也。夫人之心有通有塞，有明有蔽，而人心之知無通無塞，無明無蔽，所謂超然獨存，與物無對者，此也。太陽當天，幽隱畢照，盡掃浮雲，還我太虛。嗚呼！盡之矣。

問：「有善念便有好善之念，有惡念便有惡惡之念，可見意原是誠的，意本誠，何必更益之誠？」曰：「意本誠，無奈誠者之多僞也。明知善之當好，而不如『好好色』；明知惡之當惡，而不如『惡惡臭』。斧斤伐矣而猶不知防，牛羊牧矣而猶不知禁，可乎？於是不得不有求誠之功，是求誠之功正所以復本誠之體也，豈得謂之臆說？謂之揠苗？」

或又曰：「誠意之功爲無奈多僞者言也，倘斧斤不伐，牛羊不牧，原無多僞，何必更誠？」曰：「恃知善之當好，而不如『好好色』；恃知惡之當惡，而不如『惡惡臭』。雖未伐而不防斧斤，雖未牧而不禁牛羊，可乎？于是不得不有存誠之功，是存誠之功尤所以葆本誠之體也，又安得謂之臆說？謂之揠苗哉？」

意本自誠，不必更誠；心本自正，不必更正，是田苗本自發生，而不必更培植灌溉也，有是理乎？懲助長之病，而概以培植灌溉爲揠苗，其不至於苗則槁矣者幾希。講學不精，悮人不小。

意本自誠，心本自正，是本體。意本自誠，卻要還他個誠；心本自正，卻要還他個正，誠意正心是功夫。觀意本自誠，心本自正，可見正心誠意不是揠苗，不是以人性爲仁義。

意本自誠，卻要還他個誠，此「誠」字就念起之後言也。若念未起之前，不前定乎？誠則人性雖善，而牿之反覆，竊恐一日之間，善念少而惡念多，久之純是惡念，併此善念之少者亦無矣，又將何以誠之哉！故曰「靜中養出個端倪，方有商量處」。可見古人不惟誠此念於既始有念之後，抑且誠此念於未始有念之先。

古人惟誠此念於未始有念之先，所以一日之間善念多而惡念少，久之純是善念，併此惡念之少者亦無矣，其於誠意也，豈不尤易易哉？此子思子有「戒慎不睹」「恐懼不聞」之說也。養未發之中，正是誠意的源頭學問。

問：「心與意、性與情，何以分別？」曰：「性者，心之生理，非心之外別有性也。情者，性之動；意者，心之發。情者，性之發於外；意者，心之動於中。情如喜怒哀樂，必有所感而後動，或發而中節，或發而不中節，以其有情之可見也，故曰性之發於外。意者或外有所感而自家方動此意，或外無所感而自家忽動此意，以其只有此意而情尚未發於外也，故曰心之動於中。意正在情將發未發之間，最是聖學緊關處，不容草草。」

卷十

語録

太華書院會語

問「非禮勿視，非禮勿聽，非禮勿言，非禮勿動」。曰：「非禮不是難勿的，亦不是易勿的，必如孟子『先立乎其大，則小者不能奪也』，然後能勿；必如朱子『至明以察其幾，至健以致其決』，然後能勿。不然，『物交物則引之而已矣』，其孰能察幾而致決哉？孔顔之學原是由中以應外，而後世有異學者出，遂借由中之説，以開自便之門。若曰學在由中，不在制外，苟『先立乎其大』，心上有主，即視聽言動終日在非禮中，有而不有，有何墨礙？不然，心上無主，即閉門靜坐，終日在妄想中，無而不無，其爲非禮也多矣。況聖學一悟本原，則視聽言動自是圓妙，又何必一一在外面末節上點檢，以襲義外之學耶？嗚呼！心可匿而視聽言動不可匿，故托之乎心，令人不可揣摩。是不知『先立乎其大，則小者不能奪也』。今小者業已奪矣，而猶曰『我先立乎其大』，其孰信之？爲此言者，真小人而無忌憚之尤者也。伊川先生目擊此弊，不得已有制於外，所以養其中之語，故四箴中不曰『操之有要，心爲之則』，而曰『操之有要，視爲之則』。不曰『内惟靜專，發無躁妄』，而曰『發禁躁妄，内斯靜專』。句句是制外養中意，無一由中應外語。夫先生豈不知由中應外哉？謂不如此，不足以救異學之失，而塞小人自便之門耳。且聖學原是由中以應外，若中不得力，外何以應？故必制於外以養其中而後其中有主，其中得力，始能應外耳，是制於外正所以養其中也，『所以』二字最當玩味。主意原爲養其中，使由中以應外，豈徒制其外而已哉？先生識如此其高，言如此其妙，憂道救世之心又如此其苦，二句少一句不得，合而言之始得。孔顏千載不傳之秘或有主由中之說而著，論以非制外之語，是不知制外正所以養其中也。蓋亦不深於由中之義矣。」

既終日在非禮中矣，心上無墨礙否？何以知之？既終日閉門靜坐矣，心上有妄想否？又何以知之？且既終日在非禮中，便是墨礙，又何云無墨礙？肯終日閉門靜坐，便見無妄想，又何云妄想？此異端大言欺人語耳，自是逃不得識者。

問：「或有謂〔一〕『四勿』與『克己』無干者，有謂『克己』是本，『四勿』是末者，皆名儒語也，似非本旨。」曰：「然。『四勿』原是『克己』之目，那有本末之分，爲此言者，是混於異端之說而不自知者也，故不容不辨。」

問：「非禮即己也，是否？」曰：「不然。如言動之非禮即己還說得，若視聽之非禮，則非禮之聲色在外，我安得禁絕之？君子平其政行避人可也，豈有仁者而行避人之理？且非禮之聲色在外，不視之聽之，何以知其非禮非非禮？業已視矣聽矣，而猶云勿視勿聽，不亦晚乎？不知頭一視頭一聽，卒然而感，卒然而應，不謂之視聽。不視不聽，何以知其非禮非非禮？惟是一視之聽之，既知是非禮之聲色，就不該視聽，卻再要視聽，何也？雖自己亦看不過矣。勿視勿聽指第二視第二聽說，勿視者，克己欲視之心；勿聽者，克己欲聽之心；勿言勿動者，克己欲言欲動之心，故曰『克己』。非禮之色，視也由己，勿視也由己；非禮之聲，聽也由己，勿聽也由己；非禮之言動，言動也由己，勿言動也由己，故曰『由己』。二『己』字原自分明，而後世學者欲借由己『己』字回護克己『己』字，又欲借『由己』二字抹殺『克己』二字，甚且訓克爲能，必欲爲私欲左袒，何也？紛紛議論，病根在此。」

問：「『天下歸仁』，與叔作『八荒』『我闥』，文公作『歸猶與也』，何如？」曰：「二說原是一意，所謂『德不孤，必有鄰』者，此也；所謂東海、西海有聖人出焉，此心、此理同者，此也。第己之未克也，則肝膽吳越，方寸荊棘，吾心先與天下隔，

〔一〕光緒本原作「請」，據萬曆丁巳浙江本、天啟本、四庫本改。

而天下安得不與吾心隔？及一日之既克也，則一腔四海八荒我闥，吾心先與天下通，而天下安得不與吾心通？天下豈有不與吾仁者哉？況同然者在我，即千古且與其仁，又何況天下？二説原是一意，不可分而爲二也。」學問只要得這個同然的，得此同然則可以考三王，可以建天地，可以質鬼神，可以俟後聖，而況於天下豈有不與吾仁之理？不然，真是肝膽皆吳越，舉足皆荊棘矣，況天下哉！

論學得其所同然，則楊、墨、佛、老不能爲之亂；論政得其所同然，則申、韓、桑、孔不能爲之奪。

問：「天下非之而不顧，得無於同然之説，有礙乎？」曰：「天下非之而不顧，彼正信得其所同然也。蓋天下有一時之浮議，有千古之是非。彼誠看破千古之是非，得人心所同然，所以天下非之而不顧耳。苟不得其所同然，而曰天下非之而不顧，則無忌憚甚矣。此安石之『人言不足恤』，所以得罪于天下後世也。」

聖人先得我心所同然耳。聖人講學，故先得我心所同然，我亦講學，故後得聖心所同然。聖人與我分得先後，分不得異同。

論氣，則聖人得其清而我濁；論質，則聖人得其厚而我薄；論時，則聖人生於古而我今，如何學得聖人？所恃者此同然之性體耳。故曰：「心之所同然者，何也？謂理也，義也。」心之理義是謂聖心之理義，是謂性體。

「雖有善者亦無如之何矣」，讀至此真令人痛哭流涕，小人壞了人國家，君子反替他擔個不是，使庸臣世主不信仁賢，皆小人之貽禍也。事體敗壞至此，即盧扁望而卻走矣，豈盧扁不能活人哉？昔靖康之禍已成，龜山立朝止九十日，即盧扁亦何能爲？而論者責備不已，吁亦冤矣。南宋秦檜、侂冑相繼敗壞，一文公立朝止四十九日，其能效尺寸之益？而論者亦責備不已，何也？可爲古今一慨。

長國家而務財用者，必自小人矣。桑、孔之徒，小人中之小人也。王安石之流，君子中之小人也。小人中之小人，其罪易見；君子中之小人，其罪難知。雖然斥逐忠良，引用兇邪，至於覆人邦家，其罪業已彰明較著，而或者猶作祠堂記，以左袒之，何也？故曰「君子中之小人，其罪難知也」。

安石一行新法而百姓如在水火，觀鄭俠流民圖，真可墮淚。君實罷新法，出斯民於水火中，而或者病其激且驟，不知拯溺救焚可從容以待否？什一去關市之征，孟子謂其斯速已矣，何待來年？余謂君實之速，正得孟子之意，而或以爲激且驟者，蓋章惇、蔡京之餘咳也，不可不辨。

世之論安石者曰執拗，曰自是，此皆是病症，非是病根。安石志大才高，學博目空，將古今聖賢都看不上，以爲堯舜雖是聖帝而疆域甚隘，禹、湯、文、武雖是聖王而享國不過數百年，孔孟雖是大聖大賢而亦不能使春秋戰國爲唐、虞、三代，都是迂闊了，須是富國强兵，開疆拓土，名利兼收，做古今第一個有用的聖人，幹古今第一件有用的功業。且宋室國弱兵寡，全被韓、范、富、歐及趙抃、程、張諸迂闊人把國家事躭閣了，須是得這等敢做敢爲，不怕人議論，不説迂闊話的人如呂惠卿、章惇、蔡京輩纔幹得實事，纔做得出大功業，譬之人家生出個有才幹不安詳的子孫，來看祖宗甘貧自守，以爲迂闊，要大做一番，不知要治多少產業，不知要畜多少幹僕，使上擴祖宗累世之業，下垂子孫不拔之基。存下這個主意，凡講道理之人，皆誚其無用而疏遠之，凡揮霍不羈奔走營爲之人，皆喜其有用而信任之。不論道理，只要起家如此做去，竊恐家未必成，而禍已隨之矣。

安石之病，何以異此？不論道理，只是一味要做事功，其心以爲待我事功成時，方且格天地光祖宗，使人人稱頌，一時「天變何足畏，祖宗何足法，人言何足恤哉」。此安石之病根所以深入膏肓而不可救藥也。不知舍道理而專求事功，豈止事功不成，竊恐灾害並至，雖有善者亦無如之何矣。安石不是自爲功名富貴計，亦不是執拗自是，亦不是有心禍天下，只是學術主意差了，所以自誤誤人，國家至此耳，可恨！可惜！

安石這一派學術自淳于髡、商鞅、李斯、申、韓、桑、孔，以及李覯至安石，遂大壞決裂，不可言矣。淳于髡曰：「魯繆公之時，公儀子爲政，子思、泄柳爲臣，魯之削也滋甚，若是乎賢者之無益於國也？」髡所謂賢者蓋指聖賢道學之士言耳。不然，賢者無益於國，將不賢者有益於國乎？髡不若是之，悖矣。

李覯著富國、强兵策各十篇，富國策大約説天下事非利不行，强兵策大約説天下事非勢不行，惓惓進霸而退儒，惓惓以勢利爲是，以仁義爲迂，幸覯不當國耳。安石既當國，安得不禍宋哉？孟子曰：「今之事君者皆曰：『我能爲君闢土地、充府庫。』今之所謂良臣，古之所謂民賊也。君不向道，〔二〕不志於仁而求富之，是富桀也。『我能爲君約與國，戰必克。』今之所謂良臣，古之所謂民賊也。君不向道，不志於仁而求爲之強戰，是輔桀也。由今之道，無變今之俗，雖與之天下，不能一朝居也。」覯之立論，總之爲君闢土地，充府庫，約與國戰必克耳。其不信孟子，何怪焉？孟子之言，一驗於李斯之於秦，再驗於安石之於宋。這一派學術誤人不小。朱文公以富國強兵解「利」字，不惟得孔、孟微旨，其所以爲後世君臣慮者，尤深遠矣。

這一派學術如講黃白之術者，自以爲丹成可以起鉅萬之家，可以延千年之壽，視孔孟深耕易耨、清心寡欲之方不足博一笑耳。若曰何迂闊至此，卒之敗家傷生在此一丹，而猶不知悟也，悲夫！

問：「『足食』『足兵』與富強奚異？」曰：「以仁義民信爲主，則『足食』『足兵』皆國家之至計。若以仁義民信爲迂，則『足食』『足兵』亦富強之嚆矢矣。不然，吾儒學術豈專欲國貧而兵弱哉？必不其然。」

士君子不可無者氣節，卻不可認客氣爲氣節。士君子不可無者事功，却不可認功利爲事功。以功利爲事功，則枉尋直尺而無品；以客氣爲氣節，則憤世凌物而無量。

聖學宗旨全在「心性」二字，心性功夫要在「品量」二字，然則品量可學與？曰「何不可學」。余嘗謂一介不苟以學品，則品自高；萬物皆備以學量，則量自大。今觀此華嶽削成四方，壁立萬仞，非品乎？俯視寰宇皆在目中，非量乎？吾輩講學于此，高山仰止，景行行止，即此便有餘師，又何事遠求哉？願共勗勵，毋負山靈。

〔二〕此句見孟子告子下，光緒本「君不向道」之「向」，當作「鄉」，改。

太華書院會語附録

門人華陰王之翰、王之良編輯

太華書院

陽城崔時芳

青柯坪舊爲諸生誦讀之藪，近名公多聚講於斯，而遠邇負笈者日益衆，觀者比之白鹿洞故事，吾道之明喜在此時。先爲署，今改題太華書院，寔以因爲創云。

白鹿昔年洞，青柯今日坪。地分千里合，道會百年明。自賦操刀拙，因慚製錦榮。巨靈應不棄，同結此山盟。右一

一識君王後，銅分仙掌初。喜翻桑柘影，願共芷蘭居。峑負鷲山重，흩臨覺境虛。彈琴覓古調，不用舊刑書。右二

白髮今猶健，公餘定省時。飢寒隨有問，案牘幸無私。恐負民非孝，因知道是師。登山頻著屐，吾欲信吾斯。右三

乾坤爲父母，胞與忍屯膏。未滿一人望，即分五内勞。訂頑開大覺，克己借鈞陶。俯仰天無際，寧稱華嶽高。右四

太華初盟

蒲阪張煇

太華初盟在戊申春暮，馮少墟先生偕諸同志聚講於此，因盟焉。華陰士之知講學者寔自此始。至己酉冬，崔公明府改青柯坪之署爲書院，不佞得與其中，俚言志喜。

太華開靈秘，名賢訂約新。道明涇與渭，人契晉連秦。覽勝延風月，侵燈問智仁。半生疑未破，片語悟歸真。右一

真象原無二，迷來却有因。冀空眼底幻，印染世間塵。形在神斯在，名淪器亦淪。域中圖五嶽，千古講難真。右二

插漢三峰峻，登高不畏身。如何逢坦易，遽爾漫逡巡。一簣莫由己，半肩亦讓人。冉求力自足，離我乃尋真。右三

不動山爲體，磨青萬古春。氣蒸新靉靆，雨霽舊嶙峋。今古無窮態，乾坤不了身。青柯似白鹿，盟結此山真。右四

遊太華會講灝靈樓

長安劉養性

馮仲好偕同志縉紳及諸俊秀士舉會于華下灝靈樓，古未有也。不佞竊幸執鞭，而時蒲張去浮先生主華陰師席，先生雅任斯道，亦帥群弟子來會，蓋數日。不佞惟三峰朗月，迷途都照，比成小詠，諗諸君子，會仲好書先生卷，因續貂左方。

特削芙蓉柱太虛，天留勝地故偎居。一時冠劍文非喪，千載荆榛道合除。野性從來同木石，靜觀何處不鳶魚。雲開忽見三峰出，徙倚闌干月上初。

宿莎羅坪雨霽時郡邑諸生於青柯坪候仲好講學

當面三峰入望真，鬱然蒼翠正嶙峋。山靈似識吾儕意，爲洗塵埃萬古新。

登太虛閣望絶頂

結構馮虛色色幽，三峰圖畫一亭收。藤蘿屈曲穿巖上，泉澗清泠遶地流。石鼎茶煙浮細細，松林鳥語弄悠悠。蓮花咫尺如相面，可許攜笻到上頭。

青柯坪聽華州李生季成彈琴作漁樵歌

山頭雲淨山雨晴，松風颼颼飛泉鳴。何處遞鐘發幽響，一尊邀我李長庚。風韻泉流兩不惡，況有七絃太古之希聲。初聞如在煙水間，欸乃綠簑明月灣。再聽忽轉翠微半，丁丁萬丈之巉巖。劉郎凴几聽罷大拍手，自昔塵想亦何有。華山遊人知多少，誰者探奇得此否？吁嗟乎！函關紫炁虛也無，高尋白帝欲何如？孔門樂事須吾徒，春風到處皆舞雩。

書孟直詩後

華嶽之會足稱一時之盛，余愧不足爲諸君子役，所幸有孟直諸什，則今日之遊可托不朽矣。昔朱元晦與陸子靜遊白鹿洞，泛舟樂曰：「自有宇宙以來已有此溪山，還有此佳客否？」余於今日亦云。余兒康年侍行得此詩，殺青〔一〕以傳，余爲跋其後，馮從吾仲好甫書。

游華麓紀事

西安周傳誦

余未遊畢郢前，同年馮仲好侍御約以暮春遊華嶽，及歸自畢原，則仲好病謝客，將謂此行或不果。越數日，勿藥卜，初十日丁酉啟行，先是同志聞之，無不勃勃，有扶筇之興。屆期與偕者劉孟直二守、楊工載進士、仲好與余四人耳。三人各肩

〔一〕「殺青」四庫本作「付梓」。

小輿，孟直獨策款段，駕巾車，相期遲之滻滸。余晨興俶裝，携童僕裹糧出長樂門，有士友數人具榼酒郊關外，壯其行，酒數巡。別去，至滻滸，則孟直、工載已先至矣。久之，仲好至，長君康年隨侍，遂聯輿，東涉滻、灞，宿斜口，夕陽在山，綠禾被畝，相與散步村中，已明月掛山頭，晴空一色，坐談旅舍茅簷下，真與野老爭席矣。漏下一鼓余始寢。戊戌辰發，行十里，至臨潼，仲好具飯于城隍廟道士所，飯畢，行四十里至泠口一作零，水名。仲好具午飯，又行四十里，至渭南，宿西郭旅邸中。月明如昨，乃闤闠紛沓，不比村落閑寂。孟直、工載寓稍遠，仲好雖同寓，以體癯新愈，先就枕。余挑燈獨坐，忽憶邑人秦汝睦憲副在此，安得促膝一譚。作懷汝睦一絕。己亥，行二十里至赤水，邀諸君子同飯。道遇一病狂者，獰猙號呼街衢中，行人避易，見吾輩過，長跪道左叩頭，致敬良久方起。因嘆此便是幾希尚存，世之病心者，獨此人乎哉？飯已，行三十里，至華州，方議從城外直抵敷水鎮，留一僕往邀宜化汝刺史暨弟叔尚文學，皆夙期同遊者。乃化汝知吾輩且至，使人要於路，遂入城，過寇萊公祠，拜謁瞻佇者久之。仲好戲謂余此非與子先後守天雄者耶！則余汗下，幾無能自存。嗟嗟庸碌，浮沉望桑梓，前修愧死矣。同詣化汝，具飯留宿舍南園亭。主人既別去，仲好就寢。余與孟直、工載三人劇談亭中，花香月影，竹韻松風，令人忘倦，幾欲呼酒對主人，念深夜，中止，遂成宿宜氏昆季園亭一律。庚子，留不得發。早飯後，邀遊城南姬氏園，園中竹木陰森，牡丹數百株爛焉奪目，化汝以酒至，列坐花間，脩爵無算，偶有舉孔子「志學」「從心」語者，仲好剖析精義，亹亹不倦。余謂：「聖人一生學問，只在矩上用力，當其志學，即是欲此矩立，不惑、知命、耳順即是不踰此矩。但『從心所欲而不踰』，直到七十之年。吾輩爲學，先須認取矩在，庶可終身依據，從心地位俟之可也。」聞者或以爲然。已入城，叔尚具饌邀坐，適族子纘裳歸自襄垣縣署，聞余駐此，來見，遂得隅坐。飲罷別去，仍宿園亭，月下坐談，移時各寢。辛丑，早飯，化汝所有同年馮元皡刺史暨李生華實、化汝弟謙、姪元賓，相繼投刺來訪，往來畢日，已近午，因拉化汝、叔尚同行，下晝至敷水鎮，化汝仍具飯。飯畢，朝邑王惟大二守走使來迎，謂原期雲臺觀，四方香火輻輳，湫隘囂塵，約至華嶽廟會集，薄暮抵廟，惟大已治具作東道主人矣。初議次早即可登嶽，或謂明日既望，四方登嶽者甚衆，喧雜難往，仲好議少留，會友人講學于此，遂宿焉。此出野服微行，不欲溷有司，乃華陰令嘉定朱君官聞之，夜遣吏致館穀。次日壬寅，執刺來顧，既別遣役，具遊嶽。夫馬辭不受，晚復具席於灝靈樓上，誼惓惓厚也，然非余初心矣。是日來訪者又有學諭蒲阪張君煇、司訓延川段君懷誠、孝廉楊君應震、學論理學名士，午後會講於嶽廟官署中，邑諸生與者數十人。私謂今日華麓，何殊白鹿、鵞湖，甚盛事也。講畢，赴朱令筵，令以雩禱托，宜化汝代主席。晚王惟大又治具寓邸，坐次講學。譚執甚適，成宿嶽廟四絕。時余肘後攜華嶽志一卷，輿中披數過，是夜就寢，憶十二年前侍先大夫遊此，不覺泣下，成重遊華山一律，然登臨之興未已也。明日癸卯，會講友益衆。得家報有伯母病甚劇，時年踰八十餘，余恐有他，辭欲先歸，諸君子固留。甲辰，復會講於灝靈樓上，觀三峰出沒雲間奇甚，談笑盡歡。乙巳，諸君登嶽，余轅遂西，王惟大亦以事歸朝邑。瀕行，晤朝邑趙進士天宿，邂逅別去。楊孝廉復具飯，飯餘，兩人不偕登嶽者。是夜仍宿華州宜刺史園，敧枕瞿然，猶作華嶽之夢，遂成懷同遊諸君子及再過宜大夫園亭兩律。丙午，宿泠口。丁未，抵家，則伯母氏伏枕俟余，見余至，甚喜。越壬子，仲好諸君子始歸自青柯坪，途中阻雨故耳。

此遊也，相謀甚久，同謀者甚衆，而後克行行者僅四人，而余又不克終，蓋遊之難也，豈塵襟凡骨山靈拒之，不假數日之緣耶？然勝友良辰，聯牀握手，義重聚樂，虛往實歸，前後浹旬日，亦無負此遊矣。乃私次第其事以志，友人見之，誚曰：「自昔爲嶽遊者多矣，子中道而止，鮮克有終，足未躡華嶽之半，目不窮峻極之形，而紀嶽遊，不亦恧乎？」余曰：「唯唯否否。吾子獨不聞歐陽子之言乎？曰『醉翁之意不在酒，在乎山水之間而已』。雖然，猶知有山水也。今日之遊大集群英，精談名理，作華嶽一段嘉話，又有不在乎山水者，奚必於登？奚必於不登？若必歷三峰之勝，摩巨靈掌，洗玉女盆，挹金天露，採玉井十丈蓮，自昔爲嶽遊者多矣。紀不啻詳，余即登亦可無紀。」

重遊華山有感 並引

萬曆戊申，春服既成，同劉孟直郡守、楊工載進士、馮仲好侍御遊華嶽。過華下，邀州人宜化汝刺史、宜叔尚文學同行，至則朝邑王惟大郡守、蒲阪張去浮學諭、延川段修甫司訓偕群英咸集，講學論道，樂而忘倦。今日華麓直可追鶩湖、白鹿洞故事，寧獨躋攀稱勝覽哉！山靈有知，自當生色。因憶往歲丙申侍先大夫遊此，忽一紀矣。嗟嗟，安得復着斑衣、扶杖履，重覩此佳會也。觸境興思，風木增感，援筆紀事，情見乎辭。

幾年不出華陰道，此日重來華嶽遊。爲問真源尋白帝，非關函谷度青牛。五千仞聳星初聚，百二天開氣欲浮。惟有當時觴咏處，西風牢落不堪愁。

宿華嶽廟同馮侍御諸君子會講時方旱禱

萍蹤南北愧當年，負却名山幾度緣。纔得靈宫一夜宿，恍如身抱白雲眠。其一

蓬窗睡起鬢藍鬖，向曉看山山更藍。何計盡封肥蠹穴，祈靈直叩黑龍潭。其二

金天露淨蓮花發，白帝宫深古木疏。怪底坐來添爽氣，山流蒼翠到庭除。其三

良朋聚首誼千秋，滿座高談四壁幽。覽勝漫勞誇華嶽，此行何異寶山遊。其四

遊嶽先歸道中懷宿青柯坪諸君子

杖藜攀陟喜相從，咫尺煙霞路幾重。身染白雲歸滿袖，山廻紫氣擁三峰。離當勝地情偏切，味入村醪興轉濃。遙想同遊陶謝手，新詩何處勒高蹤。

跋周淑遠詩

古今名公遊華嶽者代不乏人，未有徵會講學如今日者。亦人不乏詠，未有永言孝思如淑遠氏者。昔陸象山與朱晦翁講義利章於鹿洞，聞者流涕。今讀此詩而有不流涕者，非夫也。余頃與同遊諸君子講惓惓於「孝弟」二字，其於千古聖學頗足自信，蓋淑遠倡之矣。年弟馮從吾仲好跋

壬子春月馮仲好直指赴新關太華書院講座余病未偕詩以送之[一]

長安劉養性

新關榛荒向白雲，指迷不厭此重勤。振衣千仞應無古，倡道三峰始自君。源濬玉泉回聖脈，印提仙掌領人群。卻羞蝴蝶追隨意，未及關門一字聞。

青柯坪聽講

西蜀胡如楠

講堂初起集鴻儒，幸有賢哉二大夫。谷口清風山際月，分明引我出迷途。

[一] 天啟本無此後兩詩。

卷十一

語録

池陽語録序

韓梅

先生穎悟夙成，治舉子業時，每試輒雋，所搆制藝出，關内外靡不人人懽傳，然先生已注意理學，迨子丑聯捷，歷玉堂烏府，彌錚錚有聲，而向道之志彌堅。今觀代狩齊、魯，與弟子員講論，足稱洙、泗家法。再入中臺，忠義激奮，上可薄雲霄，而嚴可凜冰霜，識者謂浩氣磅礴，亦其言責宜爾。比掛冠歸，則恂恂大雅，似不能言，而理學益邃，從遊者日益衆，一時縉紳學士多執經問難，而農商工賈亦環視竊聽，有非寶慶禪寺所能容者，當道遂爲闢今關中書院，以聚生儒講肆，即白鹿、鵞湖未之或過，是時教澤洋溢，風韻四訖。

梅私淑自艾，猶以不親出大賢之門是懼，叨署原庠獲侍皐比間，嘗審視而毖察之，見夫屋漏衾影，大庭動履，無一不與今日諄諄學約合，又無一不與昔日侃侃封事合。夫講矣而不行，爲世所詬；行矣而不盡符所講，亦未厭世所望。先生惟身有之，故不覺言之親切而有味，且其一段盛養光輝，儼然太和元氣，又不止泰山巖巖而已。

我關中自横渠氏以來幾數百載，以迄明興，教化翔洽，遠出前代。黄河源自天上，太華高插雲端，風氣淳鬱，真儒崛起，其嗣續西銘，遡源周、孔，以翊國朝崇儒重道之化，此實天數，非獨人事爾也。

辛亥冬，先生遊池陽，其間聞風興起，追隨步趨者，坊里幾空，梅復獲侍于清河南北禪寺，更覺聞所未聞，方謀録先生語壽梓，而張生有德、房生建極、党生還醇輩已先之矣。先生語録共若干卷，池陽特其一斑耳。然從遊我輩講學，以析理事功、節義、文章、道德，以標格主敬，以沿宗旨成，終以究歸宿，則一斑也而全豹已該。先生實大聲宏，今上久道勵精，在廷大臣廣從人望，採諸節鉞，直指久近，奏議交章累牘，力爲推轂，則先生指日還朝，自是語録轉爲經濟，堯舜君民千載一時俄頃間耳。乃其作人至意，猶勤勤懇懇不輟。今觀録中命定二絶，超然物外，真是蔬水浮雲氣象，至以「難逃徒惹」四字，直砭末世利名膏肓，則先生之有功世教，媲美前賢，兹可得其大概云。

嘗憶王文成以武功牛耳斯文，先生以直諫主盟吾道，功力庶幾相當，而撲厥所自。文成一代才人，先生尤三秦豪傑，起家亦畧相彷。昔孟氏以空言存什一于千百，昌黎氏謂其功不在禹下。夫禹與孟氏主臣異地，然惟其功，不惟其地也。則夫文成之與先生，正先後相望，而並爲我〔一〕明儒宗，條列灑灑，尤萬世而下，薄海内外，誦法孔氏者之指南也，詎區區訓一池陽士而已哉！是爲序。

萬曆四十年歲次壬子春二月，三原縣儒學署教諭、門人城固韓梅頓首撰

池陽語録卷上

河北西寺講語

萬曆辛亥孟冬廿一日，先生至池陽謁王端毅公、王康僖公、馬谿田先生、張玉坡先生、溫一齋先生祠墓，門人數十人從之。是日天氣晴明，冬日可愛，兩兩三三，煞有春風舞雩之意。詠歌歸來，門人韓學博及諸生百有餘人候講於寺。先生

〔一〕光緒本「爲」後原無「我」，據萬曆丁巳浙江本、天啟本補。

曰：「吾關中如王端毅之事功、楊斛山之節義、呂涇野之理學、李空同之文章，足稱國朝關中四絕。然事功、節義係于所遇，文章係乎天資，三者俱不可必，所可必者惟理學耳。吾輩惟從事於理學，則事功、節義、文章隨其所遇，當自有可觀處，不必逐件去學，而後謂之學四先生也。」

先生曰：「事功如端毅，節義如斛山，真爲國朝第一。然學端毅者不當學事功，學斛山者不當學節義，何也？假如端毅當日上疏後，即觸怒逮獄，遭讒被播如斛山，則端毅當以節義名，不得以事功名矣。如斛山當日上疏後，蒙溫旨嘉納，陟華躋膴，則斛山又當以事功名，不得以節義名矣。可見吾輩只當就二公同道，二公易地皆然處學，不當在事功、節義上學，但不知二公同道處何在？易地皆然處何在？願共思之，毋草草看過。」

問理學與舉業同異。先生曰：「以舉業體驗于躬行，便是真理學；以理學發揮于文辭，便是好舉業，原是一事，說不得同異。」又曰：「今之務舉業者多在文字上求好，不在心術上求好。不知七篇者，有形之舉業，固要好；一念者，無形之舉業，尤要好。不然，心術一念少差，則終身事業可知，又何論功名哉！」

問：「明年科年，屈指試期止有數月，欲務舉業，恐妨理學，欲務理學，恐妨舉業，奈何？」先生曰：「理學使妨于舉業，則理學亦異端談玄說空之學，非吾儒進德修業之學矣。理學原不離舉業，如明年科年，諸君中有自家應舉者，有子弟應舉者，時日已迫，工夫不多，父兄固當督責乎子弟，自家亦當督責乎自家，勿事優遊，玩愒月日，如此便是學，否則非學。收心靜養，簡事寡交，將一切聲色貨利屏之絕之，如此便是學，否則非學。看書作文時務要潛心體驗，就在此處發揮道理，使一一可見諸行事，如此便是學，否則非學。絕奔競營爲之念，下忘食忘寢之功，衆皆馳逐，我獨恬澹，如此便是學，否則非學。其得儁也，念縣官之寵遇，何爲而布素，不改其偕計也；念千里之跋涉，又何爲而株守彌堅，如此便是學，否則非學。從此得第，則仕途一味奉公，而不敢萌榮身肥家之念。及至懸車，則林下一味談道，而不敢忘耕田鑿井之恩，如此便是學，否則非學。樹標一代，流芳千古，皆決于今日之一念，毋以今日舉業爲妨功而廢業也。竊願諸君從此打起精神，發起志願，斷斷然欲以爲賢而爲聖，不專專欲以爲解而爲魁，則豈惟自家不負科名，即父兄亦永錫之光。不惟父兄永錫之光，即百二山河亦與有榮施矣。倘見不及此，第曰：「時日已迫，工夫不多，方且舉業不暇，奚暇理學？」無論今日所讀何書，所作何文，日用飲食鮮能知味，即使口耳記誦，幸博巍科，則功名到手，心意滿足。倘萬一謙虛者化而爲驕傲，謹守者變而爲縱恣，彼時自家固不能把持乎自家，父兄又豈能約束乎子弟？臨渴掘井，臨淵羨魚，方曰如何做人，不亦晚乎！爲今之計，莫若就在今日勘破，將來一着養成終身根本，不出舉業，直躋聖域，豈非一舉兩得之道哉！若外舉業言學是異端談玄說空之學，非吾儒進德修業之學也，不知諸君以爲何如？」

問「在止于至善」。先生曰：「聖賢學問，只在心性用功。性者，心之生理。人性原來皆善，至善者，性體也，止于至善，則當下直合性體矣。五霸不知性體至善，故假仁假義；二氏不知性體至善，故絕仁棄義；告子不知性體至善，故有杞柳湍水之議。若知性體至善，學問止于至善，則五霸自不消去假，二氏自不能絕棄，告子紛紛之議亦自悟其非矣，此曾子之學獨得孔氏之宗，而萬世學者之所不能違也。」

問「知止『止』字是死煞字否」。先生曰：「論語『止，吾止』，『止』字是死煞字，此『止』字是活字。孔子十五便知止于『從心所欲不踰矩』，所以終身學問都有着落。一『知止』則胸中便有主張，便有無窮妙趣，當下便活潑潑地，定靜安慮，正是『知止』妙處，非如槁木死灰，置一物于此而後曰止也。聖人正恐人誤認『止』字爲死煞，故以定靜安慮形容得止之妙。」

問中庸大旨。先生曰：「中庸一書如一篇，論天命章是冒頭，仲尼曰『君子中庸』是主意，中間引舜、顏、武、周，反覆發揮『君子中庸』一句，尚絅章是大結。首章自天說到人，以本體爲功夫，順言之也。末章自人說到天，以功夫合本體，逆言之也。故曰易逆數也，知易則知中庸矣。畫前原[一]有易，刪後豈無詩，知畫前之易，則知天命之性。」

先生曰：「只『中庸其至矣乎』一句，費聖人多少心。堯舜授受大事也，止說一個『中』字，孔子又恐人看得『中』字太高遠，故不得已加一『庸』字，若曰『中者，庸也』。既補出一個『庸』字，又恐人看得太淺近，又贊之曰『其至矣乎』。可見這個

[一] 光緒本原作「元」，據四庫本改。

「中」字非高非遠，非卑非近，真愚夫愚婦可與知能，而天地聖人所不能盡也。子思一本中庸，只是發揮此一句意。

先生曰：大學至「治國平天下」，中庸至「贊化育參天地」，皆是言學術，不是言事功，事功乃學術中之作用，非與學術對言也。後世迂視講學而專講事功，此所以併事功亦不及古人。可惜！可惜！

問：「『不得中行而與之，必也狂狷乎』與『聖人吾不得而見之矣，得見君子者斯可矣』意同否？」先生曰：「『中行』者，資學兼到者也；『狂狷』者，具美資而可進于『中行』者也。『狂狷』一加學問便是『中行』矣，正與『聖人吾不得而見之矣』，思君子思善人又思『有恆』語意同。思『有恆』正所以思聖人，思『狂狷』正所以思『中行』也，豈專爲『狂狷』有恆而已哉？奈何夫子思狂而天下遂有僞狂，夫子思狷而天下遂有僞狷，夫子思『中行』而天下遂有僞『中行』。如古之狂也肆，肆是真狂，今之狂也蕩，蕩便是僞狂；古之矜也廉，廉是真狷，今之矜也忿戾，便是僞狷。『聖人吾不得而見之矣』之『聖人』，是真『中行』，若鄉原便是僞『中行』，此夫子所以致慨于三疾，而深惡乎鄉原也。」

問理障之說。先生曰：「不然，謂之曰理自是無障，謂之曰障還不是理，如非禮之禮，非義之義，或者以此爲理障，不知此正察理不精之障也，豈理之障哉？如人目中理上容不得砂石屑，理上亦容不得金玉屑。以理之所不能容者而強容之，此正悖理不通之障也，豈理之障哉？」或者又說：「今有人于此病中縱欲，固是欲障，病中讀書亦是理障。」先生曰：「且問病中理上該讀書否？」曰：「理上不該讀。」先生曰：「既是理上不該讀，卻要讀，此亦悖理不通之障也，豈理之障哉？以悖理之障而反坐于理，則冤理甚矣。」或者爲之快然。

問吾有知乎哉無知也章大意。先生曰：「聖人胸中如太虛然，一無所有而亦無所不有。鄙夫未問之前，安得無故起念？此正所謂未發之中也。故曰：『吾有知乎哉？無知也。』及鄙夫一問于我，則因彼之問遂發動起我之知，安得不竭兩端？兩端既竭矣，聖心尚有知乎哉？依舊是無知，故曰：『吾有知乎哉？無知也。』此聖人之無知，正聖人之所以有知也。若人未問，則自誇其知，既欲己之勝乎人；及人既問，則自秘其知，又恐人之同乎己。使驕且吝，胸中不知有多少機械，此世人之有知，正世人之所以無知也。」

先生曰：「吾有知乎哉？無知也。」鄙夫未問，知從何起？兩端既竭，知從何留？如諸生考試，當題未出時，安得無故下筆？故曰「無知」。及題既出，因他題目纔發動起我的文思，故曰「叩」。及文既完，尚還有一句一意不盡發于文內否？故曰「竭」。及交卷後，胸中依舊是題未下時光景，故曰「吾有知乎哉？無知也」。

先生曰：吾儒之無知，無知而有兩端。佛氏之無知，知無而兩端亦無。洪鐘無聲，由叩乃有聲，雖由叩乃有聲，不知當未叩時，雖無聲而實有聲聲之理，惟無聲而實有聲聲之理，所以大叩則大鳴，小叩則小鳴，若無聲而併無聲聲之理，是廢鐘也。未叩時若與洪鐘同，既叩後便與洪鐘異，雖既叩後與洪鐘異，其實原是未叩時與洪鐘不同。知未叩時之不同，則知佛氏之言性與吾儒之言性、佛氏之無知與吾儒之無知毫釐而千里也。

先生曰：佛氏以理爲障，是空其聲而併空其聲聲之理，一切總歸于空也。所以無感時似與吾儒同，一有所感，便顛倒錯亂，依舊落于世味中而不可救藥，此正以理爲障之障也。理何嘗有障哉？若不以理爲障，則無障矣。

先生曰：聖人憫人之無知，如見孺子將入于井，故一當鄙夫之問，便有怵惕惻隱之心，便不容不竭兩端，非納交於鄙夫，非要譽于鄙夫，非惡其有隱之聲于鄙夫也。

先生曰：上智聖人與下愚鄙夫同，只是中人多了些知識，所以過于下愚者在此，所以不及上智者亦在此，何也？當無感時，無論上智、下愚、中人都是一樣無知。只是一有所感，人一問及，下愚則以知之爲知之，不知爲不知，問一答一，問二答二，何嘗不竭兩端？何嘗添自家一些知識在內？上智亦以知之爲知之，不知爲不知，問一答一，問二答二，亦何嘗不竭兩端？亦何嘗添一些知識在內？只是中人多不然，或以知爲不知，或以不知爲知，或問一答二，或問二答一，便不肯竭兩端，便自家添許多知識在內。世道人心之壞，全壞于此等人，此聖人所以自任以無知也。爲中人者能親師取友，講明正學，刊落機知，復還本真，造到與下愚一般境界，便是到上智聖人境界。」

先生曰：陽明先生云「個個人心有仲尼」，則個個人心有良知。惟聖人能致良知，所以鄙夫一問，便竭兩端，不然，則茫然無以置對；又不然，則記誦之學易窮，何以能竭兩端哉？無知而能竭兩端，此正聖人之所以致良知，聖人之所以爲無知也。

問：「人生所遇不齊，多不免動心，奈何？」先生曰：「人心本自如太虛，一切窮通得喪是非毁譽，真如寒暑風雨，原與太虛本體無與。卑之存一徇世心不是，高之存一憤世心尤不是。只平心易氣，應之便合，太虛之體隨其所遇，便都是瀟灑快樂境界。」先生又曰：「請問人生所遇不齊，不知動心後能齊否？」曰：「不能。」先生曰：「既不能，可見還多了個動心，到不如只平心易氣應之，自家還討個受用自在。」

問先天後天之説。先生曰：「人須要認得『天』字明白，然後可言先後，此處最要活看。假如以起念爲天，則未起念時爲先天，既起念後便屬後天，如不睹不聞是先天，至慎獨便是後天，繼此而發爲事業，則慎獨又是先天，事業又屬後天矣。總之，『天』字指當下言，凡事有天，凡事有先天後天，最當活看。如以伏羲之畫爲天，則未畫爲先天，既畫即爲後天；如以文王之卦辭〔二〕爲天，則伏羲之畫爲先天，而文王既演之後即爲後天；如以周公之爻爲天，則伏羲、文王皆爲先天，而周公作爻之後即爲後天，『先後』字不可執一看。」

問和同之辨。先生曰：「和同外面一樣，若虞廷都俞喜起之盛，無一毫乖戾異議，恰似同，不知此和也，非同也；若後世安石、秦檜之流，當時附和者不少，恰似和，不知此皆私相迎合以取官爵耳，此同也，非和也。和同外面一樣，只是君子小人心上不同，講和而不同處，不可用吁咈獻替字，若用此，則外面顯然不同矣，又何消辨和而不同、同而不和。」

先生至弘道書院，謁三先生祠畢，一客曰：「端毅公父子當日極一時之盛，今後人可謂否屯之極？」先生曰：「以端毅公父子如此勛業，今否之極，正泰之漸也。如禹、稷、契同時奏功，宜同時享報，卻不盡然。禹以其身有天下，報之最早，享國卻只四百年。契之後若湯，雖遲四百餘年始有天下，而享國則六百年。稷之後若武王，直遲千有餘年，中間去邠遷岐，爲狄人所苦，及文王羑里之戹，一身一家且不可保，自當日觀之，似天不可問，不知享國卻八百年。天地間乘除加減道理原

〔二〕光緒本原作「詞」，據四庫本改。

來如此。」

三先生祠內，先生問其後人曰：「聞康僖公七歲能詩，果否？」其後人述屋隙詩「風來梁上響，月到枕邊明」一聯。先生曰：「此不愧屋漏意。」

先生曰：康僖公生長世家，少年登第，自筮仕至宦成，通無坎坷，中間止因得罪劉瑾，罰粟三百石輸邊，受許多苦楚，至今尚論者以此爲康僖公第一美事，可見學者不當以戹困爲不幸。

問：「諸生中多有貧困不得讀書者，奈何？」先生曰：「顏子在陋巷中能博文約禮，斟酌四代禮樂，貧困曷嘗誤了顏子讀書？余亦嘗屢空，因讀陋巷章作二絕以自寬，云：『命定難逃陋巷貧，機關徒惹鬼神嗔。不如打疊心源淨，做個羲皇以上人。』『命定難逃陋巷貧，奔忙徒惹世人嗔。不如閉戶焚香坐，做個乾坤無事人。』人人若知『難逃』、『徒惹』四字，不惟高明者能自守，即庸愚者亦見無益而自止矣。」

先生曰：貧如夷齊千古稱聖，貧如顏淵千古稱賢，貧曷嘗負人哉？只恐人負貧耳。

先生曰：人貧而我憐之周之則可，我貧而望人憐之周之則不可。

先生曰：賈誼上書，痛哭流涕，欲感動人主，使天下太平。孔子講學，亦是痛哭流涕，欲提醒人心，使萬世太平，聖人用心之苦如此。

問徐行後長。先生曰：「皋、夔、稷、契之揖讓，只是個徐行後長；操、莽、溫、懿之爭篡，只是個疾行先長。」

問「至誠之道可以前知」。先生曰：「要看一『道』字，天地間原有這個道理，這個道理又非渺冥，實不外禎祥妖孽蓍龜四體。人之善不善一念處，此天地間自然實理實事，惟至誠能先知之，他人實自昧之耳。至誠前知，是人自異于至誠，非至誠異于人也。」

問：「儒一也，何有真儒、醇儒、大儒、名儒之别？」先生曰：「儒一也。若立心制行一毫不假，雖卓然以聖學自命，而中間不無雜于二氏之學，此可以言真，而不可以言醇。如純然吾儒，不雜二氏，躬行實踐，不愧古人，而硜硜自守，尚隘與人爲善之量，此可以言醇，而不可以言大。若闇然潛修而一腔四海，退然如不勝衣而一念萬年，如舜之善，與人同舍己從人，樂取諸人以爲善，如横渠『爲天地立心，爲生民立命，爲往聖繼絶學，爲萬世開太平』，此之謂大儒，而真醇不待言矣。此三者總謂之名儒。吾輩學爲儒者也，請擇于斯三者。」

池陽門人張有德、樊由聖、楊我藴、張其賢、房會極、房建極録，王孝祖、劉應鼇、楊素藴、殷曰序、劉鼎、李國葵、龐淳化、李道光、王一麟、張騰霄、李昌允、周綿祚、孔聲振、王念祖、師上德、劉昇、秦所式、姜三接、王家梧、馬攀龍、張沖奎、魚賜錦、秦之俊、杜爲儀、李含真、王一鳳、來謙、賈天駿、党還醇、秦欒天校。

池陽語録卷下

慶善寺講語

先生謁諸公祠墓之明日，歸長安，門人百有餘人祖于城南慶善寺，因設講席如昨，先生坐已，諸生請曰：「自昔大儒講學，宗旨不一，願先生提綱挈領，使諸生有所持循。」先生曰：「自昔大儒講學宗旨雖多端，總之以心性爲本體，以學問爲功夫，而學問功夫又總之歸于一敬。君子小人之分，只在敬肆之間。敬者衆善之根，肆者衆惡之門；敬者衆福之根，肆者衆禍之門；敬則父子有親、君臣有義、夫婦有別、長幼有序、朋友有信，肆則父子無親、君臣無義、夫婦無別、長幼無序、朋友無信。人人敬則天下治，人人肆則天下亂。堯舜只是個敬，桀紂只是個肆，可不畏哉！可不辨哉！故曰敬者，聖學之要。」

問：「敬爲聖學之要，固矣。又云敬者聖學所以成始而成終，何也？」曰：「初學之士，多以安詳恭敬爲主，多知收斂。及至既學之後，多自以爲有所得，便寬一步，自謂悟後全無礙。不知悟處就是誤處，卒之放縱決裂，壞人不小，是徒知以孔子之聖，縱學到從心所欲不踰矩地位，而志學一念必不敢少已，若少已，便踰矩矣。成始成終，『成終』二字，尤當玩味。」

先生曰：敬者，心之本體，如見大賓，承大祭，此心不覺收斂，豈納交要譽惡聲哉！一自然而然，莫知其所以然而然耳。可見敬者，心之本體原如是。「主敬」云者，不過以功夫合本體耳，非硬將一物強置之胸中曰敬，曰敬也。

問：「見大賓能敬，承大祭能敬，是性體否？」先生曰：「是情也，非性也；是率性之道，非天命之性也。見賓承祭能敬，必有所以能敬者在此，天命之性也。此天命之性特因見賓承祭而後形，非因見賓承祭而始有。惟未見大賓而吾心先已有主，未承大祭而吾心先已有神，此之謂性體，此之謂未發之中。惟吾心先已有主，所以一見大賓便能敬；惟吾心先已有神，所以一承大祭便能敬，此之謂率性，此之謂中節之和。能敬者，情；所以能敬者，性。知其所以能敬而主敬者，君子盡性至命之學。」

問人之所以異于禽獸者幾希。先生曰：「且只問禽獸見大賓、承大祭能敬否？人之所以異于禽獸者幾希，正指此一點能敬之性體耳。不然，人之目能視，禽獸之目亦能視；人之耳能聽，禽獸之耳亦能聽；人之口能飲身能動，禽獸之口亦能飲身亦能動，人又何異於禽獸哉？孟子曰：『無辭讓之心，非人也。』余亦曰：『無恭敬之心，非人也。』昔人有欲打破『敬』字者，有謂目自能視，耳自能聽，更說甚存誠持敬者，蓋未知人之所以異于禽獸者幾希，只在敬肆之間耳。」

問：「晉人以放達爲高，近世高明者多傚之，不知敬處安在？」先生曰：「晉人做出放達氣象，若與世相忘，與人無競，不知如王戎鑽核、王衍三窟、郗超入幕，不知果相忘無競否？可見他放縱恣肆處，正是機械變詐處，故作無心處，正是詭秘有心處。」

先生曰：莊子言自得自適，是言堯舜以天下勞心，以天下爲桎梏，不過要得人之得，適人之適，使別人得所而非自得自適也。自得自適與吾儒之說不同，只是要自家討便益，討受用，不管別人死活，此莊子之逍遥所以壞心術，而得罪於名教也。

先生曰：今人以敬爲僞，以肆爲真。即有好修者，見道不明，欲敬恐人説僞，欲肆于心又不安，此所以耽擱一生，良爲可惜。不知恐人説僞，只當在敬中求真，不當在肆中求真。敬中求真是真君子，肆中求真是真小人。「真」之一字，亦不可不辨也。且于心不安處，就是真心，欲爲真君子者，正當于此處識取。

問：「曾點莫春之樂，過此亦能有是樂否？」曰：「遇莫春能樂，遇秋冬不能樂，點與三子何異？只有了這個樂，無時無處無不是此物矣，譬之善畫者，寫出春景固好，寫出秋景冬景亦好。即如此時天氣雖寒，然少長咸集，欣然有得，就是春風舞雩氣象，何必遠求！」

先生曰：學者必有戒慎恐懼之心，然後有春風沂水之樂。若無此心而徒譚此樂，是晉室之風流，非曾點之真樂矣。

問：「君子小人當如何處？」先生曰：「論交與，當親君子而遠小人；論度量，當敬君子而容小人；論學術，當法君子而化小人。不化則乏曲成之仁，不容則隘一體之量，不遠則傷匪人之比。」

先生曰：交與一人不可安，講學無人不可容。

先生曰：有經世之學，有出位之學，有闇修之學，有私己之學。以出位爲經世，以私己爲闇修，此學者大病。然有經世之學而無出位之學，便是闇修，而非以不講爲闇修；有闇修之學而無私己之學，便是經世，而非謂講經世之學者，盡皆出位好名之人。

問：「好名乃學者大病？」先生曰：「然。然又有不可不辨者：君子曰不好名，恐雜爲善之心；小人亦曰不好名，恐妨爲惡之路。」又曰：「君子爲善不純，只有『好名』二字；小人阻君子爲善，亦只有『好名』二字。」

先生曰：好名之心，有顯而易見者，有隱而難知者。務外之人無論矣，至于私己之士，躲避是非，絶口不敢言，自以爲我不好名，人亦以不好名歸之，不知此正是好名之深處，何也？是與非對，譽與毁對，喜是喜譽之心，固是好名，避非之心即喜是之心，避毁之心即喜譽之心，避毁避非之心，獨非好名乎？可見喜是喜譽，其爲好名也易見；避毁避非，其爲好名也難知。故學者必拔去好名之根，而後可以言學。

問爲惡無近刑，爲善無近名。先生曰：「惡原不當爲也，而曰爲惡無近刑，只是教人爲惡不要已甚耳。不戒其爲惡而戒其無近刑，何也？不知其爲惡之日即其近刑之日，而曰爲惡無近刑，令人犯不赦之刑而悔之無及者，必斯言也，是誤天下之小人也。善原當爲也，又何論有名不有名？君子爲善原不爲名，而實大聲宏名必隨之，是爲善之日即近名之日也，而曰爲善無近名，令人避好名之嫌而不敢爲善者，必斯言也，是誤天下之君子也。范忠宣曰：『若避好名之嫌，終無爲善之路。』可謂莊生頂門之針。」

先生曰：君子曰不好名，小人曰君子好名，若不好名，何以名都歸于君子？君子無辭以應，不得已，只得併實亦不敢務，恐務實而一時名至，無以避好名之嫌耳。不知避好名之嫌，是亦好名也。惟不避好名之嫌，而後謂之真不好名。

先生曰：好名不好名，今古聚訟，余有一言解之：凡說好名的事，就都是該做的事。若不是該做的事，一做便壞了名，如何說得好名？可見好名之譏，正周行之示也。豈直不當避而已哉！知此，則君子有所恃以務實，小人無所恃以肆譏矣。

問：「近有以不操不舍之間有妙存焉，解操舍存亡，何如？」先生曰：「此特爲不操者居間耳，猶居官者曰『不清不濁之間有妙存焉』。有是理乎？爲此言者，必貪墨自恣者也。莊生謂盜跖死利于東陵，伯夷死名於首陽，蓋曰：貪固好利，清亦好名，臧谷亡羊，其失一耳。不知使居官者號於人曰：『貪固好利，清亦好名。』此其人清耶？貪耶？不問可知矣，此莊生所以誤人不淺也。」

先生曰：易曰「藏密」，詩曰「潛伏」，子思曰「闇然」，此正聖學真脈。吾儒講學，正是講學問要「潛」要「闇」要「密」，而鄉原反借此以杜講學之口，亦奇甚矣。不知講學而不粘帶世味，譏評時事，便是「潛」便是「闇」便是「密」，非以不講爲「潛」爲「闇」爲「密」也。

先生曰：楊氏無君，墨氏無父，當日豈料至此？只是起于一念學術之差，所以併自家亦不知耳。可見術不可不慎。孟子曰：「矢人豈不仁于函人哉？矢人唯恐不傷人，函人唯恐傷人。巫匠亦然，故術不可不慎也。」嗚呼，君親大倫，仁人孝子無所解于其心者也，楊、墨豈不仁于吾儒哉？亦學術誤之耳。世之非學者曰：只在行，不在講。竊恐所行一差，關係豈小？譬之歧路之中又歧路焉。雖欲不問不可得也。彼謂不必講者，原安心不行，第借口非學耳。

先生曰：學者須要脚根踏得定，徹頭徹尾，纔得有成。不然，如登九級浮圖，一脚履錯，直跌到底。爲山九仞，未成一簣，豈止不能成山，恐平地亦不可得也。可畏！可畏！

問君子質而已矣章大意。先生曰：「棘子成意思儘好，只是言語過激。子貢真得夫子彬彬之意，不可說失輕重本末之等。當時有文無質，賤得以凌貴，卑得以凌尊，紊名分，壞紀綱，固不成世界。若有質無文，則貴無以別于賤，尊無以別于卑，名分紊，紀綱壞，亦不成世界矣。如周制樹屏反坫、舞佾歌雍，正所以別上下，辨尊卑。若因大夫之僭，而遂併其佾與雍而去之，則大夫固不得以僭乎天子，天子又將何以別于大夫哉？故曰：虎豹之鞟猶犬羊之鞟，其關係世道一樣，不可以偏勝有無論也。」

問文質彬彬。先生曰：「『彬彬』最要體認。蓋文質不是對立的，亦不是六分四分低昂的。譬之一木，質也，斲而爲器，則文矣。器，質也，加以彩飾則文矣，文質豈二物哉？第雕斲彩飾不可太過，使文勝質耳。是知無方之愛敬，皆從孩提知愛一念生來。知此，可以論文質矣。」

問：「『道可道，非常道』，何如？」先生曰：「吾儒所謂道，正指其可道者而道之也。老氏云：『道可道，非常道。』則是以道不可道者爲常道矣，有是理乎？可言者是常言，可行者是常行。今曰『道可道，非常道』則是言可言，非常言，行可行，非常行，而以言不可言者爲常言，以行不可行者爲常行矣，背理不通，莫此爲甚。」

問：「有爲漢儒躬行、宋儒空談之説者，某殊不然，不知先生何如？」先生曰：「漢儒中誠有躬行者，而概謂漢儒躬行則不可，無論其他失節敗行，即如馬融之列女樂，桓榮之誇稽古，不知可言躬行否？宋儒如周、程、張、朱，即在孔門，亦當列德行之科，其他如司馬君實、邵堯夫、尹彦明、劉元城諸儒，其躬行實踐，豈在冉、閔之下？漢書、宋史明白易見，而猶敢爲此言，是侂胄、江陵之餘唾，不可不察也。雖然亦非真尊漢儒也，特因漢儒不講學，故借以非宋儒耳。使漢儒而亦講學也，恐亦不免以非宋儒者非之矣。」

先生曰：漢儒有傳經之功，但當論其功而不當論其行。宋儒有明道之功，固當重其功，而尤當重其人。

問行義以達其道。先生曰：「行義達道，不是行義時能建些大功業，便謂之達道，便謂之有用實學，便謂之真儒。不能建些大功業，便謂之不能達道，便謂之處士。純盜虛聲便謂之僞儒，如此將『道』字卻看做事功了，人安得不詭遇以圖功業？如此是行義以達其功，非行義以達其道也。且如詭遇而能獲禽，則功業雖建而人品已失；如詭遇而又不能獲禽，則人品先失而功業又不能建，豈不惜哉？行義達道，只是要不枉其道，不專在功業大小間論也。三代而後，此道不明久矣，夫子安得不有聞語未見人之嘆？」

問：「求志者，求何志？達道者，達何道？」先生曰：「求志者，求此天地萬物一體之志；達道者，達此天地萬物一體之道。若不求此志，即倖成一匡九合之功，亦枉道也，豈得謂之達道哉！」

問：「仁者以天地萬物爲一體，倘責任不在，得無于一體之心有礙乎？」先生曰：「不然。有此一體之心，時乎大行雖披纓，而于此心無所加；時乎窮居雖閉戶，而於此心無所損，非謂一概披纓而後謂之一體也。雖閉戶之時，而披纓之心未嘗不在，只是責任不在我，不得不閉戶耳，非謂一閉戶而遂于一體之心有礙也。禹、稷、顏回同道，正同此一體之心，同此猶己之心，只是禹、稷有責任，說得由己，顏子無責任，說不得由己，惟猶己之心同，所以能易地皆然。猶己之心，天地萬物一體之心也。」

先生曰：仁者以天地萬物爲一體，只在心上論，不在責任上論。責任所在，無論山林，不得侵廟堂之權；即廟堂之上，錢穀亦不得侵甲兵之權。一體之心雖同，而所居之位不一。素位而行，不願乎其外，此之謂「君子而時中」，此之謂以天地萬物爲一體之學。

先生曰：天下事各有職分，一毫越俎不得，只是講學一事，無論窮達，人人都是當講的，人人都是有份的，卻說不得越俎。故曰「自天子以至於庶人，壹是皆以修身爲本」。

先生曰：「仁者以天地萬物爲一體，今人一膜之外便分彼此，即父母兄弟間尚且不能一體，又何論天地萬物哉！程子「天地萬物一體」之說，蓋恫乎？有餘悲也。

或有疑程子「一體」之說爲馳騖者。先生曰：「子請勿疑。學者盡『以天地萬物爲一體』，尚恐不能以父母兄弟爲一體，若疑其馳騖，而不以天地萬物爲一體，則一膜之外便分彼此，其痿痹不仁之病殆有不可言者矣。程子一體之說，乃對症之良藥。彼馳騖之疑，是亦痿痹不仁之病將發而不自覺者也。請速以程子之良藥藥之。」

先生曰：「張子西銘，正是解『仁者以天地萬物爲一體』一句，開口說『乾稱父，坤稱母，民吾同胞，物吾與也』，何等痛快！學者果能知乾坤原是我的父母，自然知萬物原是我的同胞，雖欲痛痒不相關，不可得也。

先生池陽之講，不惟士人興起，即里巷小民咸擁輿聚觀，候門竊聽，欲得一二語終身誦之。先生因出所刻「做個好人，心正身安魂夢穩；行些善事，天知地鑒鬼神欽」舊對一聯示之，于是衆共朗念，歡然稽首而去。

先生瀕行，諸門人餞于郊，洗腆酌先生，先生曰：「因此酒觸起周公，思兼三王，以施四事，其有不合者，仰而思之，聖聖相承，道同心一，那有不合。」有德曰：「或時勢不同。」先生曰：「只頭一句，禹惡旨酒先不合。禹曰：『惡旨酒。』周公曰：『我有旨酒。』周公豈不知惡？當時也，費了多少思量，如禹之絕亦不難，只是燕賓奉祭，又不可少斟酌，再三纔悟得這個道理原是活的。所以三百篇中一則曰旨酒，再則曰旨酒，而俱繫以燕樂嘉賓。可見，除了賓祭，都是當惡而絕之的。雖然燕賓固不可少，又恐賓主借此沉湎而不知惡，所以賓筵章又極言其醉狀，而深戒之曰『既醉而出，並受其福』。可見，這個旨酒雖賓燕不可少，亦不可縱，此又周公善用其惡，而深合大禹之心者也。只此一事，不知費了多少思量，故曰：仰而思之，夜以繼日，又何況四事哉！」柱曰：「禹惡旨酒，實未嘗絕。」先生曰：「絕尚不能制，不絕必至濫觴。賓筵之詩，吾輩不可不書一通，以銘之座右。」

池陽門人趙之璞、王家柱、郝鍾秀、劉汝理、孫元標、党還醇録，任紹祖、秦世英、李永沛、馬見龍、王延陞、馬如龍、張恢、樊吉徵、胡封、杜鶴齡、楊汝棟、李生春、李三汲、馬化龍、傅鳳翼、李允懋、張企程、張天嘉、党朝相、党蘭、吳邦憲、党芳、石垂鑑、楊日昇、馬一元、王宰、石垂箴、王柱、劉禹龍、王麟徵、王右文、石鼎玉、梁文明校。

卷十二

語録

關中書院語録

綱常倫理要盡道，天地萬物要一體，仕止久速要當可，喜怒哀樂要中節，辭受取與要不苟，視聽言動要合禮，存此謂之「道心」，悖此謂之「人心」。「惟精」，精此者也；「惟一」，一此者也。此之謂「允執厥中」，此之謂「盡性至命」之實學。右書允執堂屏

聖賢之學，總只在此心，故虞廷「人心」「道心」之説，乃千古聖學之原，而解者多謂「道心」非人不麗，而「人心」非道不宰，不必屏去「人心」而别覓「道心」也，舉吾之人心一禀于道即云道矣。余嚮來亦爲此説所誤，不知「人心」「道心」不容並立，如綱常倫理能盡道便是「道心」，不能盡道便是「人心」；喜怒哀樂能中節便是「道心」，不能中節便是「人心」；視聽言動能合禮便是「道心」，不能合禮便是「人心」，極容易辨，非以喜怒哀樂視聽言動爲「人心」，以中節合禮爲「道心」也。今曰舉吾之人心一禀于道即云道，是舉吾之喜怒哀樂一禀于節，舉吾之視聽言動一禀于禮即云道，是明以喜怒哀樂視聽言動爲「人心」，而以中節合禮爲「道心」矣。以中節合禮爲道心不差，而以喜怒哀樂視聽言動爲「人心」，不知喜怒哀樂視聽言動可以屏而去之乎？以必不能屏而去之者爲「人心」，是明白左袒「人心」、回護「人心」也。人心屏而去之，猶恐不盡，而以必不可去者當之，何怪乎「人心」日熾，「道心」日微，令人倡狂而無忌也哉！若以視聽言動爲「人心」，則亦可以綱常

倫理辭受取與仕止久速爲「人心」矣，可乎？類而推之，如好問好察是「道心」，不好問好察便是「人心」；隱惡揚善是「道心」，不隱惡揚善便是「人心」；執兩端而用中是「道心」，不執兩端而用中便是「人心」，益爲明白。若以視聽言動爲「人心」，是以問察善惡兩端皆爲「人心」也，愈無此理矣。

吾儒曰「不邇聲色，不殖貨利」。此聲色就不好一邊聲色說，非耳得之而成聲，目遇之而成色之聲色也。而或者宗異端不即不離之旨，倡爲不離聲色，不溺聲色，不絶貨利，不染貨利之說。夫不離不絶，人所易見，自己已諱不去，所以不得已，只得說個不溺不染。不知既不離不絶矣，又烏知其溺不溺、染不染哉？且如理所不當離的，惟恐其不即；理所當離的，只不離便不是，又何論不即。不即不離明白，爲當離而不離者諱，而人多不及察，何也？

使人有兩個心，一個是「人心」，一個是「道心」，有何難精？惟其只是一個心，所以難于辨別，難于分析，所以異說得易于誤人，所以學者多易爲異說所誤。這等去處，關繫不小，此「精一」「執中」，堯舜所以開萬世道學之原也。

「學」之一字，創自說命，而孔子揭之爲萬世鵠。講學者講其綱常倫理如何能盡道，仕止久速如何能當可。能盡道能當可，得處在何處？不能盡道不能當可，失處在何處？這等去處不容不講。講的明白痛快，心上默默有透悟處，默默有自得處，然後能一一盡道，一一當可。盡道當可非可以襲取而卒辦也。孔子曰：「學而時習之，不亦說乎。」學者，學此者也；習者，習此者也；說者，說此者也；樂者，樂此者也。我能盡道，我能當可，我心自說，何論人之知不知？又何愠？此君子之學，非孔子，吾誰與歸！

「有朋自遠方來」，不是樂其人知。若因其人知而樂，便因其人不知而不樂矣，安得不愠？其何以爲說，其何以爲君子？朋來而樂者，樂其綱常倫理大家俱能盡道，樂其視聽言動大家俱能合禮，樂吾道之得人，樂斯文之有托，非專爲人知我而樂著，在自家一人身上論也。

「道心」爲善，爲君子；「人心」爲惡，爲小人。左袒「人心」者又倡爲有善之善、有無善之善之說，如周、程、張、朱說他不好不得，心欲退之而無其辭，[二]曰此有善之善。如操、莽、溫、懿說他好不得，心欲進之而無其辭，[三]曰：此無善之善。主意愈奇，立論愈妙，關繫愈不小，此人心道心辨之不容不嚴也。

「人心」「道心」本自判然，而或又借孟子「仁，人心也」之說，以證「人心」之即道，此其說愈精，而其左袒「人心」愈甚。不知虞廷之所謂「人心」，「人」字對「道」字言，是不好字眼，如公私、天人、理欲之類。孟子之所謂「人心」，「人」字不對「道」字言，是渾淪字眼，猶云仁即我之心云耳。虞廷之所謂「道心」，「道」字對「人」字言，是好字眼。孟子之所謂道二：「仁與不仁而已矣。」「道」字不對「人」字言，是渾淪字眼，猶云世間只有此兩條路云耳。聖賢論學，下字眼各有不同，安得借孟子仁人心也之說，而證人心之即道也！

公私、天人、理欲之類，分別「人心」「道心」極明白，故程子謂：「吾學雖有所受，『天理』二字卻是自家體貼出來。」「天理、人欲」四字，乃程子破天荒語，真得洙泗正脈，唐虞真傳。而或者一則曰「天理人欲之分論極有病。」二則曰「天理人欲之言亦自不是。」又曰「若天是理，人是欲，則是天人不同矣」。果如此說，是混天人理欲、「人心」「道心」而一之也，豈有此理？「人心」「道心」其謬雖去千里，其差止在毫釐，儘去「精一」，尚恐混淆，而今曰：「天理人欲之分論極有病。」令人滅天理而縱人欲，關繫豈小！

程子天理人欲分論既不是，不知虞廷「人心」「道心」之分論是否？

或曰書云：「人心惟危，道心惟微。」解者多指「人心」爲人欲，「道心」爲天理，此說非是。心，一也，人安有二心？自人而言則曰「惟危」，自道而言則曰「惟微」，罔念作狂，克念作聖，非危乎？無聲無臭，無形無體，非微乎？云云。夫以「人心」爲人欲，以「道心」爲天理，說得極是，而以爲不是，何也？既曰「心一」也，人安有二心？自人而言則曰「惟危」，

[二] 光緒本原作「詞」，據四庫本改作「辭」。
[三] 光緒本原作「詞」，據四庫本改作「辭」。

自道而言則曰「惟微」，自當云心一也。自人欲而言則曰「人心惟危」，自天理而言則曰「道心惟微」，何等明妥，而必于闢天理人欲之說，何也？「惟危」「惟微」，都就本體說；「惟精惟一」，纔就工夫說。今以罔念作狂，克念作聖解惟危，何也？異學誤人，雖賢者不免如此。

又曰：天理人欲之分論極有病，自禮記有此言，而後人襲之。記曰：「人生而靜，天之性也。感于物而動，性之欲也。」若是則動亦是，靜亦是，豈有天理人欲之分？若不是，則靜亦不是，豈有動靜之間哉？其說如此。余以爲若是則便是天理，若不是則便是人欲，如何以分論爲有病？彼以是不是闢天理人欲之論，余即以是不是破天理人欲之闢。

「心之精神是謂聖」出孔叢子，而不載于論語，此後人假借之言，非孔子告子思語，此句卻有病。不知心之精神是謂聖，果「道心」之精神耶？抑「人心」之精神耶？如果「道心」之精神也，則心之精神誠是聖；如是「人心」之精神也，則心之精神是謂狂，豈得概言聖哉？蓋「精神」二字，在好處固說得，在不好處亦說得；在吾儒固說得，在二氏亦說得，豈可不辨？孟子曰：「心之所同然者何也？謂理也，義也。」以理義言心，纔是「道心」；不以理義言心，便是「人心」。必曰「心之理義是謂聖」，方爲無弊耳。如「玄之又玄，衆妙之門」，都是混帳兩可模稜話，在「人心」「道心」上都說得，必如易所謂「成性存存，道義之門」，始無弊。

問：「虞廷說『人心』『道心』，而上蔡謂心本一，支離而去者乃意爾，何也？」曰：「心本一，自念起而後有人與道之分，故曰：『欲正其心者，先誠其意。』上蔡之言從大學來，蓋心爲意之主宰，意爲心之發動，本只是一個心，只因一念發動處遂名爲意耳。上蔡之所謂心與大學之所謂心對意而言也。虞廷之所謂心兼意而言，雖不言意，而意與知自在其中也。大學因虞廷言『人心』『道心』，恐人無處覓心，故說出個『意』字，見此心一念發動，纔有人與道之異，不然，一念未起，鬼神莫知，從何分辨？『欲正其心者，先誠其意』，正欲人在此心一念發動處分辨『人心』『道心』，即下『精一』之功耳。『惟精』者，精察人與道之分，不使之支離而去也；『惟一』者，心本一而一之乎道，不至于支離而去也。上蔡與大學之言，正是『人心』『道心』『惟精惟一』的註解，解得何等痛快！」

問：「詩云：『小心翼翼，昭事上帝。』張子云：『大其心以體天下之物。』程子又謂：『心有主則實，無主則虚。』何也？」曰：「不當在大小虚實上論，只當分别『人心』『道心』。如是『道心』，則小也是，大也是，有主也是，無主也是。如是『人心』，則小也不是，大也不是，有主也不是，無主也不是。詩與程、張之言皆是在『道心』一邊説，所以無所不可。」

易曰：「百姓日用而不知。」不知便是「人心」，一知便是「道心」，一知則日用的便是。故曰「人莫不飲食也，鮮能知味也」。飲食只是一個飲食，「人心」「道心」之分，只在知味不知味耳。綱常倫理視聽言動，衆人與聖人都是一樣，只是盡道不盡道，合禮不合禮，便分「人心」「道心」，便分聖人衆人矣。天下豈有兩樣綱常倫理，兩樣視聽言動耶？或稱爲聖，或流爲狂，只在一念操舍存亡，飲食知味，立躋虞、唐。勉旃同志，慎此毫芒。

世之點檢于綱常倫理、喜怒哀樂、視聽言動者，固多點檢于形跡，而不知求之于此心；求心者又多求之于虚無寂滅，而不知求之于綱常倫理、喜怒哀樂、視聽言動之際，此心學所以愈晦。若反觀内照，以心爲主，直從念頭初起處提醒此心，精之一之，綱常倫理一一要盡道，喜怒哀樂一一要中節，視聽言動一一要合禮，時時察識，時時體認，造到心體澄澈本原得力處，則隨其所遇，不必一一推勘，而綱常倫理自然盡道，喜怒哀樂自然中節，視聽言動自然合禮。故曰「從心所欲不踰矩」。「從心所欲不踰矩」是論成功，非論用功也。余所云云是論用功，非論成功也。孔子十五志學，不惟志不踰矩，即志此「從心所欲不踰矩」，第「從心所欲不踰矩」不能徑造，故孜孜一生，惟知有此志此學，縱學到「從心所欲不踰矩」地位，而志學一念猶然十五之心，一息尚存，此志不容少懈，此孔子之心學所以上接虞廷之傳也。若心之不存，而望視聽言動之檢，固無是理；若視聽言動之不檢，而曰我能存心，亦豈有是理哉？言心而不言矩，言成功而不言用功，此心學所以愈晦，而成功所以終不可幾也。

詩云：「左之左之，君子宜之；右之右之，君子有之。維其有之，是以似之。」學者只當在「維其有之」上用功，不當在「是以似之」上用功。

學問之道全要在本原處透徹，未發處得力。本原處一透，未發處得力，則發皆中節，取之左右自逢其原，諸凡事爲自是停當。不然，縱事事點檢，終有不湊泊處。此吾儒提綱挈領之學，自合如此，而非謂日用常行一切俱是末節，可以任意，不必點檢也。

孟子曰：「君子深造之以道，欲其自得之也。自得之則居之安，居之安則資之深，資之深則取之左右逢其原，故君子欲其自得之也。」又曰：「博學而詳說之，將以反說約也。」可見學不到自得，終是支離，終不能取之左右逢其原。若不深造以道，而曰我能自得，又無是理。世之學者喜談左右逢原、自得之妙，而厭深造以道、博學詳說之功，是未嘗「有之」，而欲其「似之」也，恐終無「似之」之日矣。

學問功夫全要曉得頭腦主意。深造以道，主意全爲自得；博學詳說，主意全爲反約。博學詳說正是解深造以道，反約正是解自得。以自得爲主意，以深造以道爲功夫，以左右逢原爲自得之妙，此孟子生平學問大得力處。學問曉得主意纔好用功夫，用了功夫纔得到妙處。若只談妙處而不用功夫，則妙處終不能到。若泛用功夫而不曉得主意，則功夫亦徒用矣。此空虛之學與支離之學皆聖道所不載也。

問：「先立乎其大者，則小者不能奪也。若只在喜怒哀樂上一一要中節，視聽言動上一一要合禮，不幾于舍本而務末乎？」曰：「不然。『先立乎其大』，不是懸空去『先立乎其大』，懸空在心上求，正是在喜怒哀樂視聽言動間辨別。『人心』『道心』『精』之『一』之，務使『道心』爲主，而『人心』盡化，討得此中湛然虛明，如雲之定，如水之止，如鏡之空，如衡之平，此之謂『先立乎其大』，而喜怒哀樂自然中節，視聽言動自然合禮，目耳口體小者自不能奪也。若丟過此心不去『精一』，而徒欲喜怒哀樂中節，視聽言動合禮，此真舍本而務末。若不于喜怒哀樂視聽言動間『精』之『一』之，而別求『先立乎其大』，此又異端懸空之學。恐大者終不能立，而小者終不能不奪也。」

吾儒論心，正在綱常倫理日用常行間『精』之『一』之，未感寂然，既感豁然，無事廓然，有事沛然，此心之所以爲妙。若丟過綱常倫理日用常行而懸空求心，未感無事之時似覺寂然，似覺俗心已化，而一有所感，便覺茫然，便覺俗態復生。觀于既感之茫然，而知未感之寂然，非真寂然也；觀于既感之俗態復生，而知未感之俗心已化，原非已化也，不過懸空想像暫暇片時而已。欲根未拔，而欲欲之不縱；理根未培，而欲理之不消，其可得乎？此所以今日悟道，明日放恣，小者任其所奪，而猶曰「我能先立乎其大也」。悲夫！可爲心學陽、九一慨。

問：「先正有云：『道心』者，率性之謂，未雜于人，『人心』則雜于人而危矣。見孺子入井而惻隱，率性之道也；從而内交于父母焉，要譽于鄉黨焉，則『人心』矣。飢而食，渴而飲，率性之道也；從而極滋味之美焉，恣口腹之饕焉，則『人心』矣。『惟一』者，一之于『道心』也；『惟精』者，慮『道心』之不一，而或二之于『人心』也。道無不中，一乎『道心』而不息，是謂『允執厥中』矣。何如？」曰：「説得極是，只飢而食，渴而飲二句不是。蓋異端之所謂性，正指飢食渴飲之類，指欲而言，所以告子有三品之疑。吾儒之所謂性，專指見孺子入井而惻隱之類，指理而言，所以孟子斷然有性善之説。今以内交要譽極滋味恣口腹説『人心』，極是。只是説『道心』率性，兼理欲兩項言不是耳。如曰孩提知愛，稍長知敬，此良知也，極是。若曰飢之知食，渴之知飲，亦良知也，便説不得矣，一邊屬理，一邊屬欲。今把良知朦朧説，此所以君子以循理爲致良知，而小人亦以縱欲爲致良知耳。況以欲爲良知，而以遏欲爲致，則功夫又不合本體矣。本體源頭處一不清楚，此所以後來流弊無窮。」曰：「如何得清楚？」曰：「只消下一轉語，曰食之知味，飲之知味，此良知也，便不差矣。且知味豈是知滋味之美惡，是知其當飲不當飲，當食不當食，知其當飲當食而飲食之，知其不當飲不當食而不飲食之，便是致良知，率性、良知都是就理一邊説。蓋異端以甘食悦色欲字爲率性，爲良知，爲自然而然，而以吾儒愛親敬長理字爲矯揉，爲造作，爲勉然而然。所以吾儒不得已直指本體曰：吾儒這個理字是天命之性，是率性之道，是自然而然之良知，非矯揉，非造作，非勉然而然也。今以理欲混言率性，混言良知，又何怪縱欲無忌者之藉口也！」

問：「『致良知』與『精一』之説同否？」曰：「綱常倫理盡道不盡道，喜怒哀樂中節不中節，視聽言動合禮不合禮，孰爲『道心』，孰爲『人心』，别人還看不透，自家良知卻一毫瞞昧不得，于此『精』之『一』之，便是『致良知』。故曰慎獨。」又曰：「無爲其所不爲，無欲其所不欲。如此而已矣。」

問：「虞廷言心，而孔孟又言性，何也？」曰：「性者，心之生理，非心之外别有性也。如心是心，心之仁義禮智是性，故曰：『君子所性，仁義禮智根於心。』如丟過仁義禮智之心言心，是『人心』，非『道心』矣。孟子所謂性善，蓋直指虞廷之『道心』言也，此理甚微，故曰：『人之所以異于禽獸者幾希。』若佛氏以所以能知覺、能運動的這個言性，而不以所以能中節、能合禮的這個言性，是言氣質之性、嗜欲之性，而非言義理之性也。『生之謂性』，『食色性也』，皆是就氣質嗜欲一邊說。若生生之理，食色之理，纔是吾儒之所謂性，故曰性善。孟子道性善，是就生生之理言，而非直以生死之生爲性，是就食色之理言，而非直以食色爲性也。若丟過理而專以生爲性，專以食色爲性，則人又何以異于禽獸哉？孟子道性善，是就氣質中提此一點『道心』，爲千古辨幾希之一脈也，關繫豈小？」

孔子言「性相近」，至戰國時又有「三品」之說，有性惡之說。孟子獨言性善，何也？蓋以天地觀之，天本大生，然天不能無旱澇；地本廣生，然地不能無肥磽。孔子言「近」，是兼旱澇肥磽說；孟子言善，是專就大生廣生處說。若「三品」「性惡」之言，則是因天有旱澇，而疑天之不能大生；因地有肥磽，而疑地之不能廣生也，誤之甚矣。

存心養性，辭平而意串。存是收放心，養是養德性，存如擇種下地，養是有了此種，方可涵養。蓋心有「道心」「人心」之別，能存則「人心」去而「道心」現矣。養也者，即勿忘勿助，養此「道心」之謂也。夭壽不貳，即知之盡，即知性也。修身以俟，只是存養無間，立命合知天事天言之，即易所謂「先天而天弗違，後天而奉天時」。至此則天人合一而造化在我矣。

問：「唐虞之際，洪水艱食天下，正是多事，而虞廷獨揭『人心』『道心』，更不及事功一語，恰似迂闊，而堯舜事功獨卓越千古，何也？」曰：「心者，政事之源，而「精一」「執中」正修政，立事之根也。源潔流清，根深末茂，此堯舜之事功所以獨卓越千古耳。三代以後，講心學者多見謂迂，而君臣上下爭馳騖於事功，又何怪乎事功之反不及古人也。心學不明，關係千百年國家治亂不小，故不容不講。」

問：「心體本空空洞洞，本一物不容，而今綱常倫理又要盡道，天地萬物又要一體，仕止久速又要當可，喜怒哀樂又要中節，辭受取與又要不苟，視聽言動又要合禮，其功夫不幾於支離繁難，與一物不容之本體相左乎？」曰：「不然。子徒知心體本空空洞洞，一物不容，而不知心體雖空空洞洞，實萬物咸備，故曰：『萬物皆備于我矣。』『萬物皆備于我』，可見我必如此一一盡道，一一中節，一一合禮，纔謂之『反身而誠』，纔得樂。若反身不誠，不惟理勢上過不去，即心上也過不去，自不容不『强恕而行』。反身不誠，原是有物焉以間隔之，原是有物焉以疑貳之。以一物不容之本體而雜之以物，所以反身不誠，所以不能一一盡道，一一中節，一一合禮，非本體之不能皆備也。强恕而行，不過去其所以間隔者，而自無不通，去其所以疑貳者，而自無不一，當下便一一能盡道，一一能中節，一一能合禮，當下便合本體，故曰：『求仁莫近焉。』如此用功，何等易簡直截，而反以爲支離繁難，何也？若以此爲支離繁難，將綱常倫理不論盡道否？喜怒哀樂中節否？視聽言動合禮否？而第曰心體本來無物，以此爲易簡直截，可乎？」

「且心體如何見得萬物皆備？」曰：「如孩提知愛，稍長知敬，此便是綱常倫理本體原來盡道處；如睹天清地寧而色喜，睹山崩川竭而色憂，此便是天地萬物本體原來一體處；如喜怒哀樂能中節，心下便覺快樂，不能中節，則心下便覺愧悔，此便是喜怒哀樂本體原來中節處；推之仕止久速、辭受取與、視聽言動，莫不皆然。可見心之本體雖一物不容，實萬物皆備也，但以一物不容之體，而間之以物貳之以物，所以不能萬物皆備耳。精之一之，不過辨别人心道心，去此一物不容之物，以復此萬物皆備之物，豈於本體上有所增加？此正是功夫要合本體處，安得謂之支離繁難也哉？世之學者止知本體之一物不容，而不知本體之萬物皆備，此所以多墮于虛無之病，而無實地之可據，令人倡狂而自恣也。沖漠無朕，萬象森然；萬象森然，復沖漠無朕，此『精一』『執中』之學所以得統于天，而萬世學者之所不能違也。」

問：「一物不容、萬物皆備景象？」時書院新闢，堦除灑掃，花樹森陰，令人可愛，因顧諸生謂之曰：「堦除灑掃，此便是一物不容景象；花樹森陰，此便是萬物皆備景象。若異端之一切俱無，是無蕪穢並無花樹，而一切俱無也。世俗之無所不有，是有花樹並有蕪穢，而無所不有也。於理通乎？」諸生聞之躍然。

門人朱誼𣶒輯録

卷十三

序

濂洛文抄序

夫道一而已矣。三代以前，以理學爲文章，故六經、四子之書爲萬世文字之祖。三代以後，信理學者或天資筆力不能爲文章，而能文章者或恃才傲世不肯信理學，此理學、文章所以分而爲二也。是分而爲二者，乃能文者不信學之過，豈理學之過哉？或謂宋人講學而文章遂不逮古，不知唐人不講學而文章不如漢，漢人不講學而文章又不如秦，又不如左、國，何也？六經、四子之書，純是理學，而文章又非秦、漢、左、國之所能及，又何也？此理甚明，正坐學者未之講耳。宋儒如濂、洛諸子之文，無論發理精微，直接唐、虞、鄒、魯之統，即文章筆力亦自卓爾不群。鳳翔張心虞氏慨世之能文而不信學者衆，且並其所爲文者亦非也，因刻濂洛文抄以救之。嗚呼，學者讀此而有悟，則理學、文章庶幾可合而爲一矣。

明道先生集抄序

二程先生之學得之濂溪，而朱文公謂河南程氏兩夫子出，而始有以接孟氏之傳，何也？太極、通書洩千載不傳之秘，文公亟贊之，豈其不足于濂溪？蓋濂溪精于學而不大講，至聚徒講學，大開吾道之門，則自二程先生始耳。講學創自孔子，至孟子而益盛。自孟子歿，而佛氏之徒登壇說法，動踰千人，而天下靡然向風，吾黨之士反逡巡畏縮而不敢言，千餘年間，無論鮮識者，即有志者亦茫無所適。向使濂溪之後無二先生之講，則濂溪之學孰知之而孰傳之？先王之道亦岌岌乎危矣。幸二先生排群議而挺然獨任，由是佛氏之講始覺漸息，吾黨之士始有依皈，而孔孟以來相傳不絕如綫之一脈始有所藉，以復振中興之功，比于開創，倚歟偉矣。故曰：自河南程氏兩夫子出，而始有以接孟氏之傳也。

鳳翔張心虞氏擁比澶州，澶乃明道先生過化之地，因刻明道集抄以訓多士，頃寄余，命弁一言。余因發明先生接孟氏之傳之旨，以解古今之惑。若先生之學如識仁，如定性，如「仁者以天地萬物爲一體」，如以佛氏爲正路之蓁蕪、聖門之蔽塞，闢之而後可以入道之類，雖聖人不過如此說，今具載編中，無俟餘論。惟是識仁所稱「不須防檢，不須窮索」，先生明言心懈則有防，心苟不懈，何防之有？理有未得，故須窮索，存久自明，安待窮索？而近世學者不論心之懈不懈，理之明不明，而動稱「不須防檢，不須窮索」，以爲玄妙，是中佛氏之毒，而藉先生以自解者也。嗚呼，論本體則「仁者渾然與物同體」，如不忍觳觫，不忍入井，當下便是，何須防檢？何須窮索？論功夫，則一息尚存，此志不容少懈，敢謂心不懈也而不防檢？義理無窮，終身學之不盡，敢謂理已明也而不窮索？不窮索則不能識，不防檢則不能存，故曰：「識得此理，以誠敬存之而已。」識得此理，以誠敬存之，則本體功夫一齊俱到，此先生之學所以爲大也。若憚于用功，而第曰「不須防檢，不須窮索」，本體如是，如是則益失先生意矣。心虞固體驗先生之學而有得者也，不知以余言爲然否？

關學編序

我關中自古稱理學之邦，文、武、周公不可尚已，有宋橫渠張先生崛起郿邑，倡明斯學，皋比勇撤，聖道中天，先生之言曰：「爲天地立心，爲生民立命，爲往聖繼絕學，爲萬世開太平。」可謂自道矣。當時執經滿座，多所興起，如藍田、武功、三水名爲尤著。至于勝國，是乾坤何等時也，而奉元諸儒猶力爲撑持，塤吹篪和，濟濟雍雍，横渠遺風將絶復續，天之未喪斯文也，豈偶然也哉！

迨我朝皇明益隆斯道，化理熙洽，真儒輩出。皋蘭創起，厥力尤艱，璞玉渾金，精光含斂，令人有有餘不盡之思。鳳翔以經術教授鄉里，真有先進遺風。小泉不繇文字，超悟於行伍之中，亦足奇矣。司徒步趨文清，允稱高弟。在中、顯思履繩蹈矩，之死靡他。至於康僖，上承庭訓，下啟光禄，而光禄與宗伯、司馬金石相宣，鈞〔一〕天並奏，一時學者翕然向風，而關中之學益大顯明于天下。若夫集諸儒之大成而直接横渠之傳，則宗伯尤爲獨步者也。宗伯門人幾遍海內，而梓里惟工部爲速肖。元善篤信文成，毀譽得失屹不能奪，其真能「致良知」可知。侍御直節精忠，有光斯道。博士甘貧好學，無愧藍田。嗚呼，盛矣！學者俯仰古今，必折衷于孔氏，諸君子之學雖由入門戶各異，造詣淺深或殊，然一脈相承，千古若契，其不詭于吾孔氏之道則一也。

余不肖，私淑有日，頃山中無事，取諸君子行實，僭爲纂次，題曰關學編。聊以識吾關中理學之大略云。嗟夫！諸君子往矣，程子不云乎「堯舜其心至今在」。夫堯舜其心至今在，諸君子其心至今在也。學者能誦詩讀書，知人論世，恍然見諸君子之心，而因以自見其心，則靈源浚發，一念萬年，横渠諸君子將旦莫遇之矣。不然，而徒品隲前哲，庸曉口耳，則雖起諸君子與之共晤一堂，何益哉！

思菴野録序

明興，當成、弘間，太和醲郁，化理翔洽，海內真儒於斯爲盛，若思菴薛先生其一也。先生之學以存心爲宗旨，以求靜力

〔一〕光緒本原作「鈞」，據四庫本改。

行爲功夫，自少至老，斤斤矩矱，不少屑越，故所著野録皆從身心體驗中流出，凡天地鬼神之奥，人倫物理之常，靡不研窮究極，而尤惓惓歸重于此心，如曰：「學者第一要心存，心一有不存，便與道畔。」又曰：「人心一静，萬理咸集。」又曰：「心之本體本無一物，但有動則有物。」又曰：「心不可一時放下，放下便與天地間隔，與天地不相似。」諸如此語皆切近精實，不詭于洙、泗、濂、洛之旨，讀書、居業二録而後未有也。

夫心學之傳肇自虞廷，而孔子一生學問只在「從心所欲不踰矩」，至孟子而發明心性，更無餘藴，此萬世學者之準也。自孟子歿而異端熾，有佛氏者出而談心談性抗焉，欲高出于吾儒之上，而「心性」二字爲其所竊據，由是爲吾儒者遂絶口不敢談，曰「恐蹈佛氏之宗也」。以心性讓佛氏，以事功、節義、文章歸吾儒，心學晦蝕，令人遺本體而騖作用，自誤誤人。歷漢、唐、五代幾千有餘年，至宋儒出，而心性之學始恢復吾儒之舊，良足爲千古一快，而猶謂佛氏明心見性。夫明心見性非吾儒不能，而謂佛氏能乎哉？彼所明者，不過人心；所見者，不過氣質之性。其于吾儒所云道心，所云義理之性，蓋茫乎未之有窺也。心學不講，而曰我能學，是後世枝葉之學，豈孔門根本之學哉？先生孜孜學問，而知歸重于此心，可謂知所本矣。抑余于先生又有感焉，周廷芳先生由今日觀之，固卓然有道儒者也，由當日觀之，特一軍人耳，而先生首執弟子禮師事之，跽而求教，步趨惟謹，即此一念虚心，所以終身成就至此。彼沾沾之士少有所得，即高其舉趾，傲世凌物，不復求益，視先生爲何如？昔楊龜山既登第，始立雪程門；朱晦翁同安任滿，猶徒步執贄延平。古之大儒其作用原自不凡。讀先生語録，又當自先生虚心處求之可也。

吾關中理學自横渠後，必推重高陵呂文簡公，而文簡公之學又得之先生，關學淵源，良有所自。先生著述甚富，後屢罹地震，多逸去。先生六世孫楹從余學，近始得野録三卷，遺稿數首，行實一帙示余。余稍爲訂正，而先生外玄孫張翼明兵憲捐俸付梓〔二〕。翼明之高誼、楹之孝思均有足多者，則先生德入之深，益可知也。余讀先生野録，因書此以識嚮往。若先生

〔二〕光緒本作「殺青」，據四庫本改。

履若行語在文簡公志及余關學編傳，今俱刻行實中，不復贅云。

寓燕課録序

孟子道性善，其說蓋本之孔子。大學「止至善」，此復性體也。性本至善，惟不知止，則其學蕩而無歸，其究也，無善之說且得以乘隙而肆其辨。嗚呼，弊也久矣！鏡源涂公力承正學，慨然以斯道爲己任，而獨揭大學「知止」二字爲宗，令學者當下直見性體，可謂開關啟鑰，直窺聖學之原矣。一日以寓燕課録寄余山中，余一一讀之不逆。蓋公之言曰：「說至善，則事物之本末始終皆在其中；說知止，即修身之主意工夫一齊俱到。」又曰：「神莫神於止善，實莫實于修身，止善修身合爲一語，不是無生有，不是有歸無，『允執厥中』，于此焉在，若能實見得入路，庶幾不差。」嗚呼，精矣！微矣！至于以終日凜凜爲灑落，以一悟便了爲誤人，以偏于枯寂、薄于倫常爲釋氏之弊，其峻學者之坊，嚴儒佛之辨，尤爲懇至。必如此而後謂之修身止善，必如此而後謂之真能知止，其有功于聖學匪淺鮮矣。或謂王文成言「致良知」，而公言「知止」，何也？不知文成之所謂「良」，即大學之所謂「善」。若言知不言善，則必以虛見爲本體；言知不言止，則必以浮泛爲功夫。曰至善，曰知止，則宗旨一定，其學不至于蕩而無歸，格致誠正、修齊治平，始有用力處，亦始有得力處耳，夫是之謂「歸根復命」之學。且既知止于至善，則釋氏無善之說自無隙可乘，將不攻而自破，此公單提「知止」二字，所以大有功于後學也。

余交公久，見公中外建樹卓犖不群，其真能知止。可知頃公奉簡書，開府榆陽，榆陽士習雅稱樸茂，而公又以理學爲多士倡，直指津梁，興起斯文。儻榆陽多士勃然知有學問之風，則公之有造我三秦，其功豈在禹下哉！公所著書有隆砂證學記、儒學辨諸書，與此互相發明，合而觀之，而公知止之學益大鬯而無餘藴矣。

理學平譚序

孔子曰：「性相近也，習相遠也。」不明言性爲何物，而孟子解之曰：「乃若其情，則可以爲善矣，乃所謂善也。」可見性不可言，而言情始可見性耳。是性也，在天爲太極，在人爲心極，不藉聞見，不假思議，感于惻隱則能惻隱，感于羞惡則能羞惡，感于辭讓是非則能辭讓是非。於穆不已，生生無窮，此造化之橐籥，而生人之命脈也。堯之「執中」，舜之「精一」，孔之「一貫」，皆此志此物耳。學者迷瞀本原，支離口耳者毋論，即號稱見解者，又直以惻隱、羞惡、辭讓、是非當之，如此是以突中煙當竈中火，以山下之泉當天一之水也，非孟氏意矣。或曰：「如子之言，得無離情言性，自言而自悖之耶？」曰：「不然。易曰：『復其見天地之心。』」夫謂復見天地之心則可，謂復即天地之心則不可，何也？由煙可以識火，而煙不可以當火；因流可以溯源，而流不可以當源。復見天心，情見性體，此孔孟之宗而堯舜「精一」「執中」之説也。且學者果能由此真見性體，雖謂即煙即火、即流即源，亦可也，故曰：「等閒識得東風面，萬紫千紅總是春。」豈不妙哉！嗚呼，微矣！

余不佞，雖久有志于此學，其於心性源頭尚覺茫然，頃讀祥宇李公理學平譚而曠然若發蒙也。公博採諸儒，纂輯此書，洩太極、河、洛之秘，闡「執中」「一貫」之旨，千載性學如日中天，而猶退然自命其言曰平譚。夫知平之爲奇〔一〕，則其爲奇也大矣。陽明先生不云乎：「不離日用常行內，直造先天未畫前。」夫直造先天未畫則奇矣，而曰不離日用常行，抑又何平也！此平譚命名意也，觀此而知公之所得精深閎遠矣。公不鄙不佞，過訪山房，屬余爲序，因書此于簡端，亦藉手請教之意云。

〔一〕光緒本原作「可」，據萬曆丁巳浙江本、天啟本改。

呻吟語序

孔子論學，一則曰「何有于我」，二則曰「何有于我」。夫以孔子聖人而猶有未有乎哉！蓋道體無窮，惟有而不自以爲有，此孔子所以爲真有，此孔子所以爲至聖也。若曰姑以示謙云爾，則「堯舜其猶病諸」，孔子豈代堯舜謙邪？「病諸」「病」字，正堯舜修己以敬處，非孔子深知堯舜之心，不能爲是語。中州新吾呂先生，理學大儒也。其所著論學語，自題曰呻吟語，蓋亦堯舜猶病意耳，而或者以爲先生謙，余以爲「惟其病病，是以不病」，此正先生之所爲善學孔子也。

嘗慨世之學者無所得者，以無所得自阻，既隘其萬物皆備之量；有所得者又以有所得自滿，適障其一物不容之體，學之難言也久矣。如先生稟超世之資，抱經世之才，投之所向，無不如意，而猶惓惓折節于學問，若無若虛不自滿，假此其所得，尚可以津涘窺哉。今觀是語，論道理曲盡人情，論人情曲盡道理；論本體不離工夫，論工夫不離本體。不惟同志者讀之欣然痛快，即素不信學者讀之，亦未有不翻然悔悟、勃然興起者矣！是語也，其關於世道人心不小。

余至多病，辱先生不鄙，鍼砭有年，自別先生久，而余病且滋甚。頃郡守中宇張公捐俸刻先生語，而屬余引其端。余讀先生語，不翅得秦越人之秘方也，今而後沉痾或亦庶幾有瘳矣。

認字測序

槐村先生，吾關中躬行君子也。先生幼承庭訓，潛心問學，爲孝廉時閉戶寡交，載籍極博，而聲律字學尤爲學士大夫所山斗。其于紛華勢利澹如也。後謁選皖郡司李，再遷地官郎，督儲雁門，咸以廉平著聞。亡何移疾歸，徜徉林泉，自吟詠筆研外，他無嗜好。余小子時得執經問難，乃先生進而教之，故每侍先生，胸中訛舛十釋八九。戊子、己丑，余叨附先生冢嗣淑遠驥尾。一日，淑遠出先生認字測三卷示余，余受而讀之，喟然歎曰：「思深哉！道蓋在此乎？非他泛泛著述者可埒。」由是朝夕體驗，不忍釋手，時同館兄弟見而奇之，而一時京邸諸縉紳咸借鈔不給，余欲刻之，不果。頃余奉命觀風齊、魯，與同志論學問，因及此編，咸謂當刻之以廣其傳，乃舉而籌之運判景君，景君曰「唯唯」。遂代爲校讎，付剞劂氏。

先生著述甚富，如槐村集、字考、啟蒙困言各若干卷，淑遠業刻於家塾，而此編尤先生所最得意者。其立言之意詳在先生自序中，余不具論，論所以刻之之意如此。先生有莫逆友爲今岳守三峨李公，公爲孝廉時亦閉戶寡交，月旦與先生並重，所著有一中、見物二編，新吾呂公序而刻之。余嘗謂先生此編當與李公二編並傳不朽，蓋均于人心世道有裨益云。嗚呼，觀先生者觀此編，其于先生生平問學思過半矣！

丁未冬稿序

道學之傳，肇自虞廷，其功大矣，而宰我賢夫子于堯舜，何也？蓋「精一」「執中」之說，講學也。第未揭其名，則天下後世將視其言爲帝王以天下相授受之言，非人人可得私言者，則此言自堯舜發，亦自堯舜止矣。故夫子不得已揭「講學」二字，而天下後世始知「精一」「執中」之學，人人皆可講，而舍此別無入聖之路，使堯舜其心至今在者，誰之力也？夫子賢于堯舜，其功正在于此，而或者不察，猥云學不必講，誤矣。且自孟子後，此學絕響者千有餘年。夫此千餘年間，豈乏英雄豪傑可以爲堯爲舜者，而或[一]止以事功名、止以節義名、止以文章名，而心性真儒竟爾寥寥，豈不惜哉？至濂、洛、關、閩諸君子出，始恢復鄒魯之業，汲汲皇皇，以講學爲己任，而堯舜之道始燦然復明于世，于此益信夫子之功果賢于堯舜遠也。

侍御少原余公自少潛心理學，頃觀風百二，候代馮翊間，著書七篇，余讀之，津津有味乎其言。竊謂聖賢之學，心學也，

[一] 光緒本作「成」，據萬曆丁巳浙江本、天啟本改。

心之不養，而徒事于枝葉間，抑末矣，故首論養心。人同此心，而或不能養，卒至違禽獸不遠者，無志也，故論定志。夫志定矣，使不得孔顔樂處，則苦難而中止者有之，故論尋樂。而世之學者又多誤以逍遥放達爲樂，此老莊所以誤晉室之諸賢也，故論老莊。老莊之弊流而爲申韓，而王安石假六藝以售申、韓、桑、孔之計，卒至禍國殃民而不可救藥，則學術之偏害之也，故論安石。夫學術之偏莫甚於佛。佛，西域人也，以中國而從西域之教，則春秋嚴華夏之防謂何？故論華夏大防。然學術始于人心，關于世道，履霜堅冰，毫釐千里，此學之不可不講也，故以講學説終焉。講則理明，理明則人心正、邪説息而天下治；不講則理晦，理晦則邪説熾、人心壞而天下亂，故曰「學之不講，是吾憂也」。然則公七篇之作，其亦有憂乎？余蒙不知學，然亦從事有年，三復斯語，爽然自失矣。邑侯楊君愛是書，剞劂以傳。余惟關中同志近多勃然興起，而又得公此編，倡率而鼓舞之，則其風當益盛，其士習當益改觀，私沾沾爲桑梓喜。昔明道爲鄠簿，與横渠相講切，而秦俗大變，至今尸祝。余愧非横渠，而得公爲明道，故不辭不斐，而爲弁諸首。

秦關全書序

藍田王秦關先生，理學醇儒也。其學以盡性無欲爲宗，近裏著己，甘貧苦節，世共高之。始余晤先生於正學書院，相與論格物、論未發及太極、西銘之旨，睹然有當於心，今廿年往矣。哲人既逝，吾將安從？頃先生冢嗣伯敬持先生著作若干種，乞余訂正，會余病，不能細讀，乃留伯敬數日，命門人輩稍爲編次以歸之，而以文簡公粹言及飛泉公語録列於前，見先生學問淵源所自，其曰：「先師遺訓，先君遺訓云者，先生所自命也。」嗚呼，世之降也，學者各執所見，自以爲是，亡論庸庸者，即高明之士往往借言超悟，弁髦父師之訓而不恤，此蓋漸染於異端喝佛罵祖之説而不自知者，即此一念，便得罪名教不小，又安在其爲超悟哉！道莿榛而世江河，病正坐此，如先生惓惓遺訓，是遵死而後已，今世豈數數見邪？

昔宋二程語録雜出於當時，諸弟子散漫不一，後賴朱文公私淑表章，以傳於世；慈湖紀先訓，娓娓數千言，至今光耀簡冊，見楊氏世德之盛。先生此二編，其繼晦翁、慈湖而有得者哉！其他諸録要皆躬行心得之言，足以羽翼聖真，扶持名教，非世之騁空譚而鮮實用者可比。編成總題曰：秦關先生全書。因識數言於首簡，若先生生平事行之詳，余別有傳，玆不具論云。

正學書院志序

古今書院皆有志，往余讀書正學書院，求其志而不得，近始得於一同志所，蓋先督學唐文襄公所纂，今八十餘年往矣。余私欲續之而不果，頃晤今督學青巖段公，言及此志，公欣然謂余曰：「余自入關，即問書院有志否？僉曰『無』，今從何處得來？是吾道之幸也。若續爲纂述，寔余今日事。」遂慨然任之。不月餘而志成，綱舉目張，星列棋布，視舊志更爲精確於都哉。正學書院當與白鹿、嶽麓、嵩陽、睢陽四大書院並重宇內矣！

公一日造余山中，屬余玄宴，余惟學以正名，別其與異端異也。夫吾儒言心，異端亦言心；吾儒言性，異端亦言性，安所異而曰吾儒異端哉？蓋性者，心之生理，非心之外別有所謂性也。然心有人心、有道心，性有義理之性、有氣質之性，如「動心忍性」之性，「性也有命焉」之性，皆指氣質言，論氣質豈止有「三品」？蓋有什佰千萬而無算者，故曰忍，曰不謂，其詞嚴矣。如見孺子而怵惕，睹親骸而顙泚，不忍觳觫之牛，不屑嘑蹴之食之類，皆指義理言，論義理豈止無「三品」？蓋無古無今，無聖無凡，無有二者，故曰「善」，曰「道一」，其詞何決也！此千古論性者之準也。乃異端則不然，直以在眼曰見，在耳曰聞，在鼻辨香，在口談論，在手執捉，在足運奔者爲性，而不以在見曰明，在聞曰聰，在執捉曰恭，在運奔曰重者爲性，是明以生死之生爲性，而不以生理之生爲性；是專以氣質言，而不以義理言矣。雖性載於形，義理即具於氣質，第專以義理之性爲主，則即視即明，即聞即聰，即執捉即恭，即運奔即重，從心所欲自不踰矩，此吾儒之論性所以大有功於世教也。若專以氣質之性爲主，則任目之視而不論其明，任耳之聞而不論其聰，任手足之執捉運奔而不論其恭與重，則適己自便，何所不爲？此異端之論性所以大有禍於世教也。

夫論學而至於心性，亦精且微矣，而卒至於禍世，辨可不嚴乎哉？至於吾儒重綱常，異端棄倫理；吾儒以天地萬物爲一體，異端自私自利，人人皆知其非，無庸緩頰矣。嗚呼，邪正不容並立，正學明則異端自息，堯、舜、孔、孟之道如日中天，而人心世道不復睹唐、虞、三代之盛，吾不信也。

公中州人，伊洛淵源，當有獨契。此志之重修也，百年闕典，若有待於今日者，繼往開來，公之意良厚，諸士之講學於斯者，尚相與重躬行，毋徇口耳；崇正道，毋惑異説，則異日者與程、張諸先生並俎豆於兹，豈直宫牆生色，斯世斯文寔嘉賴之，則於公作志之意，斯無負矣！敢盡言以書於籍之端。

桃岡日録序

自昔聖賢論學，不翅詳矣，莫精于孟子「大人不失其赤子之心」一語，此千古聖學大旨，堯舜復起，不能易也。學者若信此不及，心術少差，即聞見愈多，事體愈熟，去道愈遠矣。或謂大人經綸萬變，過化存神，赤子之心能之乎，而猥以不失爲大也？不知心一耳，用之于正，則爲經綸，爲神化，爲不失赤子之心；用之于不正，則爲機械，爲變詐，爲失赤子之心，非塊然如槁木死灰，一無所用而後謂之不失也。

武陵蔣道林先生蚤從陽明、甘泉二先生遊，倡道三楚，其所録論學語甚具，而尤惓惓於「大人不失其赤子之心」，如曰：「劈初頭不失赤子之心，便是聖胎。如何得不失？須是戒慎恐懼。」又曰：「譬如果核一點生意，投之地便會長出根苗來，這根苗便如赤子之心，切不要傷害他，須是十分愛護，及長到參天蔽日千花萬實，總只是元初根苗一點生意，非别有生意。」嗚呼，先生之學可謂直透原本，真得孟氏之意矣！其它如論「慎獨」、論「默識」、論「天地萬物一體」，種種名理，皆發昔賢所未發，其于所以不失功夫，尤爲深切明盡。學者循此用功，此心自可保其不失，又何患不爲大人耶！

後世學術龐雜，議論偏詖，不知學者無論，即知學者往往舍功夫而專談赤子之心，則失之玄虛；舍赤子之心而專談功夫，則失之支離，心學幾爲晦蝕。自先生此録出，彼玄虛、支離之説見晛自消矣，其羽翼吾道，功豈小哉！吾邑侯楊修齡公，先生里人也，尊甫中行先生，私淑先生而有得，校梓先生日録，以公同志，此其意甚盛。邑侯力承正學，政聲藉甚一時，而有子嗣昌，弱冠舉孝廉，溫溫若處子，父子祖孫家庭相爲師友。讀茲刻，知學問淵源遠矣。

砭己名言序

顔淵曰：「舜何人也？予何人也？有爲者亦若是。」解之曰：「舜舍己，回舍己，此其所以有爲若是云。」夫己一耳，舍者誰舍，克者誰克，皆由己也。故己不知舍、己不知克者，不謂之真己；己非真己，則己病，己病而不砭，則「爲仁由己」之謂何？此憲周張公有砭己名言之編也。

編中分類有三：曰心，曰言，曰行。夫有心病則有心砭，有言病則有言砭，有行病則有行砭，要之言行之病生于心，心之病又生于己，砭己則心病瘳，而言行之病亦瘳，故薛文清曰：「人所以千病萬病，只爲有己。」而編中反覆論此意獨詳，意可知也。孔門論仁，其言不一而足，而克己之説何獨于回發之？舜，大聖人，而孟子稱之，何以止曰「舍己」？此正「天地萬物一體」之意。秦、漢以來，明此意者少，故程明道不得已，直洩其秘，曰：「仁者以天地萬物爲一體。」蓋自此言出，而「舍己」「克己」之旨益大暢而無餘藴矣。然後世學者猶不免于分形骸、生彼此，即一體之中，耳目手足且多隔閡而不通，又何論天地萬物？揆厥病根，豈非「己」之一字爲之乎？砭己者，砭己之己也。砭己之己而後真己見，真己見而又何心病、言病、行病之與有？或謂如此則三砭不既多乎？噫，是不然。蓋己一，而己之病百，故古人因病立方，循方治病，雖條分臚列，未易更僕，總之皆爲己病而設，使人人而太和元氣也，雖盧扁杜口可也。由斯以觀公三砭之作，豈得已哉！

余昨與公共事畿輔，見公諸凡注厝卓有天地萬物一體之意。既而讀此編，乃知公學問淵源蓋有所自，若公者誠可謂得真己者矣。余至不肖，自獲交于公，而心與言行之病亦藉以少砭也，故喜而直述其所欲言者，以附于末簡。

東遊稿序

始余讀孟子，至「孔子登泰山而小天下」，心甚壯之，恨不獲旦夕一至其地而躋其巔。又見世人多香火奔謁於二氏之宮，雖數千里不憚遠。至孔林、孔廟近在曲阜，而竟無有一人香火奔謁也者，心甚怪之，又恨不得旦夕一至其地而升其堂。由是心馳宫牆，神遊泰岱，蓋三十年於茲矣。

歲乙未，行部至東，雖於地方無所裨益，然得藉以少酬夙願，豈非生平一大幸哉！自夏五至歲杪，得雜著若干篇，雖亦有京途所作，命曰東遊稿，蓋用以識不忘云。至於進諸生講業齊、魯之都，所著有訂士篇，東昌王太守業已序刻，茲不具論。

嗚呼，聖道在心不在跡，學聖人者亦求諸心焉，足矣！苟不能自得於心，而徒曰：「宗廟百官如此乎富且美也，登東登泰如此乎小魯小天下也。」則遊宫牆、登泰岱者，其人豈鮮哉！何希聖者竟寥寥也？陽明先生不云乎「個個人心有仲尼」，知此則余以酬夙願爲大幸，亦淺乎睹矣，況區區文辭乎哉！是余之以「東遊」名稿也，蓋亦狥跡之見也。

劉氏族約序[一]

夫世道日趨於薄也，如江河之不可返，此蓋有激之談，非定論也。孟子道性善，曰：「人皆可以爲堯舜。」夫人既皆可以爲堯舜，世豈不皆爲唐、虞，特患無砥中流而迴狂瀾者其人耳。使得其人，則返薄歸厚，直旦莫遇之矣。郡丞劉孟直氏，

[一] 光緒本無此序，現依萬曆丁巳浙江本、天啟本補入。

青門望族也。孟直解組歸來，惓惓以聯屬族人爲第一義，所著有族約，酌古準今，言簡意盡，行未兩朞闔族之人瞿然顧化。嗚呼，此詎可以聲音笑貌得耶！

先是余與孟直講學寶慶寺，嘗以「人性皆善」「人皆可以爲堯舜」兩言爲同志丁寧，而或者猶覺疑而不信。今觀劉氏族人，而嚮之疑者信，信者且堅矣。彼謂世道日趨於薄也，如江河之不可返，明知其非而諉之於無可奈何，自誤誤人，可勝道哉。悲夫！學之不講一至於斯也。孟直爲此約，蓋從學問中來，非區區以文具相約束者。吾願劉氏族人從茲尊信此學而講明之，則由其約而悟其所以約，此約可常行而不替，庶不負孟直惓惓至意。不然，第以作文具視之，則世之爲族約者不少也，而能遵約者幾人哉？非孟直意矣。

學翼序

講學第一要令人啟信。夫以不信學之人而與之言身心性命，其能有入乎？故必啟信而後可與言也。夫既信矣，則是者固多而非者亦不少，使不防忌則一傳衆咻，將不免方信而忽疑矣，故啟信之後又當防忌。既防忌矣，則搖奪者少而其信必堅，前途皆坦途矣，使不正趨則佛老之說得混其中，恐又愈信而反愈遠，故防忌之後又當正趨。使趨正矣，粹然一稟於吾儒，而二氏之說一毫不能雜，學問可謂至真至正矣。使不明源，則道理之源頭未透，縱下功夫，不合本體，不過支離口耳之學耳，故正趨之後又當明源。使明源矣，聖學之根宗徹矣，若不勵功，則雖有所窺，總屬虛見，其何以盡性而至命，故明源之後又當勵功。使勵功矣，即翹然自足曰：「吾益矣，吾生平學問至此亦可以止矣。」又不幾於爲山而未成一簣，掘井九仞而不及泉乎？道體無窮，功夫亦無盡，一息尚存，此志不容少懈可也，故勵功之後又以詣極終焉。余妄標此六目，而各採宋、元及我明諸儒粹言以實之，總題曰學翼。凡我同志，尚潛心於斯云。

疑思録序

余自壬辰請告，杜門謝客，足未踰閾者三年，自檠裏外，惟以讀書遣懷，無他營也。間有二三同志及伯兄月夜過存，相與講孔、曾、思、孟之學，辨析疑義，嘗至漏分，或撫琴一曲，或歌詩數首始别，蓋忘其身之病，而亦忘其寒暑之屢更也。居恒多暇，乃取所辨析者口授兒康年劄記之，緘砭韋弦，聊以自勖。歲月積久，不覺成帙，要之遺忘不及記者尚多，此特存什一于千伯云耳。一日，爲友人蕭輝之攜去。越數日，輝之詣余曰：「吾子用心誠勤矣，第聖賢精義不知果如斯否？恐其中又未必無可疑者，余當爲子編次之，以就正于海内同志之士。」余曰：「唯唯。」編成題曰疑思録。蓋取「九思」中疑思問意耳。嗚呼，吾斯之未能疑，録中業已言之矣，同志不遺幸教我焉。

辨學録序

孔子曰：「有弗辨，辨之弗明，弗措也。」夫學問思行，學已賅是矣，猶必明辨云者，謂不如此，譬之適越而北其轅，彌學彌遠，彌行彌差矣。乙巳秋，鳳翔張心虞孝廉訪余山房，而二三門人聞心虞至，亦多朝夕過從，共談心性之學。秋涼夜静，語話偏長，别後因録其相與發明者得八十一章，雖下學上達之旨不敢謂得一貫真傳，而吾儒、異端之辨或亦可以俟後聖于不惑耳。夫以余之闇汶，曾何足與聞斯道而一得之，愚得之朋友講習者爲多，于是益信明辨之功其益果大，而曩所稱弗明弗措，原非有心弗措。辨至此，雖欲措焉，不能也，于是題其篇曰辨學録。

馮氏家乘序（馮氏家乘自序見三八八頁）

馮氏族譜序（馮氏族譜自序見三七四頁）

遊秦小草序

顧生用晦，中吳奇士也，頃侍其尊人如秦，執贄從余學，所著有遊秦小草，其詩文業已升堂而嚌胾矣。且沖襟春藹，道味襲人，若不能爲詩文也者，余心益異之。一日謂余曰：「士君子爲學，自有向上一着，雕蟲小技，壯夫爲之乎？」欲焚其所爲詩文，而專精于理學。余喜曰：「子欲焚所爲詩文，則詩文不必焚也。且所謂理學者，非外庸行而別求聖解也，如能詩文者不以詩文自滿，不以詩文驕人，不以詩文騁離經叛道之語，若無若虛，成象成爻，天下理學莫大于是矣。『天生蒸民，有物有則』，『迨天未雨，徹彼桑土』，孔子不亟稱爲知道哉？詩文何妨于理學而必于焚之也。三百篇多發理之談，故爲萬世詩人之祖。漢、魏以後，人爭工于詞而不求精于理，夫詞何可不工也，而必于伸詞以詘理，甚且倡爲詩不關理之說，則誤矣。詩文、理學分而爲二，彼蓋徒知以『切磋琢磨』爲說理，而不知『鳶飛魚躍』尤爲說理之妙也。吾方望自子超漢、魏、盛唐，而直追三百篇，使分者合而爲一，一撤千載詩人之障也，子又何以焚爲哉！」

用晦將歸，請余一言爲玄晏。昔楊中立將別二程歸，明道先生以目送之曰：「吾道南矣。」後果大闡伊、洛之學于東南，一再傳得朱元晦，集諸子之大成，爲宋儒冠冕。而感興二十首，與風、雅並傳，樹詞林赤幟，明道之言若持左券不爽，今東南諸儒稱盛一時，又非昔日比。而子之歸也，能倡明而鼓吹之，則人將稱子爲今之中立，而余亦竊比明道之知言也，豈不休哉！用晦憮然曰：「命之矣。」因書此與子訂千古之盟。

理言什一序

聖賢之學，理學也。六經、四書，淵淵理窟，粹乎弗可選矣。宋濂、洛、關、閩以及國朝河津諸儒語録，雖言人人殊，大要羽翼六經，梯航萬世，鄒魯以來，此爲嫡傳。蒲阪張知一先生讀之會心，爰採精語，纂爲八篇，仍以己意各論著于後，而諸儒之旨益大鬯而無餘。卷凡内外二，總題曰理言什一。「什一」云者，志謙也。余從先生伯子去浮氏得卒業焉，而知先生之于理學深也。

夫世之學者支離口耳者多炫聞見以爲奇，而溺志異端者又借虛無以爲高，兩家遞勝，而孔鐸絶響，識者憂之。今觀「原生證性」之説，而知非支離于口耳；又觀「定趨歸是」之説，而知非溺志於虛無。藉諸儒理言，發自家獨得，此先生之心所以爲大，而先生之學所以不可及也。余數年前亦有此志，曾以所標六目舉似去浮，去浮然之。今得此，寔獲我心，余亦可以無言矣。

近日士大夫亦多有類輯古今名言以傳者，自淑淑人，意非不善，第多採老莊諸子及國策、新語諸書，與宋儒並列，甚或有割裂佛經、道藏文字附于中者。嗚呼，老莊異端非學之尤，國策機械變詐之首，世説新語又放縱恣肆之嚆矢，若不察而概收之，無論玉石雜陳，鄭雅迭奏，竊恐讀者未必受宋儒之益，而先已受機變放肆之損，世道人心安所税駕？余爲此懼，方欲删訂之而未能，今得此編，可以折衷群言而歸之正矣。匪直明理，且也衛道，先生之功顧不偉哉！

聞先生尊人雲遊滇、蜀，久蔑音耗，先生徒步踪訪，嘗仰天大哭，曰：「不得吾父，誓不歸矣！」三易寒暄，跋涉數萬里，竟遇於蜀逆旅中，扶掖而歸。此其事甚奇，蓋先生一念精誠所格，非偶而已也。

先生蚤慕黄老，後悟理氣合一之説，一變至道，河津而後如先生者，指豈多僂？先生歿，河東曹真予氏誌其墓，稱先生有邁人之學識。真予深于理者也，其言當不虚。

去浮署諭華陰，今春余與去浮及諸同志講學太華書院，瀕别索余弁言，余惟去浮今之程朱先生，蓋大中韋齋其人也。家學淵源，余方羡慕之，又安能贊一辭，聊書此以報去浮，以附虚知人論世之義。

涇野先生語録序〔一〕

夫講學創自孔子，至孟子歿而失傳，中興于宋而禁于宋，宋之不競，奚惑焉？洪惟我二祖開基，崇儒重道，以講學爲令甲，舉宋儒所講者一一見之行事，説者謂國朝爲乾坤一小開闢，詎不信然？泰運登閎，真儒蔚起，而正、嘉間，我關中涇野吕先生尤海内學者所宗爲山斗云，先生語録言言皆自躬行心得中流出，最透悟最精實，真可與西銘、正蒙並傳不朽者，其有功斯道不淺。余自髫年先大夫命之讀，即知嗜好，久而彌篤，自此紙敝墨渝不離于手。第原録歲久，板且漫漶，因替爲訂正，分若干卷，而以先生傳附於後，燦然成一完録矣。舊名内篇，今更題曰涇野先生語録，志實也。余久欲公諸同志而力未逮，今秋按臺東郊畢公訪余山房，因言及先生語録，慨然鋟梓，以廣其傳，而屬余引其端。公爲朱晦翁里人，學有淵源，而尤揭「不遠復」三字爲宗，公於先生可稱千載知己。余不肖愧不知學，先是方伯静汪公、邑侯修齡楊公倡諸公，爲余建關中書院。公甫下車，即捐俸爲書院置公田，一時同志愈益興起，至如請增解額，請罷榷税，善政覼縷，造福秦人士無量，是秦人士實受公講學之益矣。彼謂學不必講者，是原無心於百姓者也，又何怪哉？國朝理學甚盛，而從祀孔廟者僅僅四先生，議祀典者僉以先生未獲從祀爲缺典。公今刻此録，表章先哲，風勵後學，其意甚盛。讀先生語録者，尚求之躬行心得，如録中所

〔一〕光緒本題有「吕」字，依文中題涇野先生語録，據此改。

稱「甘貧改過」云云，庶遠不負先生，近不負我公付梓〔一〕之意，其翊我國家一代文明之運，又寧有紀極哉！願與同志共勉之，毋讓。

薛文清先生全書序〔二〕

我國朝從祀四先生，咸真修實悟，有光聖門，而文清薛先生崛起永、宣之際，於吾道尤有草昧，功蓋一代，理學大儒也。所著讀書録業已家傳戶誦矣，而文集人多未之見，且白沙、敬齋、陽明三先生俱有全書行世，而先生獨無，真爲缺典。頃侍御沁水張公爲先生鄉人，移書方伯會稽王公，大參蒲阪王公梓先生全書，甚盛舉也。梓且成，張公不以余爲不知學，而命余一言。余惟先生之學，以復性爲宗旨，以主敬爲功夫，誠得鄒、魯嫡傳，無容遊贊，而或者以先生與敬齋爲觭重修，以白沙、陽明爲觭重悟。不知離悟言修，非真修也；離修言悟，非真悟也。余觀先生生平操修，可貫金石而質鬼神，其議論著述平正切實，言言可見諸行事，此豈無所悟者能之乎？第不至如世儒之談玄說空，人遂以不悟性少之，而不知悟性處政不在談玄說空也。若白沙、陽明主靜致知，險夷一致，夫豈不足于修者，而顓顓〔三〕以悟歸之？抑又過矣。大抵真修必本于能悟，而真悟自不容不修。道本一而學者多歧而二之，于是離悟言修者，其流弊爲鄉願；離修言悟者，其流弊爲異端，其爲學術之患不小。余爲此懼，故因讀先生書而爲之論著若此。昔與先生同時講學者，中州有曹月川端、江右有吳康齋與弼、關中有段容思堅。康齋、容思人以地限，于先生猶屬神交，若月川則晉、洛接壤，朝夕印證，其學得之先生爲多，而從遊之士如洛

〔一〕光绪本作「殺青」，据四庫本改作「付梓」。

〔二〕由薛文清先生全書序到下文古文輯選序，萬曆丁巳浙江本缺。

〔三〕「顓顓」四庫本作「沾沾」。

陽閻侍御禹錫、白太僕良輔、咸寧張司寇鼎，名爲尤著，至搜輯先生遺稿，使至今文獻足徵者，則又司寇之力也。師友淵源，桴答箎應，猗歟盛矣！蓋嘗考覽古今，理學興于宋而禁于宋，國卒不振，識者恨之。迨我國朝天子經筵講學，皇太子出閣講學，諸臣履任首謁先師，至學宮進諸生講學，載在令甲，昭〔二〕如日星，是周家以農事開國，我國朝以理學開國也。卜世卜年，當必遠過周曆。公奉命代狩，加意斯文，微獨表章先哲，政所以憲章文武，使人人知學之當講耳。讀先生書者，能憬然悟、奮然修，挺然以講學自任，不沮不懼，砥柱中流，則先生雖往，庶幾旦莫遇之。不然，豈惟負先生，抑且負令甲，負我公惓惓憲章之意。

聖學啟關臆說序

萬曆甲寅仲夏二日，按臺紫海龍公偕茶臺見平張公會講關中書院，鄉士大夫及孝廉諸生約千有餘人，而環橋觀聽者不可勝計，濟濟雍雍如也。時天久陰雨，先日當道方齋戒祈晴，而是日忽雲開日霽，萬里長空，人皆異之，豈天亦有意于斯文耶？公至，偕張公謁先師像畢，各以次見就坐，二三童子歌詩。歌已，同志各舉所疑請益于公，公爲之開關祛疑，反覆忘倦，人人聞之，如醯雞發覆，飲河克量，齗齗欣欣如也。于是衆共喟然曰：「自有書院以來，不知有此勝會否？斯道中天，其在茲乎！」日晡，猶依戀不忍別去。瀕行，余偕諸生請曰：「昔夫子忠信篤敬纔數語耳，而子張猶書諸紳，今日之講可徒空自踴躍耶？諸生愧無李端伯筆，願公錄示，以竊比書紳之義。」越數日，公出此編以示，而謂余宜有一言。余惟聖賢之學要在透性，言學而不言性，俗學也；言性而不言善，異學也，凡此皆疑關未破之過也。公學以性善爲宗，已得欛柄入手，諸所剖析至切近、至精微、至明顯、至奧妙，本體功夫入門究竟包舉靡遺，而引證諸儒粹言又折衷數百年未了公案。

〔二〕光緒本原作「照」，據天啟本、四庫本改。

嗚呼，千古聖學正脉具是矣，寧直破諸生一時之疑已哉！余不佞講學書院有年，恒切自誤誤人之疑。今得此，奚啻指南，竊自幸而又爲吾道幸，余又安能贊一辭？第與諸生約曰：「居諸易失，師友難得，聖域易入，疑關難破。今而後所不努力前途，用負〔一〕公辱教惓惓之意者，有如此日。」衆共悚然曰：「善。」因書之，以矢諸同志。

長安縣志序

長安故有志，乃宋龍圖學士宋敏求氏所輯，輯成周以來歷代建都遺跡，非邑志也，而創修邑志，寔自今李侯始。是志也，分類大略準大明一統志遵制也，中多增入，以邑志較郡國志例當詳耳。邑爲會省附郭，往代無論，明興以來，名宦接踵而山川靈秀所鍾，如倉頡、文、武、周公以下聖賢又濟濟相望，其人物甲於他邑，惟是世遠籍亡，未由考鏡，止據通志及聞見既真者書之，其名宦見任、鄉賢見在者又例不敢書，于心終歉然也；孝子、節婦止書已旌及蓋棺論定者，餘俱不敢輕載；田賦、戶口俱依印冊詳書，一字無容增損漏；澤園附陵墓後，見國朝恩澤，不惟加膴仕，抑且及枯骨耳；寺觀列災祥後，亦示崇正抑邪意；至仙、釋中多涉幻妄，故直削之；藝文書其有關地方者，餘雖工不書。唐劉子玄云：「古之國史，異聞則書。」今志亦史之流也，故倣之亦略載數則。嗚呼，志以紀事，惟求實録。第令後世文獻足徵無貽，以文勝質之誚足矣，烏庸繪章飾句以誇多鬬靡爲也。載筆同修者王給諫嗣音及監胄何補之、秦東、周庠士、桑本立、韓在等，而不肖從吾鹿鹿無能，爲役殊切自愧，所幸當吾世而得遘茲盛舉聿觀厥成，豈非生平一大快也哉！雖然，余尤有感焉，如山川、田賦之類，終南在南而誤書于北，田賦本少而誤書爲多，人猶得執其誤而更正之。倘人物一有遺漏，則後之人將安所考乎？如孟獻子有友五人，而竟逸其三；董仲舒一代大儒，而竟逸其字，真爲千古遺恨。又如古今作家譜者，即子孫亦多逸其祖先之名，

〔一〕光緒本作「副」，依文意當作「負」。

雖孝子慈孫將奈之何，亦足悲矣。余故于人物一志特爲加詳，雖不敢泛，必不敢略，即如此，猶恐名世賢達與時俱往，未盡搜録。而深山窮谷寧無潛修靜養其人者，即里閈亦罕知之，況數世之下，百里之遠，孰從而物色之哉？以彼其人雖無心于身後之名，而後生小子竟使梓里先哲泯沒不傳，尚友私淑之謂何？余故每念及此，不覺掩卷而長嘆也，區區之愚尤願與海内同志共講求焉。李侯蒞吾邑，百務俱舉，上下交孚，而尤惓惓於此志，可謂知所先務者。維時邑博何君載圖、郭君惟恩、楊君來鳳、邑丞郭君知彰、主簿張君文衡、胡尉其煥皆始終其事，例得並書。李侯名燁然〔一〕，汶上人，庚戌進士。

越中述傳序

昔王文成公講學東南，從遊者幾半天下，而吾關中則有南元善、元貞二先生云，故文成公之言曰：「關中自横渠後，振發興起將必自元善昆季始。」二先生録公語幾數萬言，藏之家塾，元貞先生孫子興太史倣蘇季明校正蒙例，離爲四篇，曰立志、格物、從政、教人，總題曰越中述傳，而屬余爲序。余惟文成公之學，一「致良知」盡之矣，今離而爲四，何也？曰：此正所以致良知也。

夫人而語之曰：「汝有志，汝爲聖賢」則必喜；語之曰：「汝無志，汝爲狂愚。」則必怒。是志本吾人之良知也，而不講立志之學，則良知不致矣。夫人而有志聖賢，則必格其爲聖賢之理而後可爲聖賢；人而不爲狂愚，則必格其不爲狂愚之理而後不爲狂愚，而聖狂之理夫固昭然於吾心者。是物理本吾人之良知也，而不講格物之學，則良知不致矣。「仁者以天地萬物爲一體」，赤子入井則乍見惻隱，一夫向隅則滿堂愀然。聖賢有此志，狂愚亦有此志；聖賢有此理，狂愚亦有此理。是一體本吾人之良知也，而不講從政、教人之學，則良知不致矣。

〔一〕「燁」四庫本作「煜」。

是立志、格物、從政、教人，正所以「致良知」也。良知是本體，致知是功夫。識得本體，然後可做功夫；做得功夫，然後可復本體。千流萬派而不離其源，千言萬語而不出其宗，此文成公之學所以大有功于斯道也。乃後之談良知者，多放縱決裂，爲世詬病，是空談良知而不實用致之之功故也，于文成公何尤焉？此録出，而良知末流之病庶幾其可救乎！嘗考文成公門人雖盛，而世傳其學者，東南則稱安成鄒氏，西北則稱渭上南氏。自二先生傳文成公之學以來，代有聞人。

元善先生三子俱蜚聲庠校，而俱蚤亡，有孫曰企仲，官太僕卿，以直諫顯。有曾孫曰居業，登制科而未仕。元貞先生有子曰軒，蓋世所稱陽谷先生者也。往元善先生與三子相繼歿也，太僕爲遺腹子，伶仃孤苦，人爭齕齮，而陽谷公力爲卵翼，卒抵于成，又爲刻瑞泉遺稿，乃乞天台、廬山爲玄晏。嗚呼，學之不講久矣！孤兒寡婦求不乘機而利其所有已難，況施恩於不報；子孫於父祖遺文且任其散佚而不知收，況姪之于伯父哉？在陽谷公不過自致其良知，而在輓近世，寔大有裨乎風化矣。有孫四而取科第者三，太史其季也。而其曾孫居益，今且督學晉中，世德家學方興未艾，二先生之詒謀遠矣。夫人不講學則不知修德，又安所獲福？雖學者原不爲獲福修德，而天道人事亦自不爽，孰謂講學負人哉？人知南氏之盛而不知其所以盛，余故爲之論著如此。詩云：「詒厥孫謀，以燕翼子。」二先生以之。又曰：「昭兹來許，繩其祖武。」其子興之謂也夫！

姜鳳阿先生語録序

蓋不佞從吾讀鳳阿先生語録，得七善焉。世之學者多厭常喜異，進二氏而退六經，而其弊至不可道。先生曰：「六經之言由聖人精藴而發，皆因性命而立言，本之則有實得，措之則有實用，由之則可以經當世而適于治。」此可以藥世俗翻案經術之病，其善一。

世之學者多支離于口耳聞見，而不知求之于心，去「危」「微」「精」「一」之旨遠矣。先生曰：「仁道雖大，要之不外于此心教諸生，如孟子所言『求放心』，以求仁爲近。若求其最近易者，則正容謹節，家庭唯諾之常，自是『求放心』處，自是學者求仁處。」此可以藥世俗口耳支離之病，其善二。

世之學者多侈談文詞功烈，而迂視理學。先生曰：「文詞功烈，離仁而爲之，乃是一技一能。若從此心流出做出，則古人所謂立言、立功者在焉，蓋從立德中來，即三者可並傳不朽也。」此可以藥世俗務華絶根之病，其善三。

世之學者多喜放縱而惡檢束，故以禮爲僞，以肆爲真，其壞風化不小。先生曰：「禮而謂之家禮者，言乎其可行于家者也，而其本則始諸身。家禮而謂之儀節者，言乎其儀文與末節，而精微之理寔在焉。以身而教家，以心性而求儀節，則是書也豈古人之粗跡哉！」此可以藥世俗蔑棄禮法之病，其善四。

世之學者遵道而行半途而廢，多起于避人譏刺。先生曰：「人固有不容于流俗而中變以爲求合之地，亦或不堪流俗而應之又不免于過激者，皆非所以處身之道也。毁譽利害苟不入于吾心，則適然之來當一以任其自至，然久之卒亦何嘗無公論哉！」此可以藥世俗逡巡畏縮之病，其善五。

世之學者多謂學行而已，講之何爲？頓令有志之士不敢承當。先生曰：「孔子嘗以學不講爲憂，而並及于德之修、義之徙、不善之能改，人皆言聖人於此有四憂焉，予以爲義之徙、不善之能改，乃所以爲德之修，而德之修則聖人所以爲學之講也。講學者，蓋講乎其所以修德，講乎其所以遷善而改過，要之四事爲一事，四憂亦一憂爾。」此可以藥世俗藉口非學之病，其善六。

世之學者多隱善揚惡，藉著述以洩私忿，殊失古人立言之體。先生曰：「吾邑中有故鄉先生孫曜，高文潔行，足爲鄉閭式。吾郡殷生士望，篤行好學之士，能倡率講學會。尤西川書中無一世俗語，羅念菴習静一室，趙大洲聞之欣然有往從意。其他稱述袁裕春、宋陽山、周訥溪、海剛峰、畢松坡、孫季泉、孫立亭、趙定宇諸正人君子，尤不啻若自其口出，而又非獻諛當途，以希名利者。」此可以藥世俗嫉賢妒能之病，其善七。

嗚呼，先生斯録，其有功于世道大矣！余生也晚，不及師事先生，而先生仲子養沖先生往督學余鄉，與余善，辟之草木，吾臭味也，因漫題于簡首。

鄭溪書院志序

余嘗覽海内郡邑志，即蕞爾巖邑，其寺宇多則數十，少亦十數，至書院則晨星矣。甚且舉古勝地，或改公署，或淪寺觀，爲之太息不已。嗚呼，又何怪異端之盛，吾儒之衰也！

或曰：「書院不皆真儒，何取虚設爲？」余曰：「寺宇豈皆真佛，而人不病虚設，何也？寺宇不皆真佛，而佛教藉以羽翼；書院不皆真儒，而儒學藉以倡明，而況真儒又往往輩出乎？冀北之馬豈盡追風逐電一日而千里？然求追風逐電一日而千里者，必冀北馬也。鄧林之材豈盡干霄拂雲、蔽青天而蔭原野？然求干霄拂雲、蔽青天而蔭原野者，非鄧林無有也。書院亦士之冀北、鄧林也，奈何敢藐天下士，而遂謂無真儒哉？吾儒異端之辨，不在口舌之爭，而在修其本以勝之。廣建書院以表章聖學，正盛則邪衰，晛見則雪消，將真儒接踵而異端不攻自破矣，此修其本以勝之之説也。」

或曰：「今學宫遍天下，不翅足矣，又惡庸駢指爲？」余曰：「學宫博士有專責，弟子有定員，豈人人可升堂入室者？且朝廷設官分職，其權孰得而侵之？書院之設，見任縉紳固可擁比，而林下韋布亦可登壇。余嚮謂交與一人不可妄，講學無人不可容，正爲此也。學宫作養有限，書院教思無窮，此正補學宫所不及者，安得駢指視之。」

紫海龍公，理學真儒也。吉州形勝甲于天下，匡廬崒嵂，彭蠡瀠洄，家弦戶誦，比於鄒魯。各邑書院林立，而永寧獨缺，公慨然曰：「繼往開來，豈異人任何可當吾世，而使吾寧遜它邑乎？」歲丙辰，按秦歸，創建鄭溪書院，郡〔一〕邑同志講學其

〔一〕光緒本作「羣」，誤，據四庫本改。

中，甚盛舉也。南皋鄒公爲之記，而復性堂公自爲記。今按淮歸，纂志以垂不朽，而函書命余爲序。

余不知學，安知性？且先儒論學，或云「主静」，云「主敬」，云「窮理」，云「致良知」，似各立門户，不知於復性之旨何居？蓋人性皆善，而不學則不能明善而復其初。以性善爲本體，以「主静」「主敬」「窮理」「致良知」爲功夫，則善明而性善之初可復，性復則諸説皆筌蹄矣。「筌者，所以在魚，得魚而忘筌；蹄者，所以在兔，得兔而忘蹄。」至於魚兔得而筌蹄忘，又何門户之可言乎？公書院以「復性」名堂，正所以融門户而偕之大道也。余讀公記，發明此理，批郤導窾，得未曾有，又何能贅一詞。惟是有感於當世寺宇之多而書院之少，致異端盛而吾儒衰，又感於吾儒借學宫以操戈，而反授異端以常勝之柄也，故爲之縷縷如此，敢以是復公命，並以質之鄒先生。

旌烈録序

余别墅在城南沙井村，距沈橋里不三里許，始楊烈婦之死也，鄉村之人聞其事而怪之，其夫語其妻曰：「劉氏年正茂，即改適，豈乏佳耦，而胡以死爲也？」其妻亦語其夫曰：「劉氏年正茂，即改適，豈乏佳耦，而又胡以死爲也？」比余倡諸士大夫往吊後，諸生上其事於當路，當路上其事於朝，天子嘉其節而旌表其門，鄉村之人始知其爲烈而誦之，其夫悟而悔曰：「吾向者所告于妻是何言也，是誨其妻以貳也。」其妻亦悟而悔曰：「吾向者所告於夫是又何言也，將使夫視我爲何如人。」由是夫死而不欲守者且守矣，守節而不欲終者且終矣，甚且從容就義，亦知以死殉矣。數年以來，節烈之婦項背相望。夫人等耳，何昔議其非而今稱其是也？何昔以改適爲快而今以殉夫爲快也？豈非良心人所同具，而不感發之則不興哉？慨自學之不講，理道不明，於是有妻背夫、弟背兄、臣子背君父、朋友背朋友，而恬然不知其非者，世道人心可勝搤擥。今天子一旌表此烈，而函谷以西，風俗頓爲轉移，孰謂古今不相及哉？

或曰：「烈婦之死，惟知有死耳，安知有身後之名？是無所爲而爲真乎，其真者也。若今之守節者、死節者皆聞烈婦之風而興起，是有所爲而爲，非真也，而子反稱之，何也？」余曰：「不然。烈婦之死，固無所爲而爲，固真也，而彼聞風興起者，是因感而觸其良心，良心一觸，自有勃然不容已者。其不容己之心，何心也？是亦無所爲而爲之真心也，而安得以僞目之？昔夷、惠以清、和奮于百世之上，百世之下聞夷、惠之風者，頑夫廉，懦夫有立志，薄夫敦，鄙夫寬。孟子亟稱之，未嘗以夷、惠爲真，而以聞風興起者爲僞也。夫表揚死者，正所以興起生者。若以興起者爲僞，則死者固無心于身後之名，而生者又不免有好名之議，則死者固不必于旌，而生者亦不必于興起矣，有是理哉？」

烈婦弟諸生楊材彙梓公移、志傳、祭誄諸文，題曰旌烈録。乞余一言弁首，因書此畀之，而復爲之説曰：「表揚死者，固所以興起生者；表揚婦人，實所以興起男子。彼張邦昌、劉豫、馮道輩，非丈夫耶？不衣冠耶？不讀書耶？千載而下，談之猶令人髮上指冠，恨不得食其肉而寢其皮，視此婦人寧不愧死哉！嗚呼，讀此録而不勃然興忠臣孝子之思者，非夫也！」

森玉館集序

森玉館集者，朱宗尉伯明詩也。伯明自幼即嗜書，而尤嗜詩，矢口成韻，即有風人之致。余喜而從曳之，俾盡讀古今之書，伯明即鍵戶發憤，自三百篇而下，以及我明空同諸子詩，無不晝夜吾伊，朗然成誦，而伯明之詩遂駸駸入古人堂室矣，爲漢、魏則漢、魏，爲盛唐則盛唐，而絶無纖巧脂粉、掇拾餖飣之病，亦奇矣哉！

余與伯明居同里閈，伯明長余一歲，自七八歲即相與，相與即彼此問奇字。久之談文談詩，不作一戲謔語，里中人以道學嘲之，余兩人不爲變也。由今思昔，可發一笑。

吾關中爲横渠先生之鄉，余于聖學未窺津涯，而伯明每歲月過存，必劇談丙夜。夫今之詩人、理學，多枘鑿不相入，此正坐不講之過。詩云：「鳶飛戾天，魚躍于淵。」即善説詩者，不過以爲點景之妙耳，而孰知其言上下察？「維天之命，於繆不已，於乎不顯，文王之德之純。」即善說詩者，又不過以爲言天言文耳，而孰知其言天之所以爲天，言文王之所以爲文也？夫論理而至於上下察，至於天之所以爲天，文之所以爲文，其精微奥妙，亦至矣盡矣，蔑以加矣，而皆于詩中發之，詩豈易言哉？余以爲今之詩人特[一]患不講理學耳，使知講學，則豈止人品之高，即詩亦更長一格，更超乘而上之矣。彼謂詩不關理，以講學爲迂者，是原不深於詩者也，何足置辨？伯明嘗言：「人生天地間，惟有這一事，讀書印證乎此也，詩文發揮乎此也。」余深服其言。余與伯明有丱角之好，而又喜伯明之信學也，故不辭布鼓雷門而爲之序。

古文輯選序

余與諸生講學之暇，因輯選古文之精者，以爲諸生遊藝之一助，且欲諸生因文見道也，因進而語之曰：「若知古文之辨乎，有義理之文，有勢利之文；有敬謹之文，有放肆之文；有善人之文，有惡人之文。如五經四書乃義理、敬謹、善人之文，無容選矣；如國策乃勢利之文，莊子乃放肆之文，鞅、斯、申、韓乃惡人之文，不可不辨也。文章不關世教，雖工無益，況大壞世教者哉！古人云：『與善人居，如入芝蘭之室，久而不聞其香，與之俱化也；與惡[二]人居，如入鮑魚之肆，久而不聞其臭，亦與之俱化也。』彼喜讀勢利、放肆之文者，亦久而不聞其臭者耳，豈有心於左袒哉？嗚呼，直道難容，枉道易合，與善人居難，與不善人居易，人情乎！今五經四書，科名懸于前，考較迫于後，學者尚不肯讀；至于[三]二氏六子諸書，既不列于學宮，又屢厪乎明禁，而人多嗜好之，何也？此其故不可不思也。今之選古文者，不過論文章之工拙，至于所

[一]「特」後至下文古文輯選序中「久而不聞其臭，亦與之俱化也」，四庫本、光緒本俱缺，今據天啟本補。

[二]「惡」，天啟本、古文輯選原書作「不善」。

[三]古文輯選無「于」字，據文義補。

以爲文何如，則未之辨也。余故表而出之，匪直遊藝，且以爲志道之一助云。」

卷十四

說

做人說上

一日與館中二三同志閲邸報，中有做官、做人之說，咸韙其言，而余以爲做官、做人不是兩事，總之做人盡之矣。或曰：「做官、做人豈毫無所分別邪？」余曰：「然。」吾儕立身天地間，只有做人一事。試觀吾儕今日聚首講學，容容與與，無半點塵囂，宛然洙泗杏壇景象，固是做人；明日朝參課業，或揖讓于禁近，或吟詠于秘閣，亦是做人；異日散館之後，或留而在内，或出而在外，職業所關鉅細不一，無大無小，無敢瘝曠，亦是做人。非曰如此爲做人，如彼爲做官也。嘗觀大學一書，至平天下章，凡理財用人，爲君爲相，道理具載無遺，而總謂之：大人之學。若做官、做人分爲兩事，是格致誠正屬做人，平天下治國屬做官也，有是理哉？是大學一書，乃古人做人之法則，吾儕所當時時潛心理會者也。且吾儕自七八歲，入社學後叫成做童生，進學後叫成做秀才，科第後叫成做舉人做進士，入仕途叫成做官，林下叫成做鄉先生。自少至老，此身入于世套中，何時纔去做人？不知做秀才做個好秀才，做官做個好官，就是做人，其道理工夫說在大學，可無贅也。嗟嗟，耳目口鼻，人也；視聽言動，人也。此非有餘，彼非不足，何待于做人，必待于做而後可言人也。自少至老，方汲汲做人之不暇，而暇言他哉？余曰：「只有做人一事者以此。」

做人說下

館中與二三同志論學，彼此惓惓以做人相印證，余曰：「做聖人易，做文人難。吾儕于難者尚殫精竭力，圖之于易；于易者反玩，日愒月委之于難，何也？」或有疑者，欲余竟其說，余曰：「難易之間，是在自悟，非可以騰諸口說也。無已，試以舜、孔觀之。古今論大聖，必曰舜、孔，舜之德業詳載虞書中，若不可幾及，而夫子乃曰：『舜好問而好察邇言，隱惡而揚善，執其兩端，用其中于民，其斯以爲舜乎！』玩『其斯』二字，可見虞書所載多少德業，都不是舜之所以爲舜處，而惟此乃其所以爲舜。然則好問好察，難邪？隱惡而揚善，難邪？孔子天縱聖人，不知有何樣高遠之爲，而其自道第曰『其爲人也，發憤忘食，樂以忘憂，不知老之將至』云爾。夫發憤忘食，難邪？樂以忘憂，難邪？由此觀之，吾儕特不肯去把做詩文之心爲做聖賢之心耳。若是肯去好問好察，肯去隱惡揚善，肯去發憤忘食、樂以忘憂，則舜、孔有何難爲？顔淵曰：『舜，何人也？予，何人也？有爲者亦若是。』陽明先生曰：『個個人心有仲尼』豈欺我哉？吾儕只說堯、舜、孔、孟難爲，試觀一日十二時中，曾去好問好察否？曾去隱惡揚善否？曾去發憤忘食？曾得樂以忘憂否？途患不行，不患不至，不用工夫，而曰堯、舜、孔、孟難爲，真難之難也。且吾儕自入館來，朝而誦，夕而諷，行思坐想，何嘗一息不在詩文上用功，其詩文何嘗一息不在班、馬、李、杜上模擬，真可謂殫精竭力矣。試自反之其詩文，視班、馬、李、杜竟何如邪？孰難孰易，必有能辨之者。」僉以爲然。余又曰：「做人不在多言，顧力行何如耳。今言已多矣，願相與共勗之。」

講學說

客有講學者，因人言而志阻，遂不復講，余怪而問之，客曰：「子猶敢言學乎？方言學而人言隨之，何益也？」余曰：「子向日之講學也，果爲人乎？抑爲己乎？如爲人也，則人言誠所當恤；如爲己也，則方孜孜爲己不暇，而暇計人言乎哉？聞謗而輟，則必聞譽而作，作輟由于毁譽，是好名者之所爲也，講學之謂何？且人之議之也，議其能言而行不逮耳。能言而行不逮，此正學之所禁也者，人安得不議之？吾儕而果能躬行也，即人言庸何傷？」

客又曰：「學貴躬行，固矣，講之何爲？」余曰：「講學正所以爲躬行地耳。譬之適路，然不講路程而即啟行，未有不南越而北轅者也；又譬之醫家，然不講藥性而即施藥，未有不妄投而殺人者也；又譬之兵家，然不講兵法而即應敵，未有不喪師而辱國者也。天下之事未有不講而能行者，何獨于吾儒而疑之？」客憮然曰：「有是哉！有是哉！微子今日之講，吾幾以冥行當躬行矣，豈不誤哉？講學之益正在于此，願與吾子共勗之。」

夢說

問：「聖人立言最平易真切，乃夫子有夢見周公之嘆，毋乃玄幻乎？」余曰：「不然。晝之所爲安得如夜之所夢更爲真切。」或曰：「子之言更玄幻甚矣。」余曰：「不然。天地之氣復于子，人心之氣息于夜，此處發見呈露，纔是本來真心，最真最切莫過于此。試觀吾儕發憤爲學，一日之間喜怒哀樂恰似件件中節矣，至于夢中或喜或怒，反有不中節處，譬如性嗜酒者，一向戒之矣，至于夢中或不免于飲，或恍然悟其戒而飲之知節，何也？此正真情發見也。然須得戒之又戒，以至于與戒俱化，斯夢中亦不飲矣，觀人心之真者，莫過于此。中庸論喜怒哀樂，而先之戒慎恐懼。夫戒慎不睹，恐懼不聞，工夫亦可謂至精至密矣，然使胸中猶有戒慎恐懼在，則夢中必不免有不中節處，故又曰『致中和』。致之云者，戒之又戒，以至于與戒俱化之謂也，如此纔能發皆中節，雖是已發之和，猶然未發之中。『位天地』，『育萬物』，即此便是，豈待外求哉？且吾儕平日好做詩，夜間必夢題詩，甚且有一二佳聯出來，真是晝間做不到。可見人之精神原可以通天地，原可以貫古今，欲見堯舜便見堯舜，欲見周孔便見周孔，奚必羹牆哉？吾儕今日試驗喜怒哀樂何如？夢中喜怒哀樂又何如？則此心存亡、工夫生熟，自是一毫不爽，故曰：『晝之所爲安得如夜之所夢更爲真切也。』昔韓子原道謂周公以是傳之孔子。夫周孔相去不啻百有餘歲，夫孰傳之而孰受之邪？孔子欲行周公之道，故屢接于夢寐間，後儒日誦法孔子，而卒不能使孔子入夢。可勝歎哉！可勝歎哉！」

天道説

董子有言天人相與之際，可畏也。嘗以秦論，始皇自知天下雖爲己有，而法令太酷，人心含怨，終夜皇皇，計無所出，于是不得已爲焚書坑儒之舉，若曰：「聖賢載籍能發人聰明，英雄豪傑能議人是非，從古國家搖亂不能長久，皆始于此。」焚書坑儒，自以爲天下無復有書，無復有儒，黔首可愚，而我可無恙矣，此與鑄金人十二于咸陽意同。然能焚書而不能焚黄石之書，能坑儒而不能坑子房之儒。圯上之遇，老人從何處來？十日之索，子房從何處去？當斯時也，秦之鹿已出柙矣，黔首果可愚，而一世二世果得宴然無恙也邪？夫以始皇之雄而無如天意何？何世人恃其聰明才辨敢于與造物者爭衡也，豈未睹秦事也乎哉？吁！亦愚矣。

名實説

學者之病，莫大乎務名。金名曰金，金也；玉名曰玉，玉也。鉛而金之，石而玉之，名孰與我？雖然即名焉，亦名曰鉛而金之耳，石而玉之耳，其名彌大，其病彌章，名而至此，名愈乎哉？「遯世不見知而不悔」，即其所以「疾沒世而名不稱」，君子蓋辨之矣。

勤儉說

越中有二士夫，其一人講學，其一人不信學，二公家俱裕，俱以「勤儉」二字訓其子。其子少年初亦奢惰，後俱折節爲勤儉，廩廩遵父命惟謹。其講學公之子汲汲皇皇，讀書求友，有勤無惰，自奉甚儉，即敝衣糲食宴如也，而周族黨、賑貧乏略不少吝，其家日裕，而聲望亦日起，卒爲名儒。其不信學者之子亦汲汲皇皇，持籌治生，有勤無惰，自奉甚儉，即敝衣糲食亦宴如也，而至親族黨一毫無所施予，人多以是怨之，由是衆叛親離，訟獄煩興，家事亦漸銷落，而營利愈甚，卒爲鄉里所不與。

夫此二子者，其勤同，其儉同，其廩廩遵父命同，而家道之隆替若此其異，何哉？蓋以學問爲勤儉，則雞鳴而起孳孳爲善，「吉人爲善，惟日不足」，其勤也，爲真勤；「菲飲食而致孝乎鬼神，惡衣服而致美乎黻冕，卑宮室而盡力乎溝洫」，其儉也，爲真儉，故人品家道，成則俱成。以世俗爲勤儉，則其勤也爲奔忙，爲營求；其儉也，爲貪鄙，爲嗇吝，故人品家道，敗則俱敗耳。然則家道之敗也，其病豈獨在惰與奢哉？夫子孫而能勤儉，亦足稱矣，而止因學之不講，遂至以此敗其家而不悟。

嗚呼！昔人有言：「毋以嗜欲殺身，毋以貨財殺子孫，毋以學術殺天下。」後世爲人父祖者，奈何以講學爲非，而至以勤儉殺子孫也哉，悲夫！余聞其事而有感，因爲之說，以貽同好。

孝弟說別孫生繩祖

「堯舜之道，孝弟而已矣。」宗族稱孝、鄉黨稱弟者，又止爲士之次，何也？蓋堯舜之孝弟，是造道之極，滿孝弟之量者也。鄉黨宗族之稱孝弟，如王祥、王覽輩，是天資之美，盡孝弟之一節者也。盡孝弟之一節，即可以爲士，可見人皆可以爲堯舜，只是人安于天資之美，未加學問之功。安于一節之善，未滿分量之全，所以爲士之次，所以堯舜不可爲耳，豈堯舜之道有出于孝弟之外哉？「原泉混混，不舍晝夜，盈科而後進，放乎四海。」宗族稱孝、鄉黨稱弟之士，是原泉混混之水也，堯舜之孝弟則放乎四海矣。堯舜雖放乎四海，其實不過滿其原泉之量，又未嘗於原泉混混有所增加，故曰「孝弟而已矣」。「而已矣」者，無所增加之謂也。

華下孫生繩祖幼而失怙，垂髫學舉子業。弱冠，王母歿，生宜承重，哀毁踰禮。既襄事，廬于墓側者三年，一時以孝聞。戊申春，余偕同志講學太華山中，而生偕其師劉生若魯、友李生華實、王生國賓，徒步九十餘里從余遊。瀕別，余勗之曰：「若不聞田畫之告鄒志完乎？願君無以此自滿，士之所當爲者未止此也。」生聞其言，再拜而謝。明年，己酉三月，生復徒步二百餘里，從余講學太乙峰下，余留居月餘，見其氣宇端凝，意向勤懇，視昔益有加焉，此其所造將來，蓋未可量者。余深喜吾道之得人也，因其歸，書孝弟說以遺之。

書孝弟說贈寧孝子〔一〕

「堯舜之道，孝弟而已矣。」夫〔二〕「而已矣」者，無所增加之謂也。往歲華下孫生繩祖爲其祖母廬墓三年，余爲此說。今歲丙辰三月，河津寧生獻誠，越數百里從余學。余聞獻誠爲其母有疾，日侍湯藥，衣不解帶者二年。母歿，哀毁踰禮，廬于墓側者又三年，一時以孝聞于秦、晉間，余甚嘉之。今獻誠將歸，會余病，不能爲文以闡揚其孝，復手書此說以貽之，河東有

〔一〕萬曆丁巳浙江本缺。
〔二〕光緒本作「止」，今據四庫本改。

曹真予、張綠汀二先生者，獻誠其以余言請正焉。

又書孝弟說贈馬孝子〔一〕

「堯舜之道，孝弟而已矣。」宗族稱孝、鄉黨稱弟者，又且爲士之次，何也？蓋堯舜之孝弟，是造道之極，滿孝弟之量者也。鄉黨宗族之稱孝弟，如王祥、王覽輩，是天資之美，盡孝弟之一節者也。盡孝弟之一節，即可以爲士，可見人皆可以爲堯舜，只是人安于天資之美，未加學問之功；安于一節之善，未滿分量之全，所以爲士之次，所以堯舜不可爲耳，豈堯舜之道有出孝弟之外哉？「原泉混混，不舍晝夜，盈科而後進，放乎四海。」宗族稱孝、鄉黨稱弟之士，是原泉混混之水也。堯舜之孝弟則放乎四海矣。堯舜雖放乎四海，不過滿其原泉之量，又未嘗於原泉混混有所增加，故曰〔二〕「孝弟而已矣」。「而已矣」者，無所增加之謂也。

先是華州孫孝子繩祖爲其祖母廬墓三年，余書此說遺之，而復勗之曰：「若不聞田晝之告鄒志完乎？願君無以此自滿，士之所當爲者，未止此也。」繩祖再拜而謝。嘗慨省會盛地，士之顯親揚名、問視定省、刲骨愈親者濟濟不乏，而廬墓孝子自顏彩後，不少概見。余方欲藉孫生以風之，而今得揮使馬誠，其人不翅空谷足音，跫然而喜，因偕咸陽同年張西華郡丞、門人張爾維孝廉，往訪其廬。余素未識馬君，而識荊自此始，見其哀戚之色溢於眉端，談及母氏劬勞，泫然淚下，余益重之，因聞于學臺尹公，公爲之表厥宅里，里閈士紳始津津稱馬孝子、馬孝子云。今孝子三年之喪畢，治任將歸，余偕諸士紳迎於東郊，孝子抱主而泣，觀者如堵。會余病不能爲文，復書此說以遺之。

〔一〕萬曆丁巳浙江本缺。

〔二〕「堯舜之道，孝弟而已矣……故曰」光緒本缺，現據萬曆丁巳浙江本（上海圖書館藏）續集補入。

余自倡學以來，每以人性皆善，人皆可以爲堯舜二語爲同志講。數年以來，同州有沈時泰、渭南有姚應魁、臨潼有張應珮、華陰有石之岱、藍田有王之賈、田養心、陳化龍、徐明教，而華州又有張迪光，皆相繼廬墓而養心。之岱，余亦親至其廬，乃今又得馬君，孰謂人性不皆善，而人不皆可爲堯舜哉！馬君勉矣，向告孫生「田晝與鄒志完」之言，無煩余覆説也。

顧用晦字説

姑蘇顧生唱離，初字離明，或以爲文之太著也，更之曰元晦，此其意甚善，而余以爲先儒之字，襲之不可，復更之曰用晦，生再拜稽首而謝。詰朝生介、許生大倫匄余爲説，以志紳佩。余惟晦之爲義，子思子言之詳矣。尚絅闇然，晦之始也；内省敬信，晦之功也；篤恭而天下平，晦之成也。「上天之載，無聲無臭」，至矣，余又何言？生聞之喜甚，復再拜稽首，謝曰：「離雖不敏，敢不書紳佩先生之教。」

箴

座右二箴　有序

三載靜攝，庶幾寡過，日來塵溷，頓覺茅塞，每一點檢，不自知其汗之浹背也。嗚呼！靜中靜易，動中靜難，余未嘗一日不三復斯言，由今觀之益信，因述座右二箴，用代嚴師訓誡。乙未穀日識。

呼汝從吾，慎汝存心。一念少差，百鰲俱侵。毋愧汝影，毋愧汝衾。勉旃勉旃，上帝汝臨。

呼汝從吾，慎汝制行。一步少錯，終身大病。毋任汝情，毋任汝性。勉旃勉旃，庶幾希聖。

贊

秦關王先生像贊 有序

藍田王秦關先生捐館舍二十年矣。前歲丁未，督學祁公博採公議，祀先生於學宫。今歲己酉，邑侯梁公、學博錢君、楊君復從闔邑士民之請，爲先生建專祠以祀之，一時人心翕然，稱爲盛舉。仲冬二日，安主於祠，從吾偕同年周淑遠參知及門人任生國珣、梁生爾楨瞻拜祠下，樂觀其盛，睹先生之像，儼若面先生，而復與之上下其議論也，因贊數語，用旌山斗。贊曰：

清臞之貌，篤實之學。四呂而後，公稱先覺。昔聆公訓，今拜公祠。辟邪崇正，百世可師。

解

命解

日者以支干八字概人生平，人皆信之。余以爲人生平毁譽、得失、死生、榮辱，非支干八字所能概也。倘有人焉，慨然思，猛然省，即於此「毁、譽、得、失、死、生、榮、辱」八字勘得破，能於此中討得主張，則一切世味自不得以籠絡之，便是鵬搏萬里、鳳翔千仞格局，便是爲聖爲賢的命。若是昏昏昧昧，營營逐逐，於此八字勘不破，於此中討不得主張，則自暴自棄，枉了一生，便是春蠶作繭、秋蛾赴燈格局，便是爲狂爲愚的命。嘗觀此八字，誤了古今多少英雄豪傑，真是可恨可憐。命乎，命乎，豈日者所能測識哉！孔子曰：「不知命，無以爲君子。」而孟子亦曰：「夭壽不貳，修身以俟之，所以立命。」於戲，深哉！

論

論荀卿非十二子　閣試

昔荀卿以儒自命，而立言指事壹稟于仲尼，可謂偉矣。然仲尼之徒惟思、孟獨得其宗，而卿之非十二子也，以思、孟爲聞見雜博，猥與墨翟、惠施輩同類而共譏之，是何敢于高論異説而不讓邪？胡其悖也！卿之言曰：「它、魏不可合文通治，陳、史不可合衆明分，墨、宋不可容辨異、縣君臣，慎、田不可經國定分，惠、鄧不可爲治綱紀。」似也，而猶曰「持之有故，言之成理」。若有不盡非者，何至以「僻違無類，幽隱無説，閉約無解」，乃歸之思、孟，而以唱和爲有罪哉？

孔氏既歿，異端棼如，戰國以來，從衡捭闔之習盛，而吾道不絶如綫矣。仲尼之道燦然復明于世者，唱和之力也，而可曰罪也邪？卿固尊信仲尼者，正宜以思、孟爲津筏，而後可以窺洙泗之源委。「案飾其辭而祗敬之曰：此先君子之言也。」繇斯以觀，卿顧不當祗敬先君子哉！果爾，則卿亦世俗之溝猶瞀儒嚾嚾，莫知其非者矣，豈不自言而自悖之邪？尊仲尼而非仲尼之徒，亦太惑矣。

或謂卿妄以道自任，明知思、孟之學，故爲排之，以自繼仲尼之統。不知有此一念之勝心，而已不可與入道矣，何足爲思、孟損益哉？且卿之尊信仲尼也甚篤，而子弓雖賢，與仲尼並稱，已失低昂之實，又何論思、孟？卿受學于子弓，意推尊子弓，以彰己學所從來，故不得不與仲尼並稱，是卿之尊信仲尼，亦桓、文之尊周室，不過陽浮慕之已耳。不然，子弓固不在仲尼下，而思、孟豈遂在子弓下哉？是仲尼而非思、孟，余誠不知其何說矣。

大抵卿懲叔季不學之弊，而歸咎于性惡。見霸功之算計見效也，而曰法後王。故聞思、孟之稱性善，而談法古，不翅如柄鑿，然此其詆思、孟之根，不可救藥者也。獨不思相近之訓，安所稱惡？而堯、舜、湯、文豈不惓惓于垂訓？無乃仲尼非乎它、魏、慎、墨之流，仲尼之徒羞稱之，至如史鰍之直，固其所深嘉樂與者，亦不可概例于諸子。老、莊輩詆聖侮法不遺餘力，乃置之不論，甚矣。卿之好奇也。

然則卿之非十二子也，其誠敢爲高論異説而不顧者哉？或又謂後世儒者借喙思、孟，行實悖之，才無可用世，而竊儒名以蓋其愆，卿誠有激乎！其言之者，不知果有激而言也，非其竊儒名者可矣，並真儒而非之，可乎哉？昔人稱卿才高而不見道，諒矣。

嗚呼！卿一非思、孟，而李斯遂焚書坑儒，以促秦二世之亡，非學而遂以亡人之國也，學可非乎哉？禍秦者斯，而禍斯者卿也，此古今治亂得失之林也。

聖之時論 館課

夫時之義大矣哉，惟純天之聖人而後可以當之。然所謂時者何？消息盈虚，莫窺機緘，通復禪代，莫測端倪，乃造化自然之妙，而不容一毫人力參焉者也。使人力可以一毫參，則是道爲有方之物，而聖人可以爲時矣。聖人豈能爲時哉？不惟聖人，即造化亦不得而強之，如春之不得不夏，夏之不得不秋，而秋之不得不冬也，時則使然，造化烏得而強之？造化不能強乎時，而人恒恃其聰明智慮以安排揀擇于其間，曰如此則清，如此則和，如此則任，始強此以律彼，繼強彼以合此，是執夏之箑而曰曷不爲裘之溫也，執冬之裘而曰曷不爲箑之便也，豈不盭于時哉？節概雖高，勛業雖偉，殆與純天之聖人異矣。

夫惟純天之聖人爲能含心於寂，合氣于漠，聰明在聲臭之先，而智慮在睹聞之外。夫是以自作主宰，造化爲役，時清而清，不爲絕俗；時和而和，不爲徇人；時任而任，不爲干時；靜也如陰之翕，而靜與天俱；動也如陽之辟，而動與天遊。易不云乎：「動靜不失其時，其道光明。」

嗚呼，深哉！是道也，乃吾夫子之道，而非夷、惠、伊尹之道也。伯夷道在于清，則與和二；柳下惠道在于和，則與清二；伊尹道在于任，則與清與和又二。夫二則偶，偶則可以容吾之聰明智慮以安排揀擇之，故取其清者去其和，取其和者去其任，即其所造可以廉頑而立懦，可以寬鄙而敦薄，可以致君而澤民，而終不足以語造化自然之妙，何繆〔一〕盭于時也？乃吾夫子則「毋意」「毋必」「毋固」「毋我」而已矣，可仕則仕，可止則止，可久則久，可速則速而已矣，故其自言曰：「吾道一以貫之。」一則無偶，無偶則無所安排，無所揀擇。時乎夏則箑，而非有心于箑也；時乎冬則裘，而非有心于裘也。聖人以爲時固如是，吾亦如是以應之耳矣。造化不能強乎時，而吾欲以聰明智慮強之，能乎哉？此孔子所以爲聖人之時也。時乎，時乎，豈易言哉？

後人不明于時之說，而專以隨時變易解之，至爲與時浮湛者藉口。嗚呼，獨不思夏之必暑，而冬之必寒乎？故曰信如四時，又語其一定而不移也。伊川曰：「隨時變易以從道也。」夫隨時變易而不從道，則小人而無忌憚，反不若夷之清、惠之和、尹之任矣，是故君子毋輕言時。

〔一〕「繆」萬曆丁巳浙江本、天啟本作「也」，四庫本作「其」。

卷十五

記

關中書院記

余不肖偕諸同志講學寶慶古刹有年矣。歲己酉十月朔日，右丞汪公、憲長李公、憲副陳公、學憲段公聯鑣會講，同志幾千餘人相與講心性之旨，甚具歡然，日晡始別。瀕別，諸公謂余曰：「寺中之會第可暫借而難垂久遠，當別有以圖之。」明日，即以寺東小悉園檄咸、長兩邑，改爲關中書院，延余與周淑遠諸君子講學其中，而汪公復爲書院置公田，延綏撫臺涂公聞而嘉之，以俸餘增置焉。講堂六楹，諸公扁曰「允執」，蓋取關中「中」字意也。左右各爲屋四楹，皆南向，若翼東西。號房各六楹，堂後假山一座，三峰聳翠，宛然一小華嶽也。堂前方塘半畝，豎亭于中，砌石爲橋，偏西南不數十武，掘井及泉，引水注塘，井覆以亭。二門四楹，大門二楹，舊開於南，緣鄰官署，冠蓋紛還，深山野人不便廁跡，因改於西巷，境益岑寂，且不失吾顏氏陋巷家法也。西巷地基乃用價易民居，大門外復構小屋數楹，仍居數家以供灑掃之役。前後稍爲修葺，未及數月，渙然成一大觀矣。松風明月，鳥語花香，令人有春風舞雩之意，而劉郡丞孟直復爲八景詩以壯之。一時同志川至雲集，吾道庶幾興起，而余愧不足以當之也。一日講畢，諸生請曰：「自昔書院創建皆有記，而當道諸公盛舉又不可泯焉不彰也，先生得無意乎？」余唯唯，因進諸生諗之曰：

「我關中形勝甲于天下，羲、文、武、周，後先崛〔二〕起，弗可尚矣。自橫渠後，理學名儒代不乏人，蓋文獻之邦而學問之藪也。吾輩生于其後，何可無高山景行之思，且書院名「關中」，而扁其堂爲「允執」，蓋借關中「中」字闡「允執厥中」之秘耳。夫「中」之一字，自堯始發之，所謂堯得統于天者此也。然中與不中，雖見於事而實根于心，舜又恐人求中于事而不知求中于心，故曰：「人心惟危，道心惟微，惟精惟一，允執厥中。」其旨微矣。然「危」「微」「精」「一」之辨，莫詳于子思中庸一書。蓋中之爲德，庸德也；中之爲言，庸言也，喜怒哀樂中節、子臣弟友盡道是也。于此一一中節，一一盡道，直至中和致而位育臻，然後可以合無聲無臭之妙，然後可以語盡性至命之學。嗚呼，豈易言哉！

夫喜怒哀樂中節固也，若必待已發而後求中節；子臣弟友盡道固也，若必待既感而後求盡道，則晚矣。故必當一念方動之時而慎之，而後能中節盡道也，此慎獨之説也，故曰「其要只在謹獨」。雖然，又必待念起而後慎之，則亦晚矣。故必當一念未起之時而慎之，而後能中節盡道也，此戒慎不睹、恐懼不聞之説也，故曰「靜中看喜怒哀樂未發氣象」。一念未起，則涵養此心；一念方動，則點檢此心。于此「惟精」，于此「惟一」，庶乎有不發，發皆中節；有不感，感皆盡道矣！嗚呼，豈易言哉！

然人多不肯用戒慎之功者何？蓋亦未知本體，責任不容諉耳。且天命之謂性，非命之甘食悅色，如告子所稱，正命之使我位天地，命之使我育萬物也。我能位育則性盡，而能復天之命；我不能位育則性失，而無以復天之命。可不畏哉？命如君命、父命、師命，然君命、父命、師命皆着于聲臭，而惟天命不着于聲臭，故曰「上天之載，無聲無臭」。天之命我者如此其重，而又無聲臭之可即，念及于此，喜怒哀樂雖欲不中節，不敢也；子臣弟友雖欲不盡道，不敢也；獨雖欲不慎，不睹不聞雖欲不戒慎恐懼，不敢也。孔子曰「畏天命」。又曰「小人不知天命而不畏也」。彼不畏者，原不知耳。若知之，豈

〔二〕光緒本原作「屈」，今據天啟本、四庫本改。

敢不畏哉？知本體之難諉，自知功夫之當盡。而或又謂本體原自現成，用功即落臆[一]說，是謂天地本位，萬物本育，而我不必位育之也，棄天褻天甚矣，其如天命何？

嗚呼！位天地，育萬物，聖人此天命，凡人亦此天命，上而天子此天命，下而庶民亦此天命，無聖凡貴賤，無弗同者。今吾輩自天生以來，俱各命之以位育之性，俱不容不講「危」「微」「精」「一」之學，即汲汲皇皇，異日猶未知能復天之命否也，而尚敢暇逸爲哉？「上帝臨汝，無貳爾心」，願共勉之。

諸生悚然曰：「今而後始解允執之義矣，敢不努力，以毋負上天所以命我之意。」于是次其語書之以爲記。

時大參閔公、熊公，憲副劉公、張公、常公，郡守尹公，二守朱公、鄭公、沈公，節推王公，咸寧署篆別駕孫公，長安令楊公皆興起正學，襄厥成事，例得並書。

涂公諱宗濬，南昌人，癸未進士。

汪公諱可受，黄梅人，庚辰進士。

李公諱天麟，武定人，庚辰進士。

陳公諱寧，歷城人，壬辰進士。

段公諱猷顯，固始人，壬辰進士。

閔公諱洪學，烏程人，戊戌進士。

熊公諱應占，隆昌人，壬辰進士。

劉公諱一相，長山人，丁丑進士。

張公諱問明，壽光人，辛丑進士。

[一] 光緒本原作「意」，據四庫本改。

常公諱守信，磁州人，己丑進士。
尹公諱伸，宜賓人，戊戌進士。
朱公諱星耀，貴溪人，癸未進士。
鄭公諱敦原，長治人，壬午鄉進士。
沈公諱震龍，臨安人，乙酉鄉進士。
王公諱大智，玉田人，甲辰進士。
孫公諱謀，蒲州人，選貢士。
楊公諱鶴，武陵人，甲辰進士。
其餘捐金助修諸公姓氏不能備書，俱載碑陰。

復性堂記[一]

金溪吳疏山先生，理學醇儒也，家疏山之旁，自少至老講學于斯。先生歿若干年，而郡大夫即其地肖像立祠祀之，甚盛舉也。後有屋一區，顔曰復性堂。曩時諸名公嘗就此堂而講業焉。頃先生仲嗣中丞公馳書山中，問記于余。余與公爲同年同志，私淑先生有日，誼何容辭。

余惟聖賢之學，心性之學也。人之一身止有此心，性在何處？不知心所具之生理爲性，非心外別有性可對言也。性不可見而見之于情，如孩提知愛，稍長知敬，情也；而必有所以能知愛能知敬者，性也。然其所以能知愛能知敬者，又孰

[一] 萬曆丁巳浙江本缺。

爲之？天也。故曰「天命之謂性」。天命之以能愛之性，而後能知愛；天命之以能敬之性，而後能知敬。惟其性善，故其情善；亦惟其情善，故知其性之善耳。不然，性不可見，又安所據而曰善邪？性情本一物，特因寂感而異其名，而先儒有「情其性、性其情」之說，是以性爲善，而以情爲不善也，亦不思甚矣。

且是性也，一物不容而寔萬物皆備，上「物」字指欲，下「物」字指理。今有人焉，或指之曰：「若能孝，若能弟，若能忠信。」即再三稱之，亦欣然皆受而不嫌其多。不然，而或指之曰：「若不孝，若不弟，若不忠信。」即一言及之，且艴然不受而何況于再？夫其欣然皆受也，是發于性之所本有也，可見萬物原來皆備，心體原來有善。其艴然不受也，是發于性之所本無也，可見一物原來不容，心體原來無惡，而或謂無善無惡爲心之體，何哉？以知善知惡爲良知，而以無善無惡爲心體，是又以情爲善，而以性爲無善也，尤不思甚矣。

人性皆善，而習始有不善，孔子標「講學」二字，正使人變其習而復其性也，其功豈不賢于堯舜遠哉？先生之言曰：「吾人講學卻要識得大頭腦，總只是盡性。性者，天地萬物之同源。」又曰：「性一而行百，即孩提之知愛，性也，而行具矣。闇于性而語行者，妄也；外其行而語性者，虛也。」嗚呼！先生可謂淵源堯舜，而得孔孟之宗矣。

先生生平行履，如爲令以循良稱，爲御史以直介稱，不具論。論其大者，當分宜柄國。先生誼托枌榆，而又資深望重，旦夕當遷卿貳，而先生獨先幾引去。若鴻冥鳳舉，不可罻羅，人咸笑先生迂拙，而不知當時巧捷之士如某某輩，雖幸取一時富貴，而卒之身名俱敗，悔之無及，然後知先生之見遠，而先生之不可及也。昔孟子推尊孔子，而斷之曰：「可以仕則仕，可以止〔二〕則止，可以久則久，可以速則速。」余故于先生出處之大者，斷先生之學真能復性云。近世士大夫多以講學爲諱，講學者又多以心性爲諱，又何怪其躬行之不逮，而仕止久速之不當可也。吁，亦足憐矣！

中丞公家食時，嘗約宗黨同志月三爲會，講學于此堂，以紹述先生之訓。今節鉞三晉，而猶惓惓不忘此堂，學可知也。

〔二〕光緒本原作「上」，據四庫本改。

余懵不知性，聊書此以志私淑，若闡颺先生微言奧旨，則自有諸名公鴻筆在。

關中書院科第題名記[一]

萬曆己酉冬，當路諸公爲余創關中書院，講學其中。越三年壬子，從遊諸生得雋者，伐石題名於書院，乞余爲記，且曰：「先生之設科有日矣，初講於家，後講於寶慶寺，自辛卯、甲午後，科第濟濟稱盛矣，題名當從辛卯始，惟先生命之。」余曰：「然。」即此推讓一念，是諸君善與人同意也，敢不成諸君之美，遂不辭而漫爲之記。

往代無論，近世題名者多矣。聲聞過情，君子恥之，而余又爲之助其波，可乎？是不然。七八月之間雨集，溝澮皆盈，涸可立待，此無本之名，不可有也，故君子恥之。「原泉混混，不舍晝夜，盈科而後進，放乎四海。」此有本之名，不可無也，故君子取之，而說者概以名爲不必有，誤矣。昔顔淵、閔子騫、冉伯牛、仲弓以德行名，宰我、子貢以言語名，冉有、季路以政事名，子游、子夏以文學名，凡此皆有本之名也，而其本則皆得之於學。蓋道者，源也，而學則所以濬其源；道者，根也，而學則所以培其根。故從講學入，則吾道一以貫之，不惟德行是，即言語、政事、文學亦是，所以諸賢各得成其名。不然，而不從講學入，則道本一而裂而爲四，德行不過一自好之士，政事不過一功名之士，言語、文學[二]不過一口耳辭章之士。不惟言語、政事、文學非，即德行亦非矣，又烏得與聖門諸賢論名哉？是則皆是，非則皆非，於此毫[三]髮，髮彼尋丈，故曰：「學之不講，是吾憂也。」今諸君講學於此，固欲成爲聖爲賢之名，德行必欲爲顔、閔，言語必欲爲予、賜，政事、文學必欲爲由、求、

[一] 萬曆丁巳浙江本缺。
[二] 光緒本作「章」，據四庫本改。
[三] 光緒本作「豪」，據天啟本改。

游、夏，非徒僅僅成科第之名也者。如第曰成科第之名，則雁塔豐碑不啻足矣。又奚取于斯邪？雖然，書院之講固不專爲科第，而即科第亦足見書院講學之益，惟諸君不以一時科第自多，而以聖賢有本之學自勉，使鄠鄠子厚、藍田四吕、高陵仲木再見于今日，則業與名世爭流，而名與天壤俱敝。寧直諸君不負科名，即關中書院亦當與白鹿、嶽麓並名不朽矣，余不與有榮施也哉！是爲記。

書

與友人論文書 館課

今天下蓋稱文盛矣，學士大夫搦管抽思，摛葩掞藻，人蛇珠而家荊玉，豈不彬彬質有其文哉？顧縱横滋而樸茂散，虚無熾而大雅微，其流弊有出文詞外者，關係人心世教匪細，故也起弊維風是在足下，僕敢略陳其愚而足下察焉。

夫六經尚矣，下此談文者不曰國策，則曰秦、漢；不曰佛、老，則曰莊、列；建安而下，率置貶辭矣。然其間如昌黎、廬陵輩，猶或寓目焉，曰此詞人之雄也；如濂、洛、關、閩見謂迂遠而闊于事情，曰此宋頭巾語耳，不翅瓦礫置之矣。

夫宋之文載于性理一書，其雕章琢句焜燿耳，自不逮國策諸書，僕不敢強爲左袒，但其析理闡義，羽翼聖經，亡論韓、歐，即秦、漢有之乎？亡論秦、漢，即左、國有之乎？子輿氏以來，此爲正印，奈何以瓦礫置之也。

僕嘗讀國策、秦、漢諸書，其詞旨高古閎深不具論，論其中所載事，多縱横捭闔之術，其機械變詐至不可方物。佛、老、莊、列諸書，叛經非聖，倡爲虚無寂滅之談，其不雅馴處，薦紳先生難言之。今世學者問字國策，貫旨曇、聃，其意甚盛，但恐數年，莊嶽不止齊其語耳，蓋常人溺于所聞，曲士局于所見。讀縱横捭闔之書，不覺流而爲機械變詐之人；讀虚無寂滅之書，不覺流而爲放縱恣肆之人。其始也，止豔羨其文詞；其既也，耳濡目染，不知不覺並以移易其心術，而瑕纇其人品，可不慎哉？雖然，救縱橫、虛無之弊者，在于明理，上而六經、孔、孟，下而濂、洛、關、閩，夫非理學之淵藪而修詞之標的與？試取此諸書讀之，猶令人鄙吝消融，心胸開朗，勃然有正人君子之思，即不然，而亦不至于爲縱橫，爲虛無也，故曰「文章以理爲主」。願足下之熟計之也。

或又謂文章、理學原不相能，以理學爲文章，不迂則腐，僕斷以爲不然。夫談理者莫如易，而六經中稱最奇者，亦莫如易。談理者莫如孟子，而戰國時稱最奇者，亦莫如孟子，但今人未之深思耳。然今人爲文，其主意與古人異。古人爲文，主意在發理而翼聖；今人爲文，主意在炫辭而博名。主意在理，故讀理學諸書易入而易信；主意在辭，故不得不剽取國策、莊、列以塗人耳目。詎知浸淫之久，其弊有出于文詞外哉！然則爲文者宜何如？僕以爲六經、孔、孟，其正鵠也；濂、洛、關、閩，其嚆矢也。注精凝神于此，務必至于解悟而後已，則此心確有主意，而後間取國策、秦、漢及諸子百家之書讀之，以爲射疏及遠之一助，使不至詭遇以獲禽，庶幾乎返縱橫爲樸茂，挽虛無爲大雅，乃稱藝苑良工哉！此僕所有志而未逮，亟欲請正于足下者，惟足下財督。

答同志問族譜書

承問族譜，僕至寡劣，何以復命？雖然，竊奉教于君子矣，敢無說而處於此。

夫族之有譜，猶國之有史，尚矣。第史之爲道，備載善惡，用昭勸戒，要之以義爲主；譜之爲道，揚善隱惡，有勸無懲，要之以恩爲主。不可一概論也。乃今之作譜者則不然，縱筆訐發，略無顧忌，自以爲不虛美，不隱惡，自負曰直人，亦從而直之，居然史遷復出矣，不知其直正有不在此者。惟是家世寒微不諱，可也；事行細小不忌，可也；有可稱則傳，無可稱則闕，可也；微顯闡幽，據事實録，不至溢美，可也。即此便是直，又何必縱筆訐發，略無顧忌，而後爲直哉？

無論族譜，即郡邑修志，其載善惡，昭勸戒，此固毫髮不可諱者，尚且于職官一類，但寓褒貶于三十年之前，于三十年之後者則闕之：一則有自己曾相與之嫌，恐是非涉于愛憎；一則公論必久而後定，故姑以俟之異日。夫修志且然，況修譜者可輕肆褒貶乎？

李獻吉謂：「子孫而不録其先人，是悖亂之行也；若録其先人而又訐其過，其爲悖亂孰甚焉。」古人不又云乎：「作法于諒，其弊猶貪；作法于貪，弊將何極。」今之作譜者，雖似過訐，不過一時講究未明，誤以訐爲直耳，猶屬無心。倘後世子孫一有小嫌，不能捐釋，借此族譜洩彼忿心，則是以古人敦仁廣孝之書，爲後人報復恩讎之具也，又誰爲之作俑哉？綱常風化關係不小，奈何不慎之於始，而猶沾沾以訐爲直也？

嗚呼，不虚美，不隱惡，此在作史則可，若譜則但不虚美可耳，禮諱尊親，不隱可乎哉？先是作者誇其門閥，多失于虚美，近日作者懲其虚美，又失于揚惡。虚美則以恩掩義，固不可；揚惡則以義傷恩，尤不可，此作譜之所以難也。鄙見如斯，惟足下教之，幸甚。

奉許敬菴老師

從吾不佞，不能勉自策勵，以答老師之知，然繩趨尺步，何莫非老師賜也。猥托榆枋，敢云自致，顧影增慚，溯源感德，恭惟老師門下，主盟吾道，表範人倫，凡寓内後進之士思挹台光而聆緒，論者不翅如泰山北斗。況從吾夙辱陶鑄，被化尤深，所不祓滌矜奮而甘自暴棄，其若上負名教，下負生平，何儌幸以來，日夕兢兢，尤甚于諸生，時時與同志諸君子講明此理，反覆體驗，務實得于身心，而資闇學疏，恒不免二三之擾，奈何老師時惠教言，閔其愚而匡直之，幸甚。今天子寤寐耆英，尊崇理學，行將起老師於東山，爲學士大夫典刑，爲斯世斯民造福，是又中外士紳所共爲引領者，豈從吾一人祝願之私？

答李詢蕘同年

承教「巧」「拙」二字深服特識。「樂只君子，民之父母，烏用巧爲也？」昨許敬師貽書略云：「閑觀世故，知功名富貴之無常，絕不萌一毫驕侈之念。」弟又爲之説曰：「閑觀世故，知功名富貴之有數，絕不萌一毫揀擇之心。」夫既無揀擇矣，即巧將安用之？年丈古心質行，卓爾不群，弟年來每與淑遠諸兄弟談身心之學，惓惓念詢蕘不置，詢蕘勉旃，毋以「拙」之一字爲迂也。

答饒瑛垣同年

郡守古稱二千石，其展布所學使元元受福，視監司更切，弟殊爲年丈喜。至尊諭謂此正學問明證日，弟爽然自失矣。學問原非玄虚，臨政涖民，靡匪實際，事上接下，總屬真修，所貴透悟者，透悟乎此耳。敝差幅員廣闊，拮据孔艱，況弟以病軀當之，其不勝明甚，惟是兢兢一念，不敢輕易放過。此可以盟之幽獨，而亦可以質之年丈者也，惟年丈不惜箴規，震發蒙蔀，幸甚。

答蕭慕渠老師

從吾自罪歸來，一切時事不敢聞，惟與二三同志立會講學，以求寡過于萬一。承教出力擔當，從吾雖非其人，實不敢不勉也。第聖賢道理原不落口耳，而以口耳擔當之則支；原不涉意氣，而以意氣擔當之則激；原不借興致，而以興致擔當之則易作輟。從吾清夜沉思，惟恐墮此三者之病，奈何？惟老師終教之，幸甚。

答強睿菴侍御

承教「隱居求志，行義達道」。夫人之志不同，有志事功者，有志氣節者，有志道德者。要之，道德可以兼事功、氣節，事功、氣節不可以兼道德，求志者惟求志此道德。譬如樹培其根，水濬其源，異日遇事功則事功，而非倚于事功；遇氣節則氣節，而非倚于氣節，不患其華不茂而流不長也。若不辨所求何志而第曰求志，無論思不出位謂何，竊恐古人亦不若是之憧憧擾擾矣。

昔子路志在強兵，冉求志在足民，公西華志在禮樂，其志豈不甚偉？不知由志強兵矣，如或知爾，而畀之足民之任；求志足民矣，如或知爾，而畀之禮樂之任；赤志禮樂矣，如或知爾，而又畀之強兵之任。三子者，其將何以應之？得非所行者非其所志，而所志者又非其所行者邪？雖大賢作用，臨時自有轉移，而要之畢竟有所倚，故夫子獨喟然于春風沂水之點者，誠進三子之事功、氣節于一無所倚之域也，豈徒與其逍遙曠達而已哉？夫志如三子，而夫子猶進之，況後世之志事功、氣節者，不求進于道德，可乎？不然，喜談事功、氣節而不信講學，其不爲功名客氣所累者幾希。鄙見如斯，不知明公以爲何如？

與友人

吾儒之學以孔孟爲宗，二氏之學宜所不道。門下才大學博，言孔則孔，言孟則孟，言佛、老則佛、老，任其揮霍，無不如意，此自門下緒餘，非可以淺近窺測者。第恐學者聽其言，不得其意，志淆兩可，功分多歧，勢且必進二氏而絀吾儒，其所關係不小。且今聖學不明，異端蜂起，非門下砥柱中流，又孰與廻狂瀾而障百川哉？孟子曰：「能言距楊、墨者，聖人之徒也。」余亦曰：「能言距佛、老者，聖人之徒也。」昨因賤恙，不能多談，别來體驗，此心覺過不去，然不爲門下一言，此心亦覺過不去，即此是良知也，不知門下以爲何如？

答逯確齋給事

王使君人至辱翰教，展讀周環，宛如疇昔雁塔之會，愉快可知。弟茫不知學，而比年静中體驗，益覺學問功夫不容易言。大抵悟處欲高欲透，修處欲實欲確，故言知不言禮，名爲虚見；言禮不言知，名爲循跡。一以貫之，此吾儒之正脈，而易大傳「知崇禮卑」之説也。近世學者多馳騖于虚見，而概以規矩準繩爲循跡，其弊使人猖狂自恣，流于小人而無忌憚，此關係于人心世道不細，弟方妄爲此懼，而來諭獨揭此四字爲言，真可爲近世學者對症之藥。且年兄如此用功，同志自當興起，而猶然以旁無彊輔爲歉，得非造彌實而心彌虚邪？景逸、桂渚二兄誠吾道中不易得者，第愧弟非其人耳。聚首何日，願各努力。

答涂鏡源中丞

遠辱翰教，深感提撕。大學稱「至善」，此性體也；「知止」者，知止于至善也。知止則見不落空，心不涉妄，此所以定静安慮得，取之左右逢其原耳。修身爲本，功夫正在此，而世之學者多談玄説虚，舉至善而一空之，令人茫然莫知所止，其蕩檢踰閑無所忌憚，何怪焉！老公祖倡學榆塞，獨揭孔、曾之宗，其有功于吾道甚大。從吾多病暴棄，自每旬會講外，日惟閉關静坐，每静極則此心湛然，如皓月當空，了無一物，似乎少有所窺，然終不敢自信。不知知己何以震發之，使不終於暴棄，幸甚。神木高君能知皈依門下，將來造詣必不可量。聖學源流，此刻大有關係。初學之士縱有志向，苦乏見聞，得此可以探崑源而陟華巔矣。使旋此謝，臨楮皇悚。

又

歲序更新，玩愒如舊，方切愧悛，乃辱手教，儼若對談，開我寔多，敢不佩服。佳刻疏草，字字忠讜，言言經濟，蓋從學問涵養中流出者，當與古名臣奏疏並傳，什襲珍藏，三復斂衽。從吾不肖，年來與同志講切，雖茫無所得，而此心稍覺有一二悟入處。

聖賢學問要在知性。大學「止至善」，此性體也。性體至善，乃天生來自然而然，不假一毫人力，故曰天命。此至善之性體，率之則爲道，盡之則爲聖人。率性是本體，盡性是功夫。率性，衆人與聖人同；盡性，聖人與衆人異。不可不辨也。如見孺子入井而怵惕惻隱，此率性也，衆人與聖人同；至于知擴而充之，以至于保四海，此盡性也，聖人便與衆人異矣。孩提知愛，稍長知敬，此率性也，衆人與聖人同；至于擴知能之良，滿孝弟之量，通乎神明，溥乎四海，此盡性也，聖人便與衆人異矣。不忍觳觫之牛，不屑嘑蹴之食，此率性也，衆人與聖人同；至于推不忍之心以愛百姓，推不屑之心以不受萬鍾，此盡性也，聖人便與衆人異矣。率性無功夫，盡性有功夫。盡性者，即盡其所率之性，由功夫以合本體者也。「惻隱之心，仁之端也」，惻隱乃率性之道，而仁乃天命之性。天命之性不可見，而于惻隱見其端，由其端以窺其體，而本體之善可知，故曰性善。大學「止至善」，正止乎此耳。學問不止乎此，則三品之說得以搖奪，明德不淪于玄虛，便落于口耳；新民不涉于功利，便流于刑名。性學不明，源頭一差，無所不差，此知止所以爲大學第一義也。一得之愚，正欲面求指正，而承諭欲弟入榆陽爲諸生一闡發，殊爲至願，第病體支離，不敢出門，徒抱耿耿，奈何！

又

承教易義，佳刻讀之，大撤蒙蔀。夫易道難言久矣，徇跡者既泥于象數，而崇虛者又索於渺茫，聖學幾爲天下裂。老公祖此刻由象會理，得理忘象，「不離日用常行內，直造先天未畫前」，此亦吾道當大明之一會也，夫豈偶然？

承教「戒慎不睹，恐懼不聞。」此自體言。千古聖學宗旨，老公祖一言道破矣。聖賢論學，雖有自用言者，有自體言者，而要之以體爲主。蓋得其體，則其用自然得力；但不言用，則其體又不可見，其或諄諄言用者，蓋欲人由用以識體耳。孟子謂惻隱爲仁之端，而以乍見明惻隱之皆有，蓋舉乍見知惻隱爲用，爲率性之道，欲人由端識體，知仁爲體、爲天命之性也。指點出萌蘖，正欲人從此好覓根本。既覓得根本，則不惟萌蘖是，即枝枝葉葉皆是矣。故孟子前說「惻隱之心，仁之端也」，而後直說「惻隱之心，仁也」，蓋既由用以見其體，又何用之非體？此所以直說惻隱爲仁，而不必更言其端耳。且此性體原不睹不聞，然必不睹不聞之時，乃見性體，如見孺子入井、見觳觫之牛，此時固有怵惕惻隱之心矣，然未見之前，豈遂無是心乎？未見之前之心不睹不聞，正以體言，正以天命之性言；既見之後之心有睹有聞，便以用言，便以率性之道言矣。故于不睹不聞之時，然後識性體，果不落于睹聞也。若謂共睹共聞之時，而不睹不聞者自在，雖已發而根柢者固未發也，又何必論時？不知不睹不聞之時，而共睹共聞者亦自在，雖未發而活潑者，固常發也，又何爲專以不睹不聞爲性體乎？未見入井而胸中已涵一孺子，未見觳觫而胞内已具一全牛，先天脈理旁〔一〕皇周浹，故曰「至善」。「至善」者，性體也，在易謂之太極，在曾子謂之至善，在子思謂之未發之中。知止則戒慎不睹，恐懼不聞，合下便見性體，合下便得未發之中，如是則身心意知、天下國家一以貫之，豈有不發而皆中節者哉？此大學「知止」二字所以兼體用而言，所以爲妙也。

中懷縷縷，不知是否？又不得面相印正，惟老公祖詳教之，是望是懇。

〔一〕光緒本作「房」，誤。據四庫本改。

又

頃辱翰教，大慰離索。

夫性學難言久矣，如知愛知敬，此良知也，然必有所以能知愛知敬者，此性體也。至善之性體，蓋自父母初生時天已命之，豈待孩提稍長而後有知愛知敬，此感而遂通境界。然不惟愛敬未感之前，而所以能知愛知敬者寂然不動，雖知愛知敬之時，而所以能知愛知敬者亦寂然不動也，此所謂未發之中，此所謂天命之性。戒慎恐懼，正戒慎恐懼乎此耳。大學「至善」，蓋直指性體言，此曾氏之學所以獨得其宗也。承教「知止」二字，此聖人爲後學開宗立教、至精至要之言，非實體諸身，未見其妙旨哉，言乎！從吾山中無事，閉門功課亦只有此，第未由一領面教，恐不無南越北轅耳。腆晛遠頒，其何以當對？使拜嘉處，此佈謝。

答楊原忠運長

不佞跧伏深山，聞門下聲稱藉甚，竊神交之日久。近余懋吾亟道門下，惓惓不佞盛意，不佞方圖修訊，乃使使奉書晛，儼然先之矣。此其謙德虛懷，即古人寧多讓焉，且感且愧，其何以當？

道學之傳，肇自虞廷十六字，而孔子括以「學」之一言，此正先師喫緊爲人處，此其功真賢于堯舜遠甚，故子思解之曰：「君子尊德性而道問學。」孟子解之曰：「學問之道無他，求其放心而已矣。」可見聖門之學全在心性上用功，非泛泛然向外馳求也。世儒不知有心性者，多炫聞見以爲博，其究也失之汜濫，固不是；至于知有心性者，又黜聞見以爲高，其究也失之空寂，尤不是。此聖學所以不光，而世道人心所以不古若也。故以心性爲本體，以學問爲功夫，元元本本，歸根復命，此聖門一貫之學，非深造自得不及此。

承教亹亹千百言，溯聖學之淵源，抉異端之流弊，援古證今，批卻導窾，三復爲之斂袵。至于逢説云始也，陶沙見金而終也；瓦礫皆金始也，溯流窮源而終也。左右逢源，可謂直透聖真，獨得孔氏之宗矣，其有功于道術不小。明儒四語切近精實，敬當置之座右。

不佞幼不知學，長而悔恨生平多病，居諸浪擲，不覺五十又一，老矣！幸門下不惜提撕，共弘斯道，魯陽之戈尚可揮也，使旋肅此報謝，馮楮神馳不盡。

又

不佞三年以來，雖屢奉翰誨，終是神交，不若形與。昨辱左顧，獲領面譚，生平飢渴，一朝頓釋，第卒卒別去，未得多留爲歉耳。顧生回，得接手劄，宛〔一〕如再晤。昨一時請教之言業已不省爲何語，而門下一一條縷，誠爲愧悚，然藉此得堅自信，則門下教我多矣。疑思拙録徼惠弁言，獎詡過情，愧非三都，何當玄晏，銘刻銘刻。

不睹不聞，原是至靜無感時；莫見莫顯，原是一念方動時，豈可混而爲一？不睹不聞，原就至靜之時論，而道體豈落于睹聞？即不睹不聞而道在也。不然，是道專屬于動，而至靜之時無道矣。莫見莫顯，原就方動之時論，而道體豈淪于隱微？即莫見莫顯而道在也。不然，是道又專屬之靜，而方動之時無道矣。即此才見道本不分動靜，不可須臾離于此，倘一時不加戒懼功夫，則是道不離我，而我自離道矣，可乎？此所以君子戒慎恐懼而不敢須臾離也。言「不覩不聞」，則無睹無不睹，無聞無不聞，無動無靜，無寂無感，無時不戒慎恐懼可知。可見君子之心渾然全是一團虛明境界。「慎獨」云者，不過就中點出一點機括，令人倍加警省耳。「維天之命，於穆不已」，何分動靜？而易謂「復，見天地之心」，正是就中點出一陽方動，一點機括，見天地之心，未嘗已耳，非謂天地之心盡之乎一陽也。程子謂「其要只在謹獨」，「要」字最妙，而後儒

〔一〕「宛」，光緒本原作「婉」，現據四庫本改。

謂聖學只在謹獨，是天地之心只在一陽之來復矣，豈六陰六陽獨非天地之心也哉？不睹不聞，莫見莫顯，原就時言，而道即在其中，故曰無時不然。彼丟過時而專以不睹不聞爲道體，則可睹可聞、鳶飛魚躍獨非道體也耶？是道偏于靜而遺乎動，如前所云云矣，又何以[一]稱「動靜無端，顯微無間」也哉？道體原是圓滿，不分動靜，靜時乃道之根本，方動時乃道之機括，動時乃道之發用。學者必靜時根本處得力，方動機括處點檢，動時發用處停當，一切合道，然後謂之不離。然必在靜時根本處預先得力，方動機括處再一點檢，然後動時發用處纔得停當，故特舉不睹不聞與獨處言之，此先天之學，而後天自不待言。非謂道體專屬之靜，而功夫專在于寂，動處感處可以任意，縱有差錯無妨也。此處稍偏，則放縱恣肆者得以藉口喜怒哀樂之不節，而曰我能冥合道體，不必一一在事爲上點檢，此小人所以托之乎中庸，而行無所忌憚也！毫釐千里，關係不小，不佞有慨於中久矣。承諭及敢藉手請正，不知門下以爲是否？

小刻二部奉覽，使者不能久留，佳序容刻成，覓便專致，先此附謝。

又

恭喜長蘆之行，不佞抱痾深山，不克馳祖，至今爲歉，日惟擊壤鼓腹，歌緇衣、甘棠之詩以寄遐思耳。疑思佳弁梓成有日，苦乏鴻羽，茲因許生之便，謹具二部呈覽。許生下帷發憤，滿望高掇而抱璞不售，人皆扼腕，渠略不介意，此其所得又在世俗功名之外矣，不佞益器重之。

今秋敝鄉應試，朋友相從者甚眾，俱勃然有志于理學，殊爲吾道得人喜，又殊爲敝鄉士風喜，凡此皆老公祖曩日倡明之效，不佞敢貪天功以爲己力？

孟子曰：「人皆可以爲堯舜。」夫人既皆可以爲堯舜，則世豈不皆可以爲唐虞？今世道不及唐虞，只是人不皆爲堯

[一] 光緒本原作「爲」，據萬曆丁巳浙江本、天啟本、四庫本改。

舜耳。若是吾輩大家著實講明，以斯道覺斯民，則人皆爲堯舜，則世即可爲唐虞矣。「欲明明德於天下」，此等責任願欲不論在朝在山，人人皆可做得。白沙先生謂「朝市山林皆有事」者，此也。從吾雖不敏，願與門下分任之。後晤無期，臨書悵惘。

又

莊誦來教，益見門下別來學問之密，造詣之深，敬服敬服。

近世學術多歧，議論不一，起于本體功夫辨之不甚清楚。如論本體則天命之性，率性之道，衆人與聖人同；論功夫則至誠盡性，其次致曲，聖賢與衆人異。論本體則人性皆善，不借聞見，不假思議，不費纖毫功力，當下便是，此天命率性自然而然者也；論功夫則不惟其次致曲，廢聞見思議功力不得，即至誠盡性亦廢聞見思議功力不能，此戒慎恐懼不得不然者也。如以不借聞見，不假思議，不費纖毫功力爲聖人事，不知見孺子入井，孩提知愛，稍長知敬，亦借聞見、假思議、費功力乎？可見論本體，即無思無爲，何思何慮，非玄語也，衆人之所以與聖人同者，此也；若論功夫，則惟精惟一、好問好察、博文約禮、忘食忘憂，即聖人且不能廢，矧學者哉！此非聖人之好勞而故爲，是不廢也，謂廢此則無以盡己之性，盡人物之性，贊化育而參天地也；謂廢此則非所以致曲，無以收形著動變之妙，而造至誠之化也。論本體，雖下愚鄙夫亦所同有，而況于聖人？論功夫，雖上知聖人亦不能廢，而況于下愚？若不分析本體功夫明白，而混然講説曰：「聖學不借聞見，不假思議，不費纖毫功力。」雖講的未嘗不是，卻誤人不淺矣。況本體又有寂感，功夫又有安勉，又有不容混淆者，必講究得清楚明白，從此體驗，愈體驗愈渾融，愈渾融愈體驗，造到無寂無感、無安無勉地位，便是堯舜之「執中」、孔門之「一貫」，纔與自然而然、不費纖毫功力之本體合，此盡性至命之學，聖聖相傳之正脈也。若論功夫不合本體，則泛然用功，必失之支離纏繞；論本體而不用功夫，則懸空譚體，必失之捷徑猖狂，其于聖學終隔燕、越矣。鄙見如斯，不知高明以爲何如？

向承捐建書院，厚分同志，方謀置閒，會藩臬諸公聯鑣會講，別時欲另圖一講所，與老公祖所見略同，即于寺東閑署，創爲關中書院。規模閎闊，景趣幽雅，吾道似益有興起之機，第愧不佞不足以當諸公盛舉耳。向厚分業充修理，不朽之誼豈獨不佞一人之感？門下延州政績卓犖不凡，讀去思碑，字字真切，然又有書不盡者，甘棠之詠語，豈虚哉！辨學録中「直把人心作道心」一句改爲「氣質作義理」，故再以二冊往向所奉者，亦望更之，何如？

又

吾儒之學以至善爲本體，以「知止」爲功夫，而下文云「致知在格物」，可見必「格物」而後能「知止」也。「格物」乃「知止」以前功夫，故曰「格物而後知至」。「知至」者，「知止」也。丢過「格物」而别求「知止」之方，此異端懸空頓悟之學，非吾儒之旨也。

静坐原是吾儒養心要訣，故程子每見人静坐，便歎其善學。若必欲静坐數十日，徹夜不寐而後心目中有真見，此異端坐禪放光之説，非吾儒之旨也。且人之精神有限，嚮晦入宴息，自是當然，只不如宰予晝寢可耳。若無故十數日徹夜不寐，即强壯人亦生病矣，且無論聖學，恐亦非養生之道也。況孟子夜氣之説，全重一「息」字，若數十日徹夜不寐，是數十日無夜息矣，其何以養平旦之氣而存仁義之良耶？

吾儒之所謂太極，蓋指生生之實理而言，故曰「生生之謂易」，「維天之命，於穆不已」。故六陰既剥，一陽即復，可見天地生生之心未嘗一日少已，故曰「復，其見天地之心」。此吾儒之正論也。若曰天地原是一團陰氣，全藉日之一點真陽纔能生物，如冬天去日遠便寒，夏天去日近便暑，可見至于月與星俱藉日之光以爲光。如人之一身全是一團血肉，陰氣只是有此一點真陽之氣纔能不死，故仙家煉氣必煉至純陽而後可以長生。此段議論是仙家養生之説，與吾儒之旨全不相干，豈可以此爲吾人之性，以此爲至善，以此爲未發之中哉？吾儒所謂性，指生生之實理而言，非指此一點陽氣而言也，此儒學、玄學之辨，差毫釐而謬千里者。

鄙見如斯，未知是否？便中幸不悋教，尤懇。

又

五月間遠承翰示，率爾裁復，殊愧不悉。

近世學者病支離者什一，病猖狂者什九，皆起於爲「無善無惡」之説所誤，良可浩嘆。頃得顧涇陽先生小心齋劄記讀之，如門下所提數款，皆大有關係，至於辨「無善無惡」之説，尤爲痛快的確。不佞向從先生遊，别來近三十年，所見不約而同，可謂奇甚。門下謂千聖相傳之道脈，不至顛墜，顧先生真其人，若不佞何敢當哉？顧、許兩生一向相聞否？今在何處？乞示之，以慰遐念。寄書者爲真定撫院承差，因便附此，其人無他瀆也。

又

穀日雪晴，掩關嗒坐，忽墮雲翰，破我寂寥，喜可知也。

聖賢學問總在此心。彼不知求心者無論，即知求心而索之虚無寂滅之域，是異端之所謂心，非吾儒之所謂心也，其弊尤甚于不求。故年來不得已，以「綱常倫理要盡道，天地萬物要一體，仕止久速要當可，喜怒哀樂要中節，辭受取與要不苟，視聽言動要合禮，存此謂之道心，悖此謂之人心，『惟精』精此者也，『惟一』一此者也，此之謂『允執厥中』，此之謂盡性至命之實學」數語大書于書院允執堂屏，欲與同志同勉之。而來教謂：「吾輩誠能終日體此數語，時時點檢，時時收攝，如蘧伯玉之寡過未能，如曾子之『戰戰兢兢』，子思之『戒慎恐懼』，孟子之『求放心』『勿忘勿助』，便是下學上達，功夫本體合而爲一，而自無支離倡狂之失矣。」旨哉斯言！

若以一得之語爲不甚謬妄者，千載聖學何幸當吾世而如日中天，豈不爲吾道一快哉？第東西間隔，不克聯床劇談，爲悵怏耳。聞昨夏台體有脾洩微恙，今已大愈，喜甚喜甚。不佞亦有此疾，每入秋即發，近年夏間禁忌瓜菓，至秋遂不發矣。「口之於味」一句，不惟養德，亦養身之要訣也。

答喬裕吾同年

昨歲郭子至，得手教，莊誦再三，如侍皋比，辱惠詩扇、詞翰兩絕。詩教中「異端此日紛無忌，先聖從來慎獨知」，只此二語，崇正闢邪，開關啟鑰，聖學無餘藴矣。别來精詣至此，伊、洛淵源，當在年丈，敬服敬服。弟生平善病，不耐勞役，雖深居簡出而書院會講必不敢輟。每會林下，諸老有扶杖赴會者，有攜子孫聽講者，其他同志咸集，彈琴歌詩，人人踴躍，第愧弟非其質耳，不知年丈何以教我，使無貽名教。辱詩扇二柄，小刻六種請政，萬惟不恡郢削，尤仞至愛。

與楊晉菴都諫

昔横渠講易，聽從者已眾。一夕，領二程言而即勇撤皋比，一變至道，于此足見同志講劘之功最爲喫緊。從吾懵不知學，不敢望横渠萬一，而仁丈則今之二程也。顧東西間隔，不得時時領教，奈何！孟叔龍集一部奉覽，憶吾三人鼎足談學，曾幾何時，頓有離合存亡之感，叔龍乎！叔龍乎！九原不可作矣。後死者慨韶華之易駛，念學問之難窮，願共努力，俾千古斯文之統不至當吾世而落寞，即東西間隔，不減芝蘭同室也，何如？何如？

答朱平涵同年

别年兄廿有三年矣，頃周達菴年兄使至，得手教，大慰飢渴。方今理學大明，真儒輩出，而年兄躬行實踐，遠宗鄒、魯，近接伊、洛，海内共仰爲山斗，弟即遠在西僻，必不敢暴棄，以負夙昔承教。謂今人只是自足自誇，此誠近日學者頂門之針。先師論學，一則曰未能，再則曰未能；一則曰何有，再則曰何有，此豈過爲貶損？蓋道理無窮，學問無盡，惟聖人見得真，識得破，所以有此言。堯之兢兢，舜之業業，文之望道未見，皆是物也。「滿街皆是聖人」，其言甚是警策，第此言是論本體，非論功夫，是論大家，非論自己。若不下功夫而自家便認做聖人，則病狂甚矣。年兄下一轉注，謂天下決有聖人，自己決不是聖人，又何等警策？蓋自以爲未能，乃其所以爲真能，自以爲何有，乃其所以爲真有也。先師家法原是如此，彼自足自誇者原是不知，何足怪焉！

弟素多病，丙申歸來，賤體頗適，因與山林舊遊立會講學于寶慶寺。不意自戊戌一病，閉[一]關九年，至丙午冬始復舉寶慶之會，而己酉冬藩臬諸公爲寺中不便，特爲弟闢一書院。雖講有專所，同志益爲興起，第愧弟不足以當之耳。

許師捐館，深爲吾道悲悼。聞師已得謚，而許長兄又得蔭，當路又爲師建祠，微年兄之力不至此，同門當共感之，寧獨弟一人也。

年兄有三子二女，麟角鳳毛，方興未艾，聞之喜甚。弟有二子二[二]孫，弟素無婢妾，一切家事俱老妻與長兒料理，弟庶得一意講學，此徼有天幸者也。負郭田百畝，俱先世所遺，可笑做官幾年，毫無增益，惟儉淡一著稍稍度日。大抵貧者士之常，原不足患，第患學不到孔、顏樂處耳。因有二詩録在別紙，博笑。承問深感，敢並及之。

答汪明卿學博

天地間惟有此道，人生天地間惟有此學。地無邊腹，時無古今，人無窮達，官無文武，無不可學，無不可爲賢爲聖，故曰

[一]「閉」，光緒本原作「閑」，今據萬曆丁巳浙江本、天啟本、四庫本改。

[二]「二」萬曆丁巳浙江本、天啟本作「三」。

「人性皆善」,「人皆可以爲堯舜」。夫以皆可爲堯舜之人,而與之論道談學,或有疑而不信者,非其人甘于自棄,亦習俗移人,雖賢者不免耳。若有人焉提撕警覺,呼寐者而使之寤,雖至顓蒙未有不醒。然悟遽然覺者,何也?彼其性原皆善故也。

不佞深信孟子之言,往歲倡學寶慶,而朋友中初則駭,既則疑,終則駭者釋、疑者信,而且悔其知學之晚。今又移講關中書院,人心益爲踴躍,同志益爲興起,駸駸乎斯道,有中天之漸,雖不佞愧不敢當,而人性之善亦略可睹已。人人始信孟子之言果不我欺,而不佞之信孟子果非迂也。

環州,邊邑也,志稱民淳士愨。夫士必愨而後智能,民淳而後可以興教化。今幸借門下坐鱣鳴鐸,以理學爲諸生倡,來書云環人士近知向學,任生秉衡尤大有長進,聞之喜而不寐。時雨之化作人,故自如此,此非獨環士之幸,寔百二文運之幸也。

佳刻言言名理,至如「堯舜至今在,孔顏尚可尋」,又如「人心豈無過,夜氣滌吾思。夢中一點覺,觸處皆良知」,尤得聖學真脈。而末云「醉後狂言亂,醒時愧悟存」,于人情日用間提醒人心,尤爲痛快。兩牛生能付梓〔一〕人,其志向可知。而來書謂能傳不佞之道于邊鄙,夫不佞何敢當?是門下能傳堯、舜、孔、顏之道于邊鄙也。雖然,亦非堯、舜、孔、顏之道,乃天下萬世、古今聖愚所共由之道也。以天下萬世、古今聖愚所共由之道,即傳之天下萬世、古今聖愚所同具之人,于此無所損,于彼有所益,于彼無所損,于此有所益,在聖「人不識不知,順帝之則」,在百姓「日遷善而不知爲之者」,將天下萬世、古今聖愚溶成一片。

昔人謂太和在成周宇宙間,不佞謂太和今在大明宇宙間矣。此吾道所以爲大,而聖學所以不可不講也。或謂學不必講者,真佳什中所謂醉後狂言,不惟不當與之較,且當憐之恤之,求解醒之方而療之矣。使醒解而醒也,寧不自悔其失言

〔一〕「付梓」,光緒本原作「殺青」,今據四庫本改。

哉？不佞嘗謂：「功名富貴乃醉人之毒酒，讀書講學乃解醒之良方。」不知門下以爲何如？

今夏，書院池蓮綻蕋，庭竹交陰，即非會期，同志亦時相過從，講問未嘗一日不明，卿在口屈指相晤之期，當在明歲明卿偕計時耳，使旋草草佈悃，便中時惠，德音尤感。

答李翼軒老師

方今理學大明，真儒輩出，誠可爲世道喜。第高明之士多講佛氏無善無惡之說，無惡既占地步，而無善又開便門，竊又爲世道憂。從吾生平善病，不知學問，昨辨學拙録聊以敷衍師傳，私用警醒，寔無所得，承示弁言，抉西極之隱病，剖東魯之微言，如靈曜當天，幽隱畢照，彼佛氏無善無惡之說不待辨而自知其非矣。且古今闢佛者固多，如老師此序絕未曾有。蓋天地間不可無此一篇大文字，吾道中不可無此一篇大議論，何幸借鄙言發之？此世道之幸，非徒從吾一人之私感也。

後學小子不知鄉里先正，何況尚友千古？關學編姑以紀述先正學術之概，愧筆力不足以發之，檄惠玄晏，諸先正沒且不朽。承諭康僖公學問實其父端毅公成之，石渠意見有裨經學，康僖公傳中業已補入矣。近又于胡可泉秦州記中查出周小泉一弟子王君名爵者，亦補入周傳內。可見深山窮谷之中故不乏真修實踐之士，第患無人物色耳。

聖學以求友爲要，兩兄入太學，友天下善士，而老師庭訓又日督之，不惟聯翩兩宋科名，即程氏兄弟之學亦始基于此矣。吾道幸甚，因便肅此佈謝，極目山斗，心神飛越不盡。

答江効見比部

敝同年中理學甚盛，至于挺然粹然如思岡兄者尤不多得，雖千里間隔，末由面晤，正欲借赫蹏以商正所學，而昨見邸報，知作古人，爲之欷歔。累日頃承翰示，知家既四壁，而一子又稚未婚，何天之報施善人至此耶？益令人傷盡不已。平日不知有著述否？如此高賢，咳唾必有關係，門下便中貽書于家，令其收輯遺文，仍借大筆弁而傳之，貴精不貴多，但得一二冊行世，則此兄爲不死矣。何如？何如？

答鄒南皋先生[一]

近世學者多口實超悟，弁髦規矩而曰一切無礙，其害道不小。承教獨提「規矩」二字，無令放鬆，而以小心翼翼爲真家法，可謂大有功於吾道矣。是非毁譽自是人情常態，「他山之石，可以攻玉」，未必無益。雖然，又安得化石爲玉，使共偕大道之爲得也？

又 丁巳冬

今歲徽州大會，汪登源、余少原諸公以書托貴門人江汝修，跋涉數千里見召，且約會畢偕二三同志訪翁丈于水田。不肖初亦欲藉此登龍，以酬生平之願，奈賤恙偶發，留汝修兩月，而竟不克如願，奈何！見翁丈集中亦有答新安書院諸同盟，啟讀至念，神交千秋，比席思道，孚萬古同堂，爲之躍然，不肖亦可藉以自解耳。

又

頃魚客至，辱詩扇佳刻，謝謝。學問要日減，又要日增。易之益卦是日增之説也，損卦是日減之説也。增非增其所無，

[一] 從答鄒南皋先生到答南二太中丞萬曆丁巳浙江本缺。

不過復其所本有；減非減其所有，不過去其所本無。本體如是，功夫亦如是，此吾儒一貫自得之學也，何如？聞貴邑仁文書院重加修飭，大興講會，殊喜。不肖生平多病，又不能治家人生産業，近病體日益衰，家事日益窘，惟是講學一念日益壯益堅，可笑也。承教林間光陰，天與君所賜，無得虛過，敬用佩服。

答余少原廷尉

頃江汝修至辱翰教，深感道體無窮，學問無盡，學者不廣求師友，縱下苦功，終無長進。故先師當年轍環天下，周流四方，豈漫遊也哉？正所以尋師取友，講明學問也，而或者不知，謂專欲得君行道，以求一遇，則誤矣。貴郡大會尤不肖所願分一尺光者，遠辱台命，此正可以明證學問一大機會也，即跋涉豈敢有憚焉？第病體支離，蹣跚不前，奈何惟老公祖時惠鞭影，策我桑榆，則雖隔數千里，與會講一堂無異耳。汝修歸，肅函佈謝，臨楮不勝皇恐。

答楊原忠郡守

七月十七日，得門下五月間書，開緘如覯其善刻，知而又拜佳貺之辱，其何以當？〔二〕

聖賢之學總在心性，而心性得力不得力，又全在日用行事見得。若行事縱恣，而曰「我能了悟心性」，其孰信之？此孔子講學惓惓於孝弟忠信、博約知行有以也。且欲求孝弟忠信之理，盡知行博約之功，使日用行事件件恰當，又不專在行事上用功，須是在心性一念上用功，庶功夫不落口耳，而行事始得恰當，此曾子所以有慎獨之説也。雖然，若只在一念上用

〔二〕「七月十七日……其何以當？」光緒本原缺，現據萬曆丁巳浙江本續集補入。

功，則一念未起之前，平素豈遂無功夫邪？ 且無論妄念多而真念少，主人難以措手，即真念多而妄念少，主人亦不勝其點檢矣，如此即慎獨功夫亦有不足恃者，此子思子所以又有「未發」之説也。 未見孺子而惻隱已具，未見觳觫而不忍已涵，此所謂性體也，此理無聲無臭，不睹不聞，爲天地根，爲萬物命，于此時時戒慎，時時恐懼，隨處皆知行博約之功，滿腔皆孝弟忠信之理。 有不起念，念自無妄，有不躬行，行自皆真，庶乎慎獨之功自然省力，而日用行事自然恰當矣，此喜怒哀樂未發之中所以爲千古聖學之原也。「慎獨」「未發」正所以發明孔氏之旨，非「未發」之説精于「慎獨」，而「慎獨」之説又精于孝弟忠信也。

至於前啟中「本體有寂感，功夫有安勉」二語，尚未請教。 夫聖學以心性爲本體，一念方萌，如大學所云意是感而遂通之時，然感而未離乎寂，故謂之「獨」。 一念未起，如中庸所云「未發」是寂然不動之時，然寂而能涵夫感，故謂之大本，此俱指本體説，故曰「本體有寂感」。 如「其次致曲」，下苦功夫不待言矣；如至誠盡性，豈遂無功夫邪？ 故兢兢業業，忘食忘憂，功夫都是一樣，只是自然、勉然處不同耳，非謂至誠盡性全不用功夫也，故曰「功夫有安勉」。

至于頓漸之説，嘗謂志頓而功漸，如孔子十五志學，當下便志于「從心所欲不踰矩」，非頓乎？ 然雖志于「從心所欲不踰矩」，亦豈能當下便「從心所欲不踰矩」？ 須是由立而不惑、知命、耳順，而然後能「從心所欲不踰矩」，非漸乎？ 大抵學問本于心性，頓則志決，漸則功深，頓漸皆是。 不然，頓則玄虚，漸則支離，頓漸皆非矣。 門下以爲何如？

扇頭佳什，然有歸去來辭之趣。 況去思一記，又不減甘棠之詠、峴山之碑也。 門下所得多矣，世態浮雲何足道哉！ 使旋革勒佈謝外，具聊以侑緘惟台炤，不勝□□。[一]

[一]「扇頭佳什……不勝□□。」光緒本原缺，現據萬曆丁巳浙江本續集補入。

與趙夢白先生

講學之名不可鶩，亦不可避，世教衰微，民不興行久矣。爲今之計，更無别法，亟宜提此二字，使學者望而趨之，期而至之，或亦可以救什一于千伯耳，譬如豎鵠于東，必不射矢於西，雖不中，亦不甚遠。且天下事有真必有僞，於數十人中，但得一二真者，相與擔聖道而砥世風，亦不啻足矣。僞者置而不論可也，若朝講學而夕責備，人人皆聖賢，堯舜其猶病諸！惟翁丈教之。

與鄧允孝布衣

别來三復遊秦，佳刻筆氣超脱不群，從此熟去，不患不到李、杜堂室也。憶昔有一文人曰：「周、程、張、朱不能爲詩文，托之理學，遂成名於後世。」意蓋嘲之也。一客應云：「周、程、張、朱不能爲詩文，一托理學，尚且成名于後世。若能爲詩文者，而又從事於理學，其名豈不在周、程、張、朱之上邪？」其人大爲惶愧，因悟而爲世名儒。不佞聞其言快[一]之，因舉似以代面談。

[一]「快」以下至「似代面談」文字，光緒本原缺，今據萬曆丁巳浙江本續集、天啟本補。四庫本則作「快甚」。

答涂鏡源總督[一]

頃辱翰教，歡若暫面。北虜自古爲中國患，從吾雖在山林，亦抱杞憂。近聞封事已成，不勝嘆服，竊嘗私語人曰：「今日邊事，爲王襄毅易，爲老公祖難。」彼時俺答裔孫入降老酋，過於犢愛，把柄在我，操縱得以自由，故曰「爲襄毅易」。今款貢多年，虜多異志，彼者不叩關請臣，我安得強求封貢？此中難處萬倍。曩時非胸中有百萬甲兵，安能令彼俯首聽命邪？故曰「爲老公祖難」。老公祖道高學邃，直契千古而出其緒餘，奏此不世奇功，使天下後世知真儒經濟果卓犖不凡，一洗昔人道學無用之誚，其爲吾道增光，豈淺鮮哉？

從吾近益多病，自書院每旬會講外，日惟閉戶靜攝，久之頗覺有灑然自得處，益信宋儒「靜中看喜怒哀樂未發氣象」之說，良有深味，第恨不獲。日就函丈以印證其是否耳，使旋肅此佈謝外，新刻拙集請教，望老公祖大加改削，至感。

答吳繼疏中丞

弟素不嫻古文辭，而又以賤恙，諸凡應酬文字概從謝絕。昨辱台命，正以老年伯爲一代理學之宗，而老年丈又趨鯉庭而執牛耳，是以藉此印正所學，寔不成文也，而老年丈不加改削，遽付梓人，非弟請教意矣。近日學者多侈異說而略躬行，弟妄欲以身挽之而力不逮。弟自歸山，一切時事不敢聞，兩京縉紳書來一字不敢答，其餘見任諸公非有書來，不敢先以書往。靜攝荒莊，非公事不至偃室，非赴書院會講不入城市。嘗並日而食，室人交謫而不敢以貧告人，虛譽雖隆而實德則病，

[一] 光緒本无此文，现據天啟本補入。

光陰易過而學問難窮，不知老年丈何以終教我，使不至大爲同袍辱，望之，望之。詩扇一柄，博笑。

答韓旻皋司李

不佞雖妄意聖學，從事有年，而質闇功疏，寔無所得，頃辱詢蕘，其何以當？

孟子以雞鳴善利一念分舜、跖兩途，此正喫緊爲人處。蓋論先天之本體，則一念未起，純然是善，安得有利？誠有如門下所謂渟泓止水，一團清氣云者，是未起念以前之境界也。自念起而後，有利之一端，與善分途耳。論先天之功夫，則一念未起，培此善根，利從何生？誠有如門下所謂未爲之先，加攝持法云者，是未起念以前之功夫也。自功夫疏而後，有利之一途，與善爭馳耳。然天下無一念不起之人，亦無功夫一念不疏之人，所以雞鳴之時不是善念，便是利念。故孟子就此起念之初，剖聖狂之路，令人審幾而致決，非謂雞未鳴，念未起之前，遂可不孳孳，而任其念之或善或利也。今日雞鳴念起之後，孳孳爲善；明日雞鳴念起之後，又孳孳爲善，則明日之孳孳固屬既爲之後，固屬後天，而今日之孳孳，以明日言又屬未爲之先，又屬先天矣。今日之念起是善，是從本體中露出端倪；明日之念起又是善，是從功夫中露出本體。如此做去，庶乎善念漸多，利念漸少，久之純是善念，絕無利念矣。到此境界，則雖流衍汪洋，放乎四海之後，依然渟泓止水，一團清氣之初也。門下所謂「未爲之先，動念之始要加一攝持法，使個個走往舜路去，不走往利路去」，旨哉斯言，深得聖學之源矣！

竊以爲只每日雞鳴而起，孳孳爲善，不孳孳爲利，便是攝持法，便是先天功夫，更無別法。雖上知不能無人心，既起念之後，誰敢自認其無利？雖下愚不能無道心，未起念之前，誰肯自諉其無善？審雞鳴善利之一念，決舜、跖聖狂之兩途，自上知以至下愚，皆當警省，不獨中人也。臆見如斯，幸有以教之不盡。

答羅匡湖給諫

頃接翰教，二十餘年之别，得此宛承色笑，喜何可言！

聖賢學問要在悟性，天命之性不睹不聞，如因觳觫而不忍，此可得而睹聞者也，而其所以能不忍觳觫者，果可得而睹聞否？因嘑蹴而不屑，此可得而睹聞者也，而其所以能不屑嘑蹴者，果可得而睹聞否？此「不睹不聞」之性體，在虞廷謂之「道心」，在孔門謂之「一貫」，在曾子謂之「至善」，在子思得之爲「天命之性」，爲「未發之中」，爲「天下之大本」。學問在此處得力，則本體一徹，無所不徹，即萬感萬應，與静中未發氣象毫無加損，「寂然不動，感而遂通天下之故」。雖感而遂通天下之故，而其寂然不動者依舊寂然不動，故曰「不睹不聞」。下文章曰「不見變」，曰「不動成」，曰「無爲敬」，曰「不動信」，曰「不言德」，曰「不顯天載」，曰「無聲無臭」，總只是發明此意。一得如斯，方欲請正，而來劄闡發更透，痛快不可言，佩服佩服，因便此謝。外俚言五首，書呈覽笑。

答黄武皋侍御

恭惟老公祖力承正學，兄弟家庭相爲師友，真今之伯淳、正叔二先生也。景仰！景仰！從吾學未聞道，其於心性源頭未窺藩籬，正欲請教，而台翰下及，喜不可言。〔一〕

陽明先生「致良知」三字，真得聖學真脈，有功于吾道不小。「知善知惡是良知」一語，尤爲的確痛快。第「無善無惡心

〔一〕「恭惟老公祖力承正學……喜不可言。」光緒本原缺，現據萬曆丁巳浙江本續集補入。

之體」一句，即告子無善無不善，佛氏無淨無垢之旨，不容不辨，何也？ 良知「知」字即就心體之靈明處言，若云無善無惡，則心體安得靈明？ 又安能知善知惡邪？ 其靈明處就是善，其所以能知善知惡處就是善，則心體之有善無惡可知也。是無善無惡之説之誤，即就先生「知善知惡是良知」一句證之也。

先生又云「爲善去惡是格物」，必曰「有善無惡者心之體」，則爲善者爲其心體所本有，去惡者去其心體所本無，上知可以本體爲功夫，而下學亦可以功夫合本體，庶得「致良知」之本旨。今曰無善無惡，是去惡固去心體所本無，而爲善非爲其心體所本有，則功夫不合本體，不幾以人性爲仁義，坐告子義外之病邪？ 是無善無惡之説之誤，又即先生「爲善去惡是格物」一句證之也。

聞之前輩有解「未發之中」者云：「未發不可以善名，不可以惡名，止可名之曰中。」不知中就是善，安得謂不可以善名？ 未發純然是善，故曰「中」，此句正是子思直指心體處。若曰「無善無惡者心之體」，亦可曰「無中無不中者心之體」矣，有是理哉？ 是「無善無惡」之説之誤，又就子思「未發之中」一句證之也。

或者又以鏡喻云：「照妍照媸者鏡之明，無妍無媸者鏡之體。」若以有善無惡爲心之體，亦可以有妍無媸爲鏡之體邪？ 不知知善知惡之「善惡」字，即妍媸之説也，「有善無惡」之「善」字即明之説也。鏡之能照妍媸處就是明鏡之明處，就是善，非專以妍爲善也。是「無善無惡」之説之誤，又就以鏡喻之説證之也。

且余性素喜静坐，坐久静極，不惟妄念不起，抑且真念未萌，心體惟覺湛然，當下更無紛擾，心甚樂之，間以語同志，同志曰：「子不信無善無惡之説，今子坐久静極，不惟妄念不起，抑且真念未萌，即此可見無真無妄，非無善無惡之驗邪？」余曰：「心體惟覺湛然，當下更無紛擾，即此便見有真無妄，非有善無惡之驗邪？」是「無善無惡」之説之誤，又就自家静坐之久證之也。

此「善」字即「未發之中」，即「天命之性」，即心之本體，人之所以異于物者正在于此。不然，「知善知惡是良知」，何人能知而物不能知邪？ 又何人能致而物不能致邪？ 人能知而物不能知，人能致而物不能致，正以人之心體有善無惡，而物之心體無善無惡耳。天命之氣質，人與物同；天命之性體，人與物異。故人率人之性，便能知愛知敬，便謂之道；物率物之性，止能知飲知食，便不知飲食之道矣。先生「良知」二字，正指「人之所以異于禽獸者幾希」處。先生「致」之一字，正在人物之所以分途處用功。此「致良知」三字真得聖學真脈，有功于吾道不小也。懇老公祖不惜開示，幸甚。〔一〕

答張居白大行

承教性情善惡之旨，反覆玩味，門下近日何潛心精詣至此。聲色臭味，此氣質之性也，其或有發而中節，如聲色之得其正，臭味之得其正處，便是仁義禮智。既是仁義禮智，情安得不善，而不可遂以聲色臭味之性爲善。仁義禮智，此義理之性也，其或有發不中節，如仁義之有所偏，禮智之有所偏處，還是氣質未融。氣質既未融，情安得成善，而不可遂以仁義禮智之性爲中間尚有不善。仁義禮智正是善之別名，復性者，變化此氣質，而復此仁義禮智之性之本體也。管蠡如此，不知門下何日入城，再爲商榷不盡。

又

學莫先於儒、佛之辨，譬之華、夷。然寧使夷狄降于中國，必不可使中國叛于夷狄，所以儒、佛之辨當嚴。若吾儒中標宗立旨，雖有不能盡同者，而總之皆吾儒也。既皆爲吾儒，故止當辨其意見之錯，而不可屏之門牆之外，如宗朱者非陸，宗陸者非朱，宗薛、胡者非陳、王，宗陳、王者非薛、胡，是中國與中國自相矛盾也。夫夷狄方且窺中國，而中國又自相矛盾，寧不輕中國而自開邊釁也哉？惟是深造自得，去短集長，辨其毫釐千里之差，求其殊塗同歸之妙，使人人知吾儒之爲大，吾

〔一〕「懇老公祖不惜開示，幸甚。」光緒本原缺，現據萬曆丁巳浙江本續集補入。

道之爲尊，不惟學儒者無他歧之惑，抑且學佛者有從正之漸，内修外攘，順治威嚴，斯足稱孔氏家法耳。

承教超邁，今昔融會貫通，匯衆支以仰合洙泗，不肖其何敢當端於門下有厚望焉。〔一〕

又

朱文公之學集諸儒之大成，其功甚大，其所得甚深，即間有智者千慮之一失，無足爲文公病也。王文成之學，其得失正不相妨，其得處在「致良知」三字，直指聖學真脈，且大撤晚宋以來學術支離之障。晚宋儒者徒知文公著述之多，而不知其非有意于立言也，往往抛卻自家心性，而以考索聞見爲學，人品雖真而學脈多雜，若曰著述不多不足以爲道學耳。故以薛文清之賢，止因其著述少，遂久稽祀典。自良知之説行，而人始知「個個人心有仲尼」，不專在著述多寡，而文清始獲從祀，其默有功于世道人心何如此。

文成得處不可誣也，其失處一在以無善無惡爲心之體，翻孟子性善之案，墮告子無善無不善、佛氏無淨無垢之病，令佞佛者至今借爲口實。一在擧學、庸首章，必欲牽附，而絀文公以窮理解格物之説，不知「窮理盡性以至于命」，易言非歟？一在低昂朱、陸太過，而以影響疑朱仲晦，以集注、或問爲中年未定之見。不知文公臨終時猶改訂誠意章注，集注、或問不知費一生多少心思，安得以爲未定之見而啟後學之惑？此文成失處不可諱也。

大約孔孟而後，諸儒各有得失，不能盡同，是在學者去短集長，毋令瑕瑜相掩可耳。「清」「任」「和」不同，而同爲聖；「去」「奴」「死」不同，而同爲仁；朱、陸、薛、王不同，而同爲儒，總之皆吾師也。近日信文成者偏信其失處，以致懲其失者並得處亦不之信，皆非矣。

妄辨如斯，不知可無毫釐千里之差，而得殊塗同歸之妙否？雖然此特就文成立言處斷其得失耳，若論其躬行處，如擒

〔一〕「仁義禮智之性之本體也」至「有厚望焉」，光緒本原缺，現據天啟本補。

濠之事功，抗瑾之節義，居家之孝友，生平歷履固粹乎無可議者，非若立言之猶有得失也，而論者不督，誤以爲重知略行，則冤甚矣。惟門下詳教之。

答顧良知布衣

足下精於醫，且尤志于儒，不佞感足下且尤愛足下，願足下益自愛。陽明之學以「致良知」爲宗，故其詩曰：「欲識渾淪無斧鑿，須從規矩出方圓。」善學陽明者必立身行己，無一言一動不求合于規矩準繩，而不敢有一毫踰越處，方謂之真能致良知，方見其學透本源。不然，還是知未致，還是本源未透，不可不察也。譬之用藥治病，然必深識病源，而後立方製劑，無一不精，無一不效；亦必立方製劑，無一不精，無一不效，而後見其果能深識病源。不然，即自號曰深識，其孰信之？足下精于醫，故敢以醫喻，惟足下留神。

答楊晉菴都諫

昔蘧伯玉行年五十而知四十九年之非，今從吾六十矣，而猶不知五十九年之非，惶愧又當何如？兹小豚知弟生平，芝蘭莫如翁丈，不自揣度，唐突椽筆，誤辱珠玉，第獎借過情，令人跼蹐不敢當耳。厚貺遠頒，不敢概辭，肅此附謝，不腆修緘，伏惟莞納。弟居會城，人事蝟瑣，不得已僻靜莊居，非會講不入城市，多病之軀頗得靜攝之效。至于賤日，一切宴會交際概從謝絕。晨興惟焚香告天以祝聖天子萬壽，晚同二三同志在書院中烹茶以當杯酒，歌詩以當音樂，淡中滋味最覺深長。若張筵設樂，征逐叫號于酒肉場中，不惟心非其好，力亦不能給也。仁兄知我，聞之必發一笑。

答高景逸同年

學問源頭全在悟性，而戒慎恐懼是性體之真精神，規矩準繩是性體之真條理，于此少有出入，終是參悟未透。今日講學要內存戒慎恐懼，外守規矩準繩，如此纔是真悟，纔是真修，纔是真瀟灑受用。不知老年丈以爲是否？

答史蓮勺侍御

長安距渭上不百里，而不克時領麈誨，徒切飢渴。夫學之不講久矣，翁丈毅然任之，讀學庸問辨不覺手舞足蹈，爲吾道喜，中多精語，未易縷悉。

朱文公以「必至于是而不遷」解「止」字最妙。今人亦有至於是而稱止，未幾而復遷者，此古人所以有「靡不有初，鮮克有終」之戒也。翁丈以「純亦不已」解「止」字尤妙，若遷則便是已矣，必純亦不已，才謂之止而不遷；不遷者非自足自滿，駐足於此，止而不遷也。故「止於至善」，「止」字爲好字眼。「止吾止也」，「止」字爲不好字眼。若看得不活，而第曰「止於是而不遷，以此爲駐足處」。則是「止吾止也」之止，非「止於至善」之止矣。

翁丈以「未見如傷」解「純亦不已」，更得大學「止」字之旨。至以羞惡良知論「見君子而厭然」，以理之本體、人之靜時論「無聲無臭」「不睹不聞」，「修身須先行於妻子，慎獨在常視乎鬼神」，尤令人悚然快然，佩服不已。第葑菲之言亦辱採擇，不無形穢之愧，奈何？近南元老輯越中述傳，真稱陽明知己。二丈山中乃作如此工夫，橫渠、涇野之風當自渭上大振，此所以喜也，使旋草草，謝教諸容，嗣佈不一。

與王保宇郡丞

從吾不佞景仰山斗積有歲年，近從賢肖益得有道之詳，至如平定救荒、永平佐政，尤卓卓在人耳目者，殊爲世道慶倖，第無由音問爲歉耳。

吾鄉横渠張子其尊人當祀啟聖祠，昨畢東郊公祖業已題請矣。至如後人，二百五十年當道諸公止在吾鄉物色，竟不可得。向待罪長蘆，灤州曾送有志書，彼時未得暇閲，且並其冊籍失之。山中無事，近有一客遺所得灤州舊志，讀之見横渠後人從金、元已流寓於灤，且累朝俱有恩典，載之甚詳。讀至此，不覺踴躍爲先儒喜，望台下取志行查，移文吾鄉，成此盛舉，是台下無量之功德，不朽之盛事也。即目下不能如程、朱之例大加蔭敘，然既開其端，後必有踵而行之者，則創始之功當亦在台下，況此事尤人人之所樂成者哉！五百年闕典當有在于今日者，不知門下以爲何如？臨行，深有拳拳。

又

向得華翰，知横渠先生後裔在灤，大爲吾道一快。鳳翔太府沈公祖聞之喜甚，即具書奉謝，並致書永平太府項老先生，欲得永平一印信公文，可據以申呈吾省當路，便於題請耳。沈公祖篤志理學，力以表章先儒爲己任，國朝二百五十年闕典直待今日，良爲奇遇。吾輩爲桑梓先儒尤當竭蹶成之，以竟千載不朽之事，諸凡借重鼎力，知不待從吾詞之畢也，謹此稱謝。鳳翔差役專爲此事，更望垂青。臨楮繾綣不盡。

答王蒼坪明府

昨唐突佳刻亦美則愛，愛則傳意耳。過承嘉惠，當與同志共之，老父母功德無涯矣。知感知重，沈刻並領，肅此佈謝。

張横渠先生後人一向諸公祖俱在郿縣物色，而竟不可得。昨見灤州志載之甚詳，頃移書永平王保宇二守，查已的確。倘得借重鳳翔府移文永平府，得一印信公文，可執以呈請兩臺，縱目前不能比程、朱例，遽檄恩典，則今日既開其端，他日必有竟其事者，則創始之功當與天壤共不朽矣！此知老父母所樂聞者，敢並及之。

與沈芳揚太府

久聞老公祖力講理學，種種作用，卓犖不凡，私心景仰有日，第閉戶深山，久缺聞問耳。頃辱翰貺先施，宛承謦欬，感何可當？

横渠先生苗裔已託永平王保宇二守行查的確，辱老公祖下詢，此斯世斯文之幸也。横渠可作，亦結金蘭，老公祖自道也。從吾惟舉手[一]加額爲吾道稱賀，爲老公祖稱謝而已。佳刻周、李二書，繼往開來，功德無量，敬用珍藏。灤志一部奉覽，横渠家譜寄在張心虞處，老公祖取而觀之，何如？外拙刻數種請教，臨楮不勝皇悚。

[一] 光緒本原作「首」，今據四庫本改。

又

使至辱翰教，獲覽老公祖與永平公移與横渠先生族人書禮，並與王保宇二守書。老公祖爲此舉，可謂委曲詳盡，無所不用其心矣，殊爲吾道踴躍不已。國朝二百五十年缺典，至老公祖今日始舉，真所謂時如有待，道不虚行者也。謹此三肅稱謝外，從吾與王二守書已附使者矣，並復不一。

又〔一〕

張文運卓有道氣，一見而知爲大儒之後，承示未謁，瑩而辭飲，不勝歎服，豈老公祖時雨之化之速邪！請世爵詳稿謹領，昨爲治田蘆詳，不知諸公祖何以批，亦所願聞也。

答吴百昌中舍

不佞景仰有日，未由聞問，頃江汝修至，承翰教先施，其何以當。新安爲朱文公之鄉，近佛學喧騰，而吾儒真傳幾爲所蝕。聞門下創建崇文書院，以光大其業；又纂刻答問、自省兩編，以闡揚其學，此其功在吾道不小。至就正録尤其門下講習之勤，辨析之精，歎服歎服！〔二〕文公之學，粹乎無議，故新建亦云「吾于晦菴有罔極之恩」。可見新建寔未嘗不尊信文公也。今學佛者多借新建以詆文公，是非悖文公，寔悖新建矣。今爲吾道計，惟當辨佛學之非，而不當非學佛者之人。辨其

〔一〕光緒本缺，現據萬曆丁巳浙江本續集補。

〔二〕「不佞景仰有日……歎服歎服！」光緒本缺，現據萬曆丁巳浙江本續集補。

佛學之非，則彼知其非，當自悟。若非其學佛者之人，則同志中先自立形跡，又安望其逃而歸哉？況亦非以善養人之道也。不佞關中書院每會，雖無人不容，而必不敢容一僧，謂彼髡髮出家，已叛於儒之外，非若同志學佛猶在于儒之中也。在儒之中而誤信乎佛，此所以不可不辨，而又不可不以善養之耳，何如？何如？〔一〕

答陳可續茂才

吾儒學問要在心性，告子「生之謂性」之說，乃禪宗也，而學者多惑其說，於是孟子性善之旨爲其所蔀而吾道裂。太華會語稍稍剖析，而來劄謂性學之辨如析蠶絲而別涇渭，過譽之甚，而相信之深也。〔二〕「人心」「道心」，不必深求，不必遠求，如一念敬便是「道心」，一念肆便是「人心」；一念謙便是「道心」，一念傲便是「人心」；一念讓便是「道心」，一念爭便是「人心」；一念真便是「道心」，一念僞便是「人心」；一念信學便是「道心」，一念非學便是「人心」。於此一一察識，便是「惟精」；一一體驗，便是「惟一」。察識、體驗純一不已，便是「允執厥中」，至淺至深，至近至遠，而古今學者多厭常喜新，曲爲解釋，反覺支離葛藤，不知吾契以爲何如？〔三〕

〔一〕「何如」光緒本缺，現據萬曆丁巳浙江本續集補。
〔二〕「吾儒學問……而相信之深也。」光緒本原缺，現據萬曆丁巳浙江本續集補。
〔三〕「不知吾契以爲何如？」光緒本原缺，現據萬曆丁巳浙江本續集補。

答南二太中丞 癸亥[一]

八閩夙稱海濱鄒、魯，而台丈以理學世家節鉞其地，天蓋爲吾道藉重也，幸甚幸甚！「修己以敬」「修己以安百姓」，承教一敬之内定有許多作用，且有許多轉移妙法，原非空空作啞禪也，最是最是。中庸説「無爲而成」，而一則曰有九經，一則曰有三重，[二]「有」字正與無爲「無」字相應，不然，則老氏矣。惟其有，纔討得無，此修己以敬所以能安人安百姓也，何如？同安有洪芳洲，朝選官刑部侍郎，因不成遼王獄，爲江陵所恨，罷官，仍假他事下獄，竟斃獄中，此古今第一奇事冤事，台丈爲一表章之，何如？

[一] 天啟本无此文。

卷十六

雜著

百二別言

鏡源涂先生以理學巨儒撫我榆陽六載，于茲內修外攘，功高一時，茲晉秩大司馬、總督宣大。先生戒行有日，而以書抵余山中爲別，余惟先生勳勒燕然，望隆台鼎。人人皆以事功、氣節爲先生重，而不知先生之所重者在學問。彼事功、氣節，特先生學問之緒餘，非先生之所重也。先生之學以大學「知止」爲宗，令學者合下便見性體。余向敘先生語録謂開關啟鑰，直窺聖學之原，非阿好也。

孟子道性善，而性不可言，不得已以乍見孺子入井怵惕惻隱之心驗之，蓋欲人知乍見之時，惻隱之心固始有見，未見之前惻隱之心非遂無也。觀石中有火，必擊之始見，知火在石中，雖不擊亦有知不擊之火，則知性矣。是性也，自天命以來完完全全，不藉聞見，不假思議，感于君則能忠，感于親則能孝，感于兄弟則能友愛，感于朋友則能信，感于百姓則能撫綏，感于夷狄[一]則能制御，感于孺子入井則能怵惕惻隱。觀于既感之能如此，而知未感之先，孝弟忠信、怵惕惻隱之心已具，君臣、父子、兄弟朋友及一切華夷[二]軍民之理已涵。所謂「不睹不聞」「未發之中」，此也；所謂「上天之載，無聲無臭」，此

[一]「夷狄」，光緒本原作「異類」，今據萬曆丁巳浙江本、天啟本改。

[二]「夷」，光緒本原作「易」，今據萬曆丁巳浙江本、天啟本改。「華夷」四庫本作「中外」。

也。此天地之根而萬物之命也，故曰「至善」。其旨微矣，學問知止乎此，是從先天未畫處立根。有不發，發皆中節，即位天地育萬物，皆是物矣，豈待外求哉？且知一也，知而止乎此，則聰明睿智用于容執敬別，高不至于玄虛，卑不至于機械，聰明睿智始有嚮往處，亦始有歸宿處，故曰「知止」。不然，聰明睿智不用于容執敬別，必用于玄虛機械，其中又有不可言者，反不如不知之爲愈也。「知」之一字豈易言哉？先正有以致良知爲宗者，允得聖學真脈，惟是以知愛知敬、知飲知食皆爲良知，兼理欲而言之。不知既以欲亦爲良知，其勢必以縱欲爲致良知，流弊至于蕩檢踰閑，無所忌憚而不可救藥，是又「知」之一字不純以理言，知而不知止于至善之過也。先生憂之，故單提「知止」二字爲宗，舉吾之良知而一稟于理，即知即止，即止即善，又孰肯蕩檢踰閑，以自逸于規矩準繩之外哉？其救良知之末流，又真有回瀾之功矣。

嗚呼，惟先生學見性體，所以見百姓之失所，見中國之見侵于夷狄，[一]見異學之眯瞀于性宗，真不啻見孺子之將入于井，怵惕惻隱之心真有不容。不然，不知其所以然而然者，至此則不求有功；不得已而功成，不求立節；不得已而節著，始終此學問，始終此性體，始終此知止，身心意知家國天下鎔[二]成一片，此吾性之所以爲大，而先生之學所以獨得孔、曾之宗也，彼事功、節義又烏足以盡先生哉？

余不肖自髫年趨庭，即知有聖賢之學，荏苒至壯，猶愧道之未聞。往歲辛卯，與先生講于京師，乙未再講于涿鹿，而心性之學始覺有一斑之窺。又十二年而先生入秦，余雖病臥深山，不克與先生班荊一談，而書牘往復，動踰千言，無言不悅，受益無量。今先生行矣，余又安所印正哉？所恃此心此性，萬古同然，相契相合，千里若對，則雖別猶未別耳。先生向貽余書，舉白沙「永結無情遊，相期八荒外」二語相勖，余未嘗一日不三復斯言，今敢再爲先生歌之，以爲別先生，其何以處我？

[一] 「夷狄」，光緒本原作「荒陬」，今據萬曆丁巳浙江本、天啟本改。
[二] 光緒本原作「溶」，據四庫本改。

釋褐後書壁自警二則

士君子釋褐後，不可忘了秀才氣味。凡事讓人一步，凡事儉用一著，便是做人實際。不然，貽累不淺，悔之何及？

自己不能寡過，而望人容我，惑也；望人容我，而我不能容人，惑之惑也。必隨事自反，不與人較量，方能拔此病根。

董揚王韓優劣　館課

儒者立言，所以明道也。有得于道，雖淺言之而常合；無得于道，雖深言之而常離，知此而董、揚、王、韓優劣辨矣。昔仲舒時，道術混淆，舒下帷發憤，潛心大業，其識已高，且進退容止非禮不行，學士皆師尊之，自博士時已然，其行又何卓也！漢承秦後，仲尼之道蔑如，武帝襲文、景業，一切制度尚多闕略。舒對策，推明孔氏，抑黜百家，立學校之官，郡舉茂才、孝廉，皆自舒始發之。此其議論鑿鑿，可見諸行真足羽翼道術，裨益世教者，文辭云乎哉？著書立言雖平易亡奇，要之與道合也。眞西山謂西漢儒者惟仲舒一人，余以爲知言。

揚雄製作允稱深奧，而行事似不副之，如太玄，果玄也？衆人不好，與玄何損？而汲汲于解難之作，比之天地未已也，而又比之典、謨；比之雅、頌未已也，而又比之簫、韶。夫雕蟲之技，既曰壯夫不爲，而又不勝其誇張得意之態，深于養者如是乎？屈原雖過于忠，而耿耿一念誠，可以愧世之爲人臣而懷二心者，何物子雲敢作反騷以駁之？原亦附離丁、董者等邪，雄之出處大節、君臣大義，豈待劇秦美新而後決白黑哉？反騷一篇可反觀矣。縱其言高出蒼天，大含元氣，與道術世教何補？雄也不過詞人之雄耳，其于道尚可在離合間論哉！

兩漢以降，歷魏、晉、六朝，而吾道益陵夷不可振。王仲淹起隋之末，造當衆口嘵嘵中，慨然以著述爲己任，其立言指事一稟于仲尼，故曰：「通于夫子，受罔極之恩。」即此一言而通之人品學術可知矣。桓、文借名尊周，夫子然且予之，況通之于仲尼，何後世耳食之？夫猥以吳、楚獄，通不知于老、莊輩，又執何辭以聲罪致討乎？或又以太平十二策姍通出處，不知開皇孰與新莽？若以雄而律，通則與懲羹吹齏何異？況獻策不報，即翻然賦東征之歌，退而講道河汾，且屢徵不起，此其于出處間豈不大有可觀哉？明道稱其極有格言，考亭稱其循規蹈矩，誠謂其與道合耳。

通之後，越百餘年，而得韓愈氏。愈之文，天下宗之，而不知因文見道，蓋亦有足多者。唐以詩賦取士，故學者不得不取材于諸子百家，而孔孟之傳不絕如線，愈獨舉堯舜以來之統歸之孔孟，此非有獨得之見者能之乎？佛氏之教浸淫人心，牢不可破，而愈上表陳言，雖蒙竄斥而其志不隳，其有功于吾道何如？許由、龍逄、伯夷皆特立獨行之士，皆可以維綱常而扶宇宙。愈作通解，惓惓于三師之教，其有功于世教又何如？愈之爲文豈顓顓刻畫于詞句間哉？第上書及門其出處之際，尚有遺議，愈于吾道蓋合者多而離者少也。程子謂愈亦近世之豪傑，諒矣。

噫，三子之爲文也淺，而于道也合；雄之爲文也深，而于道也離。此董、揚、王、韓優劣之辨也。然則三子又孰優乎？曰：余又有取于董子「正誼不謀利，明道不計功」之說。

雪夜紀談

壬辰冬，余臥病山齋，友人蕭輝之氏雪夜過訪，相與圍爐談學，因及賢哉回也、飯疏食飲水二章。余曰：「孔、顏之樂，談何容易？古之聖賢，見得道理分明，胸中自有一段樂處，無等待，無起滅，故曰『不改其樂』，曰『樂亦在其中』。味『不改』與『亦』字，可見此心常是樂的，雖到如此貧時，猶然不改，猶然在其中耳。且真樂原不在外，乃性體也，人不堪處，正是回不改處。只不憂便是樂，非不憂之外別求個樂也，此克己復禮之說也。」

輝之曰：「真樂乃吾性體固也，夫子發憤忘食，樂以忘憂，不知老之將至，豈發憤時復有憂乎？一憂一樂，循環無端，是聖心之樂，又有間歇時矣。」余曰：「聖心只有此樂，不樂必不肯發憤。發憤忘食，聖心必有所樂而爲之者，豈至樂以忘憂而後知其樂哉？孔子發憤忘食，顏子欲罷不能；孔子樂以忘憂，顏子不改其樂。故曰發聖人之藴，教萬世無窮者，顏子也。」

輝之曰：「孔、顏之樂固不因處貧改矣，不知于富貴又何以處之？」余曰：「聖人非惡富貴而逃之，但視其義不義何如耳。『不義而富且貴，于我如浮雲。』浮雲爲太虛之障，不義之富貴爲心體之障，聖心如太虛然，故曰『于我如浮雲』。掃浮雲而還太虛，此孔子所以樂在其中也。」

輝之又曰：「仲尼不爲已甚，舉世皆憂我獨樂，無乃爲甚乎？」余曰：「聖心如太虛然，斷不肯自視太高，視人太低，故曰『從吾所好』。觀一『吾』字，若曰各人所好不同，他從他所好，我從我所好，吾之樂在其中，亦各從其所好耳，敢謂天下皆憂我獨樂哉？『吾』之一字，何等平易，何等含蓄，若後世學者便不免自視太高，視人太低，分彼此而露鋒鋩矣。孔、顏之樂，談何容易？嗟乎！富貴貧賤，正學問大關鍵處哉！茂叔〔二〕尋仲尼、顏子樂處，正當在此處尋。不然，則墮于佛氏空虛見〔三〕矣。」輝之聞余言，喟然歎曰：「妙哉！道蓋至此乎，孔、顏之樂不必遠尋，即此時吾輩坐談間燒燭啜茗，四壁蕭然，神怡心曠，當下便是孔、顏樂處，又何必遠尋邪！」因相與歌堯夫詩數章而別。

馮從吾曰：「講學之益大矣哉！先君子於不肖以從吾命名，豈徒名之已耶？不肖三十年來有如夢，夢今一旦與同志坐談，始恍然有覺，講學之益焉可誣也？嗚呼，顧名思義，愧汗津津，今而後所不發憤此學，而甘于暴棄，是負此良朋雪夜之談，即負先君命名之意也，可不懼哉？」因詳記之，以矢諸異日。

〔二〕光緒本原作「欲」，據萬曆丁巳浙江本、天啟本改。

〔三〕「見」，光緒本原作「间」，今據萬曆丁巳浙江本、天啟本改。

元夜紀事〔一〕

元夜，命一癡僕懸燈，初懸之太高，既又懸之太低，主人怪之，其僕曰：「高也不是，低也不是，如何爲是？」一客曰：「既知高也不是，低也不是，便知是處，尚何言哉？」舉座有省，因詩以紀之：「吾道一中庸，學者失其意。高則慕玄虛，低則馳功利。不高不低間，匪難亦匪易。於此有所得，何論同與異。」

書周淑遠卷

周淑遠年丈終養家居，既禫，猶堅臥不起，與余講學寶慶寺，其于功名富貴漠如也。歲戊申莫春，余偕淑遠衆劉孟直郡丞、楊工載進士、宜孟庭刺史、宜叔尚文學、王惟大郡丞爲華嶽之遊，而華陰諭張去浮率闔學諸生百餘人遮道問學，相與講于嶽廟之灝靈樓，大家充然，各有所得，而淑遠因其伯母病，力別余先歸。余偕諸同志又講于青柯坪，講于宜氏園，越數日始歸。歸而淑遠遊華新詩已爛焉，充斥奚囊矣。余爲數語跋其後，一時爭傳，以爲盛事。而余亦有一〔二〕律，遂羞澀不敢出，匪直珠玉在前，覺我形穢而已。一日，淑遠持素卷索余書，余辭，淑遠曰：「毋吾輩此遊原不爲詩，吾之所以期望子者，亦不在詩，詩縱不工，書之庸何傷？」余唯唯，遂書之，以博一笑。

〔一〕光緒本缺，現據萬曆丁巳浙江本續集補。

〔二〕「一」，萬曆丁巳浙江本、天啟本作「二」。

别李子高言

陽明先生「致良知」三字洩千載聖學之秘，有功于吾道甚大，而先生又曰：「無善無惡心之體，有善有惡意之動，知善知惡是良知，爲善去惡是格物。」夫「有善有惡」二句與「致良知」三字互相發明，最爲的確痛快。「爲善去惡」一句雖非大學本旨，然亦不至誤人，惟「無善無惡」一句關係學脈不小，此不可不辨，何也？

心一耳，自其發動處謂之意，自其靈明處謂之知，既「知善知惡是良知」，可見有善無惡是心之體。今曰「無善無惡心之體」，亦可曰「無良無不良心之體」邪？近日學者信「致良知」之説者，並信「無善無惡」之説，固不是。非「無善無惡」之説者，並非「致良知」之説，尤不是。或曰：「果如『致良知』之説，然則諸儒所稱或主静、或居敬、或窮理、或静坐、或體認天理，或看喜怒哀樂未發氣象，彼皆非歟？」曰：「不然。良知是本體，居敬窮理諸説皆是致良知功夫。致之云者，非虚無寂滅如二氏之説也。致乎致乎，豈易言哉！」

華下李生崇巍潛心「致良知」之學，有日頃同渭南吴生從儉負笈裹糧，不遠三百里，徒步從余學。且時方隆冬冱寒，余留居月餘，見其志堅思苦，卓有黄直卿之風，心甚嘉之。今歲暮，二生辭歸，因書此爲别，聞生有兄崇峰亦有志于此學，歸而以余言諗之，知其必有合也。

别李士占言

靈臺李生士占于戊申冬，介藍田楊司訓從學于余。時士占方自太學歸，因别家久，不能多留，約明年當專負笈卒業焉。越歲己酉三月，士占果來聽講，踰月而别，津津大有所得。瀕别，余無以爲贈，竊念吾鄉自横渠先生講學後，真儒代不乏人，而近日此學益覺興起，殊爲吾道慶幸。

夫聖賢之學不在玄遠，即子臣弟友間而道在，即辭受、取與間而道在，即日用常行、衣冠言動間而道在，于此一一盡道，使仰不愧俯不怍，即此便到聖賢地位。聖賢非絕德也，後世功利習熾，人不知學，即有志于學者，不求之虚無寂滅，即求之詞章口耳，于是聖賢之學視爲絕德，不可幾及矣，可勝太息。

士占今越數百里，徒步來學，此其識見力量豈不夐出風塵之外哉？余甚嘉之，于其歸也，書此爲別。嗚呼，横渠往矣，千古斯文之説豈異人任？余不肖，願與士占共茂勉之，毋與俗同。

渭濱别言贈畢東郊侍御

夫事功、節義、理學、文章，雖士君子所並重，然三者乃其作用，理學則其根本也，根本處得力，則其作用自别。侍御東郊畢公，理學名儒也，頃奉命攬轡西秦。下車以來，凡所爲秦人士興除計者，靡不竭盡心力，如請罷榷税，請增解額，尤犖犖大者，其事功業已膾炙人口，爲秦人士尸而祝之矣。至于立朝封事，慷慨激烈，不避忌諱，而搦管摛辭，閎深奥衍，大有關於世教，即臨池緒餘，亦軼鍾、王而駕顔、柳，其節義、文章又何其卓爾不群也！

余不肖屏居深山，于三者一無所有，而理學又有志而未逮，公不察而誤以余爲可與言，命駕浚郊，縱談學問，闡名理，析疑義，聞所未聞。嗚呼，公之理學是尚可以津涯窺邪！公今將還朝，余方杜門謝客，愧攀臥之無從，而公復走書山中爲别，公之誼高矣。余將何以報公哉？蓋公之言曰：「自聞教之後，時默默自勘，每覺經年蒿目鎮日，焦思多從事蹟上拮据，雖于地方事無有不竭之心，無有不殫之力，畢竟于性命之學尚沒干涉。茲弛擔東歸，擬從靜裏鑽研，偏發聖賢經籍及有宋以來諸儒著述，一一窮究體認，直欲從經事宰物之中取討歸宿，務使點滴歸源，庶幾心與事打成一片，然後敢言用世。」

嗚呼！公之言精矣，微矣，聖學天機洩露無餘矣，余又何以報公哉？嘗慨世之學者離心言事，則落渣滓；離事言心，則墮玄虛。如公心與事打成一片，此正公深于性命之學，而直接千聖不傳之統者也，詎止用世而已哉？以根本爲作用，使天下睹真儒之效，猗與盛矣！余自聞公教，曠然若醯雞之發蒙，雖愧道之未聞，而向所爲有志未逮者，或亦可以收桑榆之功。于異日時，公及瓜候代駐節咸林，東望三峰，黯然神往，不知公何以終教我也，余且日夕望之矣。

書江布衣卷〔二〕

新安江汝修學道有年，近因夢蓮有感，南皋先生題無欲真宗卷贈之，諸同志各有言，余讀之良快。夫人能無欲，雖夢亦醒。不然，雖醒亦夢矣。有欲無欲，學不學之辨也。汝修越數千里，訪余山房，余爲題此。嗚呼，汝修醒人也，余得無爲説夢也乎！

別河津寧董五生〔三〕

丙辰三月，河津寧生獻誠偕其侄綿祚、維祚，董生振祖偕其弟振世，紹介張去浮先生書，越疆徒步，問道于盲。河津，故薛文清公里也。文清公之學以復性爲宗，諸生有志于學，惟求復性足矣，烏容枝指？晦翁云人性皆善而覺有先後，後覺者必效先覺之所爲，乃可以明善而復其初。夫復其初則復性矣，而必自效先覺之所爲得之。余愧非先覺，而文清公即吾輩之先覺也，惟效文清公之所爲，則可以復性矣，又烏容枝指？雖然，性爲何物？復用何功？於此參之又參，

〔二〕此文萬曆丁巳浙江本缺。
〔三〕此文萬曆丁巳浙江本缺。

究之又究，以至於無可參究處，一旦豁然有悟，纔是深造自得。如此則居安資深，左右逢原，纔謂之真能效先覺之所爲。不然，縱依樣畫葫蘆，竊恐其轉效轉遠，又何性之能復哉？故不效先覺不可以言學，而不自得亦不可以言效。諸生行矣，願各努力，即秦、晉異地，猶如晤言一室也。

題辭

關中四先生要語題辭

涇野先生語録故二十七卷，苑洛先生語録故六卷，海内傳誦已久。至谿田先生語録止存數則于嵯峨書院志中，斛山先生語録附刻於遺稿，後人多未及知。余生也晚，不獲摳衣四先生之門，而讀其語録，慨然慕之，想其爲人，因彙而録其言之尤要者，分爲四卷，以便觀省。若謂即此足以盡四先生，非余不佞之所敢也。且余之所録者，四先生言耳，四先生德業、節義炳耀今古，蓋所謂行過其言者。求四先生者，又進而求之于行，斯得四先生立言之意。不然，即取四先生全集讀之，亦徒爲口耳贅也，矧要語乎哉！傳曰：「君子恥其言而過其行。」吾黨勉矣。

學會約題辭

歲丙申秋，余與諸君子立會講學於寶慶寺，越數會，諸君子請余言爲會約，余謝不敏，諸君子請益力。爰述所聞，條列如左，亦藉手請正意也，諸君子其謂之何？

關中士夫會約題辭

夫世道隆汙係士風厚薄，而返薄還厚倡之者當自士大夫始，使士大夫而猶然不倡，則於齊民何責焉？昔夫子嘆時人論禮樂而決之曰「吾從先進」。當其時豈無野人、君〔一〕子者？而夫子不之恤，若曰：知我者其惟先進乎，罪我者其惟先進乎！今萬世而下猶知有先進可從者，伊誰賜也？吾二三士大夫誦法孔子有日，睹今世道士風可不決所從，而徒空嘆君子、野人哉？

頃者，經軒、熙宇二先生過訪精舍，談及吾鄉士風，爲之咨嗟太息者久之，余曰：「此豈異人任也，在二先生倡之何如耳？」二先生曰：「然。是亦不可以無約，子其任之。」余謝不敏，曰：「有諸前輩在。」二先生曰：「否否，即此是前輩命也。長者命少者，不敢辭，子其任之。」余曰：「唯唯。」遂載筆從事於二三士大夫之後。

輔仁館會語題辭

余講學里中，而四方同志多有擔簦至者。頃，許生大倫至自榆陽，顧生唱離至自姑蘇，張生士鯤、孫生繩祖至自華下，咸寧楊生起泰輩傾蓋四生，遂成莫逆，朝夕切偲，歡如也。

一日，任生國珣録其會語，就余請益，余喜甚，因進諸生諗之曰：「諸生今日之志亦既真且猛矣。第合則作，離則輟，始則勤，終則怠，人情乎！諸生惟不以離合易志，不以終始改節，則今日之言不啻足矣，余又何益焉？」諸生再拜謝曰：

〔一〕光緒本、四庫本原作「夫子」，據下文「而徒空嘆君子、野人哉？」此「夫子」當作「君子」，改。

「先生之言益莫益于此矣。請書其言於簡端，以代韋弦之佩。」

朱貧士行録題辭

余爲朱貧士傳成，一時同志爭傳之，而世風亦藉以少砥。余門人馬生元吉輩復裒公移、墓表、祭文等篇捐貲付梓，〔一〕題曰：朱貧士行録。仍匄余一言弁首。

余惟善惡報應，人皆知之，第朝爲善而夕即望報，一不報而遂以爲爲善無益；朝爲惡而夕亦畏報，一不報而遂以爲爲惡無損。不知天道蓋久而後定，不在旦莫間也。嘗見世之不檢者多得意一生而至末始報，比既報，而悔之無益，改之無及，亦足悲矣。嗚呼，使蚤知末之必報也，則豈有不凛凛于當年者耶？易坤卦以「履霜」戒「堅冰」，詩之七月亦自秀葽計，觱發古人之爲慮遠矣。

朱生苦節篤行，生平不求人知，人亦無有知者，而名至末年始著，即諸公之表揚，余之爲傳，豈有所私于朱生哉？蓋自有莫之爲而爲者在也。孔子曰：「夫微之顯，誠之不可掩如此夫。」信矣，信矣！因書此以醒世之闇於天道者。

〔一〕光緒本作「殺青」，據四庫本改。

跋

孟雲浦教言跋

先生講學新安，而伊洛之間庶幾復睹二程之化。觀其示初學用功諸條，而先生之教之學可窺一斑矣。頃者先生寄示不佞，不佞受而讀之，欣然有當於心也，爰付梓人，用代韋弦之佩，並與同志者共焉。

劉孟直嶽會雜詠跋

華嶽之會足稱一時之盛，余愧不足爲諸君子役，所幸有孟直諸什，則今日之遊可託不朽矣。昔朱元晦與陸子靜遊白鹿洞，泛舟樂曰：「自有宇宙以來已有此溪山，還有此佳客否？」余于今日亦云。余兒康年侍行得此詩，付梓〔一〕以傳。余爲跋其後。

周淑遠遊華山詩跋

古今名公遊華嶽者代不乏人，未有徵會講學如今日者，亦人不乏詠，未有永言孝思如淑遠氏者。昔陸象山與朱晦翁講義利章于鹿洞，聞者流涕。今讀此詩而有不流涕者，非夫也。余頃與同遊諸君子講惓惓于「孝弟」二字，其于千古聖學頗

〔一〕光緒本原作「殺青」，據四庫本改「付梓」。

足自信，蓋淑遠倡之矣。

理學詩選跋

馮從吾曰：「選理學詩與選唐人詩異。選唐人詩，論詩不論人，所謂人以詩重也；選理學詩，論人方論詩，所謂詩以人重也。」嗚呼，學者將人以詩重乎，抑將詩以人重乎？讀是編，可以自悟矣。輯成，復書此以諗同志。

辨學録跋

夫學一也，有異端之學，有越俎之學，有操戈之學。

何謂異端之學？佛、老是也，而佛氏爲甚。二氏非毁吾儒不遺餘力，乃巧于非學之尤者，而講學者多誤信之，故不可不辨。

何謂越俎之學？吾儒講學所以明道也，講間惟當泛論道理，如孔子論明德新民，子思論天命率性，孟子論夜氣性善，皆是泛論，何嘗著跡，譬如白日當天，在在皆其所臨照；時雨霑足，處處皆其所潤澤，非專爲某人某人而照，某人某人而雨也。若不講究道理而徒比方，人物然且不可，况又譏評時事，干預朝政，犯學之所戒乎！講學而誤犯學之所戒，縱居鄉而人稱月旦，居官而人服袞鉞，只益重其過耳，何也？謂其非孔氏講學家法也。[一]無論居官居鄉，[二]當講學日，不得議及他

[一]「若不講究道理……謂其非孔氏家法也。」光緒本缺，現據萬曆丁巳浙江本續集補。

[二]「無論居官居鄉」萬曆丁巳浙江本作「不止居鄉，即居官」。

事，論及他人，方得講學家法。不然，是以議事當講學，以論人當講學也，不幾于越俎而失體哉？

何謂操戈之學？　吾儒學問當以孔子爲宗，而顔、曾、思、孟、周、程、張、朱皆誦法孔子，後學所由以津梁洙泗者也。若曰學當以孔子爲宗，而周、程、張、朱皆不足法，即此一念，去學千里矣。以周、程、張、朱爲非，以孔子爲是，是孔子特不敢非耳，若孔子可非，則亦非之矣。非宋儒而宗孔子，亦非真宗孔子者也，且非宋儒而獨宗孔子，是其心以孔子自任也。以孔子爲宗則可，以孔子自任則不可，即此一念，去學萬里矣。況此心一慣，其勢不至並孔子而非毁之不已也，又何以爲宗孔子耶？　世之非學者方且非毁宋儒，而我又從而附和之，不幾于操戈而入室哉？

蓋異端可駁也，而以駁異端者駁時事則爲越俎；　異端可闢也，而以闢異端者闢宋儒則爲操戈。此尤人情之易流，學術之隱病，不可不亟辨者也。嗚呼！　不講學者無論，即躬行講學，毅然以聖道自任者，多坐此病，而反令非學者借爲口實，其所關係不小。　異端之病，余于録中已詳辨，而越俎、操戈之病則未之及也，因書此與同志共戒之。

古文輯選跋[一]

余既輯古文成，或曰：「李斯上秦王書古矣，胡删之？」曰：「焚書坑儒，其人非也。」或又曰：「既删之，而目録中猶存其名，何也？」曰：「存之以爲世戒也，見做人一差，即文如李斯，亦不足傳也。」

或又曰：「韓退之人則美矣，諍臣論不選，何也？」曰：「退之果與亢宗厚善，忠告善道密規之可也，如規之而聽，善則歸友，不自以爲功可也，如規之而不聽，不可則止，不成人之過可也；　如不厚善，則言與不言，置之不談可也。乃見不出此，而著爲論以翹人過，文雖工，其如失朋友之道，何厥後永叔上范司諫書？　上書極是，而中亦引退之此論，可見不惟退之

[一]　此文萬曆丁巳浙江本缺。

不自知其非，即永叔亦不知退之之非矣。在退之不過智者千慮之一失，原不足爲病，第懼後之人借著作以洩私忿者，以此爲口實也，故不得不辨。」或又曰：「孟子不嘗言蚳鼃乎？」曰：「不然。孟子著書于既諫之後，退之著書于未諫之前，所以不同耳。」或又曰：「是則然矣。古文名世者甚多，此得無有掛漏乎？」曰：「古人名世者誠多，余止據一時所見録之耳，非遂以此爲盡古人之長也，掛漏之說敬聞命矣。」

墓表

明誥贈奉直大夫冀州知州東泉楊公配贈宜人陸氏合葬墓表〔一〕

余明興，大江以北，彬彬多理學之儒，先是泰州有王心齋布衣，近時盧陽有蔡肖謙符卿，乃今懷遠又有楊原忠郡伯云。余于原忠叨一日之雅，頃千里函幣，屬〔三〕余表兩尊人墓，余即不文，誼曷可辭？

按狀，公諱濂，字子靜，別號東泉，其先蒙城人，洪武初諱選者避亂，徙懷遠占籍，遂家焉。選生擴，擴生朗，朗生華，華生環，即公王父也。家世業農。環生三子，長諱均，即公父，以儒術起家，司訓永年，改長山，晉諭利津，仕終岷府教授，爲王者師。初娶御史魏公貞曾孫女，生公，八歲失恃，王母岳鞠育之。繼母徐又生二子，而公居長，英敏慷慨有大志，踰髫趨庭，學舉子業，即能解悟，人以爲進取有機矣。

時教授公尚爲諸生，映雪囊螢，不治家人生産業，家徒壁立，公嘆曰：「有子而使其父憂，俯仰不克竟，所志又惡在？

〔一〕此文萬曆丁巳浙江本缺。
〔三〕「屬」，光緒本作「求」，今據天啟本改。

其爲有子乎？」乃投筆改業，退而沽酒當壚，日夜持籌，爲事親計。教授公家貧而好客，公事之有曾子養曾晳風。教授公自爲諸生，以及宦遊燕、趙、齊、魯間，垂三十年，一切日用資斧罔不周裕，皆公竭力供之，甚至稱貸以娛其心志，而教授公不知也。

異母弟妹凡五人，次第婚嫁，悉公營辦。及教授公之任，公令諸弟侍行而己守舊廬，作業不輟。教授公歸，行李蕭然，所遺圖書及舊廬悉推讓諸弟。教授公及繼母徐先後棄養，其喪葬悉遵會典及文公家禮，且獨力襄事，不少累諸弟，人尤以爲難。鄉人有子獲罪于父者，其父怒不解，公聞而勸慰其父，援古證今，剴切懇到，聞者莫不酸鼻，而其子遂悲號自責，請罪膝前，卒復父子之好如初。公嘗攜僕之教授公任，就食旅館，其僕陰竊其財以去，公覺而切責之，且令識其主人。比還，令僕如數償之，主人始驚訝，感謝不已。其天性孝友、輕財重義類如此。

公配陸宜人，爲名家子，生而柔嘉勤儉，精女紅，年二十歸公，克執婦道。家嘗貧，不能供舅姑甘旨，悉脫簪珥佐之，事繼姑更得歡心。祖姑岳病臥久，手自扶掖左右，朝夕不少息飲。諸娣姒以和，庭幃間絕無猜忌，遇諸臧獲有恩，每見其子有督過者，輒戒之曰：「彼獨非人子邪？」理家政井井有條，與公白首，相敬如賓，公以孝弟重月旦評，宜人內助之力居多。

生子四：長嘉會，生員，早卒。次嘉言，娶徐氏。次嘉行，娶韓氏，繼尹氏。次嘉猷，即原忠，丙子舉人，官至貴州鎮遠知府，娶劉氏，封宜人。孫男四：尚耕，生員；尚古，俱言出。尚渾，太學生，猷出。尚蒙，生員，行出。孫女六：一適生員高一驥，一適生員潘士謨，一適陸爾馭，一適何某，一適莊某，一許字何某。曾孫男五：培永，渾出。培仍，耕出。培蕃，古出。培光，蒙出。曾孫女六：一許字胡某，一許字梅某，一許字劉某，餘尚幼。

公生正德辛未十月二十四日，卒隆慶壬申七月二十七日，享年六十有二。宜人生正德辛未七月二十八日，卒萬曆丙子九月初四日，享年六十有六，合葬舊城北祖塋。公歿二十餘年，爲萬曆壬寅，以原忠考績，贈公奉直大夫，冀州知州，陸贈宜人制稱。公負薛包之至性，善處母子兄弟之間，追陳寔之高風，獨標里黨鄉閭之譽。稱宜人高堂滫瀡，佐孝子以承歡，中壺佩環，襄哲人之市義。嗚呼，公夫婦亦可以不朽矣。

馮從吾曰：諺云：「芝草無根，醴泉無源。」其然，豈其然乎？原忠文章政事大噪一時，力承正學，爲世真儒，而不知公之隱跡市廛，躬行孝弟，其發祥長而啟佑遠也。余故忘其不文，撮公行事，爲公表諸墓道，俾世之君子知原忠學問淵源蓋有所自云。

墓誌銘

王氏女墓誌銘

亡女，余妻趙孺人出也，適咸寧庠生王紹經。紹經先娶于秦，故亡女稱王繼婦云。

女生而臞甚，然言動不凡，外舅縣尹公見而奇之。是時先大夫、先宜人棄養久，余同伯氏居，伯氏視之，不異己女。六七歲，聞余讀書聲，即願聽，時或問其大義，余私謂孺人曰：「使此女也而男，無憂科第矣。」稍長，精女紅，鍼繡紝刺多所妙創，家人竟日不聞笑語聲，余甚憐愛之。萬曆己丑，余成進士，讀中秘書，女與孺人如京師。壬辰，余以御史請告歸。越歲癸巳，女適王氏。

王，關中鉅族，自江涯公以名御史起家，而敬齋君又以長厚繩其武，紹經英年好修，亦其家教然者。女既適王，與紹經相對如賓，相談必以道義，尤惓惓「孝弟」二字，紹經時爲余誦之。

乙未，余補官，攜家京師，女與紹經從。女日夜從侍紹經學，此外他無所及。余素性踽涼，斤斤於辭受取與，女知余非矯也，嘗曰：「父平日講學正在此處自驗，不然，所講謂何？」余自是益有所警省。居亡何，余奉命奪官歸，家人有私悔余多言者，女則曰：「士君子立朝不如此，安所稱臣節？」

女嘗在京邸時，居恒念祖姑及舅姑不置。比抵家，事之禮彌篤。祖姑李以十九守節，今踰七望八，老矣而精神尚健，內務無鉅細，無不殫力，家人鮮能當意，女獨能得厥歡。其舅即所稱敬齋君，素以孝聞，知女能得李歡也，愈益喜。敬齋君有子六，而紹經爲長，女嘗爲余言曰：「每見世俗家多以兄弟妯娌生嫌疑，病根皆起於冢婦。任事者徑情，避事者推諉，諸娣何則爲是？益重舅姑憂耳。」余頷之。而女能以其言試諸踐履，舉凡內務，念祖姑老，姑薛病，欲代夫生母，顧庶母，何勞也？亦無鉅細，無不殫力，故閫以內諸靡不辦具。〔一〕紹經性素儉約，女以澹泊相之，服飾器用多秦故物，女怡然無少嫌，歲節必懸秦遺像祀之。紹經業舉子業，女諄諄以做人相勸勉，紹經以行誼稱庠校間，女內助之力居多。

女素無病，丁酉三月十六日產一女，產後十三日而病，至次月初五竟不救，死距生丙子正月初五日，生纔二十有二年耳。

嗚呼，痛尚忍言哉！憶昔余被逐，宿固節，燈下與紹經、衆女與兩兒坐談，余向紹經曰：「從此歸山，惟有著實講學，以共肩斯道。」女從旁應曰：「父平日不曾虛講，如何如今纔去著實？」余聞之愯然，今言猶在耳，負愧良多。

嗚呼，痛尚忍言哉！紹經卜以歾之明年九月二日，遷秦氏櫬，並葬曲江祖塋之次，而乞余爲女銘，於是揮淚爲之。

銘曰：嗚呼！豐於而德，嗇於而年，吾銘而墓，用志而賢。而年雖嗇，而德則傳，疇云天道，有然不然。嗚呼！而亦足以瞑目於幽玄。

〔一〕光緒本原作「其」，據萬曆丁巳浙江本、天啟本、四庫本改。

卷十七

傳

河南衛輝府通判一軒劉公傳

余外王父一軒劉公，諱璽，字廷節，一軒其別號也。先世宜川人，始祖諱孝先，國初從戎，隸西安前衛，因家焉。父諱俊，以季子琛貴，贈兵部主事。舉子五，先生爲中子，伯兄琰以成化丁酉舉人知河南新鄉縣，季弟琛以弘治壬戌進士歷山西僉憲。有司各豎棹楔于門，關中稱爲三牌樓劉家云。

公幼穎敏絕人，讀書即知大義，稍長與僉憲公同遊膠庠。每試，兄弟迭爲諸生首，督學邃菴楊公深器重之。弘治乙卯，同舉於鄉，是時縣尹公已謝政，兄弟三人衣冠濟濟，時人榮之。公逡逡不自多，明年下第歸，閉門授徒，益修舊業，僉憲公北面從受學，出其門者如公之甥王太府諤、王僉憲謳、內弟張憲副環及僉憲公，先後俱成進士。

公屢上春官，竟不利，謁選河南衛輝府通判，居數月，喟然嘆曰：「某曩所爲下帷攻苦，爲二尊人耳。今二尊人以吾弟貴，吾志遂矣。吾老矣，又安得以五斗苦七尺哉？」且公宦情素淡，不能隨上官俯仰，會有言者即浩然歸。歸而買田城西南，構別墅數椽，僅蔽風雨，躬耕以老終歲，足不履城市。一日寇至，索無所有，止劫一羊裘去，已而笑曰：「不意劉官人貧至此。」復還之。每農暇，即取四書大全、朱子綱目讀之。或誚其迂，以爲公復應舉子試耶，公曰：「吾平日所樂在此，舍此無所事事矣。」年七十九卒。

公初娶于吴，繼張，再繼邢。先宜人張媪出，其子孫繁衍，不具述。

馮從吾曰：余幼時每侍先大夫，輒稱引公以訓從吾兄弟。公爲人真率質戇，絕無世俗脂韋態，即或有矯枉過直處，要不失君子先進之風也，乃今則時尚靡而人趨競矣。搤腕狂瀾，安得如公者起而障之哉？論者謂國朝人物惟弘、正間爲最盛。嗚呼，觀公可知也。

西郭先生傳

先生姓姚氏，諱顯，字微之，咸陽人。正統九年鄉舉，在太學三上封事，皆闢異端、崇正道、安社稷之謀。景泰五年四月，上疏言王振修大興隆寺，車駕不時臨幸，佛本夷狄，信佛得禍，若梁武帝足鑒。時上欲幸隆福寺，太學生濟寧楊浩與先生相繼言，上遂罷行，名震天下。

後寓居長安西郭，藩臬諸公造之，食以蔬糲，無弗飽者。令齊東、武城二縣祀名宦，循政詳山東通志中。當時民歌之曰：「先有子游，後有姚公，學道愛人，同一古風。」而先生自贊其像曰：「六尺長軀，尺五長鬚，學古入官，讀孔孟書，軀兮鬚兮，五十三年而知五十二年之非。軀兮鬚兮，碌碌庸庸，不能作邦家之基。」官至太僕寺丞。

馮從吾曰：師友之益大矣。先生之寓居長安也，以與李介菴先生講學，故介菴以理學鳴關中，而先生與之爲友，交砥互礪，俱成名儒，是先生之氣節蓋從學問涵養中來也。彼虛矯恃氣者，視先生當赧然愧矣。

朱貧士傳

朱藴奇字子節，西安右護衛人。家貧甚，僦屋而居，妻子織網巾爲生。讀書古東嶽廟，嘗併日而食，宴如也。聽講寶慶寺，寒暑不輟。

一日，其子因差徭下獄，會天雨，四日不食，氣息奄奄〔一〕待盡矣。時獄廟有大戶收糧米者黃冠憐之，因取其米少許，爲粥以食。蘊奇知其故心計，以爲此官米何可竊也，曰：「死則死耳，豈可以臨死改節？」竟不食，而亦不明言其故。同舍生素誚蘊奇迂矯，至此始深服其節操，以爲不可及，因出其食食之，蘊奇曰：「此可食也。」由是始得不死，而劉孝廉必達聞而義之，因白於衛官，始出其子於獄。當路諸公及士大夫有高其節而周之者，必擇而後受，一毫不肯妄取。

先是嘗之市塗，有遺綱巾二頂，其子拾之，蘊奇曰：「彼之失猶我之失也，使我失此二綱，則舉家懸罄矣。」即命其子追而還之，其人感甚，欲分其一爲謝，蘊奇竟謝不受。

父早喪，養母曲盡其孝。母歿，毀幾滅性。秦俗人死多用青烏之說，當於某日某時避殃，殃謂死者之魂來辭家，而家人或庶幾見之者也，而見之者凶，以故當避。此其說幻妄不足道，而秦人多惑之。蘊奇曰：「使果有此殃也，吾猶可藉此一見吾母；使果無此殃也，吾又何爲避之？」伏棺痛苦，竟不避，而卒亦無恙，人稱其孝，秦俗之惑由此少破。年五十一，以布衣終，蓋己酉八月十八日也。

生平苦節篤行，一步不苟，人共稱之。歿之日，貧無以爲斂葬，聞義而賻者幾數百人，始克襄事。有子五人，貧幾不能聊生，長安令修齡楊公爲構屋三楹居之，仍扁其門曰「高士」。藍田令思軒梁公祭之以文，學臺青巖段公、廉憲祥宇李公各捐金優恤其後，段公扁曰「處士」，李公扁曰「懿行範俗」。聞者莫不咨嗟太息，以爲爲善之報，而諸公之高誼尤近世所罕〔二〕睹，風世勵俗功蓋不小云。

馮子曰：學問之於人甚矣哉！朱生操行如是，固天性使然，亦講學之效，不可誣也。生每赴余寶慶之會，見衣敝履

〔一〕「奄奄」，光緒本原作「淹淹」，今據四庫本改。

〔二〕「罕」，光緒本原作「空」，今據萬曆丁巳浙江本、天啟本、四庫本改。

穿，人或誚之，以爲貧至此不聽講可耳。余聞之，應曰：「如此，是聽講者皆當鮮衣華服以飾觀美矣？」誚者語塞。嗚呼！死生亦大矣，朱生死且不貳，天下又何物能貳之哉？傳云：「見利思義，見危授命。」若朱生者，亦庶幾近之矣。

貢士樊公傳

關中有篤行君子曰樊公，諱天敘，字敦夫，號看山，後更號與楓。世爲西安右護衛人，家世武弁。

公少有遠志，父戶侯公殁，公以嫡長當承廕，乃謝去，折節學舉子業籍。西安郡諸生每試，褎然前列，尤以德行屢爲督學使者所獎，顧數奇不售于棘闈。萬曆戊寅，以積廩充貢，如京師時年已六旬矣。將廷試，偶疾作，輒謁歸，隱居不仕，就城北故廬畊讀自老，號曰與楓，蓋自況云。

公天性孝義，母病篤，忽思爐餅，苦廚無具者，求諸里舍。及歸，母逝矣，遂悲悼，終身不食爐餅。廬墓數載，人多不及知。年方強仕，內子相背，故有一侍婢即日遣之。諸子念公起居踽，勸再娶，公峻拒之，徐而曰：「予德非閔、曾，恐貽家累爾。」由是終身不再娶。

嘗苦家居不得壹志于學，偕二三友人讀書蕭寺，昕夕必整衣冠相揖，或嘲其迂，曰：「不可以燕居廢禮也。」同儕雖相厚善，亦不戲謔，曰：「善戲謔兮，不爲謔兮，非武公不能也。」其他一言一動無不斤斤繩尺，自少至老，無少踰越，故至今里中月旦皆曰「樊道學，樊道學」云。

萬曆乙酉，按臺貞復董公以孝行扁其門，仍給粟帛以風頹俗。德清許敬菴先生督關中學，延公暨藍田王秦關先生講學正學書院。亡何，公以疾卒，許先生爲七言律，弔之曰：「丈人高行冠鄉閭，閉戶長安只著書。恬處蕭齋同野衲，懶隨塵鞅謝公車。希蹤古道貧逾力，問學吾門老更虛。奄爾少微星殞沒，令人灑淚滿襟裾。」而一時士大夫傳誦其詩，咸欷歔嘆息，以爲實録云。

公生平不好博奕，不親聲妓，不言人過失。杜門終日，惟知讀書，故于書無所不窺。第不輕於著述，興到，或構詩歌自詠，間吮毫作水墨小畫，殊有解衣盤礴之意，惟是素寡交遊，故詩畫傳者甚少。

生于正德己卯正月初一日，卒於萬曆丙戌八月二十四日，享年六十有八，子圃、囿相繼襲祖職。

馮從吾曰：自世之降也，士以放縱爲真，以敬謹爲僞，以稱惡爲直，以揚善爲黨。士風決裂，莫可底止，如公卓然自立，之死不貳者幾人哉？公于余爲前輩，而樂與余爲忘年友，余知公最深，獨愧貌公不盡。雖然，世豈乏執鞭願焉者，士風其庶幾有瘳乎？

楊繼母傳

楊繼母姓龐氏，吾會友楊孝廉重熙之繼母也。重熙生七歲而失其母蕭，九歲而失其父縣尹公翀。然重熙得至有今日者，龐氏以也。故重熙每爲余言及繼母龐氏事，輒潸然泣屑交頤，云龐氏適縣尹公僅僅浹歲，以故子女無所出。當縣尹公捐舍時，龐氏撫棺，且泣且誓曰：「傷哉，天乎！未亡人不難從夫于地下，第有此孤在耳。所不撫摩此孤而有異志者，有如此棺。」于是茹荼孤闈幾三十年而以壽終，終之後七年爲萬曆甲午，重熙舉于鄉，以孝廉聞。嗚呼！龐氏亦可以瞑目矣。重熙之言曰：「熙不肖，生而臞甚，母保護之，視兄重光有加焉。不肖年已壯，不自知其非龐母出，蓋龐母素未嘗以前子子不肖，不肖又安所知以繼母母龐母也？故至今鄉黨宗族稱慈繼母者，必于龐母首僂指焉。」言已，淚下不能已。余聞之爲之欷歔太息者累日，重于人心世道有感云。

夫人性皆善，匹夫匹婦皆可與知能，彼世所稱繼母者豈盡皆蘆花輩哉？奈世之人但見一繼母，不問賢不賢，即曰「某繼母，某繼母」云。于是爲繼母者，苟非卓然特然，亦未有不因人言，而不以「繼母」兩字自横于中者。以此兩字横于中，則方寸有物，所在成隙，雖有生來愛子之真心，久之浸假而化，澌滅而歸于無有矣。由是以觀，世所稱繼母之不慈也，豈盡天性然哉？亦習俗之移之耳。而其間卓然特然者，豈遂乏人？士君子闇于大較，因噎懲羹，概謂天下無慈繼母。吁！亦冤矣。余觀龐氏事，竊怪世之繼母移于習俗者固多，而又怪士君子概以世之繼母爲移于習俗也，至使賢者無以自白，不賢者遂得而甘心也，其爲人心世道關係不小，于是作楊繼母傳以風之。

四先達傳〔一〕

尚書雍公

公名泰，字世隆，別號誼菴，咸寧人。成化己丑進士，知吳縣。吳濱湖，湖漲，淪田千頃。公作堤，民受其利，稱雍公堤。吳民有妾亡者，妾父訟其夫密殺吾女兩月，匿屍湖中石下。召訊夫，夫曰：「妾逃兩月，跡求無效，妾父脅財，始知死所。」公使人視屍，死當近日，乃訊父，曰：「夫夫密殺汝女，汝安知匿於石下，此又豈兩月屍耶？必非汝女，汝殺他人女冀得賂耳。」一拷而服。

甲辰，詔擢爲御史。吳俗，令行皆饋樓船，公獨不受。民涕泣固饋乃駕，至張家灣還之，吳人歌曰：「時苗留犢，雍公反舟。」既守御史，彈射不避權貴，褒揚不滲卑遠。時威寧伯王公典院事，語親舊曰：「棘避驄馬御史也。」初巡南城四城，咸求折訟，公曰：「去有主者。」民崩首，他官不辨也，公爲折之，于是豪右斂跡，聲震京師。巡居庸、紫荊兩關，軍民讋服，嘗笞梨盜，後有首得遺驢者訊之，乃前盜官梨者也。

〔一〕四先達傳，萬曆丁巳浙江本缺。

巡鹽兩淮且滿，巡撫都御史以公力遏權要，商民咸悦，復奏留一年。初，公至淮，竈丁貧而鰥者幾二千人，比及二〔一〕年，俱要完室。既去，淮南人詠曰：「客邊檢橐渾無硯，海上遺民盡有家。」又曰：「了卻四千兒女願，春風解纜去朝天。」云。

己亥，陞鳳陽知府，未任，丁外艱。服闋，改南陽。唐王奏取民田千〔二〕頃，命下，按察勘給，公力執不從，奏曰：「民去王，誰與守？」

甲辰，陞山西大同兵備副使。公至鎮，汰侵漁，振頑慢，廣墩堡，製兵車以禦胡。胡自公至，不敢襲邊。千戶韋英誣民百人謀逆，巡撫將坐實，以聞公不可，後百人竟得釋。

陞山西按察使，晉獄無冤，綱紀振肅。有父訟其子失養者，公垂涕泣喻子曰：「爾由繈褓何所食？得至今日乃不顧父母之養，私其妻子，罪當誅。」其父復號泣乞原曰：「愚民老且死，僅有此兒，一時感怒，不知至此。」公始釋之曰：「慎勿又犯。」乃卒爲孝子。

尋與太原知府尹珍以事相揭，奏逮公錦衣獄，無證佐，〔三〕遷湖廣參政。湖民被誣爲強盜者七八人，歷多官不解，御史下公勘，畢得誣狀，盡釋之，七人皆圖公像祀於家。武昌知府王達貪虐而喜媚權要，當述職，自布政、按察率與上考，公艴然曰：「泰敢黨達以負國邪？」獨注曰：「上官畏其暴，下民被其虐。」諸公變色，後達卒黜。

辛亥，陞浙江右布政使。太宰屠公家眾鬻販私鹽，鄉人效尤，幾至千輩，盜竊横行。公先收屠僕抵罪，諸寮咸諫公，曰：「此等爲屠公禍，屠公豈知禁此當非大助耶？」既而丁內艱，未闋，吏部辟爲山東左布政使，固辭不起。

己未，詔起右副都御史，巡撫宣府。居宣府二年，諸所奏議咸當時務，士民祗畏，邊陲宴安，士無室者援兩淮例來訴，公

〔一〕光緒本作「一」，據天啟本、四庫本改「二」。
〔二〕光緒本原作「十」，據天啟本、四庫本改。
〔三〕「佐」，光緒本原作「左」，今據天啟本、四庫本改。

復與完娶千人。參將李傑不法，部下狀其惡，公將參奏，李跪堂下，乞受責以圖自新，公曰：「此亦軍法也。」縛下杖之三軍，股慄已，乃譖公于時相，時相于李有戚黨，言官遂劾公擅打將官，罷歸。

正德丁卯，言官潘鐸諸人交薦公有敢死之節、克亂之才，詔起公爲左副都御史。董操江或問公此出以何爲先？公曰：「請先誅劉瑾耳。」聞者咋舌。時瑾正用事，卿佐〔一〕遷除，厚賂行謝，鄉人喻公，公曰：「進退在天，若奈我何？」未幾，陞南京戶部尚書，又不謝，遂勒令致仕，乃罰米千石、芻千束輸宣府。潘鐸諸言官及靈寶許公進、鈞陽馬公文昇、華容劉公大夏十數人皆以薦公獲罪，而許公進嘗語人曰：「吾遙望關西，見有二高：一爲華嶽，一爲雍世隆也。」年八十卒，卒時榻下有聲，若雷鳴。訃聞，上賜祭葬，先是禮部奏稱：「雍某才明剛斷，操行清介，至老不渝。」當時以爲確論。

公善事二親，比歿，哀悼浮禮。同學李介菴先生錦博學履道，名通天下，選公而友。比公五試禮部不第，勸公仕，公曰：「易不云乎：行而未成，君子弗用也。」李君歎服。奉身儉素，雖貴賓至，肉味止一二品。初第時歸省，鄰人遺以束薪，固辭。或詰之，公曰：「昔伊尹非其道義，一介不以取諸人，如何方入仕籍而先貪也。」巡撫王公會公，語曰：「前辟人不勝厥職，後不敢辟人矣。」公曰：「寧教人欺公，莫教公欺君，豈可因此而怠進賢之道？」王公退，語藩臬諸大夫曰：「雍進士能識大體，他日樹立，非我輩所及。」

致仕後居韋曲別墅，日焚香危坐，間出與田翁野叟談稼穡及鬼神事。經年不入城市，當道諸公求一見不可得。族黨有犯，必告有司，曰某是曰某非，幸無爲某故屈法。所著有司徒奏議五卷、正誼菴詩集六卷。公無子，故遺書多散逸不傳。

高陵呂涇野先生柟銘其墓，鄭端簡公吾學編有傳。

馮從吾曰：孔子于剛者歎其難見，蓋歎真剛之難也。公與介菴講明理學剛大之氣，蓋從直養無害中得者。彼剛愎自用而自命曰剛，是曩者夫子所謂「棖也欲，焉得剛者也」，視公霄壤矣。

〔一〕「佐」，光緒本作「左」，今據四庫本改。

大參李公

公名崙，字世瞻，别號静菴，臨潼人，聞咸寧李介菴先生講理學，遂師事之，因僑居咸寧，其作止語默，壹禀於介菴。成化己丑進士，授山西屯留知縣。時大饑，公請賑，役民鑿河渠，民多所全活。陞户部主事，歷郎中。陞直隸廬州知府，清慎自持，鋤强抑暴，興學築堤，百廢俱興。歲饑，遍歷所屬，加意安輯，出庫藏銀帛，令自易食。春初價貴，始發倉廩賑濟，全活者衆，存留所屬起解馬匹，令輪流解馬，七户資之，民困始蘇。户口鹽鈔存留税糧，令解價三之二給軍，一充府庫，軍民兩便。巢縣大河水急，人每溺死，創立浮橋，以便往來。

自用淡薄，一書案，衣八年始易。陞河南左參政，未幾，丁外艱，復補山東參政，又以内艱歸。服闋，貧不能治裝，遂不出。比卒，幾無以爲殮，西安郡守馬公炳然捐俸，命官營葬事。夫人郝氏不能遺日，撫按兩臺奏聞，命所司月給米，養終其身，亦殊典云。

屯留名宦志稱公：「好學甘貧，不事華飾，賑蘇殍餓，開鑿河渠，民賴安養。」而廬陽志稱公：「爲人縝密方正，廉静寡欲，有古君子風。祀廬州名宦。」何大復撰雍大紀、馬谿田纂陝西通志載公行履尤詳，今祀臨潼鄉賢祠。

論曰：世之降也，士通苞苴充囊槖，自謂[一]得計，即有清修之士，或不芘其妻孥，人且以迂腐誚之矣，曰：「廉吏安可爲也？」世道至此，可勝浩歎。如公一介不苟，清節凜然，當此狂瀾，真稱砥柱。嗚呼！可[二]以風矣。

[一]「謂」，光緒本原作「爲」，今據四庫本改。
[二] 據天啟本、四庫本補「可」字。

給諫張公

公名原，字士元，別號玉坡，三原人，師事王康僖公講理學，與馬谿田爲友，言動一於古人。弘治乙卯舉於鄉，正德甲戌成進士，授吏科給事中。遇事敢言，即上書言十二事，曰：「正守令、擇將帥、理刑獄、汰冗食、省征斂、慎工作、恤士卒、明賞罰、禮大臣、開言路、崇天道、進德學。」忤旨，降貴州新添驛驛丞。至貴州，學者聞公名，莫不裹糧負笈而從，經所指授，輒充然有得。居夷八年，困心衡慮，用是造詣益精，閱歷益熟，夷方士風爲之一變。嘉靖紀元，復召兵科給事中，公感知遇，益以諫諍爲己任，言皆剴切，凡論國家大計及進賢退不肖，詞嚴色正，凜然風生，上亦多嘉納之。三年七月以諫大禮被逮，杖死闕下。

先是，公有停司禮監請乞一疏，中貴人銜之，所以廷杖獨重，竟至不起，年僅五十一耳。時禁方嚴，弔客無敢至者，獨都給事安磐與公同杖，幸不死，而爲之經紀其後事，因哭之以詩曰：「七載夷方謫，三年諫議班。家聲續臺史，封事動天顔。弔客何人至，秦川有櫬還。不才同逐放，後死淚潺湲。」

康僖公贊其像曰：「穎敏絕俗，名高登第。剴切過人，職居要地。不以一時之失竄炎荒而動心，不以一時之得復青瑣而樂意。利害滿前，何敢趨避？諫諍報上，惟知奮勵。其身雖死，其烈則著。百世之下，必有指其事而歎之曰：斯人也誠哉乎，忠義之士！」穆廟初，奉世宗遺詔，贈公官，録其後。贊曰：「孔子有言：『求仁而得仁，又何怨？』公八年處困，人易動心。一旦賜環，竟以諫死，所稱求仁得仁者，非邪？憂國如家，視死若飴，龍逄氏之儔歟！比干氏之儔歟！」

尚書劉公

公名儲秀，字士奇，別號西陂，咸寧人。舉弘治甲子鄉試，登正德甲戌進士，授刑部主事，歷郎中。武廟末，閹宦用事，大獄屢起，公不避權幸，多所平反，録囚蜀中，全活尤衆。嘉靖癸未，以文望分校禮闈，所取多名士，時同舍郎薛蕙、張治道輩，與公俱以詩名，當時有「西翰林」之稱。甲申，出守鎮江，郡中大治。戊子，擢山西提學副使，崇雅黜浮，士風丕變。庚寅，陞河南左參政，尋以前提學時文移之誤罷歸。丙申，薦起湖廣參政。未幾，遷江西按察使、浙江右布政，轉湖廣左。

庚子，晉都察院右副都御史巡撫遼東。時遼鎮屢經虜變，邊事大壞，公力爲振刷。辛丑，虜酋〔一〕西寇錦義，東犯開原，公督率將士戮力破虜，〔二〕斬獲數多，二次奏捷。上降璽書褒嘉，仍有白金文綺之賜，特召入爲戶部右侍郎，以公有破虜〔三〕功，且久諳邊事，改兵部。丙午，復改吏部。丁未，擢戶部尚書，總督倉場，督理西苑農事。時陶仲文方幸上，至以三孤兼禮書，蓋一時有八尚書，而公于仲文獨不爲禮，且題桃符于倉場門，有「六部七尚書，獨愧鵷班之列」之句，仲文過而銜之。尋改公兵部尚書，二品，例應疏辭，疏中語及「復套」事。時嚴嵩方借「復套」謀陷夏言，因與仲文交搆上前，遂奉旨爲民，角巾野服，優遊田里者十有一載，卒年七十六。

公立朝居鄉，毫無訾議，止以見忤分宜，無故削籍。生前未得復冠帶，而歿後又因無子，不能請恤典，卒使一代名臣齎

〔一〕「虜酋」，光緒本原作「大兵」，今據天啟本改。

〔二〕「虜」，光緒本原作「魯」，今據天啟本改。光緒本「時遼鎮屢經虜變，邊事大壞，公力爲振刷。辛丑，大兵西寇錦義，東犯開原，公督率將士戮力破魯，」四庫本作「時遼鎮邊事方殷，朝廷倚注公力爲保障。辛丑之歲，錦義、開原，東西被兵，公督率將士戮力捍禦」。

〔三〕「虜」，光緒本原作「敵」，今據天啟本改。「破敵」四庫本作「守禦」。

志泉下，豈不悲哉？公所著有西陂集若干卷，少師徐文貞公階爲之序。

蕭沈二先生傳〔二〕

蕭先生，余啟蒙師。沈先生，余受經師也。

蕭先生，諱九卿，字良輔，别號後山，長安人。少爲邑諸生，累試秋闈不售，後棄去，設科爲童子師，余九歲從先生學。先生爲人嚴整，不輕言笑，篤於倫理，事父曲盡孝養，尤善事兄長。其兄貨殖建康，夏月中暑，歿于舟中。先生號泣，躬迎扶櫬西歸，貨資封識宛然，悉歸嫂侄。涉獵群經，尤長於易，至綱目、性理爛熟胸中，至老猶手不釋卷。生於弘治己未三月十六日，卒於隆慶壬申十月十一日，享壽七十有四。孫景德、景才俱有守。

沈先生，諱豸，字司直，西安前衛人。讀書灃芑之濱，學者稱灃源先生。自幼端方正直，爲郡庠生鍵戶誦讀，不妄交遊，席遇妓，輒避之。工舉子業，每試冠儕輩，尤以德行屢見褒於學臺。門下執經者甚衆，余年十四從先生受毛詩，見先生座右大書「心術不可得罪於天地，言行要留好樣與兒孫」二語，心竊識之，知此可以知先生爲人矣。坐數奇竟困於棘闈，齎志而歿，是在萬曆己卯十二月二十九日，距生嘉靖乙酉正月十六日，壽僅五十有五。先生有子士奎，爲長安邑諸生，甘貧苦節，有父風。

馮從吾曰：「古人云：『師道立則善人多。』誠哉是言也！今世衰教微，師道廢而不講久矣，世安得多善人哉？二先生生平俱以敬謹自持，以嚴毅教人，即以余之不肖，而不至大有暴棄，皆二先生力也。撫今思昔，可勝感慨。」因爲傳次，以識泰山梁木之痛云。

〔二〕此文萬曆丁巳浙江本缺。

祭王蓮塘太史文

皇明羅儁鼎甲稱先曰：「余關輔科不乏賢，高陵、武功其最著焉，維公嗣起於鑠光前。吁嗟，呂、康位不滿德，學士大夫嘆息，靡極物望，屬公大拜在即，胡天不弔，陽九數逼，天不公壽，人爲公哀，余所哀者不在鼎臺。維呂之學，維康之才，公也兼之，後進取裁。」

公昨入京，余接光霽，公曰：「小子毋先文藝，方今世風流波靡替，〔一〕維余與汝交相砥礪。」余謝不敏，公曰：「勉諸。聖賢學問不在玄虛，躬行實踐，竭盡無餘。」余聆公訓，敢不拮据。公雖云亡，言猶在耳。思公不置，嗟余無倚。斯文之厄，吾道之否，心之悲矣，曷維其已。嗚呼！夭壽理屬渺茫，哲人弗永，天道靡常。輀軒晨發，丹旐飛揚。摛辭布奠，寫我肝腸。

祭許封翁文　德清敬菴先生尊人

往翁伯子我師督學關中兮，首倡明夫理道。嗟余渺渺以猥劣兮，叨埏埴于鴻造。緊我師學有淵源兮，惟庭訓之無違。

〔一〕「替」，光緒本作「涕」，今據四庫本改。

羌執牛耳于中原兮，俾斯道之常輝。揆元元而本本兮，景我翁于有素。秪北斗而泰山兮，憾識荊以無路。聞翁采芹于東皷兮，紛燁燁其蜚聲。奈數奇而屢躓兮，竟敝屣乎榮名。謝塵世之紛華兮，乃潛神于聖學。時徜徉于苕霅兮，信修姱而抱樸。彼蒼夙鑒其厚積兮，縱濬發而流長。爰篤生夫象賢兮，翩鳳翥而龍驤。膺南北之銓衡兮，復剖符于劇郡。繇文衡而京兆兮，益潛心于學問。以田舍爲子舍兮，展戲彩于庭除。胡我翁之不憖兮，遽騎箕于太虚。惟有子爲不死兮，翁雖没而猶在也。我師孺慕以終身兮，悲風木而永慨也。既踰耄而望耋兮，已考德而令終。且霑恩于申錫兮，肆昭假于蒼穹。將瞑目而游九原兮，付乾坤于大運。惟頌尼山于啟聖兮，夫孰不溯源于遺訓。矧從吾等夙奉教于我師兮，誼同立雪之游楊。倐聞哲人之既萎兮，我心盡然而悲傷。寄哀悰于隻絜兮，瞻餘不而歌薤露。冀靈爽其不昧兮，洋洋乎來假而來顧。

祭西郭先生文

萬曆二十六年五月廿二日，長安馮從吾自孟村訪友歸，過興善寺前，見一塋内樹有二碑，其一將仆，余因下車省視之，乃故太僕寺丞西郭先生姚公墓也。其碑乃故督學虎谷王公題，其碑陰王公仍書西涯李公贈詩一律。余瞻其碑，讀其詩，低回留之不能去。越數日，物色其曾孫姚春、姚冬輩，因命工扶其碑而樹之。碑既樹，于是[一]年六月初九日，偕友人王境、劉必達、蕭耀焚楮酹酒，告于先生之墓曰：

「惟公之歿，百有餘年。跡公行事，一代豪賢。頃過蒿里，低思惘然。虎谷題墓，錦字如鮮。顧瞻豐碑，爲扶其顛。庶幾夙夜，永永不遷。假令公在，願爲執鞭。尚饗。」

[一]　光緒本原爲「碑既樹于是，于是」，今據四庫本删去前一「于是」。

祭孟雲浦先生文

嗚呼！　先生秀鍾伊洛，神降嶽嵩，力承正學，大啟群蒙。往歲辛卯，幸挹高風，切劘砥礪，受益寔鴻。越歲壬辰，余別先生之上谷，先生恐余之離索也，遺余曹、尤二先生之語録。余受而奉以周旋，庶幾不至于顛覆，中途請告，謝絶、徵逐，幸有先生教言在，儼若坐春風而誦讀，故雖閉戶三年，忘其爲獨寤寐宿也。比余病痊北上，先生業削籍西旋。余乃就而訪之，閽人辭之甚堅，匪先生之過抗，實養重之宜然。余信宿，再訪之，始獲與先生把酒而談天，由是躑躅風塵，稍稍得力者皆賴先生之教，爲之左右而後先也。亡何，余亦削籍[一]歸，比道先生之里，登先生之堂，先生已先期使使逆我伊水之陽。余時以訂士諸稿就正于先生，若闢荊棘而示之周行。瀕行，復録數語于便面，用致丁寧于不忘，余于是益感先生之教不翅更訂頑爲西銘，如宋儒之程、張。別後未及浹歲，聞有採薪之憂，余方欲裁書而起居，先生已辭世而仙游。

嗚呼！　人生在世，真似浮漚。訃音一至，泣涕橫流。嗚呼，痛哉！　始余別先生于函關也，見其神王氣充，竊意必享期頤之算，詎意握手之日即爲永訣之秋也邪！　嗚呼！　先生筮仕計部，出納惟平，賑饑兩省，向隅更生。既遷銓部，黜陟稱明，清通簡要，遹駿有聲，此世所爲先生榮者，而余不以爲先生榮。海內學士大夫方推轂先生大用于時，乃竟至此。天不可知，奪先生之官未已也，而又奪其年；　奪先生之年未已也，而又奪其嗣，此世所爲先生悲者。而余不以爲先生悲，蓋余所爲先生榮者，在遠接二程之傳，而近契文成之旨，俾伊洛淵源藉以常存，而萬古人心有所底止，矧有弟有侄又能世其家學，則先生亦庶幾乎不死。余所爲先生悲者，在吾道之運阨而斯文之會否，同志者方有興起之意，則今悵悵乎其無所倚，豈直從吾一人抱鍾期之痛於無已也哉？

[一]「籍」，光緒本原作「藉」，依四庫本改。

嗚呼！關、洛相距僅千里餘，末繇奔奠，徒切欷歔，搦管歌些，痛不盡書，先生有靈，或其鑒予。嗚呼，尚饗。

學會公祭王經軒文

維萬曆二十六年歲次戊戌八月甲寅朔，越二十七日庚辰，學會友人馮從吾偕同會某某謹以牲帛庶儀致祭于明故四川資陽縣知縣經軒王公之靈曰：

嗚呼，關中理學推重橫渠，而橫渠之學乃自晚年得之。觀勇撤皋比，一變至道之贊可知也。嗚呼，人患不志于道耳。苟志于道，即早悦孫、吳，晚逃佛、老，何損焉？以今覩于我公，非所謂老而志于道者邪？

公少年登科，以風流人物自命，雖未嘗從事于學，而本根稟賦原自不凡。迨宦遊歸，杜門謝客者十年，人或疑公爲功名不遂而甘自廢棄也。及至前歲丙申，公約不佞輩立會講學于寶慶寺後，從公講論間，得讀公批點陸象山文集、陳白沙詩教諸書，見其字字句句雌黄精確，人人始知公十年杜門，蓋耽心于斯，匪以功名不遂之故也，而向所爲疑公者，不惟憬然悟，抑且赧然退矣。寶慶月凡三會，公每會必至，每至必早，寒暑風雨未嘗少輟，諸同志赴會者必先問王先生至否。每會，公必發一問端，使人人有所憤悱，雖講解發明時或有所謙讓，而聯屬鼓舞則直任之而不辭。三年以來，人人踴躍而興起者，秋毫皆公力也。今不佞輩方幸得公爲依歸，而公今遽然長逝矣。

嗚呼，痛哉！始公之倡斯會也，每會見公神王氣充，終日與言不見厭倦，人皆以此卜公享髦耋之算，而今以一疾遽至于此。

嗚呼，痛哉！公生平瀟灑坦夷，不問家人生產業，故晚年家益窘甚，而公毫不介意，惟惓惓于問學。當公病時，猶勉強赴會二次。至七月朔而公病，力始不克赴會矣。然猶厭家居多冗也，靜攝于香城寺。香城距寶慶不數十武，諸同志當會期必先過香城候公而後赴會，人人以不得公爲歉，而公亦自以爲力不能赴會爲歉，仍伏枕書數語，以代面講。比至臨終，竟無一語及家事，第曰「順受其正，順受其正」云耳。

嗚呼，若公者真所謂甘貧好學，死而後已者哉！ 公知學雖晚，而自知學之後，汲汲皇皇，恨不能一蹴而進于聖賢之域，而又汲汲皇皇，恨不能舉同志之士俱一蹴而進于聖賢之域。 雖忌者之搖奪百出，而公之講自若也。 至于病中，深以知學之晚自悔，而又深以晚而知學自幸。

嗚呼，不悔不幸，不幸不悔，觀公之悔與幸，而公之學可知矣。 公知學雖晚，又何損于公哉？ 勇撤臯比，一變至道，人皆可以爲横渠，特人不自信耳。

嗚呼，公往矣，某等悵悵乎其無所依矣！ 斯文之痛，安所紀極？ 今爲公三七之辰，公具生芻，聊以寫哀，公其鑒之乎否邪？ 嗚呼，痛哉！ 尚饗。

祭韓旻阜郡丞文[一]

維萬曆四十六年歲次戊午七月丁亥朔，越二十二日戊申，原任河南道監察御史，通家治生馮從吾謹以牲醴香楮之儀，致祭于明奉政大夫、陝西西安府同知旻阜韓老公祖之靈曰：

嗚呼，公真不起邪？ 抑傳者誤邪？ 頃公榷稅潼關，瀕行辭余，依依不忍別去。 居無何，而公訃至矣。 嗚呼，公真不起邪？ 抑傳者誤邪？

公初司李鳳翔也，刑敷僑愛，清凛揚知，政聲藉甚關輔。 時余杜門謝客，雖聞問未通，乃私心時嚮往之，而公不以余爲不肖，先施手翰，惓惓問學，其於善利、舜跖之辨尤元元本本，不落言詮，而余亦妄以一得爲復，今往返書劄尚藏笥中。 若公

[一] 此文萬曆丁巳浙江本缺。

者，其以理學爲政事者耶。余方望公内召蘭臺，代狩西土，以大展所學，而竟以直道不偶，量移西安郡丞。西安爲余郡，余庶得朝夕請益，心竊自幸，而余以多病莊居，非公事不至偃室，公不以我爲簡，而禮遇有加焉。愧非滅明，辱知子游，可不謂千載一時哉！公職司撫民，諸凡善政，爲秦人士造福無量，而公又以廉介見知于填撫中丞，特檄榷關，人人方期公旦夕有特擢，而公不待矣。

嗚呼，痛哉！公年不滿德，位不配望，人皆爲公哀，而公之尊人致位金紫，公之兩弟聯翩鄉書，而公之象賢，又少年與偕，計父子、祖孫、兄弟齊名競爽，不翅三蘇，且兩地甘棠，並稱蔽芾。公于人間世，亦庶幾無遺恨者。惟是秦人士失所天，而海内失一正人君子，不能不爲梓里痛，爲世道痛耳，抑余之痛更有進于此者。方今邊事孔棘，中外震驚，以公之才望，使得借觀察治兵于邊，則出奇制勝，一寇兵有不足平者，〔二〕而公今已矣，寧不益重余杞人之憂哉？且近世非學者多，信學者少，如公以鄰邦大夫執弟子于深山野人，其沖襟遠韻，今可數數見乎？西蜀理學自南軒、鶴山、東窓後，代不乏人，余方幸公羽翼斯道，自南軒而上接孔孟之傳，而今若此，此夫子所以有「喪予」之悲也。

嗚呼，余之痛公，豈徒僅僅如世俗生死存亡之感也歟哉？嗚呼，錦江泂波，玉壘摧峰。萎矣哲人，渺矣高蹤。爰筆寫哀，痛盡填胸。桐鄉尸祝，如覿音容。嗚呼，痛哉！尚饗。

祭伯兄文〔三〕

維天啟元年歲次辛酉三月癸卯朔，越二十一日癸亥，太僕寺少卿、期服弟從吾率男嘉年、孫湛若等謹以剛鬣柔毛、清酌

〔二〕光緒本「一寇兵有不足平者」，四庫本作「庶于疆埸大有裨益」。「一寇兵」天啟本作「奴酋」。

〔三〕此文萬曆丁巳浙江本缺。

庶品之儀，致祭于恩詔冠帶貢士、伯兄斗翁先生之靈曰：

嗚呼，痛哉！兄胡遽背棄弟而逝耶？先是，吾父之棄養也，兄纔十八歲，弟纔九歲。未及五年，而吾母亦棄養，彼時弟嬰危病，生死未卜，安敢望其成立？而兄飲之、食之、教之、誨之，匪手攜之，言示之事，匪面命之，言提其耳。故弟之得有今日者，皆兄之以也。弟即有胸無心，寧不知感？頃弟仗庇叨賜環之命，而兄亦欲就選銓曹，方欲偕兄北上，而不意兄一疾至此。

嗚呼，痛哉！兄壽踰古稀，有子有孫，又能世其家學，則兄亦可以無憾，惟是從吾以六七十年相與之兄弟，而一旦有生死之別，鶺鴒增痛，手足傷懷，有不能爲情之甚耳。

嗚呼，痛哉！居諸易駛，倏忽三七，聊具薄奠，少盡哀思，惟兄鑒之。嗚呼，痛哉！尚饗。

詩

關中四先生詠

涇野呂先生

涇野呂夫子，矯矯崇正學。挾冊遊成均，馬、崔同切琢馬谿田、崔後渠。射策冠時髦，聲華何卓犖。慷慨批龍鱗，封章凌五嶽。講學重躬行，乾坤在其握。吁嗟橫渠後，關中稱先覺。

谿田馬先生

卓彼馬光禄，聲望高山斗。弱冠崇理學，平川稱畏友。立朝無多日，強半在畎畝。富貴與功名，視之若敝帚。垂老學踰虛，一步不肯苟。吁嗟如先生，百代名難朽。

苑洛韓先生

偉哉韓司馬，造物鍾奇異。讀書探理窟，著作人難企。生平精樂律，書成雙鶴至。立朝著偉節，居鄉譚道義。緊有五泉子，孝弟稱昆季。嗟余生也晚，景行竊自愧。

斛山楊先生

挺挺楊侍御，直節高今古。人知直節難，不知問學苦。獄中究理學，周、錢日揮塵周訥溪、錢緒山。歲寒節彌堅，不茹亦不吐。之死誓靡他，淵源接鄒魯。嗟彼虛憍人，敢與先生伍。訥溪、緒山時俱以事下獄

觀書吟

立言先立意，意定始修辭。欲得辭中意，當看未立時。

善利圖

聖狂分足處，善念是吾真。若要中間立，終爲跖路人。

自省吟

日用平常自有天，如何此外覓空玄。請看魚躍鳶飛趣，多少真機在眼前。
千聖相傳只是仁，滿腔惻隱始爲真。納交要譽終〔二〕何用，收斂精神做主人。

讀書

切己工夫只恨少，會心言語豈須多。而今識得斲輪意，甘苦疾徐奈若何。
輕言能悟即非悟，漫道無疑便是疑。終夜伊吾〔三〕渾不寐，清風明月坐來時。

〔二〕「終」，光緒本作「中」，今據四庫本改。
〔三〕「伊吾」，光緒本原作「吾伊」，今據四庫本改。

丙申春日與同志論學因及暮春章有感爲賦十二絶

春風沂水雨初晴，童冠新成洙泗盟。兩兩三三閑玩適，歸來歌詠不勝情。
鼓瑟吾門樂有餘，强兵富國竟何如。縱然堯舜勳華業，一點浮雲過太虚。
幾日清閒幾日忙，春風沂水任相羊。莫教童冠空歸去，贏得當年點也狂。
行藏用舍幾人同，曾點原非鄙事功。一自詠歌歸去後，乾坤何處不春風。
信步蹻來自坦夷，何須沂水始相宜。風流不得前賢意，晉室空談又足悲。
富貴功名自有時，人生何苦日攢眉。不如曾點風雩樂，省得經營也是奇。
服成麗景莫春天，童冠風雩亦灑然。此日詠歌無足異，簞瓢不改始爲賢。
簞瓢不改亦非賢，人不堪憂徒自憐。俗學不知吾性樂，丢過自己覓顔淵。
吾儒真樂自天然，何必求仙又學禪。沂水風雩多少趣，孔顔樣子此中傳。
憶昔宣尼發憤年，曲肱疏水樂悠然。狂夫但得些兒意，解脱人生名利緣。
人生有樂豈無憂，憂樂從來爲忮求。不忮不求隨處樂，春風沂水自優遊。
鳶飛魚躍在天淵，夫子安能不喟然。若使中間稍有物，任他行樂亦爲偏。

勉學

寥寥聖學幾多時，春色今看上柳枝。世路險夷渾是夢，人情反覆總成癡。晞賢晞聖千年事，不欲不爲一念知。莫把歲華容易過，關閩濂洛是吾師。

讀易復卦

一陽來復見天心，此際真爲不易尋。若向靜中參得透，那知往古與來今。
天心方動見微陽，一念獨知夜未央。悟到庖羲未畫處，天根月窟任徜徉。

答友人問坐馳

方寸茫茫易外馳，外馳不識欲何之。能于之處常防檢，便是主翁在室時。
方寸茫茫易外馳，外馳知得是誰知。能知即是能收處，一榻清風獨坐時。

讀割烹章

人生取與要分明，少不分明百事傾。一介莫言些小事，古今因此重阿衡。
古今因此重阿衡，一介原來道匪輕。不是聖賢局面小，格天大業此中成。
野叟耕莘避世情，直將堯舜樂生平。假非一介嚴辭受，千載誰爲辨割烹。
千載誰爲辨割烹，當年心事鬼神驚。吾儕有志希賢聖，肯把塵埃誤此生。

余自戊戌臥病閉關九年至丙午冬始勉赴學會感而賦此

衡門之下可棲遲，泌水洋洋足樂飢。旨矣詩人非漫我，病夫今日益相宜。

藥物頻爲供，塵情總不知。閉關垂十載，如在羲皇時。

偶書

竭來學問尚繁文，千古真傳豈易聞。試問此心空洞否，池蓮窻草正芳芬。

竭來學問尚玄〔一〕虚，千古真傳妄掃除。試問此身實踐否，天心月到水成渠。

戊申暮春偕王惟大郡丞宜化汝刺史劉孟直郡丞楊工載進士周淑遠大參張去浮學博宜叔尚文學講學太華山中同志至三百餘衆

徵會來蓮嶽，良朋喜共遊。白雲時去住，野鳥自夷猶。雨霽千巖翠，春深萬木稠。山靈真有待，吾道重千秋。

青柯亭榭倚山隈，喜見儒冠濟濟來。心性源頭原〔二〕有辨，睹聞起處豈容猜？三峯直欲凌霄漢，九曲常看浸草萊。此會莫言閑眺玩，百年道運自今開。

〔一〕「玄」，光緒本原作「諱」，今據萬曆丁巳浙江本、天啟本、四庫本改。

〔二〕「原」，萬曆丁巳浙江本作「須」。

讀數仞章示門人

數仞宮牆門自開，百官宗廟亦雄哉。只因接引無同志，遂令及門空自回。
遂令及門空自回，宮牆外望亦堪哀。從今覺悟求師友，攜手同登天上來。
數仞宮牆門自開，人人皆可任徘徊。只因自己甘封閉，遂令階前長緑苔。
遂令階前長緑苔，一朝剪卻即蓬萊。升堂入室誰無分，努力前塗莫浪猜。

讀陋巷章自勖

命定難逃陋巷貧，機關徒惹鬼神嗔。不如打疊心源淨，做個羲皇以上人。
命定難逃陋巷貧，奔忙徒惹世人嗔。不如閉戶焚香坐，做個乾坤無事人。

中和吟六言十絶

此心常是中和，猶恐客氣易肆。若把此心放開，客氣何所不至。
平居此心敬事，猶恐視事無傷。若把無傷視事，可憐其禍將長。
道理平常看透，猶恐一時差訛。若以道理爲迂，將來決裂必多。
學問終日相講，猶恐行時茫然。若是只行不講，行錯誰肯相憐。

未發之中得力，猶恐已發不和。若于未發不慎，發不中節奈何？禪學空談性命，面壁求之渺茫。不知性命實理，只在日用平常。吾儒自有精微，未發之中便是。離中求之渺茫，又與佛氏何異？控制六馬猶易，駕馭一念爲難。喜怒哀樂中節，纔得身世平寬。不睹不聞非無，千古聖學真傳。静中看此氣象，位育就在目前。氣象非落幻景，觸目盡是天機。必須戒慎恐懼，纔得魚躍鳶飛。

夏日郊居有以腴田求售者余辭去賦此志喜

生平甘寂寞，那得買山錢。幸有先人業，耕耘度歲年。耕田守祖業，講學繼儒先。此外無餘事，逍遥到百年。

寄懷鄒南皋先生[一]

憶昔嬰鱗出帝畿，志完聲價古今稀。千年絕學君能繼，一點真心我不違。桃李有情開絳帳，乾坤無事掩柴扉。何時負笈來相訪，五老峰頭爛醉歸。

[一] 此詩萬曆丁巳浙江本缺。

[一] 此詩萬曆丁巳浙江本缺。

與同志講學太華書院〔一〕

太華峰頭好振衣，雨晴百卉競芳菲。孔顏博約傳心訣，堯舜危微洩性機。玄鶴遠從天外至，白雲時傍洞中飛。功夫須到真源處，纔得吟風弄月歸。

〔一〕此詩萬曆丁巳浙江本缺。

卷十八

馮從吾奏疏序

周宇

草莽臣曰：余讀馮柱史仲好氏四疏草，蓋重慨，竊有祝云：人有恒言，主聖臣直，聖有容祝用，直尚切切祝俞，此臣主相成，聖直交感之會，蓋千載一時，自古難之。柱史早抱奇瑰，穎出西土，起家己丑進士，儲秀館閣，簡登臺憲，諫固其職也。就列未幾，而移疾在告。還朝未幾，而忽賜罷免。計先後恪共乃職不三二稔，輒毅然聯疏飛霜，其糾胡斥江，力奮神羊，一觸已稱骨鯁。若壬辰春正一疏，直氣凌霄，讜言犯闕，佹觸霆威，幸轉春煦，聞者爲之吐舌，咸頌聖之容、聖之容也。於是丙申之罷，或尚權輿於此。賦歸以來，蕭然四壁，脱屣凡塵，初猶聚徒古寺，牛耳道源，既益屏跡閉閣，足下不履寢閾。於是過轍者必式門閭，觀風者競表宅里，縉紳惻井渫，中外望巖起，兩臺使車洊舉遺佚，嗟嗟不拜賜環，焉望前席？碩人、考槃，誰何補闕？在易，否、泰、削、復，理若循環，但願聖主玄默功至，鋭意維新，隱時艱而求舊人，召賈傅於宣室，起唐介於裔土，兹草莽病臣所爲慨，而日仰天竊祝焉者。

或者乃謂信而後諫，訓在語中，柱史跡未煖而驟危言，無亦左斯道乎？余謂此非所以論臣職也。信而後諫，若所謂勿欺而犯者，蚳鼃以數月不言見譏，子輿氏奚必信？近聞勳戚上卿，相與連篇累牘，規切時政，不啻維百，寧無一信，率亦群然，屏息伏聽，詔書之彰信而未獲報，如之何爲？柱史祝尚自慎理藥物，恭候恩綸之日下，魚水交成，儻容斯用，而切得俞方來有侍，慎勿遂遺斯世也。

萬曆癸卯仲冬陽復日，江關倦客周宇子大甫謹序

論劾險佞科臣疏〔一〕　萬曆十九年十二月二十二日

題爲險佞科臣惑亂主聽，懇乞聖明速賜罷斥，以杜釁端事。

昨者臣接邸報，見禮科都給事中胡汝寧參論兩京中卷一二可疑，及吏部推陞一事，臣不勝駭異。夫汝寧見任諫垣，言事自其職掌，而臣顧駭異者，何也？謂汝寧之言投間抵隙，假公濟私，非真爲皇上發奸擿伏也。臣意皇上必能洞燭奸膽，以折亂萌，乃反聽若轉圜，臣又不勝駭異，豈皇上不知汝寧之罪狀而誤聽其言耶？臣不暇辯其言，請先誅其心。且汝寧之爲給事已數年於此矣，自有參論饒伸之疏，而謟諛已不容於衆口，繼有輔臣相戕之奏，而奸邪益大犯乎公評，別號、穢名至不可道。自古小人未有狼狽若此者，舉朝臣鄰咸謂汝寧縱不肖，將復何顏立於掖垣間耶？顧注籍未幾，旋稱病愈，人人相顧，詫爲異常，而臣獨私語人曰：「此不足爲異也，鄙夫患失，何所不至？他日舉動更有異於此者。」臣言未幾，而二疏相繼上矣。此二疏也，立言在此，寓意在彼，臣試爲皇上分明之。

昔者部臣饒伸發科場之弊，而汝寧劾之，人人未有不爲伸稱屈者，皇上亦鑒伸無他，准其起用矣。故汝寧亦洗瘢索垢，發科場之弊，若借此以掩其非也，而不知妄逞胸臆，以蔑污大典，適益重其參伸之罪耳。至於參論王教，又揣摩上意爲之，不知近日皇上不遽起王遴，不遽遷孟一脉、蔡時鼎者，意欲需其缺以大用之耳。汝寧敢於以私心窺皇上，遂乘機舉銓臣推

〔一〕萬曆疏鈔作「險佞科臣惑亂主聽，乞賜罷斥，以杜釁端疏」。

陞一事言之，以滋皇上之惑。不然，何皇上罰俸科臣之旨甫下，而汝寧之疏遂上也，急於獻諛而巧于逢君，汝寧之罪不容於誅矣。

夫汝寧特一小人耳，堂堂天朝，濟濟臣鄰，何難於容此一人，而臣嘵嘵者，非論一汝寧也。蓋謂汝寧以一小人之言，中於皇上，故言科場則皇上聽之，言銓臣則皇上又聽之，或下部覆，或命回話，使君臣上下反覆疑貳，是今日廟堂之上已不勝其多事之擾矣。儻汝寧恃皇上之優容，而再肆傾危之巧計，則議論愈多，是非愈混，其弊不至於小人攘臂，君子裹足不止者，猶幸今日無李春開耳。使有之，則必以保吳時來者保汝寧，借此以結皇上之歡，天下國家之事臣不知其所稅駕矣。皇上何惜汝寧一人，而不爲國家杜釁端也。

且皇上昔年斥逐奸邪，曾不踰時，公論大爲稱快，何獨於汝寧過爲寬貸？湯顯祖論之而不報，樊玉衡論之而不報，蔡獻臣、周應嵩、彭好古論之而又不報。人人以汝寧爲非，而皇上若以爲是；人人以汝寧爲可斥，而皇上若以爲可留，此臣之所未解也。

即如前月汝寧因玉衡彈劾，辯疏自陳，乃皇上於彈者留，辯者下，且徑批以「照舊供職」。夫「照舊供職」之旨自正卿以下不敢望，而一旦加於七品之汝寧，不知汝寧何德何功，而皇上優容若此？且惟其言而聽之如此，此又臣之所未解也。

汝寧去就原不足爲重輕，但以一小人而能以其言惑亂主聽，此誠匪細故者，臣是以嘵嘵言之，且不欲以汝寧之故傷皇上知人之明也。臣願皇上大奮乾剛，速賜罷斥，則天下萬世頌皇上之神聖於無疆矣。臣無任，激切待命之至。

請修朝政疏〔一〕　萬曆二十年正月十三日

題爲中外多事，朝政當修，懇乞聖明勵精以圖萬世治安事。

臣不佞猥以書生叨入仕籍三年於此矣，竊見皇上郊廟不親，朝講不御，章奏多留中不發。臣不勝杞人之憂，然而未敢有請者，謂在廷諸臣，明諍顯諫，連篇累牘，庶幾哉，萬有一之感悟上心也，又惡用臣言爲哉？第諸臣言之諄諄，而皇上聽之藐藐。屢請饗祀矣，而皇上之遣官恭代者如故；屢請朝講矣，而皇上之靜攝深宫者如故；屢請發章奏矣，而皇上之留中不發者如故。豈在廷諸臣無一言之有當於皇上耶？抑皇上始勤而終怠，即諸臣言之亦不恤耶？

臣竊意皇上之心不過以爲昔年勵精天下，不見其益，近年靜攝天下，不見其損，何苦舍逸而就勞？不知人君之舉動與士庶不同。士庶久不理家，則家事廢，其爲患也小而易弭，人君久不理天下，則天下之事廢，其爲患也大而難圖。皇上試觀丁亥、戊子以前，四裔效順，海不揚波，天下何等景象也？是勵精之效既如彼。己丑、庚寅以後，南倭報警，北兵〔二〕叛盟，天變人妖疊出遝至，天下又何等景象也？是靜攝之患又如此。中外多事，人心憂虞，失今不圖，長此安窮，豈必朝講一日不舉，便有一日之禍；章奏一日不發，便有一日之禍，然後爲可憂哉？

且今日皇上自視爲何如主也？皇上欲成其神聖之名，而使天下不見其太平之象，則名實不符，人誰信之？況今當朝覲之期，萬國冠裳畢集闕下，咸欲一睹其清光而竟不可得，則必相顧而疑，相疑而議，不曰皇上困於麯糵之御而歡飲長夜，必曰皇上倦於窈窕之娛而晏眠終日，不然何朝政廢弛至此極也？雖皇上近頒敕諭，謂聖體違和，或可以再借靜攝之名，以

〔一〕萬曆疏鈔作「朝政當修，乞勵精，以圖萬世治安疏」。

〔二〕「兵」，萬曆疏鈔、天啟本作「虜」。「北兵叛盟」，四庫本作「饑饉薦臻」。

少掩其晏安之非，而不知皇上静攝已非一日，如以爲真疾耶，則當戒酒戒怒，以圖尊生之計。如一時倦於早起，托之乎疾耶，則鼓鐘於宫，[一]聲聞於外，天下人心豈可欺乎？況皇上每晚必飲，每飲必醉，每醉必怒。酒酣之後，左右近侍一言稍違，即斃杖下，如是則既非静攝，又廢朝政，縱諭旨森嚴，恐亦不足以服天下而信後世也。

臣見前歲皇上禁止章奏，非奉聖旨不許傳布。臣意皇上不過以爲臣下章奏多有不識忌諱者，恐一傳布則天下傳誦其章奏，必議及於皇上之舉動，故姑留中以泯其跡耳。不知今日諸臣來朝，而皇上猶然静攝，其紛紛議論，視章奏所傳更孰多寡乎？一人之舉動，四海之觀望隨之，豈在章奏之傳不傳也？欲以泯其跡，而反以彰其過，豈皇上未思及於此耶？

臣願皇上勿以天變爲不足畏，勿以人言爲不足恤，勿以目前之晏安爲可恃，勿以將來之危亂爲可忽。必乘此大班糾劾之日亟出視朝，以答四海臣工之望，無惜此頃刻省覽之勞，發臣章奏，以昭一人納諫之明。仍望節飲以養性情，戒怒以馭左右，至於以後諸臣章奏，無論奉旨與否，准其照舊傳布，則聖德以光，聖度以宏，天下太平之治可計日而奏矣。世道幸甚！臣愚幸甚！

秘録

萬曆壬辰，實維覲期，時從吾濫竽西臺已六閲月。先是疏劾都給事中胡汝寧，主上幸見納，竊以爲聖明在上，正臣子披肝露膽之時，于是此疏于正月十三日上，席藁待罪者旬日而未報。迨廿九日聞上遣校尉百人候于廷，將杖言者，而朝論洶洶，不知爲誰。蓋數日前曾杖給事中孟君養浩，故言者聞此咸用愕然。比日昃，忽有旨傳免矣。當辰巳時，聞上命一内臣送一疏至閣，大學士趙公志皋見而異之。會是日爲仁聖皇太后誕辰，于是具揭上請，謂聖母聖節，不宜有此舉。揭入而傳

〔一〕「宫」，光緒本原作「官」，今據萬曆疏钞、四庫本改。

免之旨遂下，中外人始知爲杖余之舉，而余不知也。次日，以註宣大差入院見掌院左都御史李公世達。將入門，晤掌河南道御史陳君登雲。陳見余，執余手呼曰：「好造化，好造化。昨日之事蓋爲君也，君知之否？」余曰：「不知。」比入見李公，李公一見亦曰：「君知昨日事乎？昨日之事蓋爲君也，幸有趙相公揭耳。」言已而別，余喟然歎曰：「主上聖明一至此乎！因聖母誕辰而宥狂言，至孝也；納閣臣手揭而不少逆，至明也；宥臣一人而諸臣競勸，至仁也。一舉而三善備，即古堯舜何以加焉。」

嗚呼，際聖明之主而不效竭身之誼，甘于緘默，苟容以自爲身家計，殆非人哉！殆非人哉！因秘録而笥存之。

請告疏　萬曆二十年四月二十一日

奏爲中途患病危篤，不能赴任，懇乞天恩俯容回籍，以便調理事。

臣陝西西安府長安縣人，由萬曆十七年進士選翰林院庶吉士，尋授今職，于本年二月内奉命差往宣大巡按。竊念臣猥以草茅，誤叨任使，正欲竭愚畢智捐頂踵以報國恩，奈夙病劇發，萬分危篤，有不能一日支持者，輒敢哀鳴于君父之前。臣賦命蹇拙，素患痞病，每年春夏必發，輕則經旬，重則累月，非謝絕勞役不能遽愈。數年以來，百計調攝而病根尚在。不意今春自二月即發，飲食漸減，形體漸羸，心竊慮之，方欲請告調理，以圖報效于異日，而會有宣大之命。臣以爲馳驅疆埸惟今日事，即有病焉，可勉強而行也。顧始則雖病，而愈加勉強，繼因勉強，而愈增之病，至于陛辭後，行至涿州，而臣之身幾不爲臣有矣。然猶冀其沿途調理稍得痊，可依期受代，而病根既深，轉覺沉重，胸膈脹滿，噯氣嘔逆。比至保定，即伏牀褥不能動履，先後召醫尚時廉、李茂華、王繼業等診視調治，但藥餌愈攻，元氣愈損，脾胃愈虚，痞氣愈增，至于今已三夜目不交睫，三日口不入一粒矣。形神俱脱，危在旦夕，使不以此時披情引退，而猶貪戀于功名之場，則溝壑徒委補報，末由是忍于負主而甘于誤國也。

臣罪不細，臣即死不瞑目矣。除將前情遵例備文彼處，撫按具奏外，伏望皇上俯賜矜憫，敕下吏部，題覆容臣回籍調理。儻萬一不至顛隮，則他日有生之年，皆感恩圖報之日矣，臣不勝惶悚待命之至。

公移

申飭放關〔一〕行蒲臺縣

爲申飭放關引〔二〕鹽以絕弊源事。

照得山東各商引鹽自海口場，〔三〕所起運必由蒲臺過關，方得運往它處。斯咽喉鎖扼之地，雖有神奸，豈能飛越？詢之，先年放關俱委佐貳等官，每每接受奸商常例，通不稽查，以致匿引不送切角，將鹽徑發阿城、張秋等處，私自販賣，欺隱餘沒課銀，並不運至洛口卸園候掣。運司懼誤掣期，只得捏報虛數，一掣常補數年，一引常補數倍，奸商日肆，積引日壅，國課日虧，鹽法日壞，誠可痛恨。已經前院徐□洞徹弊端，特委該縣清查放關，革除積蠹，所行極其詳悉，深得拔本塞源之道。本院奉命接差以來，訪得該縣練達精明，實心爲國，清查克殫，辛勤放關，不避嫌怨，殊沾沾爲鹽政委託得人喜，第恐該縣以爲新舊交接，事體更易，倘或勤始怠終，其如奸弊復熾何擬合再行申飭。

爲此牌仰本官查照先今牌內事理，每日下午親詣河下，一一查驗登記。至于本院原發該所過鹽簿內不許間隔遲滯，如

〔一〕「放關」，光緒本作「飛諭」，今據萬曆丁巳浙江本、天啟本、四庫本改。
〔二〕「關引」，光緒本作「販私」，今據萬曆丁巳浙江本、天啟本、四庫本改。
〔三〕「口」，天啟本、四庫本作「下」。

有違例大包並夾帶私鹽者，除徑追引目解院、大包私鹽入官外，仍將奸商船戶照例重究。招解以憑發遣，施行毋得姑息，亦不許轉委佐貳等官，仍開弊竇。如果鹽法清肅，積弊盡釐，本院定以賢能優敘本官，務要著實留心，以副委託，俱毋違錯。未便。

禁革吏承夙弊行五道及二運司

爲出巡事。

照得本院不日巡歷，按屬地方，已經通行去。後訪得本院吏書承差及跟隨人役，每遇巡歷地方，千方百計苛求需索，稍有查駁，隨即揚言搜剔由己，甚至有私帶家人充覓船夫沿河詐騙者。至於承差隨行每向所司叩頭希賞，且揑報考語，詐稱訪事，又將日給支應盡行折乾，勒令縣驛重復備辦，諸如此類，未易枚舉，良可痛恨，擬合禁革。

爲此牌發該道，仰司呈堂照牌事理即便轉行所屬各衙門官吏人等，如遇本院按臨，一切常例盡行禁革。如有仍蹈前轍者，所在官司即便據實密揭報院，以憑究遣，本官定以風力優處。如視爲常套，漫不遵行，本院別有所聞，定行連坐。干礙職官，一體參究。各具遵行過緣由報查，俱毋違錯，未便。

稽察承差行真定縣

爲稽察承差奸弊事。

往本院家居時，見各院承差奉法者固多，壞法者亦不少，所恨各院苦于不知耳，未有明知而明縱之者也。本院自受代以來，雖然刻意禁約，但恐差人不等，該縣驛或隱忍不言，甚非本院革弊初意。

爲此仰縣官吏照牌事理，即查原差去承差李文福在撫按兩院會稿公務，果于某日某時到某日某時行回轉行，該驛備細查的，從實回報本役，如有別項需索情弊，該縣仍密揭報院，方見以心相信，且藉此覘該縣風力也，毋得遲違，未便。

嚴催掣鹽行山東運司

爲嚴催掣鹽事。

照得二十三年春秋二關掣鹽案，查止有河南鹽二萬八千餘引，其本年該銷掣。十五、十六、十七等年積引十二萬，至今一年將終，尚無引鹽報掣，該司已違欽例，咎將誰諉。揆厥所由，實係奸商覬踵夙弊，故意耽延，不肯報掣，似此巧計三尺，謂何據法？本當參提重究，但積弊已非一日，姑記再行嚴催。

爲此仰司呈堂照牌事理，速將今歲春關限月內呈掣，聽候本院按臨親驗，其秋關限十二月中呈掣，如再故違遲誤，該司先將爲首奸商鎖拏二三名，同違玩吏書解院，以憑重究發遣，決不輕貸。

剔除奸蠹行蒲臺縣

爲剔除奸蠹以肅鹽政事。

據邊商王承賜等連名揭禀，内稱奸商因見蒲臺關防嚴緊，計出百端，突於蒲臺縣西相離四十餘里開河鎮，相連濱州交界附近私鹽處所，私立鹽園，結交鹽徒，驢馱車載，堆垛園内，春築大包上船，將殘引影射指作官鹽瞞天之弊，實爲鹽政大蠹，叩法嚴行禁毁等情到院。看得山東鹽法向被棍商沿襲爲奸，壞之已極，即今虧損國課，壅滯積引，已經嚴行。本官于蒲臺要口立法，清查關防嚴密，以爲弊不能作矣，何又有越關于開河鎮等處私立鹽園等弊？似此奸計神人莫測，合行嚴拏，以肅鹽政。

爲此牌仰本官照牌事理，即便帶領兵快密切星夜親詣開河鎮等處地方，將越關私鹽逐一封盤，私立鹽園登時拆毀，仍拏作弊奸商與興販鹽徒車驢到官，一併究招，報院詳奪。施行本官務在神速，出其不意，毋得洩漏，以致各奸聞風脱網，不便。

破積弊開自新以正鹽法行山東范運司

爲破積弊開自新以正鹽法事。

照得山東内商向來沿襲爲奸，鹽法大壞，節經申飭，嚴革各商，尚爾怙終觀望，所賴以共濟分理者，惟在該司。本院素知本官才望迎刃有餘，莅任方新，奮然振刷，所喜鹽政得人，庶幾積弊可釐。所有本院曉諭各商告示，合行給發。

爲此仰本官照牌事理，務期同心共濟，肅清鹽法，仍將發去告示稿，大書告示，張掛蒲臺、洛口各鹽園場所及該司門首曉諭，俾各商咸知省悟，務使盡掃他年故習，聿新近日良模，毋蹈前愆，噬臍莫及，仍具不致風雨損壞，結狀呈報查考，毋得遲違。

發山東運司告示稿

爲破積弊開自新以正鹽法事。

照得山東鹽法決裂已非一日，其病根全在各商之虚掣補關，而虚掣補關其病根多在各商之家人夥計。此輩或指稱多帶，用以迎合主心，或藉口打點，反以乾沒主利，即所稱大包夾帶，徒以充此輩之私橐。即有一二不然，亦以博鋪牙之脅制，爲利幾何，爲害無窮，加減乘除徒滋妄費，内商之引鹽日滯，邊商之引目日壅，揆厥本原，皆此輩爲之倡率阻撓也。似此不破之弊，本院三尺謂何？除不時密訪、嚴拏以憑究遣外，爲此特示各商，務要各保身家，痛革前弊，果有此等夥計，即時分夥，此等家人，即時逐去，本院必不追咎既往，以阻將來自新。如怙終不悛，徘徊觀望，故意延遲，覬踵蔽〔二〕轍，本院廉知其人，定將本商盡法重處，決不輕貸。各商宜細思之，無貽後悔。

尊崇名賢行茌平縣

爲尊崇名賢以敦教化事。

照得本院觀風茲土，查有該縣已故鄉宦、原任尚寶司少卿孟諱秋，生平高節，清風允足，廉頑立懦，本院素所景仰，今雖已逝，合行表揚，所有祠宇祭田等項相應查報。

爲此仰縣官吏照牌事理，即查本官曾經山東前按院鍾□□建立祠宇，見在何處地方？置有祭田若干畝，仍抄録祠内碑記及本宦文集、墓誌，並查見有幾子曾否入學，作速具由報院，以憑施行。毋得遲違，未便。

優禮名賢行泰安州

爲優禮名賢以風世教事。

查有已故教官李諱汝桂，謝跡紛華，潛心性命，本院景仰有日，方欲式廬，聞已物故，深爲世教民風痛悼。

〔二〕「蔽」，萬曆丁巳浙江本、天啟本作「敝」，四庫本作「弊」。

爲此仰州官吏照票事理，即動該州堪動官銀，置扁一面，上書「理學名儒」四字，前列本院銜名，後書本官銜名。再動銀十兩，封折賻儀，鼓樂齎送，伊子收領懸掛，用昭〔一〕本院優崇之意。仍將動過銀數，並〔二〕取回帖，具詳繳查，毋違。

清理鹽法行山東運司

爲清理鹽法事。

照得二十三年春秋二關掣鹽，迄今一年將終，尚無引鹽呈掣，多係無籍〔三〕棍商堅圖虚掣，故意煽衆阻撓，合行設法查理。

爲此仰司呈堂照牌事理，即查二十三年春關應掣商人某人；某人春關除河南鹽二萬八千有零呈掣外，其應掣積引邊鹽六萬零；某人曾運到洛口鹽園鹽若干；某人已運，未到園鹽若干；某人通未領運若干。同秋關應掣商人姓名逐一清查真的，詳細造冊，限二十八日送院查考。如已曾運鹽到園者爲奉法良商，本院即行司紀録優奬，如轉〔四〕運而未到者次之，若逗遛觀望不運者，即係藐法〔五〕奸商，定行重處，俱毋違錯，未便。

〔一〕「昭」，光緒本原作「招」，今據萬曆丁巳浙江本、天啟本、四庫本改。

〔二〕「並」，光緒本原作「拜」，今據萬曆丁巳浙江本、天啟本、四庫本改。

〔三〕光緒本原作「藉」，依文意當爲「籍」。

〔四〕「轉」，萬曆丁巳浙江本、天啟本、四庫本作「往」。

〔五〕「藐法」，萬曆丁巳浙江本、天啟本、四庫本作「無藉」。

又

爲清理鹽法事。

據該司呈送已未運鹽商人文冊到院，查得已運鹽到園商人申良棟等二十七名均係守法良商，深可嘉尚。內申良棟、杜雲鵬、王克謙三名各運到引鹽過千，尤爲奉法。其張納訓、費光輝、李邦化、李篤志、張修業等五名俱觀望，全未領運，即係把持煽衆棍徒，俱應分別懲勸。

爲此仰司呈堂照牌事理，先將申良棟等三名動支院銀備辦花紅，自運司當堂鼓樂迎出，以示優獎，其餘二十四名即行登簿紀録，待鹽全完之日，酌量查行。仍將棍商張納訓等五名嚴拏各正身，即時解院，以憑重究施行，毋得遲違，未便。

尊高年以重名教行齊東縣

爲尊高年以重名教事。

查得該縣致仕教官王曉，年高有德，甘守清貧，合行資助。

爲此牌仰該縣官吏照牌事理，即動堪動官銀三兩，具侍生帖，差人賫送，本官以示優禮之意。仍將動過銀數取回帖繳查，毋違。

批山東運司問過路上陳偉器詳

該司積引甚多，欠課年餘，正坐內商大包夾帶之病，五運司未必如此。本院惟知有長蘆，惟知有該司，安得以五運司爲解也？至于州縣私販阻滯官鹽，本院自有按季比較，法紀森然，與運司積引欠課何相干涉？私販阻滯，誠有此説，今止聞該司有積引，未聞各州縣有積鹽，又安得借各州縣爲解也？至于圖賤接買，尤屬支吾，果爾，則該司不必設，本院亦不必差矣。三尺具在，誰其干之？至於新舊相兼，果如所議，則新者行而舊者終，無疏通之日，此斷斷乎不可行者。總之，爲引何分新舊？總之，欲其順序疏通，又何分彼此耶！

設今不嚴行振刷，則不惟已往之舊引愈舊，且恐將來之新引亦舊矣。不惟十二萬之邊引終無復舊之日，且恐今日九萬之邊引亦壅閼而置之無用之地矣。不惟今日之國課拖欠一年，且恐將來之拖欠又不止于今日矣。范運司謂先年姑息之流弊，誠可爲今日之斷案也。

大抵利之所在，人必趨之。大包不已，勢必横行夾帶；夾帶不已，勢必回頭影射。愈寬愈肆，長此，安窮究其本原？皆此虚掣補關爲之作俑耳。至于商人運鹽不前，不曰灘無積水，鹽花不生，則曰河水淺涸，舟楫難行；不曰數商一船，循環輪載，則曰舊鹽未賣，新鹽難通。此或間亦有之，未必時時如此。總之，藉口數款，以圖虚掣，不然，何秤掣之委官朝起馬而各商之運鹽夕踵至也？任意補關，豈不甚便？誰肯甘心速運以就秤掣乎？人情大抵如此，顧當事者寬嚴何如耳。該司慎勿輕聽前言，墮彼奸計可也。

大包之禁，掣鹽規制，仰司即便刊刻榜文，樹立各場，兩關榜示，洛口一一務查，遵部文及本院節次憲牌行，毋得輒轉以覬虚掣，以致各商觀望，上誤國課，下誤各商也。據招嚇詐搶奪，既屬虚情，路上等本當枷號重究，姑念無知，依擬贖發爲首，路上仍加責若干板，陳偉器加責若干板，取庫收繳。

表隱德以勵世風行分守濟南道

爲表隱德以勵世風事。

照得本院巡歷地方，訪得平原縣隱士石瓛年八十餘歲，謝跡塵囂，潛心性命，行誼久孚於月旦，著作頗闡乎道真，誠盛世之逸民而理學之高士也，合行優禮。

爲此牌發該道照牌事理，即便轉行平原縣，動支堪動官銀，置扁一面，大書「理學高隱」四字，前列本院銜名，後書「爲隱士石瓛立」。再動銀三兩，折羊、酒，差人鼓樂齎送本氏宅上懸掛。仍將動過銀數、行過日期繳查，毋違。

卷十九

馮氏族譜序

喬允

馮氏故無譜，譜之作自侍御少墟公始也。侍御方爲諸生，即從德清許敬菴先生講明義理之學，其指要在敦實踐而詘空譚。已連成進士，由中秘出爲御史，尋以直道忤時免歸，益與同志倡學關中，所著述板行多種，譜其一也。

夫自宗法廢而天下無世家，歷世滋蔓，子孫至不知祖宗名行與身所自出。族屬不相識，有如路人，賢者傷之。譜所以原世系，序昭穆，使民相親，長而敦本不忘。蓋保姓鳩族，扶義翼教之善物也。堯舜之道，不越孝弟，人人親其親，長其長，而天下平。聖賢學脈，端在于此。侍御生平以之自修自證，内聖外王，資養深矣。族譜之作，所謂是亦爲政者也，苟有用我，即執此以往，寧有二道乎哉？

侍御往在中秘省試，原心記大爲王文端公所賞識，欲留之，遂以冠諸卷，他相乃抑置第二。即第二矣，例亦當留，而竟不留，侍御處之裕如也。居恒雅以道自任，動容周旋，悉中規矩。終日與譚，絕不見一言有所依阿，侃侃剛直之節已知世必不能容，豈待爲御史，發奸指佞，始爲忌者所甘心哉？侍御身退而名益重，實學實行，里人化之，天下信之，年來起用之章屢上不報，朝野無不惜之，乃侍御則但知孳孳問學，若將終身焉。嗟乎！嗟乎！國家有真儒如是，而不使及時行其所學，爲海内一道同風，用佐聖明雍熙之治，而僅僅施家政於族譜，可慨也夫。

舊治年弟寧陵喬允[一]頓首撰

[一]「允」萬曆丁巳浙江本、天啟本作「胤」。

馮氏族譜序

陸夢履

蓋余讀馮氏族譜，而不覺憮然也。夫人產是土，猶曰：「是吾桑梓之鄉。」即欲他徙，且顧瞻徘徊而弗忍去，況其本支百世，爲身所自出者耶！若之何？其身所自出也者，而途之人視之，於是有宗法。宗法者，合渙而統於一，沿流而溯之源，是敦睦之軌也，於是有譜牒。譜牒者，緣倫敘位，緣位著名，支衍之而圖列之，是紀乘之遺也。故譜牒，本以維宗法於不廢。而譜牒之濫也，宗法之廢益甚，以至于不可復。則其說始于司馬子長，而應邵、王僧孺、柳沖、路淳、韋述、柳燦、張九齡諸人繼之，大都抑新門而襲舊望，恥寒畯而附通顯，急誇耀而緩推崇，甚至綜核姓氏，以門第官人題名慈恩，皆以望族而遙遙華胄，識者掩口，亦足羞矣。

嘗試觀孩提之童，其父母鶉衣藿食，至貧賤也。有朱門貴戚，欲撫而育之，則怫然不願，而寧甘其鶉衣藿食者，此至情也。乃學士大夫而反孩提之弗若，豈不異哉！幸有宋諸儒講明宗法，而廬陵、眉山二氏著爲宗譜，庶幾古之遺意焉。今馮氏譜，實取法廬陵，世經人緯，類史氏年表，或以諱，或以名，間述一二行實，粵自始祖，逮于今茲，而旁及外家，一洗魏、唐牽合之陋，而往往于尺幅隻字間，敦本闡幽，義指具備，又類穀梁氏春秋，嗟乎！是可以風矣。余族故業農，而吳中陸氏爲著姓，人亦有以梁公告身與進者，意頗厭之。而馮侍御茲譜，適符合也，遂不辭不文而爲弁諸首。

萬曆丁未九月朔旦，年家後學昆山陸夢履謹拜手撰

馮氏族譜自序

馮從吾曰：夫國有史，夫家有譜。古人家譜之作，蓋自親親一念生也，後世視爲文具，失作者意矣。吾族故無譜，先

君嘗有志而殁，余欲成先志而未敢自專，乃謀之伯兄敬吾，兄曰：「子其任之。」

嗚呼，余嘗讀蘇氏譜，嘆世人賤而後貴者，恥言其先，爲之咨嗟太息者久之。夫爲人父祖者，孰不願子孫貴顯，以光大厥閥。比子孫貴顯矣，反恥言其先，如此則爲人父祖者，又奚願有此子孫哉！則不孝莫大乎是。世之作譜者率多僭托遠胄，誇耀失實，此其心亦毋乃恥言其先意歟？譜如畫工寫真，要之取其肖而止，令後世子孫以是仿佛先人云耳，不問文也，從吾何敢以不文不勉成先君之志！

夫敍事必有所由從，作例義第一；合族辨世，溯流于源，譜之大者，作世系第二；然名行不可無紀也，有可傳則傳之，用以發揚幽光，作世傳第三；國史紀外戚夫家，豈有異焉，作外傳第四；述往昭來，用垂觀省之義，又安可無訓也，作譜訓第五。凡五篇。

萬曆丙午秋八月識

馮氏族譜

例義第一

吾馮氏，世爲長安蒲陽里人。始祖立戸公，國初隸匠籍，世居省城橋梓口，稱橋梓口馮家。又一支居西門，不知遷自何世？

自立戸公至隱德公，系次莫可考，故特列立戸公于世系圖前，而世系圖斷自隱德公始。

夫譜，自一世至五世爲一圖，又自五世至九世別爲一圖。蓋起歐氏法，今倣之。

寬世，居西門，莫知所自始，故自三世起，别爲一圖。

大宗在可久，小宗在府繼，禰在敬吾。西門宗在應春，他諸禰不及悉。

夫自吾始祖至吾父，皆書諱某，他則直書某某，蘇氏曰：「譜吾作，尊吾所自出也。」何以有稱公不稱公？曰：有聞者公之。又何有公而不傳？曰：悲乎，傷哉！其行實莫可詳矣。凡兩取而上以次書，不稱繼，省文也。妻何以有書不書？曰：不知者不書，取非其偶不書。妾有子則書，副無子者不書。

族人間有無後者，當取同族兄弟之子承嗣，不許乞養異姓，以亂宗族。其嗣子下，仍註本生父，示不忘本也。

世系第二〔二〕

諱外家，號立戶公。

〔二〕此世系表光緒本缺，現據天啟本補齊。

一世	諱泰，號隱德公。葬土門老墳作祖。				
二世	諱海，號宗長公。康氏。葬土門老墳。				二
三世	諱信，號贈君公，贈奉政大夫、保定府同知，生景泰辛未二月初三日，卒嘉靖乙未五月廿六日，壽八十五。田氏，封太宜人。葬木塔里新墳作祖。				興。無嗣
四世	在，號長房公，壽三十八。高氏。葬土門老墳。	守，號次房公，壽三十八。馬氏。葬土門老墳。	諱友，號奉政公。嘉靖甲午舉人，就山西屯留學諭，行取苛嵐知州，調繁忻州，陞直隸保定府同知，進階奉政大夫。生正德丁卯正月十五日，卒嘉靖乙丑五月廿三日，壽五十九。翟氏，贈宜人。劉氏，封宜人，長子、次子。副李氏，第三子。葬木塔里新墳。		
五世	江，號漢陽公，生嘉靖癸未十二月初一日，卒萬曆丁酉七月廿五日，壽七十五。朱氏、李氏。四子。葬土門老墳。	淮。師氏。	敬吾，縣學生。楊氏，長子。楊氏、宋氏、宋氏。胡氏，次子。	從吾，萬曆戊子舉人，己丑進士，翰林院庶吉士，授監察御史，以建言爲民。尋奉恩詔閑住。趙氏。	

續上

一世	二世	三世	四世	五世
	全，盧氏。	成，薛氏。	玄，康氏。	節，無嗣。
		茂，王氏。	啟明，無嗣。	
		旺，李氏。	雲霄，蕭氏。	府，陳氏。
				縣，馬氏。
				衛，張氏。
			雲龍，號戶首公，生嘉靖甲申十一月十五日，卒萬曆甲辰九月廿九日，壽八十一。李氏，葬土門老墳。	科，袁氏。
			雲祥，號教讀公，例授候門教讀。生嘉靖戊子九月十三日，卒萬曆庚子八月初四日，壽七十三。沈氏，無嗣。葬土門老墳。	州，承嗣雲霄子。苟氏。
		盛，號老四公。蒼氏。	雲漢，翁氏。	一元，張氏。
				一登
		四。無嗣。		

續上

五世	六世	七世	八世	九世
江	可久			
	可珍			
	可大，無嗣。			
	可用，孫氏			
淮	文秀，余氏、郭世、張氏。	郅隆，張氏。		
		郅美		
敬吾	元哲，生員。桑氏	啟禎		
	承羨			
從吾	康年，生員。宋氏。			
	嘉年，黃氏。			
府	汝英			
州	汝璉，承嗣縣子。			
縣	汝金			
	汝玉			
	汝瑞			

五世	六世
衛	汝光
	汝輝
科	汝器
	汝和
	汝賢
一元	伯林
一登	伯森

另表

一世	二世	三世	四世	五世	六世	七世	八世	九世
□	□	寬，號西門公。張氏。	錦，馬氏。	恩，荊氏。無嗣。				
				榮，周氏。				
			鉞，劉氏。	祿，袁氏。	應春，張氏、沈氏。	政		
						敘		
						敏		
					應夏，紫氏。	孜		
					應秋，劉氏、張氏。	敦		
			鍠，楊氏。	申，吳氏。	世厥，張氏。	通		
				仁，李氏。				
				經	應時，無嗣。			
				忠，劉氏。	良，齊氏。			

按老四公所藏祖先圖有此二公，皆絕無後矣。不知與幾世同行，故附世系後。

世傳第三

贈君公，諱信，字汝實，宗長公子。家故貧，公以營業養親，弗克就學，乃喜聞書中語，每遇人言古今興亡大概及古人忠孝節義事，聽之忘倦，至廢所業，有弗恤，人多誚之。公曰：「吾少失學，不能讀書知義理，今聞古人言，不覺愉快，雖廢業，庸何傷？」聞已，輒能見諸行事，因自號曰誠菴，取誠實不欺意以自勵。

公生平不飲酒，不言人過，人有犯者，輒閉戶遜謝，不與校，終身足跡不入公府。值歲祲，公嘗併日一食，而父母之養必備。晚歲，督先君學最嚴，以爲讀書當依書中語行，不可徒口讀也，先君每爲從吾兄弟誦之。嘉靖甲午，先君領鄉薦，時公年已八十有四。公喜，謂先君曰：「吾老矣，猶及見汝成立，吾死且無憾，第願汝將來無忘今日寒素耳。」先君爲之泣下。明年，公卒。先是公八十時，以恩例授高年爵一級，卒後十有九年，歲癸丑，以先君保定考績，誥贈公奉政大夫，直隸保定府同知。

中丞少華許公銘其墓曰：「慥慥先民，素履孔純。去華敦實，不淆本真。」太史石簣陶君爲公傳稱：「公隱田間，心嗜傳籍，可謂有士君子之尚。」皆實録云。

老四公盛，爲人慷慨仗義，產業不踰中人而好施予，人多以此德之。天性尤孝，時先君宦遊燕、晉，而公有兄三人，又俱貧，公雖支子不祭，每歲時伏臘，念祖先祀事不可廢，必率族人行之。祭畢，燕諸族人，講明聖諭，人人感服。以壽終。

長房公在，贈君公長子，故稱長房公，勤儉孝友，出自天性。稍長，念贈君公老，一切家事悉力任之，晝夜躬作不言倦。時兄弟三人同爨，而先君時爲諸生，束贄糗糒咸取辦於公，由是鄉黨宗族咸稱其孝弟。不幸先贈君公而歿，年僅三十八，人皆惜之。先君每言及，輒泫然泣下不能已。有子曰江。

次房公守，贈君公次子，性善飲，不治家人生產業，每飲輒醉，醉後嬉嬉如也，中無他腸，兄弟間相得甚歡。年亦三十八而歿，人皆以爲異。有子曰淮。

先君奉政公，諱友，字益卿，初號南野，後更號兑泉，贈君公第三子。垂髫入鄉塾，家貧不能購書，借鈔誦讀，每至丙夜。弱冠遊邑庠，讀書常忠武祠。授徒以養父母，每試輒詘其曹，督學漁石唐公特器重焉。嘉靖甲午，以詩舉于鄉，明年贈君公歿，哀毁踰禮，居憂杜門，儉約尤甚諸生。時戊戌，再上禮闈不利，嘆曰：「家貧，親老奈何不就禄養，而必于一第爲哉？吾父不可起矣，如吾母何？椎牛不如雞豚之逮存，何言詘也？」乃以乙榜就屯留學諭。屯留故僻邑，人不知學，先君日爲講授經義與作文彀率，又時自作以爲程。束脩問饋，一切謝絶，士習翕然。素許李尚智、李之茂、馮典爲決科。庚子典浙江試，爲留三幣於司訓王先生所，王先生及諸生咸駭異之，以爲屯留不發科第者數十年，且應試止六人，而今必其三，且必其爲某某，即卜筮神術未足驗也。已而三生果皆得雋，人始歎服。晉中且相傳以爲奇事。後尚智成進士，之茂爲御史有名，又不止一時並登已也。從此發解登第者濟濟相望，非復曩時屯留矣。

壬寅，膺行取，因送先王母西歸，稽皋途次。比至京，考選已竣事，授山西岢嵐知州。主爵者原擬京秩，乃以送母故，止得領一州郡。或爲先君悔，先君謝曰：「母老矣，安忍急功名以貽母跋涉憂！今母得優遊里第，即州郡有餘榮矣，何必京秩哉？」欣然捧檄，復奉母之任云。

岢嵐逼近虜穴，數被剽掠，歲且大侵，先君省刑薄斂，一切居之以寛。其衛卒擾民者，繩以法。又念城墉壕塹爲扼虜之要，殫力築浚，爲久遠計。不期月，閭閻安堵，虜聞風遠遁去，一時政聲蜚三晉。會忻州凋敝，一歲三易守，衆議非先君不可，乃調忻。忻繁劇數倍岢嵐，土俗善訟，糧税不時入，而宗藩又多闌敓民田，歲額爲損。先君治之，知非岢嵐比，乃嚴立科條，與民更始。時有二豪健訟，一夕各攜妻孥竄去，里人至釃酒相賀。又于婚喪不時者禁，賭博奉左道者禁。久之獄訟衰減，逋賦日完，民間去田復還，宗藩莫敢撓者。曾、翁二中丞深重之，咨詢邊計，屬以募商飛輓，繕修邊垣。有功薦于朝，上賜金幣，加四品俸，尋晉保定府同知。保定爲京師通衢，途次多盜，行旅戒嚴。先君職清軍，爲立保甲，增墩鋪，道路肅然。屢署郡篆，循聲最畿輔。三載考績，進階奉政大夫，贈先王父如其官，王母田封太宜人。時王母年九十高矣，先君奉冠帔稱觴爲壽，喜曰：「吾志遂矣，不歸胡待焉？」于是奏記兩臺，乞終養。會有言者，遂浩然歸。歸之明年，王母以上壽終，鄉人咸稱歎，以爲孝感所致。相羊泉石，十有三年卒，是在乙丑。

先君至性過人，常慟先王父不逮禄養，乃以母故謁選。事先王母，色養備至。每晨昏，必冠帶詣牀前問安否；朔望，必冠帶夙興，再拜牀下，以爲常。先君有女兄三，長次早亡，獨季在，先王母最憐愛之。先君先意承母志，每俸入，必奉母任所取。先王母笑曰：「我惡用此阿堵爲哉？」先君曰：「曷留之，以予季姊。」先王母大喜。先王母歿，先君體母意，奉養終其身。故居盡推與二兄，撫其子女，爲之婚嫁不言費，其篤倫大較如此。

素善臨池，楷書逼真顔魯公，草書有晉人風骨，第不輕與人書，故傳者少。今家塾有所書宋儒理學詩及論學語數幅，從吾謹裝潢珍藏之。詩工五言律，今遺墨蹟數首，從吾將模刻以傳。其他行實詳載大參似泉曹公撰志，太史漪園焦君撰傳中。

先君生敬吾、從吾、養吾。敬吾有駿聲，博士籍。從吾重負君親，不足稱。養吾早殤。馮從吾曰：「我馮氏世以布衣，自先君以儒術顯，而先王父始沾恩命，余兄弟始知誦詩讀書。我馮氏得稱衣冠之族，寔自先君始。是先君在吾宗，蓋家世所由光裕，所當百世尸祝焉者也。凡我後人，尚其念哉。」

戶首公雲龍，字汝化，爲人倜儻有才，而復寬厚有量，族衆推公爲戶首，凡戶内一切差徭，俱公督納，公私稱便。性尤孝友，同胞兄弟三人，父歿，有母在堂，公獨力奉養。比歿，又獨力襄大事，諸凡從厚。其兄若弟，惟視己成事已耳，在人情以爲難。卒年八十又一。

漢陽公江，長房公子，生數歲而孤。先君鞠育之，後攜之宦邸，察無他腸，凡私宅門戶鎖鑰，悉命收掌啟閉。公廩廩奉法惟謹，先君由是益信任之。每俸入，輒分與，辭不受。性行篤實而短于才，凡經營商賈事，一切茫然。至〔二〕今族人稱「爲

〔二〕 光緒本原作「生」，據天啟本改。

人忠厚者」必曰漢陽公。漢陽公所自號也。

外傳第四

田太宜人，贈君公，咸寧處士畯女，以先君貴，封太宜人。中丞許公誌其墓稱：「太宜人賦性凝重，初適公時，百事微促。太宜人以勤儉相之，而家無闕事。姑性嚴厲，太宜人以孝順承之，而婦道用光。鞠育子女，以長以教，使之各有成立，而母儀咸至。且晚從宦所，勉子克服官箴，而大有聲譽，可謂賢也已。」人以爲實録，非溢美。

先君就屯留，時太宜人春秋七十五，老矣。先君以板輿迎養，徘徊邸舍者垂十有六年。至嘉靖癸丑，先君致政歸，太宜人尚白頭無恙。明年甲寅六月十六日，無疾而卒，距生天順甲申六月廿六日，壽九十有一。與贈君公結髮偕老，並登上壽，世尤以爲難。生子女各三，先君最少。

翟宜人，奉政公，同邑處士紳女，贈宜人。宜人歸先君奉政公時，先君爲諸生，家徒四壁，宜人不厭糟糠，相先君學。比先君薦鄉書，而宜人歿，是在嘉靖乙未，子女無所出。歿十有九年，先君考績，宜人獲被贈典，稱制宜人，得其所歸，而乃早世。夫既有位，爾宜並榮。服此明恩，永光幽穸。嗚呼！宜人歿且不朽矣。

先宜人劉氏，奉政公，西安前衛人，河南衛輝府通判一軒公璽女，封宜人。先宜人生，三歲而喪其母張媪，即知哀慕。稍長，事繼母邢媪甚孝。邢生二弟，復相友愛。一軒公異之，會舅憲副前溪公行守潞安，謂一軒公曰：「是非凡女也，慎勿輕字云。」

嘉靖乙未，前母翟宜人歿。越三年，戊戌，先宜人歸先君。是時先君初就屯留學諭，偕先宜人往。先君家故窶且寒氈冷局，諸凡窘乏，先宜人躬操井臼、炊紉，不少暇逸，事姑田太宜人先意承志，曲盡孝養。太宜人性方整，寡言笑，先宜人獨得其歡心。比病革，猶執先宜人手，連呼曰「我孝婦，我孝婦」云。從先君宦遊十有六載，公壼之内，儼若朝典。先君所至有聲，則先宜人内助之以也。先君解保定組時，翟宜人父母尚存，貧且甚。先宜人爲衣食之，終其身，仍以禮葬。乙卯，關中地震，壞翟宜人主，先宜人亟重作之，歲時躬奠祀焉。撫庶子養吾，無異從吾兄弟，不幸而殤，慟哭不已。服飾喜樸素，翟冠霞帔，非有大故，未嘗輕御。自奉甚儉，而恤孤貧，睦姻族，則又甚厚。兩伯父殁，遺子女，悉撫育，婚嫁仍厚遺之，俾各得所。故至今兩從兄夫婦及諸族嫗每念及，輒泣數行下，則德人之深可知也。

生平多病，先君殁未三年，坐不勝哀，病遂劇，伏床褥二年，而從先君地下游矣。是爲隆慶己巳十二月十八日，距生嘉靖甲申七月初五日，春秋四十有六。諸懿行詳司農大夫中南李公撰志中。

馮從吾曰：「先奉政公殁，從吾纔九歲。先宜人殁，從吾纔十三歲。彼時羸病纏綿，生死未卜。二尊人目且不瞑。今從吾藉餘澤，叨有今日，而二尊人不及見也。風木之恨，曷維其已。嗟嗟，悲夫！」

贈君公女，一適盛經，一適張禄，一適馬鸞。

長房公女，一適王珂，一適後衛百戶崔以仁。

次房公女，一適柴應祥。

敬吾女，一適黄國璋，一適弓自起。

從吾女，一適咸寧庠生王紹經。

元哲女，一適郭伊，一適劉仕明，一適商彝。

馮從吾曰：「族女以人衆不盡録，且殁者又多無所考，故止録吾本支者云。」

譜訓第五

馮從吾曰：「譜訓，余小子不敢自爲之，古今名家言之詳矣。余因采其言之一二尤要者列于篇，與族人共覽焉。」

蘇氏族譜云：「嗚呼！觀吾之譜者，孝弟之心可以油然而生矣。情見乎親，親見于服，服始于衰，而至于緦麻，而至于無服。無服則親盡，親盡則情盡，情盡則喜不慶、憂不吊，喜不慶、憂不吊則途人也。吾之所以相視如途人者，其初兄弟也。兄弟其初，一人之身也，悲夫一人之身，分而至于途人，此吾譜之所以作也。其意曰：分而至于途人者，勢也，勢吾無如之何也已，幸其未至于途人也，使之無至于忽忘焉，可也。嗚呼，觀吾之譜者，孝弟之心可以油然而生矣。」

羅一峰云：「夫一族之中，尊于我者，祖父行也，爲伯爲叔；同于我者，伯仲行也，爲兄爲弟；卑于我者，子孫行也，爲侄爲從侄，爲無服侄。其初一人之氣所爲也，譬諸一身焉，爲耳爲目，爲口爲鼻，爲手爲足，爲頭項背爲五臟，内而爲骨髓，外而爲皮膚，百體具焉，一人之氣所爲也。一體有疾，手爲之擘，足爲之踴，口爲之呻吟，其自刃自戕，蹈水赴火，非病心風狂，或有所憤激，誰不欲保其身乎？至于視其族，則不若視其身，非惑之甚與？」

鄒氏譜序云：「昔者小宛之詩，兄弟相勉以善而作也。曰：『明發不寐，有懷二人。』蓋念其先也。曰：『各敬爾儀，天命不又。』所以承先德而獲福于天也。儀也者，父子兄弟相接之禮也。父而能敬，則無弗慈矣。子而能敬，則無弗孝矣。兄而能敬，則無弗友矣。弟而能敬，則無弗恭矣。夫而能敬，則無弗義矣。妻而能敬，則無弗正矣。姑而能敬，則無弗惠矣。婦而能敬，則無弗順矣。敬，德之聚也；福，德之原也。故父慈，父之福；子孝，子之福；兄友，兄之福；弟恭，弟之福；夫義，夫之福；妻正，妻之福；姑惠，姑之福；婦順，婦之福。古所謂『自求多福』，在我而已。若驕慢侈肆，以喪失其儀，父子相雪，兄弟爲讎，夫妻反目，而婦姑勃谿，雖富連阡陌，官居鼎鼐，其何福之有？」

周氏譜訓云：「族有長幼卑尊，天所秩敘，豈貴賤賢不肖及一人喜怒愛憎所得升降？吾不知敬長，恒忌長之不我愛，及其爲長，又不能愛幼。吾不知恤卑，遽怒卑之不我尊，乃其居卑，又不能承尊。所謂藏身以恕，而躬厚薄責，恐不若是自便也。茲弊相沿，徒知右冠裳而左天倫，尚望我二三士類常相與講明躬率之。偶閱東園友聞：『昔有富翁方對客談，適有垢衣敝屣如屠沽者自外至。翁肅起，迎之上座，退而拱立。其人曰：汝坐。翁乃坐。客問翁彼何人，翁曰：某族叔父也。客哂之曰吾族則無此。翁曰：但君族未廣耳。客大慚。』夫一手五指，誰能齊一？矧族至數十人，寧得盡富貴賢哲？乃倫序固自在也。凡我同宗，幸尚念之，其毋令此翁與垢敝如屠沽者聞之，呷然而笑。」

齊家要約云：「譜之作也，原世系，序昭穆，列賢否，萃涣散，睦族之道也。世之人苟無宗譜，則不知身所自出。即有之者，又數十年不一修，愈久愈湮，後來莫得其實，誠可陋也。雖然譜之義二：譜者普也，普載祖遠近、姓名、諱字、年號，以示後人之不忘；譜者布也，敷布流澤，廣遠世德卓異，以示後人之不悖。非特著世次，章故顯，以誇耀門閥而已。凡各宗子姓之賢達者，宜溯流窮源，續加修訂，近者十年，遠者二十年。書生卒，明配適，記葬所，跡行實，以垂不朽。不惟睦族有道，而宗嗣之衍亦無真贋之失矣。」

譜既成，或曰：「聖諭六言及呂氏鄉約、文公家禮尤譜訓之最要者，子胡不言之？」馮從吾曰：「聖諭六言及呂氏鄉約、文公家禮今爲令甲，余不肖自當僭爲族人倡之，以附于吾學從周之義，又何敢私取而列之吾譜中也？」或者唯唯，余復書此，以諗族人。

六世孫元哲、康年、嘉年〔二〕仝校。七世孫澄若、溥若，八世孫繼先、繩先重梓。〔三〕

〔二〕「嘉年」後，萬曆丁巳浙江本、天啟本有「承羕」二字。

〔三〕萬曆丁巳浙江本無「八世孫繼先、繩先重梓」，萬曆丁巳浙江本、天啟本無「七世孫澄若、溥若，八世孫繼先、繩先重梓」。

卷二十

馮氏家乘自序

萬曆丙午，余爲余族譜，而先世之載多散逸不傳，族長老又莫能悉，嘗仰天太息曰：「嗟哉，悲乎！余小子將安所徵焉。杞、宋之事，孔子傷之，爲文獻不足故也。夫當吾世而使先世之載散逸不傳，繼述之謂何？」於是謀諸伯氏敬吾，裒輯家塾所藏誥敕及誌傳諸遺文，得僅存者若干篇，彙次成帙，題曰馮氏家乘。爰付梓人，[一]公諸族衆庶，使後之子孫有所藉以考證云。

嗚呼，嘗見士大夫子孫蕩費者無論，即號稱能守者往往經營産業，善逐什一之利，至問及先世誌文，曰：「無有也。」問及先世試録，曰：「無有也。」如此又何論他藏書哉！此其人與蕩費何異？夫子孫而曰能守，亦賢矣，豈其智不及此意？若曰是皆故紙無用者耳。不知子孫之賢不肖正辨於此，不專在産業盛衰間論也。

嗚呼，先大夫歿爲時未遠也，而今諸籍且多不可考，矧後世乎？後之視今亦猶今之視昔，百爾後昆，凡有所得，尚續爲增補，毋徒以故紙視之，重余不肖之罪可也。是歲陽月朔日，長安馮從吾書。

[一] 光緒本原作「殺青」，據四庫本改。

馮氏家乘

誥命

奉天承運，皇帝制曰：國家錫命於臣，而必逮其親者，所以慰孝子之心，而益以勵其忠也。爾馮信乃直隸保定府同知友之父，德善之積，有聞於時，慶澤所鍾，乃在於子，宜加茂渥，振爾遺芳。茲特贈爾奉政大夫、直隸保定府同知，歿而尚有知也，其承朕之休命。

制曰：婦人之善不出閨閫，而賴子之賢，或以表見於世，故人臣之克自砥礪者，非以顯親之故歟！爾田氏乃直隸保定府同知馮友之母，爲婦有宜家之賢，爲母有積慶之實，宜推褒賚，以示寵嘉。茲封爲「太宜人」，承冠帔之榮，衍桑榆之慶。

制　誥

嘉靖三十一年六月初八日

之　寶

奉天承運，皇帝制曰：國家設郡守，以敷宣德化，保育元元，任至重也。然地大民衆，獨理爲難，故又設庶寮以佐之，而必得廉明端謹之人，乃克有濟。爾直隸保定府同知馮友，發跡賢科，歷官州守，才猷茂著，晉貳大邦，乃益能持慎秉公，贊修政務，稽年書績，上達予聞，特進爾階奉政大夫，錫之誥命。夫朕懸爵禄以待士，惟其稱而已。以爾敬事之心，而益思懋焉，則何階之不可至。欽哉！

制曰：朕惘士大夫之配，同艱辛於家食之時，而不得同其寵貴也，于疏恩之際，必追及焉，所以厚人倫之始也。直隸保定府同知馮友妻翟氏，得其所歸，而乃早世，夫既有位，爾宜竝榮。茲贈爲「宜人」，服此明恩，永光幽穸。

制曰：婦主饋祀，位不可虛，故室必有繼，而國典亦及焉。直隸保定府同知馮友繼妻劉氏，克修婦道，以相其夫，致能盡心于所職。茲封爲「宜人」，式昭中閫之榮，用爲有家者勸。

制　誥

嘉靖三十一年六月初八日

之　寶

誌銘傳表

明誥贈奉政大夫直隸保定府同知誠菴馮公配封太宜人田氏合葬墓誌銘

賜進士第嘉議大夫都察院右副都御史奉敕巡撫遼東兼贊理軍務西京許宗魯撰

嘉靖乙未五月二十六日，贈保定府同知誠菴馮公卒，距生景泰辛未二月三日，壽八十又五。越甲寅六月十六日，厥配封太宜人田氏卒，距生天順甲申六月廿六日，壽九十又一。卒之再朞丙辰十一月十七日，合葬於長安城西南隅木塔里之新塋。

公故長安人也，諱信，字汝實。祖泰，父海，母康氏實生公焉。公少慷慨有志向，然以營業事親，弗克就學。比長，欲知古今事蹟，日延博識之士，聽其評話，至廢所業，有弗恤，里人多誚之。公曰：「吾少失學，不能知古人所爲。茲得聞古今興衰理亂，忠孝節義，亦長識補拙之一助也，雖妨其業，所得不既多乎？」聞者皆服其好學。自是若事親交友，處己待人，率以所聞者見之行事。質直以範鄉，勤儉以教族，節飲以保生，居易以俟命，鄉人爲之語曰：「誠菴公可謂不負其名號矣。」

其配太宜人者，咸寧田翁畯之女也，賦性凝重。初適公時，百事微促，太宜人以勤儉相之，而家無闕事。姑性嚴厲，太宜人以孝順承之，而婦道用光。鞠育子女，以長以教，使之各有成立，而母儀咸至。且晚從宦所，勉子克服官箴，而大有聲譽，可謂賢也已。

有子三：長在，次守，皆守恆業。在娶高氏，生子曰江，其妻則李氏，通政公之孫女也。守娶馬氏，生子曰淮，其妻則師氏，知府公之孫女也。最少者友，生即靈悟，公教之學。嘉靖癸未，得遊邑庠。甲午，中式鄉試，就教屯留，行取岢嵐，既以治平，移守于忻，尋遷保定同知。三載考績，得贈公如其官，母爲太宜人，鄉人榮之，謂公母累善之報也。友娶翟氏，繼劉氏，通判公之女也，生子省吾，幼尚未字。女三：一適盛經，一適張禄，一適馬鸞。孫女二：一適柴應祥，參政公之侄也。一適崔以仁，後衛百戶也。曾孫三：曰重孫，曰年孫，曰舉孫，俱幼也，亦可謂蕃衍矣。

嗚呼！公與宜人獲壽于天，食報于子，謂非積善餘慶能然乎？爰著銘詞，以範末俗。銘曰：

慥慥先民，素履孔純。去華敦實，不淆本真。頎頎碩人，克相其君。伯鸞之配，德耀之鄰。履善不斁，嘉慶乃集。鼎養綸褒，載赫載奕。偕臻上壽，載纘其冑。福善有訓，展哉弗謬。城之兑隅，靈氣所儲。有美茲丘，二老止且。

馮封君傳

賜進士及第翰林院國史編修文林郎年家晚生會稽陶望齡著

司馬遷言河、華之間，其民有先王遺風，好稼穡，殖五穀，地重重爲邪。迨漢都，四方輻輳，日以玩巧。然班固盛推西京，紱冕冠蓋，爲英俊之域，雖去質漸遠，其文物都麗，軼于往古矣。

明興，關陝在西服，去京師遙。漢、唐佳麗華巧之習，百千年餘湔滅蕩盡，雕琢之後復還于樸。然賢俊浡發，博雅方聞，君子接起此地，視諸郡國特盛焉。蓋有岐、邠、豐、鎬淳固之舊，而加以漢氏之文采，故關以西文質之美，莫備于兹世。

長安馮封君者，諱信，字汝實，號誠菴，以子友貴，封爲保定府同知。封君少貧，躬作務以養父母，于學弗暇也。顧喜聞書中語，每遇人言古今興亡大概及忠孝節廉之事，聽之忘疲，或竟廢日失業。有誚之者，公謂曰：「吾不幸少賤，未嘗得讀書，知義理，今聞古人言，吾耳新，心孔爲開，竊自幸所獲厚矣，諸君顧爲我虞耶！」然公聞已，輒能試之踐履，名行日有稱，人謂馮公耳讀勝人以口誦也。

公有子三人，而保定公最少，遂貴顯，所至樹吏績。至其孫從吾，讀中秘書，起爲名御史，益張大之，其好古嗜學之報哉！夫先王之隆也，其田野隱居，有士君子之雅風，其士君子無失田野隱居之意。迨其衰也，稼穡化而玩巧，況紱冕冠蓋之儔乎？馮封君隱田間，顧心嗜傳籍，可謂士君子之尚矣，再傳益榮顯而質行逾茂。以予觀吾友仲好，瞿然山澤士也，豈非公之詒哉？公春秋八十五乃卒，配田夫人，九十加一焉。其生景泰、天順，歷成、弘、正、嘉之間。雖周世太王、王季、文、武之烈，蔑以加矣。其壽考龐固，有繇也夫。

明誥贈奉政大夫直隸保定府同知誠菴馮公配封太宜人田氏合葬墓表

賜同進士出身嘉議大夫刑部左侍郎前都察院協理院事左僉都御史寧陵吕坤撰

呂子曰：「儒者之道，先根器而後問學，賤空譚而貴實體，夫苟真信真行，即一知半解，受用終身。不則破萬卷，窮五車，直書肆耳，奚貴多？堯服堯言未必真堯，乃徐行後長者稱堯舜，奚事冠履裳衣、聲容笑貌哉？」余讀許少華誌銘及陶石簣所爲傳，乃知誠菴馮公爲真儒云。

公名信，字汝實。少貧，孝弟力田，欲讀書，弗能，顧愛讀書者。比長，好親儒，論說古人言行，至廢農弗治，不知疲。有誚之者曰：「士老于詩書，猶然爾我，子道聽何爲？」公曰：「忠孝節義，無若古人。我失學，倘聞長者一二語，藉以成身，所得不既多乎？」自是體認所聞，砥礪刻苦，事親孝，交友信，處己約，待人恕，以勤儉教家，以節慎保身，居然學校中人。一時學校士亦相與推重，謂弗及云。

封太宜人田氏者，與公匹德。公家故粟布，宜人至，日益饒。姑性嚴難事，宜人曰：「我事當無難。」期年後，終身如母子。

生子三：長在，次守，皆業恆産。最少者名友，生而了慧，公命之學，曰：「吾弗學，不入士林，幸與學者學，不見棄於士林，爾其學哉。」友下帷發憤。嘉靖甲午，舉於鄉。明年乙未，公不待祿養矣，卒年八十有五。友曰：「幸有母在，今不及五斗，須萬鍾何時？」乃乞氈教授屯留，陞嵩嵐守，以望調忻，皆最績。陞保定府同知，三載署上上考，贈公如其官。友四仕，太宜人皆就養，有崔母盧氏風。友所至，著聲稱，號名宦，則贈公之身範，宜人之母訓也。友之子從吾，少無俗韻，自家塾日不爲章句學，登萬曆己丑焦竑榜進士，選授翰吉，拜監察御史。在諫院數上疏，繩愆指佞，語皆切直，一時號名侍御。當事者銜之，遂削籍歸，而講心性學關以西，聲應景隨，從遊者幾千人。監司慕其風尚，爲建關中書院以容之。其講習指要，惟重躬行，曰：「致知者，力行之指南也。致知不力行，如跛僧談相輪，徒知何益？吾先大父贈公重躬行，常語先子云：『學者學其所行也，吾學足以供吾行，而行不及，吾恥之。予小子惟祖武是繩，豈敢隕墜？』」吁，嗟乎！侍御之克肖，無論已，余獨羨贈公學脈，貽謀之遠也。昔泰州根器卓絶，悟心學於鹽場，遂爲姚江高弟，至其子若孫無聞焉，無亦學樂之說，不可繼與。夫樂養盛，自致者也。說由時習，自得由於深造。孔子忘憂，由于忘食，樂如之何可學？侍御之學，贈公之學也。其曰：「喜怒哀樂中節，子臣弟友盡道，非戒慎恐懼不可。」茲砥礪刻苦之心傳乎！余平日以憂勤惕勵自鞭策，顧躬行每不逮，常親炙侍御而嚮往之，因知淵源家學自贈公始。余故表諸墓門，以諗同志。若世系之詳，則兩世誌銘備矣。

明奉政大夫直隸保定府同知兑泉馮公墓誌銘

賜進士第大中大夫貴州布政使司左參政奉敕督理大造版籍咸寧曹韓撰

馮公名友，字益卿，别號兑泉，長安人也。三世祖泰生海，海生信，配田氏，生公兄弟三。公穎敏雅重，童稚時不與群兒戲。父命之學，即苦心極力爲之。家貧不能購書，藉録誦讀，日不出户，夜或達旦忘其寢，果以文進庠生。嘉靖甲午舉於鄉試，禮闈不第。父卒，終制再試，復不第，乃就屯留學諭。屯留故山邑，人不知學，不能舉科第。公日爲講授經義，教之作文，亦自作以爲式。又食於考時，周其貧乏，不惟束脩之餽卻之而已。學規嚴整，諸生俯首聽命，無敢喧譁。素奇李尚智、李之茂、馮典，期必中。庚子，聘浙江主試事，留賀幣於王司訓，已而三生果皆中式，自是科不乏人，發解登進士，非復曩日屯留矣。公作人之功，豈小小哉？

壬寅，行取晉岢嵐知州。州近邊虜，〔一〕數被剽掠，歲且大祲。公省刑薄斂，一切處以寬簡，民德之。有投白金報謝者，即怒詈斥去。衛軍擾民，悉繩以法曲處。修築城池，堅實壯固，岢嵐百世之利也。民興青天之謠，播諸當道。會忻州凋敝，一年三易其守，衆議非公不可治，乃調守忻州。岢嵐之民攀轅卧轍不能留，爭畫像以祀之。

公守忻州，政尚嚴明，立婚喪論財尚靡之禁，申賭博崇奉異端之條。始治一豪民，而二豪肆惡十餘年，莫敢誰何者，一

〔一〕「虜」，據萬曆丁巳浙江本、天啟本補。

夕攜家竄匿。里人至釃酒相賀。民俗健訟者，罰粟以示戒。相襲不納官糧，則峻法追徵，無敢後期。王府占種民田，悉令還之，仍按籍徵租稅，以充民之逋賦，人不敢撓，公亦無所畏。監司行部者歎獎，尤爲曾、翁二都御史所重，延諮邊計，委以募商飛輓，繕修邊垣，有大功績。薦於朝，上賜金幣，加食四品俸，尋陞保定府同知。考績，受誥命，贈其父奉政大夫，如公官，母封太宜人。

公職任清軍，乃立保甲，建墩臺，以禦響馬。攝行府事，猶多幹濟，吏不得爲奸。鄰郡訟不能決者，率取決於公。邊情重大，委公覈勘，一時賢聲甲於畿內。薦剡沓上，前後凡有十三，指日擢無疑矣。值有事忤元宰，御史按郡國者希宰意，遂中以萋菲之言。

先是公以母老屢疏，乞終養，不許，至是欣然奉母歸，曰：「吾志遂矣。」甲寅，母卒，葬視父愈厚，以爲吾力可能也。三年之喪畢，卜築別業，課農訓子。或坐茂樹下，登所作望山樓，縱飲嘯傲，時製新聲小令以自娱。張筵款客，情禮曲盡。晚年益豪放灑落，黔髮雄步，人以爲百歲可期也。遽耳後生一瘡，初不以爲意，猶莊居。及漸長，入城治之，輒不愈，五六日卒矣，時乙丑五月廿三日也，距生正德丁卯正月十五日，享年五十九。嗟嗟，傷哉！公少貧，苦學以得官，尤能以廉介自持，故居盡與二兄，撫其子女，爲之嫁娶不言費，斯人所難能也。

元配翟氏，處士紳之女，贈「宜人」。繼劉氏，通判璽之女，封「宜人」。長子敬吾，庠生，娶楊氏，大尹楊公虞泉女。仲從吾，季養吾，俱幼。孫男一，曰元哲。敬吾自狀公行，乞銘於余。卜以卒之明年十二月十有六日，葬公城南木塔里，從親兆也。兆創建於公，門堂華整，封植宏固。余習知公爲孝子，銘曰：

位不滿德，壽僅耆年。物理盭恒，天道之愆。家以公振，父以公貴。有子有孫，玉麟丹桂。不盡者福，不朽者名。貽之萬祀，逝矣如生。佳兆城南，二親中厝。左侍以昭，大夫之墓。

馮大夫傳

賜進士及第翰林院修撰承務郎年家晚生焦竑著〔一〕

馮大夫，名友，字益卿，長安人，官至奉政大夫，學者稱兑泉先生。童稚入鄉塾，雅知自重，不爲群兒嬉。家貧不能購書，手寫誦讀，日夜不少休。時已知種學績業，嶄嶄自樹矣。弱冠遊膠庠，每試輒詘其曹。嘉靖甲午舉鄉試，一再上禮闈不第，嘆曰：「母老矣，椎牛不如雞豚之逮存，何言詘乎？」乃就屯留學諭。

屯留遠在山中，人不知學，大夫日爲指授經義與作文法度，亦時自作以爲程。束脩問餽卻不納，一時諸生俯首聽命，無敢喧嘩者。素許李尚智、李之茂、馮典三人之爲文。庚子之浙江典試，留幣爲賀，已而三生皆得雋，自是發解登進士者項臂相望，非曩時比矣。

壬寅，晉崞嵐州知州。州苦虜，數被創，歲且大祲，大夫省刑薄征，一切居之以寬，民德之。衛卒擾民者悉繩以法，又念城墉壕塹爲扼虜之要，殫其心計，且築且濬，蓄財無冗浮，役無罷病，而井井章章。垂百世規者，大夫力也。會忻州凋敝，一歲三易守，衆議非大夫不可，乃調守忻州，士民欲留之不得，爭畫像祀之。

至忻，知非崞嵐比，爲嚴立科條督之。婚喪不時者禁，賭博奉左道者禁，諸惰窳頽廢爲之一新。一豪民骫法，痛懲之無貸。時有兩人，肆惡十餘年，莫能問，一夕各攜孥以竄，里人至釃酒相賀云。土風善訟，稅糧不時入，又藩封闌奪民田，歲額爲損，至此獄訟衰減，逋賦日完，民間去田復還。監司行部者才大夫，藉藉不容口。曾、翁兩中丞尤重之，咨詢邊計，屬以募

〔一〕光緒本無「賜進士及第翰林院修撰承務郎年家晚生焦竑著」，現依天啟本補入。

商飛挽，繕修垣牆。

有功薦於朝，上嘉之，賜金幣，加四品俸，尋晉丞保定丞。職清軍，乃立保甲，增墩臺，令剽掠者不得騁。攝郡事，入手輒辦，吏胥不敢仰視。鄰郡獄不能決者，率歸大夫。廉幹之聲最畿輔，薦剡且十有三。上顧以事忤元宰，御史按郡國者希宰意，中以萋菲之言。

先是大夫念母老，屢乞終養，不能得，至是忻然奉母歸，曰：「吾志遂矣。」方大夫登賢書，父信八十有一，未逮祿而歿，意嘗恨之，故謁銓爲奉母計，非其好也。是時母田春秋踰七十，大夫以板輿迎養，徘徊邸舍者十六年。視大夫歸榮故鄉，尚白首亡恙，鄉人嘖嘖稱歎，以爲非孝感莫能致也。巖居築別墅，課農訓子，或坐茂樹，或登所作望山樓，縱飲嘯傲，時製新聲自娱。晚年喜客彌甚，張筵談笑，意氣霞舉，人皆謂壽徵。乃僅僅六十而卒，惜哉。

大夫少貧苦，得宦顧以廉自持，故居盡推於二兄，撫其子女，爲之嫁娶，其篤倫敘理大較如此。

元配贈宜人翟氏，繼宜人劉氏，皆有賢行。劉孝事嚴姑，若養前婦之父母，撫側室之子息，人尤以爲難。其能儷美，比德垂裕，後昆有以也。夫史氏曰：大夫二子，長敬吾，仲從吾，以文行著。余舉進士，與仲同年，又同讀書中秘，把臂論文，間及世德，涕未嘗不淫淫下也。蓋大夫逝，仲子九歲；劉宜人逝，十三歲耳。是時羸病纏綿，成立未卜。迨今遊館閣，爲名御史矣，而又不逮以祿養如大夫時，第思以文字不朽其親，亦足悲已。嗟乎，立身揚名，於孝斯大，仲子方存乎圖大，何惓惓風木之恨乎？余睹仲子之悲，且以自悲，因爲傳次以慰之，並以示之人人焉。

奉政大夫同知保定府事馮公墓表

賜進士出身嘉議大夫浙江山西按察司按察使前奉敕督學陝西按察司副使翰林院國史修撰官南新市李維楨撰

三秦多豪傑士。明興，言爲文章，行爲裘綴于天下，自呂文簡而後，何寥寥也。今乃有長安馮侍御仲好。仲好之學，蓋得之其父郡丞公。公弱，不好弄，獨好學。家貧無所得書，乞諸其鄰，手録之，口誦心唯。有不解，至忘寢食，嬴縢履屩，負笈擔囊，辨正于師友而後已。弱冠爲邑諸生，諸生問難響答，因就常忠武祠爲塾，以教授邑人。唐文襄公督學于秦，士鮮所當意，最器公。

嘉靖甲午，以詩舉于鄉。明年，父卒，慟父之不待養也，號哭不欲生，嚌菽飲水，面深墨，杖而後起。戊戌，再上春官，不第，念母老矣，不及以三釜養父，又何可失于母，乃謁選人，除山西屯留教諭。

屯留人學無師承，公教之如爲諸生時，而以澹泊馴，謹身示之範，得高第弟子李尚智、李之茂、馮典三人。歲庚子，公典越試，留三幣于其僚王君所，曰：「三人者必第，是所以志也。」屯留士不第可數十年，其年入試纔六，人人竊笑爲妄，已而三人皆第，三晉人傳爲神。二李後卒爲聞人，屯留自是士輩出矣。會有令，徵諸博士，高等試之，置臺省。公將母還秦，比入都，後期，除知岢嵐州。人度公或有介于懷，公顧色喜，吾位下大夫禄不薄，且秦、晉婚媾之國也，母就養便，遑顧其他。

岢嵐故被邊虜，數爲寇，歲比不登。公相高下，視肥磽，序五種，省農功，占祲兆，謹蓄藏，使僕力而寡能。養六畜，間樹藝，修憲命，勸教化，趨孝弟，使安處而樂鄉。審百工，禁淫靡，辨功苦，尚完利，使足用而物不屈。修採清，易道路，平室律，浚池隍，增城堞，遠斥堠，明守望，使賓旅安而武略振。邊虜[一]覘知我有備不敢犯。諸臺以岢嵐不足盡公才，移之守忻。忻一歲三易守，宗人別封忻者，圉奪民田宅，民好爭訟而逋租庸。公治體則尚嚴，賞不私親近，罰不諱強大。蒞政有頃，宗人斂手戒無犯馮公，訟師一夕徙其家去。左道惑民者，罰無赦。群飲攤錢戲者，罰無赦。婚喪不以時，不以禮者，罰無赦。訟簡賦平，考課爲諸邊冠首。所募商輸粟塞下及繕治諸當路塞，樓櫓甲兵甚設。中丞上其功，賜金幣，加秩俸一等，尋擢同知保定府。

[一] 光緒本疑脫「虜」字，依文意補。

保定，京師股肱郡，俗有燕、趙俠烈風，而善騎射者往往椎埋鈔掠，爲行李患。公設五溝五涂，而樹之林以爲阻固。道旁梐枑櫛比，候人各掌其方聚櫜之，相翔者詰之，横行者、徑踰者，以兵趨者禁之。晝三巡之，以星分夜，以詔夜禁。三櫜以號戒，巡如其晝。步里相望，盜無所容。三載考最，以其官贈父，封母爲「太宜人」。

公奉笄笳帔裳以進，而太宜人年九十矣，遂上書兩臺，請歸養。問寢膳、起居不離左右。朔望，則肅衣冠拜床下，以爲常。有三女兄，惟季在，無恙，母所憐愛。俸入必白母，母曰：「老婦持此安歸？」曰：「然則乞季姊乎！」母爲喜加餐。母歿，而養季姊終其身。先世遺居，以居二兄，而更爲其子女婚姻，其孝友大致如此。

少學顔魯公書，以其書書宋儒講學語，若理學詩，曰：「此純綿裹鐵，正人君子之道也。」詩長五言律，仲好裝潢而剞劂之以傳。仲好名從吾，其兄名敬吾，以明經貢，皆不佞所識拔也。

公名友，字益卿，别號兑泉，年五十有九，葬城南木塔里。其生卒月日、世系配偶、子女嫁娶，具仲好譜傳中。不佞見今之儒者學曾未如肬贅，則具然欲爲人師，儼然而好説，猶傴巫跛匡大自以爲有知，授之以政不達，民多僞態，書多稠濁，此其故矣。馮公執一無失行，微無怠，南面臨官，大城而公治之，養之無擾於時，愛之無寬於刑，吏習而民安，俗儒能辦此乎？孝弟，生人庸行，而先王至德要道也。公篤行孝弟，闇然自修，仕亦如是。不與徒衆，不白名聲，不博光輝，雖曰未學，吾必謂之已學矣。仲好他日俎豆於瞽宗，則有不先父食之禮在程珦、朱松其人也。不佞表公墓門之石，以詔後之學者，俾論世尚友云爾。

明誥封宜人劉氏墓誌銘

賜進士第奉訓大夫戶部雲南司員外郎奉敕督理糧儲兼管通惠河事務源雍李汝蘭撰

宜人，故保定府同知兑泉馮公配也。往隆慶己巳十二月十八日卒，卜今壬申閏二月四日，啟兑泉公壙合葬焉。子敬吾自爲狀，乞予銘。

按宜人姓劉氏，上世宜川人，始祖孝先，洪武間從戎西安前衛，因家焉。祖俊，贈兵部主事。父璽，號一軒，弘治乙卯鄉貢士，任河南衛輝府通判。伯父琰，成化丁酉鄉貢士，任河南新鄉尹。叔父琛，弘治壬戌進士，歷官山西按察司僉事。有司建三坊於門，關中稱世科，必曰「三牌坊劉家」云。一軒公再配張氏，贈戶部郎中傑女也，嘉靖甲申七月五日生宜人，甫三歲喪母，即知哀慕。長事繼母邢甚孝，邢生二弟，復相友愛。一軒公異之，會舅憲副公環行守潞安，謂一軒公曰：「是女非凡，慎勿以凡兒配。」

戊戌，兑泉公喪前配翟氏，母田太宜人爲擇繼室，遂婚焉。既婦，奉侍太宜人色養備至。太宜人性嚴厲，寡言笑，然以宜人故，居常煦煦如也。比臨終，執宜人手，連呼曰「我孝婦，我孝婦」云。

兑泉公以嘉靖甲午鄉貢士，累試春闈不第，乃就職屯留學諭。已陞嵩嵐知州，尋調忻州，已又陞直隸保定府同知。公所至，政聲丕著，士庶永思，語在大參似泉曹公誌中。今狀云：「宜人與公周旋仕途者殆二十年，乃知勸助之功，隱哉溥矣。」兑泉公任保定時，三載考績，朝廷封贈其父母與妻，宜人乃顯被優典，天實佑之矣。

兑泉公致政歸，翟氏父母尚存，貧且甚，宜人衣食之，終其身仍禮葬焉。乙卯，關中地震，壞翟宜人主，宜人亟重作之，時躬爲奠祀。兑泉公多副室，宜人咸加體愛。李氏者生季子養吾，不幸而夭，宜人悼惜之，且慰解李氏者再四。兑泉公卒，敬吾兄弟哀毀骨立。宜人召前，泣且謂曰：「爾父歿，吾豈不能效烈婦者，爲顧以爾輩在。冀其成立，即爾父瞑目矣。」蹌哀奚益焉。乃自理中外事，晝夜督二子學。已爲長男敬吾娶大城尹虞泉楊公臬女。楊氏亡，宜人撫其孫元吉。再娶楊氏，今復亡，遺女一，尚幼。爲次男從吾聘樂至尹西塘趙公三省女，二子皆充庠生，博識礪行，相率取科第，裕如也。凡此雖丈夫者猶或難焉，乃宜人能若是。其視萊婦、鴻妻之曲謹細行，果孰多哉！

夫以宜人之賢，即壽躋耆頤，君子猶且少之計。歿之，年僅四十有六耳。嗟乎，悲哉！此其理莫可究竟矣。李子曰：

「古婦人無誌，然予讀碩人之詩，非所以贊治勵俗耶？顧劉宜人者，容可弗誌哉？」故予採其行實之大者，謹著如此云。至其紀述未盡者，則自有敬吾狀可考。敬吾舊名省吾，今更此，予故申之，觀者鑒哉。銘曰：

於維淑媛，毓秀名門。匪學而慧，匪爵而尊。壽算靡延，令德彌敦。既慶多男，亦育爾孫。瞻彼城南，膴膴周原。玄扃暫啟，豐壟長存。天昌厥後，帝錫重恩。光昭遺訓，永慰幽魂。

贊

兑泉先生像贊

此吾黨先進馮郡丞兑泉先生小像也。先生捐館舍有年矣，履若行，語在焦太史傳。其仲子侍御君從吾奉此遺像于室，伏臘昕夕，敬事如存，不少懈。歲前悽然，就余問贊，闡前美，示後昆，永孝思也。余固夙重其人，敬題三十二字于卷首，如此謂形容有道氣象，竊愧未能萬一焉。萬曆癸卯新正穀旦，江關倦客周宇謹識：

金玉純資，河山秀氣。衍夏文學，希濂光霽。通籍良臣，閒居樂事。士仰前修，儒開後裔。

名宦鄉賢志傳公移

山西屯留縣志

馮友，長安人，嘉靖十七年以舉人任典浙江文衡，造士有方，從此科甲甚盛。是以績底行取，歷陞保定府同知。

山西忻州志

馮友，陝西長安人，舉人，嘉靖二十五年任。剛毅能幹，政尤恤民，陞保定府同知，民至今思之。

山西太原府志

馮友，長安人，舉人，嘉靖間知岢嵐州。嵐被虜數寇，歲比不登。友相高下，視肥磽，省農功，謹蓄藏。又教化勸率，使趨孝弟。以治最，移守忻州。忻一歲三易守，友治體稍嚴，強宗斂手，訟師一夕徙去。中丞上其功，賜金幣，加秩俸一等。尋擢同知保定。

直隸保定府志

馮友，陝西西安府人。由舉人嘉靖間任府同知。儀度魁偉，才力充贍，歷任三載，綽有政聲。

山西屯留縣名宦公移

山西潞安府屯留縣爲公舉異常教職入祀名宦事。

准本縣儒學牒呈。據闔學生員孫敬祖、孫光先、霍應鵬、程行道等連名呈稱遵奉學政一款，凡崇祀鄉賢名宦，須年久論定，公議僉同，備開某事，某事核實呈請。竊照本縣儒學，遠年有教諭馮友，係陝西西安府長安縣人，由舉人嘉靖十七年到任，二十一年行取。溯其去任，業已七八十年。料其蓋棺，或者四五十載。屯之人士追思本官，學能師世化溥作人，文章兩漢之間，最稱爾雅。人物三代以上，卓有典刑。較藝談經，定優劣，明要旨，益堅立雪之成規。濟苦恤貧，助婚喪，賑乏絕，屢蒙觀風之薦剡，禮義範俗，清介維風。當文運之久衰，以振起爲己任。卒之留吁率作，一榜果中三人。至于浙省掄材，一門聯捷四士，即今小邑之多人傑，皆賴本官之破天荒也。

顧徵召于朝，不阿求而萌貪緣之念。即推陞乎府，乃安命而無怨尤之心。蓋自國初以來，獨擅異品，而在嘉、隆之際，鮮儷名賢。令德令聞，愈久愈著。

一本宦筮仕屯庠，修理齋舍，日夜誦讀于中，期中高第。且門庭森嚴，有事惟一老家人傳說，門斗不得擅自出入，其清修有如此。

一本宦月考，每月一次，閱卷畢，在縣西門外公署發落。一等、二等，縣上討紙給賞，鼓吹迎至文廟。三等賞罰無，四等撲責一二示戒。會課每月六會，每會會長批評畢，呈堂親閱，次序領回，其考校有如此。

一本宦屢試生員李尚智、李之茂、馮典，常居一二，不出四五人外。苦于饔飧不給，每每周濟。號舍讀書，晝夜伺察。庚子科，三人應試，本宦因浙江取考，預置牌匾三面，彩旗三桿，揭曉後三人果中，其家人遂將旗牌迎至各門。後尚智官至都御史，之茂官至御史，過本宦家鄉俱厚奠哭拜，其知感有如此。

一本宦見有志讀書生員苗啟東、周自西等，值婚喪不能自舉。雖宦況蕭然，量行周濟，後皆成立，其周恤有如此。

一本宦遇朔望，升堂掣籤講書及子、史，于不明者而發明之，諸生喜于請益，無不到者。視世之升堂畫卯，虛應故事者遠矣，其模範有如此。

一本宦遇按臺宗師行縣視學講書，見諸生作揖，站立班次，前後左右，一一相對，周旋動容中禮，且講書詳明。回院之後，遂下檄優奬，復命首薦，其獲上有如此。

一本宦每遇上司差委署印，一一力辭，束脩不責，最貧者免之，其輕利有如此。

一本宦行取到京，值賄賂甚行，本宦恥于折節，曰：「吾寧不得兩衙門之官，不爲此阿容之事。」竟陞保定府同知，其節操有如此。

茲遇宗師按臨，旌賢崇德，勵俗持風，特准入祀等情俱呈到學，准此覆查相同，仍取具本學官吏、師生，各不扶甘結等緣由俱呈到縣。准此案照先蒙。

欽差提督學校山西等處、提刑按察司副使王□發下條約，爲學政事款，開一嚴典禮。凡崇祀鄉賢名宦，須年久論定，公議僉同。備開某事，某事覈實，呈府覆查，詳道等因，蒙此已經遵守去後。今據前因，惟恐不的，覆勘無異。該本縣知縣藺□，看得原任本縣儒學教諭馮友，課士如子，文章萬斛珠璣，禔躬若鋼，貞介一泓瀅洌，輕財重義，百年猶慕鱣堂。抉旨明宗，三晉今竊虎坐。矧自行山至武林，兩地桃李滿門，即由黌序及黄堂。一盤苜蓿映日，蓋樹規于立雪之後，而衍緒乎良知之支者也。其由申詳，本府轉呈。

欽差提督學校山西等處、提刑按察司副使王□批，據本府呈前事，蒙批據申馮公學行，允可嘉尚，而祀典甚重，務須核實，仰府查確報批行。

本府牌仰本縣官吏，照牌備蒙批呈內事理，即查馮公學行，允宜嘉尚，而祀典甚重，務須查核的確，議擬妥當。俱由取具該縣官吏師生人等，不扶結狀，一樣三本，作速申詳本府，以憑轉報。蒙此行據本縣儒學牒呈，據該學廩膳生員李坤生等連名呈稱，覆查得原任本縣儒學教諭馮友事實。屯留志云：「馮友，長安人，嘉靖十七年以舉人任典浙江文衡，造士有方，從此科甲甚盛，是以績底行取，歷陞保定府同知。」山西忻州志云：「馮友，陝西長安人，由舉人嘉靖二十五年任，剛毅能幹，政尤恤民，陞保定府同知。」保定府志云：「馮友，陝西西安府人，由舉人嘉靖間任府同，儀度魁偉，才力充贍，歷任三載，綽有政聲。」等情具呈到學，據此查無違礙等緣由，牒呈到縣，准此看得馮友淵汗橫溢，縹囊化弘，造士經綸，粲若製錦，政善宜民。初筮留吁，而古杭，而新興，而上谷，所蒞之地，士慕菁莪，民懷召杜。載在諸志，可考而鏡也。夫士論以久而定，非誠有懿行芳規，無以係後思。人心以久而真，非誠有深仁厚澤，何以鐫峴石？宜增光于俎豆，用磨礪于世風。取有本縣並儒學官吏師生人等，各不扶結狀，一様三本，申詳本府轉呈。

欽差提督學校山西等處、提刑按察司副使王□批前事，蒙批據申馮宦立身重名節而黜浮華，造士先器識而後文藝，行可範俗，教善作人。及轉任于名邦，益大展其實用，愛民如子，視國猶家。墾荒田，開水渠，立義倉，葺社學，其澤垂于後者未泯，則功加于時者必深。口碑尚存，志書有據，既經再三行勘無議，允應崇祀，以彰旌勸。仰府發縣舉行，具送入日期。繳帖行本縣，奉此隨將馮教官，遵照批示，于萬曆三十八年三月初六日造主，鼓吹迎送入本縣名宦祠崇祀。訖。

先君殁且四十餘年，計去屯留且七十餘年矣。從吾跧伏深山，方以不克顯揚是愧。今幸遇屯留令偃師藺公，力扶輿論，上書學臺，得祀名宦。嗚呼，從吾即至不肖，聞之寧不知感！爰梓公移，藏之家塾，雖萬子孫，其何敢忘諸公之誼。

不肖男從吾謹跋

陝西長安縣鄉賢公移

西安府長安縣爲公舉儒哲，乞崇祀典，以光幽潛，以振風教事。

奉本府帖文，蒙欽差提督學校、陝西按察司副使洪翼聖[一]批。據本府呈，據府縣三學廩增附生員焦纘祖、邵震元、蕭如蘭、馬元善、任國珣、綫純然、桑本立、張光裕、黄運勷等呈稱，切照遵先聖之途者，開來學之軌，貽不世之庥者，崇萬祀之報。我國朝敦尚理學，旌予循良，生不靳夫褒嘉，歿俾從於俎豆。歷稽既往，恒必由斯。已故原任保定府同知馮友，長安縣人，秀鍾河嶽，學本聖賢，素節白心，貞一介而弗苟，黄堂釁序，歷異地而不忘，權養取諸束脩，哀思繼以廬墓，始終備矣。送母歸，而寧後考選之期，豈其攖情於利禄？讓同氣以田產，補女兄以妝奩，親愛隆矣。念兄嗣而竟回風波之變，益徵孚格於天人。造士端模，子民流惠，賻金必捐於死。友初廩尤難，地值有增於貧家，沒齒無怨。躬耕樹藝圃，疏水自如。手書理學詩，身心用淑。生平不輕謁刺，即門生故吏如姚大參、尚督學諸公，興丹崖翠壁之思；知人夙負照乘，即緘幣決科如李之茂、李尚智、馮典，三晉留鑒空衡平之頌。居有守而出有爲，民誦恩而士誦德。寵旌金幣，贊比周、程。宦績載在志、乘，不可磨也。家學世及子孫，豈易能焉？人品以久而具，公論以久而定。近者豫章、延平俱准從祀，況乎新興、上黨確有表章。閭里仰其儀刑，學宫允宜崇報。

伏乞台慈，俯賜張主，上光盛典，下協輿情，明振風猷，默維道脈等情，呈府批行長安縣查報，間又據山西潞安府邑屯留縣申爲公舉異常教職，入祀名宦事等情，申府詳批，仰長安縣查議報。

今據該縣申稱，行據該學回稱，查得本縣已故鄉宦，原任保定府同知馮公，無求於人，有古之道，居家族黨，稱孝而稱弟，沒世士民爲軌而爲模，三復屯邑移文，已得安定、蘇湖之概。再詢斗誠輿論，益聞彥方、君實之詳，不惟績樹晉、燕，久已追禋於宦地，抑且德高堂紀，尤當從祀於鄉邦者也等情到縣。

據此該知縣李□覆看得已故鄉宦馮□孝友，因心清直率行，養體養志，禮不怠于晨昏，恤死恤生，愛更洽乎兄姊。既藉官以奉母，又依母以忘官，一俸不私，三族並惠，則孝與友之概也。舌耕自給，必全死友之盟。甑飯欲塵，獨倍貧田之價。

[一] 光緒本原缺，依文後全書序，當爲「翼聖」，補。

既先人而後己，又愛己以絶人。城市無心，鴻鷗有侣，則清與直之概也。其居鄉修姱，殆不勝書，第就輿人口碑，撮其大者如此。夫孝友清直得其一，已足維風範世，而况兼有之耶！若其歷仕勤事諸勣，則又各志書載之詳矣。屯留俎豆已彰捍禦之功，桑梓尸祝應作明德之主。相應申請，合候轉達詳示。以本宦與入本省鄉賢祠，以光祀典，以勵後人等情，申詳到府。

該本府看得已故鄉宦，原任保定府同知馮公，正道正學，實心實行，情介持身，勵冰蘗之雅，操名理訓士，期羽翼乎先傳。屯留作人，先德行而後文藝，希蹤賢聖學術。保定子民，急撫字而緩催科，比跡龔、黄事業。掄文若鑒，先期決入彀者三人。選才如衡，當闈得聯科者四士。峻節足淩霄漢，謝絶公門；直道不借吹嘘，恥事請謁。廬墓志孝篤一，本之天親。分賑恤貧，明敦睦之大義。若當考選之際，正值親病之時，寧舍官以養親，不絶裾以就職，尤淡於富貴之念，而超乎功名之場者，國爲儀刑，鄉之師表。名宦既建於晉地，鄉賢當進於宫牆，相應呈請，合候詳示。

將本宦准入鄉賢從祀，庶幽德有光而輿情允協矣。等因照詳，蒙批馮宦政教得士民之心，品淩霄漢，孝悌立綱常之本；學祖聖賢，此真足樹刑維風者也。准入鄉賢祠崇祀，繳等因到府，帖行本縣，奉此隨將馮宦遵照批示。於萬曆四十二年七月十八日造主，鼓吹迎送入會城鄉賢祠崇祀。訖。

原任保定府同知馮公行實

一公爲諸生時，家貧甚，設科常開平祠，藉束脩以養父母。

一教弟子，先器識而後文藝，故出其門者，彬彬多德行之士。

一當補廪，會舊者以將貢，不欲補，曰：「盍與吾路費？」因共白之督學漁石唐公，公曰：「可。」乃備十金，將與而舊者物故，即作賻儀致之，其家人不知，駭而固辭。公告之故，卒與之。

一廩入，俱奉父母，其父爲製一縑衣，曰「以酬爾勞」。不受，還奉其父，父不可，又奉其伯兄。父兄相讓，竟以奉父而已，仍衣布衣。

一寧夏撫臺久聞公名，欲延爲西賓，以親老辭。厚饋之，不受。撫臺高其誼，檄行學臺獎焉。

一爲孝廉，仍授徒以養。會父與妻相繼逝，貧不能舉葬，或有以數十金求居間者，公艴然曰：「得賄以枉人是非，如鬼神天理何？」

一父歿，哀毀踰禮。比葬，廬於墓側者三月。爲母老且病，不克終，三年爲恨。

一兩兄相繼物故，喪葬俱公備辦。兩兄所遺子女僅數歲，公俱鞠育，爲婚嫁之。

一公有姊三，于歸時，公尚幼，父母以貧故，不能具妝奩。公後官保定時，嫁伯兄所遺侄女，奩甚厚。公母太宜人在堂見之，喜而泣曰：「吾女則無此福也。」時公季姊尚在，公聞母言，備妝奩以遺季姊。

一公領鄉薦，嘗痛父不待禄養，母亦七旬餘矣，遂謁選。每晨昏，必冠帶，問安否。朔望，必冠帶夙興，再拜床下，以爲常。俸必奉母，母笑曰：「老婦持此安歸？」公曰：「曷留之，以予季姊。」

一歷任俸薪所入，多周族人之貧者。至今族人談之，多淚下。

一公以屯留學諭典試浙江，有伯兄子名江者偕行。至錢塘江，舟且覆，舟人皆失色，公抱侄哭曰：「我以公事死，即死耳，奈亡兄子何？」已而風順，幸不死。

一宦歸後，歲大祲，鄉人有以田減直值求售者，公曰：「乘人之急而利其有，是歲凶而人又益之凶也。」反倍直與之。

一寓西南僻鄉，明農課子，終歲不履城市，非公事不至偃室。當路高其誼，請鄉飲一再往，即辭不赴。

一教諭屯留並典試浙江，其所收門人多宦秦中，如姚畫溪大參、尚仰山學憲諸公至，公避不先往。諸公多至莊，公具雞黍待之。其高率如此。

一在屯留，躬勤講課如諸生時，而以澹泊馴，謹身示之範。得高足弟子李之茂、李尚智、馮典。歲庚子，有浙江之行，乃留三幣於王司訓所，謂爲三生賀，人皆笑之。已而三生皆得儁，一時傳爲奇事。

一屯留行取後，因送母至蒲坂渡河，稽留途次。比至京，考已竣事。有勸公以賄從事者，公曰：「京秩，豈足多哉？吾愛吾鼎。」故止得守山西岢嵐州云。

一岢嵐地稱極邊，寇時闌入，公築城浚壕，嚴保甲，修武備，寇聞風遁去。當路重其才，調繁忻州。

一忻州有二土豪健訟，聞公至，一夕各攜妻孥竄去，里人至釃酒相賀。俗喜訟逋賦，公力爲化懲。久之，訟息賦完。兩臺交薦，爲三晉治行第一。

一在忻州，承委修大同邊垣，拮据塞外者一年餘。工竣，曾、翁二中丞特薦于朝，賜白金文綺，加四品俸，尋擢保定丞。

一保定爲京師股肱郡，俗風豪健，往往禦人國門，爲行李梗。公浚溝渠，樹林木，設兵甲，嚴巡緝，躬爲稽考，道路以肅。

一在保定，屢膺薦剡，聲重一時。時分宜柄國，其僕嚴年爲一內相事，以侍教生刺來囑，公見刺不平，笞其人，竟置之法。年銜甚，因以主翁意，嗾監院某論歸。當是時，分宜勢焰熏灼，縉紳稱年爲鶴山先生，多借年交分宜歡，以通刺爲榮，而公獨不少狥，人皆以拙宦誚之，不恤也。

此余邑侯汶上李公所纂先君行實，用以呈府道者也。一字一句，皆公手裁。讀未終篇，感激泣下。蓋先君捐館舍有年，今辱表章，獲祀瞽宗。嗚呼！先君殁且不朽矣。從吾不肖，謹稽首爲跋，以付梓人。

不肖男從吾謹識

卷二十一

關學編序

余懋衡

理學一脈，其盛衰關世運高下。然自東周以還，聖如孔子戹于無位，不得行其所學，徒與弟子講業于洙泗之濱，晚而贊易、序書、删詩、修春秋、定禮樂，以俟後賢令斯道不終墜，所謂聖人既往，道在六經也。孟子紹之，皇皇救世，所如不合，徒託空言，今所存僅七篇遺書耳，又不幸火於秦。佛于東漢、宋、梁、陳、唐，老莊于晉，經既闕訛，學又誕幻，至功利之習溺，文辭之尚牽，漸靡成風，末流莫挽，蓋不知理如何，學如何矣。宋自濂溪倡明絶學，而關中有横渠出，若河南二程、新安朱子後先崛起，皆以闡聖真、翼道統爲己任，然後斯道粲然復明。

關中故文獻國，自横渠迄今又五百餘歲矣，山川深厚，鍾爲儁彦，潛心理學，代有其人。迨我明道化翔洽，益興起焉，如涇野則尤稱領袖者。侍御馮仲好氏，關中人也，弱冠即志聖道。通籍不數載，以言事歸山中，閒暇日，惟講求正學，排斥異端，爲惓惓所著關學編四卷，始于横渠，訖于秦關，計姓字三十三，雖諸君子門户有同異，造詣有淺深，然皆不詭於道。設在聖門，當所嘉與者，簡冊兼收，詎不宜也。其書以「關學」名，爲關中理學而輯，表前修，風後進，用意勤矣。

余不肖，嚮往古昔有年，且居子游之鄉，產晦菴之里，彬彬名儒，不一而足，未能博稽精論，倣仲好體裁，次爲成書，坐視先哲遺跡放失，媿矣，罪矣！仲好有此舉，歎服良久，遂屬長安楊令募工梓之。用公同志，蓋理爲人人具足之理，學爲人人當講之學。編内諸君子，其力學以明理，明理以完性，皆人人可企及者，非絶德也。由諸君子而溯孔孟，是在黽勉不息哉。衡雖魯，敢與同志共勖之。

萬曆戊申八月念八日，新安後學余懋衡書于朝邑之貞肅堂

關學編序

李維楨

關學編者，侍御史馮仲好集關西之爲理學者也。其爲孔子弟子者四人，學無所考。于宋得九人，于金得一人，于元得八人，于明得十五人，諸附見者不與焉。皆述其學之大略，爲小傳，授受源委可推求也。

夫伏羲畫卦，爲關西萬世理學祖，至周有文、武、周公父子兄弟，號稱極盛。周之後，置他閏位不論，西漢、李唐有天下最久，無能爲理學者。至宋，乃始有周、程三先生興於濂、洛，而張子厚先生崛起關西，與之營道同術，合志同方。蓋當是時，禪教大行，先生少年亦嘗從事於斯。久之，悟而反正，以爲「佛門千五百年，使英才間氣，生則溺耳目恬習之事，長則師世儒宗尚之言，因謂聖人可不修而至，大道可不學而知。人倫不察，庶物不明，上無禮以防其僞，下無學以稽其弊，詖淫邪遁，亂德害治」，其持論深切著明如此。信乎所謂「獨立不懼，精一自信，有大過人之才」者矣。程子謂博聞強識之士，鮮不入於禪，卓然不惑，惟子厚與邵堯夫、范景仁、司馬君實，豈不難哉？同子厚遊二程門，如游定夫以「克己」與「四勿」不相涉，呂與叔以喜怒哀樂未發由空而後中，楊中立因而執之，謝顯道以知覺爲仁。四先生且然，況其他乎？呂微仲表子厚墓稱：「學者苦聖人之微，而珍佛之易入。横渠不必以佛、老合先王之道，則子厚先生著書立言，攘斥異學，生平所苦心極思，幾不白於世矣！」迨其後也，鵝湖、慈湖輩出，而周、程、張、朱之學日爲所晦蝕，然關西諸君子尚守郿縣宗指。近代學者左朱右陸，德、靖之間，天下靡然從之，關西大儒亦所不免。明聖學，正人心，扶世教，安得起子厚於九京而揚扢之哉？

仲好之爲是編也，直以子厚承洙泗。汲公略見進伯傳後，雖鄉里後進，未可顯斥先正之過。其學術醇疵，臚列吧分，以俟夫人之自擇，而毫釐千里之差，隄防界限之嚴，詳于辯學、疑思二録中，要之以子厚爲正。故關學明，而濂、洛以下紫陽之學明，濂、洛以上羲、文、周、孔之學亦明矣。余謂仲好有遠慮焉，有定力焉，有兼善之量焉，有繼往之功焉。若夫侈說其鄉

人，以爲游談者譽，造作者程，非仲好意也。

關學編自序

大泌山人李維楨本寧父

我關中自古稱理學之邦，文、武、周公不可尚已，有宋横渠張先生崛起郿邑，倡明斯學，皋比勇撤，聖道中天，先生之言曰：「爲天地立心，爲生民立命，爲往聖繼絶學，爲萬世開太平。」可謂自道矣。當時執經滿座，多所興起，如藍田、武功、三水，名爲尤著。至于勝國，是乾坤何等時也，而奉元諸儒猶力爲撑持，塤吹篪和，濟濟雝雝，横渠遺風將絶復續。天之未喪斯文也，豈偶然也哉？

迨我皇明，益隆斯道，化理熙洽，真儒輩出。皋蘭創起，厥力尤艱，璞玉渾金，精光含斂，令人有有餘不盡之思。鳳翔以經術教授鄉里，真有「先進」遺風。小泉不繇文字，超悟于行伍之中，亦足奇矣。司徒步趨文清，允稱高弟。在中、顯思履繩蹈矩，之死靡他。至于康僖，上承庭訓，下啟光禄，而光禄與宗伯司馬金石相宣，鈞天並奏，一時學者歙然嚮風，而關中之學益大顯明于天下。若夫集諸儒之大成而直接横渠之傳，則宗伯尤爲獨步者也。宗伯門人幾徧海内，而梓里惟工部爲速肖。元善篤信文成，而毁譽得失，屹不能奪，其真能「致良知」可知。侍御直節精忠，有光斯道。博士甘貧好學，無愧藍田。嗚呼，盛矣！學者俯仰古今，必折衷于孔氏，諸君子之學雖繇入門户各異，造詣淺深或殊，然一脈相承，千古若契，其不詭于吾孔氏之道則一也。

余不肖，私淑有日，頃山中無事，取諸君子行實，僭爲纂次，題曰關學編，聊以識吾關中理學之大略云。嗟夫！諸君子往矣，程子不云乎「堯舜其心至今在」！夫堯舜其心至今在，諸君子其心至今在也。學者能誦詩讀書，知人論世，恍然見諸君子之心，而因以自見其心，則靈源濬發，一念萬年，横渠諸君子將旦莫遇之矣。不然，而徒品隲前哲，庸嘵口耳，則雖起諸君子與之共晤一堂，何益哉？

萬曆歲在丙午九月朔日，長安後學馮從吾書于靜觀堂

關學編凡例

一是編專爲理學輯，故歷代名臣不敢泛入。

一理學如秦子南、燕子思、壤駟子徒、石作子明，俱孔門高弟，第事蹟多不詳，故另列小傳於前，而編中斷自横渠張子始。

一次序各以時代，庶古今不相混淆。

一宋、元諸儒有史傳諸書可考，不佞稍爲纂次，十五仍舊。至國朝諸儒，中多僭妄論，著文之工拙不恤也。

一國朝諸儒，特録其所知蓋棺論定者，其所未知者，姑闕之以俟。

關學編首卷

秦子

秦子名祖，字子南，秦人。一統志：西安府。孔門弟子，篤于守道。唐玄宗追封少梁伯，從祀孔子廟庭。宋真宗加封鄄城侯。國朝嘉靖中，改稱「先賢秦子」。宋高宗贊曰：「秦有子南，贇贇述作。守道之淵，成德之博。範若鑄金，契猶發

蘗。歷世明祀，少梁寵爵。」聖門人物志末二句作「紛華不撓，縻我好爵」。

燕子

燕子名伋，家語作「級」。字子思。秦人，一作汧陽人。孔門弟子。唐玄宗追封漁陽伯，從祀孔子廟庭。宋真宗加封汧源侯。國朝嘉靖中，改稱「先賢燕子」。宋陳知微贊曰：「八九之徒，具傳大義。賢哉子思，道本無愧。鍾靈咸鎬，浴德洙泗。增封汧源，皇澤斯被。」聖門人物志贊曰：「師席高振，大成是集。道傳一貫，速肖七十。善教云袠，儒風可立。漁陽之士，得跂而及。」

石作子

石作子名蜀，字子明，秦之成紀人。一統志：鞏昌府秦州。孔門弟子。唐玄宗追封石邑伯，從祀孔子廟庭。宋真宗加封成紀侯。國朝嘉靖中，改稱「先賢石子」。宋高宗贊曰：「在昔石邑，能知所尊。懋依有德，克述無言。鼓篋槐市，揚名里門。此道久視，彼美常存。」按姓氏英賢傳有石作蜀，氏族略複姓篇有石作氏，註云：「石作蜀，孔子弟子。」據此當稱石作子，稱「石子」者誤。

壤駟子

壤駟子名赤，字子徒，家語「壤」作「穰」，史記「從」作「徒」。秦人。一統志：西安府。孔門弟子。唐玄宗追封北徵伯，從祀孔子廟庭。宋真宗加封上邽侯。國朝嘉靖中，改稱「先賢壤子」。宋高宗贊曰：「式是壤侯，昭乎聖徒。執經請益，載道若無。詩書規矩，問學楷模。得時而駕，領袖諸儒。」按通志略「壤駟氏，複姓」，今稱「壤子」誤。

關學編卷一

宋

横渠張先生

先生名載，字子厚，郿人。爲人志氣不群，少孤自立，無所不學，喜談兵，至欲結客取洮西之地。年十八，以書謁范文正公，公一見知其遠器，欲成就之，乃謂之曰：「儒者自有名教可樂，何事于兵！」因勸讀中庸。先生讀其書，遂翻然志于道，已猶以爲未足，又訪諸釋老。累年，盡究其説。知無所得，反而求之六經。嘗坐虎皮講易京師，聽從者甚衆。一夕，程伯淳、正叔二先生至，與論易，二先生于先生爲外兄弟之子，卑行也，而先生心服之，次日語人曰：「比見二程，深明易道，吾所弗及，汝輩可師之。」即撤坐輟講。與二程論道學之要，焕然自信，曰：「吾道自足，何事旁求！」於是盡棄異學，淳如也。

文潞公以故相判長安，聞先生名行之美，以束帛聘，延之學宫，禮重之，命士子矜式焉。嘉祐二年，舉進士，爲祁州司法參軍，遷雲巖縣名，在宜川縣西北，今廢。令。政事以敦本善俗爲先，每月吉，具酒食召父老高年者會于縣庭，親勸酬之，使人知養老事長之義，因訪民疾苦及告所以訓戒子弟之意。有所教告，常患文檄之出不能盡達于民，每召鄉長于庭，諄諄口諭，使往告其里。閭閻有民因事至庭，或行遇于道，必問「某時命某告某事聞否」，聞即已，否則罪其受命者。故教命出，雖僻壤婦人孺子畢與聞，俗用翕然。

熙寧初，遷著作佐郎，僉書渭州軍事判官。御史中丞呂晦叔公著薦先生于朝曰：「張載學有本原，西方之學者皆宗之，可以召對訪問。」上召見，問治道，對曰：「爲治不法三代者，終苟道也。」上説之，曰：「卿宜日見二府議事，朕且將大用卿。」先生謝曰：「臣自外官赴召，未測朝廷新政所安，願徐觀旬月，繼有所獻。」上然之。他日，見執政王安石，安石謂曰：「新政之更，懼不能任事，求助于子，何如？」先生曰：「朝廷將大有爲，天下之士願與下風。若與人爲善，則孰敢不盡，如教玉人追琢，則人亦故有不能。」執政默然。所語多不合，寖不悅。既命校書崇文，辭，未得請，復命按獄浙東。程伯淳時官御史裏行，爭曰：「張載以道德進，不宜使治獄。」安石曰：「淑問如臯陶，猶且讞囚，此庸何傷！」命竟下，實疏之也。獄成還朝，會弟御史天祺及伯淳並以言得罪，乃移疾西歸，屏居横渠。

横渠至僻陋，僅田數百畝供歲計，人不堪其憂，先生約而能足，處之裕如。終日危坐一室，左右簡編，俯而讀，仰而思，有妙契，雖中夜必取燭疾書。嘗謂門人曰：「吾學既得諸心，則修其辭命；辭命無差，然後斷事；斷事無失，吾乃沛然。」蓋其志道精思未始須臾息，亦未嘗須臾忘也。學者有問，多告以知禮成性、變化氣質之道，學必如聖人而後已。以爲知人而不知天，求爲賢人而不求爲聖人，此秦漢以來學者之大弊也。故其學以易爲宗，以中庸爲體，以禮爲的，以孔孟爲法，窮神化，一天人，立大本，斥異學，自孟子以來未之有也。

患近世喪祭無法，喪僅隆三年，期以下恬未有衰麻之變；祀先之禮用流俗，節序祭以褻不嚴。於是勉修古禮，爲薄俗倡，朞功而下爲制服，輕重如儀；實始行四時之薦，曲盡誠潔。教童子以灑掃應對，給侍長者。女子未嫁者，必使觀于祭祀，納酒漿，以養遜弟，而就成德。嘗曰：「事親奉祭，豈可使人爲之！」聞者始或疑笑，終乃信而從之，相傚復古者甚衆，關中風俗爲之大變。

熙寧九年，秦鳳帥呂微仲大防薦之曰：「張載之學，善發聖人之遺意，其術略可措之以復古，宜還舊職，訪以治體。」詔從之，召同知太常禮院。及至都，公卿聞風爭造，然亦未有深知之者。以所欲言嘗試於人，多未之信。會言者欲講行冠昏喪祭禮，詔下禮官議。禮官狃故常，以古今異俗爲說，先生力爭之不能得。適三年郊，禮官不致嚴，力爭之，又不得。先生知道之終不行也，復謁告歸。中道而疾病，抵臨潼卒，年五十八。貧無以斂，門人共買棺奉其喪還。翰林學士許將言其恬于進取，乞加贈恤，詔賜館職賻。

先生氣質剛毅，望之儼然，與之居久而日親。勇于自克，人未信，惟反躬自艾，即未喻，安行之無悔也。聞風者服義，不敢以私干之。

居恒以天下爲念。聞皇子生，喜見顔面；行道見飢殍輒咨嗟，對案不食者終日；聞人善輒喜；答問學者，雖多不倦，有不能者，未嘗不開其端；行遊所至，必訪人才，有可語者，必丁寧以誨之，惟恐其成就之晚；雖貧不能自給，而門人無貲者，輒麤糲與共。

嘗慨然有志三代之治。論治人先務，未始不以經界爲急，以爲「仁政必自經界始。貧富不均，教養無法，雖欲言治，皆苟而已」。方欲與學者買田一方，畫爲數井，上不失公家之賦役，退以其私正經界，分宅里，立斂法，廣儲蓄，興學校，成禮俗，救災恤患，敦本抑末，足以推先王之遺法，明當今之可行。有志未就而卒。

始先生爲學亦頗秘之，不多以語人，曰：「學者雖復多聞，不務蓄德，祇益口耳，無爲也！」程伯淳聞之，曰：「道之不明久矣，人善其所習，自謂至足，必欲如孔門『不憤不啟，不悱不發』，則師資勢隔，而先王之道或幾乎熄矣。趨今之時，且當隨其資而誘之，雖識有明暗，志有淺深，亦各有得，而堯舜之道庶可馴至也。」先生用其言，故關中學者躬行之多，與洛人並，歷數世不衰。

先生所著書曰正蒙，嘗自言：「吾爲此書，譬之樹株，根本枝葉，莫不悉備，充榮之者，其在人功而已。又如晬〔二〕盤示兒，百物具在，顧取者何如耳！」書成，揭書中乾稱篇首尾二章，寘在左右，曰訂頑，曰砭愚。已程正叔改曰西銘、東銘。其西銘曰：「乾稱父，坤稱母；予茲藐焉，乃混然中處。故天地之塞，吾其體；天地之帥，吾其性。民，吾同胞；物，吾與也。大君者，吾父母宗子；其大臣，宗子之家相也。尊高年，所以長其長；慈孤弱，所以幼其幼。聖，其合德；賢，其秀也。凡天下疲癃殘疾、惸獨鰥寡，皆吾兄弟之顛連〔三〕而無告者也。『于時保之』，子之翼也。『樂且不憂』，純乎孝者也。違曰悖德，害仁曰賊；濟惡者不才，其踐形，惟肖者也。知化則善述其事，窮神則善繼其志。不愧屋漏爲無忝，存心養性爲匪懈。惡旨酒，崇伯子之顧養；育英才，穎封人之錫類。不弛勞而底豫，舜其功也；無所逃而待烹，申生其恭也；體其受而歸全者，參乎！勇于從而順令者，伯奇也。富貴福澤，將厚吾之生也；貧賤憂戚，庸玉汝于成也。存，吾順事；沒，吾寧也。」程正叔謂：「西銘明理一而分殊，擴前聖所未發，與孟子性善養氣之論同功。」又謂：「自孟子後，未見此書。」

先生學古力行，篤志好禮，爲關中士人宗師，世稱爲橫渠先生，門人私謚曰誠明。朱文公贊曰：「早悅孫吳，晚逃佛老。勇撤皋比，一變至道。精思力踐，妙契疾書。訂頑之訓，示我廣居。」理宗淳祐初，謚明公，封郿伯，從祀孔子廟庭。國朝嘉靖九年，改稱「先儒張子」。

〔二〕光緒本作「睟」，此據蘇昞正蒙序、王植正蒙初義、劉璣正蒙會稿序改。

〔三〕光緒本作「憐」，據萬曆丁巳浙江本、天啟本改。

天祺張先生

先生名戩，字天祺，橫渠先生季弟。少而莊重老成，長而好學，不喜爲雕蟲之辭以從科舉。父兄敦迫，喻以爲貧，乃強起就鄉貢。既冠，登進士第，調陜州閿縣主簿，移鳳翔普潤縣令。改秘書省著作佐郎，知陜州靈寶、渠州流江、懷安軍〔一〕金堂縣事，轉太常博士。熙寧二年，爲監察御史裏行。明年，以言事出知公安縣，改陜州夏縣。轉運使舉監鳳翔司竹監。熙寧九年卒，年四十有七。

先生歷治六七邑，誠心愛人，而有術以濟之，力行不怠，所至皆有顯效。視民之不得其所，若己致之，極其智力必濟而後已。嘗攝令華州蒲城，蒲城劇邑，民悍使氣，不畏法令，鬬訟寇盜，倍蓰它邑。先是，令長以峻法治之，奸愈不勝。先生悉寬條禁，有訟至庭，必以理敦喻，使無犯法；間召父老，使之教督子弟服學省過；作記善簿，民有小善，悉以籍之。月吉，以俸錢爲酒食，召邑之高年聚于縣廨以勞之，使其子孫侍，因勸以孝弟之道。不數月，邑人化之，獄訟爲衰。

爲御史，每進對，必以堯、舜、三代進于上前，惻怛之愛，無所遷避。其大要啟君心、進有德，謂「反經正本當自朝廷始，不先諸此而治其末，未見其可也。」累章論王安石亂法，乞罷條例司及追還常平使者。劾曾公亮、陳升之依違不能救正；韓絳左右狥從，與爲死黨；李定以邪諂竊臺諫；呂惠卿刻薄便給，假經術以文奸言，豈宜勸講君側？又詣中書省爭之，安石舉扇掩面而笑，先生曰：「戩之狂直，宜爲公笑，然天下之笑公不少矣！」章十數上，卒不納，乃嘆曰：「茲未可以已乎！」遂謝病待罪，卒罷言職。既出知公安，未嘗以諫草示人，不說人以無罪。天下士大夫聞其風者，始則聳然畏之，終乃服其厚。自公安改知夏縣，縣素號多訟，先生待以至誠，反復教喻，不逆不億，不行小惠，訟者往往叩頭自引。未幾，靈寶之

〔一〕「軍」萬曆丁巳浙江本、天啟本作「車」。

民遮使者車請曰：「今夏令張公，乃吾昔日之賢令也，願使君哀吾民，乞張公還舊治。」使者欣然聽其辭而言于朝。去之日，遮道送，不得行，父老曰：「昔者，人以吾邑之人無良喜訟。自公來，民訟幾希，是惟公知吾邑民之不喜訟也。」言已，皆泣下。徙監司竹監，舉家不食筍，其清慎如此。

先生篤實寬裕，儼然正色。雖喜慍不見于容，然與人居，溫厚之意久而益親。終日言未嘗不及于義，接人無貴賤疏戚，未嘗失色于一人。樂道人之善而不及其惡，樂進己之德而不事無益之言。其清不以能病人，其和不以物奪志。常雞鳴而起，勉勉矯強，任道力行，每若不及。德大容物，沛若有餘。常自省，小有過差，必語人曰：「我知之矣，公等察之，後此不復爲矣。」重然諾，一言之欺以爲己病。少孤，不得事親，而奉其兄以弟，就養無方，極其恭愛，推而及諸族姻故舊，罔不周恤。有妹寡居，子不克家，先生力爲經其家事。有一二故人，死不克葬十餘年，先生惻然不安，帥其知識合力聚財，乃克襄事。篤行不苟，爲一時師表。

横渠先生嘗語人曰：「吾弟德性之美，吾有所不如。其不自假而勇于不屈，在孔門之列，宜與子夏後先，晚而講學而達。」又曰：「吾弟，全器也。然語道而合，乃自今始。有弟如此，道其無憂乎！」關中學者稱爲「二張」云。

進伯呂先生　弟大防附[一]

先生名大忠，字進伯，其先汲郡人。祖通，太常博士。父蕡，比部郎中。通葬藍田，子孫遂爲藍田人。先生登皇祐中進士，爲華陰尉、晉城令。未幾，提督永興路義勇，改秘書丞，僉書定國軍判官。

熙寧中，王安石議遣使諸道，立緣邊封溝，進伯與范育被命，俱辭行。進伯陳五不可，以爲懷撫外國，恩信不洽，必致生

[一] 萬曆丁巳浙江本、天啟本無「弟大防附」。

患。罷不遣。令與劉忱使遼，議代北地，會遭父喪，起，復知代州。遼使至代，設次據主席，先生與之爭，乃移次于長城北，遼使竟屈。已而復使求代北地，神宗將從之，先生曰：「彼遣一使來，即與地五百里，若使魏王英弼來求關南，則何如？」神宗曰：「卿是何言也？」劉忱曰：「大忠之言，社稷大計，願陛下熟思之。」執政知其不可奪，議竟不決，罷忱還三司，先生亦終喪制。其後竟以分水嶺爲界焉。

元豐中，爲河北轉運判官，徙提點淮西刑獄，尋詔歸故官。元祐初，歷工部郎中、陝西轉運副使、知陝州，以直龍圖閣知秦州，進寶文閣待制。紹聖二年，加寶文閣直學士，知渭州。後汲公及黨禍，乞以所進官爲量移，徙知同州，旋降待制，致仕。卒，詔復學士官，佐其葬。

知秦州時，馬涓以狀元爲州僉判，初呼「狀元」，先生謂之曰：「狀元云者，及第未除官之稱也，既爲判官，則不可。今科舉之學既無用，修身爲己之學，不可不勉。」又時時告以臨政治民之道。涓自謂得師，後爲臺官有聲，每歎曰：「呂公教我之恩也。」謝上蔡時教授州學，先生每過之，聽謝講論語，必正襟斂容曰：「聖人之言行在焉，吾不敢不肅。」

先生爲人質直，不妄語，動有法度。從程正公學，正公稱曰：「呂進伯可愛，老而好學，理會直是到底。」所著有輞川集五卷，奏議十卷。弟大防、大鈞、大臨，兄弟四人皆爲一時賢者，世無不高之。

大防字微仲，進士及第。元祐初，以左僕射同范純仁相，垂簾聽政者八年，能使元祐之治，比隆嘉祐，封汲郡公。紹聖初，貶舒州，行至虔州信豐，薨。紹興初，贈太師、宣國公，謚正愍。

和叔呂先生

先生名大鈞，字和叔，大忠弟。嘉祐二年中進士乙科，授秦州司理參軍，監延州折博務。改光禄寺丞，知三原。移巴西，又移知侯官，以薦知涇陽，皆不赴。丁外艱，服除，自以道未明，學未優，曰：「吾斯之未能信！」於是不復有禄仕意，家居講道，以教育人才，變化風俗，期德成而致用。久之，以大臣薦，爲諸王宫教授。當獻文，作天下一家、中國一人論上。尋監鳳翔船務，制改宣義郎。

會伐西夏，鄜延轉運司檄爲從事。既出塞，轉運使李稷餽餉不繼，欲還安定取糧，使先生請于种諤。諤曰：「吾受命將兵，安知糧道？萬一不繼，召稷來，與一劍耳。」先生即曰：「朝廷出師，去塞未遠，遂斬轉運使，無君父乎？」諤意折，彊謂先生曰：「君欲以此報稷，先稷受禍矣！」先生怒曰：「公將以此言見恐耶？吾委身事主，死無所辭，正恐公過耳。」諤見其直，乃好謂曰：「子乃爾耶？今聽汝矣！」始許稷還。是時，微先生盛氣誚諤，稷且不免。未幾，以疾卒於官，年五十有二。

先生爲人質厚剛正。初學於横渠張子，又卒業於二程子，以聖門事業爲己任，識者方之季路。先生於横渠爲同年友，及聞學，遂執弟子禮。時横渠以禮教爲學者倡，後進蔽于習尚，其才俊者急于進取，昏塞者難于領解，寂寥無有和者。先生獨信之不疑，毅然不恤人之非間己也。潛心玩理，望聖賢剋期可到，日用躬行，必取先王法度以爲宗範。居父喪，衰麻、斂奠，比虞祔，一襄之于禮。已又推之冠婚、飲酒、相見、慶吊之事，皆不混習俗。與兄進伯、微仲、弟與叔率鄉人，爲鄉約以敦俗，其略云：「德業相勸，過失相規，禮俗相交，患難相恤。」節文燦然可觀。自是關中風俗爲之一變。横渠歎「秦俗之化，和叔有力」，又歎其「勇爲不可及」，而程正公亦稱其「任道擔當，其風力甚勁」云。

先生少時贍學洽聞，無所不該，嘗言：「始學必先行其所知而已，若夫道德性命之際，惟躬行久則至焉。」横渠謂「學不造約，雖勞而艱于進德」，且謂「君勉之，當自悟」。至是博而以約，渙然冰釋矣，故比他人功敏而得之尤多。其與人語，必因其所可及而喻諸義，治經説得于身踐而心解。其文章不作于無用，能守其師説而踐履之。尤喜講明井田、兵制，謂治道必自此始。悉撰次爲圖籍，使可見之行，曰：「如有用我，舉而措之而已。」

其卒也，范巽之表其墓曰：「誠德君子。」又曰：「君性純厚易直，强明正亮，所行不二于心，所知不二于行。其學以孔子下學上達之心立其志，以孟子集義之功養其德，以顏子克己復禮之用厲其行。〔二〕其要歸之誠明不息，不爲衆人沮之而疑，小辨奪之而屈，勢利劫之而回，知力窮之而止，其自任以聖賢之重如此。」

當先生卒時，妻种氏治先生喪，一如先生治比部公喪，諸委巷浮圖事一屏不用。子義山能傳其學，人以爲道行于妻子云。所著有四書注、誠德集。其鄉約、鄉儀，朱文公表章之行于世，鄉約今爲令甲。

與叔呂先生

先生名大臨，字與叔，號芸閣，大鈞弟。以門蔭入官，不復應舉，或問其故，曰：「某何敢掩祖宗之德。」元祐中，爲太學博士、秘書省正字。嘗論選舉曰：「立士規以養德厲行，更學制以量才進藝，定試法以區別能否，修辟法以興能備用，嚴舉法以覈實得人，制考法以責任考功。」范學士祖禹薦其修身好學，行如古人，可爲講官。未及用而卒。

先生學通六經，尤邃於禮，每欲掇習三代遺文舊制，令可行，不爲空言以拂世駭俗。少從横渠張先生遊，横渠殁，乃東見二程先生，卒業焉。與謝良佐、游酢、楊時在程門號「四先生」，純公語之以「識仁」，先生默識深契，豁如也。作克己銘以見意，其文曰：「凡厥有生，均氣同體，胡爲不仁？我則有己。立己與物，私爲町畦，勝心横生，擾擾不齊。大人存誠，心見帝則。初無吝驕，作我蟊賊。志以爲帥，氣爲卒徒，奉辭于天，誰敢侮予？且戰且徠，勝私窒欲，昔焉寇讎，今則臣僕。方其未克，窘我室廬，婦姑勃谿，安取其餘？亦既克之，皇皇四達。洞然八荒，皆在我闥。孰曰天下，不歸吾仁？癢痾疾痛，舉切吾身。一日至之，莫非吾事，顏何人哉？晞之則是。」始先生博極群書，能文章；已涵養深醇，若無能者。賦詩云：「學如元凱方成癖，文似相如始類俳。獨立孔門無一事，只輸顏子得心齋。」婦翁張天祺語人曰：「吾得顏回爲婿

〔二〕光緒本、四庫本「行」字原作「用」，依范育呂和叔墓表改。

矣！」而其學尤嚴于吾儒異端之辨。

富文忠公弼致政于家，爲佛氏之學。先生與之書曰：「古者三公無職事，惟有德者居之，内則論道于朝，外則主教于鄉。古之大人當是任者，必將以斯道覺斯民，成己以成物，豈以爵位進退、體力盛衰爲之變哉？今大道未明，人趨異學，不入于莊，則入于釋。疑聖人爲未盡善，輕理義爲不足學，人倫不明，萬物憔悴，此老成大人惻隱存心之時。以道自任，振起壞俗，在公之力，宜無難矣。若夫移精變氣，務求長年，此山谷避世之士獨善其身者所好，豈世之所以望于公者哉？」弼謝之。

正公嘗曰：「與叔守横渠説甚固，每横渠無説處皆相從，有説了，更不肯回。」又曰：「與叔六月中來緱氏，閒居中某常窺之，見其儼然危坐，可謂敦篤矣。」又曰：「和叔任道擔當，其風力甚勁。然深潛縝密，有所不逮於與叔。」其見重如此。

所著有大學中庸解、考古圖、玉溪集。所述有東見録，録二程先生語，二先生微言粹語多載録中，其有功于程門不小，故朱文公稱其高於諸公，大段有筋骨，而又惜其早死云。

季明蘇先生

先生名昞，字季明，武功人。同邑人游師雄師横渠張子最久，後又卒業于二程子。時尹焞彦明方業舉，造之，先生謂曰：「子以狀元及第即學乎？唯復科舉之外，更有所謂學乎？」彦明未達。一日，先生因會茶，舉盞以示曰：「此豈不是學？」彦明大悟。先生令詣程門受學焉。

元祐末，吕進伯大忠薦曰：「臣某伏見京兆府處士蘇昞，德性純茂，強學篤志，行年四十，不求仕進，從故崇文校書張載學，爲門人之秀，秦之賢士大夫亦多稱之。如蒙朝廷擢用，俾充學宮之選，必能盡其素學，以副朝廷樂育之意。」乃自布衣召爲太常博士。後坐元符上書入黨籍，編管饒州。行過洛，館彥明所，伊川訪焉。既行，伊川謂：「季明殊以遷貶爲意？」彥明曰：「然。焞嘗問季明，當初上書爲國家計邪，爲身計邪？若爲國家計，自當忻然赴饒州；若爲進取計，則饒州之貶，猶爲輕典。季明以焞言爲然。」

先是，横渠正蒙成，先生編次而序之，自謂最知大旨。熙寧九年，横渠過洛，與二程子論學，先生録程、張三子語，題曰洛陽議論，朱文公表章之，行于世，今刻二程全書中。

巽之范先生

先生名育，字巽之，三水人。父祥，進士及第，累官轉運副使，以邊功追贈秘書，録其後。先生舉進士，爲涇陽令。以養親謁歸。有薦之者，召見，授崇文校書、監察御史裏行。神宗喻之曰：「書稱『堲讒説殄行』，此朕任御史意也。」先生請用大學「誠意」「正心」以治天下國家，因薦張載等數人。西夏入環慶，詔先生行邊。坐劾李定親喪匿服，出知韓城。久之，晉知河中府，加直集賢院，徙鳳翔，以直龍圖閣鎮秦州。

元祐初，召爲太常少卿，改光禄卿，出知熙州。今臨洮府。時議棄質孤、勝如兩堡，先生爭之曰：「熙河以蘭州爲要塞，此兩堡者，蘭州之蔽也。棄之則蘭州危，蘭州危則熙河有腰膂之憂矣。」又請城李諾平、汝遮川，曰：「此趙充國屯田古榆塞之地也。」不報。入爲給事中，仕終戶部侍郎，卒。紹興中，採其抗論棄地西夏及進築之策，贈寶文閣學士。

先生從程、張三先生學，伊川嘗曰：「與范巽之語，聞而多礙者，先入也。」横渠嘗詰先生曰：「吾輩不及古人，病源何在？」先生請問，横渠曰：「此非難悟，設此語者，欲學者存之不忘，庶游心深久，有一日脱然如大寐得醒耳。」

横渠正蒙成，先生序曰：「張夫子之爲此書也，有六經之所未載，聖人之所未言，蓋道一而已。語上極乎高明，語下涉乎形器，語大至于無間，語小入于無朕，一有窒而不通，則於理爲妄。正蒙之言，高者抑之，卑者舉之，虚者實之，礙者通之，衆者一之，合者散之。要之，立乎大中至正之矩。天之所以運，地之所以載，日月之所以明，鬼神之所以幽，風雲之所以變，江河之所以流，物理以辨，人倫以正。造端者微，成能者著，知德者崇，就業者廣，本末上下，貫乎一道。過乎此者，淫遁之狂言也；不及乎此者，邪詖之卑說也。推而放諸有形而準，推而放諸無形而準，推而放諸至動而準，推而放諸至靜而準，無不包矣，無不盡矣，無大可過矣，無細可遺矣，言若是乎其極矣，道若是乎其至矣，聖人復起，無有間乎斯言矣！」其篤信師說而善發其藴如此。

師聖侯先生

先生名仲良，字師聖，華陰人。二程先生舅氏無可之孫，從二程先生遊。人有欲館先生者，先生造焉，則壁垂佛像，几積佛書，其家人又常齋素，欲先生從之，先生遂行。或問之，曰：「蔬食，士之常分，若食彼之食則非矣。吾聞用夏變夷，未聞變於夷者也。」〔一〕

嘗訪周濂溪，濂溪留之，對榻夜談，越三日乃還，自謂有得，如見天之廣大。伊川驚異其不凡曰：「非從濂溪來邪！」後遊荊門，胡文定留與爲鄰，終焉。文定與楊大諫書云：「侯仲良者，去春至荆門潰卒甲馬之中脱身，相就于漳水之濱，今已兩年，其安于羈苦，守節不移，固所未有。至于講論經術，則貫通不窮；商略時事，則纖微皆察。國勢安危，民情休戚，凡務之切于今者，莫不留意而皆曉也。方阽危艱難之時，而使此輩人老身貧賤，亦足慨矣。伏望吾兄力薦于朝，俾命以官，使得效一職，亦不爲無補。」朱文公稱其學清白勁直。所著有論語說及侯子雅言行世。

按伊洛淵源録稱先生爲華陰先生，無可之孫，即當書爲華陰人，而云河東人，豈金陷關、洛時，先生曾避難河東耶？學

〔一〕光緒本無「吾聞用夏變夷，未聞變於夷者也」一句，依萬曆丁巳浙江本、天啟本補入。

者詳之。

天水劉先生

先生名願，字口口，天水人。天資耿介。時王安石新書盛行，學者靡然向風，先生獨不喜穿鑿附會之説，潛心伊洛之學，後以八行舉。

關學編卷二

金

君美楊先生

先生名天德，字君美，高陵人。肄業太學，登興定二年進士第，釋褐補博州聊城丞。未及赴，辟陝西行臺掾，尋權大理寺丞，繼擬主長安簿，未幾，正主慶陽安化簿。尋辟德順之隆德令，再辟安化令，補尚書都省掾，遷轉運司支度判官。京城不守，流寓宋、魯間十年，而歸長安。

先生自讀書入仕，至于晚歲，風節矯矯，始終不少變。亂後士夫或不能自守，而先生于勢利藐然如浮雲。晚讀大學解，沿及伊、洛諸書，大嗜愛之，常語人曰：「吾少時精力奪于課試，殊不省有此，今而後知吾道之傳爲有在也。」埋沒篆刻中，幾不復見天日。目昏不能視書，猶使其子講誦，而朝夕聽之，以是自樂。及有疾，親友往問之，談笑歌詠不衰，曰：「吾晚年幸聞道，死無恨矣！」卒年七十九。

魯齋許先生衡誌其墓銘曰：「出也有爲，死生以之，處也有守，不變于時。日臨桑榆，學喜有得，其知益精，其行益力。吾道之公，異端之私，瞭然胸中，洞析毫釐。外私内公，息邪距詖，俯仰古今，可以無愧。受全于天，復歸其全，尚固幽藏，無窮歲年。」

子恭懿，益昌其家學，爲元名儒，別有傳。

元

紫陽楊先生　鑾山宋氏規附

先生名奐，字煥然，號紫陽，乾州奉天人。母程嘗夢東南日光射其身，旁一神人以筆授之，已而生先生，父振以爲文明之象，因名曰奐。天性至孝，年十一喪母，哀毁如成人。未冠，夢游紫陽閣，景趣甚異，後因以自號。長師鄉先生吳榮叔，迥出倫輩，讀書厭科舉之學，遂以濂、洛諸儒自期待。金末，嘗作萬言策，指陳時病，辭旨剴切，皆人所不敢言者，詣闕欲上之，不果。元初，隱居講道授徒，抵鄠縣柳塘，門生百餘人。創紫陽閣，即清風閣。稱紫陽先生。嘗避兵河朔，河朔士大夫想聞風采，求見者應接不暇。東平嚴實聞先生名，數問其行藏，先生終不一詣。

歲戊戌，太宗詔宣德稅課使劉用之試諸道進士。先生試東平，兩中賦論第一。以耶律楚材薦，授河南路徵收課稅所長官兼廉訪使。既至，招致一時名士，與之議政事，約束一以簡易爲事。按行境内，親問監務月課幾何、難易若何。有以增額言者，先生責之曰：「剥下欺上，汝欲我爲之耶！」即減元額四之一，公私便之。不踰月，政成，時論翕然，謂前此漕司未有也。在官十年，請老于燕之行臺。

壬子，世祖在潛邸，驛召先生參議京兆宣撫司事，累上書請歸。築堂曰「歸來」，以爲佚老之所，教授著述不倦。乙卯，病革，諭子弟孝弟力田，以廉慎自保，戒家人無事二家齋醮，引觴大噱，命門人員擇載筆留詩三章，怡然而逝，年七十，賜謚文憲。

先生博覽強記，真積力久，猶恐不及。作文務去陳言，以蹈襲爲恥。一時諸老皆折行輩與之交，關中號稱多士，一時名未有出先生右者。不治家人生産業，而喜周人之急，雖力不贍，猶勉強爲之。人有片善，則委曲稱獎，唯恐其名不聞；或小過失，必盡言勸止，不計其怨怒也。初，翰林學士姚燧早孤，育于世父樞，樞督教甚急，先生馳書止之曰：「燧，令器也，長自有分，何以急爲？」乃以子妻之。燧後爲名儒，其學得于先生爲多。元好問撰神道碑，稱爲「關西夫子」。江漢趙復序其集，稱「其志其學粹然一出于正，即其文可以得其爲人」，其見重如此。

所著有還山前後集百卷、天興近鑒三卷、韓子十卷、概言二十五篇、硯纂八卷、北見記三卷、正統書六十卷。

時，宋規字漢臣，長安人。與紫陽及遺山、鹿菴、九山數儒論道洛西，弟子受業者甚衆。親歿廬墓，瑞草生塋，閻復嘗稱之曰：「天性至孝，德重三秦。才贍而敏，冠絕一時。」中統戊戌徵試，中論賦兩科，拜議事官。先是，官吏縱肆日久，數侵苦小民，公繩之以法，惕然皆莫敢犯。丙辰春，詣闕陳便宜數事，上悉加納。廉希憲云：「宋規循良，可與共事。」希憲相，知公有經濟才，議欲爲列，有嫉其文章名世者沮之，署爲講議官，不就。後徵爲耀州尹，官至蜀道憲副，政聲在在著聞。號鑒山先生。有鑒山補暇集梓行于世。年七十七卒。

元甫楊先生

先生名恭懿，字元甫，號潛齋，高陵人，天德之子。自少讀書强記，日數千言。會時艱，從親逃亂，而東于汴、于歸德、于天平，雖間關險阻，未嘗怠弛其業。年十七侍父西歸，家貧，假室以居。鄉鄰或繼其匱，皆謝不取，惟服勞以爲養。暇則力學博綜，于書無不究心，而尤邃于易、禮、春秋，思有纂述，恥爲章句儒而止。志于用世，反覆史學，以鑒觀古昔興亡之事。從學者已衆，海内縉紳與父友者，馳書交譽，即以宗盟斯文期之。年二十四始得朱子四書集注、太極圖、小學、近思録諸書，讀之喜而歎曰：「人倫日月之常，天道性命之妙，皆萃此書。今入德有其門，進道有其途矣。吾何獨不可及前修踵武哉！」于是窮理反躬，一乎持敬，優遊厭飫，俟其成功于潛齋之下，自任益重，前習盡變，不事浮末矣。赫然名動一時，宣撫司、行省以掌書記、共議事辟之，皆不就。

至元七年，與魯齋許文正公同被召，先生不至。魯齋由國子祭酒拜中書左丞，日于右丞相安童前稱譽其賢，丞相以聞。十年，帝遣協律郎申敬來召，以疾辭。十一年，太子下教中書，俾如漢惠聘「四皓」故事，再聘之。丞相遣郎中張元智爲書致命，不得已，乃至京師，帝遣國王和童勞其遠來。既入見，帝親詢其鄉里、族氏、師承、子姓，無不周悉。詔與學士徒單公履定科舉之法，先生議曰：「三代以德行、六藝賓興賢能，漢舉孝廉，兼策經術，魏、晉尚文辭，而經術猶未之遺。隋煬始專賦詩，唐因之，使自投牒，貢舉之法遂熄，雖有明經，止于記誦。宋神宗始試經義，亦令典矣。哲宗復賦詩，遼、金循習。將救斯弊，惟如明詔嘗曰：『士不治經學、孔孟之道，日爲賦詩空文。』斯言足立萬世治安之本。今欲取士，宜勑有司，舉有行檢、通經史之士，使無投牒自薦，試以五經、四書大小義、史論、時務策。夫既從事實學，則士風還淳，民俗趨厚，國家得識治之才矣。」奏入，帝善之。

會北征，辭歸。十六年，詔安西王相敦遣赴闕，詔與太史王恂等改曆。明年，曆成，授集賢館學士兼太史院事，辭歸。

當曆成進奏曰，諸臣方列跪，帝命先生及魯齋起，曰：「二老自安，是年少皆受學汝者。」故終奏皆坐畢其説，蓋異禮也。二十年，以太子賓客召。二十二年，以昭文館大學士領太史院事召。二十九年，以議中書省事召，皆辭疾不行。三十一年，卒，年七十。

先是，魯齋提京兆學，與先生爲友，一遇講貫，動窮日力，篤信好學，操履不苟，魯齋亟稱之。父歿，水漿不入口者五日，襄事遵朱文公家禮，盡袪桑門惑世之法，爲具不足，稱貸益之。魯齋會葬歸，語學者曰：「小子識之，曠世墜典，夫夫特立而獨行之，其功可當肇修人極。」聚居六年，魯齋東歸。後治母喪，一如父。三輔士大夫知由禮制自致其親者，皆本之先生云。

蕭維斗𣂏誌其墓曰：「朱文公集周、程夫子之大成，其學盛于江左。北方之士聞而知者，固有其人。求能究聖賢精微之藴，篤志于學，真知實踐，主乎敬義，表裏一致，以躬行心得之餘私淑諸人，繼前修而開後覺，粹然一出乎正者，維司徒暨公。」司徒謂魯齋也。

學士姚燧撰神道碑銘曰：「維天生賢，匪使自有，俾拯烝民，爲責己厚。公于明命，實肩實負，乾乾其行，艮艮其守。師古喪祭，如禮不苟，三綱之淪，我絛自手。推得其類，無倦誨誘，學者宗之，西土山斗。」

皇慶中，贈榮禄大夫、太子少保、弘農郡公，謚文康。所著有潛齋遺稿若干卷。

子寅，字敬伯，博通六經、百氏，累官集賢學士、國子祭酒。在成均，講明誨誘，終日忘倦，有父風。

維斗蕭先生　伯充呂氏𡌴附

先生名𣂏，字維斗，號勤齋，奉元人。天性至孝，自幼翹楚不凡。長爲府史，語當道不合，即引退，讀書終南山，力學三十年不求進。製一革衣，由身半以下，及臥，輒倚其榻，玩誦不少置，於是博極群書，凡天文、地理、律曆、算數，靡不研究。

侯均謂「元有天下百年，惟蕭維斗爲識字人」。學者及門受業者甚眾，鄉里孚化，稱之曰蕭先生。鄉人有自城暮歸者，途遇寇，詭曰「我蕭先生也」。寇驚愕釋去。嘗出，遇一婦人失金釵道旁，疑先生拾之，謂曰：「殊無他人，獨公居後耳。」先生令隨至門，取家釵以償，其婦後得所遺釵，愧謝之。

世祖初分藩在秦，用平章咸寧王野仙薦，徵侍藩邸，以疾辭。授陝西儒學提舉，不赴。省憲大臣即其家，具宴爲賀，遣一從史先往。先生方灌園，從史不知其爲先生也，使飲其馬，即應之不拒。及冠帶迎客，從史見，有懼色，先生殊不爲意。後累授集賢直學士、國子司業，改集賢侍讀學士，皆不赴。武宗初，徵拜太子右諭德。不得已，扶病至京師，入覲東宮，書酒誥爲獻，以朝廷時尚酒故也。尋以病請去，或問其故，則曰：「在禮，東宮東面，師傅西面，此禮今可行乎？」俄除集賢學士、國子祭酒，諭德如故，固辭歸。年七十八，以壽終于家，謚貞敏。

劉致謚議略云：「聖主之治天下也，必有所不召之臣。蓋志意修則輕富貴，道義重則輕王公，蟬蜕塵埃之中，翔遊萬物之表，不事王侯，高尚其事者以之。傳曰：『舉逸民，天下之民歸心焉。』故必蒲車、旌帛，側席以俟其至，冀以勵俗興化，猶或長往而不返，亦有既至而不屈，則『束帛戔戔，賁于丘園』者，治天下者以之也。于吾元得二人焉，曰容城劉因、京兆蕭𣂏。士君子之趣向不同，期各得所志而已。彼不求人知而人知之，不希世用而世用之，至上徹帝聰，鶴書天出，薜蘿動色，巖戶騰輝，猶堅臥不起。不得已焉始一至，卒不撓其節，不隳所守而去，亦可謂得所志也已。方之于古，則嚴光、周黨之流亞歟！雖其道不周於用，而廉頑立懦，勵俗興化之功亦已多矣。且其累徵而不起，蹔出而即歸，不既『貞』乎？以勤自居，其好古好學之心，不既『敏』乎？按謚法『清白守節曰貞，好古不怠曰敏』，請謚曰『貞敏』。」詔從之。

先生制行甚高，真履實踐，其教人必自小學始。爲文立意精深，言近指遠，一以洙、泗爲本，濂、洛、考亭爲據，關輔之士翕然宗之，稱爲一代醇儒。門人涇陽第五居仁、平定呂思誠、南陽孛術魯翀爲最著。所著有三禮說、小學標題駁論、九州志及勤齋文集行世。

時有呂𡎺，字伯充，其先河內人。金末，父佑避亂關中，因家焉。伯充從許魯齋學，魯齋爲祭酒，舉爲伴讀，輔成教養，其功居多。至元間，爲四川行樞密院都事，勸主帥李德輝不殺，巴人感德，祠之。知華州，勸農興學，俱有成效。累官翰林侍讀學士，致仕，卒，追封東平郡公，謚文穆。

大德中，河東、關、隴地震月餘，伯充與維斗各設問答數千言，以究其理。居父憂，喪葬一倣古禮。魯齋貽書稱其「信道力行，爲楊元甫之亞」云。

寬甫同先生

先生名恕，字寬甫，號榘菴，奉元人。祖昇。父繼先，博學能文，廉希憲宣撫陝右，辟掌庫鑰。家世業儒，同居二百口無間言。

先生安靜端凝，羈丱如成人。從鄉先生學，日記數千言。年十三，以書經魁鄉校。至元間，朝廷始分六部，選名士爲吏屬，關陝以先生貢禮曹，辭不行。仁宗初，即其家拜國子司業，階儒林郎，使三召不起。陝西行臺侍御史趙世延請即奉元置魯齋書院，中書奏先生領教事，制可之。先後來學者殆千數。延祐設科，再主鄉試，人服其公。六年，以奉議大夫、太子左贊善召，入見，東宮賜酒慰問。繼而獻書，歷陳古誼，盡開悟涵養之道。明年春，英宗繼統，以疾歸。致和元年，拜集賢侍讀學士，以老疾辭。

先生之學，由程朱上溯孔孟，務貫浹事理，以利于行。教人曲爲開導，使得趨向之正。性整潔，平居雖大暑不去冠帶。母張卒，事繼母如事所生。父喪，哀毀致目疾，時祀齋肅詳至。嘗曰：「養生有不備，事有可復；追遠有不誠，是誣神也，可逭罪乎？」與人交，雖外無適莫，而中有繩尺。里人借騾而死，償其值，不受，曰：「物之數也，何以償爲！」家無擔石之儲，聚書數萬卷，扁所居曰「榘菴」。時蕭先生㪺居南山下，亦以道高當世，入城府，必主先生家，士論並稱曰「蕭同」。自京師還，家居十有三年，中外縉紳望之若景星麟鳳，鄉里稱爲「先生」而不姓。至順二年卒，年七十八。贈翰林直學士，封京兆郡侯，謚文貞。所著有椝菴集二十卷。

從善韓先生

先生名擇，字從善，奉元人。天資超異，信道不惑，其教學者，雖中歲以後，亦必自小學等書始。或疑爲凌節勤苦，則曰：「人不知學，白首童心，且童蒙所當知而皓首不知，可乎？」尤邃禮學，有質問者，口講指畫無倦容。士大夫遊宦過秦，必往見先生，莫不虛往而實歸焉。世祖嘗召之，疾，不果行。其卒也，門人爲服緦麻者百餘人。

伯仁侯先生

先生名均，字伯仁，蒲城人。父母早亡，獨與繼母居，賣薪以給奉養。積學四十年，群經百氏無不淹貫。每讀書，必熟誦乃已。嘗言：「讀書不至千遍，終於己無益。」故其答諸生所問，窮索極探，如取諸篋笥，名振關中，學者宗之。用薦者起爲太常博士，後以上疏忤時相意，即歸休田里。

先生貌魁梧而氣剛正，人多嚴憚之，及其應接之際，則和易款洽。雖方言古語世所未曉者，莫不隨問而答，世咸服其博聞云。今祀蒲城鄉賢祠。

士安第五先生

先生名居仁，字士安，涇陽人。幼師蕭維斗𣂏，弱冠從同寬甫恕受學，博通經史。躬率子弟致力農畝，而學徒滿門。其宏度雅量，能容人所不能容。嘗行田間，遇有竊其桑者，先生輒避之，鄉里高其行義，率多化服。作字必楷整。遊其門者，不惟學明，而行加修焉。卒之日，門人相與議易名之禮，私謚曰靜安先生。

悦古程先生　子敬李氏附

先生名瑁，字君用，號悦古，涇陽人。隱居不仕。弱冠即以古學自力，討論六籍，雖祁寒暑雨，造次顛沛，未嘗少輟。三原李子敬創學古書院，延先生講學其中，遠近從遊者百餘人，循循然樂教不倦，學者稱悦古先生。嘗誡諸子曰：「人性本善，習之易荒，古聖賢皆以驕惰爲戒，況凡民乎？」集[一]家戒一卷，以遺子孫。著述有遼史三卷、異端辨一卷、雲陽志二卷、樂府文集傳世。

李子敬字恭甫，爲人質謹孝友。家素裕，族黨因其資而葬者三十餘，喪婚者八十餘姓。捐千金創學古書院，又割田以供釋奠，廪師生學士，蕭貞敏公爲記。行省上其義，下詔旌表其門。

〔一〕光緒本作「作」，據萬曆丁巳浙江本、天啟本改。

卷二十二

關學編卷三

明

容思段先生

先生名堅，字可久，蘭州人。初號栢軒，後更號容思，義取「九容」「九思」也，學者稱容思先生。生而剛方穎異，讀書即知正學。年十四，爲郡諸生，見緱山陳先生書銘于明倫堂有「群居愼口，獨坐防心」之語，酷愛而敬誦之，遂慨然以爲聖賢可學而至。年十七，王父歿，白其父，治喪不用浮屠法。凡當世宿儒宦遊于蘭者，無不師之。于經史藴奥、性命精微，不究其極不止也。動作不苟，人以伊川儗之。正統甲子，領鄉薦。明年，下第歸，鄉之士大夫多遣子弟就學。先生以師道自尊，教法嚴而造就有等，士類興起。己巳，英廟北狩，應上詔，詣闕上書，不報。乃裹糧買舟南遊，由齊、魯、淮、楚以至吳、越，訪求同志之士，相與講切，得閻子與、白良輔輩定交焉。逾年始歸，學益有得。景泰甲戌，登進士，以文名差纂山西志。明年，志成復命。尋移疾歸。讀書于五泉小圃，依巖作洞，以爲會友講習之所。有得即形于詩，有云：「風清雲淨雨初晴，南畝東阡策杖行。幽鳥似知行樂意，緑楊煙外兩三聲。」論者謂宛然有「浴沂」氣象。越五年，爲天順己卯，選山東福山知縣。福山，故僻邑，先生以德化民，刊布小學諸書，令邑人講誦。復以詩歌興之，必欲變其風俗。或謂其迂闊不能行，先生獨謂天下無不可化之人，無不可變之俗。嘗有詩曰：「天下有材皆可用，世間無草不從風。」始終不少懈。由是陋俗丕變，海邦島嶼渢渢乎有絃誦風。既六載，以李文達公薦，超擢知萊州府，迺先生與文達公竟未面也。先生治萊如治福山，時召郡縣官師與燕，俾言志詠歌以申政教。未期月，萊人大化。以憂去，既禫，不遽北上，乃訪周廷芳于秦州，訪張立夫于鳳翔，講學求友，孜孜不暇，其于功名利達澹如也。久之，復補南陽。

在南陽，慨近世學者以讀書媒利禄、階富貴，士鮮知聖賢之學，乃倡明周、程、張、朱與古人爲學之意，建志學書院，聚郡庠及屬治諸生，親授講說。又以民俗之偷，由未預教，乃遴屬治童蒙，授以小學、孝經、文公家禮、教民俗言諸書，俾之講習。又創刻二程全書、胡致堂崇正辨諸書，俟盈科者給授。士習翕然改觀。又創節義祠，祀古聖母烈女，以風勵郡俗。尤嚴迸巫尼，不使假左道傷風化。會有女纓而自經以殉夫死者，先生率僚屬師生往吊，爲具棺殮，卜地合葬。已又奏表其閭。由是郡人雖婦人女子皆爲感化。先生爲政，持大體，重風教，不急功利，不規規于簿書，不以毀譽得失動其心。凡屬吏不法者，即案問不少貸。民或良或奸，相宜訓治，與民休息。在南陽八年，郡人戴之如父母，其敬畏之至，若家有一段太守者。治行爲天下第一。以直道不能諧時，遂致政歸。乃結廬蘭山之麓，扁曰「南村」，曰「東園」，取淵明詩「昔欲居南村」及「青松在東園」意。授徒講業，相羊唫詠以自樂。然于時政闕失，民情困苦，則又未嘗不憂形于色。成化甲辰卒，年六十有六。門人私謚曰文毅。

先生性素孝友，治父母喪一遵古禮，事兄椿曲盡弟道。居家嚴內治，崇禮教，凜然爲鄉邦典刑。與人尤篤于分義，友人唐知縣廷器貧甚，其殁也，爲具棺殮以襄事，並誌其墓。方伯石公執中曾孫以貧鬻于人，乃垂涕捐貲贖還，俾主其祀。業師周公麟殁，爲撫其後，每至其家，坐必避席焉。先生雖未居言路，而屢有建白，如請修龍逢、比干祠墓，請從祀元儒劉因，請旌表孝行節義，請開言路。諸封事皆鑿鑿有關國體，補風化。

蓋先生之學，近宗程朱，遠溯孔孟，而其功一本于敬。嘗言：「學者主敬以致知格物。知吾之心即天地之心，吾心之理即天地之理，吾身可以參天地、贊化育者在于此。必以命世大儒自期，而不可自暴自棄，以常人自居，有負爲人之名。」所至，從遊者衆，多所成立，如同郡董學諭芳、羅僉憲睿、彭少保澤、孫孝廉芳，秦州周布衣蕙，山西董僉憲齡，福山張同知瓛，南陽柴尚書昇，王文莊鴻儒，熊少參紀，張孝廉景純，皆門牆尤著者。

郡人陳祥贊云：「距釋排聃，吾道是遵，士趨歸正，鄉俗以淳。繼往開來，遠探濂洛，文清之統，惟公是廓。」彭澤撰墓碑云：「先儒謂道自堯舜以來，至孟子殁，失其傳焉。匪道不傳，學者託之言語文字，而無深造力踐之功也。至宋，周、程三夫子出，至晦菴朱先生始極主敬、致知力行之功，上繼孔孟之統。元魯齋許文正公、我明敬軒薛文清公，以篤實輝光之學繼其絶，此固萬世之公議也。若我南陽太守容思先生段公，其克尊信斯道而致深造力踐之學者歟！」論者以爲知言。所著有容思集、柏軒語録行世。

默齋張先生

先生名傑，字立夫，號默齋，鳳翔人。父璡，工部主事。先生生有異質，穎悟過人。稍長，入郡庠，卓然以聖賢自期。年二十一，登正統辛酉鄉薦。乙丑中乙榜。以親老，就山西趙城訓導，居官六年，惟以講學教人爲事。一日，薛文清公過趙城，與先生論身心性命之學，文清公歎服而去，先生之學由是益深。值歲祲，捐俸賑饑，雖所捐無幾，亦寒氈所難。景泰辛未，工部公捐館舍，先生徒跣奔歸，喪葬悉以禮。先是里俗多用浮屠法，先生一切屏去，鄉人化之。久之，以養母不出。天順癸未，母棄養。既禫，有司勸駕，先生蹙然曰：「吾少也力學以明道，禄仕以養親，今吾親終矣，而學無所得，尚欲仕乎？」遂不復出。因賦詩自責曰：「年幾四十四，此理未真知。晝夜不勤勉，遷延到幾時？」益大肆力于學。居恒瞑目端坐，至于移時。起則取諸經子史，朗然諷誦，或至丙夜後已。最愛「涵養須用敬」「進學在致知」二語，因大書揭座右。造詣日深，弟子從遊者日衆，乃拓家塾以五經教授，學者稱爲「五經先生」，名重一時。巡按御史某薦先生爲提學僉事，不報。成化乙酉，應天聘典文衡，謝不往。辛卯，茶臺馬公震行部漢南，特遣諸生黄照、王宣輩奉書載幣，聘先生攝城固學事。先生復書略曰：「天地生人，無不與之以善；聖賢教人，亦無不欲其同歸于善。是知善者，人所自有而自爲之。先覺之覺後覺，如呼寐者而使之寤耳。但古之學者從事于性情，而文辭所以達其意，今之學者專務文詞，反有以累其性情。某今年五十有一矣，方知求之于此，以尋古人向上之學，雖得其門，未造其域，汲汲皇皇，恐虚此生。嘗自念僻處一方，獨學無友，每欲遠遊，質正高明，奈有寒疾不可以出，況鄉黨小子相從頗衆，豈能遠及他方邪？」亦謝不往。與皋蘭段先生堅、趙侍御英、河東李學博昶、秦州周布衣蕙相與論學，而段尤稱契厚，嘗贈以詩，有云：「萬徑千蹊吾道害，四書六籍聖賢心。聖賢心學真堪學，何用賓士此外尋！」而先生詩中亦有「今宵忘寢論收心」之句，學者爭傳誦焉。或勸先生著書，曰：「吾年未艾，猶可進也，俟有所得，爲之未晚。」乃竟未及著書而卒。是爲成化壬辰十月十二日，距生永樂辛丑八月十九日，年僅五十有二。

先生爲人篤于孝友，事二親曲盡子道。與兄英爲異母，同居五十年無間言。姊早卒，撫其子若己出，教之成立。御子弟一以禮法，内外斬斬。嘗自贊曰：「讀孔孟書，學孔孟事，知有未真，行有未至，惟日孳孳，以求其所無負也！」其勤勵如此。

先生歿若干年，郡守趙公博白兩臺，爲先生建祠于家塾之左，以供祀事，長平郭公定爲記。郡倅范公吉稱先生：「以五經教授，明心學于狂瀾既倒之餘；以四禮率人，挽風化于頹靡不振之秋。以端實澹泊飭躬砥行，垂休光于千百載之後，可謂一代人物矣！」識者以爲實録云。

小泉周先生

先生名蕙，字廷芳，號小泉，山丹衛人。後徙居秦州，因家焉。年二十聽人講大學首章，奮然感動，始知讀書問字。爲臨洮衛軍戍蘭州，守墩，聞容思段先生集諸儒講理學，時往聽之，有聞即服行。久之，諸儒令坐聽，既而與坐講，既而以爲畏友，有疑與訂論焉。段先生勖以聖賢可學而至，教示進爲途方。段先生曰：「非聖弗學。」先生曰：「惟聖斯學。」遂殫力就學，窮通五經，篤信力行，慨然以程朱自任。當時見者亦翕然以爲程朱復出也，咸敬信樂從之。又受學于清水教諭安邑李公昶，得薛文清公之傳，功密存省，造入真純，遂爲一時遠邇學者之宗。

有總兵恭順侯吴瑾者，聞其賢，欲延教其子，先生固辭。或問故，先生曰：「總兵以軍士役某，召之役則往役，召之教子則不敢往。」聞者歎服，其侯亦不能彊，遂親送二子於其家以受教，先生始納贄焉。時肅藩有二樂人鄭安、鄭寧者，進啟本願除樂籍，從周先生讀書，其感發人如此。後隱居秦州之小泉，因以爲號，著深衣幅巾爲容。成紀之人薰化其德，稱爲小泉先生。嘗遊西安，與介菴李公錦論學，介菴由是大悟，遂爲關西名儒。渭南思菴薛公敬之執弟子禮，師事焉。秦州守數造其廬，舉鄉飲賓，謝不往。巡按杜公禮徵求見，講太極、先天二圖，不覺前席。嘗正冠婚喪祭之禮以示學者，秦人至今遵之。

成化戊子，容思先生至小泉，訪之不遇，留以詩，有「歷盡巉巖君不見，一天風雪野梅開」之句。後又贈以二詩，云：「小泉泉水隔煙蘿，一濯冠纓一浩歌。細細靜涵洙泗脈，源源動鼓洛川波。風埃些子無由入，寒玉一泓清更多。老我未除塵俗病，欲煩洗雪起沉痾。」又云：「白雪封鎖萬山林，卜築幽居深更深。養道不干軒冕貴，讀書探取聖賢心。何爲有大如天地，須信無窮自古今。欲鼓遺音絃絕後，關閩濂洛待君尋。」何大復謂：「先生于容思先生，其始若張横渠之于范仲淹，其後若蔡元定之于朱紫陽也。」迨老，以父遊江南，歷涉險蹤訪，沒于揚子江，人皆稱其孝，而又重悲其死云。

先生初名檜，後更蕙，或作「桂」，誤。

先生門人甚眾，最著名者，渭南薛敬之、秦州王爵。爵，字賜之。自少潛心力學，及長，從遊先生門而知操存。郡守秦公與語，悦之，時與講操存之學。及教後學，切切以誠敬爲本。弘治初，以國子生仕爲保安州判，君出納公、會計當，日不憚勞，保安稱平焉。秦公後總督原州，聘君至原，三年相處如一日。及歸，秦公贈以揚州鹽引數百石，君辭之，而惡衣惡食坦如也，州人咸稱之。詳載可泉胡公纂鞏郡志中。敬之，余別有傳。

大器張先生　抑之張氏鋭附

先生名鼎，字大器，別號自在道人，咸寧人。父廉，爲山西蒲州知州。先生少從父之任，受學于河東薛文清公之門，用是日勤勵于聖賢之學，諸子百家雖靡不研究，而一稟于濂、洛、關、閩之旨，文清公深器重之。歸，補西安郡庠弟子員。景泰癸酉，以易舉于鄉。成化丙戌，成進士，授刑部主事，遷員外郎。冰蘗自持，推讞詳明。甲午，出知山西太原府。太原爲省會劇郡，故稱難治，先生游刃有餘，循良弁三晉，郡人德之，不忍先生離去。故九載考績，晉山西參政，仍署府事。又四載，始遷河南按察使，振肅紀綱，奸貪斂跡，嘗辨指揮董敬等人命之誣。弘治改元，擢右僉都御史，巡撫保定等府。時畿内多事，盜賊縱横于途，行旅戒嚴，先生築牆植樹，自内丘直達京師，由是道路肅然，至今賴之。值歲大祲，先生給糧賑濟，民免流亡。辛亥，晉戶部右侍郎。尋以病請歸。歸四年，爲弘治乙卯，卒于家，年六十有五。

先生爲人仁厚敬慎，事不苟爲，非義一介不取，進退唯命是聽，終身恪守師説，不敢少有踰越。文清公歿，其文集散漫不傳，先生搜輯校正凡數年，稿始克成，乃爲序梓而傳之，至今學者尚論文清，必以先生之言爲徵信云。所著有仕學日記、自在詩文、蠹齋博稿若干卷。先生爲都憲，爲亞卿，皆三原王端毅公爲冢宰時所推轂。其卒也，端毅公銘其墓，稱其「理學傳自文清公，高名可並太華峰」，世以爲確論。

時有秦州大參張公鋭，字抑之，成化初舉于鄉，父敏以國子生爲江西布政司照磨。公從之任，受學東白張先生元禎。張先生者，豫章名儒也，公由是學益有得。乙未，登進士，授刑部主事，歷員外郎、郎中，遷江西吉安知府。在吉安，政教兼舉，士習聿興，民用安業。坐忤權貴，調湖廣漢陽六載，以兩郡令譽，晉山東左參政。後致仕居鄉，日進執經諸弟子于庭，講學不倦，鄉閭薰德焉。故隴西學者稱爲張夫子。可泉胡中丞纘宗稱公「誠確溫厚，本之天性，而多學好古，汲引後進，尤人所不可及」云。

介菴李先生　仲白李氏錦〔一〕附

先生名錦，字在中，號介菴，咸寧人。幼警悟不凡。九歲失恃，如安成依舅氏韓君智，韓爲擇師教之。端坐終日，不逐群兒嬉。讀書知大義，日見英發。比成童，還爲諸生，受易于鄉先生董君德昭之門。大肆力于學，每試輒爲督學使者所稱賞。後遇秦州小泉周廷芳講學，得聞周、程、張、朱爲學之要，遂棄記誦辭章之習，專以主敬窮理爲事。又與渭南思菴薛氏、咸陽西廓姚氏、同邑誼菴雍氏麗澤講習，相勸相規。久之，踐履醇茂，關中學者咸以「横渠」稱之。濟南尹恭簡公爲通政時使秦，聞先生名，延與語，大爲驚歎。

天順壬午，舉於鄉。成化戊子，遊成均，友天下士，其學益進，大司成邢公讓深器異之，令諸子受業焉。後邢坐事下獄，先生倡六館士伏闕抗章，明其無罪，雖于事無益，而先生之名重京師矣。嘗愛武侯「静以修身，儉以養德」、「學須静，才須學」數語，揭之座右以自警。事親色養備至，執喪盡禮，力絀異端。至今省會士大夫不作浮屠事，寔自先生始。爲孝廉居憂時，巡撫余肅敏公欲延教其子，先生以「齊衰不入公門」固辭，余益重之。後余知其喪不能舉，賻以二槨，先生卻其一，曰：

〔一〕萬曆丁巳浙江本、天啟本無「錦」字。

「不可因喪射利也。」郡大夫有與之厚者賻米數十斛，以辭命無俸米字辭。後周廷芳復過省，與先生印證所學，設問辨難，周爲歎服。先生解經平正通達，不爲鑿說，且善誘後學，諄諄忘倦。出其門者如李參政崙、劉尚書璣、于知州寬、董員外養民，及舉人張子渭、李盛漸被尤深。

先生數上春官，竟不第。成化甲辰，謁選直隸松江府同知。職親戎牒，夙夜精勤，奸無所售。有脫役垂四十載者，先生始發之，即令補伍，雖權貴居間，竟莫能奪。未究厥施，以疾卒于官。是在成化丙午，年僅五十一。貧不能爲棺斂，其僚友賻之，始克歸云。

先生性剛介，不妄交接，不苟爲然諾，義之所在，確然自信，不以一毫挫于人。尤重取予，所居僅蔽床席，茹淡服疏，雖至屢空，終不輕有所取。學務窮理性，體之身心。不好立言語文字，以故殁之日，遺稿無存。靈寶許襄毅公爲先生同志友，先生殁十年，襄毅公巡撫關中，屬督學楊文襄公表其墓。文襄公稱先生「挺然風塵之表，不苟簡遷就，與世低昂。抱其貞璞，卒以完歸」。而督學虎谷王公亦稱其「化如和叔辭章外，貧似原思草澤間」。嗚呼，可謂深知先生者矣。

後數十年而有渭南李仲白氏者，名與先生同，字仲白，號龍坡，亦潛心理學。爲諸生時，西蜀龍灣高先生儔署高陵教事，仲白越疆從受學，與涇野呂先生同門相切磋焉。正德庚午，領鄉薦，爲宿遷令。著勸農文、勸孝文以化俗，由是邑多孝子。又以稅餘金買牛給民耕墾荒地，宿遷人稱爲「百年以來一人」。遷海州知府，致仕。初擢州時，不能具一花帶，呂先生遺之一圍。後去州抵家，猶是帶也，其清苦如此。嘉靖丙申，卒于家。呂先生銘其墓，稱其「稟受懿嘉，學求根本」云。

思菴薛先生

先生名敬之，字顯思，號思菴，渭南人。生有異狀，長大雄偉，鬚髯修美，左膊一黑文字深入膚裏。生五歲，愛讀書。十一，解屬文賦詩。稍長，言動必稱古道、則先賢。景泰丙子，獲籍邑諸生，居止端嚴，不同流俗，鄉閭驚駭，稱之曰「薛道學」。爲文說理而華，每爲督學使者所賞鑒。應試省闈至十有二次，竟不售。成化丙戌，以積廩充貢入太學。太學生接其言論，咸爲歎服，一時與陳白沙竝稱，由是名動京師。

自太學歸，二尊人相繼歿，徒跣奔葬。時大雪盈尺，兼涉淺泥濘，亦不知避。後遂病足，值冬月輒發。母嗜韭，母歿，終身不忍食韭。

成化丙午，謁選山西應州知州。先生治應，首勸民耕稼紡績。時當東作，循察田野，民艱于耕種者，賚以牛種。民貧負租及不能婚葬者，皆助之。買牸畜數十給之煢民，令孳息爲養。又務積蔬粟，不三四歲，粟至四萬餘石，乾蔬數萬餘斤。尋當饑饉，應民免于死亡。其既竄而復歸者三百餘家，皆與衣食，補葺其屋廬與處。由是屬邑聞風復者沛然。又立義塚，以瘞流民之死于道者。弘治戊申秋，南山有虎患，爲文祭之，旬日間虎死于壑。己酉春，蕭家寨北平地有暴水湧出，一寨幾至沉陷。先生亦爲文祭告，水即下洩，聲如雷鳴，民免于溺。他德政異政多此類，詳守谿王公撰碑記中。

先生尤雅重學政，數至學舍，切切爲言孔孟之旨，由是應人士始知身心性命之學。奏課第一，弘治丙辰陞金華府同知。東南學者如陳聰輩數十人，皆摳衣門牆。居二年，致仕。撰金華鄉賢祠志若干卷。正德戊辰卒，年七十又四。

先生嗜道若飴，老而彌篤。好與人講，遇人無問人省解不，即爲說道，人或不樂聽說，亦不置。又好靜坐思索，凡有所得，如横渠法，即以劄記。所著有思菴野録、道學基統、洙泗言學録、爾雅便音、田疇百詠集、歸來藁及演作定心性說諸書，其言多有補于名教云。

其卒也，呂文簡公誌其墓，略曰：「初先生致仕家居，以事入長安，柟獲遇于長安之開元寺，因叩先生。先生言：『蘭州軍周蕙者字廷芳，躬行孝弟，其學近于伊洛，吾執弟子禮事之。吾入太學時，道經陜州，陳雲逵忠信狷介，凡事皆持敬遇之，吾以爲友。凡吾所以有今日者，多此二人力也。』柟謁先生者再四，見先生年已七十，日夜讀書不釋卷。聽其論議，皆可警策惰志，則亦今日之博學好古、死而後已者也。」又謂門人胡大器曰：「爲學隆師取友，變化氣質爲本。渭南有薛先生從周先生學，常雞鳴而起，候門開，灑掃設坐。及至，則跪以請教。」又謂門人廉介曰：「予聞諸思菴薛子曰：『介菴李錦，關西之豪傑也，甘貧守道，好學至死不倦。今亡矣夫！』夫薛子其亦見介菴而興起者乎？」其學問淵源如此云。

平川王先生

先生名承裕，字天宇，號平川，三原人。父恕，歷官太子太保、吏部尚書，贈太師，謚端毅，爲國朝名臣第一，道德功業載在國史。成化元年乙酉，先生生于河南宦邸，蓋端毅公巡撫日也。端毅公七子，而先生最少。方兒時，即重厚如老儒，恒端坐不妄言笑。七八歲作屋隙詩曰：「風來梁上響，月到枕邊明。」又作先師孔子木主，朝夕拜之。春秋丁日，具香果齋而祭。乃爲齋銘曰：「齊不齊，謹當謹，萬物安，百神統。聖賢我，古來朐。齊不齊，謹當謹。」太淑人廉知之，以白端毅公，公喜曰：「此兒足繼志矣！」十四五時，在南都從莆田蕭先生學，蕭令侍立三日，一無所授。先生歸告端毅公曰：「蕭先生待兒如此，謂不足教耶？」公曰：「善哉，教也，真汝師矣！」先生由是益尊師樂學，遂造深焉。年十七八，著進修筆録，崇仁吴正郎宣序之以傳。年十九，應鄉試，督學戴公珊試其文，奇之。丙午，年二十二，舉于鄉。

丁未，孝宗登極，召起端毅公爲冢宰。先生侍行，讀書京邸，與一時名公遊，由是聞見益廣，學益進。癸丑，第進士。會端毅公致仕，先生予告歸，乃開門授徒，講學于釋氏之刹。堂至不能容，復講于弘道書院。先生教以宗程、朱以爲階梯，祖孔、顔以爲標準。語具督學虎谷王公書院記中。蓋先生以師道自居甚嚴，弟子咸知敬學，故自樹而成名者甚衆。

久之，授兵科給事中，有時政、先務等疏，皆切中時弊。兩使藩國，饋遺一無所受。歷吏科都給事中。正德初，逆瑾專政，群工多出其門，先生遠之。又上疏乞進君子，退小人及諸不法事。瑾怒，罰粟三百石輸邊。其恨猶未已，會先生以外艱去，始免。服除，瑾誅，以原官遷太僕少卿、本寺卿、南太常卿。時上南巡，先生夙戒牲帛祭品待祀。或曰：「上方用武，無暇于祀，焉用備爲？」弗聽。及上至，奏祀皆行之，言者愧服。己卯，宸濠叛，欲趨南都，大臣分城以守，先生分守通濟門，乃與家人訣別，登城誓死守之。會有逆黨藏甲兵于椑以應賊者，先生發覺，服以上刑，都城肅然。壬午，世廟即位，改元嘉靖，論禦賊功，有白金文綺之賜。癸未，遷戶部右侍郎，提督倉場。尋回部。爲世廟所重，賜獻皇帝睿筆「清平正直」四字。丁亥，晉南戶部尚書。己丑，致仕。

林居十年，惟以讀書教人爲事。當時稱其濟美，有范忠宣繼文正公之風。論薦者無虛日，廟堂方欲召用，而先生已歿，識者于是有蒼生之恨云。卒年七十有四，蓋嘉靖戊戌五月也。訃聞，賜祭葬如例，謚康僖。

先生性篤孝，能悦親養志，故端毅公愛之特甚。又善事諸兄，諸兄皆殊常友之。時序祀先唯謹，誨諸子侄以道。與人交，溫乎可親而又栗然不可狎，故與之交者咸愛敬焉。與長安高御史胤先遊，久之贈詩，以堯夫、正叔與之，蓋服其和粹嚴正，不易及也。自少樂多賢友，端毅公尤夙以尚友之道誨之，故一時海内名賢無弗接者。自始學好禮，終身由之，故教人以禮爲先。凡弟子家冠婚喪祭，必令率禮而行。又刊佈藍田呂氏鄉約、鄉儀諸書，俾鄉人由之。三原士風民俗至今貞美，先生之力居多。

所著有論語近說、論語蒙讀、談録漫語、星軺集、辛巳集、考經堂集、庚寅集、諫垣奏草、草堂語録、三泉堂漫録、厚鄉録、童子吟藁、婚禮用中、進修筆録、動靜圖說等書。所述有横渠遺書、太師端毅公遺事等書行世。端毅公林居日，著五經四書意見，獨攄心得，自成一家，學者宗之。先生著述種種，蓋多本之庭訓云。

門人馬光禄理、秦大參偉、郝大參世家、雒中丞昂、張給諫原、李憲副伸、趙僉憲瀛、秦明府寧、王明府佩、李孝廉結有名，光禄別有傳。

關學編卷四

明

涇野呂先生

先生名柟，字仲木，高陵人。世居涇水北，自號涇野，學者尊之曰涇野先生。父溥，號渭陽，有隱德。先生少儁悟絶人，羈丱爲諸生，受尚書于高學諭儔、邑人孫大行昂，即有志聖賢之學。又問道于渭南薛思菴氏，充乎有得。不妄語，不苟交。夙夜居一矮屋，危坐誦讀，雖炎暑不廢衣冠。

年十七八，夢明道程子、東萊呂氏，就正所學，由是學益進。督學邃菴楊公、虎谷王公拔入正學書院，與群俊茂遊。大參熊公、李公延教其子，先生辭不獲，乃館于開元寺。後聞父疾，即徒步歸，二公以夫馬追送不及。先生曰：「親在床褥，安忍俟乘爲也！」父尋愈，構雲槐精舍，聚徒講學其中，二公仍遣子熊慶浩、李繼祖卒業焉。弘治辛酉，舉于鄉。明年，計偕不第，遊成均，與三原馬伯循、秦世觀，榆次寇子惇，安陽張仲修、崔仲鳧，林縣馬敬臣諸同志講學寶邛寺。嘗約曰：「文必載道，行必顧言。毋徒舉業以要利禄，毋徒任重弗克有終。」日孜孜惟以古聖賢進德修業爲事。遣弟栖師事伯循，其入學儀式，京師傳以爲法。同邑高朝用時爲地官郎，謂檢討王敬夫曰：「予邑有顔子，子知之乎？」敬夫曰：「豈呂仲木耶？」自是納爲厚交。

乙丑，敬皇帝賓天，與諸生哭臨，先生聲出淚下，衆譁爲迂，弗恤也。孫行人殁于京，遺孤不在側，先生衰絰哭拜，弔者或曰：「禮與？」曰：「禮，喪無主。比鄰爲主，況師乎？」及返葬于鄉，猶是服也。宿館下三日，哭而相葬事。既歸，復講學于精舍，從遊者日衆。

正德戊辰，舉南宮第六人，廷對擢第一，授翰林修撰。凡知先生者皆喜曰：「今得其狀元矣！」時閹瑾竊政，以枌榆故致賀，先生卻之，瑾銜甚。自是遜避不與往來。在翰林二年，操介益勵。禄入，祗祀其先。父母書問至，必再拜使者受之，退而跪讀。期功喪爲位而哭，門無饋遺。時何粹夫瑭爲編修，以道自守，不爲流俗所喜，先生日相切劘，歡如也。會西夏搆亂，疏請上入宮御經筵，親政事，不報。瑾惡其言，益銜甚。乃與粹夫相繼引去。未幾，瑾敗，禍延朝紳，人咸服先生之明。家居，杜門謝客者三年，臺省交章薦其往拒逆瑾，卓識偉節，宜召擢大用。壬申，起供舊職。上疏勸學，謂：「文王『緝熙敬止』，咸和萬民，斯享靈囿之樂。元順帝廢學縱欲，盛有臺沼，我太祖代取之，人主可不深念？」或謂「元主之戒，傷于太直」，先生曰：「賈山借秦爲喻，漢文尚能用之，況主上過漢文遠甚，柟獨不能爲賈山乎？」疏入，上亦嘉納。未幾，乾清宫災，復應詔言六事：一曰逐日臨朝聽政；二曰還處宫寢，預圖儲貳；三曰郊社禘嘗祗肅欽承；四曰日朝兩宫，承顔順志；五曰遣去義子、番僧、邊軍，令各寧業；六曰天下鎮守中官貪婪，取回別用。不報。先生復引疾去。崔仲鳧歎曰：「古有直躬進退不失其道者，吾于呂仲木見之矣！」

歸而卜築邑東門外，扁曰「東郭別墅」，四方學者日集。都御史虎谷王公薦其學行高古，乞代己任，不報。渭陽公病，先生侍湯藥，晝夜衣不解帶，履恒無聲。如是一年，鬚髮爲白。比卒，哀毁踰禮。既葬，廬墓側，旦夕焚香號泣，門人感之，皆隨先生居。乃與平定李應箕、同邑楊九儀輩講古今喪禮。當襄事時，郡守致賻，受之，既而馳幣句文，辭。門人問故，先生曰：「方卒哭而遽懷金爲文，吾不忍也。」既禫釋服，復講學于別墅，遠方從者彌衆。別墅不能容，又築東林書屋居焉。鎮守閹廖饋以豚米，卻之。廖素張甚，乃戒使者曰：「凡過高陵毋擾，有呂公在也。」有客以兼金乞居間，先生笑而謝曰：「人心如青天天白，乃以鳥獸視耶？」其人慚曰：「吾姑試子耳。」門庭肅然，無異寒素。

世廟即位，詔起原官。時朝鮮國奏稱：「狀元呂柟、主事馬理爲中國人才第一，朝廷宜加厚遇。仍乞頒賜其文，使本國爲式。」其爲外國[一]敬慕如此。上御經筵，先生進講，適值仁祖淳皇后忌辰，口奏宜存黲服禮，罷賜酒饌，朝論韙之。癸未，分校禮闈，取李舜臣輩，悉名士。時陽明先生講學東南，當路某深嫉之，主試者以道學發策，有焚書禁學之議，先生力辨而扶救之，得不行。場中一士子對策，欲將今宗陸辨朱者誅其人，火其書，極肆詆毀，甚合問目意，且經書、論、表俱可，同事者欲取之。先生曰：「觀此人今日迎合主司，他日必迎合權勢。」同事者深以爲然，遂置之。念新天子即位，上書請講聖學，略曰：「學貴于力行而知要，故慎獨克己，上對天心。親賢遠讒，下通民志，天下中興。太平之業，寔在于此。」不報。在史館，與鄒東廓友善。甲申，奉修省詔，復以十三事上，言頗過切直。時東廓亦上封事，同下詔獄。一時直聲震天下，人人有「真鐵漢」之稱。尋謫東廓判廣德，先生判解州。

道出上黨，隱士仇欄兄弟遮道問學。有梓匠張提者，役於仇氏，聞先生講，喜甚，跽而求教。先生誨以善言，提大悟，昔嘗取人一木作界方，至是遂還其主。仇氏兄弟益爲感動。先生喜，形諸詩云：「豈有征夫能過化，雄山村里似堯時。」既至解，仰堯舜故址，慨然以作士變俗爲己任。解士子視聖學與舉業爲二，先生曰：「苟知舉業聖學爲一，則干祿念輕，救世意重。」於是講學崇寧宮，每誨諸士雖舉，業惓惓不離聖賢之學。諸士皆欣然向道，以爲聖賢復出也。會守缺，先生攝事，不以遷客自解免。恤煢減役，勸農課桑，築堤以護鹽池，開渠以興水利，善政犂然。郡庠士及四方來學者益衆，乃建解梁書院居之，選少而俊秀者歌詩、習小學諸儀，朔望令耆德者講會典，行鄉約，廉孝弟節義者表其閭。求子夏後，教之學。建溫公祠，正夷齊墓，訂雲長集。久之，政舉化行，俗用丕變。丁亥，轉南吏部考功郎中。解梁門人王光祖謂「先生在解三年，未嘗言及朝廷事。爲考功，躬親吏牘。」少司馬王浚川薦其性行淳篤，學問淵粹，遷南尚寶卿。久之，遷南太常少卿。往太常讌樂甚褻，先生悉革之。乙未，遷國子祭酒。

[一]「國」，萬曆丁巳浙江本、天啟本作「夷」。

先生在南都幾九載，海內學者大集。初講于柳灣精舍，既講于鷲峰東所，後又講于太常南所，風動江南，環向而聽者前後幾千餘人。閩中林穎、浙中王健以謁選行，中途聞先生風，遂止，乃買舟泛江從之遊。上黨仇欄不遠數千里復來受學。先生猶日請益于甘泉湛先生，日切琢于鄒東廓、穆玄菴、顧東橋諸君子。時東廓亦由廣德移南，蓋相得甚歡云。其在國學，益以師道自任，自講期外，尤日進諸生諄諄發明，使人人知聖人可學而至。嘗取儀禮諸篇，令按圖習之，登降俛仰，鐘鼓管籥，洋然改觀易聽。有以孝廉著者揭榜示旌，喪者弔而賻，病者問而醫，死者哭而歸骸其鄉。又奏減歷俸以通淹滯，絕請托以杜倖門。凡監規之久弛者，罔不畢舉。六館僚屬，觀法清慎，諸生皆循循雅飭，一時太學有古辟雍之風。京邸縉紳多執弟子禮從學，而內使大興沈東亦時時聽講焉，其感人如此。人人稱爲「真祭酒」。

臺臣張景薦其德行、文學真海內碩儒，當代師表。丙申，晉南禮部右侍郎。東南學者喜先生復至，益日納履其門，乃復講于禮部南所。時上將躬視承天山陵，累疏勸止，不報。署南吏曹，纂疏薦何瑭、穆孔暉、徐階、唐順之等二十人。入賀，會有論湛先生僞學者，先生白諸當路曰：「聖皇在上，賢相輔之，豈可使明時有學禁之舉乎？」事遂已。

時霍文敏爲南宗伯，與夏貴溪故有隙，時時噂誻夏，先生乘間諷曰：「大臣宜當和衷，過規之可也，背憎非體。」霍誤疑先生黨夏。已先生來闕下，夏已柄國，數短霍于先生，先生毅然曰：「霍君性雖少褊，故天下才也。公爲相，當爲國惜才。」由是夏亦誤疑先生黨霍。會廟災，自陳，遂致仕，然先生終未嘗以此向人自白也。歸而講學北泉精舍。越四年，壬寅七月初一日卒，距生成化己亥四月二十一日，年六十有四。卒之日，高陵人爲罷市。休寧門人胡大器先至高陵侍疾，遂視殮殯而執喪焉。四方門人聞者皆爲位而哭。

先生性至孝友儉樸，事繼母侯色養篤至。室無妾媵，與李淑人相敬如賓。事叔父博如父。歲饑，嘗分俸賙其族衆。姊劉家窶甚，時時濟之。憫外祖宋乏嗣，每展墓流涕。從舅瑾寓同州，特訪迓歸。平生未嘗干謁人，亦不受人干謁。不事生產。既歿，家無長物。

蓋先生之學，以立志爲先，慎獨爲要，忠信爲本，格致爲功，而一準之以禮。重躬行，不事口耳。平居端嚴恪毅，接人則和易可親，至義理所執，則鏗然兢烈，置死生利害弗顧也。嘗訪王心齋艮于泰州，趙玉泉初于黎城。每遇同志，雖深夜必往訪；苟非其人，即一刺不輕投。教人因材造就，總之以安貧改過爲言，不爲玄虚高遠之論。門人侍數十年，未嘗見有偷語惰容。論者謂關中之學自横渠張子後，惟先生爲集大成云。

所著有四書因問、周易說翼、尚書說要、毛詩說序、春秋說志、禮問内篇外篇、宋四子鈔釋、史館獻納、南省奏稿、詩樂圖譜、史約、高陵志、解州志及涇野文集別集傳世。

隆慶初，贈禮部尚書，謚文簡。

谿田馬先生 何氏永達附〔一〕

先生名理，字伯循，號谿田，三原人。弘治戊午舉人，正德甲戌進士，皆高等。初授吏部稽勳司主事，尋調文選。甫一年，即謝病歸。戊寅，薦起考功。庚辰，又送母歸。嘉靖甲申，復薦起稽勳員外郎，尋遷稽勳考功郎中。丁亥，擢南京通政司右通政。戊子，又謝病歸。辛卯，復薦起光禄寺卿。甫一年，又謝病歸。歸十年，又薦起南京光禄卿，至即引年致仕。乙卯，年八十又二，其年十二月十二日夜，地大震，先生即以是夜卒，人皆慟之。

先生幼敏慧，醇雅如成人。年十四，爲邑諸生即稱說先王，則古昔，研究五經，指義多出人意表。弘治癸丑，先生年二十矣，會王端毅公致仕，康僖公以進士侍歸，講學弘道書院，先生即受講康僖公所，于是得習聞國朝典故與諸儒之學。先生一切體驗于身心，與同門友秦西澗偉作告文告先師，共爲反身循理之學，以曾子「三省」、顔子「四勿」爲約，進退容止，力追古道。康僖公深器異之，一時學者即以爲今之横渠也。

〔一〕萬曆丁巳浙江本、天啟本無「何氏永達附」。

邃菴楊公督學關中，見先生與康德涵、呂仲木，大驚曰：「康之文辭，馬、呂之經學，皆天下士也！」是時，身未出里中而名已傳海內，動京師矣。既如京，益與海內諸名公講學，其意見最合者，則陳雲逵、呂仲木、崔仲鳧、何粹夫、羅整菴諸君子。于是學日純，名日起，所在學者多從之遊。督學漁石唐公爲建嵯峨精舍，漁石作記，稱先生「得關、洛真傳，爲當今碩儒」，四方學徒就講者益衆。其教以主敬窮理爲主，士無問少長與及門不及門，無不聞風傾慕者。先生又特好古儀禮，時自習其節度。至冠婚喪祭禮，則取司馬溫公、朱文公與大明集禮折衷用之。處父喪與嫡生母之喪，關中傳以爲訓。乃其難進易退之節，人尤以爲不可及，嘗曰：「身可絀，道不可絀；見行可之仕，惟孔子能之。下此者，須自揣分量可也。」仲鳧稱先生「愛道甚于愛官」，當世以爲確論。往安南貢使謂部郎黃清曰：「故聞馬先生名，願一見。今不在仕列，何也？」黃曰：「先生高志不欲官，使人嘉歎！」以去朝鮮國，王奏乞頒賜主事馬某文，使本國傳誦爲式。其名重外夷若此。

先生主事時，上書諫武宗巡遊者二，後伏闕諍益力，杖于廷。員外時，值議大禮，率百官伏闕進諫，世宗震怒，命開伏闕者姓名，百官以先生名爲首，逮繫詔獄，復杖于廷，尋復官。郎中時奏寢莊襌之奏，即執政言亦不從。考察力罷致政私人彭澤，廣東人。力主被劾調用魏校、蕭鳴鳳爲正人，卒不改官，公論翕然，至今稱爲「真考功」。嘉靖丙戌，分校禮闈，所取皆海內名士，人尤服其藻鑒。

先生喜接人，又喜汲引後生。年七十，歸隱商山書院，名益重，來學者遠近踵集，縉紳過訪與海內求詩文者無虛日。先生亹亹應之不倦，山巾野服，鶴髮童顏，飄然望之若仙，人以是益願侍先生談，諸得詩文者，又願得先生親書。先生不談佛老，不觀非聖書，初年介而毅，方大以直，至晚年則益恭而和，直諒而有容。其執禮如横渠，其論學歸準于程朱，然亦時與諸儒異同，蓋自有獨得之見云。

所著四書注疏、周易贊義、尚書疏義、詩經删義、周禮注解、春秋修義、陝西通志與詩文集各若干卷。隆慶間，追贈副都御史，賜祭葬。

先生門人最盛，有河州何永達，字成章，自號拙菴。以歲貢爲清豐縣丞，尋棄去。讀書講學，老而彌篤。壽九十有四。

著春秋井鑒、林泉偶得、聖訓補注、井鑒續編諸書。先生嘗寄以詩云：「楊柳灣頭撫七絃，故人零落似飛綿。河濱尚有鍾期在，青鳥音來動隔年。」其見重如此。

苑洛韓先生　弟邦靖附

先生名邦奇，字汝節，號苑洛，朝邑人。父紹宗，號蓮峰，成化戊戌進士，仕至福建按察副使，學識才品，當世推重。先生幼靈俊異常，承訓過庭，即有志聖學。爲諸生治尚書時，即著蔡傳發明、禹貢詳略、律呂直解，見者驚服。弘治甲子，以書舉第二人。正德戊辰，成進士，拜吏部考功主事，尋轉員外郎。辛未考察，都御史某私袖小帙竊視，先生曰：「考覈公事，有公籍在，何以私帙爲？」乃奪其帙，封貯不檢，都御史爲遜謝，衆皆失色。調文選，太宰托意爲官擇人，欲發視缺封，先生執不可，太宰銜之。

會京師地震，上疏極論時政闕失，謫平陽通判。甲戌，遷浙江按察僉事，時逆廝錢寧以鈔數萬符浙易銀，當事者斂饋恐後，先生檄知縣吉棠散其斂，卒不饋。宸濠將舉逆，先命內豎假飯僧數千人于杭天竺寺，先生立爲散遣。濠又以儀賓託名進貢，假道衢州，先生召儀賓詰曰：「進貢自當沿江而下，奚自假道？歸語爾主，韓僉事在此，不可誑也！」後三年，濠果通鎮守欲襲浙江，賴前事發，奸不竟逞。先生謂鎮守爲浙蠹，諸不少假。鎮守銜甚，誣奏擅革進貢，誹謗朝廷，逮下詔獄爲民。既歸，謝客講學，四方學者負笈日衆。世廟即位，改元嘉靖，詔起山東參議，尋乞休。

甲申，大同巡撫張文錦階亂遇害，時勢孔棘，復以薦起山西左參議，分守大同。人皆危之，先生聞命即行，將入城，去二舍許，逆者使二人露刃迎，且故毁參將宅以懾之，先生奮然單車入，時諸司無官，鎮人聞先生入，皆感激泣下，人心少安。既而巡撫蔡公天佑至代州，先生親率將領，令盛裝戎服，謁蔡于代。蔡驚曰：「公何爲如此？」先生曰：「某豈過于奉上者！大同變後，巡撫之威削甚，大同人止知有某耳，不身先降禮，何以帥衆？」蔡爲歎服。

會上遣戶部侍郎胡公瓚提兵問罪，鎮人聞之復大譟。先生迓侍郎于天城，以處分事宜馳白巡撫。諸軍聞言出于先生，信之，始解。翌日，首惡就戮，先生謂侍郎曰：「首惡既獲，宜速給賞以示信，庶亂可弭寧。不然，人心疑懼，將有他變。」侍郎不聽，先生遂致仕歸，後果如其言。

戊子，起四川提學副使。尋改右春坊右庶子兼翰林院修撰。其秋，主試順天，因命題爲執政所不悅，嗾言者謫南太僕寺丞。己丑，再疏歸。尋起山東按察副使，大理左少卿，以左僉都御史巡撫宣府。時大同再變，王師出討，百凡軍需，倚辦宣府悉力經理，有備無乏。乙未，入佐院事，尋改巡撫山西。時羽檄交馳，先生躬歷塞外，增飭戰守之具，拓老營堡城垣，募軍常守以代分番，諸邊屹然可恃。四疏乞休，復致仕。甲辰，復用薦起總理河道，陞刑部右侍郎，改吏部右侍郎，太宰周公用喜得佐理，翕然委重。丁未，陞南京都察院右都御史，復進南京兵部尚書，參贊機務。五疏乞歸，是在己酉。益修舊業，宣導來學。居七年，乙卯，會地震，卒，年七十七。贈少保，謚恭簡。

門人白璧曰：「先生天稟高明，學問精到，明于數學，胸次灑落，大類邵堯夫，而論道體乃獨取張橫渠。少負氣節，既乃不欲爲奇節異〔二〕行，而識度汪然，涵養宏深，持守堅定，躬行心得，中正明達，則又一薛敬軒也。」

所著有苑洛語録、苑洛集、苑洛志樂、性理三解、易占經緯、易説、書説、毛詩末喻諸書傳世。

弟邦靖，字汝慶，號五泉。幼稱「奇童」。年十四，舉于鄉。二十一，與先生同第進士，爲工部主事，榷稅武林。比及瓜，有同年趙司李以屈安人病無子，買女婢遺之，拒不受。趙曰：「此越女有色者。」笑曰：「政恐若此耳。」既遷郎中，以建言逮獄爲民。嘉靖改元，起山西左參議，以病免。尋卒，年僅三十有六。汝慶父子兄弟以學問相爲師友，太史王敬夫銘其墓，稱爲「曠世之英，全德之士」。所著有五泉集、朝邑志若干卷。

〔二〕光緒本作「一」，此據朝邑蒙王府蔭堂本及明儒言行録卷四韓邦奇苑洛先生恭簡公改。

瑞泉南先生　雲林尚氏班爵附

先生名大吉，字元善，號瑞泉，渭南人。正德庚午舉人，辛未進士。授戶部主事，歷員外郎、郎中、浙江紹興府知府，致仕。嘉靖辛丑卒，年五十有五。

先生幼穎敏絕倫，稍長，讀書爲文，即知求聖賢之學。嘗賦詩言懷，有「誰謂予嬰小，忽焉十五齡。獨念前賢訓，堯舜皆可並」之語。弱冠，以古文辭鳴世。入仕，尚友講學，漸棄其辭章之習，志于聖道，然猶豪曠不拘小節。

嘉靖癸未知紹興時，王文成公倡道東南，講致良知之學。王公乃先生辛未座主也。先生既從王公學，得實踐致力肯綮處，乃大悟曰：「人心果自有聖賢也，奚必他求？」于是時時就王公請益焉。嘗曰：「大吉臨政多過，先生何無一言？」王公曰：「何過？」先生歷數其事。王公曰：「吾言之矣。」先生曰：「何？」曰：「吾不言，何以知之？」曰：「良知自知之。」王公曰：「良知卻是我言。」先生笑謝而去。居數日，復自數過加密，來告曰：「與其過後悔改，不若預言無犯爲佳也。」王公曰：「人言不如自悔之真。」先生笑謝而去。居數日，復自數過益密，曰：「身過可勉，心過奈何？」王公曰：「昔鏡未開，可得藏垢。今鏡明矣，一塵之落，自難住脚，此正入聖之機也，勉之！」先生謝別而去。于是闢稽山書院，聚八邑彥士，身率講習以督之，而王公之門人日益進。已又同諸同門録王公語爲傳習録，序刻以傳。

越丙戌，先生入覲，以考察罷官。先生治郡以循良重一時，當事者以抑王公故斥之。先生致書王公千數百言，勤勤懇懇，惟以得聞道爲喜，急問學爲事，恐卒不得爲聖人爲憂，略無一字及于得喪榮辱之間。王公讀之歎曰：「此非真有朝聞夕死之志者，未易以涉斯境也！」同門遞觀傳誦，相與歎仰歆服，因而興起者甚多。王公報書爲論良知旨甚悉，謂關中自橫渠後，今實自南元善始。

先生既歸，益以道自任，尋溫舊學不輟。以書抵其侶馬西玄諸君，闡明「致良知」之學。構湭西書院，以教四方來學之士。其示弟及諸門人詩有云：「昔我在英齡，駕車詞賦場。朝夕工步驟，追蹤班與揚。中歲遇達人，授我大道方。歸來三秦地，墜緒何茫茫？前訪周公跡，後竊横渠芳。願言偕數子，教學此相將。」而尤惓惓於「慎獨改過」之訓，故出其門者多所成立。蓋先生之學以「致良知」爲宗旨，以「慎獨改過」爲致知工夫，飭躬勵行，惇倫敘理，非世儒矜解悟而略檢押者可比。故至今稱王公高第弟子，必稱渭南南元善云。所著有紹興志、渭南志、瑞泉集若干卷行于世。

時有同州尚公班爵，字宗周，弘治甲子經魁。父衡爲浙江參議，公隨父任，亦從王文成公學。後任安居知縣。谿田先生撰通志，稱公作縣剛果勤勵，政舉民安。著有小淨稿、雲林集。

斛山楊先生

先生名爵，字伯修，號斛山，富平人。初誕時，室中如火光起，人咸驚異之。長美姿容，身滿七尺。家故貧，年二十始發僨讀書，苦無繼晷資，嘗以薪代，夙夜攻苦，每之隴上耕，即挾冊往，意欣欣也。居恒念人當以聖賢爲師，一切不稟古昔，何所稱宇宙間？

兄靖以掾誤罹法，先生徒步百里外申厥冤，遂並繫獄。先生從獄中上書，辭意激烈，邑令見而驚之曰：「奇士也，胡累至是耶？」立出之，給油薪費，督之學。

年二十八，聞朝邑韓恭簡公講理學，躬輦米往拜其門。公睇先生貌行，行壯也，欲卻之，父蓮峰老人謂曰：「意若非凡人。」數日，叩其學，詫曰：「縱宿學老儒莫是過，吾幾失人矣！」既省語言，踐履錚錚，多古人節，歎曰：「畏友也！」同門學者皆自以爲不及。後與楊椒山稱「韓門二楊」云。

年踰三十，督學漁石唐公始首拔爲邑諸生。嘉靖戊子秋，應試長安，就食食館，客有遺金者，先生守之，客至，持館人急，先生詰其實，付以金，客謝寡取，先生峻不允，乃敦請家止宿焉。是秋即以書舉第三名。明年，成進士，授行人，三使藩國，饋贈俱讓不受，或以爲矯，先生曰：「彼雖禮來，名重天子，使吾獨不自重天子使邪？」聞者嘆服。壬辰，選山東道監察御史。時權臣當國，草疏將劾之，疏且具，會鄉人有以垂白在堂勸止者，乃移疾歸。歸未幾，母歿，毁瘠踰禮，廬墓三年，有冬筍馴兔之瑞。服闋，家居授徒講學者又五年。

庚子秋，以薦起河南道，巡視南城，權貴斂避，而所睹時事不勝扼腕。辛丑春二月初四日，上封事，娓娓數千言，大約天下事内而腹心、外而百骸皆受病，足以失人心而致危亂者五：一則輔臣夏言習爲欺罔，翊國公郭勳爲國巨蠹，所當急去；二則凍餒民閔不憂恤，而爲方士修雷壇；三則大小臣工弗睹朝儀，宜慰其望；四則名器濫及緇黄出入大内，非制；五則言事諸臣若楊最、羅洪先輩非死即斥去，所損國體不小。是時，中外頗以言爲諱，疏入，人皆愕然。上大怒，即逮繫鎮撫司，窮究其詞，拷掠備至，先生一無詘。是日，都城風大作，人面不相覿，都人呼爲「楊御史風」，其感動天地如此。先生身晝夜柙鎖中，創甚，血淋漓下，死而復甦。先是，士大夫下獄並未有柙鎖者，乃自先生始，蓋貴溪翊國意也。戶部主事周公天佐、巡撫陜西御史浦公鋐相繼申救，俱箠死獄中。守益戒嚴，人益爲先生危，而先生處之自若。

刑部郎錢公德洪、工部郎劉公魁、吏科給事中周公怡，皆先生同志舊友，先後俱以事下獄，相得甚歡。然自學問相勸勉外，各相戒不得言得罪事。錢先釋獄，先生頗有以爲别，錢曰：「静中收攝精神，勿使游放，則心體湛一，高明廣大，可馴致矣。古人作聖之功，其在乎此！」先生敬識之，而乃日與周、劉切劘修詣不少輟。繹四子諸經百家，研精于易，著周易辨録及中庸解若干卷，諸所著作，略無憤惋不平語。詩文倡和，身世頓忘，如是者五年。乙巳秋八月十二日，上以受釐故，放先生及周、劉歸田里。而三人者猶相與取道潞水，講學舟中，踰臨清始别歸。

會熊太宰以諫仙箕忤旨，復逮三人獄。先生抵家甫十日，聞命即日就道，親朋揮淚爲别。先生無幾微見顔面，身幽圜扉者又三年。丁未冬十一月五日，上建醮高玄殿，災，火圍中恍聞呼三人名氏者。次日，釋歸爲民。上之聖明，保全諫臣如此。

既歸，教授里中，貴人莫得見其面，疏粥敝履，怡然自適。己酉冬十月九日，卒于家，年五十有七。病革時，援筆自志，又惓惓以「作第一等事，做第一等人」教其子孫，無他辭。

蓋先生爲人硜直不阿，而内實忠淳。自少至老，孳孳學問，以韓苑洛、馬谿田爲師，以楊椒山、周訥溪、劉晴川、錢緒山、蔡汝濱諸君子爲友。險夷如一，初終不貳，磨礱精光，展拓胸次，其所涵養者誠深，以故鼎鑊湯火，百折不回，完名全節，鏗鍧一代不偶也。彼世之淺衷寡蓄，耽耽以氣節自多者，視先生當愧死矣。

先生歿若干年，莊皇帝以世廟遺詔，贈光禄少卿，録其後。今上用禮官議，謚忠介。

愧軒吕先生　石谷張氏節　正立李氏挺附

先生名潛，字時見，涇陽人，號愧軒。嘗謂「爲學必不愧屋漏，方可爲人」，因取號以自警云。父應祥，嘉靖壬辰進士，爲禮科都給事中，以論宫寮事奪官，爲時名臣。

先生幼穎敏，讀書即解大意。嘗秘書克己銘懷袖中，時爲展玩。稍長，從都諫公任，師事蜀進士趙木溪氏，聞木溪氏講義理之學而悦，於是學甚力。歸又師事涇野吕先生，深幸其得所依皈，凡一言一動，率以涇野爲法。於是學益力，而舉子業亦益入理，爲邑諸生試，每傾曹偶。學使者重其文行，拔入正學書院，以風多士。嘉靖丙午，以詩薦鄉書，卒業成均，友天下士，而名日起。時朝紳中有講學會，每聞先生偕計至，亟延之講。

先生刻意躬行，遠聲色，慎取予，一毫不苟，而尤嚴於禮，諸冠婚喪祭，咸遵文公惟謹，即置冠與祭器，式必如古人，或以爲迂，弗恤也。先是，母栢孺人病于京，先生扶母病西歸，劑醫百至。孺人病革，以先生且弱冠，命之娶，先生娶而不婚，日夜苫處喪次，既襄事，廬居墓所。服除，始完婚事，至孝之名動關中。事都諫公與繼母張曲盡孝養，都諫公病，至嘗糞以驗，殁則哀毁幾絶。都諫公封事，故未留稿，先生走闕下，録原疏，請銘馬文莊公，文莊公亟稱之。事叔父，待諸弟，情愛備至。每歲時祭畢，燕諸族人，講明家訓。又率鄉人行鄉約，人多化之。親黨有窘乏，輒憐而周焉。與人交，平易款洽，或有過，即面規之，而未嘗背言其短。嘗與友人蒙泉郭公郛讀書講學谷口洞中，四方從學者甚衆，聽者津津有得，咸曰：「得涇野之傳者愧軒也。」當道旌異無慮數十。

初，南祭酒姜公寶建言：「天下人才多壞于舉人之時，以其身階仕進而上無繩束甄別，故易壞也。請詔有司推擇舉人中行誼修者，特掄擢風士習。」於是撫按張公祉等交章以先生名上聞，遂辟入京，特授國子監學正。時馬文莊公爲祭酒，蒙泉郭公亦爲助教，乃與郭公議以涇野先生爲祭酒，時所布學約，請馬公力舉行之，由是講讀之聲徹于橋門。

萬曆癸酉，調工部司務。會淮海孫公、楚侗耿公俱入京，先生數就兩公質所學。同志方依先生爲主盟，乃戊寅六月一病遽逝，年僅六十又二。水部郎葉君逢春狀其行，大司馬確菴魏公銘其墓，宫保李敏肅公爲之傳，皆實録，非溢美。

時從涇野先生學者，又有張公節、李公挺。節字介夫，號石谷，亦涇陽人。父幡，以文無害官通州同知，公隨之任。會甘泉湛先生講學京師，通州距京師甚邇，公從之遊，湛先生教以隨處體認天理，公大有省。無何，通州公致仕，公歸而補邑諸生，復受學涇野先生。爲諸生四十餘年，竟厄于場屋。以積廩行將膺貢，嘆曰：「吾老矣，安用貢爲！」乃上書督學劉公辭廩。劉公雅知公學行，特加禮遇，仍扁其門曰「清風高節」。尋奉例遙授訓導職銜云。公爲人方正介直，涇野先生深器重之，嘗贈以詩，有「守道不回比舊堅」之句。生平不妄交遊，獨與愧軒、蒙泉諸君子相講切。日坐南園草屋中讀書窮理，涵養本原，至老不倦，即惡衣糲食澹如也。嘗語學者曰：「先儒有云：『默坐澄心，體認天理。』又云：『靜中養出端倪。』吾輩須理會得此，方知一貫真境。不爾，縱事事求合于道，終難湊泊，不成片段矣。」人皆以爲名言。卒于萬曆壬午，壽八十。貧不能葬，李敏肅公捐金助之，始克襄事云。

挺字正立，咸寧人，正、嘉間西安郡學生。性孤直，有義氣，不隨時頫仰。會有詔藩郡如故事出諸生，分諭諸屬，公以次出某邑，贈遺一無所受。嘗自誦曰：「生須肩大事，還用讀春秋。」涇野先生殁，又講學谿田馬先生所。往來三原路中，以盗死，人皆惜之。

蒙泉郭先生

先生名郛，字惟藩，號蒙泉，涇陽人。器宇凝重，童時屹若成人。甫八齡，即知誦讀，諳聲律。時從都諫龍山呂公學，偶試以對句云「曉風拂水面」，先生輒應聲曰「朝日射巖頭」。龍山公計偕屬受學東橋李公，與龍山公子愧軒先生同筆研。兩人同肆力于學，即以聖賢相期許，曰：「必不爲世俗碌碌者！」補邑庠生，聲名蔚起。父母相繼逝，先生侍疾居喪，竭力盡瘁，家計窘甚，而處之裕如，朝夕攻苦，益潛心性命，不顓顓竟雕蟲之技。時蓋未離庠校，而名已蜚三輔矣。邑侯樊高其行，延居講席，或有以千金求居間者，先生峻拒不納。樊侯退而省其私，益用高之。嘉靖戊午，年已四十有一矣，始舉于鄉。辛酉冬，以呂師會葬，遂不上公車，一時郡邑爭表其廬，謂得古師弟之誼焉。先生舉孝廉後，猶與愧軒先生讀書龍巖洞中，學益有得，負笈從遊者甚衆。累試春官不第。

乙丑，謁選河南獲嘉學諭，日與諸生講學課藝，多所造就。隆慶庚午，擢國子助教，值馬文莊公爲祭酒，教規肅然，先生贊襄之力居多。時年已五十有六，例不得入臺省，同列欲先生少隱，庚甲應選，先生笑曰：「臺省寧可不得，年其可隱邪？」僅得戶部主事，朝論偉之。榷稅九江，先生處脂潤壩然不滓，弊剔奸鋤，商旅胥悅。時有監關郡倅某者，墨吏也，束于新令不得肆，乃妄加污衊。事聞諸朝，朝大夫共知先生賢，竟爲白其誣。萬曆庚辰，出守馬湖。馬湖，西南夷故地，俗陋易囂，先生恩威並濟，禮讓躬先，裸夷數十輩從其譯，酋願望見先生顏色，歸而愛戴彌切。居未三載，聞有猶子之戚，念伯兄且老獨居，遂投牒歸。

歸田二十餘年，自讀書講學外，他無所事。督學敬菴許先生雅重先生，檄縣延爲鄉飲大賓，先生雖堅遜，恒虛席以待。乙巳六月三日，無疾而卒。距生正德戊寅三月十二日，享年八十有八。士大夫及門下士追思無已，以其德履，私謚曰貞懿先生。

先生學重根本，篤于倫理而兢兢持敬，自少至老，一步不肯屑越。暇中喜吟詩，卓有堯夫擊壤遺意，有云：「學道全憑敬作箴，須臾離敬道難尋。常從獨木橋邊過，惟願無忘此際心。」又云：「近名終喪己，無欲自通神。識遠乾坤闊，心空意見新。閉門只靜坐，自是出風塵。」又云：「莫道老來積德難，古人雖老志不朽。富公八十尚書屏，武公九十猶求友。老來聞道未爲遲，錯過一生寧不忸。從此努力惜分陰，毋徒碌碌空白首！」觀此，則知先生享上壽而完名全節非偶然矣。先生與人言，每依大節而出之，藹然可聽，令人不忍別去，雖新進少年延見必恪。生平手不釋卷，冠履几榻，悉列箴銘，而晚年猶喜讀易。所著有自警俚語、山居雜詠、語略、族譜、仰鄭堂集。仲子九有，殺青以傳。

九有，乙未進士，以猗氏令擢禮部主事，未究其用而卒，人皆惜之。

秦關王先生

先生名之士，字欲立，號秦關，學者稱秦關先生。其先咸寧人，五世祖志和遷居藍田，其後子孫因家焉。父旌，號飛泉，官代邸教授，明理學，有語録藏于家。

先生幼承庭訓，七八歲即知學，教授公授之毛詩二南輒解，輒爲諸弟妹誦之。教授公喜有子。後治大戴禮，兼通易，爲諸生以文名庠校間。嘉靖戊午，舉于鄉。己未，試春官不第，由是益肆力舉業者累年。後屢不第，幡然改曰：「所性分定，聖道遠人乎哉？一曲經生，華藻奚爲？」遂屏棄帖括，潛心理窟，毅然以道學自任。

爲養心圖、定氣說，書之座右，閉關不出者九年。蒿床糲食，尚友千古，行己必恭，與人必敬，飲食必祭必誠，兢兢遵守孔氏家法。一時學者以爲藍田呂氏復出，感慕執經者屨滿戶外，士習翕然。又謂：「居鄉不能善俗，如先正和叔何！」乃立鄉約，爲十二會，赴會者百餘人。設科勸糾，身先不倦。諸灑掃應對、冠婚喪祭禮久廢，每率諸宗族弟子，一一敦行之。于是藍田美俗復興。

萬曆甲戌，病痹，屬又哭母過毁，步履愈艱。終喪，而嚮道之心愈篤，謂「非博取遠遊，終難進道」。會仲子守亦與偕計。己卯，遂復如京。是時先生已久謝公車，第日與諸同志講學都門之蕭寺，崇正辟邪，力肩斯道。即時貴或譚及二氏，輒正辭距之不少假。既而道鄒、魯，瞻闕里，徧拜先師及諸賢祠墓，低回留之不忍去，夢寐如見其人。久之始歸，由是秦關之名動海内矣，凡縉紳蒞兹、道兹者，罔不式廬願見，表厥宅里云。

歲乙酉，德清許敬菴先生督關中學，講學正學書院。先生故許先生同志友也，禮徵先生爲多士式，先生亦樂就許先生，合志同方，相爲切劘，時多士皆有所興起。後許先生以應天丞謫歸，先生亦南遊講學，出武關，浮江漢而下，迂道江之右，會南昌章子潢、新城鄧子元錫、廣信、衢州楊子時喬、殷子士望。復東渡浙水，見許先生于德清，東南學者聞先生至，多從之遊。先生二子宗、容念先生疾，客久，肅迎歸，是在己丑秋。明年庚寅八月，卒于家，壽六十有三。目欲瞑，以手示二子爲訣，亦曾子「啟手足」意也。

先是，南司成趙公用賢、柱史王公以通相繼疏薦。趙疏「海内三逸，公居其一」，疏云：「孝弟力田，行不踰乎軌範；詩書敦悦，名已動于鄉閭。雖久嬰足疾，而過廬者必式。宜如近王敬臣故事，授以京秩，俾表帥一鄉，矜式後學便。」柱史疏大略與趙符。命下宗伯議，議如薦者指。先生爲孝廉垂三十餘年，竟不仕，角巾野服，悠焉終老。至是，詔授國子監博士。除目至，而先生已先物故四越月，一命不待，君子惜之。

先生生平修姱惇倫，篤于行誼，丁内外艱，毁幾滅性，處晜弟怡怡。未五旬失耦，誓不繼，鰥居終身。其于世俗聲色嗜好，一切漠然。性不問家而好施，喜活人，或謂：「貧，所濟幾何？」則曰：「吾盡吾心力耳！」置祠祭、墓祭二田，爲宗族置義倉、義田，即楹晦無多，寔貧士所難。居恒晦跡卻埽，即郡邑以幣交，未嘗苟受，亦未嘗輕謁。至于訪道求友，雖跋涉間關數千里，亦不憚遠云。先生篤信好學，見徹本原，非沾沾矜一節一善以成名者。世或止以「甘貧苦節」稱先生，是豈足盡先生哉！

所著有理學緒言、信學私言、大易圖象卷、道學考源録、易傳、詩傳、正世要言、正俗鄉約、王氏族譜、正學筌蹄、闕里瞻思、關洛集、京途集、南遊稿。所述有先師遺訓、先君遺訓、皇明四大家要言、性理類言、續孟録諸書行世。

關學編後序

張舜典

夫天覆地載，日照月臨，凡有血氣，莫不有性命，而道在焉。道在而由之知之，則學在也。奚獨以「關學」名也？關學之編，少墟馮侍御爲吾鄉之理學作也。吾鄉居天下之西北脊，坤靈淑粹之氣自吾鄉發，是以庖羲畫卦，西伯演易，姬公制禮，而千萬世之道源學術自此衍且廣矣。子曰：「文不在茲乎。」又曰：「吾其爲東周乎！」則西方聖人發揮旁通，東方聖人懷而則之，其揆一也，此載在詩、書，無庸復贅。故此編惟列孔子弟子四人、横渠先生而至今，無不考而述焉。故不載獨行，不載文詞，不載氣節，不載隱逸，而獨載理學諸先生，炳炳爾爾也；不論升沉，不計崇卑，而學洙、泗，祖羲、文者，無不載焉。少墟之用心亦可謂宏且遠矣！不然，自張、呂諸大儒而外，如不列于史冊，則湮沒而無聞，後死者惡得辭其責也。

書成，人無不樂傳之。然則，是學也，果何學也？誦是編而印諸其心，即心即學，即學即羲、文、周、孔未見有不得者，奚止論關中之學，即以論天下之學，論千萬世之學可也。

萬曆歲次己酉正月人日，後學岐陽張舜典書于澶淵之闇然亭

馮少墟續集

續集卷一

都門稿

都門稿彙草

李日宣

猶記都門從諸老於古隍，落日空庭，積雪下也，視少墟先生凝然沖然，正色而卻寒威，冷語以破囂氛，一時漢官威儀恍然復睹，鄒魯遺風、唐虞盛際猗與盛歟！時雖同志相與爲賀，而有識還復慮危。無何，一番風雨，鴻鴿差池，疇昔坐風立雪之場惟見凍雲護宇，涼月照扉，亦可畏矣，亦可懷矣。顧此道關乎氣數，實繇道命。

先生以三十年來缺事復之一朝，莫能卒歲。以今視昔，或亦天之所以玉老成也，而宣又記一日與先生靜坐，先生深譚「少不得、算不得」六言最痛快。竊嘗以此仰窺先生喫緊功夫，全在算得處做，而不肖則謂即此少不得處，便自有個「算得」者在，因念我輩行世，不徒仕進一路固見「少不得、算不得」，即講學亦然。如今之論學者說「躬行」，說「反求」，說「默識」，說「退藏於密」，其視講習討論，不啻如糠粃芻狗，了不相涉。顧細思之，親師、取友原屬學問得力，而審問、明辨猶爲力行，入路此處，但少卻些些，便不合算。若論盡頭一著，並「躬行」「反求」「默識」「退藏於密」都算不得，到算不得時，即堯、舜事業亦不過太虛中一點浮雲，過目何有於他，然則天下更有何事足以人算者。

都門紅塵，滿道眼目，稍不清多被風沙瞞過，賴先生與鄒南師、曹真師及余婺源、鍾益都、喬孟津、高無錫、陳宜興、鄭建德及敝鄉蕭廬陵、鄒安成、饒進賢諸老，後先登進，提撕其間，如醒醉眼，如沃垢口。今二先生雖遠去，春明而一片羶羊地，猶時令人過而起肅，則幸有先生之都門日抄在。余行部關中，得卒業，稍爲先生編輯，屬鄠西安爲廣而傳之，使人知落日積雪中，猶有正色冷語者，誰謂風急天寒夜，遂無當門定脚人。請以質之先生。

天啟甲子孟春元日，通家晚生吉水李日宣序

語録

都門語録序

葉向高

世之病講學者有二：曰僞，曰迂。此二者誠有之，然僞者對真而言。天下事無獨必有對，有陽必有陰，有善必有惡，有君子必有小人，有真則必不能無僞，凡事皆然，何獨講學？若迂之爲言，則自古聖帝明王制禮作樂經緯天下，何事不近於迂？今之科舉，以時藝取士，其迂尤甚，而世不能廢也，何獨于講學而迂之，而欲禁絶之？夫僞學口夷行跖，不必論矣。彼真迂者，不過腐爛而不適于用，惟談空説幻，引佛老之近似，以竄入于吾儒，此非迂也，乃僞之尤耳，又其甚者，反駕二氏于孔、孟之上，顯然叛此而即彼，此乃賊耳，何止于僞？

吾觀少墟馮先生之講學，言言辯義利、正綱常，力闢邪説，使人反躬實踐，惟心身日用人倫物理之爲兢兢，繇其説則身修、家齊、國治、天下平，背其説則害于其身，凶于其家，貽禍于國與天下，何如近裏，何如切實！而先生生平立身行己，居鄉居官，又無一毫謬于聖賢之教，可謂極真而不迂矣。以先生而講學，何不可耶？當南宋時，學禁甚嚴，豈不以爲迂、以爲僞？而不知此名一立，則必以學爲諱。以學爲諱，則必以正心誠意之説不可聞于人主，夫使人主而不聞正心誠意之説，天下豈得不亂不亡？此皆理勢之必然者，故余以爲今日講學，正當講其不僞不迂者，以力救迂僞之習，使天下曉然。知學之有補于世道而不當禁，此固馮先生意也。

明興，真儒不乏，而儒效未章，其弊在于不講聖賢之學，而講自己之學，又在于借聖賢之學以文飾自己之學。夫學至于孔孟已至明至盡，無可復加，學聖賢者，只當就其意以發明，不必別開門戶，而近儒必自出一意見，自立一題目，偶有所窺，遂自謂不傳之秘，以號召天下，而天下亦遂宗之，曰：某氏之學。故愈講愈支，僞儒益得藉以自匿。今馮先生所講，皆聖賢之學，而未嘗自標爲馮氏之學，其所最闢者，尤在于佛氏之心性與近儒之「無善無惡」，而一皆取證于聖賢，不以一毫私見與角是非。如此講學，可以萬世而無弊矣，誰得而病之？先生到處有語録，門弟子記之，分爲數種，彙刻於都門，余得而寓目焉。因記舊歲有以講學攻先生與鄒南皋先生者，余深折其非，然二先生竟以此去。夫二先生皆今世之儒宗也，余不能爲世留二先生，意甚愧之，故於兹刻，敢效一言，使世之君子取而讀之，其必不以講學爲僞且迂也，則其所裨於世道亦不淺矣。

天啟癸亥冬孟友人福唐葉向高序

都門語録序

劉宗周

馮先生，今之大儒也，倡道關西，有横渠之風，而學術醇正似之。其教人多本於人倫五性，惓惓於正人心、息邪説，判人禽凡聖之所以分於最吃緊處，爲海内學者所尊信。比官京師，會東逆逼江海，羽書告急，遠近震恐。先生慨然曰：「此學術不明之禍也」。於是限日，率同志士紳於城隍廟齋房爲講會，一時人心帖然，若不知有逆禍者。余嘗側席講下，見先生論説絕不作訓詁伎倆，第於學不可不講，與今日不可不講學處，泠泠轉疊，使人恍然有省，而其誠意懇惻油然盎然徹人肺腑中，不覺顧化之妙，於是士之嚮往日益眾，輪蹄雲集，至不能容，則創爲首善書院以居之。未幾，僉人目爲迂闊，異議藉藉，而先生拂衣去矣。其教言爲友人王堇父輯録，予得卒業焉。

夫昔者禹抑洪水而天下平，至孟子闢楊、墨，明先王之道以救世，識者謂功不在禹下。方今外禍，當事者議安攘，茫無借箸，乃先生獨以講學爲第一義答，亦孟子所謂「修孝悌忠信，以撻秦、楚堅甲利兵」之意也。當人心崩潰之餘，先生僅以緒說渺論激發天下當十萬師，使天下曉然知有君臣父子之倫，三綱之道明而樽俎之容威於折衝，則先生學之所及，於是乎遠且大矣。顧先生學足以行遠方，而不能化同氣之僉人。道足以遏寇氛，而不能息一時之邪說，則邪說之害果甚於外患，而益知講學之不容已矣。先生豈欺我哉？今第令先生之道明于日星，彼邪說者終不能肆鬼火以憑人，則首善之地當興清廟明堂，永垂不朽。聞先生之風者，雖百世下猶將觀感興起，而況親炙之者乎？謂先生今日之功不在孟子下可也。

維時狎主齊盟者，爲吉水鄒先生，道同心同而出處同，其教言相發明者，董父亦別有刻，余辱二先生教最深，一時聚散出處之故，多係余感慨，姑綴數語於簡端，以告同志，非敢謂智足以言先生之道也。

天啟癸亥冬十月，東越劉宗周起東甫序

都門語録自序

京師舊有講學會，月凡三舉。自余壬辰請告歸，而會遂輟，不講者三十年矣。歲辛酉秋，余起官京師，而南皋鄒公、晉菴楊公、瀘水鄒公、景逸高公、少原余公、真予曹公亦先後至，其他同志雲集，相得甚歡，因約會講學於城隍廟之道院，逢三爲期，俱薦紳先生，又增一會，逢八爲期，凡舉監生、儒、布衣皆與焉。中午而集，酉初而散，我存李公所謂人人可來，多多益善。是日也，不設酒醴，不用柬邀，不談朝政、不談私事，不談仙佛，千言萬語，總之不出父子有親、君臣有義、夫婦有別、長幼有序、朋友有信五句及高皇聖諭「孝順父母、尊敬長上、和睦鄉里、教訓子孫、各安生理、毋作非爲」六言。嗚呼！邦畿千里，維民所止。京師首善之地，乃四方之所則傚者也。今各省俱有學會，而京師獨無，其何以爲四方倡？況今值國家多事之時，正當講學以修文德，使首善之地有唐、虞、三代之風，其於世道人心，豈曰小補之哉？凡我良朋，毋負嘉會，長安馮從吾識。

都門語録

南皋先生曰：「學問全要有規矩準繩，離了規矩準繩，便不成學問。」以心性爲本體，以誠敬爲功夫，以天地萬物一體爲度量，以從心所欲不踰矩爲極則。一息尚存，此志不容少懈。曾子言「自慊」，子思言「自得」，此正是學問實受用處。學者討不得此趣味，縱十分修持，終是外面功夫。

昨余赴京時，有同志祖之郊外，問曰：「子此行仍講學否？」余云：「講學如穿衣喫飯，然難道在家穿衣，做官不穿衣；在家喫飯，做官不喫飯。」聞者大笑，因相與浮白，引滿而别。

講學原爲躬行，而非學者多借躬行爲口實，曰：「只消行，何消講？」此言誤人不小。世衰教微，儘去講尚且不能行，況不講而望其能行乎？斷無此理，縱能行，亦不過冥行、妄行耳。不知冥行、妄行，可言躬行否？

有粹然之養，有卓然之識，有嚼然之守，有特然之節，此之謂真人品。無馳於功利，無墮於玄虚，無溺於辭章，無奪於毁譽，此之謂真學問。然必有此學問，後能成此人品。

講學全要砥節礪行，切不可同流合污，以蹈鄉原之弊。

講學全要平心易氣，切不可忿世嫉俗，以開無忌之門。

砥節礪行之人多忿世嫉俗，平心易氣之人多同流合污，只因不知學問，可惜負此美質。

問：「講學者雖是惓惓，但聽講者未必皆真，奈何？」曰：「學問只要反躬實踐，自家不厭不倦做去，纔是古之學者爲己，纔是躬行君子。若終日只較量别人真不真，功夫只在别人身上做，便是『今之學者爲人』，便不是躬行君子。」「學而不厭」，固是「古之學者爲己」，「誨人不倦」，亦是古之學者爲己。

講學原是自家講學，何預他人事？

開天闢地，在此講學；旋乾轉坤，在此講學；致君澤民，在此講學；撥亂返治，在此講學；用正變邪，在此講學。學者不可作屑小事看。

說者曰：「講學而不躬行，不如不講。」此激人躬行之言，而後世不講學者遂借爲口實，則愈失愈遠。斯言如云務農而不力耕，不如不務；讀書而不下帷，不如不讀；養親而不愛敬，不如不養；即與其有聚斂之臣，寧有盜臣之說耳。若因人之不力耕，而我遂不務農；因人之不下帷，而我遂不讀書；因人之不愛敬，而我遂不顧父母之養；因人有聚斂之臣，而我遂用盜臣也，可乎？不可乎？此事之最易見、最可駭而最不可解者也。

「講學而不躬行，不如不講」，此語在講學的人說得，在不講學的人說不得。在講學的人說，是因不如不講之言，而發憤要躬行也，學者不可無此志。在不講學的說，是因不如不講之言，而果然去不講也，則可笑甚矣。

引誘「誘」字是不好字眼，若用之於正，則循循善誘，方是誨人不倦。比暱「暱」字，是不好字眼，若用之於正，則暱就賢豪，方是舍己從人。

嘉靖間，某省有一督學，約二三鄉紳講學，一鄉紳云：「渠欲借吾輩成彼名，吾輩何必往？」衆竟不赴，而某督學名亦竟成。余聞而喟然曰：「無論渠乃與人爲善之意，無所爲而爲。即以借此成名論，使我一往，而不足以成彼之名，則不往可也。使我一往，而即可以成彼之名，則我亦何憚而不往乎？『君子成人之美，不成人之惡，小人反是』，不能不爲之三嘆！」

「君子成人之美，不成人之惡」，可見君子滿腔都是生意。小人成人之惡，不成人之美，可見小人滿腔都是殺機。

人人滿腔都是生意，便是羲皇、唐、虞世界；人人滿腔都是殺機，便是六朝、五代世界。

今邪教交訌，中外震動，或曰：「此何時也而講學？」余曰：「此何時也而可不講學？講學者，正講明其父子君臣之義，提醒其忠君愛國之心，正今日要緊第一著也。」或曰：「父子君臣之義，忠君愛國之心，原是人人有的，何必講？」

曰：「如是人人没有的，真不該講，如磨磚求明，磨之何益？如原是人人有的，只被功名勢利埋没了，豈可不講？講之者，正講明其所本有，提醒其所本有者也，如磨鏡求明，磨何可無？昔吾友陶石簣赴京，一客勸曰：『在仕途，且勿講學』。石簣笑應曰：『仕途更急緊要學使用。』」其客大爲解頤，余於今日亦云。

問：「利瑪竇天主之說何如？」曰：「道之大原出於天。吾儒之學，何嘗不以天爲主，然又未嘗專言天，而不祖述堯舜，願學孔子也。祖述堯、舜，願學孔子，正是尊天處，彼置堯、舜、孔、孟而專言天主，是挾天子以令諸侯，乃吾道中之操莽也。世間有此不軌之徒，即誅其人，火其書，猶恐滋蔓，況從而羽翼之乎？『知天、事天、畏天』，吾儒何嘗不以天爲主，而沾沾求異爲也。張子曰：『吾道自足，何事旁求？』余亦曰：『吾道自精，何事旁求？』」

問「小人」。或曰「當容」，或曰「當遠」，未知孰是？曰：「論度量，當親君子而容小人；論交與，當敬君子而遠小人；論立朝，當進君子而退小人；論學術，當成君子而化小人。」

君子容忍乎小人，恰似小人能待君子。小人忌害乎君子，恰似君子不能待小人。

方說正直，偏排擊的是君子；方說忠厚，偏庇護的是小人；方說人不可輕信，便輕疑乎君子；方說人不可輕疑，偏輕信乎小人。

君子遠小人，是擇交之明也，而或者必欲尋個小人是處，與君子作勍敵。小人毁君子，是不根之謗也，而或者必欲尋個君子不是處，與小人作口實。

問：「君子洞察小人情弊，往往曲盡，可見君子腹中亦有此一副小人心腸。不然，何以能形容至此？」曰：「不然。君子胸中如明鏡然，照妍照媸，毫髮自是不爽，豈鏡中亦有此一副媸顔色哉？『見君子而後厭然，揜其不善而著其善，人之視己，如見其肺肝然。』豈君子亦有此小人之肺肝邪？嗚呼！君子不知小人，則病君子之目；君子能知小人，則又病君子之心，然則必如何而後可乎？世之左袒小人而吹求君子類如此。」

問：「浸潤之譖，膚受之愬，譖愬的是何人？」曰：「譖愬的是君子。若譖愬的是小人，使得行焉，借此去一小人，是遠佞也，是錯枉也，豈不是明？若不行焉，是護短也，是庇奸也，安得爲明？惟譖愬的是君子，而我不行，則君子得以安其位而行其志，小人不得肆其毒以遂其奸，所以不惟爲明，而且爲明之遠耳。」

浸潤之譖，多乘人之多疑而譖之；膚受之愬，多乘人之易怒而愬之。故浸潤之譖，易行於多疑之主，我若不多疑，則浸潤之譖自不敢至，即至亦自不行矣。膚受之愬，易行於易怒之主，我若不易怒，則膚受之愬自不敢施，即施亦自不行矣。若不擴己之識，而不使之多疑，平己之情，而不使之易怒，只在譖愬間求其不行，豈可得哉？況有心疑人之言爲浸潤，有心怒人之愬爲膚受，則即此不行處，便又開天下譖愬之端，便就是行處，其不明愈甚，豈不愈失而愈遠？

譖愬之行，其受病處在「多疑」與「易怒」四字，而其所以受病處，尤在「忌」之一字。譖愬全是譖愬君子。若我平日有忌君子之心，無扶持正人保安善類之心，則一聞譖愬，便信其爲真，又奚暇察之而不行哉？忠臣飲恨，孝子含冤，病正坐此。余以爲譖愬之行不行，不在察人之情僞，而在正己之心術。

問「良知」。曰：「良知聖凡無異，而聖凡之分只在致不致之間。良知是本體，致字是功夫。諸凡如先儒所云『無欲主静』『居敬窮理』『復性體』『認天理』等語，皆是『致』字裏面功夫，非謂居敬窮理與致良知並舉而對言之也。」

問「致中和，天地位焉，萬物育焉」。曰：「『中和』，性體也。惟天下至誠爲能盡其性，故曰『致中和』。能盡其性，則能盡人之性；能盡人之性，則能盡物之性，故曰『萬物育』。能盡物之性，則可以『贊天地之化育』；可以『贊天地之化育』，則可以『與天地參』矣，故曰『天地位』。」

問：「舜舉益、禹、稷、契分治，而孟子不曰舜以不得益、禹、稷、契爲己憂，而曰以不得禹、皋陶爲己憂。突然添出皋陶，何也？」曰：「舜有臣五人而天下治，安得獨遺皋陶？且刑非治天下之可廢，而非治天下之所重。以其非所重也，故不與禹、稷並列，以其不可廢也，故於此處不可不添出耳。況明刑乃所以弼教，刑與教，豈可並論？添出在後，隱然有先教化後刑罰之意。孟子又恐人輕看了皋陶，故敘道統，又以禹、皋陶爲見知。若曰必有皋陶之九德而後可明刑，若無九德而輕言五刑，是後世刑名家之說，非古聖人制刑之意矣。刑罰豈可輕言？皋陶聖人豈可輕議？」

問：「佛氏談心性而黜聞見，是舉本而遺末也，其失也爲玄虚；俗學侈聞見而舍心性，是騖末而遺本也，其失也爲支離，是否？」曰：「似矣，而未詳也。佛氏之失正在言心性處與吾儒異，而不專在黜聞見；俗學之失正在言聞見處與吾儒異，而不專在舍心性。何也？心同此理，人性皆善，此吾儒之言心性也；以理爲障，以善爲無，此佛氏之言心性也，而概以言心性者爲異端，則非矣。『惟精惟一』，『博文約禮』，此吾儒之言聞見也；誇多鬬靡，出口入耳，此俗學之言聞見也，而概以言聞見者爲俗學，則又非矣。」

問「文章性道」。曰：「譬之一株樹，有根本，有枝葉。文章，乃性道之枝葉；性道，乃文章之根本。枝葉可見，而根本不可見。故文章可聞，而性道不可聞。性道原是不可聞的，若是可聞，便是文章，便不是性道矣。」

問：「性、道既是不可聞的，不曰性與天道不可得而聞，而曰『夫子之言性與天道』。既曰言，便可聞，何以曰不可聞？」曰：「性、道原是可言的，故曰言；原是不可聞的，故曰不可聞。譬之一株樹，可指而言之曰：此根也。若因其言根，遂剖其根而視之，可乎？不可乎？根可言而不可見，性、道可言而不可聞，然工夫須在根上培植灌溉，然後枝葉纔得暢茂條達。」

問：「性、道如何不可聞？」曰：「申申夭夭可聞，而其所以能申申夭夭的，這個不可聞。誾誾侃侃可聞，而其所以能誾誾侃侃的，這個不可聞。故曰天命之性『不睹不聞』，『上天之載，無聲無臭』。惟知其文章可聞，而性、道不可聞，纔可謂真能聞性、道者矣。」

南皋先生曰：「是知其不可而爲之者與，晨門可謂深知夫子者。」余以爲知其不可爲而爲之者，上也；知其可爲而爲、知其不可爲而不爲者，中也；知其可爲而不爲，則下矣；知其可爲而不爲，而又以爲不可爲以阻人之爲，抑又下矣。且看知其不可爲而爲之，是何心腸？真是聖人天地之心，真是忠臣孝子之心；知其可爲而不爲，而又以爲不可爲以阻人之爲，是何心腸？真是幸災樂禍之心，真是亂臣賊子之心。

學莫先於儒佛之辯。白蓮元古，清淨無爲，名雖不同，總之皆佛法，皆邪教也。今邪教猖獗至此，禍至烈矣。或曰：

「異端之盛，吾道之衰。」余曰：「惟吾道之衰，所以異端之盛，此時既已猖獗，朝廷只得用法。若平日主盟吾道，有人修其本以勝之，豈得至此？今吾儒動稱只消行不消講，即有講者又多逡巡，不大擔當，譬之元氣既虛，邪氣安得不侵？今齊、魯、滕、薛之間，聞有數十大會，每會不下千人。吾儒縱不能如此之多，但得數會，猶可撑持正道，潛消邪謀。今渺無一會爲之曲突徙薪，直至焦頭爛額，不亦晚乎？且彼之猖獗，特起於二三雄黠之徒，而無知小民惑於極樂世界之説，爲其所誘者亦不少。又或有一念向善之士，自己原未嘗學問，而又苦於指點正路之無人，徬徨躊躇，無所適從，於是誤入其中者，亦多有之，一旦玉石俱焚，可恨亦爲可惜。若倡明正學，提醒人心，激發忠義，指示迷途，使吾道如日中天，而異端不攻自破，此正司風紀者之責也。願共勉之，毋諉。」

問「伊尹，聖之任」。曰：「此題發『任』字，多在幡然以後。不知幡然以後，有了責任，擔子到自家身上，勢不得不任，任還容易。若囂然以前，一耕莘之農夫沒有責任，擔子不曾在自家身上，誰肯把堯舜以來相傳之道統自任。這處時的任較出後的任更難，況出後多少功業，都從處時樂堯、舜之道來。可見必有囂然以前之任，纔做得出幡然以後之任。任此道統，纔能任此治統，故曰：『伊尹，聖之任者也。』」

作此題講「任」字，放君伐君，且當諱言。有伊尹之志則可，無伊尹之志則篡也。孟子已早爲之辯、嚴爲之防矣。且只看「吾豈若」三句，何等樣任？「予，天民之先覺」三句，又何等樣任？「思天下之民」四句，又何等樣任？況耕有莘之野，而樂堯、舜之道，弗顧弗視，不取不與，又何等樣任？只如此發揮已盡矣。「放伐」二字，似當姑置，蓋放伐乃尹所遇之不幸，非尹有心於任此事也。

樂道覺民，得堯舜真傳，故孟子列尹於見知。

問：「居之似忠信，行之似廉潔，何以見得他是真是似？」曰：「就同乎流俗、合乎汚世處見得。且只問流俗有真忠信否？汚世有真廉潔否？」

味「尚友」二字，則知千古以上聖賢皆我師友。味「私淑艾」三字，則知萬世而下聖賢皆我同志。

非禮勿視，恐其汚吾目也；　非禮勿聽，恐其汚吾耳也；　非禮勿言、勿動，恐其汚吾口、汚吾身也。如此便是無精無粗功夫，當下便是清淨瀟灑世界。

漢人之文、晉人之字、唐人之詩，自是宇宙奇觀，自是令人欣賞，但不可以此自足，以此驕人耳。只不以此自足，以此驕人，便是理學，又非外此而別有所謂理學也。

問：「『大人者，不失其赤子之心』，何等易簡直截，而又云『博學、審問、慎思、明辨、篤行』，何也？」曰：「人人每失此赤子之心，正是少此博學、審問、慎思、明辨、篤行功夫耳。」

問：「『知之爲知之，不知爲不知，是知也。』無爲其所不爲，無欲其所不欲，如此而已矣。而人多不肯知之爲知之，不知爲不知，不肯無爲其所不爲，無欲其所不欲，何也？」曰：「正是少主敬立本、窮理致知、反躬踐實工夫。」

孔子仕止久速，無可無不可，此自大聖人事。學聖人者，須在止與速一邊得力，然後敢言無可無不可。不然學不到磨不磷、涅不淄處，而輕談磨涅，鮮不磷且淄矣。

問：「聖學以自然爲宗，彼規矩準繩、戒慎恐懼，得無與自然之旨戾乎？」或曰：「久之則自然矣。」余曰：「不然。如規之圓、矩之方、準之平、繩之直，自然不自然否？如臨風濤而恐，履羊腸而慎，聞雷霆而驚，見虎狼而懼，自然不自然否？談自然者以戒慎爲強制，談戒慎者以自然爲玄虛，皆非也。」

何莫由斯道也。「道也者，不可須臾離也。」亘古亘今，只有此一條大路。由之則得，離之則失；由之則榮，離之則辱；由之則吉，離之則凶；由之則生，離之則死。曰：「何莫令人駭然？」曰：「不可令人悚然。」

亘古亘今，只有此一條大路，離此便是邪徑。自古如伊、傅、周、召、顔、曾、思、孟、韓、范、富、歐、周、程、張、朱、岳武穆、文天祥諸人，皆是從此大路行者，中間雖有吉有凶，然凶亦爲吉，死亦猶生，而況於吉？況於生乎？如操、莽、溫、懿、馮道、張邦昌、章惇、蔡京、秦檜、韓侂胄諸人，皆是從彼邪徑行者，中間雖亦有凶有吉，然吉亦爲凶，生不如死，而況於凶？況於死乎？路徑一錯，關係不小。講學原是辨此路徑，豈是空談？

問：「居官講學，得無妨職業否？」曰：「講學正所以修職業也。精言之，必講學，提醒其忠君愛國之本心，然後肯修。粗言之，必講學，考究其宏綱細目之所在，然後能修。不然，縱終日奔忙，不過了故事，以俟遷擢而已。故居官職業之不修，正坐不講學之過，而反曰妨職業乎哉？」

問：「方今兵餉不足，不講兵餉而講學，何也？」曰：「試看疆土之亡，果兵餉不足乎？抑人心不固乎？大家爭先逃走，以百萬兵餉，徒藉寇兵而齎盜糧，只是少此一點忠義之心耳。欲要提醒此忠義之心，不知當操何術？可見講學誠今日第一着。」

有兵而後可禦敵，有忠義之心而後兵爲我用，纔謂之有兵有餉，而後可用兵，有忠義之心而後餉爲兵用，纔謂之有餉。

滕之禍不止今日，當戰國時已有之，許行與其徒數十人至滕，豈是好消息？皆衣褐，是以褐衣爲號，如紅巾之類。陳相兄弟曾受學陳良，淵源亦是正的，識見亦是高的，一見許行，尚且不惟悅，而且大悅，不惟棄其學，而且盡棄其學。何況無知小民，豈有不爲蠱惑鼓動之理？如此手段，以數十人招結數百人，招結數千人，有何難？孟子看見不是好消息，所以不得已，費許多唇舌，去提醒轉移他，費許多精神，去潛消默化他，卒之數十人解散，而滕亦不至如今日之禍。孟子之功偉矣，人知孟子闢楊、墨，其功不在禹下，不知孟子闢許行，其功不在闢楊、墨下。

孟子與陳相兄弟說許多話，恰似莫緊要去講學，卒之收曲突徙薪之功，免焦頭爛額之禍，可見嶧山揮麈數語，勝全滕甲兵百萬。

問：「兵、食是最要緊的，聖人猶說要去；信恰似莫要緊的，聖人到底不肯說去，何也？」曰：「兵、食還是要足的，豈止不可去。去兵、去食，不是兩權其可去，只是甚言其信之不可去。若曰：縱如何不得已，寧可去兵，必不可去信；寧可去食，必不可去信耳。說到去食，恰似於理難通，所以聖人不得已，以『自古皆有死，民無信不立』解之，不知說到一死，更有何說？則寧可去食，必不可去信，卻是天地間自然不可那移的大道理。」

齊景公問政章是去食章註解。說到信，如君不君，臣不臣，父不父，子不子，雖有粟，吾得而食諸？則寧可去食，必不可去信，益明白痛快矣。

「君不君，臣不臣，父不父，子不子」四句描寫無信光景如畫，令人悚然。

去食，不是我要去去食，食豈是我要去的？只是事到十分莫奈何處，寧去食，必不可去信。若曰：寧可死，必不可逃耳。

只一個去了信，望風而逃，縱使封疆不失，亦當服上刑，況又失封疆乎？一去了信，便當死。雖有食，吾得而食諸？故去食，亦時勢之不得不去，而不去信，亦時勢之必不可議去者也。

去食必不去信，不專是論道理當如此，亦是論時勢，不得不如此；亦是論人情，不容不如此；亦是論法紀，不敢不如此，豈是迂闊？

凡說要去信之人，便是機械變詐之人，便是偷生賣國之人，便是臣不臣，子不子之人。君子一言以爲知，一言以爲不知，言不可不慎也。

問「使貪使詐」。曰：「古今最誤國者，莫過於此四字。彼既使貪矣，不知肯容他貪，而聽其剝削軍士否？既使詐矣，不知肯容他詐，而聽其欺蔽上官否？明白使貪，而又禁其貪；明白使詐，而又禁其詐，豈可得乎？此貪詐之所以日熾，而邊事之所以日非也。」

天下甚事不因「貪詐」二字壞了，士君子不能砥其流已矣，反爲助其瀾乎？

使貪使詐，便是要去信的註解。

問：「使貪使詐蓋亦有說。曾見清而無爲、忠實而無用者之多僨事，又見貪詐者一時或能成功，是以使之，非得已也。」曰：「清而無爲，忠實而無用，是彼生來無才，或所遇不齊，非清忠之過也。貪詐而或亦成功，是彼生來有才，或所遇之幸，非貪詐之效也。然天下之清者豈盡無爲？而貪者豈盡有爲？忠實者豈盡無用？而詐者豈盡有用也哉？『使貪使詐』四字，真是誤國不小。」

問：「貪詐既不可使，清而忠實者又多無爲，奈何？」曰：「天下大矣，天下武弁亦多矣，豈無清而又有爲，忠實而又有用者乎？ 馬之蹄齧者善走，抑豈無又不蹄齧，而又善走者乎？ 胡不此之擇而獨彼之使也。 良馬常有，而伯樂不常有，蓋自古嘆之矣。」

武經之言多矣，獨傳「使貪使詐」四字；許魯齋之言亦多矣，獨傳「爲學以治生爲先」一句；邵二泉之言亦多矣，獨傳「寧爲真士夫，毋爲假道學」二句，何也？ 學者不可不深思其故。

凡寧爲某，毋爲某，文法須是上句是更不好的；纔說得凡與其某、寧某，文法須是兩句都是不好的；纔說得真士夫是極好的，如何說得寧爲？ 二泉真儒，豈無所見？ 或一時有感而不暇點檢耳。

問：「某公人品政事俱不可及，只是多了講學？」余曰：「昔年曾同一客出郭，見一農家桔槔灌，田茂甚，其客笑曰：『田是絕好的田，只是多了個桔槔。』」

問：「講學有教無類，將苗裔來聽講，亦容之乎？」曰：「苗蠻肯來聽講，更妙。」

順義久款邊陲容然，亦中國講學之效。 或者未達，余曰：「異類叛寇乞降，以中國夫婦有別之故。 使中國無聖人，不講學，夫婦安得有別？ 中國夫婦無別，彼安肯來降？ 可見講學功效甚隱甚大，豈是尋常莫要緊事！」

焚香烹茶掛畫，自是清福，但不知當此時所對何客？ 所談何事？ 於此能開眼，方爲知福人。

問：「夫子十五志學，不知所志何學？」曰：「當下便志於不踰矩，不惟志於不踰矩，且便志於『從心所欲不踰矩』，只是當下便不能到『從心所欲不踰矩』地位。 學至三十止得立，學至四十止得不惑，學至五十、六十止得知天命與耳順，必學至七十纔得從心所欲不踰矩耳，纔滿得當日志學初心，非限定三十要立，四十要不惑云云也。 如從關中往京師，當起念時，已至京師矣，但行有遲速，故至有遠近，非漫無志向，行至函谷而始議孟津，行至孟津而始議金臺也。 今人動曰只消行，不消講。 不知要那裏行，欲投人處宿，隔水問樵夫。」

矩是必不可踰的，非曰可以踰，可以不踰，姑徐徐云爾。 不踰纔只是本等，纔落得平常無事；一踰便有無窮之禍，便有莫大之憂。

問：「矩是何物？」曰：「矩是心之本體，非心之外另有矩也。故曰：『從心所欲不踰矩。』明是目之矩，聰是耳之矩，恭是手之矩，重是足之矩，慈是父之矩，孝是子之矩，仁是君之矩，敬是臣之矩，信是與人交之矩。故曰：『有物必有則。』矩雖有聰明恭重仁孝敬慈諸名色，其實只是一個心之理，特在視曰明，在聽曰聰，在父曰慈，在子曰孝耳。且只問臣可以踰敬之矩否？子可以踰孝之矩否？」

或曰：「不踰則爲忠臣孝子，踰則爲亂臣賊子矣，其嚴乎？」「從心所欲不踰矩」，勿看得太高，勿讓與聖人。「從心所欲不踰矩」，纔止落得個不踰矩，何也？以安排而不踰者，安排之所不及，則踰矣；以點檢而不踰者，點檢之所不到，則踰矣。必從心所欲，不待安排點檢，而自然不踰者，纔得無往不踰矩，故曰：「左之左之，君子宜之；右之右之，君子有之。惟其有之，是以似之。」

問：「『從心所欲不踰矩』，豈是容易到得的，吾輩初學，何以用功？」曰：「只是要志於學。」

昔人謂志學章是夫子自著年譜，極是。不曰某年爲委吏乘田，某年爲魯司寇，某年攝行相事，而曰某年「立」，某年「知命」，某年「從心所欲不踰矩」。可見聖人一生，惟知有學問，不知有官爵。

夫子說某年「立」，某年「知命」，某年「從心」，不過見一生惟知有學問耳，自當活看，若着跡看，而曰果某年要「立」，某年要「知命」，某年要「從心」，則又失聖人意矣。故曰「其爲人也，發憤忘食，樂以忘憂，不知老之將至」云爾。可見聖人一生，不惟不知有官爵，抑且不知有年歲。

夫聖人豈真不知老之將至哉？只是甚言其一生惟知有學問耳，故曰：「不如丘之好學也。」

問：「『假我數年，五十以學易，亦可以無大過矣。』可見聖人亦未嘗不欲年？」曰：「聖人曷嘗不欲年，聖人豈遠於人情哉？但世人之欲年爲自家，多受用些世味。聖人之欲年，爲得以遷善改過，爲世間多幹些好事。」

志學不是草草的。「矩」之一字在視曰明，而其所以能明的這個視，又不可得而見；在聽曰聰，而其所以能聰的這個聽，又不可得而聞；在父曰慈，在子曰孝，而其所以能慈能孝的這個，父又不可得而傳諸子，子又不可得而受諸父。無思無爲，寂然不動，感而遂通天下之故，於此參究到源頭處，參之又參，究之又究，直至一旦豁然貫通，纔能從心所欲不踰矩。志乎，學乎，豈容草草？

問「耳順」。曰：「古人云：『忠言逆耳利於行』。夫言既忠矣，又何耳逆？惟其人不知學耳。使其人知學，豈有不耳順者哉？況聖人學到知命以後者乎？其耳順又當何如？又無論言之忠否矣。舜聞欝陶思君之言，且不逆耳，且誠信而喜之，何況其他？知舜則知孔子矣。」

問：「講學多僞者奈何？」或曰：「不知其中亦有真者否？」曰：「有。」曰：「何不舉其真者？」其人色赧。

問：「講學中多僞者，何不禁講學？」或曰：「今做官中亦有貪酷者否？」曰：「有。」曰：「何不禁做官。」其人大笑而悟。

問：「近日各郡邑尚有不知講學二字者，奈何？」曰：「天下之事知而不行者有之矣，未有不知而能行者也。大江以北，理學真儒固不乏人，不過寥寥如晨星耳。無論窮鄉下邑，即名邦劇郡，自舉業取高科做大官外，更不知世間有講學一事。説起講學，且駭問所講何話？講學意思何爲？嗚呼！知且不知，安望其行？世道人心至此，真可痛哭流涕。吾輩今日講於京師，正要風聲遠播，使窮鄉下邑都知道取高科做大官之外，還有此向上要緊一着。」

古人云：「富貴必從勤苦得，男兒須讀五車書。」可見讀五車書的意思，只是爲取富貴，并三冬足萬卷，餘都不雅觀，習俗移人，賢者不免，何況其他？至程子「富貴不淫貧賤樂，男兒到此是豪雄」，纔雲開日霽，水落石出矣。

問：「吾子素不好名，今講學京師，乃要風聲遠播，何也？」曰：「雖不要人知我，卻欲要人知學。」

講學不專是教人，寔是自家請教於人，若曰專是教人，是講教，非講學也，教只是學中事。

君子之所以異於小人者，惟有此學；中國之所以異於外國者，惟有此學；人類之所以異於禽獸者，惟有此學。故曰：「人之所以異於禽獸者幾希。」又曰：「逸居而無教，則近於禽獸。」

口之於味也，目之於色也，耳之於聲也，鼻之於臭也，四肢之於安佚也，禽獸與人同，故孟子不言「性」而言「命」。仁之於父子也，義之於君臣也，禮之於賓主也，智之於賢者也，聖人之於天道也，人便與禽獸異，故孟子不言「命」而言「性」。孟子道性善，蓋直從人之所以「異於禽獸者幾希」處論耳。

聖人言性，欲人盡性以存本然之理，而世人反借「性」之一字以縱欲。聖人言命，欲人安命以遏無涯之欲，而世人反借「命」之一字以諉理，故不得已直以欲歸之命，而不謂之性；直以理歸之性，而不謂之命，庶縱欲滅理者，不得藉口，且更無躲閃處，此孟子之言性命，大有功于天下後世也。

問：「前後二『性』字、二『命』字同否？」曰：「性只是一個性，命只是一個命，安有兩個？前節有命不謂之性，後節有性不謂之命，總只是以欲歸之命，使人安命而不敢縱欲；以理歸之性，使人盡性而不敢棄理，此正是孟子剖晰性、命二字至明白至精微處。」

「性也，命也」二句，就世人口氣說，原說的不是，故曰：「君子不謂性」，「君子不謂命」。孟子說話何等直截痛快！

聖人教人不要縱欲滅理，不專是教人做聖賢。欲不惟不可縱，原是縱不得的，故曰「一飲一啄莫非前定」。不然，誰不願口厭珍羞，而世更多併日而食者，何也？孟子曰「有命」，真是火坑中一服清涼飲子。理不惟不可滅，原是滅不得的，故曰「父子有親，君臣有義」。不然，亂臣賊子何以人人得而誅之也？孟子曰「有性」，真是沉痾中一粒起死金丹。

問：「『夏禮吾能言之』節，皆云夫子因周末文勝，欲復二代之禮而發，不知是否？」曰：「不然。夫子，周人也，如何敢輕復二代之禮。當周之時，自是當修夏史、殷史，今文獻不足無所據以修二代之史，故夫子惜之，非不足于周而生今反古也。有一名公時文破云：『聖人欲復二代之禮，而深惜其無徵焉。』余爲之駭然，因改『復』爲『志』云。」

問爲下不倍章大意。曰：「賢知之士，多恃才妄作，忿世不平。往往藉口孔子吾說夏禮之言，詆毀當代，自用自專，生今反古，又何怪請隧問鼎紛紛接踵邪？子思憂之，故爲是言，而前後俱引孔子之言爲證。嗚呼！『誰將西歸，懷之好音』，聖人維周之意深遠矣。孟子曰：『詩亡，然後春秋作。』余亦曰：『周衰，然後中庸作。』」

問：「蘇子云『武王非聖人也』，是否？」曰：「不然。味『善繼善述』四字，可見文王居武王之時，亦必征誅；武王居文王之時，亦必終守臣節。蘇子謂武王非聖人，豈不聞『善繼善述』之說耶？文王之時，三分天下有其二，至武王之時，又不止於二矣。武王以服事殷，比文王尤難，故孔子不曰：文之德，其『可謂至德也已矣』，而曰『周之德』。可見周之一字，併武王亦在其中，只是武王後來征誅，便說不得平素以服事殷。孔子不曰文而曰周，有多少含蓄，多少感慨。」

舜有臣五人章，前二節是敍事，孔子曰「才難」。以後是議論，此古今傳體之祖也。孟子禹稷當平世章、曾子居武城章，皆倣此體，或以前二節作記者之詞，誤。

前說舜，後補出堯；前說武，後補出文，卻又不明言堯，而曰唐；又不明言文，而曰周，此真聖人之言也。

問：「以約失之者鮮，不曰『無』，而曰『鮮』，何也？」曰：「侈肆之人無忌憚異常，若直與他說約者無失，他必吹求約者一二無心之小失以爲口實，他必不服。聖人曰『約』。雖未必無失，較之放肆的人，畢竟少些，如此纔服得他，纔少轉得他無忌憚的念頭幾分。嗚呼！循循善誘，豈獨於顏氏之子哉？聖人天地之心固如此。」

問：「美玉章子貢受病，在一『求』字否？」曰：「不然。子貢不是以藏與沽並論，其心以爲美玉原是當沽不當求的，只是舍求之一途，更無沽之之路，所以莫奈何，只得求。如不肯求，除非是韞匵而藏耳。夫子重言『沽之哉』，賜必駭然，以爲夫子亦求乎，不求何以能沽？及聞我待賈者也，必快然以爲即求亦無所用之矣。曰：待沽也在內，藏也在內，真所謂功名自有周行在也。說者謂夫子得力處在一『待』字，極是；謂子貢受病處在一『求』字，則大失子貢意矣。」

齊人東郭之行，再三不敢令妻妾知，可見羞惡之心、是非之心尚在，只是錯把仕途看壞了。恰似要做官，不得不如此，不如此只合老於山林，如何做得官？所以不得已隱忍爲之，寔非其心也。若是早知富貴利達得之有命，何必求？即求之亦自有道，又何必如此求？彼必且自泣於中庭，悔其錯誤矣，又何待妻妾之泣哉？余嚮讀齊人章悲之，因口占四絕，附録於此：

孔孟山林樂蔬水，皋夔朝市列簪裾。功名自有周行在，何必墦間乞餕餘。

孔孟雖然樂蔬水，齊卿司寇亦簪裾。功名信得周行在，誰肯墦間乞餕餘。

東郭乞墦事可羞，齊人亦謂不當求。只因舍此無別路，無奈曲從邪徑遊。

東郭乞墦事可羞，齊人何苦日貪求。只因正路無人講，誤得賢豪邪徑遊。

問：「求之何如有道？」曰：「古之人修其天爵，而人爵從之，是也。古人之求之也，其諸異乎人之求之與！」

問「從」字「要」字何以別？曰：「彼來隨我謂之『從』，我去迎彼謂之『要』，一般得了人爵，何苦不爲古人。」

問沈同以其私問章大意。曰：「嘉靖己亥，直隸新城知縣吳瑗，因唐鉞被父剛訟不孝，不申上官，竟命屠儈淩遲處死。按院金清以聞，廷議欲抵償，後從輕逮問，廷杖一百，遣永戍。余初讀此章書，甚不解，後聞吳瑗事，始知鉞有可殺之罪，瑗無可殺鉞之權，猶燕有可伐之罪，齊無可伐燕之權，此等議論，引申觸類，天下無難處之事矣。孟子之意，可謂慮深憂遠。」

燕有可伐之罪，齊無伐燕之權，所以明有君也。父有攘羊之罪，子無證父之理，所以明有親也。聖賢閑閑議論，恰似莫緊要，其寔關係世道不小。

問：「『得志與民由之，不得志獨行其道。』夫仕以行道，隱以明道。今不得志而曰行道，何也？且曰行，便說不得獨；曰獨，便說不得行？」曰：「行道，謂在山林，獨力擔當。與人講學，是亦行其道也，不專是仕途纔行得道。」

「行其道」是講學，「獨」不是離過人獨做，只是不靠君相之命，不靠師友之倡率，各人獨自個要做，故曰獨耳。若離過人獨做，於行字便說不去。

孔子講學於春秋，孟子講學於戰國，當時還有非之者，依靠得誰？故曰「獨行其道」。請看風急天寒夜，誰是當門定脚人？

問：「往役往見，何以分義不義？」曰：「士與庶人只是一個人，以道而言則爲士，以分而言則爲庶人，往役是分所當然，故曰義；往見非道所宜然，故曰非義。往役不往見，民則爲順民，士則爲高士；往見不往役，士則爲賤士，民則爲亂民。」

問：「知者何以行所無事？」曰：「無事不是泛說。論學不雜於二氏，論治不雜於五霸，纔是行所無事。若專以無機心機事説，未嘗不是，卻是影響。」

問：「諫行言聽，何以便謂之厚臣？」曰：「諫行言聽，膏澤下于民，纔是厚臣。可見古之人臣，不以爵禄名譽望於君，惟欲行己澤民之志，古之人君亦不以爵禄名譽縻乎臣，惟欲遂臣澤民之心。故諫行言聽，膏澤下于民，才是君臣手足腹心之誼。後世君不厚臣，臣不報君者無論，即君有手足之視，臣有腹心之報者，各人只在自家官爵恩典上論，全然不爲百姓，在君不知臣之進言，厚民即所以厚君；在臣亦不知君之聽言，厚民即所以厚我，如此即結魚水而賡喜起，何益哉？孟子此言，大有意味。」

古人做官，原爲百姓。今人做官，原爲一身。

問：「庾公之斯以私恩而廢公義，孟子何以稱之？」曰：「潛師掠境曰侵，謂之曰追，則孺子已出遁矣。當日衛人原多此一追，發乘矢以示威，而不窮追以取敗，斯即不遇孺子，亦不過如此處，安得謂以私恩而廢公義哉？孟子引之，第取其不背師忘本，不必深求責備，以爲蒙輩小人之口實。」

問「子莫執中」。曰：「孟子曰：『能言距楊、墨者，聖人之徒也。』子莫聞孟子之言，亦是慨然要距楊、墨，欣然以聖人之徒自認者，只是不該在楊、墨之間求中耳。得孟子此一辨，則『執中』之『中』字始明，不然，子莫之『執中』，與堯舜之『執中』無異矣。可見能言距楊、墨，亦不是容易説得的。」

問「用一緩二」。曰：「戰國之時，爲蘇秦、張儀之説者，要三者並用；爲許行、白圭之説者，又欲三者並緩，所以欲足國，便不能裕民，欲裕民，又不能足國。孟子説既不可並用，亦不必並緩，不過一那前僭後間，民自無殍，父子自不相離，而國用又未嘗不足，此法豈不甚善？無論仁主，即暴君污吏，亦必灑然易慮矣，此孟子之經濟所以直接堯舜也。今之論治者多以講學爲迂，豈其未睹此乎？」

問「任人食色」之説。曰：「告子、任人是老、莊一派學問，主意要翻堯、舜、周、孔以來相傳之案，非毀道學，左袒世俗，安得不惑人？告子説得深而巧，非孟子不能辨。任人見告子之説不得行，所以撒潑爲此無忌憚之言，又見屋廬子爲孟門高弟，故用此言離間之，向非孟子之辨，幾不免爲其所搖奪矣。嗚呼，危哉！」

問：「孔子何以亦獵較？」曰：「孔子主意要變俗，所以不得不先從俗。不先從俗，則身且不用，又孰爲之變俗哉？若不爲變俗，而姑從俗，以希遇合，則非所以爲孔子矣。」

問：「『人而不仁，疾之已甚，亂也。』而曾子又云：『迸諸四夷，不與同中國。』毋乃已甚乎？」曰：「不然。『人而不仁，疾之已甚，亂也。』此正是善處小人處，而或者誤以調停當之，故曾子不得已，又有『迸諸四夷』之説。『迸諸四夷』，正所以善處小人，而使之不爲亂也。如驅虎豹犀象而遠之，使物既不能害人，則人亦不肯害物。此正所以愛虎豹犀象也。今人動以調停爲善處，誤矣。」

調停與善處不同，非潛心學問精義入神者，不能晰毫釐千里之辨。

問「親親而仁民，仁民而愛物」。曰：「如舜封象於有庳，不得有爲於其國，使吏治其國，而納其貢税焉，豈得暴彼民哉？此之謂『親親而仁民』。驅蛇龍而放之菹，驅虎豹犀象而遠之，不惟人得免吞噬之禍，而物亦得遂走壙之性，此之謂『仁民而愛物』。大聖人作用都是一舉兩得，不是判然三件事。」

問：「今邊事未平，蜀禍又作，即終日講兵講餉猶不給，何暇講學？」曰：「不然。譬之富家一時被盜，因而峻牆垣、固扃鑰、備弓矢、畜幹僕以防盜，誠不可緩。若爲父者日講牆垣，而曰何暇講慈；爲子者日講扃鑰，而曰何暇講孝；爲兄弟者日講弓矢幹僕，而曰何暇講友恭，不知可否？果爾，竊恐其父子從此相夷，兄弟從此相尤，而家道且從此大敗也，又何言盜不盜哉？況父子同心，兄弟同心，纔好禦盜。不然，自家家裏先做了一夥寇敵，即固扃鑰備弓矢，何益？可見講學正所以講禦敵之上策也。」

講兵講餉，亦是講學，學無所不入。

自古禦敵無上策，説者謂周得中策，余敢以講學二字爲禦逆之上策。或曰：「何也？」曰：「不必廣引臨事而懼，好謀而成，天時不如地利，地利不如人和，此孔孟之講學，非孔孟之論兵也，不知古今論兵法之精者，能過此二語否？以講學爲禦敵之上策，聖人復起，不易吾言。」

問：「宋人講學而叛逆之禍更甚，子以爲禦敵之上策，何也？」曰：「宋人講學多在下位，且多在山林，即有盧扁，病家不用，豈能成功？而謂盧扁不能活人，則非也。即用盧扁，豈能人人取效？人人不死？而謂盧扁不能活人，尤非也。盧扁之方無論效不效，確乎爲活人之上劑。孔門之講學無論成功不成功，確乎爲禦敵之上策。」

問：「仁以爲己任爲真，以仁爲己任爲僞，然否？」曰：「不然。仁以爲己任與以仁爲己任，原無兩樣。今以以仁爲己任爲僞，抑將以以義制心，以禮制事，以仁存心，以禮存心爲僞乎？不在義理大勢上體認，只在字句小巧上挑剔，所以聖學不明。」

「是集義所生者，非義襲而取之也。」「襲」字是解「集」字，見得是由涵養積累而生，非偶合于一事而取之也。故象山云：「涓流積至滄溟水，卷石崇成泰華岑。」偶合于一事，是真不是僞，只不是集耳。象山乃以集義爲真，義襲爲僞，鑿矣。

學問全要立志。若無志，便與他講不得話。不然，六經四書，誰曉不得，何曾體貼一句到自家身上來。

近有謂：「堯稱大哉者，爲其能容四兇也。若舜去四兇，止稱君哉，便不如堯之大矣。人喜傳其說，是否？」曰：「爲此言者，是隱隱以四兇待人也；喜此言者，是隱隱以四兇自待也。如此病根，如何拔得去？」

或曰：「去了小人，將誰奔走役使？」曰：「奔走役使之小人，以分位言也；妨賢病國之小人，以人品言也。如何混得？以此立言，其巧愈甚，其禍世愈不可言。」

項甌東私録云：「同年王給事崇在陝西主考出題：四罪而天下咸服，及考察，汪鋐以其指己與羅峰也，爲羅峰誦之，欲去崇，羅峰曰：『爾真一個騃子，彼自出題耳，爾非四兇，安得即與招認？』竟不去崇。」嗚呼！彼爲君哉之說、奔走之說者，抑何故爲之招認也，亦騃甚矣。

問「中行狂狷」。曰：「聖人原思中行，中行不得，不得已而思其次耳。狂者進取，狷者有所不爲，皆是可進于中行者，故夫子思之，非與其以狂狷終也。近日謂懲中行之僞，而思狂狷之真。夫中行豈盡僞者哉？誤矣。」

問：「狂狷中亦有僞者乎？」曰：「有。鄉原是僞中行。古之狂也肆，今之狂也蕩，蕩是僞狂；古之矜也廉，今之矜也忿戾，忿戾是僞狷。中行中雖有僞者，而未必皆僞；狂狷中雖有真者，而亦未必皆真。夫子所思『中行』與『狂狷』皆指真者言，僞者第當辨之，或置而不論，可也。」

問：「寧爲真狂狷，毋爲僞中行。若曰寧爲有瑕玉，毋爲無瑕石？」曰：「然。曷不爲無瑕玉？」

中國與外國，天之所覆同也，地之所載同也。料天命之性，亦是同的。如何分中國外國。或曰：「在富國强兵。」曰：「今外國，國不可謂不富，兵不可謂不强。如何還叫成外國？然則中國之所以異於外國者何在？請細思之。」

中國、外國開闢以來都是一樣，只是中國有聖人教他知道理，便謂之中國；外國無聖人教他知道理，便謂之外國。然則如何能知道理，曰：請細思之。

學之當講，猶飢之當食，寒之當衣，此何待講？以不待講者而講之，蓋因天下有一種人，飢不知食，而甚且非人之食；寒不知衣，而甚且非人之衣。載胥凍餒以死者，可憐也。惟其憐之，故不得不講耳。嗚呼！以飢之當食，寒之當衣，而猶待講也，真多言哉！真多言哉！

問：「夫子綏來動和，原不待得邦家。子貢云：『夫子之得邦家者』，還不免落世俗之見，何如？」曰：「不然。子禽見子貢在聖門最號通達事體，夫子亦曾許他，賜也達於從政乎何有？恰似夫子雖是聖人，只好講學說閑話，授之以政，或未必達，此處或者還要讓子貢。如今人說講學者不會做官之說也。子貢窺見子禽之疑在此，故以得邦家說如此，然後可以破子禽之疑，撤世俗之障，此正子貢深信夫子處。」

國朝以講學爲令甲，吾輩今日講學雖以發明道理，寔以維持國運。我明億萬載靈長之慶端在於此，豈是閑談？願言珍重。

門人録語附

先生曰：「此會切不可談及朝廷利害、官長賢否等事。」或曰：「然。但問經濟、學問畢竟是一是二？」先生曰：「何嘗是二。有經濟者必是有學問人，有學問者，方能辦經濟事，子豈以談朝廷利害、官長賢否爲經濟邪？誤矣。」

一日寒甚，坐中設二火爐，稍偏，先生命正之，因曰：「天下事自有個正當恰好處。如此爐，置之少偏，說是堯舜置的，誰肯服？置之不偏，說是僕隸置的，誰不服？但置此爐，固要自家用心，尤要大家着眼，故學問亦復如是。」

一日暑甚，先生命諸生舉扇，因曰：「夏月天暑，舉扇則暑氣減。冬月天寒，圍爐則寒氣消。是人且能變化天地之氣，顧不能變化自身之氣質，何也？然功夫惟在學問。蓋學問亦猶夏之扇、冬之爐耳。」

會日，坐多新科觀政者。先生曰：「諸君觀政候堂時，與同年講談何事？余向觀政時，同年有相謔者曰：『這時只好講天命之謂性。』蓋謂登第後，不消講性命耳。不知前邊何曾講得明白，此時不明白，終無明白時矣。昔有人問堯夫曰：『人到莫不飲食，鮮能知味，便糊塗了。』堯夫曰：『只怕自天命之謂性就糊塗了』。孟子曰：『既得人爵，而棄天爵，則惑之甚者也。』」

先生曰：「觀政諸君，大明律不可不讀。律雖是刑書，然刑期無刑，正理學之見諸行事者也。昔許魯齋同數人適野，見樹梨，人爭取食之，魯齋獨否，人曰：『世亂梨無主。』魯齋曰：『梨無主，吾心獨無主乎？』至今以爲美談。故律有擅食田園瓜果之禁，此禁設則人人皆不敢擅食，人人皆魯齋矣。不然，縱終日教人學魯齋，勢必不能。誰謂刑書非理學乎？且居官者能通律，則聽斷必有定衡，猾胥奸吏自舞文不得。」

先生曰：凡聚談間，只當講芳規，不當講覆轍。蓋講覆轍，雖是垂戒，然滿耳習聞惡德，未必無鮑肆之虞。如日取芳規而講之，則滿腔皆嘉言善行，如入芝蘭之室，久而與之俱化矣。

不講芳規，還是惡道人善的意思；好講覆轍，還是喜稱人惡的意思。

坐友有從放生會來者，先生曰：「『天地之大德曰生。』放生固是善行，但當存其心，不必襲其跡。毋論事有時窮，生亦有限，况世間原有不可放者，如殺人，理無可放，而必欲生之，不幾令死者含冤乎？故吾人但存此心，如遠庖廚，此心不綱不弋；宿此心，飢溺由己。此心如傷內溝，此心泣罪解網，此心如此，則好生之德洽於上下，無往而非放生矣。」

先生曰：伊尹思天下之民，匹夫匹婦有不被堯、舜之澤者，若己推而內之溝中。某亦思天下之民，匹夫匹婦有不明孔孟之學者，若己推而內之溝中。

一生問：「居家寧儉毋豐，居身寧方毋圓，何如？」先生曰：「此確論也，然亦有辨。如從學問中來，豐也是，儉也是，方也是，圓也是，即寧儉毋豐、寧方毋圓尤是。如只從世俗上論，豐也不是，儉也不是，方也不是，圓也不是，即寧儉毋豐、寧方毋圓，也不是。」

問：「『思知人，不可不知天』，『天』字如何解？」先生曰：「『天』字就是個『理』字，以此理原是自然的，故曰『天』，不必說向高遠了。凡人不知人，只是個理上不明。此理一明，隨人到前，自有定鑒，不爽毛髮。」

先生曰：人未有不艷慕舉人進士之名者，不知當顧名思義，要知人與士，其品在我，舉與進，其權在人。故人只要著實立志，做人做士到仰不愧、俯不怍地位，則縱不得舉，何愧於人？縱不得進，何負於士？

或問「不即不離」。先生曰：「天地間可即者，必其不可離者也。其可離者，必其不可即者也。蓋可即者惟恐其離，可離者惟恐其即，又何有不即不離之說哉？」

先生曰：「今日赴會諸君多四方之士，或爲坐監，或爲應試，或爲選官，無非事者。向時家居，不過友一鄉之善士，至一國亦難之，况于天下？今借此應試選官，正好友天下之善士。人問之，即答以爲友天下之善士而來京亦可也。如此答，聞者必爲之絕倒，必曰：如此將不應試選官乎？曰：豈有不應試選官之理？但主意爲友天下之善士，庶不負此萬里跋涉，冒暑衝寒之苦，而應試選官自在其中耳。不然，以堂堂七尺之軀，而止因功名兩字，萬里跋涉，冒暑衝寒，豈不小看此七尺之軀乎哉？」言畢，諸君中多有淚下者。

右山陰門人王應遴録

壬戌孟夏，廣陵諸生修候南皋鄒師，九成附姜興伯先生舟北上，師曰：「君老年果踐此遠涉之約，喜甚。都中有講學會，馮少墟、楊晉菴、高景逸三先生宜往謁之。」至期詣講所，鄒師、馮師及諸老悉至序坐，久之歌詩，歌勝日尋芳、歌伐木之章。馮師曰：「學者先要變化氣質，從容不迫，毋自滿假，自有受用，且不害事。」又曰：「真正爲己之學，只要收斂身心，向内尋求一個真頭腦，自然有得。」又曰：「學道原要適用，惟能立，則當門定脚，天下一切事境不爲屈撓，此心方把握得定。苟未能權，則一切應用猶有偏執，此適道與立皆可以教入，可以意致，惟權則居易以俟命矣，與時而偕行矣，妙群龍於無首矣。夫子曰未可與者，吾以爲深於與者也。惟學者大著志願，硬着肩頭，深心默識，則學道之初志始不虛耳，諸君共勉之。」

右廣陵門人蕭九成録

續集卷二

都門稿

聞斯録序

方大鎮

「獨學而無友，則孤陋而寡聞。」夫子嘉與子賤，必歸於魯之君子，故曰「就有道而正焉」。余不肖，築室桐溪，紹明先君子之志，壹惟闇然是務，不欲求知於世，而四方之士或有取其一節者，余未敢自信。師心獨學，乏就正也。宇內開社，若吉水、關中、虞城、婺源、無錫、嵊縣並負當世之望，意欲〔一〕負笈，而道阻且長，艱於行李，仰止亦已有年。會天啟壬戌，諸賢既已次第集京師，而余亦謬領京畿之命，但以太夫人老，躊躇維谷。太夫人語之曰：「主上新御，弓旌賁於四海，而疇昔嚮往諸賢，無弗應者，而奈何尚淹，不以此時捧檄，一就正其所學，更復何待乎？」余唯唯，遂行，至中山，再領大理之命。

先是鄒先生、馮先生、鍾先生立會琳宮，既數月矣。仲秋三日，余始廁講席之末，月僅三會，會僅晡時數刻，然片晌可以當千秋，一語可以慰生平，機緣所值，故自不淺。乃未及兩月，先生各别去矣。因筆其所聞於會中者，題曰聞斯録。蓋夫子教冉求曰：「聞斯行之。」豈獨爲「求也進」歟？不逮則恥，不習則省，學者刻厲工夫，固宜如是，否則雖有聞，亦何益？余小子質非兼人，每患其退，所以紀聞者，激於進，疾於行也。恍然此會之未散，而虚往實歸，庶幾可以自信。長安功課，匪

〔一〕光緒本作「俗」，據康熙本改。

同浪遊矣。是爲引。

桐川寧澹居士方大鎮

聞斯録

鄒先生曰：「學問只要一真。」

馮先生曰：「更須一正。」鎮曰：「合此二字，始可語學。」

馮先生曰：「吾儕學宗孔子。孔子一生學脈只在不踰矩，矩是何物？」鎮曰：「矩者，吾性本體。」

馮先生曰：「此矩範圍天地，合併萬物，綿亘古今。不仁不敬，即君臣踰矩矣；不慈不孝，即父子踰矩矣。至於國人爲士、爲農、爲工商，莫不有矩。未有踰矩而可以爲學者，未有踰矩而可以爲世教者。」鎮曰：「夫子志學，大學也。大學首言止於至善，末言絜矩。矩者，至善也。至善者，吾性本體也。在己爲本然，不可踰；在人爲同然，故可絜。以其不踰者絜之，故治國平天下，以其絜者不踰，故正心誠意修身，總一矩而已矣。」

鄒先生曰：「初講學，貴有著力處；既講學，貴有得力處。」

馮先生曰：「著力者，在矩中著力；得力者，在不踰矩中得力。鄒先生常提規矩爲訓，竊有味乎斯言。」鎮曰：「『規矩』二字，以言乎法一也，而聖人命語不曰不踰規，而曰不踰矩，似有微意。矩以言其方，規以言其圓。人性本體至圓也，至方也，而學者每易爲圓，難爲方，故工夫當在方上立脚，亦從方上起手，易曰：『君子立不易方。』」

馮先生曰：「近世談從心所欲，不談不踰矩，且將『從』字讀作『縱』字。夫縱也，安所問矩哉？聖人從以爲圓，彼縱以爲圓，則無忌憚而已矣。立方之義所宜亟講。」鎮曰：「繫辭有云：『易之爲道屢遷。』而繼之曰：『其出入以度。』度者，即夫子之矩也。任其變動周流，而不可離於度；任其富貴貧賤患難夷敵，而不可離於矩。其至變而不一者，其有常而至一者也，此實體也。」

馮先生曰：「三千三百之顯，即無聲無臭之密；無聲無臭之密，即三千三百之顯。矩者，正合顯密而言之也。」

又曰：「夫子志於學，志此不踰矩也。夫子不踰矩，不踰此志學也。故志於學一言，直貫於後；不踰矩一言，直貫於前。」鎮曰：「以夫子至聖之質，猶且十五志學，至七十不倦。今吾儕自省於聖人之質何如？而幼則役志於舉業，壯則疲精神於世味，已去其半百光陰，始以其末路，希聖人之學，即日以爲歲，猶不暇給，而奈何不責志，不守矩也？」鎮曰：「孟子曰：『不學而能，良能也；不慮而知，良知也。』此四句說性體，已自完全。然下文必提出愛敬仁義，豈贅語哉？蓋知食知色，知愛知敬，皆謂良知；能食能色，能愛能敬，皆謂良能，但致其食色之良，必至爲狂爲跖，致其愛敬仁義之良，始可爲聖爲賢。故孟子立教，必提出此指，使天下萬世知吾所謂良知者，是仁義之知，別於食色之知。所謂良能者，是仁義之能，別於食色之能也。以食色論性，必有隔礙不能通之處；以仁義論性，則通之天下，絕無隔礙之處。故曰：『達道』也。然仁必出於良，斯爲真仁，不爲假仁；義必出於良，斯爲真義，不爲假義。敬以請教。」

馮先生曰：「食色是欲，仁義是理，提此『理』字，爲知能之良，孟子正教也。」

鄒先生曰：「說個『理』字，便是理障。」

馮先生曰：「理安得有障？」鎮曰：「理障之說，所謂非禮之禮，非義之義乎？」

鄒先生曰：「非禮之禮，非義之義，此是好的，未可輕看，但是大人弗爲耳。」

馮先生曰：「非禮非義，愚不肖之所爲也。非禮之禮，非義之義，賢智之所爲也，惟大人一身渾是禮義。」鎮曰：「必信必果，近於非禮之禮，非義之義。夫子以爲硜硜小人，非如斗筲之小人也。只以較於大人，體段渾成，不免有拘攣之病。若於世人中，固錚錚狷介之品也。丁丑會試，俱從取節立說，最確。」

楊先生曰：「赤子之心現現成成，只要人識得真耳。識得即不失，不識得即是失。」鎮曰：「『識』字提得肯綮。」

馮先生曰：「赤子純然無知，大人經綸萬變，但此經綸萬變不從純然處得來者，即是失赤子之心；此經綸萬變都從純然處出來者，即不失赤子之心矣。」鎮曰：「經綸萬變之體，赤子本來已具，但赤子未有工夫擴充，而大人則加擴充工夫，所以經綸萬變，卒不失其本來也。」

黄州蕭生問：「二程夫子並見周子吟風弄月，有『吾與點也』之意。乃後來大程夫子云：『某不及吾弟』，厥義云何？」

鄒先生曰：「吟風弄月乃明道之語。所謂『吾與點也』之意，正是萬物一體之懷。明道先生見到此地，獨得其大，蓋乾道也，伊川則坤道矣。」

馮先生曰：「兩程夫子並得孔子正學之脈，未可軒輊。但明道氣象如顏子，伊川氣象如曾子，微有不同，然又一説焉。今學者樂放肆，憚檢束，往往以明道爲簡易脱灑，翕然宗之；以伊川爲規矩準繩，頗見貶焉，其流之弊遂有不可勝言者。愚謂救弊於今日，更宜表章伊川也。」

又曰：「吾儕於明道先生則學他脱灑簡易處，於伊川先生則學他規矩準繩處，如是可矣。」鎮曰：「吾輩爲學，但求本體，勿求作用，如明道先生之寬，伊川先生之嚴，皆其作用，不無小異耳。求其本體，安有不同者？吾輩得其同處，則時乎寬而寬，不必跡明道，而有合於明道；時乎嚴而嚴，亦不必跡伊川，而有合於伊川。若求其作用，一一而肖之，恐有學步效颦之差矣。且人之氣質禀受斷不能同，如壽殀貴賤之類，又安所彷佛而齊之？人皆可爲堯舜，爲其同者而已。」

馮先生曰：「白沙云：『今人忙處古人閒』。」愚下一轉語云：「今人閒處古人忙。」

鍾先生曰：「古今人都如是忙，而所以忙處卻異。」

鄒先生曰：「今人忙一生，只忙一個進賢冠，滿腔俗情纏縛不了，究竟一鄉人而已，以視古人何啻霄壤？因歌云：『茫茫四海人無數，那個男兒是丈夫？』」鎮曰：「丈夫安能獨逃此俗，别求此情，但眼中常要光明，胸次必須擺脱，即俗而不俗，情得其情矣。」

馮先生曰：「古人忙處原無奇事，只子臣弟友庸言庸德之間，此間能盡其道，是謂盡心。今日吾儕群居於此，自揣無不誠敬，無不盡心者，便是春風沂水氣象，故曰：『要識唐虞垂拱意，春風原在仲尼居。』此之謂也。」

蕭生問：「大學言心不言性，中庸言性不言心，孟子合心性言之，厥義云何？」

鄒先生曰：「無極而太極，太極是心，無極是性。性者，人生而靜，以上不容說。至於心，則可得而名言之矣。」

馮先生曰：「『太極』二字見於易，『無極』二字則周子創言之，蓋謂太極之理無聲無臭云爾，豈太極之前另有無極，判然兩物哉？愚謂性者，心所具之理也，未有心而無理者，故大學言心，而性即在是；未有理而不具於心者，故中庸言性，而心即在是。曾子、子思單言之，非遺也，孟子合言之，非贅也。」

馮先生曰：「定性篇云：『天地以其心順萬物而無心，聖人以其情應萬物而無情。』二語蓋交相發明者，廓然大公，物來順應，何以能公？何以能順？」

余年兄曰：「只是至虛耳。」鎮曰：「書中已明言之，蓋學者之患，在自私而用智。自私矣，安得公？用智矣，安得順？吾儕反觀此中，不自私則公，不用智則順。」

馮先生曰：「心本公也，而人故私之；心本順也，而人故逆之，皆起於有我而已，無我則公，無我則順。」

又曰：「顏子之學只在克己，而克己之功乃在不遷怒、不貳過。夫怒者，過也。怒不遷則過不貳矣。定性篇末亦提怒字爲戒，所云忘其怒而觀理之是非。理之一字，乃學者用功最得力處。」

聞斯録録會中諸公語甚多，余小子但擇家君語刻續集中，其他不敢概入，非敢有所菽麥也。

不肖男嘉年識

途次稿

川上會紀序

呂維祺

先是海内以學爲諱，無復言講學者。余謂所惡於講學者，爲其僞也，乃併其真者而訾之乎，豈因噎而廢食耶？只不有其名可也。馮少墟先生之言曰：「講學正要立個名色，使天下後世人人知學，成就方多。若怕世人譏笑，删去名目，只成就我一個人，恐道脈自我而任，便自我而絕。人只是恐人譏笑，故恥其名，不知不以不學爲恥，而以學爲恥，則可異矣。且講而不行，可恥孰甚。講而行，又何恥之有哉？」此其見大而言之，親切有味，余不及也。

乙卯之役，余會先生於關中書院，所語如是，余聞而身之矣。至是先生被召爲御史大夫，果以講學逐，天下於是笑先生之不逢世，而以學爲諱，尤甚於昔，乃有志之士則望先生若鳳凰芝草，幾幸一見焉。是日方夜，篝燈團坐，共質向日之所語於關中書院者，而先生語益進，諸生皆欲身先生者，而心嗜先生語，謂是日語多不能記，且不暇記。日向余問，則余忘之矣。諸生固問不已，乃僅記憶其所問答語數端，略爲綴述，其忘者十之七，然以語求先生，則亦遠矣。是日會者，先生若余及先生之門人孫繩祖、楊道興，其子嘉年，其孫湛若、恂若，而舍弟吉孺氏，同諸生凡數十餘人，邑長吏解君與焉。是爲壬戌冬十有二月之七日。微風披拂，天寒欲雪。

新安呂維祺撰

川上會紀

先生曰：「或問孔子是生知安行，聖人何故十五志學？吾答以十五志學，所以爲聖人。我輩四五十尚不知學，孔子十五便志於學，所以是生知安行聖人。」

又曰：「十五志學，便志到不踰矩田地，三十、四十、五十、六十、七十總是志學，若不志到不踰矩田地，是志甚麽？如吾自出京來，便志到家了，只是便走不到，須一步一步走將去。」

又曰：「生知安行、學知利行、困知勉行，總是要學，只是學有難易。如京師報馬到此，只走三日便到，豈是不曾經過涿州、良鄉、孟津、洛陽，特比他時走爲捷耳。便是顧脚徒步，亦只如此經過，即飛亦須從此經過。」

又曰：「人多言不踰矩，是我每如此便了。惟聖人則從心所欲，此言不是離卻從心所欲，便用檢點，便有不到處，便有踰時。」余曰：「我每亦是從心所欲不踰矩，只欠純耳。若不從心，即是皮膚上不踰，便假了。」先生曰：「然。」

余問：「何不言規而言矩？」曰：「此是聖人言外之意。矩是方的，人只從圓處做，所以多錯，可見學問宜從方處做。」

又曰：「人只看矩可以踰，可以不踰。孔子是聖人，故不踰矩。我不做聖人，踰些也罷。不知人之於矩，猶魚之於水，原自踰他不得。且不踰則得，踰之則失；不踰則吉，踰之則凶；甚且不踰則生，踰之則死。至爲得失吉凶死生所繫，而曰可以踰，可以不踰乎？」余曰：「此言最儆省。」

先生問：「曾與王惺所、刑舜元講何語？」余曰：「王言立志，刑言知恥。然余以爲立志須先知恥，如士志於道，而恥惡衣惡食，便不知恥。知不恥不若人，何若人有，便是知恥。」先生曰：「然。恥獨爲君子，乃是大恥。」余曰：「獨爲君子，自初學時無人夾持，恐便有躲閃時候，自成德言，一夫不獲，時予之辜，正是己之分量未曾圓滿，此正恥之近裏著己處。」

先生曰：「德之不修一節，只是爲修德而發。講學只講其如何修德也，下面徙義改過，是實地修德處。」又曰：「文公於『德之不修』註解曰：『四者，日新之要。』初疑『日新』字於『四者』何干？不知『四者』不日新，則亦不成其爲德矣。如今日徙義，而明日不徙，照舊是不徙；今日改過，而明日不改，照舊是不改。『日新』二字，文公極費苦心。」

又曰：「學如梳洗穿衣喫飯，昨日梳洗當不得今日梳洗，今日梳洗當不得明日梳洗，穿衣喫飯亦然。」余曰：「若昨日梳洗穿衣喫飯，今日不梳洗不穿衣喫飯，便蓬首垢面，或寒而病，飢而死者矣。況終年不梳不洗不穿不喫者乎？其生也幸耳。煞可深畏。」

又曰：「善有在今日爲善，明日即非善者。過有在今日爲過，明日卻非過者。此處最精微，所以學全要日日講，纔得不差。」

又曰：「孔子云：『學之不講是吾憂也。』不講何憂之有？只不講便不修德不徙義不改過，此中便作無窮之非僻，生無窮之隱禍。不講不足憂也，禍猶不足憂耶？」

又曰：「只爲躬行，故不得不講。」余曰：「若既講矣，何故不躬行？」

又曰：「人不講，便差了。差亦不知，所以要講。」

又曰：「學問在做官時越發該講，事上接下，案牘紛紜，孰非講學？使無學問，便差了。如中庸九經，說到既稟稱事，日省月試，不如此則精神不周到，便是學問有不貫徹處。」

吉孺問性相近習相遠章。先生曰：「人性皆善，而氣質有清濁純駁，故曰相近，只就善中相近。」

又曰：「舉業、理學原非二事，以理學發出文字爲真舉業，以舉業證出道理爲真理學。且前朝多以詞賦雜流取士，惟國朝以四書五經取士。雖曰爲科第階，倒是驅人於理學路上。如今若講佛經、道經，倒難曉，只講四書五經，誰不曉得。今之爲理學，真是容易，何人之輕放過乎？」

又曰：「今日與諸賢坐一時，覺一時之『天地位，萬物育』了。」余曰：「是但如此說，人未必醒，只言此中如有一夥匪人在此飲酒嚷鬧、賭錢爭毆，其光景便不位不育，則此一時之爲位育，可反而觀矣。」

雜著

正俗俗言自序

或曰：「子之爲正俗俗言也，似也，然胡不即曰正俗正言？」余曰：「俗之漸民久矣，一旦以正言正之，人將駭焉而不吾信，不若即以俗言正之，庶幾其有入乎。此余不得已，作正俗俗言意也。」嗚呼，吾言本易知，本易行，而人多不肯知，不肯行，余言滋俗，余心滋戚矣。少墟識。

正俗俗言　乙丑

高年人齒落更生，此上壽之徵，而人家吉祥之善事也。秦俗以此爲不祥，謂之喫兒喫女。嗚呼，爲此言者，是詛咒父祖者也，罪豈容誅？余祖母田太宜人年八十時，齒落更生，後膺封典，享壽九十又一，子女俱榮壽，諸孫濟濟稱盛。雖謂之多兒多女可也，豈得謂之喫兒喫女哉？

疾病人所時有，夭壽原無定數。秦俗凡老年人偶有病，大家即以爲老病，即孝子慈孫亦不復延醫調治，惟一味治後事以待盡，如此不可知果天數否邪？余祖贈公七十以後，屢嬰重疾，先君晝夜修藥餌，美飲食，屢病屢愈，壽直至八十五。余有二堂兄，一諱江，一諱淮，兩兄六十以後，亦時常有疾。每疾，余迎之家，爲醫藥飲食之，俟其愈而歸。後江壽七十五，淮亦壽八十五，使當時若委之老疾不治，豈得復享上壽哉？

喪葬稱家之有無，而厚薄又無定例，有費數緡而即爲厚者，有費數十緡而猶爲薄者，亦顧其子之家事何如耳。秦俗原爲惜費，而藉口厚葬之非，大家爭喜談之。不知若爲父者，而對其子議人厚，稱人薄，是教子異日棄我於溝壑也。若爲子者而對其父稱人薄，議人厚，是使爲父者傷心淚下，曰：「異日吾子必棄吾於蠅蚋也。」豈不悲哉！大抵不論家事何如，只是「薄」之一字，士君子必不可出諸口。

嫡庶既分，服制亦異，故孟子有一日愈已之説，至國朝於所生子，直定爲斬衰三年，至嫡子與衆子，直定爲齊衰杖期，則其所重可知。秦俗庶所生子，多諱言其母，即墓誌、登科録亦曲爲之諱，此何以解也？至生母或爲嫡所逐，或父歿改適，而其子成立，多不肯認，或不得已密一省視，私相對泣而已，生不爲養，死不爲葬，縱不丁憂，亦當終喪三年，況又有齊衰杖期之制在，而竟不爲一日之服，何也？習俗移人，賢者不免。朱壽昌之行豈不聞乎？爲人子者凡遇此等事，即當垂涕迎養，其日仍當廣集賓客，盛張鼓樂，結綵設席，躬率子弟，跪請登輿，盛服前導，上壽稱觴，豈非庭闈之榮遇，而人世之全福哉？人亦何憚而不爲之也？余特爲之論著若此，使仁子孝子知興起焉。

凡士夫子孫於先世所遺坊牌、牌扁、軸帳、試録、文集、誌文等項，俱要十分珍重。每見南方世家於坊牌、牌扁則重新之，於軸帳則修補裝潢懸掛之，於試録文集則世〔二〕襲珍藏之，誌文除大石納壙外，另爲小石，或集古人法帖，或求名公另書，藏之祠堂，榻以貽客，使過其巷者曰：「此某先生之里也。」登其堂者曰：「此某先生之宅也。」覽其諸刻者曰：「此某先生之行履也。」其子孫豈不令人敬重？而其於先世豈不永錫之光哉？近渭上諸邑亦有此風，獨省會則不然，視坊牌爲奇貨可居，惟恐鬻之不急售矣。於錦帳或裂爲女衣，於紙軸或褁爲火樹，至試録、文集、誌文等項，或視爲故紙，化爲烏有矣。孟子曰：「諸侯惡其害己也」，而去其籍，豈子孫亦惡其先世之害己也，而去其籍乎哉？嗚呼，仁人孝子當必有味乎余言。

〔二〕光緒本原作「什」，依文意改作「世」。

傳曰：「君子修己以敬。」又曰：「小人而無忌憚。」是敬爲君子，肆爲小人，不待辨矣。秦俗明知敬之是，而百方嫉忌之，百方吹求之，使敬者必至於無所容；明知肆之非，而百方狎溺之，百方左袒之，使肆者益至於無忌憚。嗚呼，敬肆之人無論矣，彼吹求敬而左袒肆者，吾誠不知其何心也！

世間最有功德事，莫大於成人之美。南人每見人行一好事，大家必稱贊之，羽翼之，務底於成。秦俗則爭譏笑之，詆毁之，務底於敗，如此則師反受其益，而弟子多受其損，何也？師見其譏笑詆毁，則益有所警戒，弟子見其譏笑詆毁，曰：「我何苦無故自投於風波是非中也。」半途而廢者多有之矣。故楊龜山、呂與叔皆程門之高弟也，龜山門人幾徧東南，而與叔則否。王陽明、呂涇野皆我明之真儒也，陽明門人幾半海內，而涇野則否，雖於二公無損，卻於關輔無光。

怕人責備，人情皆然，而秦俗尤甚。不知人生天地間，自當明明白白，做個真男子，若徒躲避人言，豈不耽閣自己，故必不怕一鄉責備，而後可言一鄉之善士；不怕一國責備，而後可言一國之善士；不怕千古責備，而後可言千古之善士，而後不負此百年見在之身。

華亭唐汝詢，字仲言，五歲而瞽，六七歲喜聽父兄讀書，聞之輒不忘，父兄愛之，因爲講授文義，即能解悟，且出人意表，父兄因盡取古今書讀之使聽，而仲言胸中不翅五車二酉矣。久之能文能詩，所著有編蓬姑蔑等集及唐詩註解，李翼軒先生序而傳之，而郡守許繩齋先生延爲上賓，有徐孺下陳榻之風焉，今蔚然稱一代文人，蓋父兄成就之以也。吾鄉幼而瞽者，有一劉奇卜，聽人聲音，終身記其姓名，此尤爲難，而鄉紳龔節推公子亦聽人讀書，終身不忘，其天資俱不在仲言下，使當時有人成就，其造詣當又不在空同、槐野下，而竟以賣卜終，豈不惜哉？況如劉、龔之資者，不知凡幾？其汩沒饑餓而死者，又不知凡幾？豈不尤可悲哉？吾輩凡遇幼而瞽者，令父兄教之聽書，俟其不能，而後學卜未晚也，何必汲汲哉？此亦吾輩願學相師之道云。

師冕見一章，謝上蔡謂：「一部論語，只憑地看，是語其精者。」余語其粗者，每見余鄉諸英俊每遇瞽者，百端戲謔，及階，反曰：「及席。」及席，反曰：「及階。」某在斯，反曰：「某在彼。」某在彼，反曰：「某在斯。」令瞽者手足無所措，而應對非其人，以取大家一笑，而大家亦恬然不知其非。如此戲謔，不知可稱相師之道否？願共戒之。

曾植齋先生朝節與其兄朝符未第時，其父銳爲延一舉業師，又延一講學師程天津先生。未幾，兄弟俱得雋，而植齋中探花，官大宗伯，爲世名儒。夫世之最愛子者，不過教子務舉業，延名師，厚館穀，嚴課業而已，未有舉業師之外，又延一講學師如曾封翁者也。封翁爲衡州郡掾，又非素知學問者，而一時能爲其子延二師，其識見豈易及哉？事載封翁志文中，而植齋又親與余述之。今東南猶有此風，而吾鄉則絕不聞有此事矣，豈愛子不若曾翁哉？不知耳。天津諱弘忠，字汝一，徽歙布衣。

新建恒麓萬公久欲爲其師章斗津先生刻圖書編，而力不給。斗津歿，公深以不及早刻爲恨。比官邵武二守，因置一篋專貯邵武一任俸於內，即有他窘，亦未移濟。既內轉啟，篋得若干金，俱付梓人，而編始告成，復付版書肆，令廣其傳。夫世之刻書者多矣，不知有以閑曹盡捐一任俸至千餘金，而刻書至十餘套者否？一死一生，乃見交情，恒麓高誼，薄秋旻矣。南昌涂鏡源、鳳翔張心虞聞而助之，亦義舉也。心虞貽余一部，余讀之有感焉。吾鄉有一士夫，垂老以千金畀其子以刻集，而其子竟未之刻，且併其集化爲烏有矣，余甚悲之。因書此，使賢者知所興起焉。恒麓諱尚烈，字思文，以鄉科官至憲副，天固酬之矣。

余同年元石李公景元撫晉時，迎養太公，而翼軒李先生時爲憲長，爲文以壽太公者四，俱奇絕，而其一更大有關於風化，余讀之有感，因録其略，與秦人士共覽焉。略曰：「中丞李公，撫晉踰年，會國有大慶，詔以其爵貤太公。踰年，太公如晉，公親迎諸所治陽曲境五十里而遠，太公趣之還臺，『兒以我絀體固當，如勤諸執事何？』翌日，晉官吏士民各以其班迎於遠郊，太公使使數輩來，爲我多謝問諸君，『諸君爲老夫地足矣，老夫不能以筋骨爲禮，敢固辭』。公復具中丞威儀，迎於近郊，長跽道左，太公輿過之，徐起而從入晉。無少長男女，傾國來觀，灑然變色易容也。中丞賜節鉞，專制一方，誅賞惟所頤指，負弩矢，先驅，操拔箠，侍門庭，青衣趨府，首下尻高者，孰非天子之命吏也？今爲太公挹損，視官吏士民之事，中丞容有過焉。嗟乎，爲人父，爲人子，當如是矣。不佞作而歎曰：善哉！禮乎！新民耳目而轉移之，何其捷也。又曰：

太公拜天子命，爵秩物服，采章令甲，得與子同。第一朝用之，以無隱君賜，以申子尊親之敬；辭吏民郊迎，不儼然當貴人父之勢，不起中丞以明父之尊。可受則受，可辭則辭，不廢上下相臨之體，不溺世俗姑息之愛。父慈而子孝，節文斯斯之謂禮矣。過此以往，晉人明於人倫，閑於古禮，公父子表帥漸摩之功，寧淺鮮哉？」先生此文出，而長安紙價頓爲騰躍。此其大略也，若其詳則有先生全文在。

山中稿

讀史六則 丙寅

紂至不仁也，武王伐之，猶有牧野之戰。扣馬之人，以秦之威力，漢兵入關，宜勝，則不知有多少堅甲利兵以應敵；不勝，則不知有多少忠臣義士以死節，而竟無一人應敵，一人死節，何也？秦王子嬰知威力不勝，與民守之，效死勿去，人猶憐之，而奉皇帝璽符迎於灞上，何也？譬之婦人夫病革，尚未死，而先盛妝以奔也，寧不令後夫一笑。或曰：「應敵死節之臣亦有，只是被始皇坑耳。」雖係謔語，寔爲至論。

秦始皇是千古第一個有才能的人，卻是千古第一個沒道理的人。以千古第一個有才能的人，一沒道理，便不免二世而亡，況才能不及始皇，而又沒道理，其狼狽決裂又當何如！

張良於圯上老人尚未知胸中何如，而三番早起，卒爲納履，如此器量，安得不爲宰相？安得不興漢？王安石往謁周濂溪不遇，亦交往常事，遂怫然不悅，如此器量，如何做得宰相？如何不禍宋？可見人終身事業，不必觀之後來，蓋自少年時器量已定矣。

王敦之反，王導實與謀，不然何以曰「伯仁由我而死」。秦兵壓境，廟堂震恐，此何時也？謝安即不張皇失措可矣，攜妓遊山，此何説也？安之主意已定，玄不喻意，圍碁不勝。淝水之捷，幸得朱序反間之力，安知幸難再徼，運米救秦，玄喻安意矣。桓溫入朝，人情洶洶。郗生入幕，談笑自如，安之主意亦定。海西之廢，安爲遥拜；倘苻堅之入，安爲遥拜，不言可知，且君拜於前，臣揖於後。單言君，則人人可稱，對臣而言，則明白擁戴矣。導之與謀觀望，人皆知之；安之與謀觀望，人多不知，何也？

驪山下西南五里有坑儒谷，唐太宗立旌儒廟，賈至爲記，其文古雅可誦，而字亦有風骨，余録其文，刻古文輯選中。余嘗云：「坑儒有谷，秦之所以亡也；旌儒有廟，唐之所以興也。」昔高帝過魯一祀，史稱漢家四百載精神命脈在此，余以爲太宗旌儒一祀，唐家三百載精神命脈亦在此。今廟廢而碑移，在臨潼儒學尚完美無恙，若重修廟宇，仍移置此碑於中，亦一時義舉，千古盛事。

明皇幸沉香亭時，牡丹盛開，乘月夜召太真妃，選梨園子弟將歌，明皇曰：「賞名花對妃子，焉用舊詞？」遽命李龜年持金花牋，宣賜翰林李白進清平調詞三章，白欣承詔旨，猶苦宿酲未解，援筆立就，備極媚諛，龜年以詞進，上令梨園子弟調撫絲竹，太真妃持玻瓈琖，酌蒲萄酒，笑領歌意，盡歡而罷。嗚呼，太真何人？翰林何官？作詞曲以付梨園，且欣承詔旨，可羞甚矣。視章懋、莊昶、黄仲昭不奉詔作鰲山燈火詩，上疏極諫，甘心斥謫，其爲人之賢不肖，何如也！

論管仲

管仲之功雖大，而夫子小其器，謂塞門反坫，可以取禍也。余嘗有二絶云：「一匡九合功誠大，反坫塞門事更奇。假使人人都效此，仲雖禁止亦無辭。」「一匡九合功誠大，反坫塞門事更奇。假使桓公誅僭逆，仲雖百口亦無辭。」嗚呼！仲亦危矣。孔子斥其不知禮，正謂其不知法也。夫子雖小其器，猶大其功，至孟子併功烈亦以爲卑，何也？蓋自古帝臣王佐，其功烈非不高，然皆從光明正大戰戰兢兢中來。是戰兢光大，何嘗不可建功立業也。自管仲出，而以此爲迂。若曰如此迂闊，安能成功？欲成大功，須用機權，將自古帝臣王佐正經建功立業一派學問被仲埋沒，豈不可恨？況後之學仲者，未必有一匡九合之功，先要做塞門反坫之事，恐功未必成，而先受其禍也，豈不可危？自「卑」之一字出，而管氏之案定矣。

或曰：「如王守仁之功，似亦多用機權，何也？」曰：「此守仁之經濟，非守仁之機權也。」蓋才一也，用于正則爲經濟，用於不正則爲機權，第後人誤以小人之機權信其爲經濟，以君子之經濟疑其爲機權耳。守仁當投荒萬里之時，險阻備嘗，而猶云「自信孤忠懸日月」，何等從容！至宸濠既擒之後，謗書盈篋，而猶云「一戰功成未足奇」，又何等謹讓？自古帝臣王佐正經建功立業一派學問自守仁始明，又安得疑經濟爲機權哉？嗚呼，此古今王霸之辨也。

讀張居正傳

昔人論管仲功大而器小，又以爲功之首而罪之魁。居正爲相，功不及管仲，而罪過之。父死，不奔喪，罪一；初喪，衣緋入朝，罪二；方葬，衣蟒閱操，罪三；三十二人之輦，越分僭乘，罪四；鄒元標、趙用賢、吳中行、傅應禎、沈思孝、艾穆等廷杖遠謫，罪五；劉臺、吳仕期、洪朝選等以私忿而置死地，罪六；三子倩人作文，聯翩而取鼎甲，罪七；冒邊功，蔭子爲金吾，罪八；決囚千百而無恤渭水之赤，罪九；閹宦如保，塱塵雅拜，罪十；吏兵用人，惟其所私，罪十一；王篆、王宗載、胡檟、陳世寶、陳紳、于應昌、陳三謨、魯士楚、朱璉、勞堪、龍宗武輩夤緣結黨，而殺人以媚人，罪十二。負此十二罪，譬之失節之婦，即有他美，何足贖哉？

嗚呼！居正未嘗無才，而才浮于德；未嘗無功，而罪浮於功，又安得與管仲並論哉？敢以此兩言，斷居正千古之案。

答令問

歲壬戌，余待罪西臺，客有筮仕爲令者，就余問政，余曰：爲令無奇法，士夫居間，雖不可聽，而禮遇不可不隆。諸生犯法，雖不可縱，而學校不可不厚。審編毋多更張，民自稱便。收納不加火耗，民自感德。聽訟毋多纏擾，民自不冤。至于毋援上，又毋傲上，毋陵下，又毋狥下，潔己奉公，節用愛人，此又不待緩頰者也。乃近之爲令者則不然，有一種好奇之士，百姓與諸生訟，不論是非而非諸生；諸生與士夫訟，不論曲直而曲士夫。若曰吾厚吾百姓云爾，不知諸生士夫獨非吾之百姓與！士夫且薄矣，何有于諸生！諸生且薄矣，又何有於小民！彼原爲漁獵百姓地，故反借百姓以尋討出路耳。及至百姓受其漁獵，萬不能堪，怨聲載道，彼不曰百姓之怨我，而曰我果爲百姓取謗于諸生士夫也。上官亦不以爲百姓之怨彼，而亦曰彼果爲百姓取謗于諸生士夫也。諸生士夫當其虛名，而百姓受其實禍。

嗚呼，計亦奇矣。爲此計者無論，而當事者多墮其計中，何也？當事者不必過爲物色，即就百姓身上一察之，而其漁獵否，當自不能掩；又即就民間口碑一察之，而其謗從諸生士夫起否，亦自不能逃，奈何不察而反墮其計，令彼退而竊笑也！

嗚呼，爲百姓者亦難矣哉！雖然諸生士夫可藉口也，而百姓可終欺乎？上官可以計愚也，而鬼神亦可以計愚乎？縱使得意于目前，難必徼倖於他日。倘一時天寒霜降，水落石出，身名俱敗，悔之何及！是始之欺人者，乃其所以自欺；始之愚人者，乃其所以自愚也。嗟嗟，悲夫！今而後知平易近民，行所無事者之計得，而斯人之計失也。令聞其言喜甚，請余書，因書以貽之。

策問

問：「國於天地，必有與立，講學尚矣，而非學者妄謂宋室禍敗，繇於講學？」「夫宋室禍敗，固由於講學矣，五代禍敗，尤甚於宋，而講學者誰與？藩鎮竊據，京師屢陷，唐之禍敗，尤甚於宋，而講學者又誰與？六朝瓦裂，三國鼎沸，秦、隋不二世而亡，其禍敗尤遠甚於宋，而講學者又誰與？諸生亦可歷指其人與？宋時用事諸臣，如章惇、蔡京、秦檜、韓侂胄輩，未嘗講學也，而無救於宋之禍敗，何與？五代之馮道，唐之盧杞、李林甫，漢之曹操、王莽，秦之李斯、趙高輩，未嘗講學也，而無救於漢、唐、秦、隋之禍敗，又何與？諸生亦可細陳其故，與國朝表章宋儒，經筵日講，載在令甲，今天子孳孳向學，媲美堯舜，無容過慮。倘萬一聞其説曰：宋室禍敗，果由於講學也，遂罷經筵日講於不御，其關係豈小？不知非學者將何以自解與？爲上爲德，爲下爲民，全在此『講學』二字。今若此，是與？非與？諸生有慨於中久矣，尚詳著於篇，以覸其志之所存。」

誠字銘

出處隱顯，厥惟一誠。可對天地，可質神明。真實無妄，恬澹寡營。物我同體，寵辱不驚，如玉之振，如金之聲，聖學真傳，展也大成。

敬字銘

出處隱顯，厥惟一敬，可質三王，可俟後聖。曰齊曰莊，惟中惟正。與天合德，與物無競。其平如衡，其明如鏡。聖學真傳，歸根復命。

鄒南皋先生手書真字銘示余，余倣其意，作誠敬二銘，效顰之誚，弗恤也。

贊

國朝從祀四先生贊

薛文清公

昭代理學，公獨開先。宗標復性，崇正闢禪。功嚴主敬，履冰臨淵，讀書一録，鄒魯嫡傳。

陳文恭公

聖學迷宗，人心馳騖。静中端倪，誰能解悟？公也倡之，如寐斯寤，勿助勿忘，願言趨步。

胡文敬公

聖遠言湮，異端蜂起。惟公之學，中立不倚。録名居業，近裏著己。足繼文清，躬行君子。

王文成公

辭章口耳，聖道支離。公排群議，獨揭「良知」。「致」之一字，工夫靡遺，虞淵取日，人心仲尼。

續集卷三

山中稿

存古約言序 癸亥

夫世道自醇而漓，人情自樸而華，譬之江河，愈趨愈下，不以禮教隄防之，不止也。故「寧儉」之説、「寧固」之説、「從先進」之説，孔子斷斷不置，其憂深，其慮遠矣。老氏不達，不曰忠信之人可以學禮，而曰「禮者，忠信之薄而亂之首」，是率天下蔑禮而爲亂也，其禍世豈小！

今天下禮教廠也久矣，薦紳習爲奢靡，青衿習爲狂肆，齊民習爲僭越，釋今不圖，長此安窮！新安豫石吕公憂之，乃纂存古約言一編，首家範，次加冠，次婚姻，次居喪，次祭儀，次處世，次服式，次宴會，次交際，次揖讓，而以東劄終焉。大略以朱文公家禮爲主，而採擇諸名家言，酌古準今，删煩就簡，不泥不狥，易知易行，至宴會不用聲妓，尤爲表正風化，儆戒末俗第一義，廻狂瀾而障百川，其功豈淺鮮哉？

伊、洛爲二程先生之鄉，其風氣雅稱樸茂，而公邑故有孟雲浦先生，潛心理學，力追古道，與余莫逆，惜其年僅踰艾，未究其用。公今約同志弘農王惺所大參、沔池張抱初明府、洛陽刑舜恷大行修復講會，崇正闢邪，而又爲此約，以興起禮教爲己任，則伊、洛之間行且復睹二程之化，世道人心有不斂華就實、返薄還醇者，吾不信也。

嗚呼！倡約在公，遵約在人，凡我同志，尚相與設誠致行之，庶不負公惓惓存古雅意。不然，公約之，而吾悖之，豈惟負公，抑且自負，平日所學謂何？余不肖，願與諸同志共懋勉焉。

梅雪軒稿序 甲子

朱進父宗尉梅雪軒詩，膾炙詞林久矣。進父不以余爲不知詩，而強余爲序。進父之詩，蓋從學問博雅中得之，修辭鍊句，鑄古鎔今，有根據，有法度，非沾沾騁才華，任意見以爲奇者，所稱「範我馳驅，舍矢如破」者，非耶？諸體俱臻妙境，而飲酒雜詩尤感時憂世，有工部風。余每讀之，不覺當食噴飯，爲世道快。嗚呼！進父限格於例，不獲爲世用耳。假令彈冠立朝，其建竪可勝道哉？進父寓言飲酒，其詞雖慷慨激烈，而其人則坦易謙沖，粥粥若無能者。且嚮往理學，樂與賢士大夫遊，而賢士大夫亦樂與之遊。

余嘗與進父論詩，以爲詩之爲道，談何容易。必其人正大，而後其詩莊嚴；必其人恬淡，而後其詩沖雅；必其人脫灑不凡，而後其詩超然不落於塵俗。不然，即刻意效顰，終非本色，徒博識者一噱。進父以爲此仲好之論詩，乃仲好之所以論學也。余謝不敏，余不知學，安知詩？第讀進父詩，有先於詩者，故不辭不知，而漫爲之序。進父匪直也，詩即臨池緒餘，亦深得聖教序遺意。吾里中先輩以善書鳴者，有許少華中丞、張太乙都督、董陽谷布衣、朱玉華宗尉、楊積菴都閫，乃今又得吾進父，吁亦盛矣！余暇日欲輯關中名人書法，以爲遊藝之一助，又未知果能如願否？因序進父詩，併及之。

仰節堂集序 乙丑

昔明道先生作字甚敬，曰：「非是要字好，即此是學。」余以爲作文亦然，非是要文好，即此是學。若作文甚敬，行必顧言，吾得之真予曹先生云。先生全集梓成，余讀之喜甚，鄒、魯嫡傳，濂、洛正脈，其在斯乎！言言有理，言言不苟，而又言言有作意。它不具論，即如題南皋先生教言數語，雜之秦、漢古文辭中，亦不多得。寸山起霧，勺水興波，賞心哉，觀止矣，茂以加矣。先生以千古絶學自任，固非沾沾以文章家名者，而作文又甚敬乃爾，即世所稱操觚自豪之士，寧不避三舍退哉！先生雖諄諄講學，而非其人，不輕發一語；即得其人，亦不輕發一語。易云：「擬之而後言，議之而後動，擬議以成其變化。」先生以之，故其著作雖間有應酬，而譽必有試，獨爲余文似又輕譽，余竊愧之。而或謂善信如樂正子，孟子進之以美大聖神。夫美大聖神，而可易言乎哉？其期望不得不如此，子惟勉之可耳，焉用愧？

猶記前歲少宰缺，廟堂誤推余，而借重先生陪，先生特膺簡在，余方爲銓衡得人喜，而先生再三力辭，竟不税冕行。夫銓衡重任也，少宰美秩也，他人爭之若鶩，而先生棄之若浼。此其高風峻節尤古之人，寧數數見哉！先生之學以「躬行」二字爲宗，而辭少宰一節，尤爲躬行之大者。讀先生集，當因言而求於言之外，不然，而徒豔羡其文辭，浮慕其理致，出口入耳，忘厥躬行，即先生所謂没齒務學，終屬半途。終日亹亹，猶漫道者也，豈惟負先生，亦且自負。或曰：「薛文清公與先生皆晉産也，文清終身學問只是一『敬』字，先生學問淵源蓋有所自。」余曰：「然。青出於藍而青於藍，冰出於水而寒於水，自古讀之矣。」

都門彙草

太和軒語録序

告子曰：「生之謂性」，此禪宗也。彼蓋以所以能視聽言動者爲性，而不以所以能非禮勿視聽言動者爲性，以故與吾儒異耳，何也？人能視聽言動，禽獸亦能視聽言動，若教禽獸非禮勿視聽言動，則不能矣。人之所以異於禽獸者幾希，正在此。今不言幾希，而專言「生之謂性」。是混人與禽獸而無別也，豈不令人縱欲而滅性也哉？少原先生之言曰：「告子曰『生之謂性』，孟子『道性善』，則以生之理之謂性。」告子單言氣質，孟子專言義理，差之毫釐，謬以千里。又曰：「聖學之失其傳，坐人誤認『性』字，以目欲色，耳欲聲，鼻欲臭，口欲味，四肢欲安逸爲『性』，而不知就中有當然之『節』。節乃是性。」

嗚呼！先生於「生」之下，補一「理」字，可謂發「幾希」之微，而徹人與禽獸之所由千里者矣。性體一徹，則凡言天地，言鬼神，言古今之事變，言古今之人物，無所不徹，有以也！

或曰：「吾輩講學，只講日用常行可矣，何必講性？」曰：「不講藥性，何以施藥？不講人物之性，何以別人物之分？若止以所以能視聽言動者爲性，則不以所以能非禮勿視聽言動者爲性，則必以任視、任聽、任言、任動爲率性，爲自然，爲無心，爲高，爲真。以非禮勿視、勿聽、勿言、勿動爲拂性，爲勉然，爲有心，爲矯，爲僞，不幾率人類而爲禽獸乎哉？此孟子所以惓惓與告子辨也，若逆知後世之有禪學，而預爲之防也。孟子辨人與禽獸之所由分，而先生又辨孟子與告子之所由分，其有功於吾道大矣。」

余讀先生太和軒録，欣然會心，因書此以請正，不知先生以爲何如？

移愚録序

余與同志講學，嘗舉「少不得算不得」六字相印正。或曰：「何也？」曰：「人生如居處衣食，子女婚嫁，此『少不得算不得』，固矣。即如讀書取科第，可少乎？若算得，則凡高科膴仕者，皆聖賢矣。即題詩作文，可少乎？若算得，則凡操觚染翰者，皆聖賢矣。可爲不然也。」曰：「然則其所算得者何在？若不於此處一著力，無論與草木同腐朽，且并少不得者，反皆爲吾損，而不爲吾益。」

東昌張蓬懸先生二十五爲司理，則爲名司理；三十四爲吏部，則爲名吏部；四十六爲中丞，則爲名中丞。此何以故？公蓋於算得處着力早耳。然則先生之所算得處何在？曰：「讀先生移愚録可知也。」

嗚呼！世人皇忙一生，精神多在少不得處用，爲司理，則爲司理之不暇矣；爲吏部，則爲吏部之不暇矣；爲中丞，則爲中丞之不暇矣，又何暇潛心理窟，爲是録哉？孔子曰：「夫我則不暇。」夫孔子亦皇忙一生，精神全在算得處用，所以併少不得者，亦錫之光，此孔子所以千古稱至聖也。不然，千古亦不過稱爲魯司寇而已矣，稱其攝行相事而已矣，其何以爲孔子哉？先生固願學孔子者，余故曰：「讀先生移愚録可知也。」若移愚之旨，是先生自道，非人之所以道先生者，余得無言。

首善書院志序〔一〕

首善書院成。或曰：「是不可以無志。」因命門人王堇父爲之。志且成，或曰：「是不可以無序。」余因僭爲之。

宋儒有云：「志於道德者，功名不足以累其心；志於功名者，富貴不足以累其心。」今京師四方冠裳，輻輳鱗集，是功名之場也。倘得道德一脈以隄防之，則功名爲道德之羽翼，不然，則功名爲富貴之嚆矢矣。人而志於富貴，則亦何所不至哉？此京師書院之不可不建也。

子之武城，聞絃歌之聲。絃歌非民間之淫辭，乃道學之彈琴歌詩也，故曰：「君子學道則愛人，小人學道則易使。」夫人而愛人易使，則天下太平矣，乃以學道得之。學道又以絃歌見之，此夫子所以喜也。今邦畿千里，非武城一邑比；沖主

〔一〕此文康熙本歸山中稿。

神聖，衆正盈朝，又非一邑之君子比。今而後，絃歌其有興乎！假令夫子而在，其莞爾之喜，不知當何如？大道而大用之，又何有割雞牛刀之戲哉？

余嘗謂：「周家以農事開國，我國朝以理學開國，十世卜年當必遠過周曆。」兹又以書院卜之矣。嗚呼！天下之事，樂成易，慮始難，非常之原，黎民懼焉，及臻厥成，天下晏如也。凡我同志，覽志中諸疏，慨人情之多端，思創造之匪易，感發興起，努力擔當，使斯道如日中天，則唐、虞、三代之盛，寧不於人日復見之哉？此又余之所惓惓於同志者也。

堇父名應遴，史館中書，浙之山陰人。

闡幽傳序[一]

子思謂夫婦之愚不肖，可與知能，而孟子謂「人皆可以爲堯舜」。然可與知能者何物？可以爲者何事？余觀古今烈女烈婦，視死如歸，此豈有所爲而爲？正所謂可與知能，而可以爲堯舜者也。往余待罪棘寺，覽爰書，每見節烈事，其凶人雖已正法，而其烈竟泯泯不傳，心竊悵之，方欲摘録，以備表揚，而以量移不果。頃廷評黄君履素，以闡幽傳見貽，余讀之，快然曰：「此余之所欲爲而未遂者也，而君先爲之，諸烈婦千載不死矣。」嚮所稱可與知能，而人皆可爲堯舜，顧不信哉！且言夫，而又曰婦；言人，而又曰皆。意正爲此，獨怪遼左之亡！身爲大臣者，爭相逃走，靦顔偷生。

[一] 此文康熙本在山中稿。

蘭臺法鑒録題辭

蘭臺法鑒録之刻，彰往詔來，其意甚盛，其體甚嚴。中有載可法可鑒一二語，乃後人公議爲之，非自己與曾同事者可得而私書也。後有遷擢，止書官爵，不得私增一字。若自己書可法，便不可爲法。若曾同事者書可鑒，恐亦未必爲可鑒矣。慎之哉！

城西義倉約題辭　癸亥

語云：「積貯，國家之大命。」今民間空虚極矣，一遇凶荒，便束手無策，良爲可憫。今願與吾黨約，大家不拘貧富，各出穀，不拘多寡，借其本以生其息。異日，其本願收回者聽，第如原數，不加其息。賤糴貴糶，行之三年，不止餘一年之食；行之九年，不止餘三年之食，倘遇凶荒，亦可恃以無恐，此最易知最易行，而最有利于民間者也。雖然尤有進于是者，匪直糴賤糶貴，權子母而爭尺寸之利也。且如每秋、夏收成之後，其麥米必賤，而差徭逼人，勢不得不賤糶以供徵，甚至數斛博不得一二緡，而農家窮。及春夏之交，兩黄不接之時，其麥米必貴，而家無蓋藏，勢不得不貴糴以糊口，甚至數緡博不得一二斛，而農家又窮。今若積穀若干，糴于穀賤之日，則糴者多而賤者必貴；糶於穀貴之日，則糶者多而貴者必賤。不過一出一入間，其利于農家蓋不知其凡幾矣。因民之利，不費之惠，豈曰小補？此又今日立義倉意也。若權子母而廣積貯，特其後者耳，此舉聞于官府，而不屬于官府，公私尤爲兩便。于是衆共欣然曰：「有是哉，良法。一至此乎！」願相與亟行之，作城西義倉約。

維風約題辭　癸亥

孔子曰：「禮，與其奢也寧儉。」夫由儉入奢易，由奢入儉難。秦中風俗，雅稱近古，乃今則奢極矣。流波靡涕，後將何極？撫臺拱陽孫公憂之，乃爲維風約，意在崇儉，其有砥柱迴瀾之思乎！

夫奢費而儉省，奢勞而儉逸，喜省而惡費，喜逸而惡勞，人之常情，乃竟由儉入奢，何也？彼蓋誤以奢爲厚而以儉爲薄，以奢爲敬而以儉爲慢耳。然喜厚而惡薄，喜敬而惡慢，又人之常情，此所以由儉入奢，而無所底止也。不知人之相與，貴真不貴僞，貴久不貴暫，儉則真而可久，其厚其敬，孰大乎是？彼奢則以套數相加，以淫巧相競，可暫而不可久，是奢乃所以爲薄爲慢也，而人奈何反以爲厚爲敬也。知厚薄敬慢不在此，則由奢入儉，自不待辭之畢矣。思深哉！公之爲此約也，願與秦人士共守之。或曰：今天下風俗亦奢極矣，寧止秦中，子何私一秦，而止與秦人士守之也歟哉！雖公之天下可也。

鹺臺李公會語題辭　甲子

世人以講學爲立異，曰：「飢食渴飲，亦立異乎？」又以講學爲好名，曰：「孺子入井，怵惕惻隱，亦好名乎？」今鹺臺緝敬李公，按部所至，必聚友講學，秦晉、伊洛士風丕變。自人視之，以爲公繼千古之絶學；而自公視之，不過以爲飢食渴飲之常。自人視之，以爲公醒一世之群蒙；而自公視之，不過以爲怵惕惻隱之不容已。

嗚呼！今以講學爲立異，爲好名者，是餓而待斃，而恝然于孺子之入井者也，亦足憐矣！公與余講學關中書院，余受益殊多，頃以會語見示，余爲題此，蓋亦飢食渴飲之常，怵惕惻隱之不容已者也。

跋

西臺講義跋

孔子曰：「從心所欲不踰矩。」余以爲只從心所欲，便不踰矩；若從耳目所欲，便踰矩矣。然則孔子七十以前，從耳目乎？不知孔子自十五志學時，已學此從心。特至七十，始滿其志耳。若過七十，猶然十五志學之心也，故曰「一息尚存，此志不容少懈」。

孟子耳目之官章，真可爲孔子註疏。雖然心與耳目總之一體也，心之官則思，若不思而不能先立乎其大，則小者奪，而心從耳目，安得不踰矩？若能思而先立乎其大，則小者不能奪，而耳目從心，又何踰矩之有？如此雖謂之即耳目即心，即視聽即心，亦可也。不然，古之明目達聰，視以天下、聽以天下者，豈從耳目也與哉？

然孔子不曰不踰規，而曰不踰矩，何也？曰：「規圓而矩方。學聖人者，必寧方毋圓，然後能能方能圓，此孔門微旨也。」

南皋先生學透心體，不落聞見，故發揮先立乎其大，又可爲孟子註疏，余何容遊贊？聊跋此以請益云。

記

首善書院願學祠記

凡書院必祠先師，明所宗也。禮，天子祀天地，諸侯祀境内山川，大夫祀五世之祖，此毫不容僭者。今孔子不稱王而稱先師，正以稱先師，則人人得而師之，故人人得而祀之也。首善書院祀先師，而扁曰「願學」，蓋取孟子「乃所願則學孔子」意耳。

夫學者所以學爲聖人也，既學爲聖人，則伯夷、伊尹、柳下惠皆古聖人也，何爲獨願學孔子？他日自解之曰：「伯夷，聖之清者也；伊尹，聖之任者也；柳下惠，聖之和者也；孔子，聖之時者也。」三子不能兼孔子，而孔子可以兼三子，此孟子所以獨願學孔子也。可曰：皆古聖人也，而泛泛然學之哉？且自古未有以「清」「任」「和」三字鼎足而言者，孟子特地拈出，真是撑持天地三大柱。若少一柱，便天翻地覆矣。若多一柱，反不穩妥矣。試看古今當大任者，減一字可能成功否？此外可再增添一字否？何也？士君子立身，當先以操守品格爲主。一不清，則本實先撥，人品先壞矣。既不能信自心，又何以信天下？此第一當以清爲主也。使清矣而不任，則閃爍觀望，規避推諉，天下國家之事付之何人？縱一介不苟，亦清而無用者耳。故清矣，而又不可不任也。使任矣而不和，則甲可乙否，筆戰舌爭，暴戾剛愎，觸處成礙，而天下國家之事去矣。縱浮慕擔當，亦客氣用事耳，豈能成功？故任矣，而又不可不和也。清而不任不可，清而不和又不可；任而不清不可，任而不和又不可；和而不清不可，和而不任又不可。三字雖各造其極，寔各得其偏，孔子兼三子而時出之，所以撑持天地，萬古不朽。

嗚呼！「清」「任」「和」之内，一字不可減；「清」「任」「和」之外，一字不可增。時乎！時乎！其不增不減之間乎！方今臣民鼠竄，邪教鴟張，正坐不知願學孔子之過，因題此以明宗，併以戒世之偷生攻異，而叛孔氏之門牆者。或曰：「如子之言，真足羽翼聖真，轉移世道，曷書之以爲記。」遂書之。

書

答姬華臺封君 癸亥

疆土之失，逃死偷生者接踵。今令郎仗節死難，凜凜如生，朝廷予贈予祭，而門下榮膺封典，又蔭令孫而恤二僕，慰幽魂於既往，激忠義於方來。彼逃死偷生，爲人臣而懷二心者聞此，當愧死無地矣。頃辱手書，至謂門牆桃李，學問淵源，遜庭訓而歸師傅，不佞竊自恧甚。憶昔斛山、椒山俱出韓恭簡公之門，至今稱爲「韓門二楊」，而恭簡公載錫之光，不佞愧非恭簡，而得令郎爲椒山，不佞又竊自快甚。

答辛復元茂才 癸亥

李州判至辱手書，感感謝謝。昨不佞講學都門，同志雲集，興起者眾，足稱一時之盛。然物忌太盛，自是宜歸，仕止久速，無往非道，亦無往非學，非專以仕以久爲道爲學也。耕雲釣月，頗有餘適。近伊、洛之間，學會復興，王愰所講於陝州，呂豫石講於新安，張抱初講於沔池。不佞昨過其地，俱赴會大講，二程之風再振，殊可喜也。

答余少原冢宰　癸亥

從吾林居廿六年，絶意春明之夢。昨冒昧小草，無裨清時，然得藉以領大教，亦可謂虚往實歸矣。恭喜榮擢，簡在帝心，老公祖可以不辭，而決意求歸，其自處誠高矣，如世道何？從吾多病之軀，方幸脱籠真老之點，從吾不惟得自遂其私，而且喜銓衡得人，尤爲世道彈冠。山中無事，益理舊業，遠承翰教，如獲指南。元儒考略猥辱佳弁，重付殺青，諸儒可以不朽。嘗羡貴郡爲文公之鄉。昔年承召，亟欲赴會而不果，今讀吳君後序，何新安理學之盛至此！芝蘭蓬麻，恨不能卜居於此，而日與諸同志相切劘也。厚貺遠頒，敬用登嘉，肅此佈謝。外具土物，聊以侑緘，伏祈莞存。後晤無期，臨書悵惘。

與鍾龍源尚書　甲子

頃劉公祖寄台翰，併鴻製風土志，俱領謝。今當五年請謚之期。貴鄉王秋澄兄第一當謚。往秋澄在銓部，爲政府私人胡汝寧所齮齕，弟不勝憤憤，抗疏論胡。彼時疏什九留中，而小疏獨得旨。吏部、都察院看了來説，時冢宰爲陸五臺，總憲爲李漸菴，二公賢者，故不恤政府，秉公覆疏，胡調外任，公論稱快，此翁丈所知也。今後進時賢多不知當日事，即有知者，亦不甚詳，頓令秋澄兄立朝偉節湮没不傳，亦足悲矣。一死一生，乃見交情。微顯闡幽，寔吾二三朋友之責也。翁丈一言九鼎，乞爲此兄一表章之，幸甚！疏刻四册奉覽，此疏今刻萬曆疏鈔中，翁丈再取觀之，何如？兹因楊範老公祖人便，草草佈悃，併候不一。

答曹真予總憲　乙丑

張布衣至辱手書，大慰離索。翁臺請告亦准，自爲計則遂矣，其如世道何？吾輩山中無事，益得肆力於學。昔禹抑洪水，周公兼夷狄、驅猛獸，然猶有責任也。至孔、孟，則不過鄒、魯一布衣，既無舜之命，又非成王之相，即不作春秋，不闢楊、墨，人孰得而議之？而乃特地自任，即罪我好辨，亦所不恤，何也？蓋聖賢一段憂道之心，自有所不容已耳，何論朝市山林哉！翁臺以爲何如？鄒南老猶覺衰，王憲老尚健甚，而相繼彫謝，何天之不憖遺一老至是也？可慟可慟！力疾此復，併候時義二篇，博笑。

與張心虞武部　乙丑

向請教，吾輩丁時多艱，正好証驗學問，任他風浪滔天，不改中流砥柱，終自有風恬浪静時耳，雖然，然猶有所待也。世路自風浪滔天，吾心自風恬浪静，何快如之！此則又無所待矣，雖然，然止不爲世轉也。縱是風浪滔天，益當同心共濟，又何快如之？此則又能轉世矣。然此一念，雖人有疑信，而我無作輟，雖時有語默，而心無斷續。故時當可言，則與千百同志大闡一堂之上，是吾道之幸，斯世斯民之福也，而於此一念無所增。時不可言，則與一二知己密證一室之内，是吾道之厄，斯世斯文之不幸也，而於此一念無所減。譬之春夏發生，秋冬收斂，而造化生意未嘗斷絶，此天理所以常存，而人心所以不死也。

昔人謂：「正心誠意，上所厭聞。」文公曰：「平生所學，惟此四字。」今人謂：「講學，世所厭聞。」不肖亦曰：「平生所學，惟此二字。」不知明公以爲何如？

與史義伯光禄　丙寅

時事不忍言，亦不敢言，奈何？昔程、朱講學不知遭多少風波，文公至詆圖爲不軌，尤爲危甚。由今觀之，適成就得一個程、朱耳。時隆則道從而隆，時晦則道從而晦。然時有隆晦，道卻無隆晦，況晦又所以爲隆乎？不是一番寒徹骨，安得梅花噴鼻香？患難憂戚，人所難堪處，尤不可輕易放過。

隴州有一貢士劉波，敝門人也，有學有行，今爲盩厔司訓，日與諸生講不輟。或有勸非其時者，曰：「吾以盡吾訓導之職耳，他何計焉！」由是諸生益信從之。台丈亦不可不知其人也。

與劉澄源司訓　乙丑

聖賢論學，說朋來之樂，便說「人不知而不愠」；說君子依乎中庸，便說「遯世不見知而不悔」；說人知之囂囂，便說「人不知，亦囂囂」。今日之事，正遯世人不知之時也，豈敢怨天尤人？惟有點檢自家愠不愠，悔不悔，囂囂不囂囂耳。吾契以爲何如？

傳

孝子祝公傳 癸亥

昔柳下惠爲士師，夫子不稱官，而稱逸民。今華松祝公，嘗以明經仕南康别駕矣，又以仲子貴，累封南計部郎中，至貴倨矣，今不稱官，而稱孝子，知公所重在此，不在彼云。

公諱世喬，字子遷，别號華松，世爲江西金谿人。公生六月，而其父神谷公以醫爲四方之遊，不復言歸。十一歲母故，又四年，王父亦故。公伶仃孤苦，仰天長號，曰：「父兮生我，母兮鞠我，今吾母不可起矣。天下豈有無父之子哉？」遂涕泣出訪，曰：「不得吾父，誓不歸矣！」而或有言神谷公往秦、楚者，公陟方城，浮漢水，抵均州，而始得神谷公音耗，聞已先數月入關中之皋蘭矣。公且喜且泣，遂之關中。而先是楚有楊某者，素以痰疾，賴神谷公而愈，每思報之，不得，及見公，遂欲以女妻焉，公泣辭曰：「此出爲父，豈爲妻室哉？」即死不爲也，遂辭去。而秦地遼濶，時值嚴冬，冰雪凜冽，公皸瘃軀裂，體無完膚，自以爲無復生理矣。久之，乃遇神谷公于鞏昌西和道中，父子抱首而泣，且泣且喜曰：「今而後，始爲有父之子矣。」傍觀者爲之感動淚下，爭爲館穀，蓋奇其事云。神谷公幼時以火傷其腮，故形容易認識，而公一段精誠所感格，故遇合若此之奇。

是時父子尚無定寓，公雖跋涉重趼，風餐露宿，而讀書未輟，乃跽請於神谷公曰：「高陵爲涇野先生之里。夫子不云『里仁爲美』乎？」神谷公喜曰：「兒言是也。」遂卜居焉。會督學月溪殷公歲試高陵，公就試，首選爲諸生。邑有劉長者，遂以女妻之，神谷公爲之色喜，曰：「吾老矣，即溘先朝露，夫復何恨？」居無何，而神谷公捐館舍，公遂卜兆高陵，故關中學士大夫無不嘖嘖稱祝孝子、祝孝子云。

萬曆辛巳，公與余同貢入成均，余傾蓋喜曰：「茲其爲朱壽昌乎？」遂結契金蘭，相與講學。公故金谿人，金谿之學始於象山，公學有淵源，余得公，而益可知也。壬辰，公謁選南康郡倅，郡有白鹿洞，公時與諸生講於洞中，學道愛人，循聲大噪，屢騰薦剡，而竟坐忌者蜚語歸。歸而復因余卜居省城，余非涇野，而得公以長安爲高陵，竊自喜，又自愧矣。時余與諸同志講學關中書院，公每會必至，每至必早，又遣仲子萬齡從余學，且捐金助修先師閣，尤人所難。壬子，公仲子舉於鄉。丙辰，成進士，官南戶部郎，以考績封公如其官，出守廣平，以板輿迎養公宦邸，公時年八十又二矣。天啟壬戌仲冬，余謝病歸，道出洛關，因迂道，至廣平候公，公聞余至，喜甚，夜半即披衣整巾起候之，余見而握手道故，驩動眉宇。時公弱甚，余不忍別。別不數日，而公訃至矣。

嗚呼！痛哉！詎知握手之日即永訣之日也邪！公少年臥薪嘗膽，備極辛苦，而晚歲蘭桂發祥，諸福駢臻，語云：「天道無親，常〔一〕與善人。」豈虛也哉？馮從吾曰：「孔子首言學，而有子即繼之曰孝弟，可見聖門講學宗旨矣。」公爲人繩趨尺步，卓有先輩典刑，居鄉以厚德稱，居官以循良稱，表表在人耳目，不具書，書其萬里訪親，竟相遇合，爲孝之大用，以俟異日修國史者採焉。

公二子，長萬春，次即萬齡，俱以孝聞。

四川樂至縣知縣西塘趙先生傳　甲子

先生諱三省，字汝誠，初號黃山，後更號西塘。先世河南鹿邑人，高祖燧受成祖徵辟，歷官福建布政司左參政。曾祖斌隸戎陝西西安前衛，今遂爲前衛人。祖昇，不仕。父錦，以齒德受高年爵。母王氏生先生兄弟二人。兄三益，與先生共學，

〔一〕光緒本原作「嘗」，老子原文作「常」，據此改。

俱以才子稱，而兄不偶於時。

先生髫年即穎異。嘉靖初，督學漁石唐公選充長安學宫弟子員，每試必冠儕輩，文名蔚起。辛卯，詔廷臣典各省試，先生舉於鄉。壬辰，試禮闈，不第。鼓篋成均，友天下善士。其製作宗秦、漢而薄時藝，爲亡奇，然操瑟徒工，抱璞不售矣，因喟然曰：「學以行道濟時，吾寧爲雕蟲困乎？不愧四境與不愧四海一也。」丁未，上謁銓部，授欒至知縣。欒至，蜀小邑，先生因其俗治之。政無苛刻，民得休息，既又墾荒田，法窩訪，恤貧士，正文體，部使者咸有嘉獎，大都謂無欲而剛，以仁爲政。吏畏其威，民安其業，一時政聲藉甚。銓部將擬優擢，而無端貝錦作矣。先生遂解組歸，歸而囊槖蕭然，徒四壁立，就陋巷，數椽居之，置堵田數十畝，藉以自老。

先生體厚多鬚，望之儼然。爲人質直儉樸，有先進風。性不嗜酒，初猶好奕，後併奕亦不好。時閉戶靜坐，不征逐宴會，不與里人豪奢者爭勝。其先世所遺產業，盡推讓與兄，仍以兄子允明爲己子。先是高年公病，先生迎醫嘗藥，至廢寢食。既歿，毁幾滅性，喪祭壹遵文公家禮，不作佛事，至今里中稱孝友者，必取先生屈一指焉。

萬曆壬午十一月二十一日，無疾而卒，距生弘治乙丑十二月二十八日，享壽七十有八。子四：允明、允秀、允才、允中。女七，而余妻乃其第五女也，詳載公門人應天府尹薇田王公撰誌中。

馮從吾曰：薇田王公撰先生誌，稱先生長於知人，奇同年槐野王公之才，結爲文會。余童時以姻戚往來其家，先生誤以爲不愚，納爲門人，覽馮徵君從吾之作，偉其才，以子妻之。今王公文擅海内，余亦濫廁縉紳，「馮君日駸駸不可量矣」。嗚呼！彼時余尚困蓬藋，而王公云駸駸不可量，竊自愧甚。今徼天幸，或不負先生之知，而先生不及見也，豈不悲哉？近夢炊臼，悼亡不堪，益以悲先生，因爲傳以識不忘云。

墓誌銘

先兄斗墟馮長公墓誌銘　癸亥

長公，余同胞兄也，諱敬吾，字伯恭，斗墟其别號云。先大夫通議府君，吾母劉淑人於嘉靖戊申十二月十三日生兄保定宦邸，是時先大夫年已四十有二，尚無子。先王母田淑人在堂，年已八十有五，兄生，而先父母喜可知也。

兄幼聰慧異常，五歲即知讀書，八歲讀書即解大義，十歲能文。十三，督學仰山尚公選入邑庠，累試輒冠諸生。兄博極群書，不斤斤於舉子業，尤爲督學李翼軒、許敬菴二先生所重。奈數奇弗售於棘闈，年六旬始以積廩貢于廷。久之，選期已踰，而不樂于仕。天啟改元，方奉恩詔冠帶，而即捐館舍矣。兄素壯無恙，且健飯豪飲，即百歲可期，而忽一疾不起。嗚呼！痛哉！是爲天啟辛酉三月初一日，享壽七十有四云。

憶昔先君棄養時，兄十八歲，余方九歲，嘗慨士大夫歿後，子孫或孱弱，不能守，家道不無中替，而兄少年理家，井井有條，且充拓先業，倍于曩昔，又不止能守而已。嗚呼！善繼善述，豈專在功名間論哉！

兄初娶楊氏，繼楊氏，再繼宋氏，又宋氏。楊俱大城尹虞泉公女，宋俱青神簿龍山公女。晚繼胡氏，鴻臚少卿濛溪公孫女。俱先兄卒。子二：長元哲，先楊氏出；次自畢，胡氏出，俱庠生。哲娶桑氏，山東僉憲昆池公孫女。畢娶王氏，四川憲副熙宇公女。女二，一適黃國璋，河南内鄉令橘峰公孫。一適弓自起，丁酉舉人射□子。孫男三：啟禎，娶王氏，延綏參將興業女；兆禎、引禎俱幼。孫女三，一適郭伊，一適劉仕明，邑廩生，一適商彝，俱哲出。曾孫女一，尚幼，啟禎出。

嗚呼！高才博學如兄，視一第不啻拾芥，而竟不售，乃子孫藩衍，又能世其家學，則挹彼注此，天之所報施兄者，蓋又駸駸未艾也。孰謂天不可問哉？

今哲等卜以卒之又明年癸亥十二月廿四日，葬兄祖塋之次，先期泣請余銘。余至不肖，叨有今日，皆兄教誨之力也，遂灑淚而爲之銘。銘曰：

世有奇寶，弗獻于明堂，乃竟韞匵而藏。吁嗟乎！天道靡常，我心悲傷，雖然山輝澤媚，孰閟其光？螽斯瓜瓞，長發其祥。吾兄亦可謂不亡矣。

祭文

祭内子趙淑人文 甲子

維天啟四年歲次甲子十月壬午朔越十二日癸巳，南京都察院右都御史、哀夫馮從吾率男嘉年，孫湛若、恂若、澄若、溥若等，謹以剛鬣柔毛、清酌庶品之儀，致祭於誥封淑人、亡妻趙氏之靈，曰：

嗚呼！夫婦偕老，人所深願。汝少余三歲，余方望汝送余之死，而汝何先余而逝邪？以余不德，禍延及汝。嗚呼！痛哉！

汝自昨冬因余病，汝數日不食，致傷脾胃，侵尋至秋，而病益甚。延醫診脈，即云難愈。余聞之驚慌失措，晝夜療治者兩月餘，而竟不起。嗚呼！痛哉！

汝自萬曆乙亥，十六歲歸余，至今天啟甲子，整五十年。余素無妾媵，而汝與余琴瑟静好者亦五十年。今若此，嗚呼！痛哉！

余之家事累汝，功名累汝，養德累汝，養身累汝，教子育孫累汝，千累萬累，千苦萬苦，余尚不能酬汝於萬一，而今若此，嗚呼！痛哉！

禮毁不滅性，先王於爲人子者，尚防其過，則爲人夫者可知。余明知之，而情不能堪。奈何至莊生，妻死而歌，又爲千古罪人，而或謂達生死，何也？不知達生死者，謂不以己之生死動心，非不以人之生死動心也。一物損傷且不忍，而况於人；一孺子入井且不忍，而况於妻。以鼓盆爲達生死，是後世薄行之夫借莊生以自解者耳。余上不敢違先王之禮，而下亦不敢爲莊生之行，惟有痛哭流涕，修身以俟之，異日與汝千秋萬禩，琴瑟靜好於九原之下而已。嗚呼！痛哉！兹值二七，聊陳薄奠，灑淚陳詞，肝腸俱裂，汝其鑒之。嗚呼！痛哉！尚饗。

詩

和王惺所大參首尾吟二首

莫負男兒過一生，無端寵辱豈能驚。旂常鐘鼎君須任，猿鶴菊松我自盟。學問徹時百感徹，本源清處萬緣清。願言努力加鞭策，莫負男兒過一生。

莫負男兒過一生，蕭蕭白髮使人驚。韶光已往皆成夢，洛社於今喜結盟。華嶽千〔一〕尋根柢厚，洪濤萬里本源清。相將努力加鞭策，莫負男兒過一生。

〔一〕「千」光緒本作「于」，據康熙本改。

愳所原吟附

莫負男兒過一生，得之何喜失何驚。皇王事業今無分，童冠春風舊有盟。魚躍鳶飛原自得，秋陽江漢本來清。尋常之外別無事，莫負男兒過一生。

答客問道 有引 丙寅

晦翁云：「龜山言飢食渴飲、手持足行便是道。夫手持足行未是道，手容恭，足容重，乃是道也。目視耳聽未是道，視明聽聰乃是道也。不然，桀、紂亦會手持足履，目視耳聽，如何便唤做道？」晦翁此説極是。而或者乃曰：「此正學問一大關鍵處也。夫世有一種恣情任欲之人，冒昧承當，則晦翁之言不可忽。但執定晦翁之言，彼赤子持行而已，視聽而已，不知其他，將亦不得爲道乎哉？」

嗚呼！一則曰而已，再則曰而已，又曰不知其他。不知「他」字何所指？必於借赤子以抹殺聰明恭重道理，何也？不知聰明恭重道理是天生來，自赤子時已完完全全的，只是尚渾含未露，如何便抹殺得他？如此立論，是又爲恣情任欲者開一自便之門也。聖學迷宗，誤人不小，因客問而爲四絶以正之。

手足持行原是道，只因恭重少人知。若知恭重天然在，手足持行更莫疑。

飲食尋常原是道，只因正味少人知。若知正味天然在，飲食尋常更莫疑。

赤子安知恭與重，不知恭重已完全。畫前有易君知否？手足持行玄又玄。

赤子安能知正味，不知正味已完全。璞中有玉君知否？飲食尋常玄又玄。

寄懷關中書院允執堂諸同志

聖學原來在此中，虞廷「允執」是參同。「危微」本體須明辨，「精一」工夫要渾融。悟後盈眸皆妙理，醒來舉躅盡真功。自從別我同心後，誰爲區區一啟蒙？

讀齊人章

孔孟山林樂蔬水，臯夔朝市列簪裾。功名自有周行在，何事墦間乞餕餘。
孔孟雖然樂蔬水，齊卿司寇亦簪裾。功名信得周行在，誰肯墦間乞餕餘。
東郭乞墦事可羞，齊人亦謂不當求。只因舍此無別路，無奈曲從邪徑遊。
東郭乞墦事可羞，齊人何苦日貪求。只因正路無人講，誤得賢豪邪徑遊。

依韻和楊晉菴學會自警

斯道中天本大明，祇因情識誤平生。從今洗濯源頭淨，弄月吟風策杖行。
斯道中天本大明，祇因毀譽誤平生。從今堪破人間世，雨霽雲開自在行。
斯道中天本大明，何爲佛學講無生。從今掃卻菩提障，庸德庸言努力行。
斯道中天本大明，何爲玄學講長生。從今謝絕金丹訣，古往今來素位行。

七十自壽 丙寅

年來憶往昔，竊爲此心危。雖幸知學蚤，卻憐見道遲。人生不見道，如瞽悵無之。知學在人力，見道係天資。天資難勉強，人力可驅馳。余資苦愚鈍，余志喜堅持。奈何身多病，荏苒此歲時。今年倏七十，老態盡難支。復值萝炊臼，我心增傷悲。所以懸弧日，閉門聊自怡。開宴競稱觴，一切謝不爲。非敢博名高，自病自家醫。萬事縱灰冷，一念毋陵夷。太華有青松，商山有紫芝。物且耐歲寒，人肯爲時移。點檢生平事，一步未敢虧。況今已老矣，胡不益孳孳。誰哉我之師，人心有仲尼。考亭嚴主敬，姚江致良知。惺惺葆此念，勿復惑多歧。願收桑榆效，百歲以爲期。

又

時時危病時時憂，僥倖今年七十秋。自恨生平多罪過，不知何以答神休？
髫年不幸失椿萱，風木蕭蕭痛曷言？自恨生平多罪過，不知何以答親恩？
長楊曾賦對臨軒，八座歸來恥素飧。自恨生平多罪過，不知何以答君恩？
真傳千古最難窮，幸藉同心爲發蒙。自恨生平多罪過，不知何以答諸公？

喜晴

尼山花木正菲菲，一夕狂風落葉稀。多少襟懷都寂寞，挑燈獨坐掩柴扉。

挑燈獨坐掩柴扉，忽報東方日已暉。依舊尼山花爛熳，大家相賞莫相違。

先君文集傳世已久，自癸亥以迄丙寅，類成六卷，因付梓人，名曰續集。

續集卷四

奏疏

方輔臣議

謹議禮部尚書孫慎行論原任大學士方從哲一疏，大有關係，議何容易？先帝賓天，雖不專係李可灼之藥，然鴻臚非保御之官，大內無用九之事，即用之而效，亦當嚴旁投之禁，況用之而不效乎？准養病之票擬，將何以自解乎？除李可灼亟當重處外，仍當申飭左右，無論藥之效不效，大抵非太醫院官，不得擅進。此今日之所當亟講者也。至張差一事，當日司寇執法甚堅，皇祖處分甚當，無容再議。第王之寀發張差之奸有功。國本不小，而徐紹吉、韓浚竟以拾遺處之，此其心何心乎？說者謂拾遺之寀之人，即附和張差之人，職不敢信，但二臣不幸有其跡矣。有其跡而曰無其心，其孰諒之？況陸大受、馬德澧、李俸、傅梅等又相繼處之乎！長君逢君，又其後者耳。不處二臣，不足以結張差之局也。

善乎！左都御史鄒元標之言曰：「誰秉國成，而使先帝震驚？誰秉國成，而使張差闖宮？誰秉國成，而使豺狼當路？」嗚呼！從哲又將何說之辭哉！職風紀執法官也，其論法不得不嚴。若大臣予奪，行法寬嚴出自朝廷，職又何容心焉？謹議。

辯講學疏　時任都察院協理院事左副都御史

奏爲書院當建，臣罪當斥，懇乞聖明罷臣，以謝人言事。

頃臣接邸報，見兵科都給事中朱童蒙一本，憲臣議開講學之壇等事，臣讀之不勝惶愧。

竊惟世道之所以常治而不亂者，惟恃有此理學之一脈，亦惟恃有此講學之一事。講學創自孔子，而盛於孟子，故孟子以作春秋，闢楊、墨，爲一治。至孟子歿，而異端蜂起，列國紛爭，禍亂相尋，千有餘年，良可浩嘆。至宋儒出，而始有以接孟氏之傳，然中興於宋，而禁於宋，是宋之不競以禁講之故，非以講之故也。

伏惟我二祖開基，表章六經，頒行天下。天子經筵講學，皇太子出閣講學，「講學」二字，昔爲厲禁，今爲令甲，是周家以農、國朝以理學開國也。昨二月間，因邊事暫停經筵，而言者以爲不可，旋復舉行，人人稱快。然臣子望其君以講學，而自己不講，是欺也。倘皇上一日問講官曰：「諸臣望朕以講學，不知諸臣亦講學否？」不知講官何以置對？倘皇上一日御朝，問諸臣講學亦有定所否？不知諸臣又何以置對？今臣等創建書院於此，豈爲名？豈爲利？豈爲一身宴遊之地？豈爲子孫世守之業？原爲南京十三省俱有，而京師爲天子之都，爲首善之地，反無，非所以壯帝都，而昭一代文明之盛！況今外患未定，邪教猖獗，正當講學以提醒人心，激發忠義。

先臣王守仁當兵戈倥傯之際，不廢講學，卒能成功，此臣等所以不恤毁譽，不恤得失，而甘心冒昧爲此也。臣罪良深，臣心良苦矣。夫以二百五十年所未有之事，而一旦爲之，真爲可喜。然以二百五十年所未有之事，而一旦爲之，真爲可駭。無怪乎童蒙之有此疏也。童蒙欲臣等修職業惜精神，然講學正講其職業如何修，精神如何惜耳。童蒙可謂愛臣厚，敬臣多矣，臣方感之服之，而文何暇與之辯！惟望皇上察臣無他，罷臣歸田，使廟堂之上，省此一番議論，臣即耕鑿深山，亦有餘適，不勝惶悚，待命之至。

天啟二年九月初六日奏。初九日奉聖旨，已有旨了：馮從吾德望素孚，何必以人言引咎。著照舊供職。該部知道。

請告第一疏

奏爲夙病陡發，不能供職，懇乞天恩，俯准回籍，以便調理事。

臣以菲劣，誤蒙皇祖作養中秘，拔置西臺，多言獲罪，削籍家居。二十六年，甘心田畝，無復他覬。不意先帝登極，首叨環召，病體侵尋，踰年始出。皇上又不罪臣稽慢，歷擢今官，臣即捐軀竭蹶，猶不能仰答聖恩萬一。奈福過災生，於本年十月初二日，自吏部考選回，中途冒寒，終夜呻吟，次早遂不能趨朝。伏念臣自幼多病，今老且衰矣，所以一觸風寒，便臥床褥，臣心有餘，臣力不足，則可奈何？伏望皇上慨賜憐憫，准臣回籍。倘少延殘喘，即伏枕深山，皆聖恩也。臣無任悚懼待命之至。

天啟二年十月初四日奏。初七日奉聖旨：馮從吾端品真才，憲臺任重，又察典在邇，豈得相率求去？着即出供職，不得再辭。該部知道。

請告第二疏

奏爲再懇天恩早賜休致，以延殘喘事。

臣於本月初四日因感冒風寒，具疏請告，尋奉聖旨：「馮從吾端品真才，憲臺重任，又察典在邇，豈得相率求去？着即出供職，不得再辭。該部知道。欽此。」臣聞命自天，措躬無地，臣匪木石，寧不知感，而再忍言去？但臣初上疏時，不過一時外感，而今且五內俱傷矣，不過終夜呻吟，而今且終日不能飲食矣。延醫診視，以爲非閉戶調養，不能生全。夫西臺非閉戶之所，見任非調養之時，輾轉反側，狼狽彌甚，懇祈聖明憐臣病苦，准臣休致，儻不遽先朝露，與田庚褐父，謳頌太平，願以來世，爲犬馬報主。臣無任懇切，祈望之至。

天啓二年十月初八日奏。十一日奉聖旨：昨方有旨諭留，何又連疏請告？大臣誼當體國，豈在潔身！還遵旨，即出供職。該部知道。

請告第三疏

奏爲臣病愈深，三懇天恩，俯容休致，併布赤衷，以祈聖鑒事。

頃臣因病，再疏懇請，以爲皇上憐臣病，必放臣歸矣，不虞皇上諭以大臣誼當體國，豈在潔身！着遵旨即出。臣即不肖，何敢違命？但臣病入膏肓，有盧扁望而卻走者，即此身且不敢保，又何言潔？又將以何者而體國？此臣之所以懼違君命，而再三冒死以請也。且臣去矣，臣之一片赤衷有不敢不爲皇上盡言者。

臣幼承庭訓，即知有講學一事，比壯歲登朝，而與一時同志如楊起元、孟化鯉、陶望齡諸臣立會講學，三四年間，寒冒風雨，未嘗少輟，世道人心，頗覺可觀。自臣壬辰告病歸，而京師學會遂廢，不講者三十年。昨秋入京，見人心世道不及曩昔，邊臣不知忠義而爭先逃走，妖賊不知正道而大肆猖獗，中外貪肆成風，縉紳奔競成俗，諸如此類，正坐道學不講之過，臣因與左都御史鄒元標立會講學。元標名世真儒，臣事之如師，凡同講諸臣，彼此皆以忠孝大義相勸勉，使人人皆知正道，皆知君親之大倫，或可以少挽江河狂瀾於萬一。此正臣與元標風紀大臣之責任也。臣衙門廳道諸臣以爲寺廟不便久借，因捐公分建一書院，此諸臣之義舉，誠臣之所不敢當，而臣私心又不專爲自己講學。若專爲自己，則何地不可講，而必於書院？然營原爲臣久有去志，恐臣今一去，則此學與之俱去，如壬辰以後光景，因建此以存吾道之羊，以待後之學者，使京師首善之地，永永有尊君親上之風。先臣許孚遠有云：「斯道若明如晝日，世風何慮不陶唐！」如此臣即死有餘快，況山林乎？然建方新，而人言再至，人之識見原有不同，臣不復與之辨。但以臣與元標之故，而致廟堂之上議論紛紜，則臣之心不安，臣之罪益甚，此臣之病所以日劇日危，而不可救藥也。望皇上憫臣病亟，即賜罷歸，使臣得隨元標後，同出都門，臣即旦夕填溝壑，亦無遺憾。

天啟二年十月十四日奏。十七日奉聖旨：馮從吾佐憲甚著，風裁正見平日實學，何乃以此求去？還遵旨，即出供職。該部知道。

請告第四疏

奏爲四懇天恩，放歸田里事。

頃臣以講學招尤，患病請告。皇上不厭煩聒，復蒙溫旨：「馮從吾佐憲甚著，風裁正見平日實學，何乃以此求去？還遵旨，即出供職，該部知道。欽此。」臣拜首捧讀，感激零涕，臣即至愚極陋，何忍孤負君恩？但臣之去，有萬萬不可留者。憲臣鄒元標於臣爲前輩，臣與元標同一志向，同一學術，書問切劘，非止一日。今幸追隨西臺，共修職業。數月以來，臺綱方有整頓之漸，世道方有轉移之機，而不意人言至矣。講學修書院，臣與元標同，而今元標行矣，臣復何待？且臣自臥病以來，日甚一日，飲食全減，藥石罔功。倘臣旦夕不起，是進不能偕元標報國，以盡君臣之義；退又不能偕元標去國，以盡朋友之情。平日所學之謂何？豈不辱朝廷而羞當世之士耶？懇乞皇上俯賜慨允，使危急病臣得與元標同去，臣死且不朽，臣感且不朽。抑臣又有說焉，二臣去矣，但恐世之士大夫因二臣以講學修書院去，則因噎廢食，見刖棄履，相率以講學爲諱，以修書院爲戒，使聖明之世無端有禁學之風，則關係世道，良非淺鮮。此臣所以身雖去而心猶不安者也。望皇上明示諸臣，以學之當講，書院之當修，無以二臣爲口實，又望皇上益勵初心，緝熙聖學，經筵日講，無因此而少輟，將聖德與堯、舜爭流，而世道與唐、虞並盛矣。臣愚幸甚，天下幸甚。臣不勝惓惓待命之至。

天啟二年十月二十四日奏。二十七日奉聖旨：風紀重地，馮從吾品望足任，何得托詞引避？且使朝廷有禁學之跡，言官冒攻擊之嫌，獨潔身名，罔顧國體，豈是臣子分誼？還着遵屢旨，即出供職，不得再陳。該部知道。

請告第五疏

奏爲臣病危篤，五懇天恩，蚤賜生還事。

臣病臥榻已近二月，再四乞歸，未蒙命允，且天語褒嘉不一而足，至謂風紀重地，馮從吾品望足任。夫臣髫年學道，垂老無聞，何品何望足任風紀？欽誦綸音，惶愧汗下，使臣病亦能支持，豈敢堅意求去，負皇上以自負所學？但臣病旬月以來，始則因病用藥以求速效，後反因藥發病，以致危篤，是臣之不學無術，而自干天罰也，夫復何尤！懇望皇上憐臣病苦，亟允罷歸，倘幸而生，生當歌詠帝力。即不幸而死，死亦矢效銜結。臣無任哀懇籲天之至。

天啟二年十月二十八日奏。十一月初一日奉聖旨：馮從吾佐憲著望，簡任方殷，連章陳懇，准暫回籍，以需起用。該部知道。

辭南掌院疏　甲子

原任都察院協理院事左副都御史臣馮從吾謹奏：爲君恩太重，臣病未痊，懇乞聖明憐察，仍准在籍調理事。

臣抱病家居，不聞外事。今於本年二月十七日，接得吏部咨，該本部等衙門會題，奉聖旨：「馮從吾起陞南京都察院右都御史，欽此。欽遵。」備咨到臣，臣聞命震驚，莫知所措。隨即設香案，令家僮扶掖，望闕叩頭謝恩外，伏念臣藥石餘生，甘心樵漁，乃蒙皇上不棄敝帷，起臣留憲，臣即至愚，寧不知感？簡書可畏，即當不俟駕行。但人臣委身事主，必藉才力。

臣賦性多迂，是才不及也，而學又不能以擴其才。生平多病，是力不及也，而學又不能以充其力。嚮副北院，已自多愆。今總南臺，豈能勝任？此臣所以自知自審，必不敢冒昧而復出也。伏望皇上俯鑒愚悃，仍准在籍調理，別選名賢，以充是任，臣當擊壤鼓腹，以祝聖壽於無疆。臣愚幸甚，世道幸甚，臣無任懇切祈望之至。

天啟四年三月十七日奏。二十日奉聖旨：卿清標碩抱，品望素孚，留臺重任，特茲簡畀，著遵新命赴任，不准辭。吏部知道。

辭工部尚書疏 甲子

原任都察院協理院事左副都御史臣馮從吾謹奏：爲辭免重任，以安愚分事。

臣於本年十一月初六日接吏部咨，該本部等衙門會題，奉聖旨：「馮從吾改工部尚書，欽此。」臣聞命自驚，俯躬增愧，竊念臣西僻豎儒，久甘林壑。今春叨起南京都察院右都御史，具疏請告，未蒙俞允。更叨溫旨勉留，呻吟床褥，方欲再申前請，不意復有茲命。臣仰荷聖慈，知遇非常，寧不感激畢志，以報鴻恩於萬一？第尚書六曹之長，而工部古司空之秩，居四民，時地利，責任匪輕，兼之年來帑藏罄懸，工役經始，即巧婦猶難拮据，矧病臣豈能勝任？且臣近又值炊臼之感，雖臣之身，不因臣妻而病，而臣之病寔因臣妻而增，此臣所以憂蚊負而抱冰兢。不得已，哀鳴於君父之前也，伏乞皇上憐臣病苦，仍准臣在籍調理，別簡名賢，以掌邦土。臣儻不即填溝壑，則由此巖居川觀，歌天保而效華祝，是亦銜恩圖報之地也。臣無任隕越，待命之至。

天啟四年十二月十二日奏。十五日奉聖旨：卿清望素著，特簡司空，方切倚任。覽奏情詞懇切，准照新銜致仕，以成高尚。該部知道。

續集卷五

誥命

禮部謹奏：爲遵旨議奏事。

內閣抄出護理陝西巡撫陶模等奏請重修名臣祠宇，列入祀典一摺。光緒十六年二月初七日奉硃批，禮部議奏，欽此。欽遵到部。

查原奏內稱，據司道會詳據翰林院檢討張恩榮等禀稱：長安縣前明工部尚書馮從吾，萬曆己丑進士，平生講求理學，正色立朝，不避權貴，里居教授生徒，多所成就，學者稱少墟先生。卒，贈太子太保，謚恭定。省城西門外，舊有專祠，旁有青門學舍，即當日講學之地，兵燹被毀，職等捐資，就原祠基址，重加修建，附立少墟書院，爲士子肄業之所。另購墓田，爲後嗣祭掃之需。公懇詳請列入祀典等情，臣恭讀明史，內載從吾生而純慤，長志濂、洛之學。罷官歸，取先正格言，體驗身心，造詣益邃。史稱其持名檢，勵風節，嚴氣正性，侃侃立朝，天下望之如泰山喬嶽。我朝李中孚讀從吾著述，奮然興起，遂成大儒。該紳等請將馮從吾祠宇重加修建，附設書院，洵於崇禮前賢之中，仍寓誘掖後進之意。懇恩准將祠宇重建，列入祀典，由地方官春秋致祭等語。臣等查例，開歷代名臣賢儒建立專祠者，准由地方官致祭等語。

今陝西長安縣前明工部尚書馮從吾專祠兵燹被毀，經該處紳耆捐資重建，據該護撫臚陳事實，並援據明史傳贊，奏請列入祀典，自係爲景仰先賢起見。臣等復考之欽定四庫全書提要，內載從吾爲御史，時拒絶閹人，劾罷胡汝寧，禁大計苞苴，諫神宗不親政事，幾遭危禍。後廷議三案，亦持正不阿，卓然不愧爲名臣。又稱其講學主於明理，論事主於達意，有物之言，篤寔明切。生平著有元儒考略、馮子節要、少墟集，皆採入全書，此外如辨學録、疑思録、關中書院語録、論學書均詳載黄宗羲明儒學案，是其原本關學，體用賅備，名臣賢儒，兼而有之。

臣等公同酌核，所有前明工部尚書馮從吾祠宇，擬如該撫等所請，准其重加修建，列入祀典，由地方官春秋致祭，以崇學術而順輿情。如蒙俞允，恭俟命下，由臣部行文該撫，遵照辦理。所有臣等核議緣由，是否有當，伏乞聖鑒，訓示遵行。

爲此謹奏。

光緒十六年閏二月十三日，奉旨依議。欽此。

十一世玄孫馮耀祖恭録

奉天承運，皇帝制曰： 朕灼究化原，深惟國紀繄有冰凝山立之士，表著直聲，風其臣節，尤藉居今稽古之儒，推明正學，功在人心，用雖莫究乎當年，道或可師諸沒世。進退死生，天適奇其數。哀榮恤贈，國用伸其常。

爾原任工部尚書、贈太子太保馮從吾，淵源邃學，骯髒英標，讀中秘書，不欲辭章，溺晞聖之志，爲真御史。每能披瀝盡告君之誠，葵忠特鑒於宸嚴，若節豈弭夫讒忌？既斥鳴仗下，遂振鐸關西，宗主人倫，儼延觀瞿圃，體認天理，直溯韶龍門光，考殷求舊之思，皇兄眷維新之輔，月卿既晉，冬扈隨躋，慷慨訟言，已破盈庭之疑案。從容聚講，方開首善之信心，豈期穢起群陰，幾見清流釀禍鸞鎩，孰云道命麟跲，空抱憫悲，肆朕光嗣前人，厥亦眷求碩德，百贖何能，若蕭條於異代？九京可作，徒惘望乎千秋，賁爾羽儀，寵茲冊命是用，贈爾階光禄大夫，錫之特誥。於戲，學山永譽，蔚爲儒行之光；少海崇銜，式彰善積之報。悠封馬鬣，永賁龍章。

制誥

崇禎二年閏四月二十三日

之寶

謚號

題疏

大學士韓爌等謹題：　臣等竊惟易名一節，所以風勵群工，應謚諸臣。業奉明旨，自宜亟竣盛典。先是臣等奏過以後諸臣謚號，禮部手本移閣，務從實開寫政績行歷，以便擬謚。該部遵行。臣等謹據部開，先擬得十一人，各於生平，詳加品騭，名下註以數語，略具梗概，所擬各肖其人，進呈睿覽，仰祈欽定。當陸續補請，伏乞聖明俞允，敕下遵行。臣等未敢擅便，謹題請旨。

內擬賜原任工部尚書、贈太子太保馮從吾，謚號：　恭定、莊介。

崇禎二年八月十八日具題。九月三十日奉聖旨：　是正謚。有點。

公移

禮部爲謚號事，祠祭清吏司案，呈奉本部送准翰林院，遞出揭帖，賜謚原任工部尚書、贈太子太保馮從吾，曰恭定，到部送司，案呈到部，擬合就行。爲此合照會該布政司，即便轉行該縣，及本官原籍，一體欽遵施行，須至照會者。右照會陝西布政使司。准此。

崇禎三年正月三十日，對同都吏薛大受。

諭祭文

聞喪文

維崇禎二年十一月二十二日

皇帝遣陝西布政司分守關内道、左布政使翟師雍諭祭原任工部尚書、贈太子太保、謚恭定馮從吾並妻淑人趙氏曰：

惟卿一代真儒，兩間正氣。儲英秘館，希聖賢而薄詞章。執法憲臺，肅紀綱而繩權要，廣施濟以活民命。春藹鄉閭，屏饋飴以勵庶僚，風清京邸，肆神皇之靜攝，期聖政之廾裨，攄鯁直言，共仰朝陽之鳳，批鱗無隱，尋乘按部之驄。竣事閲邊，予告歸里。起家而巡方瀛海，裕國而綜覈鹺司，剔蠹釐奸，凜澄清於察吏。循行敷教，兼薪醮以作人。斥佞忤時，急流勇退，怡情墳典，前賢式賴表章。尚友詩書，後學咸遵矩矱。林棲踰於廿載，斗望重於一時。薦剡交騰，爾卿即拜。施躋冏正，載陟棘卿，屬夷部之鴟張，值邊臣之鼠竄。法銓易決，棼議仍囂，乃持畫一之刑書，用振宥三之頽紀，爲名大理，進左中丞。思人心漸以茅靡，繇臣節無所策警，約同心而講學，期立懦以廉頑。詎連茹未征，致群蜚交刺。更辨盈廷之訟案，大違狡窟之私營。突爾乞休，歸與莫挽，際元兇之煽虐，奉矯旨以株連。眾論共冤，訃音俄至，迨正類有得輿之慶，適哲人興易簀之嗟。追念高徽，良深悼惻。爰稽彝典，特霈畫章，既晉秩以易名，特加籩而營兆。尚同淑配，歆此渥恩。

七七文

維崇禎二年十一月二十七日。

皇帝遣陝西布政司分守關内道、左布政使翟師雍諭祭原任工部尚書、贈太子太保、謚恭定馮從吾並妻淑人趙氏，曰：

惟卿學術淵閎，操持介潔。先覺任天民之重，獨行得聖人之清。未克竟施，遽聞委化。七辰倏盡，貳簋載頒。靈爽如存，歆兹茂渥。

下葬文

維崇禎三年正月初二日。

皇帝遣陝西布政司分守關内道、左布政使翟師雍諭祭原任工部尚書、贈太子太保、謚恭定馮從吾並妻淑人趙氏曰：

惟卿四朝耆碩，八座崇階，濬修克質，神明顧望，丕孚朝野，徵綸欲賁，易簀倏聞。兹留同藏，爰頒並祭。祇奉綸章之渥，式增封樹之光。

周年文

維崇禎三年正月初四日。

皇帝遣陝西布政司分守關内道、左布政使翟師雍諭祭原任工部尚書、贈太子太保、謚恭定馮從吾並妻淑人趙氏曰：

惟卿經世真才，匡時正學。朝禴人欽，品望鄉閭，士仰型摹。直道不容，未究施於攝揀。典刑尚在，將垂訓於遺編。言念乘箕，遽逢改歲，載頒諭祭，庶並歆承。

諭祭品

計開每一壇：

豬一口（重三百觔）、羊一腔（重一百觔）、饅頭五分（每分五觔）、粉湯五分（每分五觔）、果子五色（每色五觔）、按酒五盤（每盤五觔）、鳳雞一隻（重八觔）、煠骨一塊（重十觔）、煠魚一尾（重十觔）、酥餅四個（每個五觔）、酥錠四個（每個五觔）、雞湯一分、魚湯一分、降真香一炷（高三尺，徑三寸）、燭一對（重三觔），酒二瓶、焚祝紙一百張。

恩恤録

奏疏

原任工部尚書已故馮從吾男、監生臣馮嘉年謹奏：爲先臣以正學忤奸，含冤就木，公道既明，沉抑猶故，懇乞天恩，亟賜優恤，以光聖治事。

竊惟臣父從吾繇萬曆己丑進士，選授庶常，尋改西臺，因請朝講，建言削籍。光廟即位，起陞尚寶司卿，歷任廷尉，晉秩司空。通籍雖四十載，林棲殆三十年，屈指立朝，僅數載耳。一生惟知講明正學，以忠孝節義砥礪人品，提醒人心。功名富貴，漠然不入其衷。妻子身家從來恥掛於口，孜孜爲學一念，終身有如一日。海内識與不識，咸知鄒元標、馮從吾爲時麟鳳，且謂自周、程、張、朱而後，學道立言，法令傳後，未有若臣父從吾者，此孰非二祖列聖及我皇上培植作養之所成也。

痛念臣父取法聖賢，不過於己樹品，即倡明道學，原自與人無爭，而豈意邪正不能兩立，群奸遂爾側目，逆璫主之於内，諸奸奉承於外，朱童蒙、郭允厚驅逐臣父歸里矣。喬應甲巡撫入秦，承望舊家臣王紹徽風旨，百方傾陷，嗾御史張訥誣奏污衊，逆璫遂矯旨削奪，拆毁關中書院矣，猶且積怒不息，欲迫之死，時時恐喝。臣父曰：「不日緹騎來逮矣。」臣父素講理學，守正不阿，一官得失原不動念，又見逮繫相連，誅鋤相繼，而書院既毁，將先師孔子之像暴露城隅，慘然内傷，用是衄血數升，飲食俱廢，趺坐榻上，晝夜不眠者百餘日，而竟含冤逝矣。是臣父之命實諸奸傾之也。今其人或死或存，廟堂自有公論，皇上自有斧鉞，臣不敢臚穢狀以瀆宸聽，第痛臣父生平苦學，每思致君堯舜，向使不遭諸奸之毒手，稍待數年，得遇我皇上之聖明，以效皇上之驅策，則一腔道義，畢世孤忠，或可稍盡萬一，乃臣父何罪，竟使賫志而殁乎？此臣所以泣血腐心，而不能已於哀鳴也。

又臣母趙氏結髮從臣父，五十年來艱苦備嘗，亦以憂懼傷心，相繼見背，兩親骸骨，暴露窮簷，風雨不蔽，水火可虞。臣亦人子，能無痛心？

幸值我皇上仁明天縱，業已鑒廷臣之公議，察先臣之苦節，一則曰：「亟當表揚。」再則曰：「准與他謚。」煌煌明旨，炳若日星，臣父九原有知，亦既泥首拜恩，可以瞑目矣。惟是奸黨慘害，一段奇冤猶未獲，仰徹天聽。且臣父與鄒元標志同道合，並爲世重，生前名位與遭際陽九，抑又無異。今元標已蒙恩恤，而臣父猶未霑被，恐非聖朝崇重理學，一視名儒之義也。謹昧死伏闕，瀝血叩陳，伏乞敕下該部，照鄒元標例，將臣父應得祭葬贈廕謚恤諸典，速與題覆，仍將臣母一例准贈給與應得誥命，庶屢奉之明綸不虛，而先臣之孤忠得雪，臣子子孫孫頂戴皇恩世世不朽矣。臣不勝激切，籲天惶恐，待命之至。爲此具本親賫，謹具奏聞。

崇禎貳年閏肆月拾叁日奉聖旨：馮從吾應得恤典，著照例給與。該部知道。

吏部題覆

太子太傅、吏部尚書臣王永光等謹題：爲先臣以正學忤奸，含冤就木，公道既明，沉抑猶故，懇乞天恩，亟賜優恤，以光聖治事。

驗封清吏司案呈奉本部，送崇禎二年閏四月十九日吏科抄出原任工部尚書已故馮從吾男、監生馮嘉年奏稱云云等因。奉聖旨：馮從吾應得恤典，著照例給與。該部知道。欽此。欽遵。抄出到部送司。

查得崇禎元年十一月，内該協理京營戎政、兵部左侍郎等官李邦華等奏稱：原任太子少保、都察院左都御史鄒元標病故，給贈蔭等因。該本部覆題，奉聖旨：鄒元標准奏贈太子太保、吏部尚書。欽此。隨該本部，補牘題請，除本官贈官外，録蔭一子入監讀書等因。奉聖旨：鄒元標准照例蔭一子入監讀書。欽此。欽遵。今該前因通查案呈到部，看得世道之所以不靡者，有綱常名教之主持，而名理之所以常新者，則羽翼六經，鼓吹五達之力居多也。國家二百餘年來，風俗漸弛，人心漸溺，非得真理學、真節義以維持之，其何能淑！惟馮從吾道宗賢聖，學闢詖淫，析理則微入鍼芒，持身則操嚴冰蘗。立朝正色，既已北斗泰山，勵世廉頑，爭仰卿雲景曜；爲垓埏之砥，賴斯文主盟，立簪笏之巖，瞻群倫赤幟。既有功於世教，應首重其綸褒。所據贈蔭既經伊男具奏前來，查與鄒元標事理相同，相應照例題請。但恩典出自朝廷，臣等未敢擅便，伏候聖裁。緣係先臣以正學忤奸，含冤就木，公道既明，沉抑猶故，懇乞天恩，亟賜優恤，以光聖治。

及奉聖旨：馮從吾應得恤典，著照例給與，該部知道。事理謹題請旨。

崇禎貳年閏四月貳拾叁日，太子太傅、吏部尚書臣王永光、左侍郎與兼侍讀學士臣吴宗達、左侍郎管右侍郎事臣孫居相，驗封清吏司署司事主事臣柴挺然本月貳拾陸日奉聖旨：馮從吾准贈太子太保，廕一子，送監讀書。

禮部題覆

禮部尚書兼翰林院學士臣何如寵等謹題：爲先臣以正學忤奸，含冤就木，公道既明，沉抑猶故，懇乞天恩，亟賜優恤，以光聖治事。

祠祭清吏司案呈奉本部，送禮科抄出原任工部尚書已故馮從吾男馮嘉年奏乞伊父恤典緣因，奉聖旨：馮從吾應得恤典，著照例給與。該部知道。欽此。欽遵。抄出到部送司，行准吏部，驗封清吏司手本。

查開本官男馮嘉年奏乞伊父身後贈恤緣因，該本部覆奉聖旨：馮從吾准贈太子太保，廕一子，入監讀書，欽此。欽遵。回覆到司，查得大明會典並恤典條例内一款：尚書、都御史病故者，祭二壇；其加有東宫三少，或兼大學士，贈一品者，祭四壇。又一款：品官曾經賜葬者，妻故俱許祔葬。又查得都察院左都御史、贈太子太保鄒元標，該本部覆，與祭四壇，照品造葬。今該前因，通查案呈到部。看得原任工部尚書，今贈太子太保馮從吾恤典，並妻趙氏祔葬一節，爲照本官曠世名儒，兩間正氣，以館閣之鼎才，簡畀言路，海内知爲真御史矣。朝講一詔，深有裨於聖學聖政，而一鳴輒斥，繫東山之望數十年，光皇乃起之卿貳，歷任司空，誠人心所共快，而世運之轉機也。方幸絕學甫明，群迷欲醒，而孰迫之去？孰褫之職？孰使書院之蓁蕪？孰致斯文之掩蝕？彼時忌之者設心，以爲不若是無以掃除君子恣所欲爲，而不知真儒大節，乃欲晦而彌彰也。蠖屈一時，鳳儀千載。幸遇聖明，亟爲昭雪，大賜表揚，與謚之旨，與鄒元標後先輝映。人情灑濯一新，皆想見聖天子勵世維風，優崇儒碩至意，兹欽奉恤典，照例給與之命，則品望官階，政與鄒元標無所軒輊矣。相應照例，與祭四壇，造墳安葬。伊妻淑人趙氏並祭祔葬。但恩典出自朝廷，臣等未敢擅擬。

恭候命下，遵奉施行。

崇禎貳年陸月初玖日，禮部尚書兼翰林院學士臣何如寵、左侍郎兼侍讀學士臣徐光啟、右侍郎兼侍讀學士臣周延儒、祠祭清吏司郎中臣劉伸、主事臣黃鳴俊本月拾貳日奏聖旨：馮從吾准照例與祭四壇，造墳安葬，伊妻趙氏並祭祔葬。

工部題覆

工部尚書臣張鳳翔等謹題：爲先臣以正學忤奸，含冤就木，公道既明，沉抑猶故，懇乞天恩，亟賜優恤，以光聖治事。

屯田清吏司案呈奉本部送准禮部咨，該本部題：禮科抄出原任工部尚書已故馮從吾男馮嘉年奏乞伊父恤典緣因，奉聖旨：馮從吾應得恤典，著照例給與。該部知道。欽此，欽遵。抄出到部送司，行准吏部，驗封清吏司手本。查開本官題贈太子太保，廕一子，入監讀書，回覆到司。查得大明會典並恤典條例内一款：尚書、都御史病故者，祭二壇，其加有東宫三少，或兼大學士，贈一品者，祭四壇。又一款：品官曾經賜葬者，妻故俱許祔葬。又查得都察院左都御史、贈太子太保鄒元標覆與祭四壇，照品造葬。今該前因，通查案呈到部。看得原任工部尚書，今贈太子太保馮從吾恤典，並妻趙氏祔葬一節，相應照例與祭四壇，造墳安葬。伊妻淑人趙氏，並祭祔葬等因，題奉聖旨：馮從吾准照例與祭四壇，造墳安葬，伊妻趙氏並祭祔葬。欽此。欽遵。咨部送司。查得正德六年六月内，該本部爲審時省禮，以寬民力事，議得大臣病故，照依今定後開價值，轉行有司，措給喪家，自行造葬。中間果有功德昭彰，聞望素著，曾歷邊務，建立奇功，經帷纂修，效勞年久者，照例差官造葬，俱聽本部臨時斟酌。奉請定奪。題奉武宗皇帝聖旨是：造墳開壙，工料價銀則例都准擬行。欽此。已經通行，欽遵在卷。今該前因，查呈到部。

看得原任工部尚書、今贈太子太保馮從吾照例差官造葬，爲照本官生平所學，惟毋自欺，實踐妙悟，卓有深詣。誠不忍見人心世道之日趨於江河，慨然以興起挽回爲己任。與子言孝，與父言慈，與臣言忠，相勸相規，使人人皆知正道，以自拔於禽獸。蓋進而簪紱，退而林皋，矻矻孜孜，惟日不足，豈不濂、洛嫡派，鄒、魯正傳哉？爲名庶常，爲名御史，爲名總憲，爲名司空，皆此講學修德，日新富有，而彼其之子，阨其位，錮其身，毀其講習討論之地，胥天下雲霧之以自便，其行險之私，蓋本官逐而人心乃迷，世道乃蕪，逆節萌生，幾竊國家負之去矣。幸賴天地祖宗佑我神聖，遜志時敏，道積厥躬，誅殛群奸，敷求善類，而本官之歿，則予祭、予葬、予謚、予贈蔭，煌煌彝典，與鄒元標、高攀龍鼎足相埒，天下於是始曉然於正學之終不湮，正人之終不朽，而道明晝日，世躋陶唐。本官一身關氣運，繫治亂，豈渺小哉？

及查本部司屬官員，各有差占，不敷委用。行據太常寺手本，開送博士張鳳翔前來，堪以差委，相應題請，恭候命下，本部照例給批，定限咨行兵部，應付本官，前去陝西布政司，比號相同著落官吏，將合用造墳工料銀兩照依後開，擬定數目，行署派辦，徵給造葬，該司仍委堂上官一員，會同本部差官，前去墳所，依式督理。造葬完日，備將給過銀兩數目造冊奏繳，仍具數報部查考。緣係先臣以正學忤奸，含冤就木，公道既明，沉抑猶故，懇乞天恩，亟賜優恤，以光聖治事理。臣等未敢擅便開坐，謹題請：已故原任工部尚書、今贈太子太保馮從吾係一品文官，該造墳工料銀叁百兩，夫匠貳百名，每名出銀壹兩，通共該銀伍百兩。棺木壹副。

崇禎貳年陸月貳拾柒日，工部尚書臣張鳳翔、左侍郎臣畢懋良、右侍郎臣劉可法、屯田清吏司郎中臣周長應，柒月初肆日奉聖旨：是。

公移　壹

欽差巡撫陝西等處地方、贊理軍務、都察院右副都御史劉廣生〔一〕爲表章先儒，以正風教事。

〔一〕光緒本原文名字缺，據下文補「廣生」。

竊維世道之所不壞者，賴有綱常名教之維持，而名誼之所常新者，端藉倡明正學，羽翼六經之力也。惟恭定公少墟馮先生四朝元老，曠世真儒，易名既首膺于朝，而專祀豈容緩于鄉？查關中書院已奉旨修復，本院業已會同巡按御史暨在事各官，將書院更爲馮恭定公專祠，永爲禴祀蒸嘗之所。

爲此，仰縣官吏即遵發來龜金字匾，用本院贖銀，製辦神龕一座，木主一位，上書「明理學太子太保工部尚書謚恭定公馮先生神位」，木扁一面，粉底墨書「馮先生祠」四大字，前書年月日，後書在省各官職銜，鼓樂迎送書院，交付馮處管理，以存永案。完日，仍候本院親謁，以彰崇儒重道之公義，庶于往例有合，風教有賴矣。該縣即具遵行，繳須至牌者。

崇禎二年歲次己巳十二月吉日

欽差巡撫陝西等處地方贊理軍務、都察院右副都御史劉廣生，巡按陝西監察御史吳煥，陝西等處承宣布政使司右布政王順行，分守道左布政使翟師雍，督糧道按察使兼參議洪承疇，陝西等處提刑按察司按察使都任、清軍道右布政兼副使石維屏，提學道參政兼僉事賈鴻洙，分巡道僉事許都，西安府知府楊鳳翥，同知吳養洵、郝效召，通判董其銓，推官史可法，長安縣知縣孫三傑，咸寧縣知縣陳時教，西安府學教授韓桂，訓導武連元、張文耀、孔弘燮，長安縣學教諭劉垓，訓導俞三省、黃榜，咸寧縣學教諭田汝穎，訓導孫愈昌、張文顯。

公移　貳

欽差巡按陝西監察御史吳煥〔二〕爲優崇先賢事。

炤得關中恭定公馮先生，倡明正學，儀型當世，本院巡方此地，每動仰止之思，易名專祠，已經前院建立。近因霪雨傾

〔二〕原文名字缺，據上文補「煥」。

圮，心甚惻然。

仰縣官吏即動本院贖銀，置買物料，委廉幹官一員督理，重加修葺，務要煥然改觀。該縣仍不時親詣查考，將後開扁式對聯，擇善書人繕寫，迎送祠堂，炤依次序張掛。完日，仍候本院擇吉親謁，以伸私淑之意，以彰優理之典。其動過銀兩，另行造冊申報，以憑查銷，須至牌者。

計開

大門扁一面，以下俱綠底，金書「馮恭定公祠」五大字，前書年月日，後書巡按陝西監察御史、廣陵後學吴煥〔二〕題。

二門扁「横渠之後一人」。對聯：「聞先生山水之風，春露秋霜於十二諸侯府；激來哲雲霞之氣，朝絃夕誦者三千弟子行。」

水亭扁「茂對亭」。對聯：「座裏春風，得吾與點也之意。源頭活水，會有本如是之心。」

堂前扁「理學儒宗」。對聯：「木鐸醒群生之夢，至今風韻猶存。欲覲芳模，洗耳聽金聲玉振；心燈開萬世之迷，當日藜光倍朗。思親道範，披襟看魚躍鳶飛。」

堂内扁「允執堂」。對聯：「列法象於一堂，發前聖精微之奥，皆文章，皆性道；環行生於四座，樹後學法守之模，亦名世，亦真儒。」

神龕對聯：「補天忠作石；濟世道爲舟。」

先師閣扁「大道中天」。

〔二〕光緒本原文缺名，依上文補。

崇禎五年六月十三日，察院押

公移　叁

欽差巡按山西等處、監察御史姜思睿〔一〕爲表章先賢事。

炤得政治以教化爲首功，後進以前哲爲宗印，繇來久矣。三秦創明性學，表率人倫，莫有過於少墟馮先生者。先生往矣，書院在也。本院局促簿書，匏繫蒲東，未能跨河涉渭，登陟華峰，而拜先生於關中書院，爲生平兩大憾事。然依皈景慕固不以遠近隔，不以存亡易也。查書院有先生像，雖從祀俟請於朝，而易名私祀，宜行於邑。

仰縣官吏即動本院鹽法贖銀肆拾兩，發書院門人，收貯置租，以爲春秋二祭之費。每年至丁祭次日，門人詣縣公請該縣，量備香燭，親至書院主祭。或值公出，委教諭代攝，以示尊崇道德，砥礪學修，其于世道人心關係不小。以崇禎十年秋爲始，該縣先具遵行，以存永案，繳須至牌者。右牌仰長安縣准此。

崇禎十年三月二十一日，書吏王國瓚承察院押

公移　肆

欽差陝西兼管監軍監察御史金毓峒〔二〕爲表章先賢事。

〔一〕光緒本原文缺名，依重立馮恭定公木主公移，補「思睿」。

〔二〕光緒本原文缺名，依下文補「毓峒」。

炤得故大司空恭定馮先生，一代真儒，四朝碩德，倡明理學，繼往開來，功在名教甚鉅。近者總憲劉□□議建道揆，請復首善書院于京師，即奉先生爲瞽宗，率士大夫講議其中，用以正人心，維風俗。又請天下府州縣盡復社學舊制，擇老成之儒聚子弟俊秀而教之，相與觀感漸摩，以備他日賢良方正之選。足見先生人品學術久而彌光。本院束髮受書，嚮往有素，茲承乏關中，奔走靡定，每遇春秋，未能躬祭，誠爲缺事。

爲此，牌仰長安縣即動本院銀貳拾兩，轉發書院門人收貯，以爲修葺之費。再動院銀，炤依發去字樣金扁一面，上書「聖學宗傳」四字，鼓樂迎送，祠堂懸掛。併發去祭文一道，炤備豬羊祭品于丁祭次日，該縣恭詣祠堂，代本院潔誠致祭，用展平生仰止之意。行過事宜，具由報察，須至牌者。右牌仰長安縣，准此。

崇禎十六年七月二十三日，書吏韓孔憲承察院押

祭文

維崇禎十六年歲次癸未八月壬戌朔越七日戊辰，巡按陝西兼管監軍監察御史、後學金毓峒謹以剛鬣柔毛、香帛庶饈之儀，致祭于明光禄大夫、太子太保、工部尚書謚恭定公馮先生之靈曰：

於維先生德鍾川嶽之純氣，學祖鄒、魯之嫡傳，立朝則期致君於堯舜，居鄉則思範世以聖賢。先生之道如江河行地，先生之教如日月中天。行藏一致，不歧顯晦。智愚畢見，無待言銓。先生雖歿，凡關中縉紳先生莫不讀其書而感慕，過其廬而式瞻。至于四方之士被服遺澤者，又若百川之赴海，相與聞風興起，恍然如親炙其當年。方今聖明在御，大道宏宣，以化民成俗爲本，以興學育才爲先，維會稽劉先生之總憲也。人品事業，實與先生接武而比肩。慨世風之日下，傷人心之益猥。請復首善之宗盟于京國，因祔先生百世而不遷，庶幾黨庠顧化，俊彥聯翩，舉頭見日，掘地得泉。先生雖歿，寧不念道脈之未墜而欣然。毓峒承學也昧，賦質則顓，寤寐哲人，如立參見，風塵躑躅，簿領糾纏，私淑一念，昕夕惓惓，爰諏吉日，設醴陳

籩，山高水長，維以告處。尚饗。

祝文　常年春秋次丁用

維　年　月　朔越　日

西安府長安縣知縣□□，謹以香帛庶饈之儀，致奠於明敕贈光禄大夫、太子太保、工部尚書，謚恭定公、理學馮先生之靈曰：

惟公鍾光嶽之間氣，衍鄒魯之真傳。文章組霧耕雲，薰班香而摛宋豔；丰采離塵絶俗，屈賈壘而短劉牆。一闔八荒，自任以天下之重；寸心千古，不讀非聖人之書。廣庭來多士之景從，絳帳環四輩而督趨。講道論德者，奚啻五千名言；問字執經者，賸有三千學士。有獲謀野，闢是非邪正之關；不枉立朝，黜南北東西之路。斯文在茲，謚典有光。禮宜崇夫報德報功，薦攸同於釋奠釋采，馨香百世，禋祀萬年。尚饗。

祝文　公祭文

維　年　月　朔越　日

門生某某等謹以牲醴香帛之儀，致祭于明光禄大夫、太子太保、工部尚書恭定公馮夫子之靈曰：

吾道如日中天，「危微」「精一」之旨，即此不倚不偏者，是政吾心學之淵源也。孔孟往而漢、宋以來，諸大儒繼之，其在吾關西，則横渠、魯齋、涇野相與闡敷此旨，宗往聖以開來賢。涇野之後，又踰百年矣，吾馮夫子始崛起而獨得其傳，蓋躬行六要，且於及門士諄諄陶甄之。所謂待人而行，至德凝道，不其然乎？夫子之生也，扶輿純粹之氣，含毓其大全，九德三綱體認于蠖伏淵蜎，窮理盡性，資深居安，枕籍經書，嚼茹墳典，探賾抽微，皆自得于心，而不落言詮，此寧獨涉獵於竹素，搜括于韋編已也。言法行則，執經聯駢，質疑問難，啟迪無邊，開曲局之茅塞，解隱怪之徽纏。海內之士，如寐斯覺，如往斯還，擇中用中，知有吾道而已矣。紆青拖紫，廣廈細旃，又何心焉？然而道之真以治身，其緒餘以爲天下，乃宅中秘，乃啟乃沃，乃冠惠文，張膽披肝，平桁楊于九棘，振風紀于三端，若保宏父。平邦國以經百官，此又沉潛經學之實際，而西唐北海所不得方駕而比肩者也。夫天下之生久矣，中無定執，隨時斯在，已發未發，用行舍藏，皆適乎世之所閱，而符乎心之所安。達固可以兼善天下，退亦可以私淑人寰，然則聖賢之道，自諸大儒後，明正學以距異端，俾來茲曉然不迷于嚮往，夫子其千百世不刊者耶！某等以夫子之道，如見夫子，載謀載惟，濟蹌吉蠲，籩豆靜嘉，粢醍載處，稾秸既毖，罍格有嚴，尚饗。

年侄崔爾進撰。

馮恭定公祠碑

文翔鳳　撰

監察昭陽吳公，往登澄清天下之車，蒞中土補。牘其前兩使張、丘氏，請録邵夫子，後博士議，胎發自文子。鼎門張疏創其手。後之十年外，再采囊語，咸受如王谷之瀆。其於學，直杓之於四繁之中央，縱言今昔。士習之，雅漓感慨。緬馮學噓代，鐶虎皮之易，匪社祭之。先生與尊經如鼻，且戒士如處女，大體既巖山，小德不蹉跐。其踰三丙之序，而世鶡天之子，矜日園禮圖書。其卦爻之川岡，厥焉恃？蓋吳公以天遣，撫關中之變至。則實延州十九圖之殣，輶軒出沙所絕塞，踰無定河，拼服耦千八百，鄜之倮郊，收橋陵以還。上谷之吏，遂顓簡書。按西河之雍風觀之，所暨寸地尺天，(堵)〔孤〕雁嗷比，豳再飛羽，敵馬載馳，豹寨狐川之立箒，以勁騎而不窋。荒老之城頭，賒秦月，入漢關。其守令紳衿父老長跽，踵使院，至不慭裝者幾一。甲子，餘威肅西鄰之震，回中蕭關之逋，藪於胥空，遂達劇驂、空同之右。夏五還蒞臺，先檄長安令，問馮恭定公祠舉圮狀，蓋武事定，乃皇文備。張令希夏對曰：「祠即以其書院。」恭定自御史曩摒退，講寶慶寺。其銅根石柯之老柏，士至圖而讚之，以爲習禮之樹黛陰，望講壇之杳久之。群公目相告，梵宇詎橫經之座，使瑠撤其所創窆宏轇轕之宇，以宫士嚴師，便遂眉樹之爲關中書院。矜式中國之室者，至踰一章之閏。天元既改，先生召副院，南皋先生召長臺，講都城隍廟。鄒公頗捐崖示易，馮公獨峻，德容弗借，離和濉一二圓語。馮學特布帛顓紫陽。二君子若分姚江、河津之脈，然不爲鵝湖之角唇。首善書院成，而從之遊者至太學。其貳兩給事不大體諳，亟擊天下之第一流，狗門戶之驅使。郭擊鄒力，朱兼誚鄒、馮，而鄒子力請去。馮子義不獨留，言者量出監司。蓋是時甲乙之喙，尚臺萮。恭定尋再召以少宰、南臺長、大司空，皆不至，而逆璫俄柄甚。兩給事立膴仕以斥鄒、馮，得好官不須顧，而其鄉人某之曩弗能者，俄八翼排天門，使其黨撫關中，則先罷關中書院，遷其閣之表「吾道中天」者城闕隅，云以峰象璜之宫。所偶以肖先聖者，亦遷置爲佻達之所狎。子佩青不至，瞻聞慘沮，故館幾墟，莽杞棘之感，士爲阫側爾。緹騎四逮大臣，日破產。郇瑕之喬大訶震，程涪蔡道，彼亦一時公扃，謝交孫言，深杜如懷璧者之不嚴其櫝，茲懼其正斃于華篑之易。至歸，以士禮，而天之終不可奪，以夜行晝伏之腐螢。

今聖初潛而五飛，追計幽側之憤，易名之俞大行。茲責諭祭葬禮，隧如公孤。士始知論學者果無罪，疆梧文子說都御史胡請還閣。明年，文師賈子還閣，其書院尋綴之以小學，五儲童而冠，關學再倡。文子辭淠螭之載，勤王師，命之暇，前臺姑蘇吳遂即其書院崇爲祠，然圮毀之，未全完祀典，於豆之不備，須再命。吳公曰：「都馮祠之於設教，敔用以豁迻生之眸子，惡姑備，惡姑完，惡姑桷楹其丹，惡姑左右序，惡姑南榮，皆綖捐以束。」矢之入撱鳩以庶攻之，摩肩㸚〔錯〕，列疏澤亞，繚垣岑落，而移步之以禮樂。豸冠雲峩，切從吏節，雅都接戊者駿步。戊者，膚弟子門童有蹌其趨，已而授之几，申讚易、書、老庖在舌。孔父可呼百衿，北面莛叩而蘇，一規一矩，再仰汾、洙于儀，式刑曩馮今吳。文翔鳳曰：「善吳子，善吳子！馮學之乍湮茲，羲璧再昳中也。禮有運不其亶乎？神明之信其人焉存矣。」夫天尚右，地尚左，陰陽尚不能求，同歸於元氣。元形之載行，而又恧以責天。君子人小人之平不陂邪。君子不宲不磨折，恃天不爲刖；不宲不鸞鎩，恃天不爲殆。天之授吾道以時也，以論定西極六天之老，編遯弗知弗悔，而文師熊賈氏聊一章之其絕筆，天莫之違，人奚以爲天之可顓於我！奚啻嘉遯無悶焉？天之問，天之未喪焉。以愀悵東賓而西匿，有恆日奇獸逐之，不問其力，終歎於河渴，攜角而枕首，有恆斗怪豕蔽之，不量其醜，厥覈于何有？厥反席逆祠，偏天垠請勑頷劉千家，諏地至弗滕者，逮雍祀亦倡自武夫之虓矣。大吏至噤不可應，厥士不和也。人以歸君子之澤，然伊川往，而程門尚有半化夷狄之歎，恭定五六年耳。士之稟師說，專專不化，如何夫觀之六省，方觀民設教之易也。其初，以童觀童，蓋儲士進之，爲女觀之貞，蓋以目士。士弗女，則渝以爲風，始觀國之賓茲焉。具其大系，以盥薦之，顒孚歸神道設教，吳之薦焉。觀也獲風行之職，與張令曩吾士茲士師來，言碑爰次之司系，以詩拼其士歌，以從事於祠。

日甲月子，台闕厥敎。始星癸辰，亥隹台敕。昊陽月旻，陰甸燎。才章夙行，父王完匡。素極御易，兩索書四。衢禮履止，詩志之天。笠退遻飛，聖弁峻峨。歸臤笏側，侯圭士襟。矯群鞏，孔壁涾，沈瑟鏗絕，支離墨三，彷我儒八，蘭陵成相。謠激越執戟，玄文嘲尚白。汾亭說中鈐，泝間發韓斗。原道長策控勒。易通之易奇以法，易傳之易粟以帛，先天之易皇有極，正蒙之易聖功立。良知舌撟卷主敬，脣焦禿其下，汗五都其上。蠹六學宇宙，在京野尊天。垂經雅長安，驂雁起乾坤。寫龍馬至論，不可家公以付來者。有士地胇奧，司空之所教。有宇天腑穾，司徒之所廥。左耦滋溎，右耦灃潦。上耦渭涇，下耦沈滈。呰曰天造，河典其效。喆誕其圖，中象象儼。敕躬冠嶽，而幾頎黯其頌。肩隨鄜伯，踵次正公。即之悚襟，聞以興風。贊口如蘭，圖繪疇功。易名之詔，天以電笑。厥祠之貌，神道焉斆。趾其戶庭，如奉綖纓。其人太虛，其書前楹。恭定諸生，德清得朋。恭定春明，抗簡揚清。恭定端門，道氣虛靈。恭定之編，規矱丹青。恭定之氣不隨生，恭定生，渭輸胄，涇輸經。恭定生，先生生後生。恭定之祠，待吳觀成。馮、吳之教，士夫服膺。鼂首之管，亦以亙長庚。

崇禎五年壬申六月六日。

巡按陝西監察御史廣陵吳甡重修。

文林郎、長安令姚墟、張希夏鐫石。〔一〕

附

陝西金石志　馮恭定公祠碑　存崇禎五年

按：碑高八尺二寸，廣三尺八寸，二十九行，行七十八字。結銜爲前進士南光禄卿士、山右視學使者、西極後學文翔鳳撰，巡按陝西監察御史廣陵吳甡重修。年爲□□〔崇禎〕五年壬申六月六日。無書者姓名。字剥蝕已甚，十亡二三，文不能讀。間有可讀，亦以險怪矜奇，非可壽世，故不節録，存其名可也。

考馮恭定公祠在明清之關中書院，今之師範學堂也。其地爲寶慶寺別院。吳巡按擴而闢之，另立門戶。祠在書院之後，碑立祠前也。年號泐，惟恭定自崇禎初始予謚贈太子太保。此碑書恭定公，則爲崇禎五年無疑。

録自陝西通志館一九三四年印宋伯魯纂續修陝西通志稿卷一百三十五，陝西金石志卷三十

〔一〕「巡按陝西監察御史，廣陵吳甡重修。文林郎、長安令姚墟、張希夏鎸石。」北京大學康熙本無此句，此句見於上海圖書館藏康熙本。該碑文如按所説，其文字「險怪矜奇」「文不能讀」，頗難斷句，今權且斷之，以期存之。

行實

大司空謚恭定少墟馮先生行實

計開

一先生諱從吾，字仲好，號少墟，長安人。父諱友，官保定府同知，以先生貴，贈通議大夫。先生幼病癖，九歲始小愈，贈公手書陽明人心仲尼詩，命習字，且學其爲人，即犁然有當也。先生之知學自此始。

一九歲時贈公歿，不二年，母亦見背。居兩喪，哀毀如禮。

一卒業成均，督學許敬菴取入書院，同王秦關講理學，頗爲敬菴先生器重。

一連掇兩闈，即書自警語于壁謂：「士君子釋褐後，不可忘做秀才時氣味。」觀政，即與徐匡嶽諸公立會講學。入朝者多餙中貴家，先生獨攜茶餅往。所到必以理學書一二冊自隨。選庶常，以端靜寡營得之。然不規規詞章，嘗以文人何如聖人廣勖同志，著有做人說二篇。及改西臺，日與同臺涂鏡源講學莫逆。

一巡城日，中貴以半刺通者，卻必峻，若輩聳息。都中饑，官爲設糜，無救道殣，特自取啜之，迺克有濟。壬辰大計，司偵邏，包匭肅清，相知贈答書卷而已，人目爲「秀才御史」。

一司城者結首揆，紀綱爲厲，疏斥之。都科胡汝寧，權門客也，屢彈不去，以先生一疏逐。神廟中年，朝講浸廢，或飲酣，斃左右給使。先生齋心草疏，有「困麯蘖而驩飲長夜，娛窈窕而宴眠終日」等語，神宗怒，傳旨廷杖。會長秋節，以閣臣趙志皋揭免，一時直聲振天下。

一請告，閉戶三年，日與故友蕭茂才講學，著有疑思録六卷。召還，督長蘆鹾政。每按部，德教爲先，必進諸士而誨之者，有訂士篇。又遴其鄉之堪表率者崇獎之。至吏而餓虎，賈而碩鼠，無逭法焉。有倚相君子求庇，竟從白簡，坐是與要人左，遂以它言官株累，削籍抵里，授徒講學寶慶寺，著有學會約、善利圖說，人爭抄録焉。乙巳秋，張心虞過訪談學，因著辨學録傳世。

一先生夙有火症，長歲增以怔忡，乃靜攝斗室，足不踰閾，即親知罕見其面。生平學問，于兹彌邃。歷九年始出，仍講于寶慶，人日益廣，當路創關中書院，增置學田，四方來者雲集，遂建中天閣，塑先師像祀焉。林居凡二十六年，一字不干公府，絕口不談時事。薦章百十上，世推「南鄒北馮」。光廟改元，累用符卿、冏卿、廷尉召，因兄喪未行。

一熹宗改元，始應詔。未幾，轉左少卿。值遼左失陷，經撫俱逃，先生上疏糾參，悉置之法。凡國有大獄，每獨任主持，人謂有子張之風焉。頃侍經筵，賜宴。陞左僉都，尋陞左副都御史。時同官鄒南皋、鍾龍源諸公皆理學名家，每公務之暇，即率同志講學于城隍廟之道院，紳士環聽日衆，非道院所能容，諸臺官爲建首善書院，首相台山葉先生爲記，司成元宰董先生尋書内祠先師，題曰「願學」，先生自爲記。工方竣而人言至，即上疏請告，屢蒙溫旨慰留，曰「德望素孚」，曰「端品真才」，曰「風裁實學」，曰「品望足任」，綸音煌煌，不一而足。凡五請，始允歸里。時修撰文震孟、御史劉廷宣俱上疏保留，而鍾龍源、高景逸亦上疏願與同去。

一歸里之明年，推少宰，不報。又明年，起總留臺，未赴，即拜工部尚書，尋陪推吏部。是時逆璫猶以人望屬先生者，乃正氣怒張，璫亦磨牙向人，因以疾疏辭，遂准致仕，有「清望素著」「倚任方切」溫語。先生日杜門著書，不廢講學。次年，屬權璫用事，忽中旨削奪，聞者駭愕，先生絕不介意。壽七十，門下士謀爲賀，先生曰：「國家多事，豈臣子懽娱稱壽之日。」亟力止之。

一先生素清臞善病，至老不離藥裹。同鄉踞均衡者，選一狂猘撫關中，日夜窘辱先生爲事。已而晉見其清，不忍加遣，惟毁書院，曳先師像置城隅，以洩其憤。先生痛如切膚，衄血病榻，寢食俱廢，晝夜趺坐百餘日，竟以不起。子若孫延醫請禱，先生笑曰：「從古有不死之人哉？吾生平多病，亦不意有今日。茲踰古稀，足矣，安用醫禱爲？」丁卯年二月十二日，易簀之際，整容端坐，猶惓惓以講學做人爲訓，絶不及身後一事。越二年，崇禎改元，追崇理學，特復官爵，加贈，謚賜，祭葬，子廕。公論快之。

一先生不營産業，不蓄妾媵，不赴宴會，不博奕飲酒，自讀書講學外勿論，無池臺亭榭之娱。即名琴古畫、文器清供，一切無所玩好，而書法鍾、王，文宗韓、蘇，詩追擊壤。片楮隻字，人爭寶之，然皆先生之緒餘，不足爲先生重也。

一先生之學一稟孔孟，以心性爲本體，以誠敬爲功夫，以萬物一體爲度量，以從心不踰爲極則，崇正闢邪，秦俗丕變，海内道學一振。從遊者凡五千人，世稱少墟先生。

一先生著述甚富，諸會語、疑思録、宋元諸儒考略、明儒小傳、關學編皆傳世，而善利一圖，切惺學人，辨學一録，力閑聖道。其書允執堂屏曰：「綱常倫理要盡道，天地萬物要一體，仕止久速要當可，喜怒哀樂要中節，辭受取與要不苟，視聽言動要合禮。存此謂之『道心』，悖此謂之『人心』。『惟精』，精此者也，『惟一』，一此者也。此之謂『允執厥中』，此之謂盡性至命之實學。」宏朗精確，真足篪和紫陽教條，而爲千百世之丹書矣。姚庶子銘云：「道山爲崗，理窟爲房。」信哉！吳按臺題其龕云：「補天忠作石，濟世道爲舟。」扁其祠云：「横渠之後一人。」文卿士修祠碑云：「肩隨郿伯，踵次正公。」俱稱公論。

附品題要言

一贈太子太保、光禄大夫，賜一品官誥。

一部寺議謚。云「恭定」。不懈爲德曰「恭」，守禮執義曰「定」。

一吏部題覆云：「從吾道宗聖賢，學闢詖淫。析理則微入鍼芒，持身則操嚴冰蘖。立朝正色，既已北斗泰山，勵世廉頑，爭仰卿雲景曜；爲垓埏之砥，賴斯文之〔一〕主盟，立簪笏之巖，瞻群倫赤幟。既有功於世教，應首重其綸褒。」

一禮部題覆云：「本官曠世名儒，兩間正氣。朝講一諮，深有〔二〕裨聖學聖政，而一鳴輒斥，繫東山之望數十年。光皇乃起之卿貳，歷任司空。誠人心所共快，而世運之轉機也。方幸絕學復明，群迷欲醒，而孰迫之去？孰褫之職？孰使書院之蓁蕪？孰致斯文之掩蝕？彼時忌之者設心，〔三〕以爲不若是，無以掃除君子恣所欲爲，而不知真儒大節，乃欲晦而彌彰也。蠖屈一時，鳳儀千載。」

一工部題覆云：「本官生平所學，惟毋自欺，實踐妙悟，卓有深詣。誠不忍人心世道之日趨於〔四〕江河，慨然以興起挽回爲己任。」「進而簪紱，退而林皋，矻矻孜孜，惟日不足，豈不〔五〕濂、洛嫡派，鄒、魯正傳哉！」「彼其之子，阨其位，錮其身，毀其講習討論之地，胥天下雲霧之以自便其私」，「人心乃迷，世道乃蕪，逆節萌生，幾竊國家負之去矣。」「神聖敷求，恤典煌煌，與鄒元標、高攀龍鼎足相映，天下始曉然于正學之終不湮，而道明晝日，世躋陶唐。〔六〕本官一身關氣運，繫治亂，豈渺小歟？」

一神道碑。庶子姚公，諱希孟撰云：「長安爲風氣所匯，大河縈繞，太華矗峙，原隰沃演，扶輿萃靈，往往有傑人鉅公，起而應之，如漢之第五伯魚、楊伯起，唐之韓宜陽，宋之呂正獻公，皆其選也。關中往喆，史不勝書，獨臚舉四君子者，第五

〔一〕「之」見康熙本，前「吏部題覆」無「之」字。

〔二〕據前吏部題覆補「有」字。

〔三〕據前禮部題覆補「設心」二字。

〔四〕據前工部題覆補「日趨於」三字。

〔五〕光緒本原作「非」，據前工部題覆改。

〔六〕上句所引與工部題覆原文有異。原文作「敷求善類，而本官之歿，則予祭、予葬、予諡、予贈蔭，煌煌彝典，與鄒元標、高攀龍鼎足相埒，天下於是始曉然於正學之終不湮，正人之終不朽，而道明晝日，世躋陶唐。」

倫作司空，韓休作相，罷爲工部尚書。呂晦叔平章軍國事，亦以司空拜。千百年後，有官閥同者，馮先生也。伯魚在朝，忠不隱諱，直不避害。韓休直方，不務進趨，尤爲時主畏憚。晦叔自少講學，以治心養性爲本，其勳業得之問學居多，而鸛雀鱣魚，嗍集講堂。諸儒有「關西夫子」之稱者，惟楊伯起。千百年後，進而竭忠同，退而窮理同，合四君子而會爲一人者，馮先生也。馮先生者，大司空少墟也。

王文成嘗作人心有仲尼之詩，鄉塾傳誦，擬于鞞鐸，俊兒郎厭其腐，弗習也。先生之父手書以授，而先生犁然有當也。居兩喪，哀毁如禮。以論學爲任，德清許公孚遠所器重。

連掇兩闈，觀禮部政，入朝者多餂中貴家，先生獨攜茶餅往，所到必以理學書一二冊自隨。選庶常，以端靜寡營得之，然不規規詞章。嘗以文人何如聖人賡勖同志。出山西道御史，視中城，中貴以半刺通者，卻必峻，若輩聳息。都中饑，官爲設糜，無救道殣，時自取啜之，廼克有濟。壬辰大計，以先生司偵邏，包匭肅清，生平與相知贈答書卷而已，人目爲「秀才御史」。司城者結首揆，紀綱爲厲，疏斥之。省中胡汝寧，權門客也，屢彈不去，以先生一疏逐。

神廟中年，朝講浸廢，或飲酣，斃左右給使，齋心草疏，有「困麯蘖而驩飲長夜，娛窈窕而宴眠終日」等語。神宗怒，欲賜杖闕下，會長秋節，輔臣救免，遂請告歸。

三年還故官，督長蘆鹺政。每按部，德教爲先，進諸生而誨之，遴其鄉之堪表率者而崇獎之。至吏而飢虎，賈而碩鼠，無逭法焉。有倚相君子求庇，竟從白簡，坐是與要人左，遂以它言官株累削籍，林居二十六年。

光廟改元，累用符卿、冏卿、廷尉召，因兄喪未行。熹廟初，與鄒忠介先後出山，適有遼左之警，群心惶惶，爭遺其孥，先生獨盡室以從，示不返顧。亡何，廣寧失守。經撫攜手入關，先生謂不逮治何以勖守關將吏？寧同官具疏，朝論韙之。後以中丞佐西臺，而忠介爲御史大夫。善類倚兩先生爲重，兩先生方尋山中講學之盟，以興起忠愛，其衛世良苦，又因廷議進藥事，謂可灼以至尊嘗試，而許其引疾去，當國何心？至梃擊之獄，與發奸諸臣爲難者，必奸也。議甚正，群小爲之齒擊矣，于是刺講學者踵接，而先生與忠介後先乞身去。

又二年，起總留臺，未赴，即家拜工部尚書。是時逆璫猶以人望屬先生，乃正氣怒張，璫亦磨牙向人，因疏辭，予致仕。次年，褫其官，有同鄉踞均衡者，選一狂猘撫關中，日夜窘辱先生爲事。已而詧其清，不忍加遣，惟毁書院，曳先師像擲城隅，以洩其憤。先生痛如切膚，吁嗟病榻，晝夜趺坐二百日，夜不就寢，竟以此長逝矣。

希孟諸生時從奉常姜公士昌、御史大夫高公攀龍〔一〕遊而知先生。比辛酉、壬戌間，相逢京邸甚驩，每爲余娓娓談林居事。方其以御史奪職歸，楗扉塊處，九年不出門，六年不踰戶。燕寢三楹，竟日危坐，夫人司啟鑰，親朋罕以刺通。有問學者，一稚子肅而入座，久碾來牟剪葵韭爲供，輶軒客及內外臺使者至，沽斗酒，烹一伏雌，油油而退，去後杳不相聞。若公庭及單車應召，即號同志撫掌大赫，號相貽也。始病怔忡，以靜存調之，靜極而通，深造逢源，得之病中居多。有侍先生數十年，未嘗見有擇言擇行流露，從橫居然性體擬之，大儒宋以上勿論，其在昭代，則河東、餘干之間乎！

憶辛酉冬，中州某公一日集十餘客，先生與希孟俱預焉，頗商及學問事。酒三行，鄒先生振音歌人心仲尼之詩以侑之，余固疑其講社也。浹旬，而馮先生折簡相招集城西道院，至者幾三十人，多一時名卿。先生拈「若合符節」語，窮其合一何在。間有一二逆難者，迄無了義。余歸，從枕上尋繹，復念世人側目群賢久矣。輦轂下，復闢講壇，謠諑之囮也。甫明而鄒先生叩門來，謂此會毋往，余躍然曰：「余因欲止兩先生。」鄒先生曰：「馮子以學爲行其道者也。毁譽禍福，老夫願之。」又數日，而先生來，余諷曰：「國家多事，士大夫宜講求者非一端，講學宜少需乎？」先生曰：「正以國家多事，士大夫不知死，抱頭鼠竄者踵相接。宜喚起親上死長之心，講學何可置也！」余默然不敢對。

壬戌八月，余乞假還，先生召余暨魏給諫大中，盤桓抵暮而別。別後人言蜂起，先生歸秦。又二年，璫禍作，余從鋒林劍樹中，留此身以事聖明。然骨脆力蹇，迄未窺學問之藩，而先生不作矣，彷彿生平豈獨喆人之痛。茲其子嘉年以麗牲之石見委，隱括其梗概而繫之銘。先生諱從吾，字仲好，學者稱爲少墟先生，世爲長安人。官爵存歿、卒葬婚嫁，詳載誌狀中。

〔一〕原文似「扳」，疑爲「攀」。

銘曰：

終南惇物，縈以渭水。山高土深，民風茂美。挺生巨人，□□[一]秉中蹈軌。輔世覺民，視聖而履。楊庭呼號，豈曰謟訕？生平所學，以獻天子。遇則霖施，違則霞舉。往復平陂，卜公出處。一榻經年，兀坐不起。竹徑[二]雲封，荊扉雪壘，雍頌儒生，摳衣納履，春滿河汾，風清濂泚。以翼天常，以維人紀。詎曰聚壇，好召徒侶。含珠布襦，狺狺未已。維蠅有矢，維蠆有尾。糾聯貂璫，毒流海宇。牖下考終，得死所矣。道山爲罔，理窟爲房。鬱鬱蒼蒼，馮公之藏。

一人鄉賢祠傳。光禄文公，諱翔鳳，撰云：先生諱從吾，字仲好，曰某。先生後陽明子卒二十九年，以嘉靖丁巳十一月二十三日生，九齡聞「個個人心有仲尼」之句，遂知王氏學。蓋其所自入，異稟擢慧，美厥靈根。十三象璜遊，二十餼，又五年而選士，即小修詞之技，斂曜而問睿作之途。從文師敬菴許公言，公亟以爲終座代我也。

成進士，年二十三矣。[三]觀政客部，與共郎徐匡嶽氏言。選庶吉士，又與其年友焦漪園言。改監察御史，視中城，糾政府，幕人胡給事罷之。疏朝講，泰切直，幾廷杖，閣學以揭免。與其同臺涂鏡源氏言，移疾去，杜客三年。與其友諸生肖燿氏言，著疑思録。起按鹽長蘆。視學輒前諸生言，著訂士篇。張新建相輒取内旨，逐言官，至按籍一筆勾，公與焉，以騾與還。

會寶慶寺，屢嘗數百人，「致良知」之指，玢豳被座端矣，著善利圖說。浹日輒會者三年，又以病，九年杜門，足不僭丞也，而其學庚大獲，與其友孝廉張舜典氏言，著辨學録。出關，仍會寶慶寺。又三年，院司爲建關中書院，延主之。有田以贍士矣，而公之家食二十有六載。自九年闕，他則以趙淑人棲墅。非講期弗跐市。薦疏騰數十百章，並不報。直指余少原

[一]「□□」康熙本作「巨人」，疑爲衍文。

[二]「徑」康熙本作「經」。

[三]「二十三」，原文作「二十二」，據馮從吾生年改。

氏、畢東郊氏以其說行世。

光廟起璽，卿二冏寺，再二棘寺，兄喪不就。熹宗踐祚，始拜命，轉棘左。攝篆太平反三，又遼西潰，失微於閭之鎮，經撫臣駢奔。公以諸卿士疏請建竟論法，侍經筵，賜宴，晉協僉院改副，與臺長鄒南皋氏、僉院鍾龍源氏飭臺綱。以方漢三君遂與言學都城隍廟，集嘗數十伯人。臺官爲建首善書院。蓋公志而相葉福唐爲之記，董元宰宗伯勒之石。葉記蓋于鄒、馮之學有微辨，謂馮學顓程朱云，給事朱童蒙誹之。五疏去，即郭給事允厚大誹鄒，于馮學無譏焉。

起南臺長，不就。已又拜大司空，辭，遂予告。乙丑，矯詔削籍。明年，公疾作，丁卯二月遂易簀，年七十有一也，去陽明蓋百年矣。

其學雖自王氏入，終亦微救「無善無惡」之病。而孝弟自其孺子若性，失二人以兆咸大瘠毀。佐兄禮其父事之者畢世。十九，趙淑人歸。賓之，即言學其閨。比貴，尚舍其光子三椽之舊。弗湫隘，罔媵御、晏集博略之娛，所謂以致實良知者耶。其自表以心性其體，誠敬其功，天地萬物一體其度，從心不踰矩其極。從遊殆五千人。王子後，諸學士公其魁梧桀跱者也，正如叔子，嚴類鄜縣，要兼善余姚言。匪苟知之，厥蹈維允，爲天下清流所嚴事。晚遭擯禁，即阨同伐木，而諸君子之譽述益堅。跡其所聞風之緬，即名世者無胥遠矣。

一入正學祀。大參祝公，諱萬齡，撰云：先生諱從吾，字仲好，號少墟，世長安人。萬曆戊子舉于鄉，己丑成進士，累官工部尚書，以理學名世，授徒講學，在京建首善書院，在家建關中書院。以孔孟爲宗，以心性爲體，以誠敬爲功，以闢邪距異爲要。及門之士過五千餘，著少墟全集若干卷、續集若干卷傳世。嘗自贊曰：「佛老是距，鄒魯吾師」，正學宗傳，舍先生吾誰與歸？先生之節操歷履，不少概見。此特述其約略云。

一墓內。總憲安邑曹公，諱于汴，真予先生誌銘。

一楊復亨尚友録云：南鄒北馮，厥聲赫矣，而先生之學尤爲精純。追張媲呂，卓然聖學之鵠，汙豈阿焉！

恭定先師之事功德業，亦既彪炳宇內，膾炙人口矣。茲特略搜其實蹟，堪指數者，微載一二。獨從祀大典，尚未標舉。

昔掌科杜公，諱三測者，曾具題蒙旨云：「事久論定行。」今事已久，論已定，復亨等居門人之列，不能無望于後之述道統，而爲斯文砥柱者，特施其闡揚云。

門人楊復亨謹述

公移

重立馮恭定公木主公移

西安府爲表彰先賢，以廣洪恩，以勵世風事。

蒙欽差提督學政、陝西按察司僉事呂□憲牌，奉巡撫陝西兵部尚書加二級賈漢復[一]批：據長安縣儒學生員馮澄若、馮溥若呈稱：關中書院係澄等祖恭定創建，講明理學之地也。時值改革，貯放火藥，幾毀其跡。幸蒙大宗師力培道脈，砥柱斯文，遷火藥而捐俸，重加修葺，煥然一新，誠士風丕振，世道甫新之會。曩昔中天閣下，前院劉、按院吳立先恭定木主，祀于中。按院吳重修，鹽院姜設春秋二祭，已經多年。茲蒙大宗師鼎造重新，而閣下尚在空閒，若無先恭定木主，不惟湮沒先恭定品操，實非大宗師表彰先賢，廣勵世教之至意。懇祈仁恩大宗師俯念先恭定有益世教，准賜書院閣下仍立木主，得「並先儒永垂不朽，而世道士風不無攸賴矣」等語。

奉此，仰提學道查議，作速議妥確，具詳報道，以憑轉報施行。蒙此，擬合就行。爲此，仰縣官吏文到，即查生員馮澄

[一] 原名字缺，依重興關中書院記補「漢復」。

若、馮溥若所呈書院閣下應否立恭定木主，作速查議妥確。限二日內，具詳報府，以憑轉報，勿得遲延，須至牌者。

該縣覆云：　查得關中書院係馮恭定公先生創建，倡明理學，蓋有年矣。明季撫臺劉公廣生，按臺吳公煥暨在省各官改爲馮恭定專祀，立木主于中天閣下，鹽臺姜公思睿設春秋二祭，按臺吳公甡捐俸重修，光祿文公翔鳳撰文，知縣張希夏立碑，鑿鑿可據。可否應立，卑職不敢擅專，伏候上裁定奪，申府轉道。

康熙七年三月□日蒙巡撫陝西兵部尚書加二級賈漢復〔二〕批云：　關中書院中天閣下既有馮恭定先生神主，該道即行置木主，仍立閣下，以彰崇儒重道之典，依議速行繳。

告示

巡撫陝西兵部尚書加二級賈漢復〔三〕爲禁約事。

照得關中書院原以繼道統廣教育也，創建于馮恭定公，其來已久，所係最重。向因兵燹之後，爲修貯火藥之場。本院蒞任伊始，即據紳衿公呈，不憚勞怨，費盡心力，移火藥于別室，方得還爲馮氏故物。因是捐俸修葺，煥然一新，前後堂室可以講學課藝，東西圍廨可爲鄉紳停驂，事屬兩利，法期永久，地方官不得借爲公館，一切遊客不得擅自居停，衙役市棍不得擅入搔擾，作踐房室。如不遵前約者，執此赴督撫兩臺稟究。三尺凜凜，決不輕貸，須至鐫石爲榜者。

康熙七年二月二十八日立

〔二〕　原名字缺，依重興關中書院記補「漢復」。

〔三〕　原名字缺，依重興關中書院記補「漢復」。

書院記

新建首善書院記

賜進士出身光禄大夫大柱國太子太師吏部尚書建極殿大學士福清葉向高撰文

賜進士出身中憲大夫太常寺少卿兼翰林院侍讀學士華亭董其昌書丹並篆額

首善書院者，御史臺諸君所創，南皋鄒先生、少墟馮先生講學所也。額曰「首善」者，以在京師，爲首善地也。二先生語余：「子爲我記。」余曰：「記講學者，必其素嘗學問之人。高不知學，何以爲辭？」二先生固強之，余乃言曰：古之所爲教學，則庠序學校盡之矣。當其時，里黨之所習聞，師儒之所修明，舍三德、六行、五倫之外，無他物也。自鄒、魯興，齗齗於洙、泗臯繹之區，始言心、言性、言道德仁義，而其指歸不出於孝弟。時庠序學校廢，而賢人君子之志於學者，始欲得聖賢爲之依歸，以共維世教於不墜，其上下之相爲補救如此。漢、唐以來，以雜途詞章取士，置德行倫常於不講。至宋，而濂、洛、關、閩諸儒乃復緒鄒、魯之微言，轉相授受，鹿洞、鵝湖始有書院，以聚徒講學，亦杏壇之遺意也。明興，設科羅才，雖取詞章，而學宫功令載在臥碑者，一本於德行，至以「明倫」額其堂，其大指與三代同。而末流之弊，逐功利而迷本真，乃反甚於漢、唐。賢士大夫欲起而維之，不得不復修濂、洛、關、閩之餘業，使人知所嚮往，於是通邑大都在所皆有書院，而京師獨闕，欲講學者率寄跡於琳宫梵宇、黄冠緇流之所居，而無一敬業樂群之地，蓋二百餘年於兹矣。

夫大學之道，明德新民，歸於止至善。其釋「止至善」，首言邦畿千里，維民所止，其重邦畿如此，要其所止，又不外乎君臣父子之倫。蓋聖人之教人明白顯易，不爲奥説渺論又如此。夫惟君臣父子之倫明而後朝廷尊，朝廷尊而後成其爲邦畿，可爲民止，故曰：「商邑翼翼，四方之極。」會極會此，歸極歸此，此之謂「首善」，非他之通邑大都所得而比也。二先生之惓惓於此，意念深矣。

吾所爲鄒先生之學，深參默證，以透性爲宗，以生生不息爲用，其境地所詣，似若併禪機玄旨而包括於胸中。馮先生之學，反躬實踐，以性善爲主，以居敬窮理爲程，其識力所超，又若舉柱下竺乾而悉驅於教外，要之於規矩準繩，倫常物理，尺尺寸寸不少踰越，與世之高談性命，忽略躬行者大相逕庭。則二先生師世淑人之模範，又無不同。故凡謁鄒先生盎然如太和元氣之薰蒸，疑遊華胥之庭，其見馮先生則屹然泰山喬嶽，生仰止之心。

今合二先生振鐸於邦畿，又適值天子道化覃敷，統接堯舜，一時名流濟濟，如龍源鍾先生輩相與于喁唱和，共明君臣父子之倫，闡皇極以示會歸，使凡有志於大學者，毋以至善爲荒唐，而唐、虞、三代之治可復還於今日，則其所補於世道，豈淺鮮哉！往徐文貞在政地，好講學，朝紳或藉以爲市，江陵矯之，至盡毀天下之書院，使世以學爲諱。

余愧不能爲文貞，奉二先生於臯比，而幸與之同朝，時聆其謦欬，又讀其論學之書目，睹書院之建，未嘗不忻忻然有執鞭之願。世得無執江陵之見以悄余乎？余亦甘之矣。書院在大時雍坊十鋪，貿自民間，爲金一百八十兩，皆三廳。十三道之所輪經記其事，則司務呂君克孝、御史周君宗建。以天啟二年冬月日開講，是爲記。

吳郡溫如玉、南唐張應召同摹勒上石

重興關中書院序

聞喜翟鳳翥 撰

關中書院，明萬曆間當道諸公爲少墟馮先生講學設也。先生正學大節詳志傳中，與鄒南臯、曹真予、馮慕崗諸公稱理學名臣，表表一時，而書院與白鹿、弘運並著，堂搆巋然，號舍布列，前開泮沼，後起中天閣，肖至聖像于其上，歲時祀之。從先生遊者至五千餘人。關中書院之盛，近古未有也。

天啟朝，璫黨柄政，奪先生官，又以其黨郇瑕之喬撫關中，毀書院，移閣城隅，曳先師像，爲佻㒓所狎。文子云：「吾道中天者，城闕一隅而已。」時有地震之警，璫逆誅，書院隨復，閣還舊址，益大之。都御史劉公廣生，直指吳公煥、吳公甡暨布按諸公，即以先生木主龕于其堂，與先師並祀春秋。壬午，孫督軍假寓弗安，築還之。皇初肇鼎，暫貯火藥，嗣有欲材其閣者，以像故，弗敢動也。梁桶半頹，雨風不蔽，聖體暴露，與向之曳狎城闕等，人心其安之？日者，天子重道崇儒，廣厲學宮，而以禮樂俎豆之地委諸草莽，則又當道者過也。余不揣越俎，以紳士之議，請諸院臺，恢復前業，以祀先賢，以啟後學，僉曰「善」。且祈各輸捐，以佐厥工也。

噫嘻！佛老之宮、淫邪之祠徧天下，優夷優塞之徒爭以金錢事之，而其弟子又不惜燒指跣足，持缽延乞，以莊嚴其珠宮琳館之脫臂于手眼者，圓滿功果也。吾輩師祖何人？名教何地？蓁蓁蕪蕪，付諸秦灰，抑亦佛弟子弗若矣。振絕學而起之，其功果又何如乎？

弘運書院曹先生之教，余友呂見齊諸君子世守之矣。舊歲走吉陽，登白鷺洲，堂閣坊舍，南皋遺跡，煥然聿新也。關中爲自古名都，先師之靈、少墟先生之祀獨可聽其棄置而弗爲之所乎？復則實願與諸同志共成其事，足覘文教之大振也。是爲序。

巡撫陝西等處地方、兵部尚書、都察院右副都御史加二級賈漢復謹募

馮恭定公全書跋

馮澄若等

先祖恭定公文集傳世已久，其版藏關中書院。兵燹後，遺失弗存。澄若等鬻田購搜，十年始獲一集，而力之刊不果，遂無以應求者，夙夜懷恧焉。今上龍飛十有二年，值總督鄂大宗師首倡道學，上接周、程，延中孚李先生，率多士講學關中書院，復立先祖木主於中天閣下，慨然垂問前集，而邑父母郭遂以實對。蒙愍全書湮沒，傳之不永，因謀之督學洪宗師捐俸，重付剞劂，閱二載乃竣。舊集既煥，典型匪遙，碩輔佑文，於斯爲至，不但澄若等瞻注祖武如在耳目間也。覽者鑒之。

康熙乙卯桐月，嫡孫澄若、溥若，曾孫續先、繩先仝識

洪琮

校梓馮恭定公全書跋

欽命總督陝西軍務兵部右侍郎兼都察院右副都御史鄂善恭閱

欽差提督學政陝西按察司僉事洪琮重校

嫡孫馮澄若、溥若，重孫續先、繩先，元孫世澤、德馨、德慶、德潤，六世孫廷獻、廷遴、廷祥、廷彥、廷玉、廷傑校正。七世孫毓英、毓蘭、毓棟、毓芬、毓元、毓蒔、毓櫟、毓芳、毓蕙、毓芝，八世孫秉賢、秉信、秉坤、秉乾、秉仲、秉文、秉良校正。九世孫金甲、澍甲、騰甲、啟甲、振甲、承甲、興甲、登甲、□甲，十世孫光宗、建宗、紹宗、繼宗、效宗、培宗校正。

康熙癸丑仲秋望日重刻

補刊馮少墟集書後

馬天佑

丙申秋，偶讀馮少墟先生集，喜其學術純正，語言明透，快心滿意，如饜粱肉，嗣知先生之學，乃繼横渠、涇野而特起者，有此模範，恨不及蚤遇之。因念吾秦講學之盛，代不乏人。近得三原復齋賀先生一倡導，甚有端緒，忽焉告終，此風又歇。使此書果能盛行，未必「關學」不復振也。第集板殘闕過多，勢難再印，欲加重鐫，又非力所及。友人馮鳳舞夙有補刊志，復屢致丁囑，心久識之。矧補刊，需費亦省，遂往就商。且衆同志孫學讓、石確以共襄此舉。幸塾師郃陽雷杜亦篤嗜此書，爰與詳加讐校，正其錯誤，理其紛亂，漫滅者易之，破爛者完之。命梓修葺，歷三月而工粗竣。統計工一百四十五，需銀二十二兩，雜費共用銀九兩七錢。奈苦乏巨資，不能多摹，兹僅得一百五十部，已屬勉力。有能廣爲刷印，尚有待於來者。總

之，今兹之舉，惟冀是集之行，覽者多而悦者衆。倘此學日明，於世道人心必將大獲裨益，若更有賢士大夫深惧斯道之墜，肯慨然集資重鐫，以期永久，則又今之所厚望也。

光緒二十二年冬月，華州馬天佑謹識

功德録〔一〕

少墟書院　捐銀壹拾兩　　周　敬　捐銀貳兩

閻維翰　捐銀壹兩貳錢　　張文俊　捐銀伍錢

劉詩堂、董海觀、石確各捐銀壹兩

馮鳳舞、馬承休各捐銀七兩伍錢

捐書姓名未書

張淵捐銀壹兩，刻請入祀典三頁

此書在省城鐘樓、南順城巷開元寺門馬雜貨鋪出賣，時則每部銅錢一千，粉連、官堆每部銅錢壹千六，京貢每部銅錢八佰。

板存少墟書院

〔一〕原文無此標題，此爲編者加。

馮少墟集續編

續編一

關中四先生要語録序

周傳誦

今學士大夫誰不知有涇野、谿田、苑洛、斛山四先生也者，第或浮慕其節義，風猷彪炳當世，不知此其緒餘耳，乃四先生居恒論説，有一息不以身心問學爲兢兢哉？以故克養宏深，注厝自别，知非襲取口耳者可同日語也。慨自藻繢風勝，好修道微，流俗相沿，積重莫極，濂、洛、關、閩之學幾爲絶響，間有講者又或高談性命，脱略庸行，勦説瞿曇，支離聖軌，不惟不足以力挽流俗，且爲流俗藉口，于是乎講學之名，世且厭聞矣。此固懲噎者過，亦徒講者咎乎！然百爾君子，誰能須臾外此道此學以律身應世，而語稍及之，即相視緘口，胡其隘也！嗟夫，道不遠人，隨在各足日用飲食。歸有餘師，若可無講，顧紛華易悦，方寸靡常，不有提撕，寐者焉覺？亦安可不講？不然，是審問明辨皆贅詞，而宣聖吾憂爲過計耶？吾關中四先生繼出，卓立于紛紜波蕩之中，毅然以斯道爲己任，有所發明，慥慥乎率躬行切近語，見者信其爲有德之言。今遺訓具在，讀其書，論其世，參前倚衡，用以自淑，而身心言動有不粹然一歸之正，以免于鰲者必不然也。然則講烏可廢？患講者不四先生耳。余不敏，懵不知學，幸生四先生之鄉，又友人馮仲好氏篤志力行，昕夕過從，時舉四先生語相勖也已。仲好氏曰：「兹學之不講久矣，四先生之教，吾願與志學君子共焉。」因出其所録要語四卷示余，遂謀付剞劂，而綴數言于簡端，且喜從兹得便于檢閲觀省，庶幾乎日與四先生對也。

萬曆乙未春日，關中後學周傳誦謹書

馮少墟關中四先生要語録序

李元春

少墟先生既輯關學編，又有四先生要語録，四先生要語即見關中諸先生之傳授矣。四先生在關中尤表表者，具有全書，得其全書而讀之，幸也。不然，得此數頁遺言，日日誦習，亦可也，然此録今人尚少見者。憶予少時從先河濱家爛帙中閱此，記涇野語一條云：「居翰林七八年，衣一布袍，惟何子粹夫一人。」遂銘之於心。負裝走京師二十年，服粗食疏，不隨人俯仰，不受人饋遺，守此志爾，亦可見此書之益人矣。幸此書未失，搜得之，間加注語，付之梓，以公于人。有同志者當知共寶之。

李元春又育甫

關中四先生要語題辭

涇野先生語録故二十七卷，苑洛先生語録故六卷，海内傳誦已久，至谿田先生語録止存數則于嵯峨書院志中。斛山先生語録附刻于遺稿後，人多未及知。余生也晚，不獲摳衣四先生之間，而讀其語録，慨然慕之，想其爲人，因匯而録其言之尤要者，分爲四卷，以便觀省。若謂即此足以盡四先生，非余不佞之所敢也。且余之所録者，四先生言耳，四先生德業節義炳耀今古，蓋所謂行過其言者。求四先生者，又進而求之于行，斯得四先生立言之意。不然，即取四先生全集讀之，亦徒爲口耳贅也，矧要語乎哉！傳曰：「君子恥其言而過其行。」吾黨勉矣。

長安後學馮從吾

馮少墟關中四先生要語録

朝邑李元春時齋甫學　男來南、來瀚校録
朝邑蒙天庥蔭堂甫刊　男煦校梓

關中四先生要語卷一

涇野呂先生

何子仲默曰：「今之談道者猶作文之無益也。」先生曰：「言于是，行于是者，有矣。不言于是，行于是者，未之有也。且舍是而不言，忘言則不能，亂言則不敢。」

用問鬼神。先生曰：「三代下知鬼神而敬事之者，其邵堯夫乎！故其言曰：『思慮未起，鬼神莫知，不由乎我，更由乎誰？』於戲，此君子之所以慎其獨也。」

仲尼以夕死爲可，子輿以偷生爲哀。死也猶弗死也，生也猶弗生也。

耕田不深無高稼，治學不深無端行。

求安莫如治病，求善莫如治過。病去則體安，過去則行善。改過是涇野一生學問宗旨。

吾未見甘貧者也。居翰林而見何子粹夫焉，一布袍六七年。

學者有三多四寡。寡言則行力，寡動則靜深，寡交則業專，寡欲則理明，是謂四寡。多學則德積，多思則幾研，多就吉人則爲之也易，是謂三多。

端居暗室，終年而不外想者，斯其人可以入朝市。

吾儒心中當常使有餘無不足處。所謂有餘，曰內省不疚，夫何憂何懼？

渭川周子問異端。先生曰：「古之異端猶可闢也，今之異端不可闢也。古之異端猶異類也，今之異端則同類也。挾術數者，世稱才儒；閑詩賦者，世稱雅儒；記雜醜者，世稱博儒；趨時而競勢者，世稱通儒；談玄者，世稱高儒；臨事含糊淹滯者，世稱老儒；蹈襲性命之言者，世稱理儒。斯非皆爲孔子之書者乎！然談天下蒼生者，皆此異端也，老、佛其細諸。」

問：「靜時體認天理易，動時體認天理難，故君子存靜之體認者，以達乎動之泛應者，則靜亦定，動亦定，其爲成德孰御焉？」曰：「動時體認天理猶有持循處，靜則甚難。能于靜，則于動沛然矣。」

丘孟學曰：「舉業之溺人與佛之溺人一也。」先生曰：「就溺中不爲所溺，方是登岸。」

先生常勉學者必以聖賢自期，不得視己爲草木類，行坐常思己終身爲如何，人如此激昂，必至廢寢忘食。

問：「交友、居家、處世不能皆得善人，甚難處。」先生曰：「此須有憐憫之心。能憐憫，便能區處。」

禹無間然，只在菲飲食。回稱爲賢，只在簞瓢陋巷，不改樂處。今學者只去其一切外慕，無所係累，方爲實學。

力行甚難，苟非操存，爲之不已，則心機又由熟路去。須努力過此關。

問「今之講道學者」。先生曰：「雖則幽深玄遠，但我有捷徑法。只不恥惡衣惡食，便是道學。」

看書先要己心與日用常行比合，其見自別。

先生因學者往教，曰：「昔蘭州有守墩軍，姓周名蕙，字廷芳，初讀大學，不知的字，講問於秀才。其後將中庸、語、孟及五經盡讀之，有得於心，遂以程、朱自任。有鎮守恭順侯吳某，延教學，周辭曰：『使我守墩則去，決不往教也。』侯不能強，遂親送二子于其家以受教。又有鄭安、鄭寧二槃人進啟，本願除業籍從周先生讀書，其感發人至于此。」

或患義理難明。曰：「凡人義理不明，只由外物牽制。去牽制，義理便明矣。」

先生謂大器：「爲學隆師取友，變化氣質爲本。渭南有薛敬之從周先生遊，常雞鳴而起，候門開，灑掃設坐；及至，則跪以請教。後歲貢過陝州，聞陳秀才雲逵，忠信狷介，凡事皆持敬，遂拜訪其家，問曰：『何以得此門戶？』陳曰：『我常事父母有忿聲，一日讀子夏色難章自悟，即改其行。』薛歎曰：『此吾良友也。』遂定交而去。」

問：「五經四書熟後，再看何書？」先生曰：「行後方能熟，雖不治他書，可也。」有餘力或可博通，然五經四書於道理已盡，他書皆爲此參證而已。

學不講不明，非是[一]自矜將以驗己之是非。

問：「動心如何制？」曰：「人之心動，一日或有一二至，至渾然無欲處方無了，[二]乃己須于動處一刀斬截，歸天理乃定也。」

問「處世甚難」。曰：「處家處人，當使仁讓有餘，自處宜淡薄，無處不宜。」

先生曰：「人心要廣大，如天之無不覆，如地之無不載可。」大器曰：「心大則萬物皆通。」曰：「然。某又常言謙虛則寬綽而有餘，矜誇則狹迫而不足。」

問「患功夫間斷」。曰：「出手入眼皆功夫，焉得間斷？」

交友當取其直，責善當巽其語。

「思無邪」功夫于學者極省力，須真實下手爲之。纔起念慮，便加省察，毋得使如野馬馳逐，向曲徑旁路。

[一] 原文無「是」，據涇野子內篇卷七柳灣精舍第十一補。

[二] 原文無「方無了」三字，據涇野子內篇卷七柳灣精舍第十一補。

大器問「動靜不失其時」。曰：「正是仕止久速各當其可，今且只于語默作止處驗之。」教汝輩學禮，猶堤坊之于水。若人無禮以堤坊其身，則滿腔一團私意，縱橫四出矣。

陳世瞻問「堯舜氣象」。先生曰：「若求此氣象，不在高遠，便就汝適間一言一行處求之，則滿目皆此氣象，如程子云『會得時活潑潑地』。必參前倚衡，則仁道全體在此，堯舜氣象在此。」

有一官言二十餘年仕路淹滯者，先生曰：「前半截也不須管，後半截也不須管，只宜爲今日的官。」

許象先問：「樂在其中與不改其樂，『樂』字有深淺否？」先生曰：「不須問淺深，今日只求自家一個樂耳。」大器曰：「然求之有道乎？」先生曰：「各揀己所累，一切盡除，則自心寬體胖。然所謂累者，不必皆聲色貨利，只于寫字作詩，凡嗜好皆是。程子曰：『書劄于儒者事最近，然一向好著，亦自喪志。』可見。」

學者須求聖人憤樂始得，但今人一日亦有個憤樂，不知憤甚樂甚？

千慮萬思不如一靜，千變萬化只在一心。心學不誤，勿疑涉金谿、姚江。

希古曰：「程子說邵子苦心如何？」先生曰：「孔子發憤忘食。」又曰：「終日不食，終夜不寢，不知如何景象？」希古曰：「聖人未必如此，蓋謙辭耳。」曰：「最不爲詭者孔子，且伏羲上古聖人，仰觀俯察。顏子大賢，鑽堅仰高，瞻前忽後。楊子說顏苦孔之卓，何等苦心？今日都求捷徑自在，是以不能入聖。」

先生謂諸生曰：「『我欲仁，斯仁至矣。』今講學甚高遠，某與諸生相約，從下學起，要隨處見道理。事父母此道理，待兄弟妻子此道理，待奴僕此道理。可以質鬼神，可以對日月，可以開來學，皆自切實處爲之。」大器曰：「夫仁亦在熟之而已。」曰：「然。」

問：「今學者論舉業、德業爲二，可乎？」先生曰：「舉業中即寓德業。試觀所讀經書及應舉三場文字，何者非聖賢精切之蘊，仁義道德之言。試以是體驗而躬行之，至終其身不易，德業在是矣。」

或問「朋友講論多不相入」。先生曰：「須心氣和平，使人聽服。不然，則至爭辯，面頸發赤，雖講之善，亦不善也。」

所謂學，安在哉？」

問「讀書作文」。先生曰：「學者雖讀盡天下之書，有高天下之文，使不能體驗，見之躬行，于身心何益？于世道何補？故學者不貴于文藝，當涵養本原，修其德業，其文學自著矣。」

詔問：「處宗族有不善者，如何？」先生曰：「若可化則以禮義論之，使之自悟。如不可化，亦當委曲容之，可也。故門內之人寧使恩掩義。」

黃惟用曰：「學者不可將第一等事讓別人。」先生曰：「纔說道不可將第一等事讓與別人，不免是私，此自己合爲者。」又曰：「學到自己合爲處，則別人做第一等事，雖拜而讓之，可也。」

章楓山先生甚好，致仕在家時甚清貧，自處三間小房，前待客，後自居，家中子弟甚率教，有漢儒躬行之風。先生諱懋，字德懋，浙江蘭谿人。

問「學不可不講」。曰：「若徒取辯於口而不躬行也，無用。如今日看某句書，于心未穩當；行某事心有未慊，須與朋友講明，然後的纔自慊，即可坦然行之無疑。可見學要講明。」

問：「張子說『合虛與氣，有性之名。』」曰：「觀『合』字，似分理氣爲二，亦有病。終不如孔孟言性善，如言天命之謂性，何等精當？理氣非二物，若無此氣，理安在何處？故易言『一陰一陽之謂道』。」理氣自是二，但理不離氣。

汝輩工夫須有柄欛，然後纔把持得住。不然，鮮不倒矣。故扠手不定，便撒擺，立脚不定，便那移。

學者存誠工夫只要不息。能一夜不息，則一夜之聖人；能一日不息，則一日之聖人。若常常不息，則常常是聖人。若息，則便入夷狄矣。

或問：「中庸甚簡易，何以不可能？」先生曰：「唯簡易，故不可能。」

李樂初見先生，問：「聖學工夫如何下手？」先生曰：「亦只在下學。」先生因問汝平日爲甚工夫，和仲默然良久不應。先生曰：「看來聖學工夫只在無隱。學者但于己身有是不是處就說出，無所隱匿，使吾心事常如青天白日。不然，久之積下種子，便陷於有心。故司馬溫公謂平生無不可對人，就是到建諸天地不悖，質鬼神無疑也，都從此起。」

何叔防每于我言不合處，便對曰：「誠再想」。此意甚好。如舜，大聖人也，說不是，禹亦曰吁。子路于孔子之言有未安，便曰迂。若他人不論曉與未曉，只唯唯答應，豈是道理？豈有長進？

諸生因問：「尋樂之功如何？」先生曰：「亦只是自各人己私牽係處解脫了便是。」

先生一日謂諸生曰：「『逝者如斯夫』，夫子見齊衰者、冕者與瞽者，過趨、坐作無兩心，其純亦不已。便如此，學者須是自強不息，若見冕者尊貴便知敬，見瞽者便忽略，即不是。且天下無目者亦廣，如有位有勢人，皆是有目；無位無勢人，豈皆無目？如於此等類，亦須看作一樣。」何堅問：「如此，則無所謂分殊矣。」先生曰：「所謂殊者，如所謂三親九族之類云耳，非是將勢強者作一樣看，勢弱者又作一樣看，有目者譬之是晝，無目者譬之是夜。若但知敬冕者而忽瞽者，正如水却流行于晝，而停止于夜矣，便不是學。」

不但未與事物應接時是獨，雖應事接物時也有獨處。人何由便知，惟是己知，得此工夫最要。

道學之名亦不消畏避人知，纔有避人知之心，便與好名之心相近。

先生問林秀卿近日工夫，顥對曰：「將撥歷，殊覺多事可厭。」先生曰：「正好在此下手爲工夫，不可惡其多事。就撥歷中間，或衙門遠近，道途勞逸，一以道處之，勿以小事動心，則他日當天下之重任，庶事之繁劇，可以無難矣。」

詔云：「近日多人事，恐或廢學。」先生曰：「此便可在人事上學。今人以事爲事，學爲學，分作二樣，非也。須是即事即學，即學即事，方見心事合一，體用一原道理。」因問：「汝于人事上亦能發得出否？」詔曰：「來見者亦未免有俗人。」先生曰：「遇俗人便即事即物，以俗言語譬曉，亦未嘗不可。如舜在深山河濱，皆俗人也。」詔顧語象先曰：「吾輩平日安得有此度量？」

致曲工夫甚難。曲即是委曲處，如水之千流萬派，欲達江達海，中間不免有砂石障礙，山谷轉折，便有多少委曲，須悉致之，纔與江海會通。凡學者惟此一灣難過。

念慮之起，覺得善惡即獨，必好必惡即慎。

問：「今之講學多有不同者，如何？」曰：「不同，乃所以講學。既同矣，又安用講邪？」

先生曰：「學者開口便言仁，何以便能令有諸己？」象先曰：「經禮三百，曲禮三千，無一事而非仁也，故學者在隨處體認則得之。」曰：「正是鳶飛魚躍，無往非此，會得時活潑潑地。然學者須用參前倚衡之功，纔見得鳶飛魚躍，無往非此。」

良貴問：「昨講『仰鑽瞻忽』，生未得聞，請再發明。」先生顧謂欽德輩曰：「記得前日所言否？」諸生默然。先生曰：「是尚未仰鑽瞻忽也。夫高堅前後，豈可他求哉？貴卿之問，即瞻之在前；諸君之忘，即忽焉在後。」于是諸生皆瞻顧錯愕，先生曰：「此尚不可瞻忽邪。」

堅問「在學諸友責備，在家兄弟亦每責備」。先生曰：「諸友責備，外有益友；兄弟責備，內有益親。叔節如此，何患不長進？」

顧問：「賦性忿厲，不能容人過差，如何？」先生曰：「知得忿厲即變化，方是學。且不能容人過差，是己過差。」

知分則不克，知止則不伐，知命則不怨，知足則不欲。

人之所以若存若亡、或作或輟者，只由信不及。若信得及，如寒之欲衣，飢之欲食，自不能已。

父母生身最難，須將聖人言行一一體貼在身，將此身換爲聖賢肢骸，方是孝順。

問：「意所便安處，如何去得？」先生曰：「不止一端，如便於飲食、衣服、居處俱是，只是人受病處不同，須于意所便安處一刀兩段，方能有爲。」

所居朋友，比前加敬，有感化意，便驗得我進處。若只泛泛如途人一揖而過，還未也。如有可告者，即以己所聞者告之。若有所秘于己，亦是自私。故曰克己工夫，未肯加吝驕，封閉縮如蝸。試于清夜深思省，剖破藩籬，即大家。

一生問：「爲學而苦于治生之不足，如之何？」先生曰：「無不足者，只在見得破。耕可，商可，傭、卜亦可，何妨爲學？昔管寧、華歆共鋤而獲金，歆熟視之，寧竟擲不視，此不外耕而學也。韓康伯隱于長安市，賣藥不二價，有一女子買藥長安市中，聞藥價不二，問曰：『子莫非韓康伯否？』此不外商而學也。又如漢嚴君平賣卜，凡有父兄來問，便教以慈愛；有子弟來問，便教以孝敬。此雖賣卜，亦未嘗外學。諸生亦嘗有此學者乎？未也。故爲學不患身貧，只患無志爾。」

艾希淳曰：「『見得破』三字是主本。」

一生問：「人言是，我亦應以爲是；人言非，我亦應以爲非。如此似亦不失和氣？」先生曰：「此只是個無不可爾。孔子太和元氣却不如此，又有無可者在也。」

一生問：「『君子多乎哉，不多也』，如何？」先生曰：「觀此可以知人之胸次矣。太宰便以藝看爲極大，子貢便以藝看爲極小，夫子便將藝看爲一樣，無大無小也。故太宰蔽于物，子貢猶有物，夫子無物。」又曰：「只此處教顏子如何從，得高堅前後之嘆，其亦在此乎！」

象先問：「聖人無我，人便有我者，何故？」先生曰：「只是不仁，不仁故有我。人一有我，則人便得與我爲敵。雖近日兄弟朋友數人中間，亦便許多町畦藩籬隔斷，是以西銘言乾坤便是吾父母，民物便是吾胞與，將己身放在天地萬物中作一樣看。故曰『仁者以天地萬物爲一體』。」

問：「求仁之要在放心上求否？」先生曰：「放心各人分上都不同，或放心于貨利，或放心于飲食，或放心于衣服，或放心于宮室，或放心于勢位。其放有不同，人各隨其放處收斂之，便爲仁。」

楷問：「稱叔度者曰：『汪汪千頃波，澄之不清，撓之不濁。』此外不知史書更有甚稱語否？」先生曰：「此力行之士也。只此數語，已見其全矣，不在多也。如顏子稱夫子只說『仰鑽瞻忽』四句，其他游、夏何能說得到此，且亦思所以仰鑽瞻忽者，何也？」

文禄問：「『道不可須臾離』，朱子以靜存動察爲言，然動靜無二時，理欲無二幾，存省無二功，岐而二之，禄深疑焉？」先生曰：「此總言慎獨工夫。存省之功固不可分，能存天理，便能遏人欲；能遏人欲，便能存天理。故君子用功惟于一念將萌之初，加之意焉。戒慎于己所不睹，恐懼于己所不聞，道在我矣。蓋此不睹不聞之境，人皆以爲隱微而可忽，孰知其至見至顯也，故君子必謹其一念將萌之獨焉，原無二截。」

貧而無怨難，是多少學問大在。吾人終日只是學此，能透此關，則富貴利達、得喪毀譽不足寘念中矣。然其功自無欲。人無欲，故寡求；寡求，故無不足；無不足，故能處貧如富而無怨心。

應詔問：「英氣還當有否？」曰：「無者不可不有，有者不可不無。」

欲知顏子樂處，當觀常人憂處。人須克得憂去，纔見得樂來。

瑠歸，請教。先生曰：「無他，與諸生前日所講甘貧改過而已。」

有新任知府極衝要，問曰：「到任十日，迎送不絕，而于民間事全未理，雖欲愛民，末如之何？」先生曰：「苟存心于民而勿忘，則迎送之處皆愛民之地。」

問「佛、老之學」。先生曰：「明得孔孟之學，則知二氏之學矣。」問：「孔孟之學何在？」曰：「只是求仁與好問爾。」

古人高風真不在言語文字之間。

獻藎問：「處人之道，嚴毅與和易孰愈？」先生曰：「和易須從嚴毅入。」或問：「學明道與伊川孰愈？」「學伊川熟後便是明道，非兩個。不然，惟遷就以求悅人，則爲胡廣矣。」

學者須求自得處。

昔謝上蔡別程子一年，程子問爲甚工夫？對曰：「去得一『矜』字。」使問如今人，他便說讀多少書，古人工夫如此切實。

能爲顏子安貧樂道工夫，不患不能爲伊尹之堯舜君民事業。

人譏刺之，又何足介于心。人只是不自信，能自信，任說不妨。寒必用衣，既衣，人道我寒自不信。飢必用食，既食，人道我飢亦不信。看來只是自信。

覺其放處便是收處。

私欲陷人如溪澗殺人，如虎口。過此，便是天理坦途。

學者心事須如青天白日，都照得到，不可被侵我本原，動我柄欛。

先生謂介曰：「予聞諸思菴薛子曰：『介菴李錦，關西之豪傑也，甘貧守道好學，至死不倦，今亡矣。』夫薛子其亦見介菴而興起者乎？」

問「子見南子」。先生曰：「沈晦問尹彥明：『今有南子，可見乎？』尹曰：『不可。』曰：『子學孔子者也，如何不見？』曰：『若某學，未至磨不磷涅不緇，故不敢見。』沈曰：『破我數十年積疑。』尹曰：『某恐出門後又疑矣。』此可見尹之自得處。凡學聖人如尹彥明，方切實。」

大器問：「功名、富貴實是一途？」先生曰：「古之功名爲天地立心，爲生民立命，爲萬世開太平，轉乾旋坤，繼往開來。今之功名富貴之標的也。」

先生曰：「聖賢每每說性命，諸生看還是一是二？」章詔曰：「自天賦與爲命，自人稟受爲性。」先生曰：「此正是易『一陰一陽之謂道』。子思說自天命便謂之性，還只是一個。朱子謂氣以成形而理亦賦，還未盡善。天與人以陰陽五行之氣，理便在裏面，說個『亦』字不得。」朱子只使語意分明耳，非謂先與以氣，後與以理也。

陳德文因問：「夫子說性相近處，是兼氣質說否？」先生曰：「說兼亦不是，却是兩個矣。夫子此語與子思同。夫子說性元來是善，本相近，但後來加著習染，便遠了。子思說性是從命來，須臾離便不是。但子思恐人不識性之來歷，故原之于初，夫子因人墮于習染，故究之于後。語意有正反之不同耳。」詔問：「修道之教如何？」先生曰：「修是修爲意思，戒懼慎獨便是修道之功。教即自明誠謂之教。聖人爲法于天下，學者取法于聖人，皆是。張橫渠不云：『糟粕煨燼，無非教也。』將此極粗處都看作天地教人意思，此理殊可玩。」

先生曰：「天下之血脈，皆吾乾父坤母之血脈也。昔予與一太守作序文，有曰：一人有數子女焉，有醜者、有瞎者、有跛者。爲醜者多備妝奩，爲瞎者使學算，爲跛者使學藝，各得其所能。如此人愛子女之心以愛天下之民，則天下之血脈通矣，何萬物不得其所乎？此始可謂爲孝子，爲仁人矣。易曰：『體仁足以長人。』程子以手足痿痹爲不仁，其知此乎？」

先生曰：「人皆可以爲君子，豈惟乾道中有二程夫子，淳熙中有晦菴夫子。人只爲私欲起藩籬，生物我，有親疏，立異同，胸中皆是私意，故不能爲君子。若能隨事精察，漸漸克去，撤藩籬，忘物我，知親疏，合異同，視天下之民毛髮、骨爪、疾痛、疴癢與我相關，便可以爲君子。故曰：『一日克己復禮，天下歸仁焉。』」

利刃雖割易缺，利口雖辯易沮，君子養德以爲貴。

先生謂伯需曰：「某少事周垣曲，其灑掃應對之節可得而聞矣；童事樊河陰，其勤勵儉約之風可得而聞矣；弱事高龍灣和獲嘉，其溫恭慈祥之懿、仁厚無爲之度可得而聞矣；壯事孫大行，其嚴毅持正之矩、博大英鋭之範可得而聞矣。然今皆未能有一存焉，如之何其勿思也。」

志在榮身者未必能榮其身，志在榮名者未必能榮其名，故君子以正心爲本，務實爲要。

先生謂叔用曰：「師友之功誠大也。渭南薛公之學，某以爲所自得也。嘗遇于長安僧舍而叩焉，公曰：『敬之以爲蘭州周蕙爲師，陝州陳雲逵爲友。』夫周有朱壽昌之行，陳有程正叔之志，乃然後知薛子之學矣。擇師取友其可易乎？」

問：「『屢空』之空只是虚字，若言貧，恐小視顔子？」曰：「屢貧亦非小事。知破此，便尋得仲尼、顔子樂處也。」

凡學者須擇交好友，不必言我秀才，彼亦秀才，我舉人，彼亦舉人。如此比，終無進步處，須以聖賢爲期。

先生謂諸生曰：「學者當隱顯窮達始終不變。今之人對顯明廣衆之前一人焉，閒居獨處之時又一人焉，對富貴又一人焉，貧賤又一人焉。眼底交遊所不變者，惟何粹夫乎！故嘗贈以是言，學者須知此意。」

諸友侍坐，因論及天下之事，詔問曰：「方今民窮財屈，有憂世之志者當何所先？」先生曰：「莫先于講學。」「何謂也？」曰：「且如此數人者講學既明，果能同心同德，他日措以致治，無難也。」詔曰：「學者必心術明，學術正，得行其志，則以幹天下之治而濟天下之民，誠有推之而自裕者。」先生曰：「然。」

先生因朋友在監，疾久不愈者，謂諸生曰：「人多是思慮紛擾，襟懷不舒展，故疾難愈。若屏絕思慮，放開襟懷，此便是卻疾之方，可以勿藥自愈也，學在其中矣。」某得大疾，醫皆云不可治，某亦以此竟愈。

本泰問性命。曰：「人通將口鼻耳目四肢之欲當作性，君子則以爲有命，不以此爲性。人通將後五者爲命，君子則以爲有性，不以此爲命。蓋前『命』字正與後『性』字同。前之曰性也，後之曰命也，都不是孟子。自說作性，說作命，乃當時之見，如告子以食色爲性，便以前五者爲性也。」

先生謂諸生曰：「爲工夫當思二程先生接人何如，處己何如？濂溪、横渠接人何如，處己何如？又上思孔門諸賢接人何如，處己何如？以此思擬不已，則其進不窮。蓋有標準，自不妄動也。」

問：「讀書何以能長進？」先生曰：「須日日有新意，纔得長進。若不見有新意，終是不長進。」

言行一也，古之人未有不謹于言而能美其行者，惟望非法不言以成大業，固非以要譽干禄也。吾儒之法自當爾耳。與康德涵書

承養之暇，望擇直諒之友日相講切，以修顔、曾之學。若漢文唐詩，但令可爲我驅使而已，無得被其陷溺，侵于正功，方是造詣也。答陳子發書

士君子但能行其所學，有益于時，便于道無愧，不必計位之崇卑，資之大小也。答彭全夫書

「學者率喜談高而厭卑，卒之高未至，而卑者亦荒；學者率喜言遠而忽近，卒之遠未至，而近者亦亡。是皆與懷玉所嘗論者也。斯往也，行遠自邇，登高自卑，以正流俗，不可乎？」又曰：「飲食男女乃作功處，衣服宮室乃觀心處，言語動靜乃體驗處，夢寐交遊乃見道處。」別周懷玉還福寧語

汝和問情說，答曰：「當於喜怒哀樂未發之前看此，不幾于說中乎？學未有不中而能和者也。烏乎，看曰：慎獨則

七情齊明。」顧汝和情字說

問「儀禮」。曰：「此先王經世之書，廢于後世久矣。學者不可不講，而習之如冠、婚、祭、射等篇。既講究之，尤當習演其事，非惟檢束身心，宛然可復見先王時景象。故嘗語學者，當先學禮。」

先生問陶梓曰：「汝與諸生誦馬先生所贈詩篇。」梓誦至動心句，先生謂諸生曰：「未仕時不覺，居官後臨政可喜可怒可駭可愕之事，舉集吾前，心便易動。當于此時存想，正定性書所謂『當怒時，遽忘其怒，而觀理之是非者』。不然，鮮有不差者矣。谿田先生曾于此用力，所以言之有味。」

關中四先生要語卷二

谿田馬先生

先生坐，諸子侍，乃教其斂容居敬，頃曰：「如此心中樂否？」曰：「然。」曰：「此邪念銷矣。」先生又曰：「必如此，方有進步。」

存心如持衡，權要常在，定盤星上稍錯，便不低則昂，把捉不定。

因問門人曰：「顏子不違仁，曉得渠下手處否？」曰：「不知。」先生曰：「只爲此工夫便是。」

先生言方寸中常要整齊，整齊便幹得事。人有周章者，只爲方寸不整齊故也。

先生言程子曰：「人能放此一身，公共在天地萬物中一般看，有甚妨礙。說甚有滋味，予嘗欲體之而未能也。」

江浦張公瑄以尚書致仕，其長子衣裳襤褸，〔二〕不能出門户；番陽童公軒以太常卿致政，公服之外，别無褻服，貨莊田以給衣食，莊田又盡，以賣藥爲生，俱廉吏也。

先生偶被人侵侮，不覺發怒，已而悔之，令良心誦王文正公喜怒不見故事一條數過，徐曰：「某學力端的全欠，而今而後敢不努力。」

榮不足以驕，辱不足以剉，利不足以歆，害不足以怵，常不足以肆，變不足以驚，方見學力。

敬非只是閉門，又守〔三〕静坐工夫，要在隨事謹恪做去。若只閉門静坐，即是禪學，有體無用。

自反而縮，曾子之學得其要也。克己復禮，顔子之學得其要也。其視篤信聖人者，有本末内外之間矣。

先生言毋輕人，禍之門；毋輕己，實自棄。

人不可恃其有。恃其道德者，與無者均也，況恃其富貴者哉？

處事貴從容，切不可急迫。急迫中從容，不害事；從容中急迫，欲事之濟，難矣。

今人常將勢利在口頭，動説某人得某官却能使人畏，某人得某職有錢，説得口津津。

今之學者有體無用，只緣止讀得硬本子，不曾用身心工夫，故别無展拓，遇事便周章，莫措手處，反被刀筆吏笑。於戲，吾儒果真有體無用者哉？但不能用力于身心之學故耳。果能有用力于身心之學者，則天地國家可位，萬物可育，于天下國家何有乎！

治天下國家易，治一己之私難。己治而不及于天下國家者，有矣；己不治而能治天下國家者，未之有也。

先生語門人曰：「凡富貴功名在外者，切不可入于方寸，在我者服膺而勿失，可也。」

〔二〕光緒本原作「藍縷」，依文意當爲「襤褸」，改。
〔三〕光緒本原作「手」，依文意當爲「守」，改。

或有言某人不可與處者，先生曰：「人皆有長，苟取其美，略其餘，則但見其可愛，不見其可憎，人無有不可處者矣。」固如此，然亦有不可處者。處之要在不失己。

佩問：「求放心爲學問之要，如何？」曰：「心不可斯須放，且如讀書一事，稍放心，便記不得，收入腔子來却記得。夫讀書且然，況天下之事乎？」

悅問：「『吾弗能已矣』是如何？」曰：「言不知遵道則已，知則如行者之赴家，不至于家不已也；如食者之求飽，不至于飽不已也。」

悅問：「孔子嘗不忘天下，觀其擊磬于衛，常夢周公，如有用我，吾爲東周。欲接楚狂，使子路告隱者，其用世之意如此。中庸言遁世不見知而不悔，正吾夫子之事，何謂也？」曰：「遁世不悔，此是聖人之體，其他欲用世處都是聖人之用。惟其有體，故將有用二者並行而不相悖者也。」又曰：「遁世不悔是不怨不尤，潛龍之德也。其他欲用世處是欲爲見龍而未能也。有龍之德，然後可見。故夫子皇皇于用世，亦不爲過。若他人，便是學至于穀。」

世祿問：「何如斯可謂之好人？」先生曰：「學曾子之三省，體顏子之四勿，行有不得，當如孟子之三反。雖不及人，不爲憂矣。」數語簡而盡

昂問「康誥曰：如保赤子。」曰：「如保赤子一節，通言孝弟，慈皆在於誠也。」

關中四先生要語卷三

苑洛韓先生

此心最難持，非昏昧，則外馳。

人于匆冗忙迫之時，即自省其心，使勿隨事俱忙，亦處事持心之一法也。

人于靜坐時，必點檢己行之事則當否？可考悔心。愧心生，庶可補過矣。

人于不得意處，不必自銷沮，當審其是非。己果是也，固當坦然，縱是差失，只當速改，亦不必過于悔愧。徒銷沮何益？

念慮未萌，此天理渾全無虧損時，人于此時便能存養，雖有非念之發，遏之較易。若未發時不用工夫，非心之發如湍水之決、六馬之馳，其遏難矣。日用體驗自見。

主一無適，存心處事之至要。事至若能主一，事自不得錯。惟方理此事，卻又思別事，便有錯。

古今學者顧惜名節亦害事。一有顧惜名節之心，所爲便有曲意畏忌之心，安得光明俊偉？必並其名節而忘之，惟義是從，天下非之而不顧可也。流俗不知之，有識之士必知之；有識之士不知之，天地鬼神必照之；天地鬼神不照之，吾心不自知之乎？必如是，方爲大丈夫。深透曲盡

人忘富貴貧賤不足爲大丈夫，必忘其死生；忘死生不足爲大丈夫，必忘名節。有顧名節之意，便是私心。

學者動靜起居，雖暗室屋漏之際、寢臥之時，亦矜持禮節，然後接物時從容自得。若隱顯不一，在人前雖勉強矜持，終不自然，必有脚忙手亂時。體貼之自見。

晝夜者，開闢渾沌之小象也。開闢之極，即漸渾沌；混沌之極，即漸開闢，無一息之停。若必待養心已成而後行事，則孔子七十從心以前，皆閉門静坐時也。

與楊椒山書曰：「心之當養，無間動静里居之日。供耒耜、遠服賈，亦養心之時也。臨政之時，詰訟獄、裁檄牒，亦養心之時也。于凡應對賓客、盤桓樽俎，莫非養心之時。孔子曰：『出門如見大賓，使民如承大祭。』此之謂也。若夫凝然正坐，却除世事，則佛家之養心也。吐納導引，使不内耗，則仙家之養心也。三代之士最爲精粹，秦、漢及唐，質美暗合，下此類多禪學矣。考之經史，亦自可見。」

君子當以三代學者爲法程，庶大節大本不至顛覆。

此心運而不息，有如江河汪洋浩蕩，流而不息。養心之道，如禹之治水，去其壅塞耳。若夫閉目静坐，使此心槁[一]木死灰，是池沼之澄清耳。

此心之大與造化同。造化運而不息，此心亦運而不息，惟有動静耳。有冬有夏，晝有爲，夜有寢，是也。故至誠無息。中庸「戒懼慎獨」，一日行之則一日聖賢，一月行之則一月聖賢，終身行之則終身聖賢。雖顔子之賢，不能不違于三月之後，是豈易能哉？此段功夫不惟可以養心，亦可以却疾。若把持太過，反有以傷其心，亦能致疾。孟子曰：「必有事焉而勿正，心勿忘勿助長也。」此其法也。

爲治之道在於平。不用刑而人畏，不施德而人愛，則平矣。

人來請謁者由威福作于己也。若隨物應之，則請謁自不至矣。有人居官，終身而人無一字相通者，是其驗也。

爲治之道無過于一誠。此心之誠可潛通于夷狄。通之者，非接其人而感化之也，非施以德而懷柔之也。誠立于中國，自是不來侵犯，莫知其所以然而然也。學者無以爲迂。

[一] 光緒本原作「稿」，依文意當爲「槁」，改。

「上行下效，有如桴鼓。」聖賢之言，的然無疑。予接人常帶笑容，每升堂，見吏人以下及屬官參謁，皆帶笑容。予自愧何人之慢我如此？一日忽然自悟，曰：「知其由于予也。」且思聖人有言「臨之以莊則敬」。明日升堂，正色而坐，吏人以下勃然變色，端肅而立；屬官參謁者亦勃然變色，凜然而退。使其以言教之，雖數十日，亦不能成，且不能齊，自是不待行禁而肅清，韓尹廷學曰：「不知近日每人道，何故如臨淵冰？」

孔子曰：「一陰一陽之謂道。」化育流行是也。「道」字解作「路」字，指流行發見者而言。春秋之時，世道衰微，天道人道，人皆不知，而以窈冥昏默者當之，故孔子明天道曰：「一陰一陽之謂道。」子思明人道曰：「率性之謂道。」皆指流行發見者而言。

凡「之謂」字，是直指，且有曉示群非之義。若曰衆論非道，「一陰一陽之謂道」也，豈可解作二義？正蒙「所謂」字不如孔子「之謂」字爲的，此又聖賢之別也。聖人恐人視道在陰陽之外，故曰「一陰一陽之謂道」。其實陰陽，氣也；所以然者，道也。涇野、苑洛說似皆本陸文安，余謂不如程朱之解爲分曉。

善人當好也，過于厚，非平也。惡人當惡也，過于法，非平也。中者，有權之道焉。見善勇爲，惟恐人知退焉。有慚色，此誠于爲善者也。爲善恐人不知與恐人知，皆私也。

子思之功自靜而動，曾子之功由動而靜，皆說個大綱。孟子之有事勿正勿助勿忘，則其中之節次也。人能敬以持心，雖盛暑正午之時，衣冠而坐，亦不覺熱；雖熟睡時，其體亦不自放。

示恩以縱盜，非仁也；捐財以給奸，非義也；設機以傾賢，非智也；足恭以媚上，非禮也。

凡處大事，不可視之以易，不可憚其爲難，未就不可沮，已成不可驕，于人當謙于己，當虛於機，當決于圖，當密慎。此八者，必有事焉，勿助長也。

凡議大事，雜之以萬人之譁，壓之以萬鈞之重，定見定力不搖如山，辭不可過激，色不可少厲，氣當平舒，切戒冷笑，如此則事可行而人不嫉矣。

孔子樂在其中，顔子不改其樂，程子言所樂何事？樂乃四情之一，更有何事？「不亦樂乎」，朋來而樂也。「樂以忘憂」，理得而樂也。于「樂」字上無所增益。若爲貧而憂，是改其樂也。

孔子大聖，且每事問。凡臨事勿憚數問。若恐人以己爲不知而恥問，非克己好善者之存心也。

天人之際、鬼神之理，非深造君子未易言也。學者惟篤信孔子之言與行及五經之旨，可也。「逝者如斯」，「鳶飛魚躍」，聖賢指其顯著者而言。其餘如雞鳴犬吠、蛙鳴蟬噪，皆化育之流行，皆道也；其小至于蠅飛蟻走，皆化育之流行，皆道也。

「未嘗無之謂體」，此横渠獨見之言也。所謂氣，塊然太虛，自漢、唐、宋以來，儒者未有見到此者，是以不惟不能爲此言，亦不敢爲此言也。

太極未嘗無也。所謂無者，萬有之未發也；所謂有者，有是體而無形也。「未嘗無之謂體」，太極也。如此則諸子之陋，不待言而自見矣。

外雖積險，苟處之心亨不疑，則雖難必濟。人處險中，方寸先自亂，處之無道，難何以濟？心亨不動，無所疑懼，則所以謀處其難者，周悉萬全，豈有不濟乎？

中庸「發育萬物，峻極于天」，言道之極于至大而無外，正易所謂「一陰一陽之謂道」。萬物皆陰陽二氣之發育，即道之發育也。天無涯，陰陽二氣亦無涯，即道之峻極于天也。

中立而不倚最難，非義精仁熟者不能。凡事有所依憑則不倚，無所依憑則易至于倚，蓋時措之妙也。如不違乎親意，人子依此而行，何難之有乎？却有以違親之意爲中者，大舜不告而娶是也。有可其不可者，亦有不可其可者，豈易能哉？中是無過不及，倚是過不及也。日用之間，酬酢萬變，初無定體，皆欲合中，非得時措之宜者，非過則不及矣。

造化人心不過動静兩端而已，纔離於動，便屬静；纔離於静，便屬動。古之聖賢只説動静，于中撚出一「幾」字，已屬之動矣。

先正謂：「光風霽月不足以形容有道者氣象，必如孟子所謂睟面盎背，然後可以形容有道者之氣象，然猶不如子貢所謂夫子溫良恭儉讓。」

識時務者在俊傑。孟子之時，霸業蓋不能成，霸業在威力。桓公之時，小國多，桓公、管仲恃其威力以行霸道，衆小國皆服從，雖有一二大國，不得不從。孟子之時，七國勢均力敵，雖有桓公、管仲，天下誰肯服從，惟王道則以德不以力，無不可行也。

氣未可以言道，由氣化可以言道矣。

「氣塊然太虛」，非横渠真見道體之實，不敢以一「氣」字貫之。

造化消長之幾實難于言，即其變化之象而言，則節序之一寒一暑，動物之一死一生，植物之一開一落，而進退之妙呈象於變化之中矣。

聖賢之學言其小，極于戲言戲動、過言過動之際，無不曲致其謹。推而大，則乾坤父母，而子處其中，蓋與天地一般大也。

學者得其妙，則不待言語形象。若夫垂教于世，言象豈可已？孔子曰「予欲無言」兩篇，論語諄諄言之，至于删詩書，定禮樂，贊周易，修春秋，自古立言之多者無如孔子，學者當得意可也。

凡事雖善，而當出之遜。若悻悻自得，徑直而行事，雖善而有悔。夫惟乾之時，故且有悔。若非乾之時，則嶺海刑誅所不免矣，豈止悔而已乎？

斛山楊先生

天命謂性，天人一理也。率性謂道，動以天也。修道謂教，求合乎天也。戒懼慎獨，自修之功，至於中與和也。中和性命，本然之則也。能致之，則動以天矣，故其效至於天地位，萬物育。

「道不可須臾離，可離非道」，是言當戒懼之意。「莫見乎隱，莫顯乎微」，是言當謹獨之意。應酬是有睹有聞，不睹不聞是無所應酬之際也，如出門使民，是有所應酬，則有睹有聞。或問：「程子未出門使民之時，當何如？」曰：「此儼若思時也。儼若思，即是戒慎恐懼之意，爲功夫尚未説到極至處，故又提慎獨二字，使人雖在暗室屋漏之中，一念發動之際，凛然畏懼，不可少怠，不敢少息，則天理常存，私意不萌，純一不已，而合乎天矣。」四先生皆諄諄於此

中和，心之本體也。未發之中，萬物皆備，故爲天下之大本。已發之和，大經大法所在而不可違，故爲天下之達道。怒與哀中節，皆謂之和。

「致中和」，止至善之云也。天地之位，我位之也；萬物之育，我育之也。

夜初靜坐，少點檢日間言行，因司馬溫公論盡心行己之要，自不妄言始。夫不妄言，所言必皆當理，非心有定主，豈能至此？故輕躁鄙背及事務瑣屑，無益身心，而信口談論者皆妄言也。因書以自戒。

作一好事，向人稱述，使人知之，此心不定也。不知所作好事乃吾分所當爲，雖事皆中理，纔能免於過惡耳，豈可自以爲美？纔以爲美，便是矜心。禹之不矜不伐，顔淵無伐善無施勞，此聖賢切己之學也。

與人論事，辭氣欠平，乃客氣也。所論之事雖當於理，即此客氣之動，便已流於惡矣，可不戒哉？書以自警。

好議論人長短，亦學者之大病也。若真有爲己之心，便惟日不足，戒慎乎其所不睹，恐懼乎其所不聞，時時刻刻防檢不暇，豈暇論人？學所以成性而已。人有寸長，取爲己有，於其所短，且置勿論。輕肆辨折而無疑，難涵蓄之心，謂之喪德可也。此予之深患不能自克，可愧！可愧！

「道心」「人心」只以是與不是求之。一念發動的不是，則爲「人心」。「道心」極難體認，擴充戒謹恐懼之功少有間斷，則蔽錮泯滅，而存焉者寡矣，故曰惟微。「人心」一動，即在兇險路上行矣，喪德滅身亡國敗家由於此，故曰惟危。所謂卿士有一於身，家必喪；邦君有一於身，國必亡。內作色荒，外作禽荒，酣酒嗜音，峻宇雕牆，有一於此，未或不亡，則人心之危，真可畏哉！

心靜則能知幾，方寸擾亂則安其危，利其災，禍幾昭著而不能察矣，況於幾乎？幾者，動之微而吉凶之先見者也。所謂先見，亦察吾動是與不是而已。所動者是，吉即萌於此矣；所動者不是，凶即萌於此矣。意向少離於道，則步履反戾，差之毫釐，謬以千里矣，故學者以慎獨爲貴。

顏、孟二大賢雖氣象不同，而學則未始有異。顏子之學在非禮勿視聽言動，不違仁，不遷怒，不貳過。孟子之集義養氣，擴充四端，求放心，存心養性以事天，則亦顏子克己復禮之學也。

天下萬變，「真妄」二字可以盡之。偏蔽者，妄也，本體則真也。學所以去偏蔽之妄，全本體之真，全則道本於性，性純乎天，立人之道始無愧矣。天地亘古亘今，但有此一個大道理，則亘古亘今之聖賢不容更有兩樣學問也。

今日早起，朗讀君子之所以異于人者一章，即覺襟懷開灑，心廣體胖，有西銘「與物同體」之氣象。此心易至昏惰，須常以聖賢格言輔養之，便日有進益。此諸先生要語所以不可不刊，所以不可不讀也。

士之處世須振拔特立。把持得定，方能有爲；見得義理，必直前爲之，不爲利害所怵，不爲流俗所惑，可也。如子思辭鼎肉，孟子卻齊王之召，剛毅氣象今可想見，真可爲獨立不懼者。若曰事姑委曲，我心自別，即自欺也。始或以小善放過，且不可爲；小惡放過，且可爲之。日漸月磨，墮落俗坑，必至變剛爲柔，刻方爲圓，大善或亦不爲，大惡或亦爲之，因循苟且，可賤可恥，卒亦惡終而不知矣。此由辨之不早，持之不固也。書以自戒。

涇野呂先生過某府，太守侍坐。太守子讀書樓上，聲徹於樓下，太守令止之，曰：「當微誦，恐損傷。」既又促左右以時進食，曰：「勿令飢。」又戒之曰：「當爲掖之，恐或蹉跌。」先生謂太守曰：「公之愛子可謂至矣。願推此心以愛百姓，可也。」遇順德府太守餞于門外，餞所近府養濟院，先生以饌食一卓，令二吏送院中，謂太守曰：「以公佳饌與無告者共之，願公體我此心，以惠恤鰥寡，可也。」訥溪周子述以告予，予爲嘆息者久之。古人以離群索居爲深戒，子貢問爲仁，孔子告以事其大夫之賢者，友其士之仁者。使志道君子常得與先生相親焉，獲睹德容，聞至論，以自警省，不患德之不修而政之不善也。嗚呼，仁人君子之言，其利溥哉！

智者自以爲不足，愚者自以爲有餘。自以爲不足，則以虛受人，進善其無窮矣。自以爲有餘，必無孜孜求進之心，以一善自滿，而他善無可入之隙，終亦必亡而已矣。書之以自勵焉。

早起散步，圜階日昇東隅，晴空萬里，鳶鳥交飛，不覺襟懷開灑，萬慮皆空，因思曾晳沂水氣象亦是如此。癸卯歲季冬十三日書。

古人律己甚嚴，其責人甚恕。今人律己甚恕，其責人甚嚴。孜孜爲己，不求人知，方始是學。

夫子答顔淵爲仁之功，在非禮勿視聽言動。居高位，有高位者視聽言動；居下位，有下位者視聽言動；處患難，有患難時視聽言動；臨死時，有臨死時視聽言動。道無不在。

因置一甎，奠食碗置之未安之處，此心不已，必欲既安然後已。一身心不曾置之安穩之地，如無艄〔一〕工之舟漂蕩於風波之上，東風來則西去，西風來則東去，是何道理？則是置此身心不如置此甎之敬慎也。

精一肇自唐虞，初此是古人心上書，後來讀者失其要，一生辛勤類蠹魚。

〔一〕光緒本原作「稍」，依文意當爲「艄」，改。

留心剪枝葉，枝葉更穠鮮。努力勤於末，共耕方寸田。吉人常默默，浮士好便便。覺彼高騰處，反將真意牽。昊天但覆幬，四運自周旋。孔聖無言教，真機向此傳。丁寧一告語，告以聖同天。

結交結君子，茅茹自相連。媚月增心癖，孰能示我愆？相同即是聖，異處且爲賢。以此求斯道，恐成狹且偏。心能樂取善，善自我心全。舍己從人處，襟懷何大焉？丁寧再告語，無我自天然。

迂儒多曲語，壯士自平夷。千古周行在，胡爲向小歧？荆榛不自剪，令我此心迷。洞識虛明體，超然即在兹。性分同一理，此理最淵微。孔聖言仁處，力行不遠而。丁寧三告語，相與憶所之。

尚友希前哲，無勞辯淺深。開言動喋喋，矛戟已森森。只覺胸懷隘，恐非蓄德心。古人各有見，原本自相忱。豈若異流者？馳騁多詖淫。何苦但求失，宜從得處尋。丁寧四告語，共嚴此心箴。贈緒山

天機滿目是襟懷，滾滾都從詩上來。付此卷舒同大運，豈容一念自安排？

安排了得見人心，只向天然分上尋。要識此間真氣象，茫茫宇宙更無垠。

能從定裏息奔馳，即是天人合一時。往哲藩籬吾剖破，動無方所静無私。

病潛隱處最難醫，拔去深根思匪夷。舜跖相懸初未遠，差之千里自毫釐。

戶成人自此間出，闔闢真機須了之。却笑紛紛禦寇者，徒勞破屋欲何爲？

一原萬象皆同有，要把心從此處知。善到公時多少大，須知無我是無私。

一片西飛一片東，浮雲終不礙長空。人間變態閑來往，何與無涯胸度中。慰晴川

每道別離今果離，是誰懽喜是誰悲？共將心事常相憶，記我丁寧四首詩。贈緒山

心上一真原未泯，眼前萬類總相關。

會教身世全無我，方寸纔能免物交。

道義無窮須共勉，時光有限莫蹉跎。

有意動時成癖性，未安心處是吾真。必須俯仰先知愧，然後能爲無愧人。

存亡操舍皆由我，默默須從方寸尋。

從來克己最爲難，克去超過人鬼關。水自流澌山自止，火何炎熱水何寒？坐看百妄渾消盡，便是一真向此邊。正見胸中好景象，天光雲影半空閒。次緒山

（道光庚寅年刊本，清李元春辑訂）

續編二

元儒考略序

畢懋康

曩余於役關中，嘗過馮先生所，商訂聖賢之學，先生每稱引古昔，探源窮本，時吐濬心，剗詮冶霧，靡不砉然解答，然兩忘。己巳，讀先生集，有同時同修之好，爲序而梓之。已讀先生更訂涇野語録，仰止先哲益篤，爲序而梓之。於是，證信質疑，咎移呈轉，亹亹不勌，先生嘗言：「東夷有聖人，西夷有聖人，距千餘里無二揆，此心此理同也。上世有聖人，中古有聖人，千餘歲無二揆，此心此理同也。清明熙洽，草昧昏亂，時異代殊，始終無二揆，此心此理同也。學士家不洞宗窮理，攝歸心性，縱事功文章滿天下，徒然枝葉伎倆耳。濡首褰裳，奚獲也？」再出所纂元儒考略，覩之，余瞿然避席，曰：「勤哉！遠哉！先生之學也。勤以忽勵，遠以近溯，辟之脈然，經舉而絡張，絡斷而經壞。孔孟爲經，而宋諸儒爲絡。宋諸儒延其脈，至元且幾欲絶矣。張元所以舉宋，舉宋所以繼孔、孟，如綫相續，罔俾斷壞，豈不淵哉？甚矣！先生之勤于志，遠于任也。夫當元之代，是天地一晦冥也。時晦冥而人欲清夷，則難。上任晦冥而下任清夷，則又難。元諸儒生逢不辰，雜侏㒧兜雜中，兵燹逼側，捄死不贍，上無庠序之養，下無師友之承，乃能聞風嚮道，續絶學之脈，崛起坌濁腥穢之世，是真豪傑士也。不知其人可乎？雖然士有幸不幸，遭際使然，顧闡微抉幽，君子志也。許魯齋氏仕元，生居顯位，殁被嘉號，我國家重從祀孔廟爲巨典，許其選矣。若德安趙氏，開北學之宗；容城劉氏，纂考亭之胤。學行粹然一軌於正，皆終其身不仕元。清風穆如，聞者興起，此其應祀廟庭，當不後於許，而今何沒沒也。說者謂二氏有君不事，其巢、許之流乎？蒙竊否焉。當堯舜時而掛瓢洗耳，其人亦齪齪者爾。彼恥事夷主，終不受禄以明志。且也講學授徒，開一代群蒙，輔君相所不逮。使當堯舜時，其所就詎止，豎咫尺之義者，惟是祀典，綦重矣。然人與典實交相爲重，論其世，考其人，克灼知厥若矣，豈其使有遺典，將遏佚前人光。故夫美玉蘊於碱砆，凡人視之怢焉，不砥不知其珍也；精煉藏於鑛外，庸人視之忽焉，不鑄不知其幹也。然豈獨石有玉而鑛有金哉？儒以經緯綱常，建植輪軌。首陽之餓，信國之忠，千古猶有餘烈焉。詎以二氏而不得比於俎豆耶？」余聊表而出之，俾有志論世者採焉。

萬曆乙卯二月望日，新安畢懋康撰

此序據天啟本補

元儒考略

元儒考略卷一

趙復字仁甫，德安人。元太宗命太子闊出征德安，俘得復，時姚樞以行臺郎中同行，中書省楊惟中從軍。樞奉命搜訪人才，見復，與語，大悅之。復以九族俱殘，不欲生，因與樞訣，樞恐自裁，留帳中共宿。既覺，月色皓然，惟寢衣在，遽馳馬周號，積屍間無有也。行至水際，見復已披髮徒跣，仰天而號，欲投水而未入。樞曉以徒死無益，汝存則子孫或可以傳緒百世，隨吾而北，可必[一]無他。復強從之。

先是南北道絕，載籍不相通，洛、閩之學惟行于南，北方之士惟崇眉山蘇氏之學。至是，復以所記程、朱諸書盡録以付

〔一〕四庫本「可必」，元史作「必可」。

樞。惟中聞復議論，始嗜其學，乃與樞謀建太極書院，立周子祠，以二程、張、楊、游、朱六君子配食，選取遺書八千〔一〕餘卷，請復講授其中。復以周、程而後，其書廣博，學者未能貫通，乃原羲農、〔二〕堯、舜所以繼天立極，孔、曾、〔三〕顔、孟所以垂世立教，周、程、張、朱氏所以發明紹續者，作傳道圖，而以書目條列於後，別著伊洛發揮，以標其宗旨。朱子門人散在四方，則以見諸登載與得諸傳聞者共五十有三人，作師友圖，以寓私淑之志。又取伊尹、顔淵言行，作希賢録，使學者知所嚮慕，然後求端用力之方備矣。樞既退隱蘇門，乃即復傳其學，由是許衡、郝經、劉因皆得其書而尊信之。北方知有程朱之學自復始。

復爲人樂易耿介，以儒學見重于世，雖燕居，〔四〕不忘故土。世祖在潛邸，嘗召見問曰：「我欲取宋，卿可導〔五〕之乎？」對曰：「宋，吾父母國也，未有引他人以伐吾父母者。」世祖悅，因不強之仕。元好問南歸，復贈之言，以博溺心，末喪本爲戒，以自修讀易，求文王、孔子之用心爲勉。其愛人以德若此，竟不受官而終，學者稱爲江漢先生。元史入儒學傳

姚樞字公茂，號雪齋，柳城人，後遷洛陽。元初，以楊惟中薦爲燕京行臺郎中，從軍德安，詔樞搜訪人才，得名儒趙復，從復得睹程朱理學之書。時伊嚕斡齊〔六〕行臺惟事貨賂，以樞幕長，分及之，樞一切拒絕，因棄官。隱于蘇門，墾荒田數百畝，誅茅爲屋，置私廟于室，中堂龕魯司寇容，傍列周、程、張、邵、司馬六君子像，讀書鳴琴其間，以道學自任。許衡、竇默咸從遊，師友淵源，倡明斯道，若將終身。

〔一〕四庫本作「八千」，知服齋本作「八十」。
〔二〕四庫本「羲農」，知服齋本作「羲皇」。
〔三〕元史無「曾」字。
〔四〕四庫本「燕居」，元史作「居燕」。
〔五〕四庫本「導」，元史作「道」。
〔六〕四庫本「伊嚕斡齊」，元史、萬曆本作「牙魯瓦赤」。

世祖在潛邸，遣召之，待以客禮。詢及治道，樞爲書數千言，首陳二帝、三王之道。嘗從世祖征大理，樞陳宋太祖遣曹彬取南唐不殺一人事，世祖嘉納之。諸凡內修外攘之政悉委任焉，官至昭文館大學士、翰林承旨。卒，贈太師，謚文獻。樞爲人含弘仁恕，未嘗疑人欺己。有負其德，亦不留怨，憂患之來，不見顏色，有來即謀，必反復告之。

子煒，字顯夫，號誠齋，官至平章政事。

元史有傳

許衡字平仲，號魯齋，懷之河內人。八歲[一]從塾師，問：「讀書欲何爲？」師曰：「取科第耳。」曰：「如斯而已乎？」師大奇之。稍長，嗜學益篤。遭世亂，且貧無書，聞人有善本，即往求觀，夜思晝誦，一言一行必質之書。嘗暑中過河陽，渴甚，道旁有梨，衆爭取啖，衡獨危坐樹下自若。或問之，曰：「非其有而取之，非義也。」人曰：「世亂，此無主。」曰：「梨無主，吾心獨無主乎？」

轉魯留魏，與竇默友善。自是出入經傳，氾濫釋、老，下至醫卜、諸子百家、兵刑、貨殖、水利、算數之類，靡不研究。所至，學者翕然師之。既還懷，會姚樞講學蘇門，衡同默往從之，始獲讀程朱諸書，遂幡然大悟。還，謂學者曰：「昔所授受殊孟浪也，今始聞進學之序矣。」取向來簡帙悉焚之，使無大小，皆自小學入。嘗與子書曰：「小學、四書，吾敬信如神明。能明此，他書雖不治，可也。」已而移家蘇門依樞，以便誦習。樞被召，衡獨處，慨然以斯道爲己任。嘗曰：「綱常不可一日亡于天下。苟在上者無以任之，則下之責也。」凡喪祭嫁娶，必徵古禮以倡俗，從學者益衆。家貧躬耕，處之泰然，歌誦之聲聞戶外，如出金石。

世祖出王秦中，以樞薦，召提學京兆，風化大行。世祖南征，還懷。比即位，召衡于家，上問所學，以學孔子對。尋請

[一] 四庫本「八歲」，元史作「七歲」。

歸。已復召爲太子太保，衡力辭，改國子祭酒，謝病歸。未幾，除左丞，召議事中書省，請歸。又未幾，召定朝儀官制，復請歸。後召以集賢大學士兼〔一〕國子祭酒，衡曰：「此吾事也。」乃請徵其弟子王梓、劉季偉、韓思永、耶律有尚、呂端善、姚燧、高凝、白棟、蘇郁、姚燉、孫安、劉安中十二人爲伴讀。夾輔薰陶，由是人人自得尊師〔二〕敬業，下至童子亦知三綱五常爲生人之道。教成，以改葬親喪歸。後又召以國子祭酒，領太史院事，同王恂、楊恭懿等定曆。曆成，以病歸，卒于家，年七十三，追封魏國公，謚文正。

蒲人王楫年踰六十，衰絰赴葬，司賓者辭曰：「門人衰禮與。」楫曰：「吾師也，術藝之師歟？賓主之師歟？吾猶懼乎，報之無從，吾將以愧夫王通之門人耳。」其感人如此。

衡之學一以朱子之言爲法，真知實踐，超然自得，其立朝屢召屢辭歸，問伐宋終不對，未嘗少貶所學以徇世，誠朱子之後一人而已。

所著有小學大義、讀易私言、孟子標題、四箴說、中庸說、語録等書。皇慶初，詔從祀孔子〔三〕廟庭。元史有傳

竇默字子聲，初名傑，字漢卿，肥鄉人。幼讀書，毅然有立志。會世亂，避地蔡州，遇名醫，授以針術；又走德安，孝感令謝憲子〔四〕以伊、洛性理之書授之，默自以爲昔未嘗學，而學自此始。尋北歸，隱居大名，與許衡友善。聞姚樞講學蘇門，默同衡往從之，朝暮講習，至忘寢食。繼還肥鄉，以經術教授。

〔一〕四庫本作「守」，據元史改。
〔二〕四庫本「尊師」，知服齋本作「師尊」。
〔三〕知服齋本無「孔子」兩字。
〔四〕四庫本「子」，知服齋本作「予」。

世祖在潛邸，聞其賢，遣召之，默變姓名以自晦。使者俾其友人往見，而微服踵其後，不得已乃拜命。問治道，首以三綱五常、誠意正心爲言。久之，請南還。及世祖即位，召問：「欲求如唐魏徵者用之？」乃薦許衡、史天澤。累官昭文館大學士。卒，贈太師，封魏國公，謚文正。

默爲人樂易，平居未嘗評品人物。與人居，溫然儒者也；至論國家大計，面折廷諍，人謂汲黯無以過之。帝嘗謂侍臣曰：「朕求賢三十年，惟得竇漢卿及李俊民二人。」

子履，官至集賢大學士。

元史有傳

晁國章字（闕），高平人。性聰敏，邃于理學。避金不仕，教導生徒，從遊者衆。士論歸美方古逸民。山西通志

耶律有尚字伯强，遼東丹王十世孫。祖父官東平，因家焉。有尚資識絕人，篤志于學，受業許衡，稱高第弟子。其學邃于性理，而以誠爲本，儀容辭令，動中規矩，識與不識，莫不服其爲有道之君子。

至元中，衡爲祭酒，奏以門人十二人爲伴讀，有尚其一也。比衡告歸，上以有尚等爲助教，嗣領其學事。久之，拜監察御史，不赴。除秘書監丞，出知薊州。

裕宗在東宮，召爲詹事院長史。尋改國子司業，晉祭酒，儒風爲之丕振。以親老辭歸，後屢召屢辭。累官昭文館大學士兼祭酒，力請致仕。

有尚前後五居國學，其立教以義理爲本，而省察必親〔二〕切；以恭敬爲先，而踐履必端慤。凡文辭小技，足以破裂聖人

〔二〕 四庫本作「真」，據知服齋本改。

之大道者，皆屏黜之。是以諸生知趨正學，崇正道，以經術爲尊，以躬行爲務，悉爲成德達材之士。〔一〕大抵〔二〕其教法一遵衡之舊，而勤謹有加焉。身爲學者師表者數十年，海内宗之，猶如昔之宗衡云。卒年八十六，謚文正。元史有傳

姚燧字端甫，平州柳城人。燧三歲而孤，育於世〔三〕父樞。樞隱居蘇門，督教燧甚急，楊奂馳書止之曰：「燧，令器也。長自有分〔四〕爾，何以急爲！」且許醮以女。年十三，從許衡遊。至元中，衡爲國子祭酒，奏召弟子十二人爲伴讀，燧自太原驛致館下。累官翰林學士承旨。

燧之學有得于衡，以窮理致知，反躬實踐爲事，爲世名儒。爲文閎肆該洽，有西漢風。時高麗國王求燧詩文，燧靳不與，至奉旨，乃與之。王贈謝幣帛、金玉、名畫五十篋，盛陳致燧。燧即時分散諸屬官及吏胥侍從，金銀付翰林院爲公用器皿，燧一無所取。人問之，燧曰：「彼藩邦小國，惟以貨利爲重，吾能輕之，使知大朝不以是爲意。」其器識豪邁過人，類如此。然頗恃才輕視趙孟頫、元明善輩，故君子以是少之。

所著有國統離合表若干卷、牧菴集〔五〕五十卷。元史有傳

呂壆〔六〕字伯充，先河内人，金末隨父佑徙家關中。壆從許衡學，衡爲祭酒，舉壆爲伴讀，輔成教養，壆功爲多。至元間，

〔一〕四庫本「士」，知服齋本作「人」。
〔二〕四庫本「抵」，萬曆本作「氐」。
〔三〕四庫本「世」，元史作「伯」。
〔四〕四庫本「分」，元史作「成」。
〔五〕四庫本「牧菴集」，元史作「牧菴文集」。
〔六〕四庫本「壆」，關學編作「域」。

爲四川行院都事，勸主帥李德輝不殺，巴人感德，立祠祀之。知華州，勸農興學，俱有成效。累官翰林侍讀學士，致仕。卒，追封東平郡公，謚文穆。

大德中，河東、關隴地震月餘，壆與蕭𣂏各設問答數千言，以究其理。居父憂，喪葬一仿古禮。衡貽書，稱其「信道力行，爲楊元甫之亞」云。元史有傳

劉宣字伯宣，〔一〕潞州人，徙太原。沈毅清介，有經世志。嘗從許衡講明理〔二〕學。累官吏部尚書。時伐交趾，再征日本，宣上疏諫。累遷行臺御史中丞。節操爲世所重。卒，謚忠憲。一統志

李俊民字用章，澤州人，得河南程氏傳授之學。金承安中，舉進士第一，應奉翰林文字。未幾，棄官不仕，以所學教授鄉里，從之者甚盛，至有不遠千里而來者。金渡〔三〕南遷，隱于嵩山，自號鶴鳴。後徙懷州，俄復隱于西山。既而變起倉猝，人服其先知。俊民在河南時，隱士荆先生者授以邵雍皇極數。時之知數者，無出劉秉忠之右，亦自以爲弗及也。

世祖在潛藩，以安車召之，延訪無虛日。遽乞還山，世祖重違其意，遣中貴人護送之，又嘗令張仲一問以禎祥。及即位，其言皆驗，而俊民已死，賜謚莊靜先生。元史有傳

張特立字文舉，東明人。金泰和中進士，累官監察御史，坐言宰執，罷歸田里。

〔一〕四庫本原字缺，據元史補。
〔二〕四庫本「理」，知服齋本作「禮」。
〔三〕四庫本「渡」，元史、萬曆本作「源」。

特立通程氏易，教授生徒。金亡，不仕元。世祖在潛邸受王印，首傳旨諭特立曰：「前監察御史張特立，養素邱園，易代如一。今年幾七十，研究聖經，宜錫嘉名，以光潛德，可特賜號曰中庸先生。」又名其讀書之堂曰「麗澤」，已又降璽書諭特立曰：「白首窮經，誨人不倦，無過不及，學者宗之。昔已賜嘉名，今復諭意。」歲癸丑，特立卒，年七十五。中統初，詔曰：「中庸先生學有淵源，行無瑕玷，雖經喪亂，不改故常，未遂邱園之賁，俄興窀穸之悲，可復賜前號，以彰寵數。」特立所著書有易集說、歷年繫事記。元史入隱逸傳

李治字仁卿，欒城人。金末進士，知鈞〔一〕州。金亡不仕，流落忻、崞間，聚書環堵，人所不堪，冶處之裕如也。元世祖在潛邸，聞其賢，遣使召之，且曰：「素聞仁卿學優才贍，潛德不耀，久欲一見，其勿他辭。」既至，問今之人材，冶以趙復、郝經等爲對。又問天下當何以治之，冶對有法度則治，按名責實則治，進君子退小人則治。世祖嘉納之。晚家元氏，買田封龍山下，學徒益眾。及世祖即位，復聘之，欲處以清要，冶以老病，懇求還山。至元二年，再以學士召，就職期月，以老病辭去。卒于家，年八十八。所著有敬齋文集四十卷、壁書叢〔二〕削十二卷、泛說四十卷、古今難〔三〕四十卷、測圓鏡海〔四〕十二卷、益古衍疑〔五〕三十卷。元史有傳

〔一〕四庫本「鈞」知服齋本作「均」。
〔二〕四庫本「藂」知服齋本作「叢」。
〔三〕「今」知服齋本作「文」。元名臣事略卷一三，李文忠公作古今黈。今存有古今黈一書。
〔四〕「鏡海」元名臣事略卷一三，李文忠公作「海鏡」。今存有益古海鏡一書。
〔五〕四庫本「疑」知服齋本作「段」，元名臣事略卷一三，李文忠公亦作「段」。今存有益古衍段一書。

王磐字文炳，號鹿菴，永年人。舉金進士，後仕元世祖，官至翰林學士，兼修國史。與許衡友善，同議朝政，裨益居多。磐自幼篤志好學，超然異眾，搜羅經史百氏，文詞宏放。嘗講學蘇門，東平嚴實興學養士，迎磐爲師，受業者嘗數百人，當時稱爲名儒。文天祥死，磐哭以詩，有「大元不殺文丞相，君義臣忠兩得之」之句，人爭傳誦之，或有流涕者。卒年九十二，封潞國公，謚文忠。

出其門者，汲人王惲爲最著。惲字仲謀，號秋澗，博學有俊才，舉進士，仕至翰林學士承旨，追封太原郡公，謚文定。所著有秋澗集。

元史有傳

楊奐字煥然，[一]號紫陽，乾州奉天人。母程嘗夢東南日光射其身，旁一神人以筆授之，已而生奐，其父振以爲文明之象，因名曰奐。天性至孝，年十一[二]喪母，哀毀如成人。未冠，夢遊紫陽閣，景趣甚異，後因以自號。長師鄉先生吳榮叔，迥出倫輩。讀書厭科舉之學，遂以濂、洛諸儒自期待。金末，嘗作萬言策，指陳時病，辭旨剴切，皆人所不敢言者，詣闕欲上之，不果。元初，隱居講道授徒，抵鄠縣柳塘，門生百餘人，創紫陽閣即清風閣，稱紫陽先生。嘗避兵河朔，河朔士大夫想聞風采，求見者應接不暇。東平嚴實久聞奐名，數問其行藏，而奐終不一詣。

歲戊戌，太宗詔宣德稅課使劉用之試諸道進士。先生試東平，兩中賦論第一。以耶律楚材薦，授河南路徵收課稅所長官兼廉訪使。既至，招致一時名士與之議，政事約束一以簡易爲事。按行境內，親問監務月課幾何、難易若何。有以增額爲言者，奐責之曰：「剥下欺上，汝欲我爲之耶？」即減元額四之一，公私便之。不踰月，政成，時論翕然，謂前此漕司未

[一] 四庫本「然」，知服齋本作「若」。

[二] 四庫本「十一」，知服齋本作「十二」。

有也。在官十年，請老于燕之行臺。

壬子，世祖在潛邸時，驛召奂參議京兆宣撫司事，累上書請歸，築堂曰「歸來」，以爲佚老之所，教授著述不倦。乙卯，病革，諭子弟孝弟力田，以廉慎自保，戒家人無事二家。齋醮，引觴大噱，命門人員擇載筆留詩三章，怡然而逝，年七十一〔一〕，賜謚文憲。

奂博覽強記，真積力久，猶恐不及。作文務去陳言，以蹈襲爲恥，一時諸老皆折行輩與之交。關中號稱多士，一時名俱未有出奂右者。不治家人生産業，而喜周人之急，雖力不贍，猶勉強爲之。人有片善，則委曲稱奬，惟恐其名不聞；或小過失，必盡言勸止，不計其怨怒也。初，翰林學士姚燧早孤，育于世〔二〕父樞，樞督教甚急，奂聞，馳書止之曰：「燧，令器也。長自有分〔三〕，何以急爲！」乃以子妻之。燧後爲名儒，其學得于奂者爲多。元好問撰神道碑，稱爲「關西夫子」。江漢趙復序其集，稱「其志其學粹然一出于正，即其文可以得其爲人。」其見重如此。

所著有還山前後集百卷、天興近鑒三卷、韓子十卷、概言二十五篇、硯纂八卷、北見記三卷、正統書六十卷。元史有傳

宋規字漢臣，長安人。與楊紫陽及遺山、鹿菴、九山數儒論道洛西，弟子受業者甚衆。親歿，廬墓，瑞草生塋，閻復嘗稱之曰：「天性至孝，德重三秦，才贍而敏，冠絕一時。」中統戊戌徵試，中論賦兩科，拜議事官。先是，官吏縱肆日久，數侵苦小民，規繩之以法，惕然皆莫敢犯。丙辰春，詣闕陳便宜數事，上悉嘉〔四〕納。廉希憲云：「宋規循良，可與共事。」希憲相知公有經濟才，議欲薦〔五〕列，有嫉其文章名世者沮之，署爲講議官，不就。後徵爲耀州尹，官至蜀道憲副，政聲在在著聞。

〔一〕四庫本「七十一」，元史、關學編作「七十」。
〔二〕四庫本「世」，元史作「伯」。
〔三〕四庫本「分」，元史作「成」。
〔四〕四庫本「嘉」，萬曆本作「加」。
〔五〕四庫本「薦」，萬曆本作「爲」。

號鑒山先生，有鑒山補暇集梓行于世。年七十七，卒。

岐裕齋，解州人，逸其名。至元之初，〔一〕隱居不仕，以學行鳴于時人，稱爲裕齋先生云。嘗于所居西南建孔顔曾燕居堂及學。歲時，率鄉人修祀事，習禮儀，敘鄉飲少長之節，教樹畜，敦行誼，鄉人翕然臻嚮。

孫祖訓，以賢良方正舉，歷官右都御史。

山西通志

王結字儀伯，易州定興人。少聰穎，讀書數行俱下。從太史董樸受經，深于理學，故措之事業，見之文章，皆有所本。累官翰林學士、中書左丞。卒，封太原郡公，謚文忠。

結立言制行皆法古人，故相張珪曰：「王結非聖賢之書不讀，非仁義之言不談。」時以爲名言。所著有易說及文集十五卷。其易說，吳澄讀而善之。元史有傳

王恂字敬甫，中山唐縣人。父良，金末爲中山府掾，尋棄去，潛心伊洛之書。

恂性穎悟，篤信理學，太保劉秉忠見而奇之。世祖時，以秉忠薦爲太子贊善。

恂早以數學名，太子嘗問焉，恂曰：「算數，六藝之一，定國家，安人民，乃大事也。」每侍講讀，必發明三綱五常之旨、修身治平之道。太子問守心之道。恂曰：「嘗聞許衡言：人心猶印板，板不差，雖摹千萬紙皆不差。板既差矣，摹之于紙，無不差者。故要在正心。」太子深然之。恂以正道經術輔相太子，以師道自任，由是貴戚多慕文學矣。遷國子祭酒。先

〔一〕四庫本「至元之初」，萬曆本作「胡元御世」。

是衡病歸，秉忠等言若以太子贊善王恂主國學，庶幾衡之規模不致廢墜，從之。既又詔恂與楊恭懿及衡等定曆。居父喪，過毀。卒，謚文肅。

子寬、賓，並從衡遊。

元史有傳

杜瑛字文玉，霸州信安人。父時昇，金末避地嵩、洛山中，究心伊、洛之學。瑛亦隱緱氏山中，搜訪諸書，盡讀之，究其旨趣。元初，教授汾、晉間，因家焉。開府紐赫珪遺良田千畝，辭不受。望氣者言所居下有黃金，家人欲發視，輒止之。後來居者果得金百斤，其不苟取如此。

屢徵聘不就，人勸之仕，瑛太息曰：「世去古雖遠，而先王設施，本末先後，猶具可考見。苟仍舊習以滋世弊，吾不能；令隨時俯仰以赴功，吾不願也。」杜門著書，竟不仕以終。卒，贈魏郡公，謚文獻。

所著有春秋地里原委十卷、語孟旁通八卷、皇極引用八卷、皇極疑事四卷、極學十卷、律呂律曆禮樂雜志三十卷、文集十卷。元史入隱逸傳

胡長孺字汲仲，婺州永康人。祖巖起，父居仁，俱宋進士，俱以文學政事知名。至長孺，其學益大振，九經諸史，下逮百氏，無不包羅而揆序之。咸淳中，外舅徐道隆官荆湖、四川，長孺從之入蜀。銓試第一名，授廸功郎，監重慶酒務，與高彭、李湜、梅應春等號南州八士。歷福寧州倅。會宋亡，退棲永康山中。元世祖至元間，詔下求賢，有司強起。至京，拜集賢修撰，與宰相議不合，改教授揚州，移建昌，轉寧海主簿。延祐初，轉兩浙運鹽使司丞，未上，以病辭。隱杭之虎林山以終。

長孺初師青田余學古，學古師邑人王夢松，夢松受學朱門葉味道。長孺淵源既正，復行遊四方，訪求其旨趣，益信涵養用敬爲最切，默存靜觀，超然自得。故其爲人光明宏偉，專務明本心之學，慨然以孟子自許，唯恐斯道之失其傳，誘引不倦，

一時學者爭慕之。方嶽大臣與郡二千石，聘致說經，環聽者數百人。嘗言：「人雖最靈，與物同體，初無二本，此學之大原。」聽者躍然興起。海内求其辭章如購拱璧，非其人雖一金易一字不與。鄉闈取士，屢司文衡，文風一變。年七十五，卒。所著有瓦缶編、南昌集、寧海漫抄、顔樂齋稿行世。其從兄之綱、之純俱有名，人稱之爲「三胡」云。

元史入儒學傳

宋思約字（闕），山西屯留人。學問宏深，涵養純粹，不欲仕元。私淑聖道，當時學者敬宗之。建麗澤書院以爲講學之所，設先聖諸賢廟廡，每春秋朔望，率其諸徒行釋奠禮，俱以常正爲業。國朝正德六年，入祀鄉賢。提學閔煦祀考云：「學問宏深，不干禄仕，傳名聖道，後學宗之。」屯留志

元儒考略卷二

劉因字夢吉，初名駰，字夢驥，保定容城人。父述邃于性理之學，元中統初，官左三部尚書。因天資絕人，日記千百言。弱冠，閱古方冊，思得如古人者友之，作希聖解見志。國子司業硯彌堅教授真定，因從之遊。初爲經學，究訓詁疏釋之說，輒歎曰：「聖人精義殆不止此。」及得周、程、張、邵、朱、呂之書，一見即曰：「我固謂當有是也。」及評其學之所長，曰：「邵，至大也；周，至精也；程，至正也；朱子極其大，盡其精，而貫之以正也。」

至元中，以薦徵至京，擢右贊善大夫，教國子。未幾，以母老辭歸，俸給一無所受。後復徵爲集賢學士，以疾固辭，不至，帝聞之，歎曰：「古有不召之臣，其斯人之徒與？」遂不強致之。因性不苟合，不妄交，家雖甚貧，非其義，一介不取。隱居教授，師道尊嚴，弟子造其門者，隨材器教之，皆有成就。嘗愛武侯「靜以修身」之語，表所居曰「靜修」，學者稱爲靜修

先生。間遊郎山雷溪，又號雷溪真隱。卒，年四十五。無子。延祐中，贈翰林學士，追封容城郡公，謚文靖。

所著有四書精要、丁亥集、小學四書語録、易繫辭說等書。

真定蘇天爵表其墓，翰林歐陽玄贊云：「微點之狂，而有沂上風雩之樂。資由之勇，而無北鄙鼓瑟之聲。於裕皇之仁，而見不可留之四皓；以世祖之略，而遇不能致之兩生。嗚呼！麒麟鳳凰，固宇内之不常有也。然而，一鳴而六典作，一出而春秋成，則其志不欲遺世而獨往也，明矣。亦將從周公、孔子之後，爲往聖繼絶學，爲來世開太平者耶！」論者以爲名言。元史有傳

林起宗字（闕），内邱人。自幼力學，嘗從劉因遊，深得道學之指。既而教授于鄉，後學多宗之。嘗著志學指南、心學淵源二圖及大學論語孟子中庸諸圖、孝經圖解、小學題辭、發明魯菴家說等書。

安熙字敬仲，號默菴，藁城人。祖滔，號石峰。父松，號恕齋，皆以學行淑其鄉人。熙既承其家學，及聞保定劉因之學，心向慕焉。熙家與因所居，相去數百里，因亦聞熙力于爲己之學，深許與之。熙方將造其門，而因已歿，乃從因門人烏叔備問其緒[一]說。蓋自因得朱子[二]書，即尊信力行之，故其教人必尊朱氏。然因爲人高明堅勇，其進莫遏，熙則簡靚和易，襟韻敞夷。

其學以下學爲功，上達爲極，慎獨爲要，其封龍書院釋菜先聖文略曰：「追憶舊聞，卒究前業，灑掃應對，謹行信言。余力學文，窮理盡性，循循有序，發軔聖途。以存諸心，以行諸己，以及于物，以化于鄉。或冀有成，不悖于道。」其慎獨箴

[一] 四庫本「緒」知服齋本作「諸」。
[二] 四庫本「子」萬曆本作「熹」。

曰：「可尊者，德；可畏者，天；無處不有，無時不然，念慮之發，必有其幾，勿隱其隱，勿微乎微，從事於斯，是曰慎獨。自此精之，萬物並育；毫髮有間，天理弗存，利欲紛拏，厥心則昏。於乎，戒哉！敬作此箴。書諸坐隅，以警某心。」其用功平實切密，可謂善學朱氏者。熙遭時承平，不屑仕進，家居教授垂數十年，四方來學者多所成就。既歿，鄉人李士興輩爲立祠于藁城之西莞鎮。祖滔，父松，咸有位焉。歐陽玄作記，門人蘇天爵爲輯其遺文，而虞集序之曰：「使靜修得親炙朱子，以極其變化充擴之妙，則所以發揮斯文者，當不止是；使敬仲得見靜修，廓之以高明，厲之以奮發，則劉氏之學不既昌大于時已乎？惜乎靜修既不見朱子，敬仲又不獲親于靜修，二君子者皆未中壽而卒，豈非天乎！」

所著有默菴文集、續皇極經世等書。歐陽玄贊曰：「寤寐乎，明善誠身之書；步趨乎，格物致知之學。關西三鱣未必榮于教授之四世，荀陵八龍奚以過于伯仲之一鍪，豈非白茅重而忠信著，玄酒醇而嗜欲薄者乎？鍾期、伯牙有同世而不相遇者，吾故于默菴之神交，而益以重容城之先覺也。」元史入儒學傳

楊恭懿字元甫，號潛齋，高陵人，天德之子。自少讀書強記，日數千言。會時艱，從親逃亂而東于汴、于歸德、于天平，雖間關險阻，未嘗怠弛其業。年十七，侍父西歸，家貧，假室以居，鄉鄰或繼其匱，皆謝不取，惟服勞以爲養。暇則力學博綜，于書無不究心，而尤邃于易、禮、春秋，思有纂述，恥爲章句儒而止。志于用世，反覆史學，以鑒觀古昔興亡之事。從學者已衆，海內縉紳與父友者，馳書交譽，即以宗盟斯文期之。年二十四，始得朱子四書集注、太極圖、小學、近思録諸書，讀之喜而歎曰：「人倫日用之常，天道性命之妙，皆萃此書。今入德有其門，進道有其途矣，吾何獨不可及前修踵武哉！」於是窮理反躬，一乎持敬，優遊厭飫，俟其成功于潛齋之下，自任益重，前習盡變，不事膚末矣。赫然名動一時，宣撫司、行省以掌書記、共議事辟之，皆不就。

至元七年，與許衡同被召，恭懿不至。衡由國子祭酒拜中書左丞，日于右丞相安童〔二〕前稱譽其賢，丞相以聞。十年，帝遣協律郎申敬來召，以疾辭。十一年，太子下教中書，俾如漢惠聘四皓故事再聘之，丞相遣郎中張元智爲書致命，不得已，乃至京師。帝遣國王和通〔三〕勞其遠來，既入見，帝親詢其鄉里、族氏、師承、子姓，無不周悉。

詔與學士圖克坦〔三〕公履定科舉之法。恭懿議曰：「三代以德行、六藝賓興賢能。漢舉孝廉，兼策經術。魏、晉尚文辭，而經術猶未之遺。隋煬始專賦詩，唐因之，使自投牒，貢舉之法遂熄。雖有明經，止于記誦。宋神宗始試經義，亦令典矣。哲宗復賦詩，遼金循習。將救斯弊，惟如明詔嘗曰：『士不治經，學孔孟之道，日爲賦詩空文。』斯言足立萬世治安之本。今欲取士，宜勅有司，舉有行檢、通經史之士，使無投牒自薦，試以五經四書、大小義史、論時務策。夫既從事實學，則士風還淳，民俗趨厚，國家得識治之才矣。」奏入，帝善之。

會北征，辭歸。十六年，詔安西王薩〔四〕敦遣赴闕，詔與太史王恂等改曆。明年，曆成，授集賢館學士，兼太史院事，辭歸。當曆成進奏日，諸臣方列跪，帝命恭懿及許衡起，曰：「二老自安，是年少皆受學汝者。」故終奏皆坐畢其說，蓋異禮也。二十年以太子賓客召，二十二年以昭文館大學士領太史院事召，二十九年以議中書省事召，皆辭疾不行。三十一年卒，年七十。

先是，魯齋提京兆學，與恭懿爲友，一遇講貫，動窮日力，篤信好學，操履不苟，魯齋亟稱之。父歿，水漿不入口者五日，襄事遵朱文公家禮，盡祛桑門惑世之法，爲具不足，稱貸益之。魯齋會葬歸，語學者曰：「小子識之，曠世墜典。夫夫特立

〔一〕四庫本作「圖」，據萬曆本關學編改。
〔二〕四庫本「通」，萬曆本關學編作「童」。
〔三〕四庫本「圖克坦」，萬曆本關學編作「徒單」。
〔四〕四庫本「薩」，萬曆本關學編作「相」。

而獨行之，其功可當肇修人紀。〔二〕」聚居六年，衡東歸。後治母喪，一如父，三輔士大夫知由禮制自致其親者，皆本之恭懿云。

蕭維斗𣂏誌其墓，曰：「朱文公集周、程夫子之大成，其學盛于江左。北方之士聞而知者，固有其人，求能究聖賢精微之蘊，篤志于學，真知實踐，主乎敬義，表裏一致，以躬行心得之餘私淑諸人，繼前修而開後覺，粹然一出乎正者，維司徒暨公。」司徒謂魯齋也。

學士姚燧撰神道碑銘曰：「維天生賢，匪使自有。俾拯烝民，爲責己厚。公於明命，實肩實負。乾乾其行，艮艮其守。師古喪祭，如禮不苟。三綱之淪，我條自手。推得其類，無倦誨誘。學者宗之，西土山斗。」

皇慶中，贈榮禄大夫、太子少保、弘農郡公，謚文康。所著有潛齋遺稿若干卷。

子寅，字敬伯，博通六經、百氏，累官集賢學士、國子祭酒，在成均講明誨誘，終日忘倦，有父風。

元史有傳

蕭𣂏字維斗，號勤齋，奉元人。天性至孝，自幼翹楚不凡，長爲府史，語當道不合，即引退讀書終南山，力學三十年，不求進。製一革衣，由身半以下。及臥，輒倚其榻，玩誦不少置，於是博極群書，凡天文、地理、律曆、算數靡不研究，侯均謂：「元有天下百年，惟蕭維斗爲識字人。」學者及門受業者甚衆，鄉里孚化，稱之曰「蕭先生」。鄉人有自城暮歸者，途遇寇，詭曰：「我蕭先生也。」寇驚愕釋去。嘗出，遇一婦人失金釵道旁，疑𣂏拾之，謂曰：「殊無他人，獨公居後耳。」𣂏令隨至門，取家釵以償，其婦後得所遺釵，愧謝之。

〔二〕四庫本「紀」，萬曆本、關學編作「極」。

世祖初，分藩在秦，用平章咸寧王額森〔一〕薦，徵侍藩邸，以疾辭。〔二〕授陝西儒學提舉，不赴。省憲大臣即其家，具宴爲賀，遣一從史〔三〕先往，𣂏方灌園，從史不知其爲𣂏也，使飲其馬，即應之不拒。及冠帶迎客，從史見，有懼色，𣂏殊不爲意。後累授集賢直學士，國子司業，改集賢侍讀學士，皆不赴。武宗初，徵拜太子右諭德，不得已，扶病至京師，入覲東宮，書酒誥爲獻，以朝廷時尚酒故也。尋以病請去，或問其故，則曰：「在禮，東宮東面，師傅西面，此禮今可行乎？」俄除集賢學士、國子祭酒，諭德如故，固辭歸，年七十八以壽終于家，謚貞敏。

劉致謚議略云：「聖王之治天下也，必有所不召之臣。蓋志意修則輕富貴，道義重則輕王公，蟬蛻塵埃之中，翱遊萬物之表，不事王侯，高尚其事者以之。傳曰：『舉逸民，天下之民歸心焉。』故必蒲車、旌帛，側席以俟其至，冀以勵俗興化，猶或長往而不返，亦有既至而不屈，則『束帛戔戔，賁于邱園』者，治天下者以之也。于吾元得二人焉，曰容城劉因、京兆蕭𣂏。士君子之趣向不同，期各得所志而已。彼不求人知而人知之，不希世用而世用之，至上徹帝聰，鶴書天出，薜蘿動色，巖戶騰輝，猶堅臥不起。不得已焉始一至，卒不撓其節，不隳所守而去，亦可謂得所志也已。方之于古，則嚴光、周黨之流亞歟？雖其道不周於用，而廉頑立懦，勵俗興化之功亦已多矣。且其累徵而不起，蹔出而即歸，不既貞乎？以勤自居，其好古好學之心不既敏乎？按謚法『清白守節曰貞，好古不怠曰敏』，請謚曰『貞敏』。」詔從之。

𣂏制行甚高，真履實踐，其教人必自小學始。爲文立意精深，言近指遠，一以洙、泗爲本，濂、洛、考亭爲據，關輔之士，翕然宗之，稱爲一代醇儒。門人涇陽第五居仁、平定呂思誠、南陽孛术魯〔四〕翀爲最著。

〔一〕四庫本「額森」萬曆本、關學編作「野仙」。
〔二〕四庫本「世祖初，分藩在秦，用平章咸寧王額森薦，徵侍藩邸，以疾辭。」元史作「世祖分藩在秦，辟𣂏與楊恭懿、韓擇侍秦邸，𣂏以疾辭。」
〔三〕四庫本「史」知服齋本作「吏」。
〔四〕四庫本「富珠哩」，據萬曆本、關學編、元史改。

所著有三禮說、小學標題駁論、九州志及勤齋文集行世。元史入儒學傳

呂思誠字仲實，山西平定州人。母夢文昌星，寤而生思誠。長從蕭𣂏學。泰定初，舉進士，翰林編修，累官禮、刑二部尚書，總裁宋、遼、金三史。卒年六十五，謚忠肅。

思誠氣宇凝定，素以勁拔聞，不爲勢利所屈，三爲祭酒，一法許衡之舊，諸生從化，後多爲名士。嘗病古註疏太繁，魏了翁刪之太簡，將約其中以成書，不果。有文集若干卷、兩漢通紀若干卷。元史有傳

同恕字寬甫，號榘菴，奉元人。祖昇，父繼先，博學能文。廉希憲宣撫陝右，辟掌庫鑰。家世業儒，同居二百口，無間言。

恕安靜端凝，羈丱如成人，從鄉先生學，日記數千言。年十三，以書經魁鄉校。至元間，朝廷始分六部，選名士爲吏屬，關陝以恕貢禮曹，辭不行。仁宗初，即其家拜國子司業，階儒林郎，使三召不起，陝西行臺侍御史趙世延，請即奉元置魯齋書院，中書奏恕領教事，制可之。先後來學者殆千數。延祐設科，再主鄉試，人服其公。六年，以奉議大夫、太子左贊善召，入見東宮，賜酒慰問。繼而獻書，歷陳古誼，盡開悟涵養之道。明年春，英宗繼統，以疾歸。致和元年，拜集賢侍讀學士，以老疾辭。

恕之學由程、朱上溯孔、孟，務貫浹事理，以利于行。教人曲爲開導，使得趨向之正。性整潔，平居雖大暑，不去冠帶。母張卒，事繼母如事所生。父喪，哀毀致目疾，時祀齋肅詳至。嘗曰：「養生有不備，事有可復；追遠有不誠，是誣神也。可逭罪乎？」與人交，雖外無適莫，而中有繩尺。里人借騾而死，償其值，不受，曰：「物之數也，何以償爲！」家無擔石之儲，聚書數萬卷，扁所居曰榘菴。時蕭先生𣂏居南山下，亦以道高當世，入城府必主恕家，士論並稱曰「蕭同」。自京師還，家居十有三年，中外縉紳望之若景星麟鳳，鄉里稱爲先生而不姓。至順二年卒，年七十八，贈翰林直學士，封京兆郡侯，謚

文貞。

所著有榘菴集二十卷。元史入儒學傳

韓擇字從善，奉元人。天資超異，通道不惑，其教學者，雖中歲以後，亦必自小學等書始。或疑爲淩節勤苦，則曰：「人不知學，白首童心，且童蒙所當知而皓首不知，可乎？」尤邃禮學，有質問者，口講指畫，無倦容。士大夫遊宦過秦，必往見擇，莫不虛往而實歸焉。世祖嘗召之，疾，不果行。其卒也，門人爲服緦麻者百餘人。元史入儒學傳

侯均字伯仁，蒲城人。父母早亡，獨與繼母居，賣薪以給奉養。積學四十年，群經百氏無不淹貫。每讀書，必熟誦乃已，嘗言：「讀書不至千遍，終于己無益。」故其答諸生所問，窮索極探，如取諸篋笥。名振關中，學者宗之。用薦者起爲太常博士，後以上疏忤時相意，即歸休田里。

均貌魁梧而氣剛正，人多嚴憚之，及其應接之際，則和易款洽。雖方言古語，世所未曉者，莫不隨問而答，世咸服其博聞云。今祀蒲城鄉賢祠。元史入儒學傳

第五居仁字士安，涇陽人。幼師蕭維斗𣂏，弱冠從同寬甫恕受學。博通經史，躬率子弟，致力農畝，而學徒滿門。其宏度雅量，能容人所不能容。嘗行田間，遇有竊其桑者，居仁輒避之，鄉里高其行義，率多化服。作字必楷整。遊其門者不惟學明，而行加修焉。卒之日，門人相與議易名之禮，私謚曰靜安先生。元史入儒學傳

傅定保字（闕），晉江人。六歲通大學。事母至孝。大德初，用薦爲漳州學正，首以太極圖、西銘講說，聽者悅服，號古直先生。一統志載

胡炳文字仲虎，婺源人。元初，爲信州書院山長，再調蘭溪州學正。炳文以易名家，作易本義通釋，而于朱子所註四書用力尤深。余干饒魯之學本出于朱子，而其爲說多與朱牴牾。炳文深正其非，作四書通，凡辭異而理同者合而一之，辭同而旨異者析而辨之，往往發其未盡之蘊。其所著又有易春秋集解、禮書纂述、大學指掌圖、四書辨疑、五經會義、爾雅韻語、雲峰筆記等書。東南學者因其所自號，稱雲峰先生。卒，謚文通。元史入儒學傳

董樸字太初，順德人。自幼強記，比冠，師事樂舜咨、劉道濟，幡然有求道之志。至元十六年，用提刑按察使薦起家，爲陝西知法官。未幾，以親老歸養。尋召爲太史院主事，復辭不赴。皇慶初，樸年已踰八十，詔以翰林修撰，致仕。延祐三年，無疾而終，年八十有五。

樸所爲學，自六經及孔、孟微言，與凡先儒所以開端闡幽者，莫不研極其旨而會通之，故其心所自得，往往有融貫之妙。其事親孝。與人交，智愚貴賤一待以誠。或有犯之者，夷然不與之校。中山王結曰：「樸之學，造詣既深，充養交至；其爲人清而通，和而介，君子人也。」樸家近龍岡，學者因稱之曰龍岡先生云。元史入儒學傳

張𩓏字達善，其先蜀之導江人，僑寓江左金華。王柏得朱子〔二〕三傳之學，嘗講道台之上蔡書院，𩓏從而受業焉。自六經、語、孟傳註，以及周、程、張氏微言、朱子所嘗論定者，靡不潛心玩索，究極根柢。用功既專，久而不懈，所學益弘深微密，南北之士鮮能及之。

至元中，行臺中丞吳曼慶延致江寧學宮，俾子弟受業。中州士大夫欲淑子弟以朱子四書者，皆遣從𩓏遊。其在維揚，

〔二〕四庫本「子」萬曆本作「熹」。

來學者尤衆。遠近翕然，稱曰導江先生。大臣薦諸朝，特命爲孔、顔、孟三氏教授，鄒、魯之人服誦遺訓，久而不忘。

頴氣宇端重，音吐洪亮，講說特精詳，子弟從之者詵詵如也。其弟子知名者甚多，馬祖常、孔思晦、爪爾佳〔二〕之奇、楊剛中尤顯。頴無子。有經說及文集行世，吳澄序其書，以爲議論正，援據博，貫穿縱橫，儼然新安朱氏之尸祝也。至正中，真州守臣以頴及郝經、吳澄皆嘗留儀真，作祠祀之，曰三賢祠。元史入儒學傳

富珠哩〔三〕翀字子翬，其先隆安人。金泰和間，定女眞姓氏，屬望廣平。祖德，從憲宗南征，因家鄧之順陽。父居謙。初，居謙辟掾江西，以家隨，生翀贛江舟中，釜鳴者三，人以爲異。翀稍長，即勤學。父歿，家事漸落，而爲學益力，乃自順陽復往江西，從新喻蕭克翁學。克翁隱居不仕，學行爲州里所敬。嘗夜夢大鳥止其所居，沖天而去。明日，翀至。翀始名思溫，字伯和。克翁爲易今名字，以夢故。後復從京兆蕭𣁋遊，其學益宏以肆。翰林學士承旨姚燧以書抵𣁋曰：「燧見人多矣，學問文章無足與子翬比倫者。」於是𣁋以女妻之。

大德末，以薦爲襄陽儒學教諭。文宗時，爲集賢直學士、國子祭酒。時上以西僧爲帝師，至京，有旨朝臣一品而下咸郊迎。大臣俯伏進觴，帝師不爲動，惟翀舉觴立進曰：「帝師，釋迦之徒，天下僧人師也。余，孔子之徒，天下儒人師也。請各不爲禮。」帝師笑而起，舉觴卒飲，衆爲之慄然。

元統初，以江浙行省參知政事告歸，尋召爲翰林侍講學士，以疾不至。卒，封南陽郡公，謚文靖。

翀狀貌魁梧，不妄言笑。其爲學一本于性命道德，文章簡奧典雅，天下學者仰爲表儀。居國學久，論者謂自許衡後，能以師道自任者，惟耶律有尚及翀而已。有文集行世。

〔二〕四庫本「爪爾佳」，萬曆本、元史、知服齋本作「夾穀」。

〔三〕四庫本「富珠哩」，萬曆本、元史作「孛術魯」。

子遠，字明[一]道，用翀蔭，令襄陽，以忠義死賊，妻雷亦從死。

元史有傳

孫轍字履常，臨川人。幼孤，母蔡親教之，即警策自勵。比長，學行純篤，事母孝。家居教授，庭外蕭然，而考德問業者無虚晷。與人言，以孝弟忠信爲本，辭温氣和，聞者皆油油乎，其有感也。待親戚鄰里，禮意周洽，未嘗幾微及人過。部使者若郡縣長吏仁賢者，畢慕造焉。監[二]司屢辟，皆不就。吴澄敘其文，以謂仁義之人，其言藹如也。

時同郡吴定翁字仲谷，清修文雅，與轍齊名，而善詩。居恒言：「士無求用於世，惟求無愧於世。」人以爲名言。辟薦相望，竟不仕以歿。

元史入隱逸傳

龍仁夫字觀復，永新人。博究經史，以道自任。仕元爲湖廣儒學提舉。晚年僑居黄州，著周易集傳十八卷，多發前儒之所未發，其他文尤奇逸流麗，學者稱麟洲先生。元史入儒學傳。

吴仲迂字（闕），浮梁人，號可堂。博學明經，隱居著書，有四書語録、經傳發明、春秋紀聞數十卷。

牟應龍字伯成，其先蜀人，後徙居吴興。祖子才，仕宋，贈光禄大夫，謚清忠。父巘，爲大理少卿。應龍當以世賞補京

[一] 四庫本「明」，萬曆本作「朋」。
[三] 四庫本「監」，元史作「憲」。

官，盡讓諸從弟，而擢咸淳進士第。時賈似道當國，自擬伊、周，謂馬廷鸞曰：「君故與清忠遊，其孫幸見之，當處以高第。」應龍拒之不見。及對策，具言上下內外之情，不通國勢危急之狀，考官不敢寘上第，調光州定城尉，應龍曰：「昔吾祖對策，以直言忤史彌遠，得洪雅尉，今固當爾，無愧也。」沿海制置司辟爲屬，以疾辭不仕，而宋亡矣。故相留夢炎事世祖，爲吏部尚書，以書招之曰：「苟至，翰林可得也。」應龍不答。已而家益貧，稍起家，教授溧陽州。晚以上元縣主簿致仕。初，宋亡時，大理卿已退不任事。一門父子自爲師友，討論經學，以義理相切磨。于諸經皆有成說，惟五經音考盛行于世，以文章大家稱于東南，學者因應龍所號稱之曰隆山先生。泰定元年卒，年七十八，虞集誌其墓。元史入儒學傳

陸文圭字子方，江陰人。幼而穎悟，讀書過目成誦，終身不忘。博通經史百家及天文、地理、律曆、醫藥、算數之學。宋咸淳初，文圭年十八，以春秋中鄉選。宋亡，隱居城東，學者稱之曰牆東先生。延祐設科，有司強之就試，凡一再中鄉舉。文圭爲文，融會經傳，縱橫變化，莫測其涯際，東南學者皆宗師之。朝廷數遣使馳幣聘之，以老疾，不果行。卒年八十五。

文圭爲人，剛明超邁，以奇氣自負。有牆東類稿十卷。[一]元史入儒學傳

梁益字友直，江陰人。博洽經史而工于文辭。其教人以變化氣質爲先務，學徒不遠千里從之。浙以西稱學術醇正，爲世師表者，陸文圭與益而已。所著書有三山稿、詩緒餘、史傳姓氏纂，又有詩傳旁通，發揮朱晦菴[二]之學爲精。年五十六卒。元史入儒學傳

[一] 四庫本「十卷」，元史作「二十卷」。

[二] 四庫本「晦菴」，萬曆本作「熹氏」。

熊凱字(闕)，南昌人。精義理之學，以明經開塾四十餘年，時稱遙溪先生。子東，造詣尤高遠，從遊者益眾。同邑熊良輔受學于凱，善屬文。所著有易傳集疏、風雅遺音、小學入門等書。

瞻思字得之，其先大食國人。國既内附，大父魯坤，太宗時官真定，因家焉。瞻思少穎異，弱冠從翰林承旨王思廉遊，博極群籍，汪洋茂衍，見諸踐履，皆篤實之學。

延祐初，以科舉取士，人勸其就試，笑而不應。泰定初，以薦徵遺逸，見帝于上都，時道拉[一]實[二]柄國，人多附之，瞻思獨不往見，即以養親辭歸。

天歷初，召爲翰林應奉文字，進所著帝王心法，上稱善。預修經世大典，以議論不合求去，上諭留之，堅以母老辭。至元初，拜陝西行臺御史，[三]有直聲。改浙東廉訪僉事，尋以病免。後屢召，皆不起。卒，封恒山郡侯，謚文孝。

瞻思邃于禮，而易學[四]尤深，至于天文、地理、鐘律、算數，旁及外國之書，皆究極之。家貧，饘粥或不繼，其考訂經傳，常自樂也。

所著有四書闕疑、五經思問、奇偶陰陽消長[五]圖及文集等書，其餘著述亦多駁雜。元史入儒學傳

[一] 四庫本「道拉」，萬曆本、元史作「倒剌沙」。
[二] 萬曆本無「實」字。
[三] 據元史應爲「監察御史」。
[四] 四庫本「而易學」萬曆本作「于易」。
[五] 四庫本「長」，據元史作「息」。

者。布顔，〔一〕一名師聖，字宗道，哈拉魯〔二〕氏，隸軍籍蒙古萬戶府，世居開州濮陽縣。布顔生三歲，嘗〔三〕以指畫地，若爲卦六歲，從里儒授書，即成誦。早孤，其兄買經傳以資之，日夜誦不輟。稍長，從宋進士建安黃坦學。坦大奇之，因命以顔爲氏，且名而字之焉。久之，坦辭曰：「余不能爲爾師，群經有朱子說具在，歸而求之可也。」布顔自弱冠，即以斯文爲己任，其于大經大法粲然有睹，而心所自得，每出意言之表。鄉之學者質疑問難，咸解其惑。于是，中原之士聞而從遊者日益衆。

至正四年，以隱士徵授翰林待制，預修金史。史成，辭歸。已復起江西廉訪僉事，數月，以病免。及還，四方來學者至千餘人。蓋其學專事講解，而務真知力踐，不屑事舉子詞章，必期措諸實用。士出其門，不問知其爲布顔氏學者，至于異端之徒，亦往往棄其學而學焉。

後遇賊，不屈，與妻子俱死，贈奉議大夫、僉太常禮〔四〕院事，謚文節。

生平修輯六經，多所著述，皆毀于兵。元史入儒學傳

元儒考略卷三

吳澄字幼清，撫州崇仁人。自幼穎悟，九歲從群子弟試鄉校，每中前列。既長，于經傳皆習通之，知用力聖賢之學。宋

〔一〕四庫本「布顔」，萬曆本、元史作「伯顔」，知服齋本作「巴延」。
〔二〕四庫本「哈拉魯」，萬曆本、元史作「哈剌魯」，知服齋本作「叭喇嚕」。
〔三〕四庫本「嘗」，元史作「常」。
〔四〕四庫本「禮」，元史作「禮儀」。

末，舉進士不第，入山著書。

元世祖時，侍御史程鉅夫奉詔求賢江南，起澄至京師。未幾，以母老辭歸。鉅夫請置澄所著書于國子監以資學者，朝廷命有司即其家録上。元貞初遊龍興，按察經歷郝文迎至郡學，日聽講論，録其問答，凡數千言。行省掾元明善以文學自負，嘗問澄易、詩、書、春秋奥義，歎曰：「與吳先生言，如探淵海。」遂執弟子禮事之。左丞董士選延之家，親執饋食，曰：「吳先生，天下士也。」既入朝，薦澄有道，擢應奉翰林文字。有司敦勸，久之乃赴，而代者已至，澄即日南歸。未幾，除江西儒學副提舉，居三月，以疾去。

至大初，召爲國子監丞。皇慶初，陞司業。嘗爲學者言：「朱子于道問學之功居多，而陸子靜以尊德性爲主。問學不本於德性，則其敝必偏于言語訓釋，故學以尊德性爲本。」議者遂以澄爲陸氏之學。澄一夕謝去，諸生有不謁告從之南者。俄拜集賢直學士，俾乘驛至京師，次真州，疾作，不果行。

家居，四方從學者恒數百人。英宗即位，起翰林學士，時敕寫金字藏經，命澄爲序，澄持不奉詔。泰定初，爲經筵講官，進帝范、資治通鑑、大學衍義、貞觀政要諸書，尋謝病歸。從學者益衆，再徵不起。卒于家，年八十有五，追封臨川郡公，謚文正。

澄身若不勝衣，正坐拱手，氣融神邁，答問亹亹，使人涣若冰釋。所居僅草屋數椽，程御史題曰「草廬」，學者稱草廬先生。

所著有易春秋禮記尚書〔二〕纂言、私録支言等書，又著學基、學統二篇，使人知學之本與爲學之序云。元史有傳

陳徵字（闕），其先閬州人。宋陳堯叟十三世孫，徙家南康，受學臨川吳澄，研精經史，考覈百氏。元時累薦弗就，遊

〔二〕 元史無「尚書」二字。

吳，遂家焉。子惟寅、惟允，皆博學善詩文。一統志

武恪字伯威，宣德府人。初以神童遊學江南，師事吳澄，澄奇之，薦入國學肄業。明宗在潛邸，選恪爲說書秀才。及出鎮雲南，恪在行，明宗欲起兵陝西，恪諫曰：「太子北行，〔一〕於國有〔二〕君命，于家有叔父命，何可違也？南何遽〔三〕非福。若向京師發一矢，史官必書反，不可悔矣。」左右惡恪言，乃曰：「武秀才有母在京，合遣歸。」恪遂還京師，居陋巷，教訓子弟。

文宗知其名，除秘書監典簿。秩滿，丁内艱。再除中瑞司典簿，改汾西縣尹，皆不起。人或勸之仕，恪曰：「向爲親屈，今親已終，不復仕矣。」台哈布哈〔四〕薦爲沁水尹，近臣又薦爲授經郎，皆不就。

好讀周易，每日堅坐。或問：「先生之學，以何爲本？」恪曰：「以敬爲本。」所著有水雲集。元史入隱逸傳

韓性字明善，紹興人。其先家安陽。宋名相琦，其八世祖也。高祖左司郎中膺胄，扈從南渡，家于越。性博綜群籍，而于儒先性理之說，尤深造其閫域。爲文自成一家。四方學者受業，其門戶外之屨，〔五〕至無所容。

延祐初，詔以科舉取士，學者以文法爲請，性語之曰：「今之貢舉，悉本朱子。〔六〕私議爲貢舉之文，不知朱氏之學，可

〔一〕四庫本「北行」，萬曆本作「南」。
〔二〕四庫本「有」，萬曆本作「爲」。
〔三〕四庫本「遽」，萬曆本作「渠」。
〔四〕四庫本「台哈布哈」，萬曆本、元史作「泰不華」。
〔五〕四庫本「屨」，知服齋本作「履」。
〔六〕四庫本「子」，萬曆本作「熹」。

乎？四書、六經千載不傳之學，自程氏至朱氏發明無餘蘊矣。顧行何如耳？有德者必有言，施之場屋，直其末事，豈有他法哉？」士有一善，爲之延譽不已，及辨析是非，則毅然有不可犯之色。

性出無輿馬僕御，所過負者息肩，行者讓道。巷夫街叟至于童稚廝役，咸稱之曰「韓先生，韓先生」云。憲府嘗舉爲教官，謝曰：「幸有先人之敝廬可庇風雨，薄田可具饘粥，讀書砥行，無愧古人，足矣，祿仕非所願也！」後薦章屢上，竟隱居不仕以歿，年七十有六，賜諡莊節先生。

所著禮記說、詩音釋、書辨疑、郡志、文集行世。元史入儒學傳

元明善字復初，大名清河人。資穎悟絶出，讀書過目輒記。諸經皆有師法，而尤深于春秋。弱冠，遊吳中、浙東，使者薦爲安豐、建康兩學正，歷行省掾。仁宗在東宮，首擢爲太子文學。及即位，改翰林待制，陞翰林直學士。詔節尚書經文，譯之以進。每奏一篇，帝必稱善，曰：「二帝三王之道，非卿莫聞也。」爲禮部尚書，正孔氏宗法，以宣聖五十四世孫思晦奏，襲封衍聖公。拜湖廣行省參知政事，復入爲翰林學士，眷遇之隆，當時莫並。卒，諡文敏。

明善早以文章自豪，後從吳澄問經傳奥義，歎曰：「與吳先生言，如探淵海。」遂執弟子禮，師事之，翻然有志于學。又與虞集相切劘，故晚益精詣。所著有文集行世。元史有傳

蕭漢中字景元，泰和人。泰定中，撰讀易考原，發文王序卦之旨，爲圖分上下，經之義躍然。

陳櫟字壽翁，徽之休寧人。櫟生三歲，祖母吳氏口授孝經、論語，輒成誦。五歲入小學，即涉獵經史。七歲通進士業。

十五，鄉人皆師之。宋亡，科舉廢，櫟慨然發憤，致力于聖人之學，涵濡玩索，貫穿古今。嘗以謂有功于聖門者莫若朱晦菴，〔一〕晦菴〔二〕沒未久，而諸家之說往往亂其本真。乃著四書發明、書〔三〕傳纂疏、禮記集義等書，無慮數十萬言。凡諸儒之說，有畔于朱氏者刊而去之，其微辭隱義則引而伸之，而其所未備者復爲說，以補其闕，于是朱子〔四〕之說大明於世。

延祐初，詔以科舉取士，櫟不欲就試，有司強之。試鄉闈，中選，遂不復赴禮部。教授于家，不出門戶者數十年。性孝友，尤剛正，日用之間，動中禮法。與人交，不以勢合，不以利遷。善誘學者，諄諄不倦。臨川吴澄嘗稱：「櫟有功于朱氏爲多。」凡江東人來受業于澄者，盡遣而歸櫟。櫟所居堂曰「定宇」，學者因以定宇先生稱之。元統二年卒，年八十三。

揭傒斯誌其墓，乃與吴澄並稱，曰：「澄居通都大邑，又數登用於朝，天下學者四面而歸之，故其道遠而章尊而明；櫟居萬山間，與木石俱，而足跡未嘗出鄉里，故其學必待其書之行天下乃能知之，及其行也亦莫之御，是可謂豪傑之士矣。」世以爲知言。元史入儒學傳

程端禮字敬叔，鄞縣人。幼穎悟純篤。年十五，能記誦六經，曉析大義。慶元自宋季，皆尊尚陸九淵氏學，而朱熹氏學不行于慶元。端禮獨從史蒙卿遊，以傳朱氏明體適用之指，學者及門甚衆。

所著有文集及讀書工程，國子監以頒示郡邑校官，爲學者式。仕爲衢州路儒〔五〕學教授。

弟端學字時叔，通春秋。至治中進士，仕爲國子助教。動有師法，剛嚴方正，學者嚴憚之，遷太常博士。所著有春秋本

〔一〕四庫本「晦菴」，萬曆本作「熹氏」。
〔二〕四庫本「晦菴」，萬曆本作「熹」。
〔三〕四庫本「書」，元史作「書集」。
〔四〕四庫本「子」，萬曆本作「熹」。
〔五〕據元史補「儒」字。

義、三傳辨疑、春秋或問。

元史入儒學傳

金履祥字吉甫，蘭溪人。幼而敏睿，父兄授之書，即能記誦。比長，益自策勵，于書靡不畢究。及壯，知向濂洛之學。事同郡王柏，從登何基之門，二人蓋得朱子[一]之傳者。自是講貫益密，造詣益邃。德祐初，以迪功郎、史館編校召，時宋之國事已不可爲，履祥辭弗就。宋亡，遂絕意進取，屏居金華山中。兵燹稍息，則上下巖谷，追逐雲月，寄情嘯詠，視世故泊如也。平居獨處，終日儼然，至與物接，則盎然和懌。訓迪後學，諄切無倦，而尤篤于分誼。何基、王柏之喪，履祥率同門之士以義制服，覩者始知師弟子之繫于倫常也。有故人子坐事，母子分配爲隸，不相知者十年，履祥傾貲營購，卒贖以完。其子後貴，履祥終不自言。

嘗以劉恕外紀記司馬氏通鑒以前事，不本于經，舛謬不可信，乃斷自尚書，旁采子史，作通鑒前編，又著尚書表注、[二]四書考證表注，[三]論者謂多所自得，視蔡傳加精考證。門人許謙上之朝，命刊行，謙序之，略曰：「聖賢之心盡在四書，而四書之義備于朱子。顧其立言，辭約意廣，讀者咸得其粗，而不能悉究其義，或以一偏之致自異，而初不知未離其範圍。世之詆訾，貿亂務爲新奇者，其弊正在此耳。此金先生考證之所由作也。」

初，履祥既見王柏，首問爲學之方，柏告以必先立志，且舉先儒之言：「居敬以持其志，立志以定其本，志立于事物之表，敬行乎事物之內，此爲學之大方也。」及見何基，基謂之曰：「會之屢言賢者之賢，理欲之分，便當自今始。」當時以爲

[一] 四庫本「子」萬曆本作「熹」。
[二] 四庫本「尚書表註」，元史作「書表註」。
[三] 四庫本「四書考證表註」，元史作大學章句疏義、論語孟子集注考證。

基之清介純實似尹和靖，柏之高明剛正似謝上蔡，履祥則親得之二氏，而並充于己者也。

居仁山之下，學者稱仁山先生。大德中，卒。元統初，門人吳師道爲國子博士，移書學官，祠于鄉學。至正中，謚文安。

元史入儒學傳

吳師道字正傳，蘭溪人。自羈丱知學，即善記覽，工詞章詩歌。弱冠，因讀宋儒真德秀遺書，乃幡然有志于爲己之學。師事金履祥，刮摩淬礪，日長月益，復以持敬致知之說質于許謙，謙復之以理一分殊之旨。由是心志益廣，造詣益深，大抵務在發揮義理，而以闢異端爲先務。

登至治初進士，歷國子博士，其爲教一本朱子〔二〕之旨，而遵許衡之成法，六館諸生人人自以爲得師。丁內艱歸，以禮部郎中致仕。

所著有易詩書雜說、春秋胡傳附辨、戰國策校注、敬鄉録及文集二十卷。

師道同郡又有王餘慶，字叔善，仕爲江南行臺監察御史，亦以儒學名重當世。

元史入儒學傳

許謙字益之，金華人。生數歲而孤，稍長，肆力于學，雖疾恙不廢。已聞仁山金履祥講道蘭江上，委己而學焉。履祥語之曰：「士之爲學，猶五味之在和，醯醬既加，則酸鹹頓異。子來見我已三日，而猶夫人也，豈吾之學無以感發子耶？」謙聞之惕然。履祥嘗告之曰：「聖人之道，中而已矣。」謙由是事事求夫中者而用之。居數年，盡得其所傳之奧，嘗自謂：「吾非有大過人，惟爲學之功無間斷耳。」

〔二〕 四庫本「子」，萬曆本作「熹」。

延祐初，屏居東陽八華山，學者翕然從之，尋開門講學，遠而幽、冀、齊、魯，近及荆、揚、吳、越，皆不憚百舍，求受業焉。其教人以五性人倫爲本，以開明心術、變化氣質爲先，以爲己爲立心之要，以分辨義利爲處事之制。至誠諄悉，內外殫盡，嘗曰：「己或有知，使人亦知之，豈不快哉？」討論講貫，終日不倦，惰者作之，鋭者抑之，拘者開之，放者約之。爲學者師垂四十年，及門著録者千餘人，隨人材分，咸有所得，四方之士以不及門爲恥。縉紳先生至是邦，必即其家存問焉。

歲大祲，謙貌加瘠。或問之，謙曰：「今公私匱竭，道殣相望，吾豈能獨飽耶？」其處心如此。中外名臣交章屢薦，而郡復以遺逸應詔，鄉闈大比，請司其文衡，皆莫能致。至其晚節，獨以身任正學之重，遠近學者以其身之安否，爲斯道之隆替焉。順帝至元三年卒，年六十八，門人以義制服者若干人。常以「白雲」自號，世稱爲白雲先生，賜謚文懿。

所著四書叢說、書傳叢說、詩名物鈔、觀史治忽幾微、自省編等書。

謙不矜露，所爲詩文，非扶翼經義，張維世教，則未嘗輕筆之書。吳澄謂其議論正大，援據精博，儼然新安尸祝。黃溍謂程子之道得朱子而復明，朱子之大至許公而益尊。史稱何基、王柏及金履祥歿，其學猶未大顯，至謙而其道益著，故學者推原統緒，以爲朱子〔一〕之世適云。元史入儒學傳

王麟字（闕），東平人。有志聖賢之學，聞金華許白雲謙講道，至順初，麟徒步往從之。謙作學箴遺之，麟佩服之。後舉于鄉，爲昌平教授，以所聞啟發學者。及謙卒，麟爲發喪制服，遇諱必齋戒設祭，人皆稱爲篤信好學君子也。

子延陵，本朝永樂間爲翰林檢討。

〔一〕四庫本「子」，萬曆本作「熹」。

虞集字伯生，本蜀之仁壽人。宋丞相允文五世孫。曾祖剛簡，爲利州路提刑，嘗與魏了翁、范仲黻、李心傳輩講學蜀東門外，得程朱微旨，蜀人師尊之。祖玨，〔二〕知連州，以文學知名。父汲，黃岡尉。宋亡，僑居臨川，與吳澄友善。家貧，教授于諸生中，得富珠哩〔三〕翀、歐陽玄而稱許之，後以翰林編修致仕。母楊氏，祭酒文仲女。

集三歲即知讀書。宋亡，汲挈家避兵嶺外，干戈中無書可攜，楊氏口授語、孟、左傳、歐、蘇文。比還，就外傅，始得刻本，則已盡通諸經大義矣。文仲素以春秋名家，而族弟參知政事棟明于性理之學。楊氏在室，即盡通其說，故集與弟槃皆受業家庭，出則以契家子從吳澄遊，授受具有源委。

大德初，以薦授大都路儒學教授，雖以訓迪爲職，而益自充廣，不少暇佚。爲國子助教，即以師道自任，諸生時其退，每挾策趨門下卒業，他館生多相率請益焉。累官翰林學士，兼國子祭酒，命修經世大典。成，謝病歸。順帝至正八年卒，追封仁壽郡公，謚文靖。

集學雖博洽，而究極本原，研精探微，心解神契。其經綸之妙，一寓諸文，其文未嘗苟作。性素孝友，與弟槃同闢書舍爲二室，左室書淵明詩于壁，題曰陶菴；右室書堯夫詩，題曰邵菴，故世稱邵菴先生。所著有道園學古録若干卷。

槃字仲常，以進士尹嘉魚，方正有學識，吳澄亟稱之。集嘗集方外士，扣擊其說，以爲聖人之教不明，爲學者無所底止，苟于吾道異端疑似之間不能深知，而欲竊究夫性命之原、死生之故，其不折而歸之者寡矣。槃不然，聞有僧在坐，輒不入，雖集亦嚴憚之。不幸年不及艾，先集卒。所著有非非國語行世。

元史有傳

〔二〕清光緒知服齋本按「鳳鑣案元史『玨』。」
〔三〕四庫本「富珠哩」，萬曆本、元史作「孛術魯」。

陳旅字衆仲，莆田人。幼孤，其外大父趙氏學有淵源，撫而教之。旅得所依，惟篤志于學，于書無所不讀。稍長，負笈至于溫陵，從鄉先生傅古直遊，聲名日著。以薦爲閩海儒學官，御史中丞馬祖常見而奇之，因相勉遊京師。既至，翰林侍讀學士虞集見其所爲文，嘆曰：「此所謂我老將休，付子斯文者矣。」即延至館中，朝夕以道義學問相講習，自謂得旅之助爲多，又以薦除國子助教。居三年考滿，諸生不忍其去，請于朝，再任焉。元統二年，出爲江浙儒學副提舉。至元四年，入爲應奉翰林文字。至正元年，遷國子監丞。又二年，卒。

旅聞見該博，爲文峻潔高古。生平尤篤于師友之義，每感虞集爲知己。其在江浙時，冒暑訪集于臨川。集感其來，留旬日而别，惓惓以斯文相勉。集每與學者語，必以旅爲生平益友云。有文集行世。元史入儒學傳

劉霖字（闕），安福人。少從虞集學，博通五經。元季，寇陷安成，乃避地泰和，學者師尊之。性耿介。所著有四書纂釋、太極圖解、易本義童子説、杜詩類注。

潘迪字（闕），元城人。博學能文。歷官國子司業、集賢學士。所著易春秋庸學述解及格物類編、六經發明諸書，傳于世。

章仕堯字（闕），溫州平陽人。元時，科舉方尊程、朱之學，仕堯研精覃思，發明四書旨意，嘗曰：「時之治亂由人心之邪正，人心之邪正由學術之醇疵。」識者以爲名言。

同邑史伯璿字（闕），亦精究四書，得朱子之旨，所著有四書管窺及外編行世。一統志

杜本字伯原，臨江清江人。博學，善屬文。嘗被召至京師，未幾，歸隱武夷山中。文宗在建康〔一〕時，聞其名。及即位，以幣聘，不起。以丞相脱脱〔二〕薦，賜上尊文幣，召爲翰林待制，兼國史院編修官，使者趣之。行至杭州，稱疾固辭，致書丞相曰：「公能以萬事合爲一理，以萬民合爲一心，以千載合爲一日，以四海合爲一家，則可言制禮作樂，而躋五帝三王之盛矣。」竟不至。

本沈靜寡欲，無疾言遽色。與人交篤于義，有貧無以養，貲力無以學者，皆濟之。學者稱爲清碧先生。卒年七十五。所著有四經表義、六書通編、十原等書。

時有張樞字子長，金華人，亦屢徵不起。所著有春秋三傳歸一義三十卷、刋定三國志六十五卷、林下竊議、曲江張公年譜各一卷、敝帚編若干卷。

元史入隱逸傳

熊朋來字與可，豫章人。宋咸淳進士，授寶慶簽判，未上而宋亡。隱處州里間，生徒受學者常百數十人。取朱子小學書，提其要領以示之，學者家傳其書幾遍天下。豫章爲江西會府，與群賢講論經義無虛日，儒者咸依爲重。

元初，以薦爲福建廬陵教授。所至，考古篆籀文字；調律呂，協詩歌，以興雅樂；制器定辭，必則古式。學者化焉。調建安主簿，不赴。晚以福寧州判官致仕。四方學者因其所自號，稱爲天慵先生。每燕居，鼓瑟而歌以自樂，門人歸之者日盛，旁近舍皆滿，至不能容。朋來懇懇爲說經旨，老益不倦。延祐初，詔以進士科取士江浙、湖廣，皆卑詞致禮，請爲主文，朋來屢往應之。及對大廷，其所選士居天下三之一。

〔一〕四庫本「建康」，元史作「江南」。

〔二〕四庫本「托克托」，據萬曆本、元史改。

朋來之學，諸經中三禮尤深，當世言禮學者咸宗之。至治中，英宗始鋭意于制禮作樂。元明善以朋來爲薦，未及召而卒，年七十八。朋來動止有常，喜怒不形于色，接賓客，人人各自以得其意。有家集三十卷。虞集誌其墓。元史入儒學傳

何中字太虚，撫之樂安人。少穎拔，以古學自任，家有藏書萬卷，手自校讎。其學弘深該博，廣平程鉅夫、清河元明善、柳城姚燧、東平王構，同郡吳澄、揭傒斯，皆推服之。至順二年，江西行省平章全岳柱聘爲龍興郡學師。明年六月，以疾卒。所著有易類象二卷、書傳補遺十卷、通鑒綱目測海三卷、知非堂稿十七卷。

同郡危復之字見心，宋末爲太學生，師事湯漢。博覽群書，好讀易，尤工于詩。至元初，元帥郭昂屢薦爲儒學官，不就。至元中，朝廷屢遣奉御察罕及翰林應奉詹玉，以幣徵之，皆弗起。隱于紫霞山中，士友私謚曰貞白先生。

元史入隱逸傳

宇文公諒字子貞，其先成都人，父挺祖徙吳興，今爲吳興人。公諒通經史百氏言。弱冠，有操行，嘉興富民延爲子弟師。夜將半，聞有叩門者，問之，乃一婦人，公諒厲聲叱去之。翌日，即以他事辭歸，終不告以其故。

至順四年，登進士第，授婺源州同知。丁内艱，改餘姚州，遷高郵府推官。未幾，除國子助教，日與諸生辯析諸經，六館之士資其陶甄者往往出爲名臣。調應奉翰林文字、同知制誥，兼國史院編修官，以病得告。後召爲國子監丞，除江浙儒學提舉，改僉嶺南廉訪司事，以疾請老。

公諒平居，雖暗室必正衣冠端坐。嘗挾手記一冊，識其編首曰：「晝有所爲，暮則書之。其不可書，即不敢爲。天地鬼神，實聞斯言。」其檢飭之嚴如此。

所著述有折桂集、觀光集、辟水集、以齋詩稿、玉堂漫稿、越中行稿，凡若干卷。門人私謚曰純節先生。元史入儒學傳

黃瑞節字(闕),安福人。元季不仕。嘗輯濂、洛、關、閩諸儒格言爲朱子成書行世。

李孝光字季和,溫州樂清人。少博學,篤志復古。隱居雁蕩山五峰下,四方之士遠來受學,名譽日聞,台哈布哈〔一〕以師事之,南行臺監察御史闔辭屢薦,居館閣。

至正七年,詔徵隱士,以秘書監著作郎召,與旺扎勒〔二〕圖、濟爾噶朗、〔三〕董立同應詔赴京師,見帝于宣文閣,進孝經圖說,帝大悅,賜上尊。明年,陞文林郎、秘書監丞。卒于官,年五十三。

孝光以文章負名當世,其文一取法古人,而不趨世尚,非先秦、兩漢語,弗以措辭。有文集二十卷。元史入儒學傳

陸以衜字(闕),無錫人。明易經,溯程、朱之源,得象外旨趣。至正中,官至翰林待制。所著有宋鑒提綱。

王充耘字(闕),吉水人。舉進士,同知永新州,著書義矜式行世。

元儒考略卷四

黃澤字楚望,蜀之資州人。父儀可隨兄驥子官九江,因家焉。澤生有異資,慨然以明經學道爲志,尤深研于吾道異端

〔一〕四庫本「台哈布哈」,萬曆本、元史作「泰不華」。
〔二〕四庫本「旺扎勒」,萬曆本、元史作「完者」。
〔三〕四庫本「濟爾噶朗」,萬曆本、元史作「執禮哈琅」。

之辨。好爲苦思，作顔淵仰高鑽堅論以自廣。蜀人治經必先古註疏，澤于名物度數考覈精審，而義理一宗程、朱，作易春秋二經解、二禮祭祀述略。

大德中，江西行省相臣聞其名，授江州景星書院山長，使食其禄，以施教。又爲山長于洪之東湖書院，受學者益衆。秩滿即歸，閉門授徒以養親，不復言仕。

嘗以爲去聖久遠，傳註家率多附會，近世儒者又各以才識求之，故議論雖多，而經旨愈晦，必積誠研精，有所悟入，然後可以窺見聖人之本真。乃揭六經中疑義千有餘條以示學者，既乃盡悟失傳之旨，久之豁然，無不貫通。于易謂以明象爲先，而其機括盡在十翼，作十翼舉要。于春秋謂以明書法爲主，而其大要在考覈三傳，作三傳義例考。又懼學者得于創聞，不復致思，作易學濫觴、春秋指要，示人以求端用力之方。于禮謂鄭氏深而未完，王肅明而實淺，作禮經復古。其辨釋諸經要旨，詆排百家異議，作補註，〔一〕作翼經罪言。近代覃思之學推澤爲第一。

吴澄嘗觀其書，以爲平生所見明經士，未有能及之者，謂人曰：「能言距楊、墨者，聖人之徒也。黄楚望真其人乎！」其後年老家貧，歲大祲，家人採木實草根以療飢，澤處之晏然，終不少降挹，惟以聖人之心不明，而經學失傳，若己有罪爲大戚。至正六年卒，年八十七。

門人新安趙汸最著。

元史入儒學傳

程珵字君用，號悦古，涇陽人。隱居不仕。弱冠即以古學自力，討論六籍，雖祁寒暑雨，造次顛沛未嘗少輟。嘗主盟三原學古書院，遠近從學者百餘人，循循然，樂教不倦。嘗誡諸子曰：「人性本善，習之易荒。古聖賢皆以驕惰爲戒，況凡

〔一〕四庫本「補註」，元史作「六經補註」。

民乎！」

集家戒一卷，以遺子孫。著述有遼史三卷、異端辨二卷、雲陽志二卷、樂府文集傳于世。雍大記、通志俱載，一統志闕

周仁榮字本心，台州臨海人。父敬孫，宋太學生，師事王柏，受性理之旨。仁榮承其家學，又同郡人孟夢恂從楊玨、陳天瑞遊。仁榮治易、禮、春秋，而工爲文章。用薦者署處州美化書院山長。美化在處州萬山中，人鮮知學，仁榮舉行鄉飲酒禮，士俗爲變。

後辟江浙行省掾史，省臣皆呼先生，不以吏遇之。泰定初，召拜國子博士，遷翰林修撰，陞集賢待制，奉旨代祀嶽瀆。至會稽，以疾作，不復還朝。卒年六十有一。其所教弟子多爲名人，而台哈布哈〔一〕爲進士第一。其弟仔肩字本道，以春秋登延祐五年進士第，終奉議大夫、惠州路總管府判官。

元史入儒學傳

孟夢恂字長文，黃巖人。與周仁榮同師事楊珏、陳天瑞。夢恂講解經旨，體認精切，務見行事，四方從遊者皆服焉。部使者薦其行義，署台州學録。

至正中，以設策禦寇救鄉郡有功，授宜興州判官，未受命而卒，年七十四，賜號曰康靖先生。所著有性理本旨、四書辨疑、漢唐會要、七政疑解及筆海雜録五十卷。

元史入儒學傳

〔一〕四庫本「台哈布哈」，萬曆本、元史作「泰不華」。

黃溥字彥博，蒲圻人。至正元年鄉舉，授慶元路鄮山書院山長。性敦樸，學知務本，言動不苟，士子則之。湖廣總志

方敏中字仕文，巴陵人。總角時能屬文，年十二遂通詩、書、春秋諸經義。及聞嶽麓遺教，倡于岳陽，乃潛心默識，求不失其本體爲主。構室，書其上曰「自明軒」。從之遊者必教「以克己爲要」云。湖廣總志

揭傒斯字曼碩，龍興富州人今江西豐城縣。傒斯父來成，宋鄉貢進士。傒斯少貧，讀書刻苦，父子自爲師友。學通五經。程鉅夫、盧摯咸器重之，鉅夫因妻以從妹。

延祐初，鉅夫、摯列薦于朝，授翰林編修。文宗時，中書每奏用儒臣，必問曰：「其才何如揭曼碩？」間出所上太平政要策以示臺臣，曰：「此朕授經郎揭曼碩所進。」其見敬禮如此。

至正初，致仕南還，上命丞相脱脱〔一〕諭留之，傒斯曰：「使某有一得之獻，諸公用其言而天下蒙其利，雖死于此，何恨？不然，何益之有？」

後詔修經世大典及宋、遼、金三史，丞相問：「修史以何爲本？」曰：「用人爲本。有學問文章而不知史事者，不可與。有學問文章知史事而心術不正者，不可與。用人之道，又當〔二〕以心術爲本。」累官翰林侍讀學士，卒于官，追封豫章郡公，謚文安。

傒斯生平清儉，至老不渝。立朝雖居散地，而急于薦士，揚人之善惟恐不及。爲文章語簡而當，殊方絕域，咸慕其名。得其文者，莫不以爲榮云。元史有傳

〔一〕四庫本作「托克托」，據萬曆本、元史改。

〔二〕四庫本作「當」，萬曆本作「尚」。

余天民，元延祐間授白鷺洲書院山長，敦復古道，務崇正學。書院側有奉浮屠者，請于總管毀之，立復古亭于上，由是洲地悉屬書院。見吳師尹書院記。曾洋撰白鷺書院志人物列傳

黄溍字晉卿，義烏人今屬金華府。溍自幼篤學，博極群書，師事長山教諭王炎澤，以文章名世。延祐初進士，累官翰林侍講學士。告歸，復召還，修宋、遼、金三史。後得請優遊田里，凡七年，卒年八十一，封江夏郡公，謚文憲。溍天資介特，莅官清白，陛朝挺立無所附，君子稱其清風高節，如冰壺玉尺。雖剛中〔一〕少容觸，或弦急霆震，一旋踵間，煦如陽春。溍之學博極天下之書，而約之于至精，多先儒所未發。所著有日損齋稿、義烏志、筆記共若干卷，而其太極賦尤稱精詣，其文曰：「厥初馮翼以瞢暗兮，維玄黄其孰分爰揭。揭于中立兮，配天地以爲人。曩既學而有志兮，紛遑遑其求索。曰道不可名兮，孰無徵而有獲。繄皇羲之神聖兮，感龍馬之負圖。得妙契于俯仰兮，何有畫而無書。豈至道之玄遠兮？非名言之可摹。懿尼丘之降神兮，廓人文以宣朗。揭日月于中天兮，啟群昏之罔象。指道妙于難名兮，曰以一而生兩。是謂太極兮，非虛無與惚恍。高下以位兮，天尊地卑。燥濕以類兮，五行順施。南乾北坤兮，西坎東離。物錯綜兮，殊巨細與妍媸。孰主張是兮？茲一本之所爲。歷兩都而江左兮，胡論說之紛霏。豈清言之弗美兮？去道遠而愈失。〔二〕偉先哲之獨詣兮，重指掌於無極。揭座右以爲圖兮，開盲聾於千億。謂斯道之匪他兮，在夫人而曰誠。幾善惡猶陰陽兮，茲吉凶之所生。嗟奇論之後出兮，穴牆垣爲戶牖。折同異於一言兮，或曰無而曰有。猶終不可使薰兮，堊終不可使黝。道惟辨而愈明兮，貽話言於不朽。昔聖門之多賢兮，繽入室而升堂。端

〔一〕四庫本「剛中」，知服齋本作「中剛」。

〔二〕萬曆本無「失」字。

木氏之穎悟兮，僅有睹其文章。雖亞聖之挺生兮，猶嘆其前後之無方疇。敢索無聲於窅默兮，孰能求無形於渺茫。惟下學而上達兮，炳聖謨之洋洋。嗟諸生之貿貿兮，方鈎深而摘隱。探賜也之未聞兮，誇神奇而捷敏。持空言於繫影兮，曾不滿夫一哂。曰予未有知兮，何太極之敢言？秉思誠之遺訓兮，矢顛沛而弗諼。庶反觀而有得兮，明萬里之一原。申誦言以自詔兮，聊紓意於斯文。」元史有傳

吳萊字立夫，浦江人。父直方，元統間以薦，累官集賢大學士。萊天資絕人，七歲能屬文。延祐中，以春秋舉。上禮部，不利。隱居深褭山中，益窮諸書奧旨，以著述爲務。著尚書標說六卷、春秋世變圖二卷、春秋傳授譜一卷、古職方録八卷、孟子弟子列傳二卷、漢楚〔二〕正聲二卷、樂府類編一百卷、唐律刪要三十卷、文集六十卷，他如詩傳科條、春秋經說、胡氏傳證誤皆未脫稿。

萊尤喜論文，嘗云：「作文如用兵，兵法有正有奇。正是法度，要部伍分明。奇是不爲法度所縛，千變萬化。坐作擊刺，一時俱起，及其欲止，部伍各還其隊，元不曾亂。」聞者服之。

行輩稍後于柳貫、黃溍，而貫、溍咸深重之。以御史薦爲長薌書院山長，未上，卒，年四十四，門人私謚曰淵穎先生。或病其未稱，更謚曰貞文。丁氏南湖謂元人之才以二吳爲重云。元史見黃溍傳

陳尚德字（闕），福州寧德人，號懼齋。隱居不仕，其學以四書、五經爲本，而尤精通律呂、天文、地理、算數之說。著述有四書集解、書傳補遺、易經解注、詠史詩。

弟子韓信同字（闕），亦寧德人，號古遺。隱居不仕，著書經講義五百餘篇及易經三禮旁註、書集解、史類纂。

〔二〕四庫本「漢楚」，元史作「楚漢」。

柳貫字道傳，婺州浦江人。器局凝定，端嚴若神。嘗受性理之學于蘭溪金履祥，必見諸躬行。自幼至老，好學不倦，凡六經、百氏、兵刑、律曆、數術、方技、異教外書，靡所不通。作文沈郁舂容，涵肆演迤，〔二〕人多傳誦之。始用察舉爲江山縣儒學教諭，仕至翰林待制。與同郡黄溍及臨川虞集、豫章揭傒斯齊名，人號爲「儒林四傑」。所著書有文集四十卷、字系二卷、近思録廣輯三卷、金石竹帛遺文十卷。年七十三卒。元史見黄溍傳

翁森字（闕），仙居人。隱居教授，從遊者前後八百餘人。著述有一瓢稿。嘗建安洲書院。

王吉才字（闕），龍溪人。篤志古道，尤明典禮。元時，郡守知其有身心之學，延爲弟子師。後爲泉州學正。吉才天性孝敬，親終，皆及期耄。己且老，哀慕痛毁，有踰早喪。雖在家庭，亦冠衣斂容，人未見其遽言怒色。自號益齋，學者稱益齋先生。

黄鎮成字（闕），邵武人。年弱冠，厭棄榮利，慨然以聖賢道學自力，學者號曰存齋先生。至正間，隱居不仕。著述甚富，以壽終。集賢定謚貞文處士。

聞人夢吉字應之，金華人。夙承家學，于六經傳疏悉手鈔成帙。義理所在，必深究密察。閉户討論踰十年，乃開門講授。泰定間，歷教官。所至，學者争從之遊。門人宋濂、吴履仁輩私謚曰凝熙。

〔二〕四庫本「迤」，知服齋本作「逸」。

周潤祖字（闕），臨海人。與達兼善爲友，精性理之學，爲時所推重。至正中，被召，以老謝歸。有紫巖稿十餘卷。

朱震亨字彦修，婺州義烏人，别號丹溪，學者稱丹溪先生。少治經，修博士業。長棄去，爲任俠。壯聞金華許先生謙得朱子四傳之統，盡棄其學學焉，而篤深于躬行。時許先生病久不瘥，震亨母病脾，乃慨然專于醫。久之業成，許先生病竟以震亨愈。

震亨簡慤特介，非其友不友，非其道不道，一時名公卿多折節下之。震亨侃侃直義，陳得失無諱語，榮利則拂衣而起。豪家大姓肆筵，錯水陸爲供，正襟默坐，未嘗一舉箸也。清修苦節，絕類古篤行之士。所至，人化之。其卒也，宋濂表其墓。比修元史，附其傳儒林中。元史見許謙傳

屈繼平字（闕），翼城人。生七歲而孤，性敏強記。至元間鄉舉，得程、朱爲己爲人之實學，以爲學者倡。及卒，門人號曰北城先生。山西通志

倪士毅字仲弘，休寧人。潛心求道，嘗學于陳櫟、朱敬輿。所著有四書輯釋，汪克寬爲之序。

程復心字子見，婺源人。自幼沈潛理學，會輔氏、黄氏之說而折衷之，章爲之圖，圖爲之說。書成，名曰四書章圖總要。仕元爲徽州路教授，後以母老辭歸。

汪克寬字（闕），祁門人。少穎敏力學。元，舉于鄉。不第，遂隱居教授。與弟時中讀書城南，扁其居曰「中山書堂」。

鄰郡學者皆宗師之，號環谷先生。所著有春秋纂疏綱目考異。

朱公遷字克升，江西鄱陽人。父梧岡翁，聞同郡準軒吳中行字直卿，樂平人，得聞朱文公門人黃幹之學于廣信饒魯，往準軒受業焉。於是大肆力于學，道德文章卓然名世。公遷之學得之家庭，于經傳、子史、百氏之書、禮樂、律曆、制度、名物之數，無不通貫而悉究之。用力于聖賢之道，以正心誠意爲學，真知實踐爲功。天性仁孝，勤于著述，剖析經傳，極其精微，而又善于訓迪，其言溫煦，諄諄不倦，故所至無賢不肖皆樂從，隨其才質之昏明大小，咸有所得，從者嘗數百人。元順帝時，以遺逸徵至京，授翰林直學士。每勸帝親賢遠佞，抑豪強，省冗費，修德恤民，庶天意可回，民志可定，不然，恐國家之憂近在旦夕。帝嘉納之。當國者惡其切直，不能容。公遷亦知世之不可有爲，力辭不許。章七上，乃出爲金華郡學正。翰林侍講學士黃溍少許可，一見公遷，特加敬愛焉。會兵亂，轉徙無定處，已而寓婺源，後歸家，卒。所著有朱子詩傳疏義、四書説約、四書通旨行于世。

陳杞字（闕），海康人。博通經史，領鄉貢。退休于家，深究性理之學，受業于門者甚衆，所居之里曰義江。元末寇起，過其鄉，輒相戒曰：「勿犯陳教授家。」其爲人欽慕如此。

歐陽玄[一]字原功，瀏陽人今屬長沙府。玄[二]幼岐嶷，母李親授孝經、論語、小學諸書。八歲能成誦，始從鄉先生張貫之

[一] 四庫本原作「圭」，誤。其人原名歐陽玄，別號圭齋，此誤號爲名。參見元史卷一八二歐陽玄傳。四庫全書總目提要卷五八元儒考略題記對此有較詳考辨。

[二] 四庫本作「圭」，元史作「玄」。改，下同。

學，即知屬文。弱冠，下帷數年，人莫窺其面。經史百家靡不研究，伊、洛諸儒源委尤爲淹貫。延祐初，舉進士。累官翰林學士承旨，湖廣行省右丞。致仕將歸，帝復留之，仍爲承旨。時天下已亂，卒京城寓舍，年八十五，追封楚國公，謚曰文。

玄性度雍容，含弘縝密，處己儉約，居官廉平。三任成均，兩爲祭酒，六入翰林，三拜承旨，修實録、大典、三史，凡朝廷制誥多出玄手。文章道德，卓然名世。羽翼斯文，贊衛治具，與有功焉。所著有圭齋集〔一〕若干卷。元史有傳

張翥字仲舉，晉寧人今山西平陽府。其父爲饒州安仁典史，又爲杭州鈔庫副使。翥少時豪放不羈，好蹴踘，喜音樂。父憂之，翥一旦翻然改，曰：「大人勿憂，今請易業矣。」乃謝客，閉門讀書，晝夜不輟，因受業于李存先生。存家安仁，江東大儒也，其學傳于陸九淵氏。翥從之遊，道德性命之説多所研究。未幾，留杭，又從仇遠先生學。已而薄遊維揚，居久之，學者及門甚眾。

至元末，同郡傅巖起居中書，薦翥隱逸。至正初，召爲國子助教，尋退居淮東。會朝廷修遼、金、宋三史，起爲翰林編修。累遷侍讀學士，兼祭酒。勤于誘掖，學者樂親炙之。有以經義請問者，必歷舉眾説，爲之折衷。進翰林學士承旨，致仕。

初博囉特穆爾〔二〕入京，命翥草詔削奪庫庫特穆爾〔三〕官爵，翥毅然不從，左右或勸之，翥曰：「吾臂可斷，筆不能操

〔一〕四庫本「圭齋集」，元史作「圭齋文集」。
〔二〕四庫本「博囉特穆爾」，萬曆本、元史作「孛羅帖木爾」。
〔三〕四庫本「庫庫特穆爾」，萬曆本、元史作「擴廓帖木兒」。

也。」天子知其意不可奪，乃命他學士爲之。及博囉特穆爾〔二〕誅，詔以翥爲河南行省平章政事，仍翰林學士承旨致仕。卒，封潞國公。元史有傳

陳樵字君采，金華人。樵好學，有邃悟。元末，戴華陽巾，製鹿皮爲衣，入太霞洞著書，以斯道爲己任。語郡人宋濂曰：「今夫家國天下一枳也，枳一而穰十焉。枳有穰而一視之，其于人則仁也。發而視之，穰有十則其等有十，于人則君臣、父子、長幼之等夷，刑賞予奪之殊分者也，所謂禮也。視十爲十者，禮之異；視十爲一者，仁之同。分愈異者致愈同，禮愈嚴者仁愈篤，此先王之道也。治天下國家而不以禮，則彝倫斁禮樂廢而仁亡。是故洙、泗、濂、洛朝夕之所陳者，天下萬殊之分，視聽言動之宜；所操者，禮之柄焉耳。故一體萬殊者，孔子之貫于言無不説者也。」其立論如此。著書窮晝夜不怠。會世亂，家毁于兵，寓子壻王爲家。留六年，年八十有八卒。

吴當字伯尚，崇仁人。澄孫。當幼承祖訓，以穎悟篤實稱。長精通經史百家言，侍其祖至京，補國子生。久之，澄既捐館，四方學子從澄遊者，悉就當卒業焉。

至正初，以父文蔭補官，未上。用薦者改國子助教。勤講解，嚴肄習，諸生皆樂從之。會詔修遼、金、宋三史，當預編纂。書成，除翰林修撰，仕至翰林直學士。

時江南兵起，授江西廉訪使，募民兵殲建昌渠凶鄭天瑞，又平撫州劇寇胡志學等。尋爲撫州路總管，罷歸。後起江西行省參知政事，命未下，而陳友諒已陷江西諸郡。當杜門不出，日以著書爲事。友諒遣人辟之，當臥床不食，以死自誓，乃舁床載之舟，送江州，拘留一年，終不爲屈。遂隱居廬陵吉水之谷坪。逾年，以疾卒，年六十五。所著書有周禮纂言及學言

〔二〕四庫本「博囉特穆爾」，萬曆本、元史作「孛羅帖木爾」。

稿。元史有傳

黄異字民同，南康都昌人。灝之後，少好學，讀書白鹿洞。至元間，領鄉薦，授惠州學録，遷道源書院山長。元季兵亂，棄官歸隱，講論經史，開悟後學。陳友諒據江州，聘之不起。自號節菴，有詩集三十卷。

胡純字（闕），平陽府人。元翰林應奉。本朝初，以耆儒碩學徵至京，授以官，不就。謫居桂林，閉戶却掃，潛心性理之學。都督韓觀嘗造其宅，終不報謝。再至，謂曰：「先生于觀似無情者。」純曰：「將軍知我，我固如此，所謂士伸于知己者。」觀嘆息而去。一統志載

（底本見四庫全書文淵閣本，史部二一一，傳記類，臺灣商務印書館發行，一九八三年）

續編三

古文輯選序

鄒元標

李漢之文者，貫道之器，不深於斯道有至焉者，否也，是以韓子深於道矣。然讀其原道一篇，首以「博愛爲仁」，及「定名虛位」，知道者睨之，猶自有間，文何容苟言！然知文者亦難蔽陷離窮。益氏知言蓋自有本，原望後學所易窺者，今去益氏無遠，而所謂離經畔道者塞天下。至言，文也；莠言，亦文也。莠之與嘉穀相似，而害嘉穀益甚。今文亦質後生，末學浸入肺腸，其生心害事爲禍不淺，馮仲好先生憂之，自春秋列國以至漢、唐、宋、元，擇可爲訓者曰古文輯選，令諸從遊者不眯目而走失。徑善先生，知道者也。知道則知文，其可傳無難，素惠諸生，心良勤矣。言子貢學既有得，曰「夫子文章可得而聞，性與天道不可得而聞」。說者謂不可得聞，是夫子有所秘，而不知性與天道盡在文章中。離文章，別無性道；離可聞，別無不可聞。由其可聞者，悟其不可聞者，是在諸生矣。內宋張大儒文，予欲別爲一冊行世，先生曰：「仍之請於定性、識仁二書而輕讀過。」

吉水鄒元標書

古文輯選叙

周邦基

文也者，古之聖賢所庸以繪己之心，而留爲世詔也。苟自知其心矣，即六經吾注充棟，與片牘奚異？自舉業詞章之學出，務割菁藻以綴隋枝，春華秋實裂而爲兩，道亡而文亦亡，關西馮先生有憂焉，乃於講學之暇，緝選古文，大率以不謬於聖賢之心，而與六經近者爲是，蓋信學者之所務，割而引之以爲悟心之梯航，意不在文也。嘻！寧獨有貴於古文者赴于文，固甚深矣。

夫漢儒註六經而經亡，道浸不傳千餘年，而太極圖、西銘、定性、識仁諸篇出，購古文辭自雄者，反取鞅、斯、申、韓之餘唾而踞其上，謂勃窣理窟亡奇也，此不足爲文辭家詬病也。彼不知天地間以何爲切著，不知求心而安知己之心爲何狀，不知己之心則安知聖賢之心，而知太極諸篇之言言繪心也。菁華在前，又足以膾炙人口而賈聲利，則安得不去此[二]而取彼也。今輯選出而茲習其少瘳矣乎。然不知其心而讀其文，則亦一種粹精之古文，割之以資吾粹精之舉業詞章而已。兩先生之憂當更大，余小子皆先生所憂中人，故附言諸先生後，令讀斯選者知有貴於古文者在。

楚西陵後學周邦基拜手書

古文輯選目録[三]

卷一

春秋列國

[二] 清刻本作「民」，據文意改。

[三] 上海圖書館存馮從吾古文輯選六卷，十二册。著録爲「關中馮從吾仲好編選，吉州鄒元標爾瞻參閲，益都鍾羽正淑濂較正，西陵後學周邦基樂卿校梓。」查閲該館目録，付梓時間標爲明萬曆朝，實際書簽上標爲清康熙十二年，與馮恭定公全書的刊刻時間相同。由於所選文章比較常見，故此只録其目録及他人爲此書所寫之序，馮從吾所寫自序與跋等，前正集存，此處從略。

屈原
　卜居
　漁父辭
宋玉
　對楚王問
樂毅
　報燕王書
魯仲連
　遺燕將書

秦

李斯
　諫秦王書(刪)

西漢

賈山
　至言
賈誼
　過秦論
　治安策
董仲舒

卷二

西漢

卷三

東漢

王命論

班固

答賓戲

三國

諸葛亮

前出師表　後出師表

荀悦

遊俠論

魏晉六朝〔一〕

李密

陳情表

王羲之

蘭亭記

李康

運命論

陶潛

歸去來辭　五柳先生傳

〔一〕　原書作「晉魏六朝」。

孔德璋

北山移文

韋耀

博弈論

劉峻

辨命論　廣絶交論

唐

張藴古

大寶箴

王勃

滕王閣序

楊炯

臥讀書架賦

盧藏用

紀信碑

李華

吊古戰場文

劉禹錫

陋室銘

范仲淹
岳陽樓記　嚴先生祠堂記
錢公輔
義田記
司馬光
諫院題名記
歐陽修
秋聲賦　憎蒼蠅賦
本論　朋黨論
縱囚論　醉翁亭記
豐樂亭記　晝錦堂記
上范司諫書　五代唐史六臣傳論上
唐六臣傳論下
李太伯
袁州學記
蘇洵
辯奸論　族譜引
上田樞密書　仲兄文甫字說
蘇軾

卷六
宋元
蘇轍

曾鞏

周茂叔

程明道

程伊川

易傳序　禮序

春秋傳序　視箴

聽箴　言箴

動箴　顏子所好何學論

張子厚

西銘　東銘

邵堯夫

無名公傳

謝良佐

論語解序

范育

正蒙序

胡澹菴

上高宗封事

朱文公

六先生畫像贊濂溪先生　明道先生　伊川先生　康節先生　橫渠先生　涑水先生

張敬夫先生贊

張敬夫

送張荆州序
羅大經
山静日長
文天祥
自贊　正氣歌
謝枋得
上程雪樓御史書　與魏容齋書
却聘書
劉静修
退齋記
吴澄
晦菴先生像贊
黄溍
太極賦
古文輯選目録終
（録自上海圖書館藏馮從吾古文輯選，清康熙十二年刻本）

續編四

馮從吾撰有關伊斯蘭教碑文兩則

（一）敕賜重修清修寺碑[一]

夫清修寺之設，從來遠矣。□建于唐之天寶。由宋逮元暨及我太祖高皇帝，璽命歷數百年，於茲世傳寶錫，一時清教，咸知景從。經皆浩繁，未易殫述，撮其大要：念、禮、把、舍、聚五字而已。□曰念者，心心相印，口口真經也；禮者，仰邀帝賜，重酬國恩也；又曰把者，謹持修心煉性之謂也；舍者，好施給，急周乏之謂也；曰聚，則收散合離，百千爲群，明經析典，化誨詔誡，令正□邪，惟善之兢兢耳。千頭百緒，總歸五字，五字雖約，要皆真詮。若清教□誡得先天之秘，而真人還真性，永永不磨乎！我高皇帝忻而崇之重之以寺，而且敕以「清修」有由然哉！詎意歲久制途規度，尚狹不增而新之，奚以副我皇上重清教之美意，又奚以煥本寺之色澤，而揭清教如日月也？

茲遇本寺禮部掌教官馬光元、督教哈仲賢、副教金自貴、□教馬應乾奮然起而欲增且新之，叩長安縣主曹、申按察司憲臺王准修，又以鄉老金鉞、馬大元等處心監修。□本教有力善者，各捐資不一，同心協力，營此修葺，充拓門殿，規模廣遠，

[一] 此碑位於西安市內大化覺巷清真寺，並于咸豐七年在原碑背面重刻。

棟宇高聳，較前若倍，視若吾儒之欞星、殿閣不少讓焉。所謂千聖一心，萬古一道，信匪虛矣。咸邑庠士馬騰龍偕西寺掌教馬行健謁祭爲文，余不容於故屬，以言肅哉！真教□淨清明，識還□□，不著塵紛，一元秉粹，上躋真君，本寺本教蓋不朽云。是爲記。

賜進士出身文林郎河南道監察御史奉敕巡按直隸等處督理長蘆、山東鹽課兼河道前翰林院庶吉士馮從吾撰

明萬曆三十四年歲次丙午夏四月吉日立石

（二）敕賜清真寺碑記[一]

賜進士第資政大夫正治上卿、工部尚書、前翰林院庶吉士、奉敕巡按直隸等處監察御史，太僕大理等寺左右少卿，侍經筵南京都察院掌院事、右都御史京兆馮從吾撰

粵自鴻蒙，剖判宇宙，内操道術以鳴世者，無慮千百萬億，大抵人持一議，家操一喙，其他旁門異說難以縷指，而惟佛、老二家其記最著。然攻佛教者流於虛無寂滅，宗老氏者爭言清淨無爲，皆偏而未備，駁而未純，總之未離奥窔之中，仰青天而覩白日也。唯清真一教，印以孔孟真傳，其人倫日用之典，妙乎正心誠意之理，推而可以爲齊家治國均平之化。註經有六千六百六十六，所意旨固出於天授，盡夫恕可能知可能行者無異說也。昔聖有穆含默德修斯道以立教，俾教衆竭寅畏以酬天恩，按日時以報帝德，兼以祝延聖壽，噻佐皇圖，其視聖像畫形，假牲帛祝號以希照格飾虛文縟節以邀福利者，相去蓋逕庭矣。

[一] 此碑立於西安城内大學習巷清真寺，並于咸豐七年在原碑背面進行了重刻。此文亦存録于蓮湖區志（三秦出版社二〇〇一年版），爲馮從吾第十二世孫馮致遠先生提供。

右長安新興坊有清真寺，廟貌巍峨，廊廡壯麗，蓋本於歷代所建，而在唐中宗時已賜名清教寺，在玄宗朝復敕改唐明寺，在元中統間又敕名回回萬善寺，而督修者兵部尚書伯顔也。元大德時，又差官重修，而董其事者平章政事賽典赤也。在我朝洪武十七年，仍敕賜清真寺，而修建者尚書鐵鉉也。永樂十一年，又敕命重修，而與有勞者太監鄭和也。相沿至今，夫非所謂古刹一大觀勝境哉！松江府金山衛經歷司經歷長安馬諱化翔者，志具歷代旌表之盛典，爲之立碑，以記不朽。時在天啟六年仲冬之十一月也。

廷試進士策問[一]

皇帝制曰：朕惟自古帝王立綱陳紀，移風易俗，一秉于禮法，使尊卑有等，上下相承，然後體統正於朝廷，教化行於邦國，所以長久安寧，有此具也。當周之隆，天子總六官，六官總百執，事分定職攣屬而萬國理，朕甚嘉之，甚慕之。是操何術而臻此？迨其淑季先王之遺澤固在也。何以陵夷若是？其興衰得失之故，可指而言歟！至漢文時，有以棄禮義、捐廉耻、長太息者；神爵中有以述舊禮、明士制爲本務者；宋嘉祐間，有論審勢稱殷之先罰者，有疏謹習比唐之季世者。或謂西漢貴刑名而闕于禮文，宋盛聲容而疏於法制。然則諸臣之言，果皆應古誼、合時宜者歟？

我太祖高皇帝，用夏變夷，溥政立教，嘗諭侍臣曰：「禮法明，則人志定，上下安。」又曰：「制禮立法非難，遵禮守法爲難。」乃集爲禮制，著爲定式。頒律令，大誥於天下。洋洋聖謨，布在方策，可得而揚厲歟？

朕以沖昧，嗣守鴻業十有七年。夙夜兢兢，惟成憲舊章，是監是率。間者深詔儒臣，進講禮經，重輯會典，使諸司有所遵守。庶幾紹休聖緒，以興太平。乃世教寢衰，物情滋玩，習尚亦少敝否？其甚者士伍辱將校，豪右淩有司，宗庶訐親藩，

[一] 此文爲馮從吾第十一世嫡孫馮耀祖從馮從吾畫像軸所抄録。

屬吏傲官長，陵替若此，何以消悖慢，使就束約歟？貪黷敗節，奢侈踰制，邋說殄行，虚聲貿實，詭異壞心，術傾危亂，國是澆漓若此，何以救其頹靡，使還雅道歟？

今詔書數下，申令既嚴，而廉陛之間輦轂之下，猶有壅閼不行者，無乃禮教不修，法度不飭歟！抑風會日流而不返，積習已成而難變歟！將朕闇于大道無能率作省成而示之極也。兹欲禮達而分定，法舉而令行，綱維振肅，習俗淳美，以覲揚聖祖之光烈，而遠追成周之隆，何施而可？

爾多士，其悉抒所藴，詳著於篇，稱朕意否？

萬曆十七年三月十五日

華陰縣志序

余於萬曆戊申歲偕同志遊華，相與研討性命之微、訂證摻修之要於華山之麓，華士多從之遊，見三峰壁立，河、渭環拱如帶。在昔漢、唐建都關中，邑爲畿輔重地，矧名嶽洪流，冠冕寓縣。今天子都燕京，關中不過西北一隅耳。彈丸之邑，不足當天下千百之一。俯仰今昔，慨然興感。今甲寅秋，邑髦士馮子惟允、陳子虞後、王子之翰、郝子成烈攜邑令王君所修邑志覯余，且屬余弁首簡。余愧不文，然與華有夙盟，敢以不文辭？序曰：

郡邑之志，國史之遺意也。古者列國皆有史官，紀載時事。彼晉之乘、楚之檮杌，得與春秋並，然已指不可多屈矣。今之郡邑編纂之官不設，一方故實僅屬之方内，聞士蒞土者薄書冗劇，或不暇志志矣。而或不得其人，亦不足以傳，孰如王侯愛民禮士遊刃有餘，以其間懸鑑提衡潤色鴻業，而孝廉張君以超朗之識、談博之學勒成一家言，典而核鑑而有體，有古國史之風焉。夫輿地山川，萬古如斯也。即我朝之建置稍殊，戶口田賦之登耗不一，得良司牧以宰之，我民固可慶更生也。獨念紀載往事者曰「志」，力追前人者亦曰「志」。兹志也，百世而下，固將定人志乎！如志所稱，漢唐間人文蔚起，接黻聯圭，垂名竹帛，而伯起先生爲一代通儒，清風勁節，聲施後世，固百世師也。明興以來，科第廉勤，輝映前代，而近年以來，不無少遜。夫工辭章以獵進取，吾不謂之榮；飾鞶帨以致巍膴，吾不謂之顯；矯節吊奇，鶩聲名以駭耳目，吾不謂之不朽。惟是雞鳴平旦，固人我天地之真知也。洞洞屬屬，亭亭卓卓，以立德者立功，以自樹者樹人，是聖賢之軌、桑梓之慶也。余與華邑諸士遊，見其器宇端凝，文辭雅馴，深有當于余心，況今王侯加意作人，振興文教，飾舊創新，俾益非淺。妙凡我同心，當必有勃然興起者，使他日紀載明興賢才，秦中甲於海內，而華邑又甲于秦中，則三峰增高而洪河增深矣，斯志其左券哉！是爲序。

（華陰縣志卷一五，清乾隆五十三年修，民國十七年西安藝印書社鉛印本）

附录

附録一

傳

明史　馮從吾傳

馮從吾，字仲好，長安人。萬曆十七年進士，改庶吉士，授御史。巡視中城，閹人修刺謁，拒却之。禮科都給事中胡汝寧傾邪狡猾，累劾不去。從吾發其奸，遂調外。時當大計，從吾嚴邏偵，苞苴絶跡。

二十年正月，抗章言：「陛下郊廟不親，朝講不御，章奏留中不發。試觀戊子以前，四裔效順，海不揚波；己丑以後，南倭告警，北寇渝盟，天變人妖，疊出累告，勵精之效如彼，怠斁之患如此。近頌敕諭，謂聖體違和，欲借此自掩，不知鼓鐘於宮，聲聞於外。陛下每夕必飲，每飲必醉，每醉必怒，左右一言稍違，輒斃杖下，外庭無不知者。天下後世，其可欺乎！願陛下勿以天變爲不足畏，勿以人言爲不足恤，勿以目前晏安爲可恃，勿以將來危亂爲可忽，宗社幸甚。」帝大怒，欲廷杖之。會仁聖太后壽辰，閣臣力解得免。尋告歸，起巡長蘆鹽政。潔己惠商，奸宄斂跡。既還朝，適帝以軍政大黜兩京言官，從吾亦削籍，猶以前疏故也。

從吾生而純慤，長志濂、洛之學，受業許孚遠。罷官歸，杜門謝客，取先正格言，體驗身心，造詣益邃。家居二十五年。光宗踐阼，起尚寶卿，進太僕少卿，並以兄喪未赴。俄改大理。

天啟二年，擢左僉都御史。甫兩月，進左副都御史。廷議「三案」，從吾言：「李可灼以至尊嘗試，而許其引疾，當國何心！至梃擊之獄，與發奸諸臣爲難者，即奸人也。」由是群小惡之。

已，與鄒元標共建首善書院，集同志講學其中，給事中朱童蒙遂疏詆之。從吾言：「宋之不競，以禁講學故，非以講學故也。我二祖表章六經，天子經筵，皇太子出閣，皆講學也。臣子以此望君，而已則不爲，可乎？先臣守仁，當兵事倥偬，不廢講學，卒成大功。此臣等所以不恤毁譽而爲此也。」因再稱疾求罷，帝溫詔慰留。而給事中郭允厚、郭興治復相繼詆元標甚力。從吾又上言：「臣壯歲登朝，即與楊起元、孟化鯉、陶望齡輩立講學會，自臣告歸乃廢。京師講學，昔已有之，何至今日遂爲詬厲。」因再疏引歸。

四年春，起南京右都御史，累辭未上，召拜工部尚書。會趙南星、高攀龍相繼去國，連疏力辭，予致仕。明年秋，魏忠賢黨張訥疏詆從吾，削籍。鄉人王紹徽素銜從吾，及爲吏部，使喬應甲撫陝，捃摭百方，無所得。乃毁書院，曳先聖像，擲之城隅。從吾不勝憤悒，得疾卒。崇禎初，復官，贈太子太保，謚恭定。

（録自上海古籍出版社、上海書店據清代乾隆四年武英殿本影印本卷二四三）

明儒學案　恭定馮少墟先生從吾

馮從吾字仲好，號少墟，陝之長安人。萬曆己丑進士，選庶吉士，改御史。疏請朝講，上怒，欲杖之，以長秋節得免，請告歸。尋起原官，又削籍歸，家居講學者十餘年。天啟初，起大理寺少卿，與定熊、王之獄，擢副都御史。時掌院爲鄒南皋先生，風期相許，立首善書院於京師，倡明正學。南皋主解悟，先生重工夫，相爲鹽梅可否。而給事朱童蒙、郭允厚不説學，上疏論之。先生言：「宋之不競，以禁講學之故，非以講學之故也。我二祖表章六經，天子經筵講學，皇太子出閣講學，講學爲令甲。周家以農事開國，國朝以理學開國也。臣子望其君以講學，而自己不講，是欺也。倘皇上問講官曰：『諸臣望朕以講學，不知諸臣亦講學否？』講官亦何以置對乎？先臣王守仁當兵戈倥偬之際，不廢講學，卒能成功。此臣等所以不恤毁譽，不恤得失，而爲此也。」遂屢疏乞休。又二年，即家拜工部尚書。尋遭削奪。逆黨王紹徽修怨于先生，及爲冢宰，使喬應甲撫秦以殺之。先生不勝挫辱而卒。崇禎改元，追復原官，謚恭定。

先生受學于許敬菴，故其爲學，全要在「本原」處透徹，「未發」處得力，而于日用常行，却要事事點檢，以求合其本體。此與靜而存養，動而省察之說，無有二也。其儒佛之辨，以爲佛氏所見之性，在知覺運動之靈明處，是氣質之性；吾儒之所謂性，在知覺運動靈明中之恰好處，方是義理之性。其論似是而有病。夫耳目口體質也，視聽言動氣也。視聽言動流行，而不失其則者，性也。流行而不能無過不及，則氣質之偏也，非但不可言性，並不可言氣質也。蓋氣質之偏，大略從習來，非氣質之本然矣。先生之意，以喜怒哀樂視聽言動爲虛位，以「道心」行之，則義理之性在其中，以「人心」行之，則氣質之性在其中。若真有兩性對峙者，反將孟子性善之論，墮於人爲一邊。先生救世苦心，太將氣質說壞耳。蓋氣質即是情才，孟子云：「乃若其情，則可以爲善矣。若夫爲不善，非才之罪也。」由情才之善，而見性善，不可言因性善而後情才善也。若氣質不善，便是情才不善，情才不善，則荀子性惡不可謂非矣。

（據清黄宗羲著，沈芝盈點校，中華書局一九八五年版）

少墟馮先生傳

王心敬

先生名從吾，字仲好，學者稱少墟先生，西安府長安人。父友，保定郡丞，以先生貴，贈通議大夫。先生九歲，通議公手書王文成公「個個人心有仲尼」詩，命習字，即命學其爲人，先生便亹亹有願學志。弱冠，以恩選入太學。比歸，德清許敬菴公督學關中，開正學書院，拔志趨向上士講明正學，聞先生名，延之。與藍田秦關王公講切關、洛宗旨，識力之卓犖，大爲敬菴器重。

萬曆戊子，舉於鄉。明年，成進士，觀政禮部，謂「士君子即釋褐，不可忘做秀才時」，書壁自警。時入朝，多飯中貴家，先生獨攜茶餅往。尋選庶吉士，應館課，不規規於詞章。嘗以文人何如聖人，著做人說二篇，而其于一切翰苑浮華征逐，概謝絕不爲，惟與焦漪園、涂鏡〔一〕源、徐匡嶽諸公立會講學。既而改御史，巡視中城，司城者結首揆紀綱爲屬，先生疏斥之，權貴斂跡。督科胡某爲政府私人，前後疏參者，神廟皆留中，先生列其狀，得旨摘調。而是時神廟中年，倦於朝講，酒後數斃左右給侍，先生齋心草疏，有「困麯蘖而歡飲長夜，娛窈窕而晏眠終日」等語。神廟震怒，傳旨廷杖。會長秋節，以輔臣趙志皋救免，一時直聲震天下。命巡按宣大，不拜，請告歸。與故友蕭茂才輝之諸人講學寶慶寺，著疑思録六卷。起河南道，巡鹽長蘆，清國課，除積弊。行部所至，必進講諸生，著訂士篇。

暨新建用事，臺省正人削籍者強半，先生與焉。策蹇抵里，則日事講學，不關外事。著學會約、善利圖說。既而以怔忡處一斗室，足不至閾者九年，蓋藉養病謝親知交遊，一意探討學術源流異同也。出則與周大參淑遠講學寶慶，執經問業者日以衆，當道於寺東創關中書院，爲同志講會之所。林居凡二十年，自非會講，則不輕入城市。至於牘干公府，則一字不屑也。世推「南鄒北馮」，前後疏薦數十上。

庚申，光廟即位，以符卿、冏卿、延尉召，俱未行。次年，熹廟改元，始應詔，歷左副都御史。遼左陷，疏參經撫置之法。以「紅丸」論李可灼，又論「梃擊」之獄，與發奸諸臣爲難者，皆奸黨也。而於一切大獄，則力任之，確乎不爲人言搖奪，坐是與要人左，群黨齮擊矣。初熹廟之立也，先生目擊時事，內則旱荒盜賊，連綿糾結，而士大夫咸懷一切，莫肯顧慮，日惟植利結黨爲汲汲；外則遼左危急，禍且剝床及膚，而有事則將帥輒棄城宵遁，不知有死綏之義，無事則本兵經撫各自結黨，互相排陷，不知和衷共濟之道。於是挺身而出，冀以直道大義挽回其間。及出，則權所不屬，勢不可維，徒蒿目而視，殊無救濟之良策。於是遇可言處，則明目張膽，糾彈不避，以一身彰宇宙之公道。復與同官鄒南皋、鍾龍源、曹真予、高景逸數先生約會講都城隍廟，亹亹發明人性本善、堯舜可爲之旨，以啟斯人固有之良，冀以作其國爾忘家、君爾忘身之正志，兼欲借

〔一〕原文作「敬」，誤，改。

此聯絡正人同志濟國也。縉紳士庶環聽者，至廟院不能容。或曰：「輦轂講談，謠諑之囮也。國家内外多事，宜講者非一端，學其可已乎？」先生愴然曰：「正以國家多事，人臣大義不可不明耳！」鄒南皋先生曰：「馮子以學行其道者也，毁譽禍福，老夫願與共之！」於是十三道奏建首善書院。院甫成而人言至，先生與南皋後先去。溫旨慰留，五請乃報。修撰文震孟、御史劉廷宣請留，同官鍾龍源、高景逸請同去。時，權璫猶收人望，明年即家，起少宰，不拜。又明年，陞右都副，掌南都察院事，固以疾辭。尋改工部尚書，推吏部，又以疾辭。家居杜門著書，而逆璫恚恨諸正人不已，於是次第傾陷，中旨忽褫其官。璫黨柄鈞者又使其黨喬應甲撫關中，毁書院，窘辱備至。先生雖在病間，正襟危坐屹如也。丁卯二月，年七十一以正寢終。易簀猶以講學、做人囑其子若孫。是歲，逆璫誅，詔復原官，贈太子太保，賜祭葬，易名恭定，蔭其後人，復關中書院，祀之。

先生之學始終以性善爲頭腦，盡性爲工夫，天地萬物一體爲度量，出處進退一介不苟爲風操，其於異端是非之界，則辨之不遺餘力。蓋其秉性剛毅方嚴，既類伊川，又其經歷深久，洞見前此講學流弊，不無淪於談空説寂之習，故一歸於正當切實，如二程、晦菴，恪守矩矱不變也。然所守雖嚴，而秉心淵虚，初不執吝成心以湮大道之公。故于姚江「四無」之旨，吹毛求疵，不少假借，而于「致良知」三字，則信之異篤。嘗謂學者曰：「『致良知』三字，洩千載聖學之秘，有功吾道甚大。」又曰：「非無善無惡之説，並非致良知之説者俱不是。」蓋不欲以虚無寂滅，令後學步趨無據，而於本領頭腦之確不可易，則又未嘗同世儒門庭之見，妄築垣塹也。生平自讀書講學立朝建白外，惟不廢書法。外此則產業不營，妾媵不畜，宴會不赴，飲奕不喜，即園亭花木之玩，亦不留意。四方從學至五千餘人。論者謂「關中自楊伯起、張横渠、呂涇野三先生後，惟先生一人」，信不誣云。

（柏子俊刻關學編續編，光緒辛卯灃西草堂本）

馮少墟（傳）

朱顯祖

先生名從吾，長安人。萬曆己丑進士，謂「士人即釋褐，不可忘做秀才時」。以庶吉士應館課，直抒己意，不事辭章。嘗曰：「文人何如聖人？」著做人說、訂士篇及疑思録等書。時朝會多飯中貴家，先生獨自攜茶具，不往。疏斥權貴，人皆斂戢，以直道絀，歸下帷林臥，圖書四壁。後起至掌南都院，改工部尚書，推吏部，辭致家居，杜門著書，四方從學者至五千餘人。其學以心性爲宗，誠敬爲務，天地萬物一體爲量，出處辭受一介不苟爲守，與秦中人士講明聖賢之學者二十餘年。著述日多，不營產業，不畜妾媵，不赴宴會，不事飲奕。謂「異端本非是，不得謂之似是」，深懲末學虛談無實。在朝則著直聲，居鄉則施教化，門人出而服官者，輒以廉吏顯。人推其學爲横渠之後一人焉。「文人何如聖人」一語，喚醒末學之夢至其直，已教人力闢異學大端，固已可見矣。況其節要一篇，又深有合于朱子者乎？

（四庫全書存目叢書，史部一百二十册，朱顯祖希賢録卷之五，據山西省祁縣圖書館藏清康熙三十二年天瑞堂刻本）

馮恭定公傳

趙吉士　盧宜

明天啟初，馮從吾爲憲副，與總憲鄒元標，僉憲鍾羽正，一時稱「西臺三正人」。

從吾字仲好，號少墟，陝西長安人。甫髫齓，即深契王文成「人心有仲尼」句，口誦心維。嘗以「文人何如聖人」，廣厲同志，爲德清許孚遠所契重，舉進士，由庶常改御史。巡視中城，有中貴投刺者，必峻却之。當是時，神宗臨御久，經筵几席塵封，從吾具疏，特請朝講，且謂「今當入覲之期，萬方畢集，咸欲一睹清光而不可得，則必疑而相議。不曰『皇上困於麯蘖之御而懽飲長夜』，必曰『倦於窈窕之娱而晏眠終日』。雖近頒勅諭，謂聖體違和，冀可借此自掩。不知鼓鐘於宫，聲聞于外，天下人心豈可得而欺哉？ 況皇上每晚必飲，每飲必醉，每醉必怒，左右一言稍忤，輒斃杖下。既非靜攝，又廢朝政，恐不足以服天下而信後世。 望皇上勿以天變爲不足畏，勿以人言爲不足恤，勿以目前之晏安爲可恃，勿以將來之危亂爲無虞」。上大怒，欲杖之，以長秋節獲免。 又疏逐相門狎客胡汝寧出督蘆鹽，復忤要人，削籍。 不出門者九年，不踰戶者六載，燕寢三楹，竟日危坐，親朋罕睹其面，惟問學者至，一稱子肅而入坐，久碾來牟剪葵韭爲供，更端問難，亹亹忘倦，遠近從遊者日益衆。天啟即位，與鄒元標同赴召。 適有遼警，京朝官爭遣其孥，從吾獨盡室以行。 無何，廣寧陷，經撫攜手入關。從吾具疏昌言，謂：「不逮治，何以勗守關將吏時？」論韙之。 又謂：「國家無事，士大夫不知節義；臨難，抱頭鼠竄者踵相接。 宜喚起親上死長之心，非講學不可。」因與元標倡立首善書院，集同志相切劘。 群小咸側目，而逆奄方竊柄，亦不樂天子近士大夫。 於是兵科朱童蒙疏劾建壇講學之非，元標上書自理。 從吾亦疏，言「二祖開基表章六經，天子經筵講學，皇太子出閣講學。『講學』二字，實爲本朝令甲。 昨因東事，暫停經筵，言者以爲不可。 今復舉行，豈天子宜講，士大夫反以爲諱乎？ 臣等將以講學提醒人心，激發忠義。 童蒙欲臣等修職業，惜精神，正講其職業如何修，精神如何惜耳。」上雖優荅之，而奄黨又吠其後。 元標與從吾五疏乞休，各予告回籍。 繼而起，從吾總留臺，不赴。 即家，拜工部尚書。 疏辭，奄禍益烈，尋遭削奪。 秦撫亦奄黨，借從吾以媚奄口，日以窘廹爲事，毀書院，擲夫子像於城隅。 從吾痛切剝膚，吁嗟病榻，趺坐二百日，不就寢，飲恨而卒。

崇禎改元，贈宮保，謚恭定。 自浙撫首請建祠於西湖，省直聞風而起者共四十所。 有上樑迎像，行九拜禮、呼九千歲者；有赴祠上樑，值三王之國，竟不迎送者；有以至聖至神爲祠聯者。 延綏祠則僭用琉璃瓦，薊州祠則僭用冕旒金。 像又有以沉檀爲體，眼、目、耳、鼻、手、足，一如生人。 腸腑則實以金玉珠寶。 髻上空一穴，四時以花簪之獻媚，無所不至。 西江疏請，雖後值崇禎登極不允，而先賢濬臺祠已被拆毀，惟陝西一省紳衿無一人請者。 給事中間可陞，疏言皆憑從吾廉恥之教所漸摩深也。 他若東省鄉紳程紹、謝啟光恥於列名，峻詞堅拒，道府中爲建祠掛冠者，則有梁廷棟、王堯民，揚州則有王徵、來復，皆錚錚可紀。 又兵備耿如杞、胡士容以不拜逆像而買禍陷辟，黄汝亨以君子之澤，譏逆而被毆殞身。 此尤頹波之砥柱，於今爲烈矣。

趙吉士曰：「恭定之學，首嚴似是而非之辨，嘗作善利圖，題曰『聖狂分足處，善念是吾真。若要中間直，終爲跖路人』。其精嚴如此，在關中時有一細民與公講會，從此口不二價，是亦公誠能動物之一徵也。」

（四庫全書存目叢書，史部一二〇冊，趙吉士盧宜撰續忠表記，據清華大學圖書館藏清康熙三十七年寄園刻本）

仲好馮先生

劉得炯

先生名從吾，字仲好，長安人。萬曆己丑進士。甫垂髫，即契王文成公「人心有仲尼」之語。嘗受知于許督學，以聖學爲己任。端靜寡營，出入必以理學書自隨。授庶常，每入朝，例飯中貴舍，先生獨攜茶餅，孑處披覽，足跡不輕履。改御史，巡中城。時壬辰大計，包匭簠簋不得入。權門客胡汝寧屢彈不去，先生以疏逐之。神廟中年，朝講廢，或飲酣，斃左右，先生抗疏，有云：「困麯蘖而驩飲長夜，娛窈窕而晏眠終日。」神宗怒，將杖之，會長秋節，輔臣救免，遂告歸。

三年還職，視長盧鹽政，清吏弊，治奸賈，無稍貸。有史官求庇，先生反彈之，遂與要人左，以同臺言事株連，削籍歸里。益鋭志聖賢之學，建關中書院。擇士之秀者朝夕討論，一時士心歸之，奉爲模楷。里居二十六年，四方來學之士有千人，稱「關西冯夫子。」

光廟改元，累召未行。熹廟初，與鄒忠介同召。時廣寧失守，經撫攜手入關，先生疏請逮治，以勗守關將吏，遂以中丞佐西臺忠介爲御史大夫。時有鍾羽正爲左僉都，並稱「西臺三正人」，善類每依爲重焉。復議「紅丸」「梃擊」事，群小側目，於是刺講學者接踵，先生與忠介皆求罷。又二年，起總留臺，未赴。即家，拜工部尚書。

是時，逆璫猶以人望羈縻，先生不與合，因疏辭，予致仕。次年，削籍。阿璫者授意撫臣辱之，毀書院，曳先師像，擲城隅以洩其憤。先生痛如切膚，恚恨靡寧，趺坐二百餘日，遂以卒。後逆黨誅，復原官，謚「恭定」，著有關學編、疑思録、馮少墟集。

（關中道脈四種，清李元春輯訂，朝邑蒙天庥蔭經堂清道光庚寅年刻本）

長安縣志　馮從吾傳

馮從吾，字仲好。〔一〕甫髫齡，即深契王文成「人心有仲尼」句，口誦心維，嘗以「文人何如聖人」廣厲同志，爲德清許孚遠所器重。舉進士，由庶常改御史。巡視中城，有中貴投刺者，必峻却之。時神宗臨御久，經筵几席塵封，從吾具疏，特請朝講，且謂「今當入覲之期，萬方畢集，咸欲一睹清光而不可得，則必疑而相議，〔二〕不曰「皇上困於麯蘖〔三〕而歡飲長夜」，必曰「倦於窈窕〔四〕而晏眠終日」。雖近頒敕，〔五〕謂聖體違和，冀〔六〕可借此自掩。〔七〕不知鼓鐘於宮，聲聞於外，天下人〔八〕豈可得而欺哉？〔九〕望皇上「勿以天變爲不足畏，勿以人言爲不足恤，勿以目前之晏安爲可恃，勿以將來之離亂爲勿虞」。上大怒，欲

〔一〕清雍正陝西通志、清乾隆西安府志此句後有「長安人」三字。
〔二〕「則必疑而相議」清乾隆西安府志作「必相疑議」。
〔三〕「麯蘖」後，清雍正陝西通志後有「之御」二字。
〔四〕「窈窕」後，清雍正陝西通志後有「之娛」二字。
〔五〕清雍正陝西通志、清乾隆西安府志「敕」後有「諭」字。
〔六〕清雍正陝西通志「冀」作「異」。
〔七〕清乾隆西安府志無「冀可借此以自掩」。
〔八〕清雍正陝西通志、清乾隆西安府志「人」後有「心」字。
〔九〕清乾隆西安府志「得而欺哉」作「盡誣」。

杖之，以長秋節獲免。又疏逐相門狎客胡汝寧。出督蘆鹽，忤要人，削籍。不出門者〔一〕九年，燕寢三楹，竟日危坐，親朋罕睹其面，惟問學者至，一稚子肅而入坐，久碾麥〔二〕翦葵韭爲供，更端問難，亹亹不〔三〕倦，遠近從遊者日衆。

天啟即位，與鄒元標同赴召。適京師戒嚴，朝官爭遣其孥，從吾獨盡室以行。無何，廣寧陷，經撫〔四〕入關，從吾謂國家無事，士大夫不知節義，臨難抱頭鼠竄者踵相接，宜喚起親上死長之心，非講學不可。因與元標倡立首善書院，集同志相切劘。群小側目，於是兵科朱童蒙疏劾建擅〔五〕講學之非，從吾疏乞休，予告回籍。繼而起從吾總留臺，不赴。即家拜工部尚書，疏辭。奄禍益烈，尋遭削籍。會秦撫亦奄黨，借從吾以媚奄，日以窘迫爲事。毀書院，擲夫子像於城隅，從吾〔六〕吁嗟趺坐二百日，不就寢，飲恨而卒。崇禎改元，贈太子太保，〔七〕謚恭定。

（清嘉慶長安縣志卷二十七）

馮少墟先生像贊〔八〕

顧炎武

儼乎，其備道之容也。淵乎，其類物之宗也。同志相從，惟鄒惟鍾。固來庭之儀鳳，而在田之群龍；百煉之剛金，而

〔一〕清乾隆西安府志無「者」字。
〔二〕清雍正陝西通志、清乾隆西安府志「麥」作「來牟」。
〔三〕清雍正陝西通志、清乾隆西安府志「不」作「忘」。
〔四〕清雍正陝西通志、清乾隆西安府志「經撫」後有「攜手」二字。
〔五〕「擅」清雍正陝西通志、清乾隆西安府志作「壇」。
〔六〕「從吾」清雍正陝西通志、清乾隆西安府志後有「痛切剝膚」四字。
〔七〕「太子太保」清雍正陝西通志、清乾隆西安府志作「宮保」。
〔八〕依王重九輯自光緒三十四年六月陝西教育雜志第二期補齊。

歲寒之喬松。夫誰𢓰之？便飄然一世而不見庸者耶！

東吳後學顧炎武書。

附録二

评

評馮恭定

王弘撰

馮恭定之學，恪守程、朱之訓，可謂純而正矣。先司馬嘗遊其門，稱其「口無擇言，身無擇行」，此吾輩之所當奉爲神明蓍蔡者也。讀其集，但觀其語録足矣，其詩文固可略。在公，元不欲以詩文自見也。公嘗云：「陽明先生『致良知』三字，洩千載聖學之祕，有功於吾道甚大。而先生又曰『無善無惡心之體，有善有惡意之動，知善知惡是良知，爲善去惡是格物』。夫有善有惡二句與『致良知』三字互相發明，最爲的確痛快。爲善去惡一句，雖非大學本旨，然亦不至誤人。惟無善無惡一句，關係學脈不小，此不可不辨，何也？心一耳，自其發動處謂之意，自其靈明處謂之知。既『知善知惡是良知』，可見有善無惡是心之體。今曰『無善無惡心之體』，亦可曰無良無不良心之體耶？近日學者信『致良知』之説者，并信無善無惡之説，固不是。非無善無惡之説者，并非『致良知』之説，尤不是。或曰『果如致良知之説，然則諸儒所稱，或主靜，或居敬，或窮理，或靜坐，或體認天理，或看喜怒哀樂未發氣象，彼皆非歟？』曰：『不然。良知是本體，居敬、窮理諸説皆是致良知工夫。致之云者，非虚無寂滅如二氏之説也。致乎，致乎，豈易言哉！』」公之論陽明，可謂公而平矣。獨於爲善去惡一句，猶有恕詞。予謂此句正不可不辨，蓋學者用功分途，正學異端分途，皆在於此。豈可謂「非大學本旨」，「而猶不至誤人」耶？

或問：「近日學者，亦知無善無惡之説之誤。又講有善之善，有無善之善。若謂善之善，對惡而言也。無善之善，指繼善之初，不對惡而言也。何如？」公曰：「吾儒之旨，只在『善』之一字。佛氏之旨，卻在『無善』二字。近日學者，既惑於佛氏無善之説，而又不敢抹撥吾儒『善』字，於是又有無善之善之説耳。又有一譬云：山下出泉，本源原清。漸流漸遠，有清有濁。謂有濁而清名始立，則可。謂流之清對濁而言，則可。謂水之源無清無濁，則不可。謂流之清爲清之清，源之清爲無清之清，則不可。知此則本體無善無惡之説，有善之善，有無善之善之説，是非不待辨而決矣。」此皆不易之論也。

公曰：「『此謂知本，此謂知之至也』一節，與上『聽訟』節，雖分兩節，原是一章。非衍文，亦非别有闕文也。『右傳之四章，釋本末』八字，當序在『此謂知本』節之後。」予謂，以「此謂知本」接「此謂知本」，連説兩句，似禪僧機鋒語，聖賢斷無此文法。又云「一本大學，都是釋格物，不必另補格物傳。傳止該九章」。然格物傳固可以不補，而今觀所補之傳，語意俱到，明晰痛切，有功於聖人，有益於來學，遂覺其有必不可少者，朱子第一作也。聞當時有人問：「何不卽用大學文法？」朱子曰：「亦嘗擬之，終不似，故不用。」此朱子識高處。夫文以明道，道既明，不在文之似與不似也。文中子於聖賢之學，實有心解，而以模範論語遺譏後世，又不可爲鑒耶。

或曰：「書云『人心惟危，道心惟微』。解者多指人心爲人欲，道心爲天理，此言非是。心一也，人安有二心？自人而言，則曰惟危，自道而言，則曰惟微。罔念作狂，克念作聖，非危乎？無聲無臭，無形無體，非微乎？」此言極可思，而公非之，斥爲異學誤人。乃公又有云：「使人有兩個心，一個是人心，一個是道心，有何難精？惟其只是一個心，所以難於辨别，難於分析。」卽公此言觀之，與或所言正可相發明。而公斥之，豈以其出於陸子，而遂概棄之耶。

道心非人不麗，人心非道不宰。不必屏去人心，而别覓道心也。舉吾之人心，一稟於道，卽道心矣。故以喜怒、哀樂、視聽、言動爲人心，以中節合禮爲道心，不差。公駁之云：「以中節合禮爲道心，不差。而以喜怒、哀樂、視聽、言動爲人心，不知喜怒、哀樂、視聽、言動可以屏而去之乎？以必不能屏而去之者爲人心，是明白左袒人心，回護人心也。」按此則「人心」二字，真不可直解作人欲矣。何也？正以其不能「屏而去之」也。而公必謂人心屏而去之，猶恐不盡，至云「道心爲善，爲君子。人心爲惡，爲小人」。竊恐其說之果而流於偏也。

解者不以人心爲人欲，公謂其回護人心。或有問：「虞廷說『人心道心』，而上蔡謂『心本一，支離而去者乃意耳』。何也？」公曰：「心本一，自念起而後有人與道之分，故曰：『欲正其心者，先誠其意。』上蔡之言，從大學來。蓋心爲意之主宰，意爲心之發動。本只是一個心，只因一念發動處，遂名爲意耳。上蔡之所謂心，與大學之所謂心，對意而言也。虞廷之所謂心，兼意而言。雖不言意，而意與知自在其中也。」予謂，以公此言觀之，則人心不可直解作人欲，益明矣。既云意與知在其中，而以意與知卽謂之欲，謂之惡，謂之小人，可乎？恐與性善之旨又難通矣。且如此說，則上蔡之言亦是回護人心，公援大學之言，卻又是回護上蔡也。

朱子云：「人心，但以形氣所感者而言耳。具形氣謂之人，合義理謂之道，有知覺謂之心。」又云：「飢欲食、渴欲飲者，人心也。得飲食之正者，道心也。須是一心只在道上，少間，那人心自降伏得不見了。人心與道心爲一，恰似無了那人心相似。只是要得道心純一，道心都發見在那人心上。」觀此則人心不可直指爲惡，爲小人，益明。卽中庸序謂之「私者」，亦只是就形氣說。故曰「使道心嘗爲之主，而人心每聽命焉」。若是惡，是小人，則當斷滅之矣，豈猶使之聽命乎！蔡氏尚書注亦本此爲說。今特不以人心作人欲耳，而心中理欲之分自在。此於聖賢立教爲學之旨，果何所悖，而云異學誤人耶？按「以人心爲人欲，道心爲天理」，其說實始於程子。蓋「從一念起處，別善惡之途」，故如此分疏，未可執之，以爲人心定解也。

（见清王弘撰，道光本山志初集卷二）

善利圖

馮恭定作善利圖，其教人之方最爲警切。詩云：「聖狂分足處，善念是吾真。若要中間立，終爲跖路人。」謂中間無路。予謂竝無中閬，將之植表於此，不正卽邪，非有不正不邪之影在其中間。故嘗僭擬一圖，善路正出，利路邪出，不作兩對也。

（见清王弘撰，道光本山志初集卷二）

諸儒評論

新安畢氏諱懋康曰：「國朝薛文清獨尊紫陽，云：『多聞見而後卓約，弗爲荒幻徑獵。』讀書録令人穆乎有餘思。關以西稱呂文簡，誠敬真篤，正經息邪，具載所著内篇中。先生其濚洄呂、薛，合脈紫陽，而溯源洙、泗乎！」

吉水鄒氏諱元標曰：「公學雖有所宗，然於新建亦皆篤信，曰：『致良知三字洩千載聖學之秘，有功於吾道甚大。〔二〕』雖不能疑無善無惡一語，又曰：『非無善無惡之說，並非致良知之說者，俱不是。〔三〕』蓋公不欲以虛無寂滅，令後學步趨無據也。」

高邑趙氏諱南星曰：「先生所講者，平淡而融徹。平淡者，聖人之正學也。融徹者，其體會真也。」

〔二〕別李子高言，見少墟集卷一六。
〔三〕此亦見別李子高言，見少墟集卷一六。

安成鄒氏諱德泳曰：「昔有問于先文莊者，曰：『程子謂在物爲理，將理外乎？』先文莊曰：『且看大學云何？』夫程子亦曰：心之在物爲理，心之處物爲義，故曰體用之謂也。』予恐天下或外心覓理，而不深察仲好惟一之旨，故附此爲請益地。」

丹陽姜氏諱士昌曰：「若關中書院記，昌黎原道所不能言，當與定性等並。若辨學録、疑思録及他論學語，嚴正學之防，痛懲末世廢修言悟、課虚妨實之病，多程、朱所欲剖析而未盡者。于象山、陽明若相辨難，實相成，真二先生益友矣！」

錫山高氏諱攀龍曰：「仲好之集至明至備、至正至中，非修而悟，悟而徹者不能，真聖人之學也。」

大泌山人李諱維禎曰：「明道先生言：『會者大率談禪，天下成風，設有數孟子，無如之何。』故宋時辨釋學者，惟周、程、張、朱，本朝惟羅文莊困知記，今得仲好羽翼之，幸甚。」

蒲阪張氏諱煇曰：「猶記灝靈樓之講率性章也。煇曰：『人惟有率有不率，故聖人修道以立之教。』先生稍不然之，良久云：『性無有不率者，人皆率性，而盡性者寡耳。』歸來沉思，始知天下之人果無有不率性者。蓋率性即是良知，良知無人不有，率性無時不然。孩提而知愛，稍長而知敬，率性也；乍見而惻隱起，呼蹴而羞惡起，亦率性也。率則心有所不及思，而明有所不及用，即率之人不知也。人惟見方然而復不然，則以爲此率而彼不率矣，然而實非也。如小人閒居爲不善，夫爲不善可矣，如何必于閒居？閒居爲不善可矣，如何又厭然于見君子？不但誤爲處必有羞慚，即故爲處亦必有遮掩。一語窮而舌遁，一揖失而面赤，一存注之不良，而轉睛顧眄之不能隱，是誰致之而然也？人性本善，則有不善者，自無所容，而爲之者乃其惡之者也，率性也。」

（范鄗鼎：廣理學備考第三函第五册之冯少墟集，洪洞范彪西彙編，康熙甲子重刻，五經堂藏版）

四庫全書總目　少墟集提要

二十二卷江蘇巡撫採進本，明馮從吾撰。從吾有元儒考略，已著録。其文集初刻止於萬曆壬子。此本乃其次子嘉年益以癸丑以後至天啟辛酉作，類序重刻。自卷一至卷十二皆語録，卷十三至卷十八皆詩文，卷十九至卷二十爲族譜家乘，卷二十一至卷二十二爲關學編。蓋生平著作，彙於此集。其中講學之作，主於明理；論事之作，主於達意，不復以辭采爲工。然有物之言，篤實切明。雖字句間涉俚俗，固不以弇陋譏也。

惟其與朱童蒙爭論首善書院講學一疏，稱「宋之不競，以禁講學故，非以講學故也。先臣守仁，當兵事倥傯，不廢講學，卒成大功。此臣之所以不恤毁譽而爲此也」。又郭允厚、郭興治等劾鄒元標，從吾又上疏力爭，稱「京師講學，昔已有之」云云。其説頗爲固執。夫士大夫自甲科通籍，於聖賢大義，不患不知，顧實踐何如耳，不在乎聚而講也。維古極盛之治，有皋、夔、稷、契；亦越小康之世，有房、杜、王、魏、韓、范、富、歐陽，亦何嘗招百司執事，環坐而談心性哉？無故而舍其職司，呼朋引類，使其中爲君子者，授人以攻擊之間；爲小人者，借此爲攀附之途。黨禍之興，未必非賢者開門而揖盜也。至於謂宋之不競由禁講學，尤爲牽合。考宋之黨禁，始於寧宗慶元二年八月，弛於嘉泰二年二月，中間不過六七年耳。至於寶慶以後，周、程、張、邵，並從祀孔子廟庭；紫陽、東萊之流，並邀褒贈。理宗得謚爲「理」，實由於是。蓋道學大盛者四五十年，而宋乃亡焉。史傳具存，可以覆按，安得以德祐之禍歸咎於慶元之禁乎？」

從吾初爲御史，拒絶閹人，劾罷胡汝寧，禁大計苞苴。又上疏諫神宗不親政事，幾遘危禍。後廷議三案，亦持正不阿，卓然不愧爲名臣。惟此兩疏，意雖善而未計其流弊。故附糾其失，俾來者無惑焉。

四庫全書總目　元儒考略提要

四卷浙江巡撫採進本，明馮從吾撰。從吾字仲好，長安人，萬曆己丑進士，改庶吉士，又改御史。以上疏言事廷杖，歷遷左副都御史。以爭「紅丸」「梃擊」事乞歸。起工部尚書，以疾辭，後竟削奪。及閹黨敗，詔復官，謚恭定。事蹟具明史本傳。

是編乃集元代諸儒事實，各爲小傳。大抵以元史儒學傳爲主，而旁採志乘附益之。中有大書特傳者，亦有細書附傳者，皆據其學術之高下以爲進退，體例頗爲叢碎，又名姓往往乖舛，如歐陽(元)〔玄〕别號圭齋，今乃竟題作歐陽圭。既以號作名，又删去一字，校讎亦未免太疏。然宋儒好附門牆，於淵源最悉。明儒喜爭同異，於宗派尤詳。語録學案，動輒災梨，不啻汗牛充棟。惟元儒篤實，不甚近名，故講學之書，傳世者絶少，亦無匯合諸家，勒爲一帙，以著相傳之系者。從吾掇拾殘剩，補輯此編，以略見一代儒林之梗概，存之亦足資考證。物有以少見珍者，此之謂歟！

（録自中華書局一九六五年版）

四庫全書總目　馮子節要提要

十四卷安徽巡撫採進本，明馮從吾撰。從吾有元儒考略，已著録。從吾以風節著，而亦喜講學，無錫高攀龍、高邑趙南星皆稱之。時官京師，會講都城，至環聽者院宇不能容。終亦以此招謗。是編即其各地會講之語也。

（録自中華書局一九六五年版）

四庫全書總目　古文輯選提要

六卷內府藏本。明馮從吾編。從吾有元儒考略，已著録。是編所録古文，自春秋、秦、漢以迄宋、元，僅百餘篇，自謂皆至精者。然其大旨以近講學者爲主，不足盡文章之變也。

（録自中華書局一九六五年版）

附録三

序

關學編序

劉得炯

理學之著明於世，天人之道也，性命之原也。此理人人俱足，此學人人可爲，而卒鮮其人，何哉？蓋兩間之正氣不能不有雜氣以間之，理也，亦數也。天無如人何，人亦無如天何也，然而秉懿好德，人有同情，故曰「聖賢可學而至也」。其在易曰：「窮理盡性以至於命。」聖聖相傳，心心相印，如日月星辰之麗天，毫髮不爽也；如山河大地之流峙，萬世不易也。外乎此者爲雜學，而貌乎此者爲俗學，學之途分，遂將釀爲世道人心之害。聖人爲一己正性命，即爲天下萬世開道統，上世羲、黄至二帝、三王無論矣。春秋、戰國闢生民未有之奇，深私淑願學之志，而濂、洛、關、閩千有餘年而獨得其宗，聖道之光大燦然復明於世。自宋至明，代有傳人，至我清昌明正學，學者咸知理學之爲要而翕然向風，無不仰慕前徽，希蹤曩哲，得升其堂而嚌其胾。

余讀關學編而深有感焉。是編少墟馮先生之所著也。先生諱從吾，字仲好，長安人，萬曆己丑進士。自庶常入朝，累有建向，然艱於仕進，生平篤志聖賢之學，四方從學者千餘，人稱「關西夫子」。乃舉關中理學之可傳者集爲一編，自横渠張夫子始，共三十三人，將使前賢之學問淵源微之發明，聖道顯之立身，制用卓然，不愧爲學者以昭來茲，示典型，而新安持國余公序刊以傳世云。

獨是是編自明季至於今百有餘歲矣，雖間有舊本，而版籍無存，恐遲之又久，澌滅殆盡，後之人即欲覓是書而知其人，其奚從而知之？ 余以寒氊薄植，固望關、閩之門牆而不得入者，雖然，竊嘗有志於斯道矣，易曰「西南有朋」，從其類也。邑中丁巳進士趙氏蒲者與余同譜，現任儀隴縣知縣，其學務實行，居官識大體，號爲知交，因郵寄書信，約爲同志，捐銀三十金，余亦捐俸數金，重爲刊刻焉。

夫四書五經，理學之淵源備矣，國家垂爲令典，以丹鉛甲乙，匪徒記誦詞章、取科第弋榮名已也。前君子以心入乎聖賢之心，而心有國理，後之人豈不能以心志乎前人之志，而與之同心哉！ 並將少墟先生入于集中。而復齋王先生以布衣銳志聖學，四十餘年不出戶庭，甘貧樂道所難能者，亦續入焉，以就正於有道之君子。

噫！ 學者之淺深，性也； 功名之得失，命也。正心誠意以修身，主敬致知以力學，而後性命一歸於正，敢不折衷儒先，惟日孳孳以期共勉于諸君子之後哉！

（乾隆丙子二月朔日，中衛後學劉得炯書於朝邑學署健中堂）

重刻關學編序

李元春

關學編，馮少墟先生所輯，以章吾關學，即以振吾關學者也。先是吾邑趙廷璧先生嘗重刻之，而學師中衛劉先生得炯即以少墟補入，又入吾邑王仲復先生，意皆勤矣。然此編人皆知之，而後學猶未能盡見。予不敏，未能自振，顧恒欲人之胥振於正學，往與同志訂文廟備考一書，邑中雷氏刻之，思此編亦不可不家置一冊，因與及門共訂，補入七人，續入二十人。既成，郵寄江西，質於同學漳州郡守霍子松軒。松軒以爲此不可不公於人，而吾鄉蒙君竟取付梓。有止予者，謂將有僭妄之譏，予不以爲然。

夫學爲聖賢，人人事也。學之，即不能爲聖爲賢，其可不以聖賢自勉乎？ 自勉於聖賢，即奈何不以聖賢爲師乎？ 師聖賢，又安能已於向慕之心，不急急颺前人之爲聖爲賢者乎？ 世之人惟自阻曰：「我豈爲聖爲賢之人？」人或又有阻者曰：「汝豈爲聖爲賢之人？」而亦因以自阻，斯世遂終無聖賢。況吾不能爲聖爲賢，豈敢謂人之不能爲聖爲賢，則又何嫌於以不能爲聖賢之人望人之皆爲聖賢也。止者又謂：「所補所續，使學問行誼，一毫不符，即恐有玷。」此論固然。然聖門弟子材不一科，品不一等，聖人有予有斥，有未及論列，而既以聖人爲師，承其傳者，皆不可謂非聖人之學也。

此編有待補續，少墟固自言之矣。趙氏之刻，補少墟並及仲復，誠當；而論者猶以未入家二曲爲歉。予正爲續二曲，遂廣搜羅，凡所得，皆取之史志。又數十年，博訪鄉論，確然見爲正學者，夫何疑於入此編中？ 如游師雄受業橫渠，載之宋史，學術幾爲事功掩，然事功孰不自學術來？ 此疑少墟所遺也。他若在少墟前者，或未及蓋棺，或與少墟同時同學及諸門人，少墟所不能入，又劉學師所未暇採也。至與仲復同時，二曲且漏，宜其漏者尚多，是皆烏得不補不續？ 而後之宜續者又烏能已耶？

嗚乎，前人爲聖賢之學，皆無名心，而後之人不可不章其名。章前人之名以勵後學，補綴遺編與刊刻者同一心也。世之人不以爲妄，亦或以好名議之。爲所不當爲而避其名可也，爲所當爲而避好名之名，天下之以好名敗人自立爲善者多矣！ 避之而諉諸他人，俟之後人，人盡如我，其又何望哉？

二曲少欲爲聖學，鄉人多阻撓之，甚有以爲妖者。予自十四五即有志程朱，迄無所成，今年過六十，刻此編，猶願與同志共勉于二曲少時之所爲耳矣。編中，二曲以前補續者，予所録輯也；二曲及王豐川傳，令及門王生維戊爲之者也；馬相九係馬生先登之先，與同學諸人皆年過二曲，老始延二曲爲師，一時皆稱「夫子」，其學可知，即令先登爲之傳；孫西峰、王零川近已皆入鄉賢祠，則令吾兒來南爲之傳。

道光庚寅七月，朝邑李元春時齋甫題於桐閣學舍

（關中道脈四種關學編序，清李元春輯訂，朝邑蒙天麻蔭經堂清道光庚寅年刻本）

書關學編後

賀瑞麟

右馮少墟先生關學編，國朝朝邑趙氏重刻之，劉學博得炯即續少墟及王復齋二人，而桐閣先生增訂，又補七人、續十二人，於是趙本爲不完，而未能廣行。朝邑楊生玉清有志關學者也，同治戊辰教授吾邑，張君宜堂家因言趙氏此書，並所刻王復齋小學句讀記、大學直解、太極圖集解三書板，其後人皆欲售人，且恐諸書失所主，宜堂遂言於劉君毓英，以百二十金俱購以歸。將欲刷印，以公同志，而仍嫌趙氏爲未完，余乃取桐閣補續，各人並依原書爲補刻，而更以桐閣先生續焉，以求是正於當世之爲此學者，至以諸賢望吾關中人士使見諸賢之心，而因以自見其心。不好名，亦不避好名之謗，爲所當爲，於以振興關學，延斯道於勿墜，則少墟、桐閣兩先生之序。

在九月朔旦，三原賀瑞麟復齋甫謹書。

（光緒二十五年劉傳經堂刊本，賀瑞麟撰清麓文集卷一）

重刻關學編序

賀瑞麟

關中其地，土厚水深，其人厚重質直，而其士風亦多尚氣節而勵廉恥，故有志聖賢之學者，大率以是爲根本。三代聖人具見於經，不待言也，秦、漢及唐，聖學湮塞，知德者鮮。宋興，明公張子崛起，横渠紹孔、孟之傳，與周、程、朱子主盟斯道。關中早悦孫、吳，年十八欲結客取洮西之地，慨然以功名自許。及其撤皋比，棄異學，任道之勇，造道之淳，學古力行，卓爲關中先覺，此少墟先生關學編獨推先生首出而爲吾道之大宗也歟！後之聞風興起，代不乏人，莫不以先生爲景仰，故一續再續，深書大刻，豈非以先生之學懇懇然屬望於吾關中人士者哉？

吾友長安柏君子俊，少喜談兵，欲有爲於天下，大類横渠，其强毅果敢，有足以擔荷斯道風力，卒之志不得伸。近歲大憲延聘教授關中、味經各書院，三秦之士靡然從之。又倡議創立少墟專祠，蓋思以少墟之學教人，並思以少墟所編諸人及續編諸人之學教人，謂非重刻諸編不可。刻既竣，君病日亟，手授門人，猶欲商訂於余，且屬爲序，其用意關學如此，胡君竟不起疾也，悲夫！惟君生平重事功，勤博覽，其論學以不分門戶爲主，似乎程、朱、陸、王皆可一視，慮開攻詰之習，心良厚矣！夫學爲己者也，攻詰不可也，然不辨門戶且如失途之客，貿貿焉莫知所之，率然望門投止，其於高大美富，將終不得其門而入矣，可乎哉？是非顛倒，黑白混淆，道之不明，懼莫甚焉。學以孔孟爲門戶者也，程朱是孔孟門戶，陸王非孔孟門戶，夫人而知之矣。先儒謂不當另闢門戶，專守孔孟如程朱可也。孟子、夷、惠不由而願學孔子，豈孟子亦存門戶見乎？

余嘗三四見君，知其意不可遽屈，硜硜之守，老亦彌篤，意與君益各勉學，或他日庶有合焉，而今已矣，不意君猶見信，輒以關學相託，復取私録諸人而亦刻焉。竊恨當時卒未獲痛論極辨，徒抱此耿耿於無窮也，吾烏能已於懷哉！學術非一家私事，因序此編而並序余之有不盡心於君者。倘不以余言爲謬，或於讀是編也，亦不爲無助云。

光緒壬辰孟秋，三原賀瑞麟識

（清麓文集，賀瑞麟撰，光緒己亥初劉傳經堂開雕）

重刻關學編序[一]

柏景偉

馮恭定公關學編，首聖門四賢，卷一宋横渠張子九人，卷二金、元楊君美先生十二人，卷三明段容思先生九人，卷四呂涇野先生十三人。公序其前，而岐陽張雞山序其後，此原編也。豐川續之，則自少墟以及二曲門下諸子。周勉齋卽續豐川

[一] 此篇爲柏景偉病中於床前口授，劉古愚筆録，原稱關學編前序，亦稱柏景偉小識。

於其後，桐閣又續之，則于宋補游景叔，于明補劉宜川諸人，以及國朝之王零川。賀復齋又續七人，即列桐閣於其中，爲續編三卷。豐川編遠及羲、文、周公，下及關西夫子，而下非恭定所編，例去之。

刻既竟，乃書其後曰：自周公集三代學術，備于官師，見於七略，道學之統自關中始。成、康而後，世教陵夷，遂至春秋，大聖首出東魯，微言所被，關中爲略。降及戰國，秦遂滅學。漢、唐諸儒，訓詁箋注，循流而昧其源，逐末而亡其本。自宋橫渠張子出，與濂、洛鼎立，獨尊禮教，王而農諸儒謂爲尼山的傳，可駕濂、洛而上。然道學初起，無所謂門戶也，關中人士多及程子之門。宋既南渡，金溪兄弟與朱子並時而生，其説始合終離，而朱子之傳特廣。關中淪于金、元，許魯齋衍朱子之緒，一時奉天、高陵諸儒與相唱和，皆朱子學也。明則段容思起于臯蘭，呂涇野振于高陵，先後王平川、韓苑洛其學又微別。而陽明崛起東南，渭南南元善傳其説以歸，是爲關中有王學之始。越數十年，王學特盛，恭定立朝，與東林諸君子聲氣相應，而鄒南臯、高景逸又其同志，故于天泉證道之語不稍假借，而極服膺「致良知」三字。蓋統程、朱、陸、王而一之，集關學之大成者，則馮恭定公也。於是二曲、豐川超卓特立，而説近陸、王。桐閣博大剛毅，而確守程、朱。今刊恭定所編關學，即繼以二家之續，蓋皆導源於恭定，而不能出其範圍者也。

竊嘗論之：同此性命，同此身心，同此倫常，同此家、國、天下，道未嘗異，學何可異也？於詞章祿利之中，決然有志聖賢之爲，此其非賢即智。賢則有所爲也，智則有所知也。爲衣食之事未有不知粟帛者也，知粟帛之美未有不爲衣食者也。故「理一分殊」之旨，與「主靜立人極」「體認天理」之説，學者不以爲異，而其所持究未嘗同也。然則「主靜窮理」與「先立乎大」「致良知」之説，得其所以同，亦何害其爲異也。明自神宗倦勤，公道不彰，朝議紛然。東林諸儒，以清議持於下，講肆林立，極豐而蔽，蓋有目無古今，胸無經史，侈談性命者矣。紀綱漸壞，中原鼎沸，諸儒目經亂離，痛心疾首，遂謂明不亡於流賊而亡[一]於心學，於是矯之以確守程朱，矯之以博通經史，矯之以堅苦自立。承平既久，而漢學大熾，以訓詁箋注

[一] 原文作「忘」，據關學宗傳卷五十五柏子俊先生，當爲「亡」。

之爲，加於格致誠正之上，不惟陸王爲禪，即程朱亦遜其記醜而博，亦何異蜀朔角立，而章蔡承其後也。

偉少失學，三十後始獲讀劉念臺先生書，幸生恭定公鄉，近又謬膺關中講席，爲恭定講學之地，乃與同志重葺恭定公祠，而以其左右爲少墟書院，因刊恭定所編關學而並及豐川、桐閣、復齋之續，凡以恭定之學爲吾鄉人期也。竊謂士必嚴於義利之辨，範之以禮，而能不自欺其心，則張子所謂「禮教」與聖門「克己復禮」、成周官禮，未必不同條共貫，是即人皆可爲堯、舜之實，而紛紜之說均可以息，亦何人不可以自勉哉？嗚呼！是恭定望人之苦心，亦刊恭定遺編者之苦心也。

（烟霞草堂文集，清刘光蕡筆録，乙卯十月及門諸子校定印行）

重刻關學編後序

劉光蕡

嗚呼，此余友澧西柏子俊先生所刻關學編也。關學之編始於馮恭定公，王豐川續之，又刻李桐閣、賀復齋所續於後，而先生没已期年矣。先生病急，口授余義例爲序於前，俾余序其後，余復何言？然習先生性情行誼，莫余若，而是書之刻，又多商榷。其所以刻與資之所由來，及平日議論及於是書者，不可無一言於後。先生性伉爽，學以不欺其心爲主，嫉惡嚴人，有小過，不相假借，改之則坦然無間。其有善，識之不忘，逢人稱述，士以此畏而愛之，喜岳武穆「君臣之義，本於性生」語，嘗謂余曰：「此可括西銘之蘊，知父子天性而不知君臣，不能視萬物爲一體；求忠臣于孝子，義本於仁也。移孝作忠，本仁以爲義也。忠孝一源，明新一貫，千古要術，皆充仁以爲義，而非有他也。」故論學力除門戶之見，而統之以忠孝。光緒丁亥，憲司延先生主講關中書院。書院爲恭定講學地，先生又生於其鄉，乃訪恭定祠舊址，擴而新之，旁爲少墟書院，以少墟之學迪其鄉之士，廉訪曾公懷清割俸，屬刻是編。而恭定原本無恭定傳，乃取豐川所續繼之，後之與於關學者又不得略焉，則不惟非恭定本，亦非豐川本矣。涇陽王葵心先生以身殉明，大節懔然，與西人天主之說泊三綱者截然不同，然事天之說正西人所藉口。鄉曲之儒略跡而識其真者幾人，先生常欲去之，書出則仍在焉。其先生病，未暇親檢，與抑亦人果無愧忠孝，不妨寬以收之與。先生沒，無可質證，然學卒歸於忠孝，則亘古至今，未有能議其非者，而今之從事西學，均能知有君父，則算術技巧非必無補於世也。

（烟霞草堂文集，清刘光蕡，乙卯十月及門諸子校定印行）

關中三先生要語録序

李元春

予既刻四先生要語録，因輯少墟、仲復、二曲三先生語續之，與關學編、張子釋要合刻，統名關中道脈書四種。或問曰：「少墟、二曲兼講象山、陽明者也，仲復專守朱子者也，何所衷諸？」予曰：「豈惟三先生關學編中涇野爲薛文清門人，學朱子之學；盩厔〔一〕二曲則陽明受業弟子，各不相是，而未始不交重也。朱子爲功令所尊，講朱子者斥象山心學、陽明良知爲非，雖以涇野與陽明同時，亦持此論。」予少讀程、朱書，繼又由薛文清、陸當湖、涇野、仲復入守其初見。見右象山、陽明抑朱子者，輒覺不平，時亦或著之於言，今思之皆客氣矣。夫心學、良知皆不误也，心學本於虞書；良知本於孟子。良知在心，即性也。主良知，似遺良能。然二曲固言之孟子始言知、能，繼即以知該能，可知知在能先，孔子之聖由於知。朱子註「尊德性」爲存心，註「道問學」以行並屬致知，正此意也。特學有內外本末，朱子之學自兼綜融貫，講象山、陽明者未免有置外遺末之意，此則其小失爾。少墟、二曲調停於程朱、陸王之間，而終似以陸王爲主，仲復守朱子及文清、清獻，絶無駁雜。故予嘗謂仲復才不及二曲，其學之醇細有主，在二曲之上。如稼書直斥陸王爲異端，則過矣。要之學聖人之學，繼聖人之後，程朱宗子也，陸王亦衆子之賢者也。久而生變，遂至兄弟操戈，各立門戶，豈所望於奕葉哉？故予録

〔一〕原文作「渭南」，誤。當作「盩厔」，改。

此，既擇其要，間亦微寓別裁，欲折衷以歸於一也。問者釋然而去，因並次其語書之卷首。

雲臺山人李元春

（關中道脈四種，清李元春輯訂，朝邑蒙天庥蔭經堂清道光庚寅年刻本）

馮先生集前識言

范鄗鼎

先生諱從吾，字仲好，號少墟，陝西長安人。萬曆戊子舉人，己丑進士，歷官工部尚書，享年七十有一，贈太子太保，謚恭定。

鼎讀少墟集二十二卷，敬識之曰：「世之貌爲理學者，率多掇拾唾餘，以炫己長，胸中未必能了了，而欲筆下不期期，難矣。先生諸語録，字字透露，直令聽者手舞足蹈，而其理則與讀書兩録相表裏，詩文亦復稱是。前有横渠，後有涇野，今見先生，太華三峰，真關中大觀哉！」

鄗鼎識。

（范鄗鼎廣理學備考第三函第五册之冯少墟集，洪洞范彪西彙編，康熙甲子重刻，五經堂藏版）

善利圖跋

王建常

舜、跖分路，不啻百千萬里矣。原其初，則止在一念善利間。夫此一念，人所不及知而獨知之，濂溪謂之幾，易云動之微，吉凶之先見者也，可不慎與！故曾子傳大學「慎獨」之説，不憚反覆，而子思於中庸即開端，及之孟氏子得其傳於子思者也。乃發善利一章，垂訓萬世，遏人欲，擴天理，誠莫要乎此者。關中馮先生少墟於是引伸觸類，而立此圖。以言乎舜之路，則曰有恆，曰善人，曰君子、聖人，皆原於一念之善也，而文學功名乃益成其美； 以言乎跖一路，則曰斧斤，曰牛羊，曰梏之反覆，皆原於一念之利也，而文學功名乃益濟其惡。 故擴其善之念，則爲人爲舜，而一簣無慮未成； 遏其利之念，則不至爲跖爲禽獸，而梏亡猶可向道。 不然，出乎善即入乎利，不爲舜即爲跖，聖狂分於一念，人禽判乎幾微，所謂中間無路者，此也，可不慎與？ 是則孔門「慎獨」之學一披圖而燎然指掌矣。 然學者于此圖苟不知省，則孰知先生之有功？ 不知兢兢於善利之辨，則孰知先生之爲此圖者，慮之深而示之顯也哉？

（清王兆鰲著，康熙本朝邑縣後志卷八）

馮少墟先生善利圖跋

柏景偉

按先生衛道之嚴見於辨學録，求道之切見於疑思録，即在書院，尚有語録兩卷，皆學者所宜究心。 今特揭善利圖説及此篇於祠堂者，一以示辨志之方，一以示束躬之要。 苟由是以窺先生之學之全，固不難進。 求夫聖人之道之大，即僅守乎此，而不失焉，猶可勉爲善，而不至流於小人之歸，尤學者之切務也。

同治四年乙丑，今廉訪黃子壽先生主講關中，湘鄉劉霞仙中丞新建此祠，因録示善得圖説，並士戒篇於壁，爲諸生勖意，甚勤也。 茲值督糧道曾懷清觀察整頓院規，百廢俱興，念此圖説、士戒爲學者切要功夫，恐久漫滅改鐫，以石俾昕夕顧諟，獲所警發。 作聖之功，其在斯矣，所以佑啟來者，有既乎！

（見灃西草堂集卷六，雜著，長安柏景偉撰，民國十五年思過齋刊本）

附録四

雜記

馮從吾關中書院記之題記

彭定求

彭南畇曰：少墟先生幼從陽明「個個人心有仲尼」詩入門，後雖與梁溪同闢「無善無惡」四字，然其七十自壽詩云：「誰哉吾之師，人心有仲尼。考亭嚴主敬，姚江致良知。」則終見其血脈貫通矣。是記闡發中庸首章大旨，「慎獨」與「戒慎不睹、恐懼不聞」，雖仍兩層説入，而已融成一片，指點天命本體十分親切，責成修道工夫十分完密，讀中庸者之鎖鑰也。

（四庫全書存目叢書，子部二十三册，彭定求儒門法語，齊魯書社，一九九六年版）

馮恭定公論理學舉業一則之題記

彭定求

彭南畇曰：先生立朝居鄉，無日不講學，而答問生徒，切近篤實，如此方是當下喫緊機關。陽明先生與黄宗賢書云：「士風日偷，素所目爲善類者，亦皆雷同附和，以學爲諱。仕途如爛泥坑，沒入其中，鮮易復出，吾人便是失卻樣子，不可不鑒。」可與是篇語意同發深省。

（四庫全書存目叢書，子部二十三册，彭定求儒門法語，齊魯書社，一九九六年版）

重修馮恭定公祠暨創設少墟書院稟

柏景偉

爲祠宇落成，附以書院公懇具奏，以光禮典，而正學術事。

竊維振厲風教之原，在於表揚前哲；樂育人才之本，在於培植後生。矧里有先儒居，近而私淑倍切，鄉知尚學經正而庶民亦興。近閲邸報，楊制軍重新龜山祠堂，彭宮保改建船山書院，入告聖明，昭示遐邇，胥此意也。查省、府、縣三志，長安西門外舊有馮恭定公專祠，列在祀典，置墓田三百畝，奉有豁免差糧札文。回捻之亂，毁於兵燹，兩祭闕如。又西關舊有青門學舍，爲畢秋帆中丞創建，葉健菴先生立有學規，原碑具在，坍塌既久，弦誦無聞，前縣主涂親歷恭定墳墓，見其蓬蒿滿目，誌碣沈埋。查詢墓田，久歸叛産，戄然心傷，遂與衆紳妥議，重爲建祠築墓，並擬贖回祭田。均經稟明，列憲大局粗定，以去任未果。前縣主樊蒞任乃議興修，又以丁憂中止交卸。時諄囑縣主焦終成其事。焦縣主回明列憲，歷蒙賜捐鉅金，擇於青門學舍舊址，重建恭定公專祠，附以少墟書院，添修齋房四十餘楹，用復學舍舊規。自去年五月動工，迄今八月，一律告竣。另贖回墓田一百二十四畝，爲恭定後祠祭掃之需。凡此皆我三任邑侯倡集捐款，苦心主持之力也。

謹案恭定公名從吾，字仲好，學者稱少墟先生，世籍長安，居省城西南隅二里許馮家村。前明萬曆己丑進士，觀政禮部，累官至工部尚書。正色立朝，彈劾不避權貴。神廟倦勤，公疏諫有「懽飲長夜」「晏眠終日」等語，下廷杖，以輔臣救免，直聲振天下，卒爲閹黨所齒，褫職里居二十餘年，日事講學。著思辨録、學會約、善利圖說等編。從學至五千餘人。當道代創關中書院，爲同志會講之所。

公之學以天地萬物一體爲度量，以出處進退一介不苟爲節操。其講學也，謂人性本善，反復發明，以作其忠孝之志。或謂國家多事，宜講者甚多，學其可已乎？公愴然曰：「正以國家多事，臣子大義不可不明耳！」鄒南臯先生曰：「馮子以學行其道者也」。然所守雖嚴，而秉心淵虚，能見其大，盡除世儒門戸之見。在書院不廢科舉文，顧必教學者因文見道，伸理紬詞。即獲科名者，不當以一時之名爲榮，而以千載之名自勵。以故門人如三原党還醇、咸寧祝萬齡、長安陶爾德等，殉節勝朝，彪炳史乘，謂非講學之明效大驗哉！世多訾道學爲迂拘無用，夫迂拘無用者，誠有之，甚有藉道學以詭獵多利者。然如恭定公爲有明一代名臣，可並訾耶！學之不講，孔子憂之，人心之不終滅絶，賴有是耳！則固天地之正脈，國家之元氣也。方今異教紛龐，海宇多故，惟在豪傑時出宏濟，時艱學於此者，果克景仰，鄉賢奮然興起，養其正氣，儲爲通才；或稍有裨於時局，斯尤創議時私衷，竊計而未敢預期者矣。伏維大人關中世胄，誼切桑梓，勵精圖治，百廢俱興，所以爲三輔賜者極渥，至優至如，振興關學，知必有更大於斯舉者。而斯舉似亦正人心，挽風俗之一端。籲懇據情入奏，以光祀典，以正學術。從此俎豆常新，弦歌永播，無往非大人之所賜矣。所有一切善後事宜，現蒙縣主安慨許經畫，紳等得所禀承，尤易蕆事，容俟隨時續禀，再動用經費，除蒙列憲賜銀一千一百兩外，悉由本地官紳捐集。未支公款，應請准免冊報，合併聲明。是否有當，恭候批示，祗遵施行。

（澧西草堂集卷六，長安柏景偉撰，民國十五年十月思過齋刊本）

查明馮恭定公祠基址祀典禀

柏景偉

爲奉諭查明馮恭定公專祠，在關中書院者，建自明末；在長安西門外者，建自國初。關中書院爲恭定公講學地也，創立中天閣肖至聖像於上，取「斯道中天」之義，所以尊崇孔子也，後爲閹黨所毀。至崇禎五年都御史劉廣生直指吴煥徑改書院爲馮公祠，文翔鳳爲之記。各門匾聯俱換，另製神龕奉安允執堂内（即今講堂）。其先師閣則仍匾以「斯道中天」（文集祀堂紀略可證），是明末實以關中書院爲專祠也。溯查崇禎二年賜銀造墳，並賜祭田五百畝，護墳田三百畝（有按察司洪印劄可證）。而建立祠宇，究無明文，是長安本籍專祠，固闕如也。鼎革之際，書院復毀，國初爲碾放火藥之所，幾泯其跡。康熙七年，賈中丞漢復捐俸復修書院，重製恭定木主，配祀於中天閣下（文集西安府公移可證）。講堂有中丞崔紀、院長周道隆、鮑唐三碑，均以恭定配享中天閣爲記，尤爲彰著，是本朝曾未以書院爲專祠也。遍查省府縣志，祠址俱云恭定祠，在長安西門外，祀明工部尚書馮從吾，以門人党還醇等配享。細繹志文，既列祀典，兼有從祀之人，其爲專祠，似無疑義。恭定墳在省城西南隅，去西門不過二里，原祠即在墳西不過二百余武，是西門外原祠，實爲專祠地址也，回亂遭毁。同治四年，劉霞仙中丞即擬修復，以賊蹤往來蹂躪，故未果。今之移祠西門内者，亦以該舊地村落邱墟守護爲難，勢有不得已耳。至原祠建自何時，紳等無案可稽，惟有詳詢宿儒耆老，據稱祠毁後尚有斷殘碑記，當在康熙年間。繼遭土人偷，將此等石塊賣於包修多公祠匠工，遂至片碣無存，殊難徵信。紳等於無可考之中求其可考，現在劉霞仙中丞所建中天閣後新祠中懸道接程朱跋，稱此係原祠，李二曲先生碑文也摹刻於上，用誌欽仰。查二曲爲國初大儒，原祠既有先生手跡，是本籍專祠，實建于國初也。再查順治三年，我省大吏於前明所賜祭田、護墳田，一切照准並未改（布政司聶印照可證）。謹將聞見所及分別禀復，是否有當，恭候鑒核。抑紳等竊有請者，振厲風俗，莫如崇奉先賢，而桑梓名儒，尤足深人景仰。長安爲恭定本籍，自原祠毁於兵燹，二十餘年來，幾無知有少墟先生者。關中書院雖立有木主，通省士子得遂拜瞻，而故鄉子弟未由慰其依慕景從之志，以故頓忘。冒昧亟思重修，渥蒙撫憲暨各上憲恩施，格外捐集鉅款，俾得迅蕆。祠工正房五間五進，業經修竣；墓田壹百貳拾肆畝，業經置定。惟列憲重道崇儒之意，皆下士廉頑立懦之資，紳等銘感，實無既極。伏懇恩准，轉詳撫憲授例出奏，則久廢祠祀焕然重光，合邑士林，共矢銜結於不朽矣！

（見灃西草堂集卷六，雜著，長安柏景偉撰，民國十五年思過齋刊本）

圖書在版編目(CIP)數據

馮從吾集/［明］馮從吾著；劉學智，孫學功點校整理．—西安：
西北大學出版社，2014. 10
（關學文庫/劉學智，方光華主編）
ISBN 978-7-5604-3538-1

Ⅰ. ①馮… Ⅱ. ①馮…②劉…③孫… Ⅲ. ①馮從吾（1557～1627）—理學—文集 Ⅳ. ①B248. 99－53

中國版本圖書館 CIP 數據核字(2014)第 312457 號
國家社會科學基金資助項目“明代關學重要文獻研究”(項目號 04BZX025)

出品人 徐 曄 馬 來
篆　刻 路毓賢
出版統籌 張 萍 何惠昂

馮從吾集 ［明］馮從吾 著 劉學智 孫學功 點校整理

責任編輯 馬 平 **裝幀設計** 澤 海
版式統籌 劉 爭
出版發行 西北大學出版社
地　址 西安市太白北路 229 號 **郵　編** 710069
網　址 http://nwupress. nwu. edu. cn **E－mail** xdpress@ nwu. edu. cn
電　話 029-88303593 88302590
經　銷 全國新華書店
印　裝 陝西博文印務有限責任公司
開　本 720 毫米×1020 毫米 1/16
印　張 47. 5
字　數 730 千字
版　次 2015 年 1 月第 1 版 2015 年 1 月第 1 次印刷
書　號 ISBN 978-7-5604-3538-1
定　價 168. 00 圓